Kohlhammer

Wolf Ortiz-Müller
Ulrike Scheuermann
Silke Birgitta Gahleitner (Hrsg.)

Praxis Krisenintervention

Handbuch für helfende Berufe:
Psychologen, Ärzte, Sozialpädagogen,
Pflege- und Rettungskräfte

2., überarbeitete Auflage

Verlag W. Kohlhammer

Dieses Werk einschließlich aller seiner Teile ist urheberrechtlich geschützt. Jede Verwendung außerhalb der engen Grenzen des Urheberrechts ist ohne Zustimmung des Verlags unzulässig und strafbar. Das gilt insbesondere für Vervielfältigungen, Übersetzungen, Mikroverfilmungen und für die Einspeicherung und Verarbeitung in elektronischen Systemen.

Die Wiedergabe von Warenbezeichnungen, Handelsnamen und sonstigen Kennzeichen in diesem Buch berechtigt nicht zu der Annahme, dass diese von jedermann frei benutzt werden dürfen. Vielmehr kann es sich auch dann um eingetragene Warenzeichen oder sonstige geschützte Kennzeichen handeln, wenn sie nicht eigens als solche gekennzeichnet sind.

2., überarbeitete Auflage 2010

Alle Rechte vorbehalten
© 2004/2010 W. Kohlhammer GmbH Stuttgart
Gesamtherstellung:
W. Kohlhammer Druckerei GmbH + Co. KG, Stuttgart
Printed in Germany

ISBN 978-3-17-020945-9

Danksagung

Wir danken all jenen Menschen, ohne deren Begleitung, Unterstützung und kritische Reflexion dieses Buch nicht möglich gewesen wäre.

An erster Stelle möchten wir den »alten« und »neuen« Autorinnen und Autoren für ihre ausgearbeiteten Beiträge danken. Den »Alten« danken wir für die Mühen der Durchsicht und Aktualisierung, die vielfach mit einer Rundum-Überarbeitung verbunden war. Den »Neuen« danken wir dafür, dass sie mit ihrer Expertise die bereits in sich schlüssige Erstauflage um weitere Facetten der Krisenintervention bereichern.

Auch die Neuauflage entwickelte sich aus einem fruchtbaren Dialog zwischen HerausgeberInnen und AutorInnen, dessen Gegenstand die je einzelnen Beiträge sowie ihre Verknüpfung untereinander waren. Davon konnten und können, so glauben wir, beide Seiten, vor allem aber auch die Leserinnen und Leser profitieren.

Damit sind wir in der Danksagung bei denen angelangt, für die wir ein solches Buch gestalten: unsere Leserinnen und Leser, die vielfach aufmunternde und konstruktive kritische Bemerkungen machten, die unser Nach- und Weiterdenken förderten.

Wir haben mit Freude festgestellt, dass das Buch sich nicht nur als Arbeitsmaterial für unsere eigenen Fortbildungen in Ausbildungsinstituten und bei freien Trägern eignete, sondern auch an vielen Hochschulen von Dozenten für ihre Seminare über Krisenintervention genutzt wird. Diesen möchten wir an dieser Stelle, ebenso wie den zahlreichen Rezensenten, die den Band positiv kritisch würdigten, danken. Wir hoffen, mit der vorliegenden Neuauflage eine ebenso anregende wie brauchbare Arbeitsgrundlage für die Weiterbildung vorlegen zu können.

Dank gebührt selbstverständlich auch allen unseren KollegInnen, die in ganz unterschiedlichen Kontexten mit uns gemeinsam den Erfahrungshintergrund und Reflexionsraum für die Entstehung dieses Buchs bildeten und die uns, auch wenn der Wind mal von vorne blies, das Rückgrat stärkten.

Wir danken unseren Lektoren Ulrike Merkel und Dr. Ruprecht Poensgen für ihre hilfreichen Impulse beim Startschuss für die Neuauflage und die bereits bewährte gute Betreuung und immerwährende Ansprechbarkeit über alle Phasen des Entstehungsprozesses.

Und nicht zuletzt danken wir unseren Familien und FreundInnen, die ein weiteres Mal unsere Launen aus- und uns den Rücken freihielten.

Frühjahr 2010　　Wolf Ortiz-Müller,
　　　　　　　　Ulrike Scheuermann und
　　　　　　　　Silke Birgitta Gahleitner

Geleitwort
Verena Kast

Heutige Menschen brauchen Kompetenz im Umgang mit Angst und Krisen. Wenn vieles im menschlichen Zusammenleben nicht mehr geregelt ist, wir oft frei sind, uns zu entscheiden, wir uns aber auch ständig entscheiden müssen, weil es für vieles im menschlichen Zusammenleben keine verpflichtenden Vorgaben mehr gibt, dann reagieren wir Menschen auch mit mehr Hilflosigkeit angesichts komplexer mehrdeutiger Lebenssituationen. Wir haben mehr Angst, wir haben auch eher Krisen. Und natürlich gibt es noch immer die Unfälle, die Katastrophen, mit denen wir Menschen konfrontiert sind, mit denen wir umgehen müssen.

Vielleicht gibt es gar nicht so viel mehr Krisen als früher. Wir sind aber »krisenbewusster« geworden. Wir nehmen Krisen ernst, nicht zuletzt auch deshalb, weil im Rahmen der psychotherapeutischen Versorgung immer deutlicher wird, dass es auch im Sinne der Prävention sinnvoll ist, Menschen in Krisen beizustehen, Menschen beizustehen, wenn sie Erfahrungen machen, die man normalerweise nicht zu bewältigen hat. Es ist ein wichtiges Feld psychotherapeutischen Bemühens geworden, Menschen in Notsituationen, bei sie traumatisierenden Ereignissen, kommen sie aus der Innenwelt oder aus der Außenwelt, kompetent zu begleiten. Krisen ernst zu nehmen heißt, die Verwundbarkeit des Menschen ernst zu nehmen. Der therapeutische Umgang mit Krisen ist ein spezielles Feld therapeutischen Bemühens: Menschen in einer Krise sind nicht psychisch krank, sondern sie haben eben eine Krise. Man geht davon aus, dass Leben immer in die Krise geraten kann und dass aus den verschiedenen Richtungen der Psychotherapie Techniken beigebracht werden können, die im Alltag zur Krisenintervention genutzt werden können.

Krisen gibt es überall, fast jeder Mensch kommt in die Situation, mit Krisen umgehen zu müssen, »Krisenintervention« zu betreiben, auch wenn er oder sie das so nicht nennen würde. Und wir wissen, dass eine gezielte Intervention bei einer Krise verhindern kann, dass es den betroffenen Menschen schleichend schlechter geht, dass sie zunehmend mehr von lebenshemmenden Gefühlen bestimmt werden. Es ist aber nicht nur so, dass wir im Umgang mit Krisen sensibler und auch kompetenter geworden sind, wir erkennen auch immer mehr, dass in den Krisen wirklich auch Chancen enthalten sind.

Das zeigt sich, wenn wir den klassischen Krisenbegriff heranziehen: Von einer Krise im engeren Sinn sprechen wir dann, wenn für einen oder mehrere Menschen ein belastendes Ungleichgewicht zwischen der subjektiven Bedeutung eines Problems und den zur Verfügung stehenden Bewältigungsmöglichkeiten entstanden ist. Diese Dynamik führt zu einer immer größer werdenden Einengung des Lebens hin, verbunden mit immer größer werdender, offener oder verdeckter Angst. Es kann an nichts anderes mehr gedacht werden als an das zu bewältigende Problem. Wir erleben fast ausschließlich die Emotionen, die mit diesem Problem verbunden sind, in der Regel Angst und Verzweiflung, Gegenregulationen sind nicht mehr möglich. So ist es etwa nicht mehr möglich, das Problem ruhen zu lassen und zum Beispiel Musik zu genießen. Angst und Stress dominieren. Eventuell wird die Angst auch mit Wut abgewehrt. Die

Angst generalisiert sich zum einen über verschiedene Lebensthemen hinweg: Das ganze Leben erscheint einem plötzlich krisenhaft, nicht mehr zu meistern. Die Angst generalisiert sich aber auch über die Zeit hinweg: Man stellt sich vor, dass man das Leben nie wieder in den Griff bekommen wird und es vielleicht auch überhaupt nie im Griff hatte. Die Orientierung im Leben, die Kontrolle über das eigene Leben, zumindest in einem bestimmten Maß, ist aber ein Grundbedürfnis des Menschen. Wird dieses Grundbedürfnis erfüllt, vermittelt das existenzielle Sicherheit und bewirkt ein gutes Selbstwertgefühl. Verlieren wir dieses Gefühl der Selbstwirksamkeit im Leben, wird auch unser Selbstwertgefühl beeinträchtigt.

Eine Krise ist eine bedeutsame Situation, in der es unausweichlich um uns selbst geht; eine Gelegenheit, das Leben, das vielleicht schon viel länger aus dem Ruder gelaufen ist, wieder einigermaßen in Ordnung zu bringen, und auch eine Möglichkeit, wieder besser mit sich selber und dem eigenen Leben in Kontakt zu kommen. Ein wichtiges Problem in unserem Leben muss gelöst werden, sonst hätten wir keine Krise. Nicht selten geht es dabei um Leben und Tod. Aber auch wenn die Krise nicht diese existenzielle Dimension berührt, so drückt sie dennoch aus, dass der Mensch in der Krise in Gefahr ist; dass eine neue Anpassungsleistung zwischen ihm und der Welt, zwischen Innenwelt und Außenwelt notwendig ist, damit das Leben wieder in eine Balance kommt. Notwendige Veränderungen stehen an und müssen realisiert werden.

Die Krise im eigentlichen Sinn bezeichnet einen Höhepunkt, einen Wendepunkt, einen Umschlagspunkt in dieser zunehmenden Einengung; die Situation hat sich zugespitzt und drängt auf eine Entscheidung hin. Psychisches Korrelat dieser Zuspitzung ist eine Verunsicherung des Identitätserlebens, unser Selbstwertgefühl wird niedrig, die Selbstakzeptanz schlecht, und die Angst vor den sich uns gestellten Anforderungen wird noch größer. Es gibt aber nicht nur die zunehmende Angst, die zu Panik werden kann; in dieser emotionalen Situation, in der man sich wenig strukturiert fühlt, ohne Entschlossenheit, ist auch eine größere Nähe zum Unbewussten, zu neuen Ideen, aber auch zu Mitmenschen vorhanden, falls die Krise nicht gerade darin besteht, dass man sich total abschottet. Gerade die Orientierungslosigkeit und damit die Nähe zum Unbewussten erlaubt es auch, dass man auf dem Höhepunkt der Krise problematisch gewordenes Verhalten besser verlernen und erwünschtes Verhalten auch besser neu lernen kann. Eine Krise kann die Motivation zur Veränderung ersetzen. Durch die Erfahrung einer Krise und deren Lösung kann neues Verhalten, aber auch neue Sinnerfahrung gemacht werden. Entweder kann der Mensch in der Krise selber mit seiner Angst umgehen, sodass neue Ideen auftauchen – und damit Hoffnung –, oder er findet jemanden, der ihn oder sie etwa in einer Krisenintervention von der Angst befreit, und es setzt eine Entlastung ein. Wenn nicht, wird die Krise nach einiger Zeit zwar weniger akut, man hat sich an das Problem gewöhnt, ohne es auch nur in etwa zu lösen, und oft sind chronische Probleme dann die Folge. Die Chance ist vertan. Deshalb ist Krisenintervention so wichtig. Wie immer, wenn Angst weniger werden soll, ist die Beziehung zu einem anderen Menschen, der weiß, wie mit der Situation umgegangen werden kann, fundamental wichtig. Mit einem anderen Menschen zusammen, der selber weniger Angst hat oder auch weniger betroffen ist, fürchtet man sich weniger. Dann kann eine Entlastung einsetzen, kann der Mensch in Kontakt kommen mit der Krise und mit den Anforderungen des Lebens, die sich in der Krise ausdrücken, dann wird der Mensch kompetenter im Umgang mit dem Leben. Wir dürfen nicht vergessen: Menschen haben viele Möglichkeiten, mit Problemen umzugehen. Eigentlich sind wir alle krisenerprobt und auch krisenkompetent. Und nur größere Krisen werfen uns – und auch das meistens nur vorübergehend – aus der Bahn. Durch eine gelungene

Kriseninvention erhöht sich nicht nur die zukünftige Krisenkompetenz – auch das ein wichtiger Aspekt eines guten Selbstwertgefühls –, sondern der Zugang zu persönlichen Ressourcen – und bei einigen Krisen auch zu gesellschaftlichen und kulturellen Ressourcen – wird erlebbar, und diese können auch wieder besser wahrgenommen werden. Zu den gesellschaftlichen Ressourcen gehört etwa das Erleben von Netzwerken von Mitmenschen, die bereit sind, ein Unglück mitzutragen und das beizutragen, was in ihrer Kraft liegt, um das Unglück zu lindern. Bei den kulturellen Ressourcen denke ich an Geschichten, Filme, Theaterstücke, bildende Kunst, die anregen, auch eigene schwierige Erfahrungen in ähnlicher Weise auch zu bearbeiten.

Die Kompetenz im Umgang mit Krisen und Angst ist in den letzten Jahren zunehmend gewachsen. Erkenntnisse, die man in psychotherapeutischen Prozessen gewonnen hat, könnten viel zur Verbesserung des Lebens von vielen Menschen beitragen. Die Krisenintervention ist ein Feld, in dem dieser Gedanke ernst genommen wird. Diese Gedanken müssen aber auch unter die Menschen gebracht werden. Dieses Buch, von Praktikern für Praktiker verfasst, zeugt in seiner ganzen Breite davon.

Ich freue mich sehr, dass dieses Buch geschrieben worden ist, und ich bin sicher, dass es vielen Menschen Anregung und Hilfestellung in schwierigen Situationen geben wird.

Sommer 2009   Verena Kast

Inhalt

Verena Kast

Geleitwort 7

Wolf Ortiz-Müller, Ulrike Scheuermann und Silke Birgitta Gahleitner

Einleitung 18

Teil I: Auf Krisenintervention zugehen 23

Heiner Keupp

1   Die Normalität der Krise oder die Krise der Normalität –
    Krisenpotenziale im globalisierten Netzwerkkapitalismus 23
    1.1   »Von Google und Krisen« 23
    1.2   Was ist Krise – sozialpsychologisch betrachtet 25
    1.3   Die gesellschaftliche Auflösung stabiler Koordinaten 26
    1.4   Gesellschaftliche Brüche erzeugen ein »postmodernes Angstmilieu« 30
    1.5   Wie produktive Angstbewältigung aussehen könnte 33
    Literatur 34

Wolf Crefeld und Silke Birgitta Gahleitner

2   Krisenhilfe heute – Struktur und Inhalt einer bedarfsgerechten Ausgestaltung 36
    2.1   Bestandsaufnahme 36
    2.2   Strukturelle Aspekte der Krisenhilfe 38
    2.3   Multidisziplinäre und multiinstitutionelle Kompetenzprofile
          für die Krisenhilfe 42
    2.4   Schlussgedanken: Menschen in Krisensituationen bedürfen verlässlich
          erreichbarer professioneller Hilfen 45
    Literatur 46

Ulrike Scheuermann

3   Wege in die Öffentlichkeit – Schriftliche und mündliche Kommunikation
    für Einrichtungen der Krisenhilfe 48
    3.1   Einleitung 48
    3.2   Presse- und Öffentlichkeitsarbeit im sozialen Bereich planen .. 50

Inhalt

    3.3   Besonderheiten der Presse- und Öffentlichkeitsarbeit
    für Einrichtungen der Krisenhilfe 55
    3.4   Für Presse- und Öffentlichkeitsarbeit schreiben 59
    3.5   Fazit 62
    Literatur 63

Wolf Ortiz-Müller

4   Theorie für die Praxis – Vom fraglichen Nutzen der Krisenmodelle 64
    4.1   Krisentheorien von gestern bis heute: neuer Wein in alten –
    oder alter Wein in neuen Schläuchen? 64
    4.2   Von der Krisentheorie zum Handlungsmodell 70
    4.3   Vom Handlungsmodell zur Praxis vor Ort 72
    4.4   Fazit und Ausblick 74
    Literatur 75

Teil II: Krisenhelfer weiterbilden 77

Manuel Rupp

**5   Was hilft den Krisenhelfern? – Notfall- und Krisenintervention
auf dem Weg zu professionellen Standards** 77
    5.1   Einführung: von der Improvisation zur Profession 77
    5.2   Was sind Krisen und Notfälle – und wie entstehen sie? 78
    5.3   Notfall- und Krisenintervention ist eine interdisziplinäre Aufgabe . 81
    5.4   Die drei Dimensionen der Notfallintervention 82
    5.5   Methodische Prinzipien der Notfallintervention 84
    5.6   Die Selbsthilfe der Helfer 85
    5.7   Fazit und Ausblick 86
    Literatur 86

Thomas Giernalczyk und Hans Doll

6   Fortbildung für KrisenhelferInnen – Ein Leitfaden für SeminarleiterInnen 88
    6.1   Einführung 88
    6.2   Ziele für Aus- und Fortbildungen 89
    6.3   Seminarkonzept und Ablaufplan des Seminars
    »Grundlagen der Krisenintervention und Suizidprävention« 90
    6.4   Curriculum KrisenhelferIn 96
    Literatur 97

Ulrike Scheuermann und Ingeborg Schürmann

**7   Vielfalt nutzen – Diversity in der Weiterbildung für Einrichtungen
der Krisenintervention** 108
    7.1   Einleitung 108
    7.2   Fallbeispiel: die Vielfalt der unterschiedlichen Handlungslogiken 110

7.3	Das Konzept »Diversity«	111
7.4	Diversity Management – Anregungen für Kriseneinrichtungen	113
7.5	Falldiskussion	115
7.6	Ausblick	117
	Literatur	118

Teil III: Mit den Nutzern arbeiten ... 119

Wolf Ortiz-Müller

8 »Du siehst was, was ich nicht seh ... und das bin ich« – Krisenintervention im Familiensystem ... 119

8.1	Einführung: Unterschiede, die Unterschiede machen	119
8.2	Systemisches Denken und Herangehen	120
8.3	Mit systemischen Fragestellungen Krisenintervention betreiben	127
8.4	Krisenintervention bei hoch eskalierten Konflikten	129
8.5	Praxisbeispiel	131
8.6	Fazit und Ausblick	138
	Literatur	139

Ilse Eichenbrenner

9 Freischwinger oder Wartebank? – Klienten zwischen Sozialpsychiatrischem Dienst und Krisendienst ... 140

9.1	Einführung	140
9.2	Das Arbeitsfeld	140
9.3	Die Zusammenarbeit der beiden Dienste: Kumpel, Kollegen, Kontrahenten?	143
9.4	Die Dynamik zwischen den Diensten: »It takes two to Tango«	148
9.5	In Zukunft: Allein machen sie dich ein	150
	Literatur	151

Iris Hölling

10 Krisenintervention – (k)ein Angebot für Psychiatrie-Betroffene? – Krisenintervention aus antipsychiatrischer Sicht ... 152

10.1	Einführung: Begriffsklärungen – wer sind Psychiatrie-Betroffene?	152
10.2	Kritik am bestehenden (Berliner) Krisenintervventionssystem	153
10.3	Wünsche von Psychiatrie-Betroffenen an Kriseninterventionsangebote	154
10.4	Fazit	158
	Literatur	158

Anja Link und Christiane Tilly

11 Krisenintervention aus der Perspektive der »Vielmelder/Heavy User« eines Krisendienstes ... 159

Inhalt

Reinhard Peukert

12 Leidenschaftlich gefordert, selten erreicht – Krisenhilfe aus Sicht der Angehörigen . . 169
    12.1 Einführung 169
    12.2 Leben mit einem psychisch kranken Familienmitglied 171
    12.3 Krisendienste bieten unbeabsichtigte Lernchancen 174
    12.4 »Der Familiengast« – die etwas andere Intervention
        in »sub-akuten Krisen« 177
    12.5 Interventionen in »sub-akuten Krisen« als Prävention gegen Aggression
        und Gewalt 178
    12.6 Schlussbemerkung 179
    Literatur 179

Sönke Behnsen

**13 Krise? Welche Krise?! – Der ganz normale Wahnsinn im Alltag
chronisch psychisch kranker Wohnungsloser** 180
    13.1 Einführung 180
    13.2 Theoretischer Hintergrund 181
    13.3 Chancen zielgruppenorientierter Angebote 183
    13.4 Fazit 192
    Literatur 192

Carlos Escalera

**14 Eine Krise, die viele Krisen entstehen lässt –
Krisenintervention und geistige Behinderung** 193
    14.1 Einführung 193
    14.2 Die geistige Behinderung und ihre Klassifizierung 194
    14.3 Besonderheiten von geistiger Behinderung und Krisenbewältigung 197
    14.4 Krisen der Klienten, Krisen der Helfer 200
    14.5 Dimensionen menschlicher Aggressivität 201
    14.6 Mit Eskalationen umgehen 202
    14.7 Berührungsängste der Helfer 205
    14.8 Die Intervention in einer Akutsituation 205
    14.9 Fazit und Ausblick: Fachliche und persönliche Anforderungen
        an die »Helfer« 207
    Literatur 208

Eva M. Reichelt

**15 »Fremd ist der Fremde nur in der Fremde« –
Krisenintervention bei Migranten und Flüchtlingen** 209
    15.1 Einführung 209
    15.2 Hintergrund: »Die Migration als Trauma und Krise« 210
    15.3 Migration im Kontext von Krisenintervention:
        Was macht krank – woher kommen Krisen? 216
    15.4 Ausblick: Mehr interkulturelle Kompetenz in die Krisendienste! 221
    Literatur 222

Sigrid Meurer

16 »Wenn ich das machen würde ... wäre ich ja wirklich tot.« –
   Krisenintervention bei Kindern und Jugendlichen 223
   16.1 Einführung 223
   16.2 Suizidalität bei Kindern und Jugendlichen 228
   16.3 Beispiele für Krisensituationen im Krisen- und Rettungsdienst 233
   16.4 Fazit: Wer bringt nun Licht ins Chaos ...? 235
   Literatur 236

Burkhart Brückner

17 »Alter schützt vor Torheit nicht!« –
   Alterskrisen als Aufgabe der Krisenintervention 237
   17.1 Einführung 237
   17.2 Die Grundhaltung und das Basiswissen 238
   17.3 Über den Umgang mit verwirrten älteren Menschen 244
   17.4 Die institutionelle Vernetzung und die Rolle der Helfenden 247
   Literatur 248

Michael Witte

18 »Männer haben's schwer, nehmen's leicht« –
   Suizidrisikogruppe Männer erreichen und mit ihr arbeiten 249
   18.1 Einführung 249
   18.2 Die Ausgangssituation 250
   18.3 »Wann ist ein Mann ein Mann?« – Geschlechtsrolle und Hilfesuch-
        verhalten 255
   18.4 »Müssen durch jede Wand, müssen immer weiter« –
        Was erleichtert Männern die Inanspruchnahme? 257
   18.5 Schlussfolgerungen: Anregungen und Fragen für Krisenberatungsstellen 262
   Literatur 263

Volkmar Aderhold

19 Krisenintervention bei psychotischen Krisen –
   Was wir von den Skandinaviern lernen können 264
   19.1 Einleitung 264
   19.2 Entwicklungsgeschichte 264
   19.3 Evaluation des bedürfnisangepassten Behandlungsansatzes und Dialogs 269
   19.4 Fazit und Ausblick 271
   Literatur 271

Inhalt

Teil IV: Bei Gewalt und Trauma helfen 273

Gabriele Schmidt

20 »Den Albtraum beenden ...« – Krisenintervention nach akuten Traumatisierungen 273
- 20.1 Einführung 273
- 20.2 Theoretischer Exkurs: Trauma und seine Folgen 275
- 20.3 Krisenintervention bei traumatischen Krisen und Veränderungskrisen – ein Vergleich 282
- 20.4 Krisenintervention nach Traumatisierungen 284
- 20.5 Fallbeispiel und Intervention 288
- 20.6 Resümee 292
- Literatur 293

Manuel Rupp

21 Umgang mit gewalttätigen Patienten – Prinzipien der Deeskalation 294
- 21.1 Gewalttätigkeit in psychiatrischen Institutionen 294
- 21.2 Die Dynamik der Gewalttätigkeit 295
- 21.3 Der Umgang mit den Risiken 297
- 21.4 Fazit und Ausblick 307
- Literatur 307

Silke Birgitta Gahleitner

22 »Ohne sie wäre ich sicher nicht mehr da ...« – Suizidalität, Komplextrauma und Beziehung 308
- 22.1 Einführung 308
- 22.2 Komplexe Traumatisierung, Krise und Suizidalität 309
- 22.3 Psychische Sicherheit, Bindung und Beziehung 311
- 22.4 Wege aus der Krise bei komplexer Traumatisierung und Suizidalität 312
- 22.5 Fallbeispiel 315
- 22.6 Schlussgedanken 316
- Literatur 317

Florian Klampfer

23 Krisenintervention in der Online-Beratung – eine Herausforderung für Berater und Ratsuchende: Beispiele aus der Praxis 320
- 23.1 Einleitung 320
- 23.2 Der Einstieg 321
- 23.3 Der Arbeitsauftrag 322
- 23.4 Arbeit am Thema 323
- 23.5 Besonderheiten 326
- 23.6 Fazit 329
- Literatur 329

Petra Risau

24 Gut beraten im Internet? – Chancen und Grenzen der Online-Beratung von Opfern sexualisierter Gewalt 330
    24.1 Die Bedeutung der Online-Beratung für Opfer sexualisierter Gewalt 330
    24.2 Chancen und Besonderheiten – Erfahrungen und Fallbeispiele 332
    24.3 Grenzen 337
    24.4 Ausblick 338
    Literatur 338
    Internetportale und -adressen (Auswahl) 339

Autorinnen und Autoren 341

Stichwortverzeichnis 347

Einleitung

Wolf Ortiz-Müller, Ulrike Scheuermann und Silke Birgitta Gahleitner

Wir freuen uns sehr, Ihnen die zweite Auflage des Handbuches »Praxis Krisenintervention« vorstellen zu können. Sie ist nicht nur umfassend aktualisiert, sondern in vielen Bereichen von uns und den mitarbeitenden Autoren und Autorinnen völlig neu überarbeitet worden. Manche Artikel haben wir schweren Herzens nicht wieder aufgenommen, um anderen Platz zu machen, die den aktuellen Entwicklungen im Bereich der Krisenintervention im besonderen Maße Rechnung tragen. Eine ganz entscheidende Veränderung zur vorhergehenden Ausgabe besteht darin, dass es uns gelungen ist, Silke Birgitta Gahleitner als Co-Herausgeberin zu gewinnen und uns damit vom Duo auf ein Trio zu erweitern. Sie setzt in der vorliegenden Ausgabe neue Akzente vor dem Hintergrund ihrer langjährigen Arbeit im Bereich komplexer Traumata und als Professorin an einer Hochschule für angewandte Forschung mit der Aufgabe, Theorie-Praxis-Schnittstellen angemessen auszuleuchten und für die Praxis zugänglich zu machen. Sie eröffnet damit auch einen noch direkteren Zugang zu einer großen Gruppe unserer bisherigen Leserinnen und Leser: den Studierenden unterschiedlicher Fachrichtungen der Sozial- und Gesundheitswissenschaften.

Praxis Krisenintervention, diese Kurzformel schien uns dennoch – auch für die zweite Auflage des vorliegenden Buches – am besten geeignet, unser Anliegen auf den Punkt zu bringen: Wir, die Herausgeber und Herausgeberinnen und die Mehrzahl der Autoren und Autorinnen, kommen aus der Praxis und schreiben für die Praxis. Dementsprechend ist auch das Spektrum der Berufsgruppen, die wir mit diesem Buch ansprechen möchten, wieder ebenso breit aufgefächert wie in der letzten Ausgabe. Unter »helfenden« Berufen verstehen wir dabei nicht nur Ärzte, Psychologen, Sozialarbeiter und Pflegekräfte in der psychosozialen Versorgung, sondern in ähnlicher Weise auch Betreuer nach dem Betreuungsgesetz und Fachkräfte innerhalb der Feuerwehr, der Polizei und anderer Rettungsdienste, die mit Krisen alltäglich oder auch nur gelegentlich zu tun haben.

Nach den Grundsatzartikeln, die eine Einführung und einen Überblick geben möchten, behalten wir die Orientierung an den Praxisfeldern bei, da sie sowohl dem »Neuling« als auch dem »alten Hasen« ermöglicht, die bisherigen Kenntnisse über Krisenintervention zu überprüfen und zu erweitern. Keiner kann in allen Bereichen der Krisenintervention gleichermaßen fit sein. Wenn dann im eigenen Arbeitsumfeld eine Krise umsichtiges Handeln verlangt, deren Umstände hier praxisnah beschrieben werden, so ist es der Anspruch des Handbuchs, eine erste Orientierung zu ermöglichen. Dieses Buch will, dass praktisch Tätige es »zur Hand nehmen«, dann »die Sache in die Hand nehmen«, vielleicht gelegentlich sogar einen Klienten »an die Hand nehmen« (ihn aber auch rechtzeitig wieder loslassen!), und dass wir über dieses Arbeiten mit den Nutzern nachlesen und reflektieren können.

Krisenintervention galt einst als exotisches Pflänzchen innerhalb der psychiatrischen Landschaft, für das einige Pioniere unter den Psychiatern, Psychologen und Sozialarbeitern eigene Fleckchen erkämpft hatten: die Kriseninterventionsstationen innerhalb psychiatrischer Abteilungen oder auch ambulante Krisendienste in der Gemeindepsychiatrie. Heute ist Krisenintervention als Thema – und häufig genug bereits als eigenes Tätigkeitsfeld – in nahezu jeder Einrichtung präsent, die mit Menschen arbeitet, seien sie nun krank oder behindert oder »einfach nur« Menschen, die in einer Lebenskrise stecken. Ambulante Krisendienste in einem ausgebauten gemeindepsychiatrischen System gehören eigentlich längst zum fachlichen Standard, sind jedoch bis heute nicht flächendeckend eingerichtet. Um diesen Sachverhalt differenziert zu verstehen, müssen die Hintergründe der Krisenhilfe eingehender reflektiert werden.

Angesichts der weltweiten Krise, die nicht nur wirtschaftliche und politische Umwälzungen nach sich zieht, sondern auch tief in den sozialen Nahraum hineinwirkt, erscheint der Einführungsartikel aktueller denn je. *Heiner Keupp* erläutert in seinem Beitrag »Die Normalität der Krise oder die Krise der Normalität: Krisenpotenziale im globalisierten Netzwerkkapitalismus« unter Referenz auf Gegenwartsanalysen der Soziologie die aktuelle Allgegenwärtigkeit von Krisenerfahrungen und die Konsequenzen für insbesondere sozial benachteiligte Bevölkerungsgruppen innerhalb dieses »spezifisch postmodernen Angstmilieus«. Gemeinsam mit *Wolf Crefeld* schärft *Silke Birgitta Gahleitner* in dem anschließenden Beitrag »Krisenhilfe heute: Überlegungen zu Struktur und Inhalt einer bedarfsgerechten Ausgestaltung« das Profil des Buchs, indem die dafür zur Verfügung stehende Hilfelandschaft für Nutzer und Nutzerinnen diskutiert wird: Gegenwärtige Strukturen der Krisenhilfe in Deutschland werden gewürdigt, kritisch unter die Lupe genommen und weiterführende Überlegungen mit konkreten politischen Forderungen verknüpft.

Deutlich wird dabei, wie sehr das Hilfenetz in der postmodernen Unübersichtlichkeit auf eine adäquate Öffentlichkeitsarbeit angewiesen ist, um die Existenz, das konkrete Angebot und die Inhalte von Krisenintervention zu kommunizieren. Und zwar so, dass die Menschen im Umfeld verstehen, warum Kriseneinrichtungen wichtig sind, wer dort wie arbeitet und in welchen Fällen die Angebote von wem genutzt werden können und sollten. So lässt sich bei der Bevölkerung ein Bewusstsein schaffen, dass für jeden im Krisen- und Notfall ein Netz vorhanden ist, das den freien Fall bremst und verlässlich trägt, bis die Krise bewältigt ist oder längerfristige und spezialisierte Angebote greifen. Dieses Themas nimmt sich *Ulrike Scheuermann* in ihrem Artikel »Wege in die Öffentlichkeit: Schriftliche und mündliche Kommunikation für Einrichtungen der Krisenhilfe« an. Sie hat ihren Beitrag für die neue Ausgabe komplett überarbeitet, aktualisiert und entsprechend ihrer beruflichen Ausrichtung um Richtlinien für gelungene schriftliche Kommunikation erweitert.

Das Einführungskapitel wird abgeschlossen durch den umfassenden Artikel von *Wolf Ortiz-Müller*, in dem er aktuelle Krisenmodelle unter die Lupe nimmt. Mit dem Titel »Theorie für die Praxis: Vom fraglichen Nutzen der Krisenmodelle« beleuchtet er theoretische Konstrukte und hinterfragt sie in Hinblick auf ihre Aktualität und ihren Nutzen für die Praxis. Der Beitrag skizziert ausführlich die vielfachen Versuche, in das Chaos der Krise eine Struktur zu bringen. Möglicherweise bildet sich in den Strukturierungsschwierigkeiten jedoch nur ein Charakteristikum der Krise ab: ihre wechselhaftflüchtige Gestalt. Sie ist an vielen Orten der Praxis nur selten so idealtypisch wie in der Fachliteratur beschrieben dingfest zu machen. Da die jeweiligen Nutzer und das dazugehörige Krisen-Setting sich gegenseitig beeinflussen, wechselt das Erscheinungsbild der Krise je nach institutionellem Kontext. Ausgehend von dieser Diversität wird exemplarisch ein Handlungsmodell vorgestellt, um dann auf die Probleme der »Praxis vor Ort« zu fokussieren.

Wenn Krisenintervention so komplex und unübersichtlich ist, bedarf es vieler Überlegungen für den Aus- und Fortbildungsbereich. Der zweite Abschnitt des Buches widmet sich daher den Möglichkeiten der Aus- und Fortbildung zum Thema Krisenintervention. Unter dem Titel »Krisenhelfer weiterbilden« sind die Beiträge von *Manuel Rupp* »Was hilft den Krisenhelfern? – Notfall- und Krisenintervention auf dem Weg zu professionellen Standards«, *Thomas Giernalczyk* und *Hans Doll* »Fortbildung für KrisenhelferInnen – ein Leitfaden für SeminarleiterInnen« sowie *Ulrike Scheuermann* und *Ingeborg Schürmann* »Vielfalt nutzen – Diversity in der Weiterbildung für Einrichtungen der Krisenintervention« versammelt, die Kollegen und Kolleginnen aus dem Fort- und Weiterbildungsbereich wichtige Anregungen für fruchtbare Seminare zu bieten vermögen.

Der in den dritten Teil einführende Beitrag von *Wolf Ortiz-Müller* macht deutlich, wie problematisch Verallgemeinerungen sind und weshalb die HerausgeberInnen und AutorInnen den Zugang weitgehend über Zielgruppen und Anwendungsbeispiele gewählt haben. In seinem zweiten Buchbeitrag »›Du siehst was, was ich nicht seh ... und das bin ich‹ – Krisenintervention im Familien- und Helfersystem« widmet sich Wolf Ortiz-Müller einer weiteren Facette dieses Phänomens. Eine isolierte Arbeit mit den einzelnen Nutzern und Nutzerinnen in Krisen ist häufig nicht zielführend, wenn man sich den systemischen Dynamiken darin nicht stellt. Ähnlich verwirrend stellen sich oft die institutionellen Verflechtungen dar. *Ilse Eichenbrenner* skizziert in ihrem Beitrag »Freischwinger oder Wartebank? – Klienten zwischen Sozialpsychiatrischem Dienst und Krisendienst« die Verbindungen und Übergänge der Krisenintervention, die vom Sozialpsychiatrischen Dienst zum ambulanten Krisendienst bestehen. Hier wie dort wird Krisenintervention betrieben, der jeweilige Auftrag und Rahmen zeigen aber große Unterschiede – die Nutzer und Nutzerinnen auch?

Iris Hölling setzt sich in ihrem Artikel »Krisenintervention – (k)ein Angebot für Psychiatriebetroffene? – Krisenintervention aus der Sicht Betroffener« mit der Frage auseinander, was das Hilfesystem den Psychiatriebetroffenen zu bieten hat oder wo es eher mit seiner Gewaltförmigkeit Selbsthilfepotenziale untergräbt. Unter dem Stichwort »was stattdessen hilfreich wäre« formuliert sie Herausforderungen an professionelle Helfer und Helferinnen, die deren Berufsethos verändern könnten. Angeregt von dem ausgezeichneten Vortrag auf der DGS-Tagung 2008 in Nürnberg haben wir die Nutzerinnen *Anja Link* und *Christiane Tilly* gebeten, ebenfalls ihre Erfahrungen mit dem Hilfesystem in ihren suizidalen und mit Selbstverletzung verbundenen Krisen zu schildern. Entstanden ist der Beitrag »Krisenintervention aus der Perspektive der ›Vielmelder/Heavy User‹ eines Krisendienstes«, der für Nutzer und Nutzerinnen, ihre Angehörigen sowie Helfer und Helferinnen gleichermaßen wertvolle wie praxisrelevante Einblicke in subjektives Krisenerleben gewährt.

In seinem Beitrag »Leidenschaftlich gefordert – selten erreicht. Krisenintervention aus Sicht der Angehörigen« vertritt *Reinhard Peukert* konsequent die Perspektive der Angehörigen, die sich häufig von den Krisen ihrer Kinder, Partner, Geschwister oder Eltern überfordert und vom Hilfesystem im Stich gelassen fühlen. Die zugrundeliegende Fragestellung ist: Wie sähe die Hilfe aus, die die Angehörigen selbst formulieren und in den Trialog von Angehörigen, Betroffenen und Profis mit einbringen? In jedem Falle würde sie sich mehrdimensionaler, nicht so punktuell und »lediglich notfallorientiert« gestalten. Diesen Aspekt greift *Sönke Behnsen* aus einer anderen Perspektive auf. Unter dem Titel »Krise? Welche Krise?! – Der ganz normale Wahnsinn im Alltag chronisch psychisch kranker Wohnungsloser« vermittelt er einen Einblick in die Welt von Menschen, die aus vielen Netzen herausgefallen sind, die ihren »Ort« verloren haben und für die der Ortswechsel das Konstante ist: Wohnungslose in Krisen. Wie können wir verhindern, dass diese »hard-to-reach«-Klienten, wie die Klinische Sozialarbeit sie nennt, durch die Maschen des Hilfenetzes zwischen Suchthilfe, sozialpsychiatrischer Hilfe und Wohnungslosenhilfe fallen?

Die Frage komplexer Problemlagen spielt auch im Beitrag von *Carlos Escalera* eine entscheidende Rolle. Unter dem Titel »Eine Krise, die viele Krisen entstehen lässt – Krisenintervention und geistige Behinderung« gibt er Hinweise, wie Krisen bei Menschen mit geistiger Behinderung erkannt, verstanden und behandelt werden können. Die Einschränkungen hinsichtlich ihrer Lebensführung bedeuten, dass sie zeitlebens auf Hilfe durch die eigene Familie oder das Hilfssystem angewiesen sind. Woran erkennen wir, wann es sich bei den Krisenzuständen der geistig Behinderten im Kern um Krisen des Helfersystems handelt? Wie intervenieren wir, um latenter und manifester Gewaltausübung strukturell zu begegnen? Einer ähnlichen Frage geht *Eva Reichelt* nach. »Fremd ist der Fremde nur in der Fremde – Krisenintervention bei Migranten und Flüchtlingen« nennt sie ihren Beitrag, in dem sie Krisen von Migranten und Migrantinnen beschreibt und aufzeigt, inwiefern sie sich von dem unterscheiden, was wir landläufig unter »Krise« verstehen. Menschen, die nach Deutschland eingewandert oder geflohen sind, stellen ebenso wie jene, die vielleicht schon in zweiter oder dritter Generation hier leben, besondere Anforderungen an unser Selbstverständnis als Helfer. Wie können sprachliche, aber auch kulturspezifische Besonderheiten hinsichtlich Krankheit, Hilfestellung und Erwartungshaltung berücksichtigt werden?

Das Thema der Erreichbarkeit beschäftigt uns auch im Bereich der Kinder- und Jugendarbeit. »Wenn ich das machen würde ... wäre ich ja wirklich tot – Krisenintervention bei Kindern und Jugendlichen« nennt *Sigrid Meurer* ihren anschaulichen Beitrag, in dem deutlich wird, dass es besondere Angebote geben muss, um Jugendliche zu erreichen und um ihren Krisen gerecht zu werden. Ein großer Schwerpunkt liegt dabei auf der Suizidgefährdung. *Burkhard Brückner* nähert sich in seinem Beitrag »Alter schützt vor Torheit nicht – Alterskrisen als Aufgabe der Krisenintervention« dem entgegengesetzten Ende der Lebensspanne: Die alten Menschen, die stärker noch als andere Altersgruppen als suizidgefährdet gelten müssen. Eingebunden in das System der Familien oder der Altenhilfe – oder aus beidem herausgefallen – stellt sich die Frage, welche Herangehensweisen sich empfehlen, die den Besonderheiten des Alters gerecht werden.

Es mag vielleicht einige Leser und Leserinnen erstaunen, jedoch auch Männer sind eine häufig unerkannte Risikogruppe für Suizid, die bisher in ihrer Geschlechtsspezifik vom Hilfesystem wenig beachtet wird und nur schwer zu erreichen ist. Wie lassen sich Männer ansprechen, für die das »Darüber-Sprechen« gerade nicht die gewohnte Form des Umgangs mit ihren Problemen ist? Dieser Problematik widmet sich *Michael Witte* unter dem Titel »Männer haben's schwer, nehmen's leicht – Suizidrisikogruppe Männer erreichen und mit ihnen arbeiten«. Bekannter ist diese Problematik vermutlich Helfern und Helferinnen im Bereich der Behandlung von Psychosen als einer möglichen Ausprägungsform von Krisen. Günstigerweise bedürfen sie sowohl eines spezifischen Umgangs als auch eines außerstationären Settings, um frühzeitig und effektiv unter Einbeziehung des Betroffenen und seines familiären bzw. sozialen Umfelds bearbeitet zu werden und einer Chronifizierung entgegenzuwirken. Es ist das Verdienst *Volkmar Aderholds*, diese Ansätze aus dem skandinavischen Raum in den deutschen Psychiatrie- und Krisendiskurs eingeführt zu haben. Er stellt seine Ergebnisse unter dem Titel »Krisenintervention bei psychotischen Krisen – Was wir von den Skandinaviern lernen können« zur Verfügung.

Der vierte Abschnitt des Buches ist dem Thema »Trauma und Gewalt« in seiner Verflechtung mit Krisen und Suizidalität gewidmet. Bereits in der Definitionsfrage wird sichtbar, welche großen Überschneidungsflächen diese beiden Themengebiete aufweisen. Diese Tatsache gilt es als Synergieeffekt für die Hilfelandschaft nutzbar zu machen. Unter dem Titel »Den Alptraum beenden: Krisenintervention nach akuter Traumatisierung« führt *Gabriele Schmidt* in die theoretischen Grundlagen und die Praxis der Akutintervention im Traumabereich ein. *Manuel Rupp* widmet sich in seinem Beitrag dem »Umgang mit gewalttätigen Patienten: Prinzipien der Deeskalation« und stellt dabei die Komplexität Opferschaft – Täterschaft und den professionellen Umgang mit diesen hoch belastenden Dynamiken in den Vordergrund. Unter dem Titel »›Ohne sie wäre ich sicher nicht mehr da …‹ – Suizidalität, Komplextrauma und Beziehung« führt *Silke Birgitta Gahleitner* in die Bedeutung komplexer Traumatisierung für Krisensituationen und Krisenhilfe ein. Ohne ein Wissen um kumulative und komplexe Traumata sind manche Folgeerscheinungen und Bewältigungsstrategien, zu denen insbesondere auch Suizidalität und Selbstverletzung gehören, schwer verständlich und damit auch schwer behandelbar.

Ein Bereich, der sich extrem rasant weiterentwickelt hat, ist die Krisenberatung im Internet. *Petra Risau* hat hierfür ihren Beitrag »Gut beraten im Internet? Chancen und Grenzen der Online-Beratung von Opfern sexualisierter Gewalt« komplett neu überarbeitet. *Florian Kampfer* konnte neu hinzugewonnen werden und hat mit seinem Artikel »Online-Beratung bei suizidgefährdeten Kindern und Jugendlichen« aktuelle Akzente gesetzt. Der Onlinebereich ist ein stark wachsender Bereich, der die Hilfelandschaft der Zukunft verändert und Rückwirkungen auch auf die Angebote des traditionellen »face-to-face-Kontakts« hat. Ein wichtiger Grund, diesen Entwicklungen nicht hinterherzulaufen, sondern die Relevanz für das eigene Institutionenprofil zu überprüfen.

Vielleicht werden einige das abschließende Kapitel »Kriseneinrichtungen« vermissen. Wir haben uns lange untereinander, auch mit externen Fachleuten, darüber ausgetauscht, in welcher Form man Adressverzeichnisse von Kriseneinrichtungen heutzutage am besten zugänglich macht. In einem Buch sind solche Angaben statisch und somit schnell veraltet. Eine Möglichkeit, die diskutiert wurde, war die Verlagerung des Verzeichnisses ins Internet. Wir sind jedoch zu der Erkenntnis gekommen, dass es kaum sinnvoll – und ohne erheblichen Aufwand auch gar nicht möglich – ist, ein stets aktuelles Adressverzeichnis zu pflegen, vor allem, wenn es bereits gute Verzeichnisse dieser Art gibt. Hier ist die Deutsche Arbeitsgemeinschaft für Jugend- und Eheberatung e. V. (DAJEB) zu nennen, die alle 14 Tage ihr Onlineverzeichnis von 12 500 Einrichtungen in Deutschland aktualisiert. Jeder kann sich dort für seine Postleitzahl und sein Thema, z. B. »Krisenintervention«, mit einem Klick alle relevanten Hilfseinrichtungen abrufen. Daher haben wir uns dafür entschieden, anstelle einer eigenen Übersicht auf dieses Verzeichnis zu verweisen: www.dajeb.de/bfonline2.htm.

Zu guter Letzt stellen wir Herausgeber und AutorInnen uns bei den Leserinnen und Lesern vor.

Im vorhergehenden Satz stehen drei Umgangsvarianten der Ansprache des männlichen und weiblichen Geschlechts nebeneinander. Da es es unseres Erachtens derzeit keine sprachlich überzeugende geschlechtergerechte Lösung gibt, haben wir es den Autor... überlassen, ihre eigene Anspracheform zu wählen. Allen gemeinsam ist die Absicht, auch das jeweils andere Geschlecht mit einzubeziehen. Diese Bemerkung sei dem gesamten Buch vorangestellt.

Teil I: Auf Krisenintervention zugehen

1 Die Normalität der Krise oder die Krise der Normalität – Krisenpotenziale im globalisierten Netzwerkkapitalismus

Heiner Keupp

> Ausgehend von einer Internetrecherche zum Stichwort »Krise« entwickelt der Beitrag ein Panorama weltweiter Krisenerfahrungen. Einer Eingrenzung des Krisenbegriffs aus sozialpsychologischer Sicht folgt eine Analyse gesellschaftlicher Umbrüche, die die Angst zu einem verbreiteten Grundgefühl der Menschen gemacht haben. Die Allgegenwärtigkeit von Krisenerfahrung kann zu der These einer grundlegenden »Normalitätskrise« verdichtet werden. Dem Individuum werden beständig Anpassungsleistungen an sich verändernde Normalitätsmuster abverlangt. Das Schlagwort der »fluiden Gesellschaft« markiert die Auflösung stabiler Koordinaten, die mit einem Wandel traditioneller Werte seit der zweiten Hälfte des 20. Jahrhunderts einhergehen. In deren Folge wandeln sich auch die Identitätsvorstellungen grundlegend. Unter Rückgriff auf die Gegenwartsanalysen der Soziologie (Castells, Sennett u. a.) werden die Konsequenzen für das Individuum diskutiert und die Herausbildung eines spezifischen postmodernen Angstmilieus postuliert.
>
> Der Beitrag schließt mit der Skizze unterschiedlicher Muster produktiver Angstbewältigung, die sich auch in neuen Formen kollektiver Identitätsbildung innerhalb der Zivilgesellschaft manifestieren können.

1.1 »Von Google und Krisen«

Für mich ist das Thema »Krise« verbunden mit der Einsicht, dass das »Kerngeschäft« psychologischer Professionalität durch die Existenz individueller Krisen und deren Bearbeitung bestimmt ist. Das ist allerdings eine durchaus ambivalente Einsicht, und ich bin damit noch nicht auf kurzem Wege auf das spezialisierte Arbeitsfeld der »Krisenintervention« gestoßen. Einerseits wird erkennbar, dass sich die Gesellschaft der Moderne offensichtlich nur über ein ständig steigendes Krisenpotenzial herausgebildet hat und sich weiterentwickelt und dass andererseits die psychosozialen Berufe zur Ein- und Befriedung dieses Krisenpotenzials entstehen mussten. Daran schließt sich die Frage an, ob diese Funktionsbestimmung eigentlich Teil unserer beruflichen Identität ist. Wenn ja, in welcher Form? Sind wir »Befriedungsverbrecher«, die den Wunsch nach gesellschaftlichen Veränderungen möglichst effizient unsichtbar machen sollen, oder versuchen wir, den individuellen Krisen eine gesellschaftliche Stimme zu geben, die als Artikulation von Protest oder als Wunsch nach Veränderung alltäglicher Lebensformen gehört werden könnte? Auf jeden Fall verweisen individuelle Krisen auf die »Grammatik« gesellschaftlicher Lebensformen, und das gilt es weiter zu bearbeiten.

Krisen allüberall, und es stellt sich die Frage, ob in unserem Bewusstsein etwas zur Regel wird, was eigentlich den Ausnahmefall oder die Abweichung von der Normalität bezeichnen sollte. Wenn man sich umhört, wo über Krise gesprochen und wie das getan wird, dann fährt man gerade in den aktuellen politischen und gesellschaftlichen Diskursen unter dem Stichwort »Krise« eine reiche Ernte ein.

Sich umhören heißt ja heute u. a., dass man seine Internet-Suchmaschinen anwirft. Ich habe das, was mir die Suchmaschine Google anbietet, zuletzt am 10. Juli 2009 abgefragt (s. **Tab. 1.1**). Mit der Eingabe des Stichworts »Krise« wird man mit Informationen überhäuft. Interessant sind die Kombinationen von Krise mit wichtigen Themen. Da bringt die Liaison von Krise mit Politik, Wirtschaft, USA, Deutschland und Banken – wenig überraschend – absolute Spitzenwerte. Ansonsten konnte man gesellschaftliche Teilbereiche wie Pflege, Gesundheit, Schule, Familie, Kinder, Jugend, Alter, Energie und als aktuell sehr krisenträchtig einordnen. Hohe Werte sind auch mit den Geschlechterrollen verbunden, wobei die Situation der Frau deutlich häufiger mit Krise in Verbindung gebracht wird als die der Männer. Erstaunlich finde ich in dieser »Hitliste«, dass Themen, die die individuelle Lebensführung und den familiären Nahraum betreffen, weit oben rangieren. Themen hingegen, die im öffentlichen Diskurs als krisenbesetzt behandelt werden, wie z. B. Ausländer, Aids, Terrorismus oder Klimawandel, sehr viel seltener auftauchen.

Nicht angesprochen habe ich bisher das Thema Angst. Es hat ja durchaus einen Spitzenplatz und drückt ein verbreitetes Grundgefühl aus. Es gibt mir die Gelegenheit, das Thema Krise auf einer eher sozialpsychologischen Ebene zu behandeln. Dazu ist es erforderlich, das eigene Krisenverständnis zu explizieren und dann mit einer skizzenhaften Analyse der gesellschaftlichen Entwicklungen zu verknüpfen.

Tab. 1.1: Anzahl der Treffer bei Eingabe verschiedener Stichworte in Google

Angst	27.000.000	Gewalt	2.060.000
Krise	14.700.000	Tod	1.830.000
Krise und ...		Männer	1.760.000
Politik	9.250.000	Universität	1.640.000
Wirtschaft	8.870.000	Veränderung	1.600.000
USA	8.030.000	Alter	1.530.000
Deutschland	7.920.000	Jugend	1.460.000
Banken	7.850.000	Religion	1.440.000
Pflege	4.620.000	Werte	1.320.000
Gesundheit	4.480.000	Klimawandel	1.230.000
Zukunft	3.990.000	Islam	1.070.000
Schule	3.910.000	Armut	973.000
Arbeit	3.560.000	Globalisierung	891.000
Kinder	2.880.000	Depression	631.000
Familie	2.710.000	Ausländer	617.000
Bildung	2.670.000	Aids	490.000
Frauen	2.550.000	Terrorismus	456.000
Energie	2.330.000		

1.2 Was ist Krise – sozialpsychologisch betrachtet

Margret Dross (2001, S. 10) hat eine gut nachvollziehbare Definition von Krise vorgelegt, der ich mich zunächst einmal anschließen möchte. Sie sagt, dass von einer Krise dann zu sprechen ist, »wenn …

- ein Zustand psychischer Belastung eingetreten ist, der sich deutlich von der Normalbefindlichkeit einschließlich ihrer Schwankungen abhebt, als kaum mehr erträglich empfunden wird und zu einer emotionalen Destabilisierung führt,
- die widerfahrenen Ereignisse und Erlebnisse die bisherigen Lebensgewohnheiten und -umstände und die Ziele massiv infrage stellen oder unmöglich machen,
- die veränderte Situation nach Lösungen verlangt, die aber mit den bisher verfügbaren oder selbstverständlichen Möglichkeiten der Problemlösung oder Anpassung nicht bewältigt werden können.«

In dieser Begriffsbestimmung wird betont, dass eine Krise dadurch gekennzeichnet ist, dass Menschen aus der Normalität ihrer gewohnten und verlässlichen alltäglichen Selbstverständlichkeiten herausfallen. In diesen Selbstverständlichkeiten bündelt sich unser jeweils erreichtes Balancierungsverhältnis von inneren Welten mit dem, was wir als Realität erleben. In unserer alltäglichen Identitätsarbeit arbeiten wir an dieser Integration oder Passung.

Bei seinem Versuch, das Wesen der Psychose zu erfassen, hat Manfred Bleuler eine passende Formulierung für die Passungsaufgaben von Identitätsarbeit gefunden:

»Es geht im Leben darum, dass wir die verschiedenen, oft sich widersprechenden inneren Strebungen harmonisieren, so dass wir ihrer Widersprüchlichkeit zum Trotz ein Ich, eine ganze Persönlichkeit werden und bleiben. Gleichzeitig haben wir uns damit auseinander- zu setzen, dass unsere äußeren Lebensverhältnisse nie den inneren Bedürfnissen voll entsprechen, dass wir uns an Umwelt und Realität anzupassen haben« (1987, S. 18).

Die Psychose ist für Bleuler ein Zeichen dafür, dass ein Subjekt vor der Anforderung kapituliert hat, »die Harmonisierung seiner inneren Welt und seine Anpassung an die äußere Welt zu schaffen« (S. 18f.). Dieses Modell des Scheiterns zeigt im Umkehrschluss, was Identitätsarbeit im Sinne dieser kontinuierlichen Passungsarbeit zu leisten hat.

Mit dem Verweis auf ein klassisches sozialwissenschaftliches Experiment möchte ich noch einmal die Bedeutung alltäglicher Routinen und Selbstverständlichkeiten für das herausarbeiten, was wir als »Normalität« bezeichnen könnten. Der nordamerikanische Ethnomethodologe Harold Garfinkel (1967) hat in seinem »Krisenexperiment« auf elegant-einfache und zugleich dramatische Weise gezeigt, wie Krisen auftreten, wenn uns die Basisselbstverständlichkeiten genommen werden. Er schickte seine StudentInnen mit dem Auftrag ins Wochenende, sich zu Hause konsequent wie Gäste zu verhalten. Wenn Töchter oder Söhne diese Anweisung konsequent durchgehalten haben, dann haben sie Krisen in ihren Familien erzeugt. Diese waren teilweise so heftig, dass besorgte Eltern die psychiatrische Krisenintervention eingeschaltet haben. Wenn eingespielte Regeln und Normen alltäglicher Lebensführung infrage gestellt werden oder außer Kraft gesetzt werden, dann beginnt der Boden unter uns zu schwanken. Krisen können durch akute lebensverändernde Ereignisse ausgelöst werden, die für einzelne Personen oder Mikrosysteme die Alltagsnormalitäten gefährden können. Es gibt aber auch Krisen der Normalität selber, wenn sich die Grundlagen eines soziokulturellen Systems so verändern, dass bislang tragfähige Schnittmuster der Lebensgestaltung ihre Tauglichkeit verlieren. In einer solchen »Normalitätskrise« befinden wir uns gegenwärtig, und das ist genau das Stichwort, das meine weiteren Überlegungen bestimmen soll, auf die ich mit der folgenden These vorbereiten möchte:

In seinem klassischen Werk »Das Unbehagen in der Kultur« hat Sigmund Freud aufgezeigt, dass uns zivilisatorische Absicherungen zwar ein befriedetes Leben bringen können, uns aber auch um unser Glück »betrügen«. Ist das heute noch eine befriedigende Sicht? Ist mit dem Siegeszug der Globalisierung, dem digitalen Kapitalismus und ihrem neoliberalen Menschenbild des fitten und ultraflexiblen Subjekts nicht längst der Sicherheitspfad verlassen? Wir leben in einer gesellschaftlichen Periode, in der sich in dramatischer Weise gewohnte Lebens- und Arbeitsformen verändern, ohne dass sich schnell wieder neue Lebensroutinen ausbilden würden. Diese gesellschaftlichen Veränderungen erleben viele Menschen als Befreiung aus traditionellen Lebensmodellen, sie sehen den gewachsenen Spielraum für die selbstbewusste Gestaltung offener Normalitäts- und Identitätsmodelle. Aber genauso viele Menschen reagieren angstvoll auf den Verlust von gewohnten Lebenskonzepten und Sicherheitsgaranten sowie auf eine ungesicherte Zukunft. Die erlebte Gegenwartsgesellschaft hat für das subjektive Umgehen mit diesen Erfahrungen noch keine »einbettende Kultur« geschaffen, in der das »Handwerk der Freiheit« hätte kollektiv gelernt werden können. Das aktuell hohe »Angstmilieu« ist eine Reaktion darauf.

1.3 Die gesellschaftliche Auflösung stabiler Koordinaten

1.3.1 Nichts bleibt, wie es war!

An den aktuellen Gesellschaftsdiagnosen hätte Heraklit seine Freude, der ja alles im Fließen sah. Heute wird uns ein »fluide Gesellschaft« oder die »liquid modernity« (Bauman, 2000) zur Kenntnis gebracht, in der alles Statische und Stabile zu verabschieden ist. In der Überschreitung bislang eingehaltener Grenzziehungen von Normalbiografien, Normalitäten und alltäglichen Selbstverständlichkeiten entstehen neue Arrangements und neue Kombinations- und Fusionsmöglichkeiten, die nicht mehr dem klassischen Muster sozialen Wandelns folgen, nachdem Veränderungen zu einer großen Krise führen und mit deren Bewältigung auch wieder neue stabile und berechenbare Geschäfts- und Lebensgrundlagen. Die andauernde Verflüssigung erzeugt einen Zustand der permanenten Krisenhaftigkeit, die keine Verlaufskurve der Renormalisierung und der neuen Grenzmarkierung nimmt. Normalität wird sich wohl kaum mehr als ein relativ überdauernder stabiler Erwartungshorizont konstituieren. Vielleicht ist es eher die Gewissheit des »unheilbar« offenen Horizontes und der – je nach subjektiver Konstellation – gelassenen Sicherheit, in diesem widersprüchlich-offenen Prozess mit einer eigenen Identitätspositionierung zurechtzukommen.

Wenn wir uns der Frage zuwenden, welche gesellschaftlichen Entwicklungstendenzen die gesellschaftlichen Lebensformen der Menschen heute prägen, dann knüpfe ich an dem Gedanken des »Disembedding« (Giddens, 1995) oder der Enttraditionalisierung an. Dieser Prozess lässt sich als tiefgreifende Individualisierung einerseits und als explosive Pluralisierung andererseits beschreiben. Diese Trends hängen natürlich zusammen. In dem Maße, wie sich Menschen herauslösen aus vorgegebenen Schnittmustern der Lebensgestaltung und eher ein Stück eigenes Leben gestalten können, aber auch müssen, wächst die Zahl möglicher Lebensformen und damit der möglichen Vorstellungen von Normalität und Identität. Peter Berger (1994, S. 83) spricht von einem »explosiven Pluralismus«, ja von einem »Quantensprung«. Seine Konsequenzen benennt er so: »*Die Moderne bedeutet für das Leben des Menschen einen riesigen Schritt weg vom Schick-*

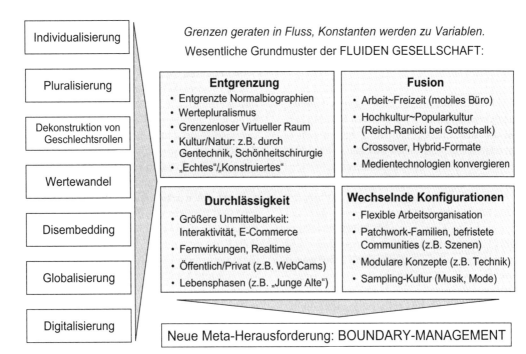

Abb. 1.1: Reflexive Modernisierung: fluide Gesellschaft

sal hin zur freien Entscheidung. (...) Aufs Ganze gesehen gilt (...), dass das Individuum unter den Bedingungen des modernen Pluralismus nicht nur auswählen kann, sondern das es auswählen *muss*. Da es immer weniger Selbstverständlichkeiten gibt, kann der Einzelne nicht mehr auf fest etablierte Verhaltens- und Denkmuster zurückgreifen, sondern muss sich nolens volens für die eine oder andere Möglichkeit entscheiden. (...) Sein Leben wird ebenso zu *einem Projekt* – genauer, zu einer Serie von Projekten – wie seine Weltanschauung und seine Identität« (1994, S. 95).

Als ein weiteres Merkmal der »fluiden Gesellschaft« (siehe **Abb. 1.1**) wird die zunehmende Mobilität benannt, die sich u. a. in einem häufigeren Orts- und Wohnungswechsel ausdrückt. Die Bereitschaft zu diesen lokalen Veränderungen folgt vor allem aus der Logik der Arbeitsmärkte, die ein flexibles Reagieren auf veränderte Marktbedingungen erfordert und die immer weniger beständige Betriebszugehörigkeiten sichert. Der »flexible Mensch« (wie ihn Sennett 1998 beschrieben hat) – so jedenfalls die überall verkündete Botschaft – muss sich von der Idee der lebenslangen Loyalität gegenüber einer Firma lösen, er muss sich in seinem Arbeitsmarktverhalten an die ökonomisch gegebenen Netzwerkstrukturen anpassen.

Individualisierung, Pluralisierung, Flexibilität und Mobilität gehören also immer mehr zu den Normalerfahrungen in unserer Gesellschaft. Sie beschreiben strukturelle gesellschaftliche Dynamiken, die die objektiven Lebensformen von Menschen heute prägen. Doch wir müssen in der Analyse noch einen Schritt weitergehen, wenn wir begreifen wollen, auf welchem Lebensgefühl die unterschiedlichen Vorstellungen von Normalität ruhen. Doch auch hier gibt es in der Werte-, Lebensstil- und Milieuforschung wichtige Hinweise.

1.3.2 Die Vorstellungen vom »guten Leben« wandeln sich grundlegend

Unsere Vorstellungen vom »guten Leben«, also unsere zentralen normativen Bezugspunkte für unsere Lebensführung, haben sich in den letzten 30 Jahren grundlegend verändert. Es wird von einer »kopernikanischen Wende« grundlegender Werthaltungen gesprochen: »Dieser Wertewandel musste sich in Form der *Abwertung* des Wertekorsetts einer (von der Entwicklung längst ad acta gelegten) religiös gestützten, traditionellen *Gehorsams- und Verzichtsgesellschaft* vollziehen: Abgewertet und fast bedeutungslos geworden sind Tugenden wie ›Gehorsam und Unterordnung‹, ›Bescheidenheit und Zurückhaltung‹, ›Einfühlung und Anpassung‹ und ›Fester Glauben an Gott‹ « (Gensicke, 1994).

In der Untersuchung von Barz et al. (2001) wird dieser Wertewandel schematisiert wie in **Abbildung 1.2**.

Von diesem Wertewandel sind zentrale Bereiche unseres Lebens betroffen. Ich möchte das exemplarisch an den normativen Familienbildern aufzeigen. Wenn Familie zum Thema wird, dann scheinen alle zu wissen, wovon die Rede ist, und doch kann das nicht mehr ein gemeinsam geteilter Bestand sein. Das haben wir ja schon an der Pluralisierung der Lebensformen gesehen. Auch die Werte, Wünsche und Bedürfnisse, die mit Familie verkoppelt sind, haben sich im Zuge des Wertewandels deutlich verändert. Familie ist am besten als prozesshaftes Geschehen zur Herstellung von alltäglichem Vertrauen, Sicherheit, Verlässlichkeit und Intimität zu beschreiben. Es ist ein aktiver Herstellungsprozess, der im Ergebnis zu höchst unterschiedlichen Lösungen führen kann, und er ist permanent, das heißt

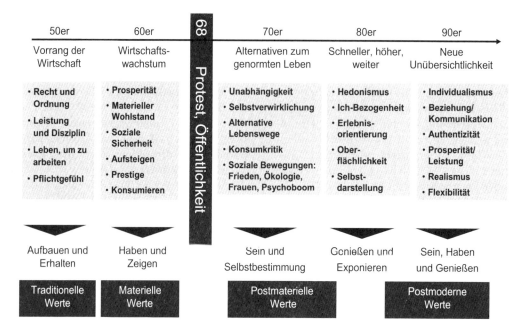

Abb. 1.2: Entwicklung im Bereich der Werte ab 1950 (Future Values)

immer wieder erneuer- und veränderbar. Familie ist kein Besitz, sondern ein gemeinsames Handlungssystem der beteiligten Personen, das permanent neu organisiert werden muss, sozusagen ein permanenter »Balanceakt«.

Die Milieuforschung zeichnet ein differenziertes Bild von Deutschland, und es wird deutlich, dass es eine Vielzahl von sozialen Lebenswelten gibt, die höchst unterschiedlich sind, und es sich teils konträr gegenüberstehende Vorstellungen von Normalität und Abweichung gibt. Hier wird anschaulich, was mit dem Schlagwort von der Pluralisierung eigentlich gemeint ist. Eine schier unübersichtliche Vielfalt von Vorstellungen vom guten und richtigen Leben und der zwangsläufigen Folge, dass es die Wächter allgemein verbindlicher Normen für die individuelle Lebensgestaltung nicht mehr schaffen, Gehör zu finden. Es scheint so, als habe eine Botschaft der Aufklärung ihr Ziel erreicht: das »Ideal der Authentizität«, das von Herder in klassischer Weise so formuliert wurde: »Jeder Mensch hat ein eigenes Maß«, also »seine eigene Weise des Menschseins« (Taylor, 1995). Jeder nach seiner Fasson!

Die benannte »Verflüssigung« wird nicht selten ausschließlich als Zugewinn an Freiheiten gedeutet, das kann sie auch sein, aber das kann man sich nicht aussuchen. Sie bringt vielmehr auch gesteigerte Anforderungen an die Subjekte mit sich, neue Normalitätsanforderungen, deren Nicht-Erfüllung sozialen Ausschluss bedeuten kann. Festzuhalten ist, dass gesellschaftliche Umbruchprozesse nur als widersprüchliche Vorgänge gesehen werden können. Sie sind von einer unheilbaren Ambivalenz bestimmt.

Die großen Gesellschaftsdiagnostiker der Gegenwart sind sich in ihrem Urteil einig: Die aktuellen gesellschaftlichen Umbrüche gehen ans »Eingemachte« in der Ökonomie, in der Gesellschaft, in der Kultur, in den privaten Welten und auch an die Identität der Subjekte.

Einer der interessantesten Analytiker der Gegenwartsgesellschaft ist Manuel Castells, der in einer groß angelegten Analyse die gesellschaftliche Transformationen der Weltgesellschaft in den Blick genommen hat (Castells, 1996; 1997; 1998). Er rückt die elektronischen Kommunikationsmöglichkeiten ins Zentrum seiner Globalisierungstheorie. Sie hätten zum Entstehen einer »Network Society« (so der Titel des ersten Bandes der Castells'schen Trilogie) geführt, die nicht nur weltweit gespannte Kapitalverflechtungen und Produktionsprozesse ermöglichen würde, sondern auch kulturelle Codes und Werte globalisiert. Für Castells bedeutet »die Netzwerkgesellschaft einen qualitativen Wandel in der menschlichen Erfahrung« (1996): Die Konsequenzen der Netzwerkgesellschaft »breiten sich über den gesamten Bereich der menschlichen Aktivität aus und transformieren die Art, wie wir produzieren, konsumieren, managen, organisieren, leben und sterben« (Castells, 1991).

Dieser mächtige neue Kapitalismus greift unmittelbar in die Lebensgestaltung der Subjekte ein. Auch die biographischen Ordnungsmuster erfahren eine reale Dekonstruktion. Am deutlichsten wird das in Erfahrungen der Arbeitswelt.

Einer von drei Beschäftigten in den USA hat mit seiner gegenwärtigen Beschäftigung weniger als ein Jahr in seiner aktuellen Firma verbracht. Zwei von drei Beschäftigten sind in ihren aktuellen Jobs weniger als fünf Jahre tätig. Vor 20 Jahren waren in Großbritannien 80 % der beruflichen Tätigkeiten vom Typus der 40 zu 40 (eine 40-Stunden-Woche über 40 Berufsjahre hinweg). Heute gehören gerade noch einmal 30 % zu diesem Typus, und ihr Anteil geht weiter zurück.

Kenneth J. Gergen sieht ohne erkennbare Trauer durch die neue Arbeitswelt den »Tod des Selbst«, jedenfalls jenes Selbst, das sich der heute allüberall geforderten »Plastizität« nicht zu fügen vermag. Er sagt: »Es gibt wenig Bedarf für das innengeleitete ›One-style-for-all‹-Individuum. Solch eine Person ist beschränkt, engstirnig, unflexibel. (...) Wir feiern jetzt das proteische Sein (...) Man muss in Bewegung sein, das Netzwerk ist riesig, die Verpflichtungen sind viele, Erwartungen sind endlos, Optionen allüberall und die Zeit ist eine knappe Ware« (2000, S. 104). Ist das eine neue Normalität, die der globalisierte Kapitalismus von den Menschen fordert: Allseits bereit, sich ohne Widerstand dem Neuen jeweils auszuliefern?

In seinem viel beachteten Buch »Der flexible Mensch« liefert Richard Sennett (1998) eine weniger positiv gestimmte Analyse der gegenwärtigen Veränderungen in der Arbeitswelt. Der »Neue Kapitalismus« überschreitet alle Grenzen, demontiert institutionelle Strukturen, in denen sich für die Beschäftigten Berechenbarkeit, Arbeitsplatzsicherheit und Berufserfahrung sedimentieren konnten. An ihre Stelle ist die Erfahrung einer »Drift« getreten: Von einer »langfristigen Ordnung« zu einem »neuen Regime kurzfristiger Zeit«. Und die Frage stellt sich in diesem Zusammenhang, wie dann überhaupt noch Identifikationen, Loyalitäten und Verpflichtungen auf bestimmte Ziele entstehen sollen. Die fortschreitende *Deregulierung*: An die Stelle fester institutioneller Muster treten netzwerkartige Strukturen. Der flexible Kapitalismus baut Strukturen ab, die auf Langfristigkeit und Dauer angelegt sind. »Netzwerkartige Strukturen sind weniger schwerfällig«. An Bedeutung gewinnt die »Stärke schwacher Bindungen«, womit zum einen gemeint ist, »dass flüchtige Formen von Gemeinsamkeit den Menschen nützlicher seien als langfristige Verbindungen, zum anderen, dass starke soziale Bindungen wie Loyalität ihre Bedeutung verloren hätten«. Die permanent geforderte Flexibilität entzieht »*festen Charaktereigenschaften*« den Boden und erfordert von den Subjekten die Bereitschaft zum »Vermeiden langfristiger Bindungen« und zur »Hinnahme von Fragmentierung«. Diesem Prozess geht nach Sennett immer mehr ein begreifbarer Zusammenhang verloren. Die Subjekte erfahren das als *Deutungsverlust*: »Im flexiblen Regime ist das, was zu tun ist, *unlesbar* geworden«. So entsteht der Menschentyp des *flexiblen Menschen*: ein »nachgiebiges Ich, eine Collage von Fragmenten, die sich ständig wandelt, sich immer neuen Erfahrungen öffnet – das sind die psychologischen Bedingungen, die der kurzfristigen, ungesicherten Arbeitserfahrung, flexiblen Institutionen, ständigen Risiken entsprechen«. Lebenskohärenz ist auf dieser Basis kaum mehr zu gewinnen. Sennett hat erhebliche Zweifel, ob der flexible Mensch menschenmöglich ist. Die wachsende Gemeinschaftssehnsucht interpretiert er als regressive Bewegung, eine »Mauer gegen eine feindliche Wirtschaftsordnung« hochzuziehen. »Eine der unbeabsichtigten Folgen des modernen Kapitalismus ist die Stärkung des Ortes, die Sehnsucht der Menschen nach Verwurzelung in einer Gemeinde. All die emotionalen Bedingungen modernen Arbeitens beleben und verstärken diese Sehnsucht: die Ungewissheiten der Flexibilität; das Fehlen von Vertrauen und Verpflichtung; die Oberflächlichkeit des Teamworks; und vor allem die allgegenwärtige Drohung, ins Nichts zu fallen, nichts ›aus sich machen zu können‹, das Scheitern daran, durch Arbeit eine Identität zu erlangen. All diese Bedingungen treiben die Menschen dazu, woanders nach Bindung und Tiefe zu suchen«. Eine skeptische Diagnose, die Sennett hier abliefert.

1.4 Gesellschaftliche Brüche erzeugen ein »postmodernes Angstmilieu«

Anthony Giddens (2001), einer der wichtigsten sozialwissenschaftlichen Zeitdiagnostiker, hat in seinem Buch »Entfesselte Welt. Wie die Globalisierung unser Leben verändert« geschrieben: »Die wichtigste der gegenwärtigen globalen Veränderungen betrifft unser Privatleben – Sexualität, Beziehungen,

1 Die Normalität der Krise oder die Krise der Normalität

Ehe und Familie. Unsere Einstellungen zu uns selbst und zu der Art und Weise, wie wir Bindungen und Beziehungen mit anderen gestalten, unterliegt überall auf der Welt einer revolutionären Umwälzung. (...) In mancher Hinsicht sind die Veränderungen in diesem Bereich komplizierter und beunruhigender als auf allen anderen Gebieten. (...) Doch dem Strudel der Veränderungen, die unser innerstes Gefühlsleben betreffen, können wir uns nicht entziehen« (2001, S. 69). Gerade weil das so ist, haben die Krisendiagnostiker leichtes Spiel. In der aktuellen gesellschaftlichen Situation von Globalisierung der Märkte, von Pluralisierung und Individualisierung der Lebensformen sehen sich viele Menschen unter einem Veränderungsdruck, der ihnen Angst macht. Wird diese Angst zu stark und finden die Menschen keine produktiven Lösungen, dann entstehen leicht Gewalt, aber auch Apathie und Demoralisierung. Es können aber auch Ersatzlösungen Konjunktur bekommen: Ressentiments gegen alles Fremde und Neue, eine rückwärtsgewandte Verklärung der Vergangenheit; Sekten und politische Rattenfänger bieten »Lösungen«, die die Möglichkeit von Ordnung, Sicherheit und Klarheit suggerieren.

Entscheidend ist die Klärung der Ursachen der Ängste. Für alle Ängste, die nicht nur einen ganz privaten Hintergrund haben, sind kollektive Klärungen notwendig und darauf aufbauend konstruktiv-produktive Formen der Bewältigung, die nicht das einzelne Subjekt individualistisch zu suchen hat, sondern es bedarf gesellschaftlicher Lösungen.

Wenn die kulturell eingeregelten Muster für die Auseinandersetzung und Bewältigung mit und von Krisen nicht mehr ausreichen, entstehen Ängste. Ja, Angst tritt auf, wenn im Alltag die Vertrauensgrundlage für unser Handeln infrage gestellt ist. In ihrer subjektiven Befindlichkeit sind Menschen von ihren Lebensbedingungen in hohem Maße abhängig. Sie benötigen gesicherte Alltagsfundamente. Ich muss mich beim Aufstehen darauf verlassen können, dass die meisten unserer normalerweise eingespielten Handlungsroutinen auch noch gültig sind und tragen. Aber das ist in einer Zeit hoher Wandlungsdynamik nicht immer der Fall. Es lässt sich ein weites Panorama von sozialen Krisen und Belastungen aufzeigen, die die Lebensführung, das konkrete Erleben und Handeln von Subjekten betreffen, also auch systematische Quellen für Ängste bilden können.

Gemeinsam ist diesen unterschiedlichen Krisentypen, dass sie in ihren sozialen Folgen Menschen aus ihren eingespielten Alltagsroutinen herausreißen, schwere emotionale Belastungen auslösen, bisherige Lebenspläne und Identitäten und verinnerlichte Normalitätsmodelle und Anpassungsmodi infrage stellen. Solche tiefgreifenden Veränderungen sind in aller Regel kaum vorhersehbar und entziehen sich somit der individuellen Lenk- und Kontrollierbarkeit. Typisch ist für sie auch, dass sie ganze Menschengruppen betreffen (von einzelnen Berufsgruppen, regionalen Populationen, bis hin zu ganzen Volksgruppen, Nationen, ja bis zur Gattung Mensch). Sie erhöhen in aller Regel auch das soziale Konfliktniveau.

Wenn man versucht, für die Gegenwart eine Liste wichtiger Ängste aufzumachen, dann stehen mindestens diese auf der Agenda:

1. Zerrissenheitsängste
2. Diffusionsängste
3. Angst vor dem Verlust von Gemeinschaft
4. Angst vor dem Verlust von Arbeit
5. Angst vor dem Abstieg in Not und Elend
6. Angst vor dem Sinnverlust
7. Angst vor der Freiheit
8. Zukunftsängste
9. Angst vor Krieg
10. Angst vor Umweltzerstörung
11. Angst vor den/dem Fremden
12. Angst vor Krankheit/Alter/Tod

Dieser sicher nicht vollständige Angstkatalog zeigt uns auf, dass sich so etwas wie ein »postmodernes Angstmilieu« aufbaut. Es wird uns zwar gleichzeitig auch eine »Spaßkultur«, eine »Erlebnisgesellschaft« vorgeführt und schmackhaft gemacht (bis zur aktuellen Gesundheitspsychologie, die Titel produziert wie »Kann gute Laune schaden?« [Abele, 1991] oder »Gesund ist, was Spaß macht« [Ernst, 1992]), aber das mag die »manische Abwehr« der Ängste anzeigen. Die Ängste werden weggepackt, und wir amüsieren uns zu Tode. Gelegentlich blitzt aber doch eine etwas tiefer gehende Analyse auf. In der »Süddeutschen Zeitung« konnte man im Sportteil Folgendes lesen: Da ist – unter Bezugnahme auf einen Vortrag des Freizeitforschers Horst W. Opaschowski – von einer »Nonstop-Gesellschaft, in der Rast- und Ruhelosigkeit, Zeitoptimierung und Speed-Management den Ton angeben«, die Rede. Da werden nur noch »dem erfolgsorientierten Single Zukunftschancen« eingeräumt, der »mit Flexibilität auf den Trend zur Kurzfristigkeit reagieren« könne. »Eine von Angst getriebene Generation, ständig etwas zu verpassen«, reagiere »mit hektischem Erlebniskonsum und dem Trend zur Mobilität« (SZ vom 13.10.1998). Der Kopf schwirrt uns schon, und es kommen weitere Formulierungen dazu. Seriosität ist in der Ansammlung solcher Schlagworte nicht zu erwarten.

Ist das »Schwindel der Freiheit« – wie Kierkegaard einmal die menschliche Angst charakterisierte –, der uns erfasst hat? Muss nicht Angst entstehen, wenn wir kein stabiles Identitätsgehäuse mehr haben? Der Verlust von verlässlichen Fundamenten, die ein Gefühl der Beheimatung in sich selber ermöglichen, muss Verunsicherungen und Gefühle des Unbehagens auslösen. Aber nicht jede Verunsicherung treibt notwendig in die Regression, in die (illusionäre) Hoffnung, dass man sich in den geschlossenen Gehäusen von Fremdenfeindlichkeit, Fundamentalismus oder Nationalismus Sicherheit, Eindeutigkeit und Heimat holen könne. Wie aber könnten produktive Formen der Angstbewältigung aussehen, in der – im Sinne von Kierkegaards Formulierung – die »Angst als Möglichkeit der Freiheit« genutzt werden kann?

Wir wissen relativ viel über das Scheitern. Am meisten darüber gelernt habe ich in Erich Fromms Buch »Furcht vor der Freiheit«, in dem er 1941 auf die gesellschaftlichen Ursachen von Angst und Ohnmachtsgefühlen eingeht, die den Nationalsozialismus möglich gemacht haben. Seine These ist bis heute überzeugend: In deutschen Familien sind in hohem Maße autoritäre Charakterstrukturen gefördert worden, kritische Ich-Fähigkeiten hingegen kaum. Die tiefen Verunsicherungen der Deutschen in den 20er-Jahren, die mit der Weltwirtschaftskrise und vor dem Hintergrund des verlorenen Ersten Weltkriegs eine besondere Dramatik erhielten, wurden nicht als Chance für einen gesellschaftlichen Neuanfang, für revolutionäre Veränderungen gesehen, sondern wurden mit »Fluchtmechanismen« beantwortet. Ängste und Krisen bilden dann, wenn die Hoffnung auf zukunftsorientierte Lösungen nicht da ist, eben auch den Nährboden für die Bereitschaft, sich auf Angebote von Ordnung, Sicherheit und Fremdenfeindlichkeit einzulassen. Ängste öffnen also nicht nur den Blick für Gefahren, sondern sind auch der Stoff, aus dem regressive Lösungen geformt werden können.

Erich Fromm sieht in seiner psychoanalytisch inspirierten Anthropologie in der existenziellen Grundausstattung des Menschen das Potenzial zur Freiheit, der produktiven, lebensbejahenden Veränderungen, aber er bleibt nicht bei einer philosophischen Position stehen, sondern fragt nach psychologischen und gesellschaftlichen Bedingungen der Möglichkeit der Freiheit. Im Unterschied zu konservativen Denkern wie Arnold Gehlen, der in der Angst des Menschen den Hinweis auf seine »Mangelhaftigkeit« sieht, die durch autoritäre gesellschaftliche Arrangements aufgefangen werden muss, sehen Erich Fromm oder auch Alexander Mitscherlich in der mangelhaften Instinktausstattung des Menschen die Basis für Emanzipation und Selbstverantwortung. Es ist dann weiter zu fragen, welche psychosoziale Grundausstattung Menschen brauchen, um von den Angstsignalen nicht in die Flucht geschlagen zu werden. Es ist aber vor allem auch nach den gesellschaftlichen Bedingungen produktiver Angstbewältigung zu fragen.

1.5 Wie produktive Angstbewältigung aussehen könnte

Wie könnte gesellschaftliche Angstverarbeitung aussehen? Ich möchte den Blick auf drei Formen richten:

1. Gesicherte Normalitätsschablonen. Naturkatastrophen, auch Kriege, führen zu Angst, Krisen, Not und Leid in oft dramatischem Ausmaße. Aber sie verändern nicht unbedingt die bestehenden »Normalformtypisierungen«, die Konzepte von Normalität. Sie stellen nicht nur für die positive Gestaltung von Biographien, Identitäten oder Berufskarrieren »einbettende Kulturen« dar, sondern auch für Krisen und Ängste. Christian von Ferber hat das eindrucksvoll an der Verarbeitung der deutschen Katastrophen in diesem Jahrhundert aufgezeigt. Er geht von der These aus, dass »gesellschaftliche Umbrüche zu individuellen Krisen (werden), wenn sie eine als selbstverständlich geltende Normalität bedrohen, gefährden oder aufheben. Gesellschaftliche Umbrüche sind mit individuellen Krisen durch Interpretationen von Situationen, durch Deutungen also, verbunden. Für die politischen und für einige wirtschaftliche Veränderungen liegen aus den Erfahrungen in diesem Jahrhundert gesellschaftliche Deutungsmuster bereit, die diese Verknüpfungen herstellen und sie sinnhaft strukturieren. (...) Für die Folgen von Kriegen, politischen Systemwechseln, für wirtschaftliche Massenarbeitslosigkeit ist ein Zusammenhang zwischen gesellschaftlichen Umbrüchen und individuellen Krisen hergestellt und in kollektiven Deutungsmustern aufgearbeitet«. Die Normalität von Arbeit, Geschlechterrollen, Familienbildern ist ein wirksamer Angstcontainer.

Allerdings ist genau dieses Bewältigungsmuster heute brüchig geworden, wie v. Ferber ausführt: »Für die westlichen Industrieländer ... stellt sich gegenwärtig die Frage, ob die überkommenen Deutungsmuster ausreichen, ob die quantitativen Veränderungen im Wirtschaftswachstum und im Massenwohlstand nicht auch zu einem qualitativen Wandel, zu Einbrüchen oder Zäsuren in der als selbstverständlich geltenden Normalität geführt haben«.

Die Rückkehr zu einem solchen unverrückbaren Konzept von Normalität, an dem man den eigenen Lebensentwurf immer wieder ausrichten könnte, wird es nicht mehr geben. Es kommt vielmehr darauf an, in diesen Normalitätsveränderungen und -pluralisierungen eine Chance und eine Notwendigkeit zu sehen. Viele trauern Lebensmodellen hinterher, die zwar ein Gerüst für die individuellen Identitäten geboten hatten, die aber zugleich auch den Charakter eines Korsetts oder einer Prothese hatten. Selbstgestaltung, die Möglichkeit zu einem eigenen Lebensentwurf – das sind neue Potenziale, die sichtbar gemacht werden müssen. Dies muss aber mit Aussagen über die Bedingungen der Möglichkeit, sich so entwerfen und leben zu können, verbunden sein. Hier muss über die erforderlichen Ressourcen gesprochen werden, materielle, soziale und psychische, die in unserer Gesellschaft immer ungleicher verteilt sind und damit auch die Lebenschancen.

2. Soziale Bewegungen können individualisierte Ängste als kollektive Bedrohungen definieren und politische Veränderungsinitiativen aufbauen. So können Ängste als motivationale Basis für gesellschaftliches Umdenken produktiv werden. Die Reak-

tion auf die Reaktorkatastrophe von Tschernobyl mag hier als Beispiel dienen. Dieser menschheitsbedrohende Unfall hat nicht nur die Risiken der Kernkraft deutlich gemacht, er hat vor allem eine emotionale Tiefenwirkung erlangt, die sich in eindrucksvolle Widerstandspotenziale transformiert hat. Die berühmte »Angstzacke«, ein Hochschnellen des in Umfragen gemessenen »Angstlevels«, hat das nicht erwarten lassen.

Manuel Castells (2002) fragt im zweiten Band seiner Trilogie (deutscher Titel: »Die Macht der Identität«) nach den Konsequenzen der globalisierten »Netzwerk-Gesellschaft« für die Herausbildung kollektiver Identitäten. Er sieht zunächst den zunehmenden Funktionsverlust aller Formen von »legitimierender Identität«. Das sind jene Muster, die sich an den klassischen Spielregeln nationalstaatlicher Gesellschaften ausgerichtet haben. Als eine spezifische identitätspolitische Reaktanzbildung auf die »Network Society«, in der sich lokale und Verbindlichkeit vermittelnde soziale Beziehungen verflüchtigen, sieht er weltweit das Entstehen von fundamentalismusträchtigen Formen einer »Widerstandsidentität«: Sie entstehen aus einer defensiven Identitätspolitik von Gruppen, sozialen Bewegungen oder auch einzelnen Personen, die sich gegen die vorherrschende Dominanzkultur der »realen Virtualität« in der Gestalt von konstruierten kollektiven Wir-Figurationen wehren, die auf lokale, kulturelle oder religiöse Eindeutigkeiten und Grenzziehungen bestehen. Ihr Grundprinzip formuliert Castells als »den Ausschluss der Ausschließenden durch die Ausgeschlossenen«. Von diesen Reaktanzformen kollektiver Identität unterscheidet Castells das Muster der »Projektidentität«. Ihr Entstehungsprozess läuft in aller Regel über irgendeine Form von widerständiger Identität, aber sie bleibt nicht in der Verteidigung partikularistischer eingespielter Lebensformen stehen, sondern entwirft Vorstellungen neuer selbstbestimmter Identitätsfigurationen in einer zivilgesellschaftlichen Perspektive, die in ihrem Anspruch universalistisch ausgerichtet ist. Projekt-Identitäten bilden sich in sozialen Bewegungen (z. B. Frauenbewegung) oder in ökologischen Bewegungen heraus.

3. Auch wenn in einer individualisierten Gesellschaft die Basis für gesellschaftsweite Bewegungen schwieriger geworden ist, bleiben Chancen für die Vergesellschaftung der Angstsignale in Gestalt von Selbsthilfegruppen und Projekten bürgerschaftlichen Engagements.

Literatur

Barz, H., Kampik, W., Singer, T. & Teuber, S. (2001). *Neue Werte, neue Wünsche. Future Values*. Düsseldorf/Berlin: Metropolitan.

Bauman, Z. (2000). *Liquid modernity*. Cambridge: Polity Press.

Berger, P. L. (1994). *Sehnsucht nach Sinn. Glauben in einer Zeit der Leichtgläubigkeit*. Frankfurt: Campus.

Bleuler, M. (1987). Schizophrenie als besondere Entwicklung. In K. Dörner (Hrsg.), *Neue Praxis braucht neue Theorie. Ökologische und andere Denkansätze für gemeindepsychiatrisches Handeln* (S. 18–25). Gütersloh: Verlag Jakob van Hoddis.

Castells, M. (1991). Informatisierte Stadt und soziale Bewegungen. In M. Wentz (Hrsg.), *Die Zukunft des Städtischen* (S. 137–147). Frankfurt: Campus.

Castells, M. (1996). *The rise of the network society*. Vol. I of The information age: Economy, society and culture. Oxford: Blackwell (dt. 2001).

Castells, M. (1997). *The power of identity*. Vol. II of The information age: Economy, society and culture. Oxford: Blackwell (dt. 2002).

Castells, M. (1998). *End of millenium*. Vol. III of The information age: Economy, society and culture. Oxford: Blackwell (dt. 2002).

Dross, M. (2001). *Krisenintervention*. Göttingen: Hogrefe.

Ferber, C. v. (1995). Individuelle Chancen – soziale Ressourcen in Zeiten gesellschaftlicher Umbrüche. In W. Senf & G. Heuft (Hrsg.), *Gesell-*

schaftliche Umbrüche – Individuelle Antworten (S. 11–21). Frankfurt: VAS.
Freud, S. (1930). *Das Unbehagen in der Kultur.* Wien: Psychoanalytischer Verlag.
Fromm, E. (1966). *Die Furcht vor der Freiheit.* Frankfurt: Europäische Verlagsanstalt.
Garfinkel, H. (1967). *Studies in ethnomethodology.* Oxford: Basil Blackwell.
Gehlen, A. (1961). *Anthropologische Forschung. Zur Selbstbegrenzung und Selbstentdeckung des Menschen.* Reinbek: Rowohlt.
Gensicke, T. (1994). Wertewandel und Familie. Auf dem Weg zu »egoistischem« oder »kooperativem« Individualismus? *Aus Politik und Zeitgeschichte*, B 29–30, 36–47.
Gergen, K. J. (2000). The self: death by technology. In D. Fee (Ed.), *Pathology and the postmodern. Mental illness as discourse and experience* (S. 100–115). London: Sage.
Giddens, A. (1995). *Konsequenzen der Moderne.* Frankfurt: Suhrkamp.
Giddens, A. (2001). *Entfesselte Welt. Wie die Globalisierung unser Leben verändert.* Frankfurt: Suhrkamp.
Keupp, H., Ahbe, T., Gmür, W. et al. (^{3}2006). *Identitätskonstruktionen. Das Patchwork der Identitäten in der Spätmoderne.* Hamburg: Rowohlt.
Sennett, R. (1998). *Der flexible Mensch. Die Kultur des neuen Kapitalismus.* Berlin: Berlin Verlag (engl.: »The corrosion of character«. New York: W. W. Norton 1998).
Taylor, C. (1995). *Das Unbehagen in der Moderne.* Frankfurt: Suhrkamp.

2 Krisenhilfe heute – Struktur und Inhalt einer bedarfsgerechten Ausgestaltung

Wolf Crefeld und Silke Birgitta Gahleitner

> Betrachtet man die Landschaft der Krisenhilfe im Überblick, kann weder im stationären noch im ambulanten Bereich von einem ausreichenden Hilfenetz gesprochen werden. Das gilt auch hinsichtlich präventiver Aspekte. Auf der anderen Seite wurde in den letzten Jahrzehnten eine Menge an Verbesserungen für Nutzer erreicht. Eine allein negative Bestandsaufnahme greift daher zu kurz. Im vorliegenden Artikel soll zunächst eine Bestandsaufnahme des recht unübersichtlichen Krisenhilfensystems versucht werden. Auf dieser Basis werden Überlegungen über das Phänomen des nach wie vor wachsenden Defizits angestellt. Gedankliche Anregungen zu einer Verbesserung der Hilfelandschaft auf inhaltlicher und struktureller Ebene schließen den Beitrag.

2.1 Bestandsaufnahme

Eine Frau, bereits früher wegen einer Psychose behandelt, fühlt sich wahnhaft bedroht und ruft in ihrer Not die Telefonnummer 112 an. – Nachbarn rufen die Polizei, weil ein betrunkener Familienvater in der Wohnung randaliert und offenbar gegenüber Frau und Kind gewalttätig wird. – Bei einem jungen Paar in wirtschaftlichen und sozialen Schwierigkeiten eskaliert ein Streit, in dessen Verlauf der Mann äußert, dass er sich umbringen werde. Die verzweifelte Frau ruft beim kassenärztlichen Notfalldienst an; eine (mit Krisensituationen in ihrem Praxisalltag normalerweise nicht konfrontierte) Gynäkologin erscheint und weist den Mann zwangsweise in die Klinik ein. – Feuerwehrleute, gerufen zu einem Autobahnunfall mit einer toten Frau und einem im Fahrzeug eingeklemmten Kind, müssen das verletzte Kind mit technischem Gerät aus dem Fahrzeug schneiden. Einer der Feuerwehrleute, Vater eines gleichaltrigen Kinds, muss danach vom Einsatzleiter nach Hause geschickt werden und kommt am nächsten Tag nicht zur Arbeit. – Polizisten treffen auf eine kurz zuvor gewaltsam missbrauchte Frau und sind ratlos, was sie nach Aufnahme des Protokolls für sie tun können.

Der Münchener Krisenstudie (Schleuning & Welschehold, 2003) zufolge werden in einem Ballungsraum wie München täglich 30 bis 40 Krisensituationen manifest, bei denen den Betroffenen oder Dritten professionelle Hilfe innerhalb von 24 Stunden notwendig erscheint. Häufig begegnen die Einsatzkräfte Menschen in Krisensituationen, für die Rettungsassistenten und Notärzte ebenso wenig ausgebildet sind wie die Beamten der Schutzpolizei. Der alarmierend hohen Zahl von jährlich 9.400 Suiziden gehen etwa 100.000 Suizidversuche voraus. Zwangseinweisungen sind unter diesen Bedingungen häufig ein Ausdruck von Hilflosigkeit gegenüber Krisensituationen, aber keine angemessene Problemlösung. Ebenso ist die Gabe eines Beruhigungsmittels manchmal nicht mehr als das Ergebnis von Ratlosigkeit. Als Folgen unbewältigter Krisen und Traumata treten häufig schwere psychosoziale, psychische und physische Störungen und Krankheiten auf (Crefeld, 2006).

Doch wohin sollen sich Menschen in als bedrohlich erlebten Situationen der Ausweglosigkeit, Verzweiflung oder Verwirrung wenden, wenn ein anteilnehmendes Gespräch mit der Telefonseelsorge nicht mehr reicht? Immerhin ist die Telefonseelsorge mit ihrem niedrigschwelligen Angebot Tag und Nacht überall erreichbar. Sie wird häufig zu einer Vermittlungsstelle für spezielle Dienste. Mancher Dienst, der vielleicht helfen würde, verschwindet in den Telefonseiten unter »Kirchen«, »Stadtverwaltung« oder dem Namen eines Wohlfahrtsverbands. Niedergelassene Ärzte und Psychotherapeuten haben wenig Zeit oder wochenlange Wartelisten. Hilfesuchende rufen stattdessen den über den Rettungsdienst der Feuerwehr erreichbaren Notarzt. Nach Pajonk und Madler (2001) berichten diese für internistische Notfälle speziell ausgebildeten Mediziner, dass »psychiatrische Notfälle« 10 % aller Notfalleinsätze ausmachen, wobei es bei einem Drittel um suizidale Menschen geht. Die Einsatzrealität vieler Notarztdienste wird daher zunehmend von psychosozialen Aspekten geprägt, obwohl Notärzte und Rettungsdienstfachpersonal nur über wenige Kenntnisse im Umgang mit solchen Problemen verfügen (ebenda).

Als Symptom für die mancherorts mangelhafte Krisenhilfe-Infrastruktur erweist sich die Praxis der Zwangseinweisungen, wie eine landesweite Untersuchung zur Anwendungspraxis des Unterbringungsrechts in Nordrhein-Westfalen gezeigt hat (Crefeld, 1999). Die Ergebnisse der Untersuchung beruhten, soweit sie Unterbringungen nach PsychKG betrafen, auf den Angaben von 90 % aller Kommunen des Landes. Nach den landesrechtlichen Voraussetzungen für eine Zwangseinweisung kann in NRW jeder Arzt, der im Regelfall über psychiatrische Erfahrungen verfügen soll, eine konkrete Gefahrensituation in Zusammenhang mit einer psychischen Störung attestieren. Soweit keine mobilen Krisendienste verfügbar sind, erfolgen diese Feststellungen nicht vor Ort, an der die Krisensituation manifest geworden ist, sondern oft erst in der Klinik. Die Untersuchung zeigte erhebliche regionale Unterschiede, sodass z. B. das Risiko, von einer Zwangseinweisung nach PsychKG betroffen zu werden, in einigen Städten und Kreisgebieten zehnmal höher ist als in anderen. Das Fehlen mobiler Krisendienste, aber auch unterschiedliche örtliche Verfahrensroutinen im Umgang mit krisenhaften Situationen sind dafür wesentliche Gründe (Crefeld, 1998; 1999).

Zweifellos gibt es geglückte und weniger geglückte Ansätze, psychosoziale Hilfen in Krisen und Notfällen zu organisieren. Mancherorts sind es multiprofessionell und mobil arbeitende ambulante gemeindpsychiatrische Zentren oder Sozialpsychiatrische Dienste, die meist allerdings nur werktags und zu den üblichen Bürozeiten für kurzfristig notwendige Hilfen erreichbar sind. Daneben gibt es – manchmal im Verbund mit einem gemeindpsychiatrischen Dienst – besondere Krisendienste. Sie unterscheiden sich hinsichtlich der Zeiten ihrer Erreichbarkeit, der Qualifikation und Erfahrung der Mitarbeiter, der Beschränkung auf bestimmte Nutzer und ihrer Möglichkeiten, vor Ort zu intervenieren. Daneben gibt es Dienste, die Krisenhilfe leisten wollen, aber aufgrund unzureichender Ausstattung weniger einer Problemlösung als einer Problemverlagerung dienen. Sie führen aus der Überforderung heraus häufig zu Klinikeinweisungen, auch in Fällen, in denen die jeweilige Klinik nicht der richtige Ort für den jeweiligen Nutzer ist. Nach Wienberg (1993) lassen sich folgerichtig im Bereich der bisher vorhandenen Krisendienste drei Institutionstypen unterscheiden:

- der »integrierte« Krisendienst mit einer Ausstattung von Mitarbeitern, die auch außerhalb von normalen Dienstzeiten zur Verfügung stehen und darüber häufig mit Krisensituationen konfrontiert sind, obwohl dies nicht Schwerpunkt der Arbeit darstellt;

- der »komplementär-vernetzte« Krisendienst mit Mitarbeitern der psychosozialen/psychiatrischen Hilfelandschaft, die unter anderem auch Krisenarbeit leisten;
- der »additive« Krisendienst, der ausschließlich Aufgaben der Krisen- und Notfallhilfe wahrnimmt.

Bundesweit verbindliche Regelungen für psychosoziale Hilfen bei schweren Krisen- und Notfallsituationen gibt es bisher nicht. In der Regel müssen Krisendienste Jahr für Jahr um ihre Weiterfinanzierung und damit ihren Fortbestand kämpfen, wobei die Erfolgschancen offenbar deutlich höher sind, wenn Ordnungsbehörden und Feuerwehr als Bundesgenossen gewonnen werden. Die Finanzierung erfolgt durch die Sozialhilfeträger, sogenannte »freiwillige Leistungen« der Kommunen oder Spenden. Wegen des erst in letzter Zeit eingeschränkten Monopols der kassenärztlichen Vereinigungen, die ambulante medizinische Versorgung sicherzustellen, ist die Kostenübernahme durch die Krankenkassen kaum möglich. Allerdings leisten die Krankenkassen direkt oder über die Kassenärztlichen Vereinigungen gelegentlich Zuschüsse.

So scheint das von Katschnig und Konieczna (1987) formulierte Resümee einer Bestandsaufnahme der Notfallpsychiatrie und Krisenintervention im Wesentlichen bis heute gültig: Sie charakterisieren die Krisenhilfe als ein System ohne umfassende überregionale Planungskonzepte, ohne gemeinsames Grundprinzip, sondern als Initiativen Einzelner, die in ihrem eigenen Arbeitsbereich Lücken entdecken und Abhilfe zu schaffen versuchen. Je nachdem, wann (zu welcher Tages- oder Nachtzeit) und wo (in Groß-, Kleinstädten oder auf dem Land) man in eine Krise gerät, stehen ganz unterschiedliche Hilfsstrukturen zur Verfügung. Deutschland gleicht in dieser Hinsicht einem Flickenteppich, und weder auf kommunaler noch auf länder- oder bundespolitischer Ebene sind Diskussionen über Mindeststandards erkennbar.

Auf der anderen Seite wurde in den letzten Jahrzehnten viel für krisengefährdete Menschen erreicht. Die Tendenz der Nutzer, Hilfeangebote besser anzunehmen als früher, möglicherweise basierend auf zunehmend publikumswirksamerer Öffentlichkeitsarbeit, bieten gute Anknüpfungspunkte für eine bedarfsangemessenere Hilfelandschaft (vgl. Scheuermann in diesem Band). Auch führt die individuelle Ausgestaltung der Krisenhilfe zu regional durchaus sehr positiven Ergebnissen, die über ein Globalkonzept nicht erreichbar gewesen wären. Eine allein negative Bestandsaufnahme greift daher zu kurz, um daraus fachpolitisch sinnvolle Schlussfolgerungen zu ziehen. Im vorliegenden Artikel sollen daher trotz der immer noch lückenhaften Datenlage zunächst einige Überlegungen zur bestehenden Hilfelandschaft angestellt werden. Einige Anregungen zu einer Verbesserung des Angebots auf inhaltlicher und struktureller Ebene schließen den Beitrag.

2.2 Strukturelle Aspekte der Krisenhilfe

2.2.1 Krisenhilfe im Rahmen der Gemeindepsychatrie

Betrachtet man entsprechende Forschungsergebnisse und Praxiserfahrungen im Überblick, kann festgestellt werden, dass von Menschen in Krisen am häufigsten ambulante Dienste genutzt werden, die sich *nicht* schwerpunktmäßig auf Suizidgefährdete beschranken. Menschen in Krisensituationen wenden sich vor allem an ihnen vertraute Professionelle oder wenigstens ihnen bekannte Adressen in ihrer Region (Witte, 2008). Auch krisenorientierte Begleitforschungsprojekte kommen zu dem Ergebnis, dass Krisendienste eine wichtige Verbesserung der außerstationären Hilfelandschaft darstellen, dass sie jedoch elementar auf die Arbeit der

»allgemeinen Dienste« angewiesen sind. »Ein wesentliches Ergebnis der Untersuchung ist nämlich, dass die Krisenhilfe als Querschnittsaufgabe des gemeindepsychiatrischen und notfallmedizinischen Systems insgesamt zu sehen ist und isolierte Innovationen sowie Veränderungen auf der Ebene einzelner Dienste und Einrichtungen nur sehr begrenzte Wirkung haben.« (Regus & Depner, 1998, S. 22) Das bedeutet, dass die Situation der Krisen- und Suizidhilfe unmöglich ohne Bezug auf die allgemeine gemeinde- und sozialpsychiatrische Hilfelandschaft betrachtet werden kann.

Nach Witte (2008) waren 2008 im Angebot der Deutschen Gesellschaft für Suizidprävention (DGS) 119 Einrichtungen in Deutschland verzeichnet, davon 23 Kliniken und 96 ambulante Einrichtungen. Von den ambulanten Einrichtungen hatten 40 Einrichtungen ein allgemeines Profil, das speziell für Suizidgefährdete »lediglich« ergänzende Angebote aufwies. Auf suizidgefährdete und psychosoziale Krisen ausgerichtet waren 56 Einrichtungen, davon 39 Einrichtungen, die ausschließlich Suizidgefährdeten Beratung anbieten, und 17 Einrichtungen, die sich als Krisendienste spezialisiert darstellten. In den vergangenen zehn Jahren zeigt sich nach Witte (2008) eine zunehmende Tendenz zu ambulanter Krisenintervention. Dabei gewinnen Krisendienste und andere niedrigschwellige Angebote, deren MitarbeiterInnen neben anderen Aufgaben ebenfalls über Kriseninterventions-Kompetenz verfügen, also nach der obigen Systematik »integrierte Dienste«, zentrale Bedeutung, da sie Nutzer bereits präventiv erreichen und fachkompetent weiterverweisen können.

Die Telefonseelsorge ist für viele Menschen in einer Situation der Einsamkeit, Verzweiflung oder Ausweglosigkeit ein Notanker, bei dem sie ein Gespräch erhalten, ohne sich aus ihrer Anonymität herausbegeben zu müssen. Die in den letzten Jahren zahlreich neu entstandenen Online-Beratungsmöglichkeiten (vgl. Risau in diesem Band; Klampfer in diesem Band) unterstützen dieses niedrigschwellige Angebot. Einige Einrichtungen der Telefonseelsorge und der Online-Beratungsdienste bieten über die Einstiegsangebote hinaus ein persönliches Beratungsangebot vor Ort an. Dieser Bedarf an »stufenlosen Einstiegsangeboten« ist tendenziell steigend. Dieses Charakteristikum einer angemessenen Krisenintervensionsstrategie beschreiben bereits Kunz, Scheuermann und Schürmann (2004). Sie fordern präventive Maßnahmen, Früherkennung sowie Information und Motivation zur Gefährdungsreduzierung für Betroffene und Entlastung für Angehörige. Als traumatisch erlebte Unterbringungen sind zu vermeiden, der niedrigschwellige Zugang zu professioneller Hilfe ist zu erleichtern (S. 176f.).

Niedrigschwelligkeit wird dadurch zu einem immer wichtigeren Qualitätskriterium angemessener Krisenintervention im postmodernen Alltag (Schürmann, 2001) und scheint auch in der Umsetzung Fortschritte gemacht zu haben. In seinem Resümee »30 Jahre nach der Psychiatrie-Enquete« bescheinigt Wienberg (2008) der Gemeindepsychiatrie insgesamt durchaus beachtliche Erfolge. Die »Rückverlagerung von Behandlung und Unterstützung in die Gemeinden hat zu neuen Strukturen und Prozessen der Versorgung geführt« (S. 2). Auch auf der Einzelfallebene sei die personenorientierte Planung und Steuerung der Hilfen in Form von passfähigeren Behandlungs-/Hilfeplanungen, von Dokumentation, durch koordinierende Bezugspersonen, Hilfeplankonferenzen etc. verbessert worden. Auch wenn noch viele Erwartungen an die Reform der Psychiatrie unerfüllt sind, gebe es heute mehr Partnerschaft und Kooperation, mehr Selbstbestimmung und Beteiligung von Nutzern. Dies gelte auch für die Bemühungen um die Entstigmatisierung beeinträchtigter, hilfesuchender Menschen (Wienberg, 2001).

Bei eingehenderer Betrachtung und entlang der von Wienberg (1993) formulierten unverzichtbaren Anforderungen an einen leistungsfähigen Krisendienst stellt sich die Lage jedoch nicht ganz so positiv dar: Eine grundsätzlich multiprofessionelle Arbeitsweise, die Zugänglichkeit solcher Dienste auch für Familien und Freunde, eine mobil-aufsuchende Arbeitsweise, die Zuständigkeit der Krisendienste auch für Klinikeinweisungen, eine sorgfältige Dokumentation der Fallarbeit und Möglichkeiten von Nachbetreuung nach dem ersten Kontakt sind auch heute alles andere als überregional eingelöste Standards. Insofern kann auch heute noch nicht – weder im Klinikbereich noch in den nichtstationären Angeboten – von einem ausreichenden Hilfenetz gesprochen werden. Insbesondere sind erhebliche regionale Qualitätsunterschiede festzustellen.

Manche Klinik kehrt inzwischen den sozialpsychiatrischen Grundsätzen den Rücken und setzt wieder vornehmlich auf die kurzfristig sich einstellende Wirkung von Medikamenten. Vor allem aber »gibt es alte und neue Tendenzen zur Ausgrenzung der ›Schwierigen‹ … Besonders problematisch an diesen Entwicklungen ist, dass sie Leitziele der bisherigen Reform wie Gemeindeintegration, Selbstbestimmung und gesellschaftliche Teilhabe konterkarieren« (Wienberg, 2008, S. 4). Besonders problematisch sind die in manchen Kliniken immer noch vorhandenen »Aufnahmestationen«, in denen Nutzer nur wenige Tage bleiben können. Die Gefahr einer beziehungslosen Arbeitsweise ist unter den dort anzutreffenden Arbeitsbedingungen ein wesentlicher Grund für eine einseitig pharmakologisch ausgerichtete Behandlung. Die Rechnung kann also nicht ohne das Gesundheitssystem gemacht werden.

2.2.2 Krisen- und Notfallhilfe im Rahmen der Gesundheitsversorgung

Sollen angemessene Standards für bedarfsgerechte Hilfen in Krisen und psychosozialen Notfallsituationen zustandekommen, muss Krisenhilfe auch gesundheitspolitisch Fortschritte machen. Krisenhilfe innerhalb des Gesundheitssystems und psychosoziale Beratungsangebote, die angemessene Hilfen ohne eine vermeidbare, im Einzelfall schädliche Pathologisierung der Krisensituation leisten können, müssten fruchtbarer zusammenarbeiten.

Auch hier gibt es nicht nur Negativa zu verzeichnen. Das Gesundheitswesen entwickelt sich in den letzten Jahrzehnten unübersehbar zu einem multiprofessionellen Dienstleistungsbereich, in dem eine solche multiprofessionelle Zusammenarbeit auch tatsächlich realisierbar wäre. Das bedeutet, dass verschiedene Berufe eine eigenständige wissenschaftlich fundierte Kompetenz in den Bereich der Krisenhilfe einbringen. In diesem Sinne müssen qualifiziert arbeitende Krisendienste über eine multiprofessionelle Struktur und die Interventionskompetenzen verschiedener Fachberufe verfügen. Erfahrungen aus Krisendiensten zeigen, dass es nachts und an Wochenenden reicht, wenn für ein umfassend kompetentes Krisenhilfeteam ein Arzt in Rufbereitschaft erreichbar ist.

Der Ausdruck »psychiatrische Krisenhilfe« sollte in der gesundheitspolitischen Diskussion eher vermieden werden. Er wird zum einen benutzt, um damit Krisenhilfe für Menschen mit schweren psychischen Störungen von der Zuständigkeit angebotsorientiert arbeitender Krisendienste auszuschließen. Doch auch Menschen, die in einer akuten psychotischen Störung verwirrt sind oder sich suchtbedingt in einer Sackgasse ohne Ausgang erleben, haben den gleichen Anspruch auf kompetente Krisenhilfe. Zum anderen signalisiert der Ausdruck »psychiatrische Krisenhilfe« eine scheinbar ausschließliche Zuständigkeit der etablierten Psychiatrie für Krisenhilfe, obwohl die herkömmliche Psychiatrie gerade dieser Aufgabe wissenschaftlich und in der klinischen Praxis nicht immer gerecht geworden ist (Crefeld, 2007).

Krisenhilfe hat auch eine arbeitsmedizinische Dimension. Er reicht nicht, einen durch einen gefährlichen Einsatz traumatisierten

Polizisten, einen Lokführer nach einem Unfall mit erheblichen Personenschäden oder Einsatzkräfte der Feuerwehr in den Urlaub zu schicken. Die Fürsorgepflicht des Dienstherrn und die Haftung des Arbeitgebers für berufsbedingte gesundheitliche Schädigungen, geregelt über das Sozialgesetzbuch VII, führen dazu, dass solche Betriebe mobile Krisenteams bereitstellen, eine Anforderung, die nur in den wenigsten Fällen fachkompetent eingelöst wird. Risiken der Chronifizierung der traumatischen Erfahrungen sind die Folge.

Aus einem multiperspektivischen Krankheitsverständnis heraus erscheint es ohnehin nicht sinnvoll, psychosoziale Krisen von Krankheit kategorial zu unterscheiden. Schwere Erkrankungen können in eine Krise führen, wie umgekehrt eine nicht bewältigte Krise schwere Erkrankungen zur Folge haben kann. Krisen sind hier Teil des individuellen biografischen Geschehens, das die Existenz manifester Krankheiten mit einschließen kann. Doch auch eine akute Krisensituation selbst kann sich so gravierend auf die Fähigkeiten der Betroffenen auswirken, ihren Rollen und Verpflichtungen im Alltag nachzukommen, dass die Krisensituation selbst als ein Krankheitszustand zu bewerten ist, ohne dabei Nutzer pathologisieren zu müssen. Hilfen bei schweren psychosozialen Krisen sollten daher grundsätzlich auch als Aufgabe der Gesundheitsversorgung verstanden werden, um fließende Übergänge zu schaffen. Die meisten existierenden Krisenhilfeangebote sind als wenig verbindliche Kann-Angebote finanziert. Diese Tatsache wirkt sich besonders stark auf sozial schwache Bevölkerungsgruppen aus.

2.2.3 Krisenhilfe für Menschen in komplexen Problemlagen

Inwieweit eine Zunahme der Inzidenz und Prävalenz psychischer Störungen in der Bevölkerung eine Rolle spielt, ist umstritten, zumal hier Effekte der Marketing-Strategien der Pharmaindustrie eine wesentliche Rolle spielen (Weinmann, 2008). Die Zunahme psychischer Beeinträchtigungen trifft jedoch erwiesenermaßen schwerpunktmäßig bestimmte Bevölkerungsgruppen (Mielck, 2005). Problemlagen wie Armut, Wohnungslosigkeit oder Alkohol- und Drogenkonsum weisen eine hohe Korrespondenz zu psychischen Beeinträchtigungen und somit auch zu einem höheren Risiko zur Krisen- und Suizidentwicklung auf. Die Ausweitung der Problemlagen im Alter erfährt allein schon durch die demografische Entwicklung eine Verschärfung (ebenda).

Der aktuelle 13. Kinder- und Jugendbericht (BMFSFJ, 2009) zeigt jedoch auch zunehmende Risiken im Kinder- und Jugendbereich. Benachteiligte Kinder und Jugendliche laufen Gefahr, Entwicklungsdefizite zu erleiden, die sich in der Folge zu psychischen Beeinträchtigungen erweitern und zu Krisensituationen führen. »In den sich verschärfenden Verteilungskämpfen um finanzielle Mittel ... verschlechtert sich die gesundheitsbezogene Chancengleichheit vor allem für sozioökonomisch benachteiligte Bevölkerungsgruppen« (ebenda, S. 161). Bedingungen, die von Ungewissheit, Zwang zur Flexibilität, mehrfach unterbrochenen Vertrauensprozessen und von der allgegenwärtig gespürten Bedrohung geprägt sind, ins Ungewisse zu fallen, bringen insbesondere für in der Entwicklung befindliche Kinder und Jugendliche im emotionalen Bereich Anforderungen mit sich, die sich immer häufiger in krisenhaften Lebensumständen zuspitzen (vgl. Keupp in diesem Band).

Von der fortgesetzten Ausweitung und Steigerung des sozialen Gradienten sind heute längst nicht mehr »nur« soziale Randgruppen betroffen. Migrationsprozesse, Auswirkungen von sozialer Ausgrenzung, Randständigkeit oder Armut lassen sich nicht nur in Ländern der sogenannten Dritten Welt, sondern auch inmitten unserer Gesellschaft nicht ausreichend beantworten (vgl. national Mielck, 2005; international Rutz, 2003). Wollen wir nicht eine Zunahme von Krisen und Suizidalität als gesellschaftliche Alltagsrealität hinnehmen, erfordert diese Erkenntnis besser an die aktuelle Situation angepasste Hilfestrukturen. Effektiv zu einer Verbesserung der psychosozialen Passung in den verschiedenen Dimensionen des menschlichen Lebens und der jeweils vorhandenen sozialen Chancenstruktur beizutragen (Cicchetti, 1999), ist jedoch ebenso komplex geworden wie das Leben darin. Im Folgenden sollen ohne Anspruch auf Vollständigkeit einige Gedanken zur Verbesserung der Hilfestrukturen unter den aktuellen Bedingungen vorgestellt werden.

2.3 Multidisziplinäre und multiinstitutionelle Kompetenzprofile für die Krisenhilfe

Wie also kann dieser Versorgungslage begegnet werden? »Mehr Geld, das heißt überproportionale Steigerungen der Aufwendungen für die psychiatrische Versorgung, wird es angesichts des herrschenden sozialpolitischen Mainstreams und der Überschuldung der öffentlichen Hände absehbar nicht geben.« (Wienberg, 2008, S. 7) Die entscheidende Frage wird also sein, wie es uns in Zukunft gelingt, bereits präventiv einer Exklusion sozial ausgegrenzter, krisenanfälliger, benachteiligter und beeinträchtigter Menschen wirksam entgegenzuwirken. Das bedeutet, Selbstverständnis und Handlungskonzepte psychosozialer Dienste stärker an den bedarfsrelevanten Anforderungen auszurichten.

Fachkompetente, auch zu ungünstigen Zeiten leicht erreichbare Hilfe bei psychischen Krisensituationen entspricht nicht nur dem Bedarf der unmittelbar Betroffenen, sondern fördert auch eine Grundhaltung in der Bevölkerung, die das kommunale Hilfenetz von Löchern und Barrieren freier werden lässt. Dafür sind multidisziplinäre inner- und multiinstitutionelle Vernetzungsstrukturen mit fließenden Übergängen, wenig Grabenbildung zwischen den Hilfestrukturen und eine angemessene Öffentlichkeitsarbeit gefragt (vgl. Scheuermann in diesem Band).

Was also benötigt wird, ist ein System aufeinander abgestimmter, integrierter psychosozialer Notfallhilfe, die über eine Reihe krisenspezifischer Kompetenzen verfügt: über professionelle Fähigkeiten zur Beziehungsaufnahme, über die gezielte Gestaltung eines indikationsspezifischen Beratungs- und Hilfeprozesses einschließlich einer situationsbezogenen Diagnostik und über umfassende versorgungsstrukturelle und Vernetzungskompetenzen. Wenn es darüber hinaus auch gelingt, in der Region eine entängstigende Wirkung zu entfalten und Krisen als Möglichkeit menschlicher Existenz begreiflich zu machen, wird zugleich auch Krisenprävention möglich.

2.3.1 Der erste Schritt: kompetente, präsente Akutversorgung

In der Innenstadt einer Metropole haben nur etwa 5 % der Feuerwehr-Einsätze etwas mit Feuer zu tun. Viel häufiger begegnen die Einsatzkräfte Menschen in Krisensituationen, für die Rettungsassistenten und Notärzte ebenso wenig ausgebildet sind wie die Beamten der Schutzpolizei. »Die komplexe ambulante Behandlung müsste so organisiert sein, dass sie von einem multiprofessionellen Behandlungsteam sieben Tage in der Woche für 24 Std. im Lebensumfeld des Patienten verfügbar ist. Im englischsprachigen Raum wird dieses Leistungsspektrum unter dem Begriff home treatment gefasst. Zu Wirksamkeit und Kosten dieses Behandlungsansatzes liegt inzwischen eine beachtliche Evidenz vor.« (Wienberg, 2008, S. 8)

Zielsetzung einer umfassenden Hilfestruktur wäre demnach ein umfassendes, sowohl allgemeines als auch auf Krisen spezialisiertes Angebot für zeitlich begrenzte, dialogisch gestaltete Intervention mit dem Ziel der Befähigung zur Selbsthilfe, zur Aktivierung sozialer Netzwerke und zu angemessener Weitervermittlung. Dazu bedarf es einer professionellen Vernetzungspraktik und multiprofessioneller Kompetenz. Auf versorgungspolitischer Ebene muss eine adäquat ausgebaute Krisenakuthilfe als kommunale professionelle Ressource der Gemeindepsychiatrie gesehen werden, die eine Reihe anderer Hilfesysteme entlasten würde, da sie passfähiger und angemessener auf die jeweiligen Problemlagen reagieren könnte (vgl. Ortiz-Müller in diesem Band; Schürmann, 2001).

Realiter sieht die Situation jedoch so aus, dass ständig mehr Qualität bei gleichbleibenden oder gar sinkenden Entgelten zu realisieren ist – ein Effekt, der sich aber bei personalintensiven personenbezogenen Dienstleistungen nicht unbegrenzt vorantreiben lässt und häufig in zentralen Punkten der aktuell passfähigen Hilfe für gefährdete Menschen den gesellschaftlichen Entwicklungen hinterherhinkt.

2.3.2 Voraussetzung für eine adäquate Hilfelandschaft: multidisziplinäre und multiinstitutionelle Kooperation

Krisenintervention ist ein vielfältiges Tätigkeitsfeld, das auf unterschiedlichste Lebenssituationen, Problemlagen und Anliegen in kurzer Zeit erste Antworten entwickeln muss, damit erste Entlastung eintritt und neue Perspektiven möglich werden. Ein verpflichtendes Strukturqualitätsmerkmal dafür ist eine Professionsdifferenzen überwindende und institutionelle Gräben überbrückende Arbeit (vgl. Scheuermann & Schürmann in diesem Band). Krisenintervention muss daher auch methodenflexibel gedacht und gelebt werden und kann ohne die Adaption von unterschiedlichsten Wissensquellen nicht gelingen (ebenda). Dem sozialpsychiatrischen Ansatz und Vernetzungsgedanken gemäß muss dabei viel Wert auf eine gute Zusammenarbeit und Kontaktpflege mit anderen stationären und ambulanten Einrichtungen gelegt werden.

So hat sich die Kooperation der Krisendienste mit psychiatrischen Abteilungen an Allgemeinkrankenhäusern regional als durchaus sinnvoll erwiesen. Im Krankenhaus können Leistungen anderer medizinischer Fachabteilungen ohne großen Aufwand in die Behandlung einbezogen werden. Nach einem Suizidversuch kann die Intensivstation den Krisendienst hinzuziehen. Danach könnte in die psychotherapeutische Versorgung vermittelt werden. Krisenhilfe durch niedergelassene Psychotherapeuten z. B. lässt das Krankenkassenrecht jedoch faktisch nicht zu. Im Leistungskatalog ist sie explizit ausgeschlossen. Allein die Kontaktaufnahme mit umgebenden Hilfemöglichkeiten würde eine Vernetzungsleistung erfordern, die kostenmäßig nicht gedeckt wird. Viele Psychotherapeuten nehmen daher erst gar keine »Problempatienten« an.

In zahlreichen Regionen Deutschlands leben heute Menschen mit anhaltenden psychischen Beeinträchtigungen in eigenem Wohnraum, autonom oder professionell begleitet (Wienberg, 2008). Kliniken, betreute Wohnprojekte, Sozialpsychiatrische Dienste, niedergelassene Ärzte, Psychotherapeuten und Beratungsstellen könnten gemeinsam die Vernetzungsarbeit leisten, die in diesem Gebiet erforderlich ist, gegebenenfalls unterstützt durch regionale Krisendienste. Wenn es den verschiedenen Diensten gelingt, innerhalb ihres eigenen Teams ein gutes Selbstbewusstsein, interdisziplinäre Synergieprozesse und eine klare Identität zu entwickeln, können sie im Konzert mit anderen Institutionen mit jeweils klarem Profil Hand in Hand arbeiten. Dafür gibt es bereits einige erfreuliche Beispiele (ebenda).

Auch Honorarkräfte und ehrenamtliche Mitarbeiter können in solche Konzepte gewinnbringend einbezogen werden (vgl. Eichenbrenner in diesem Band). Ebenso spielt die Einbeziehung von Angehörigen eine wichtige Rolle für deren aktuelles, jedoch auch langfristiges Wohlergehen (vgl. Peukert in diesem Band). Angehörige sind ebenso wie Nutzer häufig tief von der Krise getroffen, falls nicht sogar selbst bereits in die langfristige Anbahnung und spätere Zuspitzung in irgendeiner Hinsicht involviert.

2.3.3 Lücken im Hilfenetz schließen: auf soziale Ungleichheit reagieren

Die unübersichtlichen Strukturen des Hilfesystems mit der mangelnden Kommunikation untereinander (vgl. auch Behnsen in diesem Band) wirken sich besonders destruktiv auf Nutzergruppen aus, die mit Multiproblemlagen zu kämpfen haben wie z. B. Armut, Behinderung, Alter, schwere psychische Beeinträchtigungen, komplexe Traumatisierungen, Sozialisationsdefizite, transkulturelle Konfliktlagen, Wohnungslosigkeit und Sucht. Es sind Menschen, bei denen es aufgrund ihrer schwierigen Lebenslage und der daraus entwickelten problematischen Lebensweisen in besonderem Maße zu zahlreichen Zuspitzungen und Krisensituationen kommt, die jedoch nur selten von sich aus Hilfeleistungen in Anspruch nehmen. Für sie gilt im besonderen Maße der Grundsatz der Sozialen Arbeit, neben der Person immer auch deren Lebenslage zu reflektieren (Gahleitner, 2006; Geißler-Piltz et al., 2005; Schulze, 2008).

Auch Kinder und Jugendliche werden durch spezielle Kriseninterventionsangebote immer noch wenig erreicht und fallen häufig durch die Lücken bestehender Angebote (s. o.; vgl. Meurer in diesem Band). Starre Grenzen (beispielsweise zwischen Jugendhilfe und Jugendpsychiatrie) müssen im Sinne einer sinnvollen Hilfelandschaft überschritten werden. Es muss vermehrt Angebote geben, die an der Schnittstelle zwischen Elternhaus, Psychiatrie, Jugendhilfe und Schule einsetzen. Nur eine Verbindung zwischen situationsgerechten Beratungsangeboten, ambulanter und stationärer Krisenintervention – letztlich eine Vernetzung zwischen dem Sozial- und Gesundheitssystem – ermöglicht schließlich eine wirksame Hilfe (BMFSFJ, 2009).

Sollen diese aktuellen Herausforderungen an die bestehende Hilfelandschaft adäquat aufgegriffen werden, müssen noch mehr und umfassendere Konzeptionen für aufsuchende und im Lebensalltag der Nutzer präsente Arbeitsweisen entworfen werden. Wesentlich sind in erster Linie eine niedrige Eingangsschwelle zu den Hilfsdiensten und das Vorhandensein verschiedener Zugangsmöglichkeiten. Vor allem nicht-psychiatrische Angebote sind für benachteiligte Nutzer bedeutsam, stellen jedoch bis heute eher die Ausnahme als die Regel dar (vgl. Hölling in diesem Band). Für Krisenhilfen geeignete Dienste sollten so bekannt wie möglich sein. Allein das Wissen, dass ein Krisendienst erreichbar ist, kann sich anbahnende Krisen entschärfen. Zu wissen, dass man als Nutzer schnell und flexibel Hilfe hinzuziehen könnte, liefert Sicherheit in Situationen, die ohne dieses Wissen destabilisierend und damit krisenfördernd wirken. Häufig reicht bereits ein Telefonat mit dem vorhandenen Dienst, um die Situation besser und eigenständiger meistern zu können.

Derart niedrigschwellige Dienste können sozialen Fragmentierungsprozessen entgegenwirken. Statt Abhängigkeit von Institutionen zu schaffen, wie man es nicht ohne Grund Teilen der sozialpsychiatrischen Bewegung vorwirft, können sie im Sinne des Empowermentgedankens Erfahrungen von Gemeinschaft ermöglichen und soziale Netzwerke stiften. Zusammengefasst bedeutet dies, dass – wie Wolf Ortiz-Müller (in diesem Band) ausführt – von einem »Kontinuum zwischen psychosozialer Krise und psychiatrischem Notfall« auszugehen ist. Es bedarf daher einer Entwicklung von adäquaten Konzepten der Diagnostik- und (Be-)Handlung, die das soziale Moment von Gesundheit und Krankheit einbeziehen (Pauls, 2004; Sting & Zurhorst, 2000; Gahleitner et al., i. Dr.). Diese Mehrdimensionalität in der Betrachtung von Gesundheit und Krankheit wird in der Zukunft zunehmend an Bedeutung gewinnen.

2.4 Schlussgedanken: Menschen in Krisensituationen bedürfen verlässlich erreichbarer professioneller Hilfen

Gerade in unserer postmodernen globalisierten Welt, die von fragmentierten Erfahrungen, pluralen Lebenslagen und Milieus und extremer Individualisierung gekennzeichnet ist, sind »soziale Ressourcen« (Keupp, 1997, S. 66) in Form stabiler und anhaltender psychosozialer Geborgenheit sowie professionelle Zufluchtsorte als positive Gegenerfahrung zu konfusen familiären wie gesellschaftlichen Verhältnissen eine besondere Aufgabe für die moderne Sozial- und Gesundheitsversorgung. Soziale Unterstützung und soziale Kompetenz stellen hier wichtige Gegenpole zu gesellschaftlichen Vereinzelungsphänomenen und Autonomieanforderungen dar. Dieser Aspekt wird im Rahmen der vielfältigen Ansprüche an heutige Professionalität häufig aus den Augen verloren.

Beziehungsverlust fördert Suizidalität. Dennoch führen die heutigen Interventionsformen bei Suizidalität häufig zu einem Zuständigkeitswechsel von einem Mitarbeiter zum anderen und von einem Dienst zum nächsten. Die damit provozierten Vereinzelungsprozesse sind also keineswegs nur eine Folge der Rückzugstendenz suizidgefährdeter Menschen. Unabhängig von der individuellen Anpassungs- und Leistungsfähigkeit eines Menschen ist eine angemessene Umgangsweise mit bedrohter und gebrochener Identität (Keupp, 2005) zu ermöglichen. Das erfordert sanfte Übergänge zwischen verschiedenen Einrichtungen – sollte sich ein Wechsel in andere Institutionen und Stationen nicht überhaupt vermeiden lassen. Ein Hineinbegleiten von gefährdeten Menschen in eine weiterführende Institution wird jedoch aufgrund von Abgrenzungsideologien und/oder gesetzlichen Zuständigkeitsregelungen oft verhindert (vgl. Hölling in diesem Band). Der Schlüssel zur Lösung der strukturellen Probleme der Krisenhilfe liegt also nicht nur in deren infrastruktureller Weiterentwicklung, sondern auch in der Überwindung ihrer zu häufigen Beziehungsabbrüchen führenden Fragmentierung und Versäulung.

Die Fähigkeit, im Umgang mit Menschen in unterschiedlichsten Situationen, die eine äußerst rasche psychosoziale und medizinische Intervention erfordern, stets richtige Entscheidungen zu treffen, verlangt von den Mitarbeitern der Krisenhilfe ein hohes Ausmaß an Selbsterfahrenheit, psychosozialer Interventionskompetenz und eine sinnvoll abgestimmte Zusammenarbeit mit anderen relevanten Einrichtungen der Region. Dazu gehört auch, sich mit Unbekanntem und mit Vielfalt auseinanderzusetzen, was inzwischen unter den Begriffen Diversity Sensibility und Diversity Management zu grundsätzlichen Anforderungen an KrisenhelferInnen gezählt wird (vgl. Scheuermann & Schürmann in diesem Band). Auch die systematische Beteiligung von Nutzern einschließlich ihrer Angehörigen an der Behandlungs- und Hilfeplanung sowie die Zusammenarbeit mit Interessenvertretungen von Nutzern und Angehörigen ist noch immer keine Selbstverständlichkeit.

Soziale Erfahrungen von Respekt, Anerkennung, Geborgenheit und Zugehörigkeit sind gerade für benachteiligte Bevölkerungsgruppen Mangelware. Zieht man aus Erfahrungsberichten Konsequenzen, so zeigt sich, dass Nutzer sich nicht nur professionelle Feldkompetenz und die Fähigkeit zu flexiblem prozessspezifischen Vorgehen wünschen, sondern vor allem ein auf ihre Person zugeschnittenes beziehungsorientiertes Vorgehen (vgl. Gahleitner in diesem Band). Die Umsetzung liegt selbstverständlich nicht alleine in den Händen der Krisenhelfer, sondern es bedarf auch und vor allem gesundheits- und sozialpolitischer Umsteuerungen von bisher institutionsbezogenen Ressourcen in personbezogene Unterstützungsleistungen.

Literatur

Bundesministerium für Familie, Senioren, Frauen und Jugend (BMFSFJ) (2009). *13. Kinder- und Jugendbericht. Bericht über die Lebenssituation junger Menschen und die Leistungen der Kinder- und Jugendhilfe in Deutschland.* Berlin: Bundesministerium für Familie, Senioren, Frauen und Jugend. (Drucksache des Deutschen Bundestags. 16/12860.)

Cicchetti, D. (1999). Entwicklungspsychopathologie: Historische Grundlagen, konzeptionelle und methodische Fragen, Implikationen für Prävention und Intervention. In R. Oerter, C. v. Hagen, G. Röper & G. Noam (Hrsg.), *Klinische Entwicklungspsychologie* (S. 11–44). Weinheim: Beltz PVU.

Crefeld, W. (1998). Denn sie wissen nicht, was sie tun. Zwangseinweisungen – ein sträflich vernachlässigtes Thema. *Betreuungsrechtliche Praxis*, 2, 47–50.

Crefeld, W. (1999). *Gesundheitsberichterstattung zur Anwendungspraxis des Unterbringungsrechts nach dem PsychKG NRW und dem Betreuungsrecht des Bundes.* Bochum: Evangelische Fachhochschule. (FESA-Transfer. Beiträge zur Entwicklung der sozialen Arbeit. 12.)

Crefeld, W. (2007). Psychosoziale Krisendienste in Deutschland. *Blätter der Wohlfahrtspflege*, 4, 123–126.

Gahleitner, S. B. (2006). ›ICD plus‹ und ›Therapie plus‹ – Diagnostik und Intervention in der Klinischen Sozialarbeit. *Klinische Sozialarbeit*, Sonderausgabe, 12–22. (www.klinische-sozialarbeit.de/KlinSa_Sonderausgabe%20Tagung_05.pdf), Zugriff am 07.01.2010.

Gahleitner, S. B., Schulze, H. & Pauls, H. (i. Dr.). ›hard to reach‹ – ›how to reach‹? Psycho-soziale Diagnostik in der Klinischen Sozialarbeit. Tagung ›Soziale Diagnostik‹ am 8. Mai 2008 in St. Pölten, Österreich.

Geißler-Piltz, B., Albert, M. & Pauls, H. (2005). *Klinische Sozialarbeit.* München: Reinhardt. (Soziale Arbeit im Gesundheitswesen. 7.)

Katschnig, H. & Konieczna, T. (1987). Notfallpsychiatrie und Krisenintervention. Überblick über Versorgungsprobleme. In H. Katschnig & C. Kulenkampff (Hrsg.), *Notfallpsychiatrie und Krisenintervention* (S. 9–31). Köln: Rheinland-Verlag. (Aktion Psychisch Kranke. Tagungsberichte. 14.)

Keupp, H. (1997). *Ermutigung zum aufrechten Gang.* Tübingen: DGVT.

Keupp, H. (2005). Die Reflexive Modernisierung von Identitätskonstruktionen. Wie heute Identität geschaffen wird. In B. Hafenegger (Hrsg.), *Subjektdiagnosen, Subjekt, Modernisierung, Bildung* (S. 60–91). Schwalbach: Wochenschau-Verlag.

Kunz, S., Scheuermann, U. & Schürmann, I. (2004). *Krisenintervention – Ein fallorientiertes Arbeitsbuch für Praxis und Weiterbildung.* Weinheim: Juventa.

Mielck, A. (2005). *Soziale Ungleichheit und Gesundheit. Empirische Ergebnisse, Erklärungsansätze, Interventionsmöglichkeiten.* Bern: Huber.

Pajonk, F. G. & Madler, C. (2001). Notfallmedizin – veränderte Einsatzrealität. *Deutsches Ärzteblatt*, 98(24), C1279.

Pauls, H. (2004). *Klinische Sozialarbeit. Grundlagen und Methoden psycho-sozialer Behandlung.* Weinheim: Reinhardt.

Regus, M. & Depner, R. (1998). Ambulante und mobile Krisenintervention und Notfallpsychiatrie – Ergebnisse der Begleitforschung zu einem Modellprogramm in Nordrhein-Westfalen. *Sozialpsychiatrische Informationen*, 1, 12–23.

Rutz, W. (2003). The european mental health program and the world health report 2001. Input and implications. *British Journal of Psychology*, 183, 73–74.

Schleuning, G. & Welschehold, M (2003). *Münchner Krisenstudie.* Bonn: Psychiatrie-Verlag.

Schürmann, I. (2001). Krisenintervention in der psychologischen Diskussion – Ein allgemeiner Überblick. In E. Wüllenweber & G. Theunissen (Hrsg.), *Handbuch der Krisenintervention.* Hilfen für Menschen mit geistiger Behinderung (S. 76–94). Stuttgart: Kohlhammer.

Schulze, H. (2008). Interkulturelle Fallarbeit – Einlassen auf plurale Realitäten. In S. B. Gahleitner & G. Hahn (Hrsg.), *Klinische Sozialarbeit. Zielgruppen und Arbeitsfelder* (S. 75–93). Bonn: Psychiatrie-Verlag. (Beiträge zur psychosozialen Praxis und Forschung. 1.).

Sting, S. & Zurhorst, G. (Hrsg.) (2000). *Gesundheit und Soziale Arbeit. Gesundheit und Gesundheitsförderung in den Praxisfeldern Sozialer Arbeit*. Weinheim: Juventa.

Wienberg, G. (1993). Qualitätsmerkmale außerstationärer Krisenintervention und Notfallpsychiatrie – Standards und Modellvarianten. In G. Wienberg (Hrsg.), *Bevor es zu spät ist ... Außerstationäre Krisenintervention und Notfallpsychiatrie* (S. 42–68). Bonn: Psychiatrie-Verlag.

Wienberg, G. (2001). Vom Objekt zum Subjekt – aus Sicht eines psychiatrischen Professionellen. In Aktion Psychisch Kranke (Hrsg.), *25 Jahre Psychiatrie-Enquete, Bd. 1.* (S. 185–203). Bonn: Psychiatrie-Verlag.

Wienberg, G. (2008). Gemeindepsychiatrie heute – Erreichtes, aktuelle Herausforderungen und Perspektiven. *Sozialpsychiatrische Informationen, 1*, 2–13.

Witte, M. (2008). Beratungsstellen für Menschen in Krisen in Deutschland. Überblick, Anspruch und Relevanz für die Suizidprävention. *Suizidprophylaxe, 35*(3), 144–150.

3 Wege in die Öffentlichkeit – Schriftliche und mündliche Kommunikation für Einrichtungen der Krisenhilfe

Ulrike Scheuermann

> Einrichtungen der Krisenhilfe brauchen effektive Presse- und Öffentlichkeitsarbeit, um ihre Existenz, ihr Angebot und die Inhalte von Krisenintervention zu kommunizieren. Und zwar so, dass die Menschen im Umfeld verstehen, warum Kriseneinrichtungen wichtig sind, wer dort wie arbeitet und in welchen Fällen die Angebote von wem genutzt werden können und sollten. So lässt sich bei der Bevölkerung ein Bewusstsein schaffen, dass für jeden im Krisen- und Notfall ein Netz vorhanden ist, das den freien Fall bremst und verlässlich trägt, bis die Krise bewältigt ist oder längerfristige und spezialisiertere Angebote greifen. Was sollten die Mitarbeitenden von Kriseneinrichtungen wissen, um ein wirksames Kommunikationskonzept zu entwickeln und umzusetzen – und das trotz meist geringem finanziellem und personellem Etat? Der Beitrag gibt Kriseneinrichtungen eine Orientierung für ihre Öffentlichkeits- und Pressearbeit: Um ihre Presse- und Öffentlichkeitsarbeit gründlich zu planen, um sich auf spezifische Themen einzustellen und um stimmige Texte zu verfassen.

3.1 Einleitung

»Wir machen gute und wichtige Arbeit.« Davon sind die Mitarbeitenden in Einrichtungen der Krisenhilfe in der Regel überzeugt. Sie diskutieren über Interventionen, über einzelne Nutzer und den besten Umgang mit ihnen, über grundlegende Herangehensweisen bei bestimmten Problemen. Die Arbeit ist anspruchsvoll und vielfältig, dementsprechend sind die Mitarbeitenden stark gefordert. Sie müssen neben der Kriseninterventionsarbeit häufig viele weitere Aufgaben leisten, die Öffentlichkeitsarbeit ist nur eine davon. Ich möchte mit diesem Beitrag ein verändertes Bewusstsein für die Bedeutung der Presse- und Öffentlichkeitsarbeit schaffen und Orientierung für sinnvolle Herangehensweisen geben.

Einen Einstieg in das Thema bieten Fragen zur Zielgruppenorientierung und zum eigenen Image in der Öffentlichkeit: Erreichen wir diejenigen, die Krisenhilfe am dringendsten brauchen? Und wen erreichen wir von diesen Menschen nicht und warum nicht? Was können wir tun, um diese Adressaten besser zu informieren und ihnen Angebote der Krisenhilfe nahezubringen? Und wie wird unser Angebot in der Öffentlichkeit überhaupt wahrgenommen? Wie sehen uns andere, was erzählen sie über uns – oder eben nicht? Erst danach folgt die Strategieplanung und die professionelle Umsetzung.

3.1.1 Persönlicher Zugang

Ich war rund zehn Jahre in der ambulanten Krisenintervention als Diplom-Psychologin tätig; zugleich habe ich in verschiedenen städtischen Krisen- und Beratungseinrichtungen durch Presse- und Öffentlichkeitsarbeit die Angebote nach außen kommuniziert. In dieser Zeit habe ich Ideen entwickelt, um diese Arbeit sinnvoll und pragmatisch an den Krisenbereich anzupassen. Das öffentliche Interesse für das

Thema Krisenintervention ist nach meiner Erfahrung groß: Gesprächspartner fragen interessiert und neugierig nach, finden das Thema wichtig – doch zugleich haben sie oft nur eine vage Vorstellung davon, was Krisenintervention eigentlich ist: Um was für Krisen geht es da? Was ist das für ein Angebot? Wie ist eine Kriseneinrichtung organisiert und finanziert? Wie leistet man solch schwierige Arbeit, ohne selbst »die Krise zu kriegen«? Diese immer wieder gestellten Fragen weisen den Weg, den die Presse- und Öffentlichkeitsarbeit einschlagen kann: nämlich die Aufklärung über das Thema Krise, die Möglichkeiten der Hilfe und die Vermittlung von professionellen Herangehensweisen der beraterischen Tätigkeit. Nachdem ich viele Jahre lang sowohl Krisenintervention als auch Presse- und Öffentlichkeitsarbeit geleistet habe, bin ich heute selbstständig als Schreibcoach, Texterin und Sachbuchautorin und sehe aus einer anderen Perspektive, wie wichtig das öffentliche Auftreten für Kriseneinrichtungen ist. Öffentlichkeitsarbeit gehört für mich zu guter Krisenarbeit dazu: Kann diese doch erst greifen, wenn Menschen in der Krise den Weg zur Hilfeeinrichtung finden. Die Chancen, über Krisenthemen in Austausch mit der Öffentlichkeit zu treten, stehen aufgrund des vorhandenen Interesses denkbar gut. So haben Mitarbeitende optimale Ausgangsbedingungen für gelingende Presse- und Öffentlichkeitsarbeit – nun müssen sie genutzt werden.

3.1.2 Relevanz von Presse- und Öffentlichkeitsarbeit im sozialen Bereich[1]

Im sozialen Sektor finden tiefgreifende Veränderungen statt: Einst sozialstaatliche Leistungen werden von privaten Anbietern erbracht, der Markt setzt sich als Steuerungsgröße stärker durch. Soziale Organisationen müssen sich im Sozialmarkt neu positionieren und profilieren. Vielfach kommt der Presse- und Öffentlichkeitsarbeit einer sozialen Organisation existenzielle Bedeutung zu: Längst sind – zumindest in Großstädten – die Beratungsangebote im psychosozialen Bereich so vielfältig und damit unübersichtlich geworden, dass Hilfesuchende den Weg zum passenden Angebot nicht unbedingt finden und ein zu wenig kommuniziertes Angebot auch untergehen kann. Und inzwischen weiß jeder auch im psychosozialen Bereich: »Öffentlichkeit gibt es nicht einfach, sie wird hergestellt.« (Franck, 2008), und das bedeutet: Wer öffentliche Resonanz erzeugen will, muss Öffentlichkeitsarbeit machen.

Doch was ist überhaupt Presse- und Öffentlichkeitsarbeit? Darüber herrschen vielfach Unklarheiten, deshalb folgen hier einige Definitionen zu den zentralen Begriffen.

3.1.3 Begriffsverortung

Öffentlichkeitsarbeit beschreibt Norbert Franck, Presse- und Öffentlichkeitsarbeiter und Autor zahlreicher Bücher zum Thema, als »die Pflege öffentlicher Beziehungen (Public Relations).« (Franck, 2008, S. 19). Der Begriff »Public-Relation-Arbeit« wird meist ähnlich oder synonym zu Öffentlichkeitsarbeit verwendet. Ich halte zudem zwei wesentliche Merkmale für wichtig: Öffentlichkeitsarbeit ist langfristig angelegt und informiert und tritt in Austausch mit bestimmten Menschen: Öffentlichkeitsarbeit ist also die zielgerichtete Kommunikation und das In-Beziehung-Treten einer Organisation mit Teilöffentlichkeiten, also mit internen und externen Zielgruppen, auf einer

---
[1] Mit dem feststehenden Begriff »sozialer Bereich« ist hier immer der soziale *und* Gesundheitsbereich gemeint.

konzeptionellen Grundlage. Dabei werden Informationen und Inhalte kontinuierlich und langfristig angelegt kommuniziert.

Damit sind entscheidende Unterschiede zur Werbung benannt: Werbung zielt mehr auf die Beeinflussung der Adressaten zur Bedürfnisweckung bzw. -bewusstmachung, Verhaltenslenkung und -veränderung. Öffentlichkeitsarbeit ist auf langfristige Wirkung angelegt und kommuniziert stärker über informative Inhalte. Sie will Transparenz schaffen und tritt in Kommunikation …

- mit der externen Öffentlichkeit – über die Pressearbeit mit den Medien Presse, Rundfunk und Fernsehen; über Veranstaltungen und Vorträge, Veröffentlichungen, Informationsbroschüren, Infostände, über Aktionen und Kampagnen und vieles mehr;
- mit der internen Öffentlichkeit – also den Mitgliedern der Organisation – durch den Aufbau von effektiven internen Kommunikationsstrukturen.

Pressearbeit kann man als Ergänzung und Verstärkung, auch als Teil der Öffentlichkeitsarbeit auffassen – meist werden beide in einem Atemzug genannt, wie auch in diesem Beitrag. Pressearbeit ist wichtig, um das öffentliche Interesse überhaupt zu wecken und die Rezipienten dazu zu motivieren, mehr Informationen über das kommunizierte Angebot nachzufragen und es mehr zu beachten. Das Plakat über den Krisendienst in den öffentlichen Verkehrsmitteln fällt der Zeitungsleserin viel stärker ins Auge, wenn sie gerade einen Bericht über die neu eröffnete Krisenberatungsstelle gelesen hat. Die Autor/innen Günter Pleiner und Britta Heblich, die zum Thema Pressearbeit ein Lehrbuch für Studierende der Sozialarbeit geschrieben haben, verstehen unter Pressearbeit »Die geplante, initiative, systematische und kontinuierliche Kommunikation mit MedienvertreterInnen.« (Pleiner & Heblich, 2009, S. 17). Der Begriff steht auch für die Medienarbeit allgemein: Elektronische Medien wie Fernsehen und Hörfunk gehören ebenso dazu wie Online-Medien. Einen Überblick gibt **Tab. 3.1**.

3.2 Presse- und Öffentlichkeitsarbeit im sozialen Bereich planen

Mit dem folgenden Leitfaden für Maßnahmen der Presse- und Öffentlichkeitsarbeit können Kriseneinrichtungen ihre Arbeit und die dafür notwendigen Auseinandersetzungsschritte planen.

Tab. 3.1: Ziele, Instrumente und Wirkungen von Presse- und Öffentlichkeitsarbeit

Ziele	Instrumente	Wirkung
• Informieren • Beziehung aufbauen • Vertrauen schaffen	• Pressemitteilung, -konferenz etc. • Internetseite • Flyer, Infobroschüre • Plakate • Visitenkarten • Infobriefe • Infostände • Veröffentlichungen • Seminare, Workshops, Vorträge • Aktionen und Kampagnen • Anzeigen • Interne Zeitschrift	• langfristig • Kommunikation über Infos/Inhalte • intern und extern

> **Planung von Presse- und Öffentlichkeitsarbeit**
> 1. Wer sind wir? – Ausgangssituation definieren
> 2. Was wollen wir? – Ziele formulieren
> 3. Wen wollen wir erreichen? – Zielgruppen analysieren
> 4. Wie wollen wir erreichen? – Strategien und Instrumente planen: Mundpropaganda, Printmedien, Website, Medienkommunikation, Fachdiskurs, Aktionen
> 5. Welche Ressourcen haben wir? – Zeitrahmen, Arbeitskraft und Budget planen
> 6. Was haben wir erreicht? – Erfolge kontrollieren und weiter planen

3.2.1 Wer sind wir? – Ausgangssituation definieren

An erster Stelle der konzeptionellen Überlegungen steht die Analyse und Definition des eigenen Selbst- und Fremdbildes zum jetzigen Zeitpunkt. Dazu gehören das Leitbild der Organisation und das Image, das angestrebt wird – die Corporate Identity – übersetzt etwa mit »gemeinsame Identität«. Wer sind wir? Wofür stehen wir? Wie sehen uns andere und wie sollen sie uns sehen? Das Leitbild entwickeln die Mitarbeitenden in gemeinsamen Diskussionsprozessen. Sie sollten sich damit identifizieren können und sich dieser gemeinsamen Identität und ihren Verhaltensrichtlinien entsprechend verhalten. Dadurch entsteht zu einem Teil das Image einer Organisation, das sich nach außen vermittelt und die Sichtweise der Öffentlichkeit auf die Arbeit färbt. Der andere Teil des Images einer Organisation entsteht durch die Öffentlichkeitsarbeit.

3.2.2 Was wollen wir? – Ziele formulieren

Wer seine Ziele klar formuliert, kann später seine Erfolge einschätzen und kontrollieren. Mit einem sorgfältig ausformulierten Ziel lässt sich jederzeit überprüfen, ob man noch auf dem richtigen Weg ist und ob das Ziel schließlich erreicht wurde. Doch allzu schnell planen die meisten, in welchen Farben der neue Flyer gestaltet sein soll und welche Fotos auf der Website erscheinen sollen. Das scheint naheliegender, als sich mit dem Erarbeiten von Zielen abzumühen. Der Effekt: Oft wirkt die Öffentlichkeitsarbeit unprofessionell, nicht aus einem Guss und wenig überzeugend, weil kein stimmiges Gesamtbild der Organisation entsteht. Deshalb folgt hier als Anregung eine Liste von Zielen für Einrichtungen der Krisenintervention, die jede Organisation an ihre eigenen Vorstellungen anpassen kann:

- Die Öffentlichkeit informieren: über Möglichkeiten der Krisenbewältigung und über spezifische Themenbereiche (z. B. zur Suizidthematik, zu Psychose, Depression, Traumatisierung und den jeweiligen Hilfe- bzw. Präventionsmöglichkeiten);
- Vertrauen zwischen Kriseneinrichtung und Zielgruppe als einen Wachstumsprozess gestalten, der regelmäßiger, langfristig angelegter Ansprache bedarf;
- das Image der Organisation prägen und vermitteln;
- im öffentlichen Bewusstsein präsent sein und damit an die Möglichkeit der Krisenbewältigung durch eine kompetente und professionelle Krisenhilfe erinnern;
- ein Wechselspiel im Austausch mit den Adressaten gestalten: z. B. Nutzerinnen von Kriseneinrichtungen zu deren Bedürfnissen und Fragen befragen;
- soziale Themen, die in Zusammenhang mit Krisen der eigenen Klientel stehen, in die gesellschaftliche Diskussion einbringen;

- zu aktuellen gesundheits- und sozialpolitischen Themen Stellung nehmen;
- im Fachdiskurs präsent sein, z. B. mit Artikeln in Fachzeitschriften und Buchpublikationen;
- Geldgeber von der Wichtigkeit und Wirksamkeit der eigenen Tätigkeit überzeugen;
- interne Kommunikation mit allen Mitarbeitern initiieren – damit auch nach außen »alle an einem Strang ziehen«.

Übrigens: Ein gut formuliertes Ziel ist realistisch, konkret, überprüfbar, terminiert und schriftlich ausformuliert in für alle verständlicher Form. Es hat sich in einem Diskussionsprozess entwickelt, ist damit konsensfähig und wird dementsprechend von den wichtigsten Beteiligten unterstützt.

3.2.3 Wen wollen wir erreichen? – Zielgruppen analysieren

Im nächsten Schritt werden die Zielgruppen beschrieben – ein wichtiger Schritt. Zielgruppen sind definierte Gruppen von Menschen und Organisationen, mit denen gezielt kommuniziert werden soll. Verschiedene Zielgruppen kann man nur mit ebenso verschiedenen Kommunikationsstrategien erreichen. Hier werden bei der Öffentlichkeitsarbeit häufig Fehler gemacht: Man hofft, mit der Zielgruppe »Alle« tatsächlich alle Menschen anzusprechen, die potenziell in einer Krise professionelle Hilfe bräuchten. Die Mitarbeiter versetzen sich nicht genug in die Teil-Zielgruppen, sondern legen etwa bei der gestalterischen Ausrichtung ihre eigenen Interessen und den eigenen Geschmack zugrunde. Eher wird damit aber eine ähnliche Zielgruppe wie die der »Öffentlichkeitsarbeiter« angesprochen. Im Begleitforschungsbericht des Berliner Krisendienstes werden als Entwicklungspotenzial für die verbesserte Erreichung einiger Zielgruppen beispielsweise die Gruppen der Ausländer bzw. Migranten und älteren Menschen genannt (Bergold & Zimmermann, 2003, S. 289). Sie wurden bisher offensichtlich nicht ausreichend angesprochen. Erst wer seine Zielgruppen sehr gründlich kennenlernt und beschreibt, kann auf ihre Interessen, Fragen, Ängste und Bedürfnisse wirklich eingehen.

Zielgruppen für Kriseneinrichtungen sind z. B.:

- Potenzielle Nutzerinnen und Nutzer: Klienten, Angehörige und andere Beteiligte, Professionelle anderer Einrichtungen;
- Politik und Verwaltung: Behörden, politische Verwaltung, Land/Bund, einzelne Politiker;
- Meinungsbildner: Medien, Interessengruppen, Fachverbände, andere soziale Organisationen.

Um diese allgemeinen Zielgruppen genauer zu analysieren und zu benennen, müssen sie weiter segmentiert werden, das heißt in Teilbereiche untergliedert werden. Diese Zielgruppensegmentierung ist immer dann sinnvoll, wenn die Zielgruppe zu groß ist, um sie noch einheitlich zu definieren. Eine Möglichkeit ist die Segmentierung nach verschiedenen Merkmalen:

- demografische Merkmale: z. B. Alter, Geschlecht, Wohnort, Einkommen;
- qualitative Merkmale: z. B. fortschrittlich, konservativ, status- oder konsumorientiert etc.;
- Verhaltensmerkmale: z. B. Kommunikationsverhalten, Freizeitverhalten etc.

Heute werden Zielgruppen für eine sehr viel präzisere Bestimmung in sogenannte Milieus aufgeteilt. Milieus sind auf der Basis aktueller Lebensweltexplorationen durch sozialwissenschaftliche Forschung entwickelt. Die Sinus-Milieus® (Sinus Sociovision GmbH, 2002) sind hierfür eine der bekanntesten Zielgruppenbestimmungen. Sie beschreiben ganzheitlich den Menschen mit seinem Lebensstil und in seiner Lebenswelt mit seinen grundlegenden Wertorientierungen und Alltagseinstellungen zur Arbeit, Familie, Freizeit, zu Geld und Konsum. Gleichgesinnte werden zu Gruppen zusammengefasst. Damit bietet der Milieu-Ansatz sehr viel mehr Informationen als herkömmliche Zielgruppenansätze. Er wird seit Beginn der 1980er Jahre sowohl von führenden Markenartikelherstellern als auch von Dienstleistungsunternehmen für strategisches Marketing und Kommunikation erfolgreich genutzt.

3.2.4 Wie wollen wir erreichen? – Strategien und Instrumente planen

Zur vierten Frage, wie eine Einrichtung mit der Öffentlichkeit und den Medien kommunizieren will und kann, folgt ein kurzer Überblick, um danach auf einzelne Themen, die für Kriseneinrichtungen relevant sind, näher einzugehen.

Mundpropaganda

Vom Small Talk bis zum Fachgespräch: Mundpropaganda ist eines der besten Mittel, um einen guten Ruf zu bekommen – oder ihn zu verderben. Mundpropaganda ist gerade für Krisendienste eine wichtige Form der Öffentlichkeitsarbeit, denn wenn es um ein so privates Thema wie eine persönliche Krise geht, verlassen sich die meisten Menschen eher auf persönliche Empfehlungen als auf offizielle. Daraus folgt unter anderem: Das Auftreten jedes einzelnen Mitarbeitenden bei jeder einzelnen Krisenintervention ist Teil der Öffentlichkeitsarbeit. Mehr dazu bei Kapitel 3.3.2.

Printmedien: Plakat, Flyer, Visitenkarte, Infobroschüre

- *Plakate* wirken über Bildeindrücke. Eine naheliegende Möglichkeit ist, auf Bildern Gesprächssituationen oder die emotionale Befindlichkeit eines Menschen in der Krise darzustellen. Dazu gehört die Überlegung: Möchten wir Menschen in der Krise (verzweifelt, verwirrt) zeigen oder Menschen, die eine Krise erfolgreich durchgestanden haben (gestärkt, stolz)? Beide Ansätze sprechen ganz unterschiedliche Zielgruppen an. Ähnlich kann man das Thema Krise auf der emotionalen Ebene unterschiedlich kommunizieren: beispielsweise emotional betont oder gerade sachlich-distanziert. Eine weitere Entscheidung: Man kann Möglichkeiten zur Identifikation mit Menschen in einer Krise geben oder vom Thema Krise abstrahieren, um den Rezipienten die Möglichkeit zur Distanzwahrung zu lassen. Diese Entscheidungen hängen davon ab, wie man einschätzt, was die eigenen Zielgruppen brauchen.
- *Flyer* werden an (potenzielle) Nutzer, an Professionelle und an Orten verteilt, die mit dem Thema Krise assoziiert werden können (Kirchengemeinden, Arztpraxen, Apotheken, Ämter und Behörden).
- *Visitenkarten* sind handlich und deshalb erfahrungsgemäß etwa bei Polizeibeamten und Rettungskräften im Einsatz beliebt.
- *Infobroschüren* informieren umfassend. Sie werden z. B. jährlich oder zu einem bestimmten Anlass (Jubiläum) herausgegeben.

Website: gut gepflegt und viel besucht

Auf der Website ist ein Bereich für Medien/Presse empfehlenswert: Hier stehen den Medien die relevanten Informationen zur Verfügung wie Downloadmaterial mit Infos zur Einrichtung, Bildmaterial (z. B. Logo, Fotos der Einrichtung etc.) und persönliche Ansprechpartner für Interviews. Hier ist eine Grundsatzentscheidung zu treffen: Soll über die Website auch Kontakt mit Nutzern aufgenommen werden? Viele Website-Besucher hoffen – oder gehen davon aus –, dass sie über die angegebene E-Mail-Adresse eine

Online-Beratung erhalten. Sollte dies nicht der Fall sein, muss es ausdrücklich gekennzeichnet werden.

Kommunikation mit Medien: Presse, Rundfunk, Fernsehen

Hier geht es darum, unkompliziert und schnell für Anfragen und Interviews zur Verfügung zu stehen. Meist geschieht diese Kommunikation in Form von informierenden Pressemitteilungen, wenn die Kriseneinrichtung die Initiative ergreift, und mit Interviews für Reportagen und Features für die regionalen und überregionalen Medien. Die Medienarbeit ist ein aufwendiger Teil der Öffentlichkeitsarbeit, da Kontakte zu Journalisten gepflegt werden müssen. In Kapitel 3.3.1 geht es ausführlicher um die Kommunikation mit den Medien.

Kommunikation im Fachdiskurs: Fachtagungen, Fachliteratur, Fortbildungen

Über die Präsenz im Fachdiskurs betreibt eine Kriseneinrichtung Öffentlichkeitsarbeit im besten Sinne: Kontakte, Austausch und Diskussion mit den Kolleginnen der Fachöffentlichkeit fördern die Vernetzung, die Weiterentwicklung von Ideen und Konzepten und das Ansehen der Einrichtung mit einer professionell engagierten und kompetenten Mitarbeiterschaft: Bei Fachtagungen, Infoveranstaltungen und Fortbildungen zum Thema Krisenintervention für die Mitarbeiter anderer Einrichtungen und durch die Veröffentlichung von Fachliteratur (Artikel in Fachzeitschriften und Sammelbänden, Buchveröffentlichungen).

Aktionen und Kampagnen: aufsehenerregend und engagiert

Events sind erlebbar – sprechen sie doch Sinne und Gefühlswelt unmittelbar an – und verankern sich gut im Gedächtnis. Interessante Aktionen sorgen für allgemeine Aufmerksamkeit und damit für Medieninteresse. Da Aktionen aufwendig zu organisieren sind, ist der Zusammenschluss verschiedener Einrichtungen sinnvoll, um Arbeit zu teilen und Ressourcen zu bündeln.

3.2.5 Welche Ressourcen haben wir? – Zeitrahmen, Arbeitskraft und Budget planen

Öffentlichkeitsarbeit kann man nicht »schnell mal nebenher« leisten. Wer realistisch plant, vermeidet das »Versanden« von bereits begonnenen Maßnahmen mangels Arbeitskraft und finanziellen Mitteln. Schon allein eine gut vorbereitete kleine Presseaktion benötigt nach meiner Erfahrung etwa 18 Stunden: Pressemitteilung schreiben, mit der Leitung abstimmen, fertigstellen, verschicken (4 Std.); telefonisch Kontakt zu den Medien aufnehmen, »nachhaken« (4 Std.); Interviewtermine absprechen, Interviews und gegebenenfalls weitere Informationen geben (8 Std.); Pressespiegel, Dokumentation (2 Std.).

Übrigens: Erst jetzt beginnt die Durchführung der Presse- und Öffentlichkeitsarbeits-Maßnahmen.

3.2.6 Was haben wir erreicht? – Erfolge kontrollieren und weiter planen

Wer seine Erfolge durch Öffentlichkeitsarbeits-Maßnahmen misst, kann daraus Schlüsse für die weitere Öffentlichkeitsarbeit ziehen und diese immer effektiver und zielgerichteter planen. Viele vernachlässigen diesen letzten Schritt und lassen Verbesserungspotenziale ungenutzt. Maßgrößen für den Bereich Krisenintervention können z. B. die Entwicklung der Kontaktzahlen, die Übereinstimmung mit der tatsächlich erreichten Zielgruppe oder die Zufriedenheit der Nutzer (z. B. über einen Fragebogen ermittelt) sein.

Der beschriebene Leitfaden führte durch die Planung der Presse- und Öffentlichkeitsarbeit. Im Folgenden vertiefe ich einige Themen, die für Einrichtungen der Krisenhilfe besonders interessant sind.

3.3 Besonderheiten der Presse- und Öffentlichkeitsarbeit für Einrichtungen der Krisenhilfe

Das Thema Krisenintervention bedingt bestimmte Themenschwerpunkte für die Öffentlichkeitsarbeit: Wie gestaltet man den Kontakt mit den Medien und anderen Vertretern des öffentlichen Interesses – insbesondere beim Thema »Suizid«, das die Medien am häufigsten anfragen. Wie kann Krisenarbeit glaubwürdig kommuniziert werden? Wie trägt die interne Kommunikation mit den Mitarbeitern zur Öffentlichkeitsarbeit bei?

3.3.1 Kommunikation mit den Medien

Ein großer Teil der Kommunikation mit der Öffentlichkeit findet über die Medien Presse, Rundfunk und Fernsehen statt. Mit Pressemeldungen kann eine Kriseneinrichtung von sich aus auf die Öffentlichkeit zugehen, nicht nur anlässlich von Jubiläen, Standorteröffnungen oder Tagungen, sondern auch bei anderen für die Öffentlichkeit relevanten Anlässen. Damit wird auch zielgruppenspezifisch gearbeitet: z. B. neue Forschungsergebnisse zur Befindlichkeit älterer Menschen (spricht bisher kaum erreichte Nutzergruppen an), Vorweihnachtszeit (spricht Familien im Konflikt an), neue Suizidstatistik des statistischen Landesamtes (spricht junge Männer, alte einsame Menschen an), Eröffnung von Beratungsstellen etc.

Wenn eine kontinuierliche Presse-/Medienarbeit stattfindet, suchen die Medien auch von sich aus verstärkt den Kontakt zur Kriseneinrichtung. Etwa bei aktuellen Anlässen, die mit Krisenintervention in Verbindung gebracht werden und die bestimmte Meldungen in den Medien nach vorne bringen. Zum Bei-

Grundregeln für die Kommunikation mit den Medien

- *Zum persönlichen Gespräch einladen*: Ein persönliches Gespräch in der Kriseneinrichtung bietet sehr viel mehr Möglichkeiten, einen bleibenden Eindruck von der Krisenarbeit, der Atmosphäre in der Einrichtung und den Beratern zu vermitteln und sollte bei jeder Interviewanfrage angeboten werden.
- *Vorab-Klärung*: Schon bei Vereinbarung des Interviewtermins sollten die Verantwortlichen klären, was genau das Thema des Interviews ist, welche Fragen die Interviewerin stellen möchte, ob und über welche Fallbeispiele berichtet werden soll. So kann das Interview optimal vorbereitet werden.
- *Prototypen als Fallbeispiele vorbereiten*: Es empfiehlt sich, ein Repertoire von anonymisierten Fallbeispielen vorzubereiten. Sinnvoll ist es, verschiedene Beispiele aus der Praxis zu einem typischen Fall zu vereinen, der dann als Prototyp alle Besonderheiten einer Thematik besonders gut veranschaulicht und die Anonymität der Nutzer vollständig wahrt. Die Anonymisierung sollte dabei dem Interviewer mitgeteilt und später möglichst mit veröffentlicht werden. So wissen auch die Rezipienten, dass sie als potenzielle Ratsuchende geschützt wären. Niemand sollte sich vorstellen müssen, nach einer Krisenberatung würde sein Fall in einer späteren Reportage breitgetreten.

spiel nach Suiziden, nach der Veröffentlichung von Forschungsergebnissen zur psychischen Befindlichkeit von Bevölkerungsgruppen (»Männliche Jugendliche sind häufiger depressiv«), nach Großschadensereignissen (»Nach dem 11. September: vom Umgang mit der Angst«) und Katastrophen oder bei sozial- und gesundheitspolitischen Themen (»Radikalkürzungen im Gesundheitsbereich«).

Das Thema Suizid in den Medien

Die Medien sind nach meiner Erfahrung besonders am Thema Suizid interessiert, wenn sie sich an eine Kriseneinrichtung wenden. Begeht jemand Suizid, wird darüber in der Regel Bericht erstattet, wenn es sich um Prominente handelt (z. B. Hannelore Kohl), wenn die Vorgehensweise spektakulär war (z. B. ein Sprung von einem bekannten Bauwerk) oder wenn Kinder oder Jugendliche Suizid begehen.

Beispiel

Der Journalist Herr P. kommt zum Interviewtermin in die Krisenberatungsstelle. Am gestrigen Tage hat sich zufällig ein spektakulärer Suizid ereignet – ein junger Mann hat sich vor einen fahrenden Zug der Untergrundbahn geworfen und hätte beinah eine Person mit sich gerissen, die ihn davon abhalten wollte. In den Medien wird davon berichtet. Die Herausforderung für die Interviewpartnerin Frau. S. besteht darin, sich nicht durch die Fragen des Journalisten zum Spekulieren verleiten zu lassen – und sein Interesse auf die Arbeit des Krisendienstes und sein präventives Potenzial zu lenken:

Herr P.: Gestern hat sich dieser dramatische Vorfall in der U-Bahn ereignet. Davon haben Sie ja sicher schon gehört. Was könnten denn nach Ihrer Einschätzung die Gründe dafür sein, dass der Mann die Frau mit sich reißen wollte?

Frau S.: Über den Vorfall weiß ich zu wenig, um dazu Vermutungen anstellen zu können.

Herr P.: Aber man hört ja immer wieder, dass Selbstmörder eigentlich voller Aggressionen stecken. Könnte das damit etwas zu tun haben?

Frau S.: Auch dazu kann ich Ihnen nichts sagen, was diesen Mann betrifft. Ich habe ihn ja nicht kennengelernt, und bei jedem Menschen liegt eine individuelle Motivation und Reaktionsweise in solch einer Extremsituation vor. Und selbst wenn ich ihn aus einem Beratungsgespräch gekannt hätte – ich könnte Ihnen hier ohnehin nichts dazu sagen, da dies selbstverständlich unter die Schweigepflicht fallen würde.

Herr P.: Was könnten Sie dann aus Expertensicht zu dem Suizid sagen?

Frau S.: Nur so viel, und das gilt allgemein für Suizide: Ein suizidaler Mensch ist tief verzweifelt. Meist sind einem Suizid, und vermutlich erst recht einem so spektakulären, Erlebnisse vorausgegangen, die der Betreffende als kränkend empfunden hat, der konkrete Auslöser ist dann häufig ein vergleichsweise geringfügiger Anlass, der die Verzweiflung unerträglich werden lässt. Das *kann* auch eine hilflose Wut sein, die der Betreffende dann gegen sich selbst wendet. Aber ohne den Menschen zu kennen, bleibt dies Spekulation. Und viel wichtiger als Spekulieren über die Gründe finde ich es, auf Hilfsmöglichkeiten hinzuweisen, die einen Suizid *verhindern* können. In einer so verzweifelten Lage kann manch einer gerade *nicht* mehr Bekannte in seinem Umfeld um Hilfe bitten. Dann ist eine professionelle Beratung wie beim Krisendienst oft sinnvoller, denn die Mitarbeiter sind ausgebildet und haben sich intensiv mit der

Thematik der Suizidprävention auseinandergesetzt. Der Betreffende kann auch anonym bleiben, was für viele wichtig ist, da sie sich für ihre Suizidabsichten schämen. Denn Suizid ist immer noch ein Tabu bei uns, kaum jemand weiß zum Beispiel, dass sich mehr Leute das Leben nehmen als bei Unfällen sterben (...).

Im weiteren Interviewverlauf geht es auf einer allgemeineren Ebene darum, wie Beteiligte einem Suizidalen durch Gespräche Hilfestellung geben könnten und wann die Grenze eigener Belastbarkeit erreicht ist. Der Journalist Herr P. hat durch Frau S.' Themenangebote ein anderes Interesse – die Präventionsmöglichkeiten bei Suizidgefahr – entwickeln können. Sein am nächsten Tag erscheinender Artikel hat einen entsprechenden Schwerpunkt.

Die Berichterstattung über Suizide ist umstritten, und die Medien bemühen sich zum Teil darum, mit freiwilliger Selbstbeschränkung kollektiv *nicht* zu berichten, da durch den so genannten Werther-Effekt weitere Suizide zu befürchten sind: Es lässt sich beobachten, dass die Thematisierung eines Suizids eine Welle von Nachahmungs-Suiziden auslöst, zuerst wahrgenommen nach Erscheinen von Goethes »Die Leiden des jungen Werther« oder zum Beispiel nach dem Fernsehfilm »Tod eines Schülers«. Wird dennoch berichtet, so gilt bei den Medien die Regel, auf jeden Fall Hilfsangebote mit zu erwähnen, um den Lesern Alternativen zum Suizid zu vermitteln. Dann sollte jede Kriseneinrichtung bereitwillig für ein Interview zur Verfügung stehen und dabei folgende Hinweise beachten:

Bei Interviews zum Thema Suizid

- *keine Spekulationen* über Suizidmotive des Suizidopfers;
- *über generelle Irrtümer aufklären* (»Wer davon redet, tut es nicht«, »Wer es schon mal versucht hat, meint es nicht ernst«);
- *Verhaltensregeln zur Prävention nennen*: »Ansprechen und Nachfragen bei Verdacht statt Tabu aufrechterhalten«, »Hilfsangebote vermitteln«;
- *Fakten und Zahlen nennen*: Suizidzahlen regional und deutschlandweit, alters- und geschlechtsspezifische Verteilung von Suiziden;
- erfolgreiche *suizidpräventive Krisenarbeit beschreiben* mit Fallbeispielen.

Die Hinweise lassen sich auf verwandte Themen wie z. B. Brandstiftung oder Gewalttaten aufgrund von psychischer Krankheit, Traumatisierung etc. übertragen.

3.3.2 Glaubwürdige Kommunikation gelingt durch glaubwürdige Personen

Krisenberater als Öffentlichkeitsarbeiter

Für Kriseneinrichtungen kann es sinnvoll sein, dass die PR- und Pressereferenten in ihrem Aufgabenspektrum Öffentlichkeitsarbeit und Kriseninterventionsarbeit vereinen. Aus folgendem Grunde: Sie können damit neben der vorteilhaften Darstellung der Einrichtung authentische Beratungserfahrungen, Empathie und Interventionskompetenz vermitteln. Die Medien – als wichtige Vertreter des öffentlichen Interesses – möchten Experten interviewen und präsentieren, die in der täglichen Arbeit in direktem Kontakt mit den Betroffenen stehen. Denn die Leser, Zuhörerinnen und Zuschauer möchten sich ein Bild von der Beraterin machen, die vielleicht auch ihnen selbst gegenübersitzen oder mit ihnen am Telefon sprechen würde. Schließlich wissen die meisten Menschen um die Möglichkeit einer Krise in ihrem Leben und haben bestimmte Vorstellungen darüber, wie und an wen sie sich im Krisenfall um Unterstützung wenden würden (vgl. Bergold & Zimmermann, 2003). Die Vorstellung, potenziell Ratsuchende zu sein, liegt also für viele Menschen nahe und fließt in die Bewertung des öffentlichen Auftritts der Kriseneinrichtung ein. Die Zuschauerin fragt sich: Wie glaubwürdig wirkt dieser Berater auf mich? Wirkt er authentisch, empathisch etc.? Der Leser fragt sich: Kann ich mir vorstellen, von dieser Beraterin kompetent beraten zu werden, sollte ich mal in eine verzweifelte Situation geraten? Kann ich dort meinen Angehörigen hinschicken? Und die Verwaltungsmitarbeiterin überlegt: Gebe ich das von mir verwaltete Geld für kompetente Profis aus?

Jeder Mitarbeiter macht Öffentlichkeitsarbeit

Aber nicht nur der Presse- und Öffentlichkeitsarbeiter, auch die gesamte Mitarbeiterschaft einer Kriseneinrichtung kann durch ihre Arbeit einen Teil der Öffentlichkeitsarbeit leisten und viel zur Imagebildung beitragen.

Zum einen in der täglichen Arbeit: Wenn alle Mitarbeiter an einem Strang ziehen und die Corporate Identity der Einrichtung im Arbeitsalltag auch wirklich leben. Ein lustloser Mitarbeiter, der kurz vor Dienstschluss ein Telefongespräch abblockt, ohne genauer nachgefragt zu haben, würde dem nach außen vermittelten Bild einer engagierten, empathischen und am einzelnen Menschen interessierten Einrichtung widersprechen. Das spricht sich schnell herum und kann das positive Image der Einrichtung beschädigen.

Zum anderen, indem jeder Mitarbeiter sich für die Öffentlichkeitsarbeit der Einrichtung zuständig fühlt. Doch häufig herrschen noch bestimmte Glaubenssätze vor, die einer erfolgreichen Öffentlichkeitsarbeit entgegenstehen, etwa: »Öffentlichkeitsarbeit ist nicht so wichtig, die Klientenarbeit ist das Eigentliche« oder »Was gut ist, setzt sich schließlich durch, auch ohne Öffentlichkeitsarbeit« oder der Irrglaube »Die finanziellen Mittel für so ein wichtiges Projekt kann doch niemand einfach streichen.« Dem steht die eingangs beschriebene Veränderung des Sozialmarktes entgen: Wenn die Einrichtung nicht als engagiertes und erfolgreiches Projekt nach außen repräsentiert ist, kann sie untergehen, egal wie gut die inhaltliche Arbeit ist.

Und damit kommen wir zum nächsten Punkt – der internen Öffentlichkeitsarbeit –, bei der die eigene Mitarbeiterschaft als Zielgruppe in die Öffentlichkeitsarbeit integriert wird, um die Vermittlung der Coporate Identity und die Befähigung zu PR-Arbeit zu erreichen.

3.3.3 Öffentlichkeitsarbeit ist Kommunikation nach außen *und* nach innen

Die Öffentlichkeitsarbeit nach außen reicht langfristig in einer Kriseneinrichtung nicht als alleinige Strategie. Denn Kriseneinrichtungen sind auf die Glaubwürdigkeit ihrer Mitarbeiter in jedem Kontakt mit Nutzern, aber auch mit der Öffentlichkeit angewiesen – bei jeder Fachgremiensitzung, bei jedem Gespräch mit Vernetzungspartnern, bei jeder Interviewanfrage. Deshalb gesellt sich zur Öffentlichkeitsarbeit nach außen die nach innen.

Interne Öffentlichkeitsarbeit bedeutet, eine Kommunikation im Sinne eines Informations-, Ideen- und Meinungsaustausches zwischen den Mitarbeitern aller Ebenen der Organisation zu etablieren. Deshalb sollten die eigenen Mitarbeiterinnen auch in informierende, identitätsbildende und diskussionsfördernde Öffentlichkeitsarbeits-Maßnahmen mit einbezogen sein.

Die Differenzierung in External und Internal Public Relations ist eine Systematik, die »insbesondere bei Non-Profit-Organisationen als Austauschprozess zu verstehen [ist], in dem vor allem Werte, Interessen und Informationen durch das Medium Kommunikation zwischen einem Verband und seinen Ansprechgruppen ausgetauscht werden« (Velsen-Zerweck, 1995,

S. 446). Velsen-Zerweck empfiehlt für die Internal Public Relations eine »Verbandszeitschrift als zentrale Kommunikationsbrücke zwischen Verband und Mitglied« (ebd.) mit folgenden typischen Funktionen:

- Informationsfunktion: aktuelle Fachinformationen liefern;
- Meinungsfunktion: Meinung bilden und multiplizieren;
- Bildungsfunktion: als Instrument der Weiterbildung dienen;
- Imagefunktion: Image der Einrichtung positiv beeinflussen;
- Dialogfunktion: zwischen den Interessengruppen innerhalb der Einrichtung Dialog initiieren;
- Kompetenzfunktion: Kompetenzen der Einrichtung darstellen;
- Finanzfunktion: eventuell durch Anzeigenerlöse eine Einnahmequelle schaffen;
- Forumfunktion: Forum für alle darstellen;
- Kontaktfunktion: Beziehungen zu Ansprechpartnern außerhalb der Einrichtung pflegen.

Und so könnte das Inhaltsverzeichnis einer internen Zeitschrift als Form der internen Öffentlichkeitsarbeit aussehen:

> **Inhalt**
> **Interventionen**
>   Aktuelle Entwicklungen in der Krisenintervention
> **Entscheidungen**
>   Aus der Geschäftsführung
> **Forum**
>   Mitarbeiter diskutieren
> **Politik**
>   Neues aus den Bereichen Gesundheit und Soziales
> **Lesen**
>   Bücher, Zeitschriften
> **Termine**
>   Tagungen, Fortbildungen, Gremien etc.

3.4 Für Presse- und Öffentlichkeitsarbeit schreiben

Der größte Teil der PR-Kommunikation findet über die schriftliche Kommunikation statt: Informationsbriefe, Korrespondenz per E-Mail und Brief, Flyer-, Broschüren-, Websitetexte und Presseinformationen: Stimmige, prägnante und zur Einrichtung passende Texte sind mindestens ebenso wichtig wie die mündliche Kommunikation für PR-Zwecke. Doch oft genug wird die schriftliche Kommunikation immer noch vernachlässigt, nebenbei und ohne das entsprechende Know-how erledigt und zeigt entsprechende Verbesserungspotenziale.

Heute bin ich vor allem als Schreibcoach und Texterin tätig: Ich unterstütze Berufstätige dabei, effektiver zu schreiben, stimmige, prägnante und leserorientierte Texte zu verfassen und damit erfolgreicher zu werden. Ich verfasse PR-Texte für psychosoziale und andere Organisationen. Dadurch fällt mir umso mehr auf, was bei der schriftlichen Kommunikation zu verbessern wäre. Und das kann zum Teil sogar ohne großen Aufwand gelingen, denn oft fehlt lediglich Know-how – neben der Überzeugung, dass gute Texte wichtig sind.

Ich habe deshalb im Folgenden einige Grundregeln für gutes Schreiben für die Öffentlichkeit zusammengetragen. Sie orientieren sich an dem, was mir als die wichtigsten Verbesserungspotenziale in PR-Texten im psychosozialen Bereich auffällt. Wer sich umfassender mit souveränem Formulieren und einem am Arbeitsplatz effektiven Schreibprozess befassen möchte, dem sei mein Ratgeber »Wer reden kann, macht Eindruck – Wer schreiben kann, macht Karriere« (Scheuermann, 2009) empfohlen; und wer einen modernen leserorientierten Stil entwickeln möchte, kann mit dem Buch von Doris Märtin (2005) »Erfolgreich texten« dieses effektiv trainieren und umsetzen lernen. Darüber hinaus gibt es in den Regalen der Buchläden zahlreiche Stil- und Schreibratgeber, deren Lektüre allein schon dazu beiträgt, sensibler für stimmige Formulierungen und prägnanten Stil zu werden.

3.4.1 Aufmerksamkeit wecken

Was nützen die informativsten und durchdachtesten Texte, wenn niemand sie liest?

Das Problem bei nahezu allen PR-Texten ist, dass sie oft nicht (vollständig) gelesen werden. Denn wer an seinem Arbeitsplatz einen Text lesen möchte, hat in der Regel zur gleichen Zeit eine lange To-do-Liste abzuarbeiten, unerwartete Anrufe zu beantworten, mit Störungen umzugehen, Gesprächs- und Beratungstermine unterzubringen usw. Kurz: Zum Lesen von Texten bleibt wenig Zeit – und das gilt für Redakteure bei Presse, Rundfunk und Fernsehen ebenso wie für Kooperationspartner und andere Leser. Umso wichtiger ist es, erst einmal das Interesse am Text zu wecken; sei es eine Pressemitteilung, sei es ein Informationsschreiben zum Umzug der Beratungsstelle, seien es die erweiterten Öffnungszeiten beim Spätdienst. Und das gelingt so:

- *Griffige Überschriften formulieren*, indem diese informativ und aussagekräftig sind: (»Projekt XY erfolgreich abgeschlossen«, »Unsere Beratungsstandorte im Vergleich«); indem diese auch mal unterhaltsam sind und neugierig machen – ohne schon alles zu verraten (»Jogging gegen Krisen«, »Wartenummern im Krisendienst?«) oder indem schon in der Überschrift ein Lesernutzen kommuniziert wird (»Alle Depressions-Symptome auf einen Blick«).
- *Interessanten Texteinstieg wählen*, zum Beispiel, indem schon im ersten Satz das Wichtigste zu lesen ist (»Unsere Öffnungszeiten ändern sich: ...«) oder indem ein Zitat oder ein prägnantes Beispiel die Aufmerksamkeit des Lesers sofort fesseln (»Frau B. hatte sich nicht träumen lassen, dass sie jemals vor dem Türschild einer Krisenberatungsstelle stehen würde.«). Auch Fragen motivieren zum Lesen (»Muss der renommierte Krisendienst XY bald selbst zur Krisenberatung?«). Fragen regen zum Mitdenken an und können ruhig auch mal provokant sein.
- *Anregen beim Lesen*, zum Beispiel, indem man mit wörtlicher Rede, Metaphern, Anekdoten, mit dem Auftreten-Lassen von Menschen arbeitet oder die Lesenden direkt anspricht. Wer in Wir-Form schreibt, sich also als Einrichtung, als Mitarbeiter o. ä. im Text einbringt, der ermöglicht es den Lesenden, sich in Beziehung zum Autor des Textes zu setzen – und dadurch leichter lesen zu können. Ebenso regen Beispiele und Vergleiche zum Lesen an. Auch die Steigerung von Argumenten zu einem Höhepunkt oder der Einsatz visueller Elemente fördern die Lesemotivation und das Interesse.

3.4.2 Prägnant und strukturiert auf den Punkt kommen

Nur wenn die Lesenden die Aussicht haben, schnell durch den Text lesen zu können und dabei die wesentlichen Informationen auf den Punkt gebracht zu erhalten, lesen sie überhaupt, lesen sie mit Interesse. Zudem lassen sich gut strukturierte und prägnant dargestellte Informationen leichter merken. Die meisten Schreibenden gehen davon aus, dass ihr Text selbstverständlich gelesen wird – haben sie sich doch viel Mühe damit gemacht. Dem ist leider nicht so, und deshalb gilt es, beim Schreiben darauf einzugehen:

- *Kurz und prägnant schreiben:* Das lässt sich vor allem auf Satzebene gut kontrollieren. Sätze mit einer Wortanzahl ab 20 sind schon nicht mehr leicht verständlich, ab 25 Wörtern sind Sätze dann nur noch schwer verständlich. Aber auch auf Wortebene kann jedes Wort geprüft werden, ob es notwendig und sinnvoll ist. Zum Beispiel können Adjektive oft ersatzlos gestrichen werden: »aktive Mitarbeit«, »konkrete Maßnahmen«, »feste Überzeugung«. Auch Füllwörter sollten nur selten und gezielt eingesetzt werden: »bekanntlich«, »durchaus«, »gänzlich«, »offensichtlich«, »sicherlich«, »vergleichsweise«, »vielfach«. Gleiches gilt für einleitende Formulierungen: »Es ist offensichtlich, dass« oder »Wir möchten Ihnen mitteilen, dass« können meist einfach gestrichen werden.

- *Strukturiert schreiben:* Je besser geordnet, desto besser verständlich ist der Text für die Leser. Das gilt für die Optik und für die inhaltliche Struktur; es gilt aber auch sowohl für die Gliederung mit Überschriften als auch für die Feinstruktur in jedem einzelnen Absatz, indem die Reihenfolge der Informationen, der Aufbau der Argumente geplant und konsequent umgesetzt wird.
- *Einfach schreiben:* Auf Wortebene honorieren es die Lesenden, wenn sie anschauliche, konkrete, geläufige und kurze Wörter lesen. Also: kein Fachjargon, den nur Profis verstehen, und keine Fremdwörter, die abgehoben klingen und die ebenfalls nicht jeder versteht. Zudem sollte jeder Autor prüfen, ob er im Aktiv schreiben kann, statt mit Passivkonstruktionen das Subjekt der Handlung zu verheimlichen, die Lesenden zu verwirren und weniger verständlich zu schreiben (»Das Jugendamt prüft« statt »Es wird geprüft«). Durch Positiv-Formulierungen sind Texte direkter verständlich (»korrekt« statt »nicht falsch«). Auch ein einfacher Satzbau, in dem überwiegend Hauptsätze zu finden sind statt Neben- und Schachtelsatzkonstruktionen, trägt zu einem verständlichen Schreibstil bei. Und schließlich helfen Verben, die Handlung sehr viel leichter zu verstehen, als wenn Nomen diese ausdrücken. Besonders die Nomen auf -ung, -heit und -keit lassen sich meist leicht in ein Verb (Prüfung – prüfen) oder Adjektiv (Heiterkeit – heiter) umformulieren.

3.4.3 Professionelle Pressemitteilungen verfassen

Eine Pressemitteilung als Kern der Presse-/Medienarbeit einer Organisation enthält Erklärungen, Stellungnahmen, Informationen und andere Nachrichten. Die Organisation macht damit ein Angebot an Redaktionen, den Text zu übernehmen oder als Basis für eigene Formulierungen oder weitere Recherche zu nutzen (Luthe, 2004, S. 102).

Die wichtigste Frage vor dem Verfassen einer Pressemitteilung ist die, ob die Mitteilung für die Rezipienten von Interesse ist. Denn genau das ist die Entscheidungsgrundlage für Journalisten: Verwende ich diese Pressemitteilung oder nicht? »Grundlage einer erfolgreichen Pressearbeit sind brauchbare Informationen für Journalistinnen und Journalisten. Deshalb ist täglich aufs Neue zu fragen: Hat die Mitteilung, die an die Presse gehen soll, für den Empfänger einen Nachrichtenwert?« (Franck, 2008, S. 131). Das Zitat von Norbert Franck verdeutlicht auch, wie zentral die Pressemitteilung für die Pressearbeit von Einrichtungen der Krisenhilfe ist – und wie wichtig es ist, eine Pressemitteilung gründlich zu planen und professionell umzusetzen. Denn wer mehrmals eine Pressemitteilung ohne echten Nachrichtenwert geschrieben hat (»Wir beraten weiterhin viele jüngere Menschen«), ist irgendwann bei den Pressemitarbeitern »unten durch«.

Merkmale einer Pressemitteilung

- Kurz, etwa 20 bis 30 Zeilen.
- Aktuell.
- Interessant, vor allem für die Leser: Das bedeutet, die Meldung muss einen Neuigkeitswert haben und die Leser betreffen.
- Nur eine Botschaft pro Meldung. Wer drei Botschaften hat, gibt auch drei Meldungen heraus.
- Neutral formuliert: keine »Wir«-Form, keine Wertungen.
- Konkret, anschaulich und präzise formuliert.

Aufbau einer Pressemitteilung

Eine Pressemitteilung sollte so verfasst sein, dass sie von der Redaktion von hinten nach vorne gekürzt werden kann. Das wichtigste steht also immer vorne.

1. **Überschrift:** Sie entscheidet zentral darüber, ob ein Journalist überhaupt weiterliest, und eine gute Überschrift kann die Redaktion gleich übernehmen, wenn sie berichtet. Merkmale einer guten Überschrift siehe Kapitel 3.4.1.
2. **Höhepunkt:** Am Anfang erfahren die Lesenden schon die zentrale Botschaft.
3. **Nähere Umstände:** Hier kommen die »großen Ws des Journalismus« zum Einsatz – in selbst zu wählender Reihenfolge:

    Was … hat sich ereignet oder wird geschehen?
    Wer … ist betroffen oder gemeint?
    Wo … hat es sich ereignet oder soll es geschehen?
    Wann … ist es geschehen oder wird es sein?
    Wie … waren der Ablauf und die Umstände?
    Warum … ist es geschehen oder wird es geschehen?

4. **Einzelheiten:** Sie bieten einen vertieften Einblick für Interessierte und die Redakteurin kann entscheiden, ob sie sie überhaupt lesen möchte.

3.5 Fazit

Gute Öffentlichkeitsarbeit steht oder fällt mit dem Stellenwert, den sie in einer Organisation einnimmt. Im Gegensatz zum wirtschaftlichen Bereich wird im sozialen Bereich der Wert von Öffentlichkeitsarbeit – und entsprechend das Budget – häufig immer noch recht gering bemessen. Dafür gibt es verschiedene Gründe: Einer ist die gesellschaftliche Sicht auf soziale Arbeit als Randerscheinung (Schürmann, 1994; 2004). Ein weiterer Grund ist die ethische Grundhaltung vieler sozialer Organisationen, die sich historisch entwickelt hat und häufig noch Bestand hat, trotz aller neuerer Entwicklungen. Diese soziale Ethik verbietet eine »laute« öffentliche Darstellung der eigenen Arbeit. Die Haltung der Mitarbeiter gegenüber der Öffentlichkeitsarbeit ist dann ambivalent, man will bekannt sein, aber nicht öffentlich dafür eintreten. Doch der Wandel ist in vollem Gange. Ewald Schürmann (ebd.) beschreibt dies auf der ethischen und der organisationalen Ebene: Aus der »guten Tat im Stillen« entwickelt sich die öffentliche soziale Aktion, und aus Vereinen werden soziale Dienstleistungsunternehmen.

Um die soziale Ethik weiterzuentwickeln und PR-Handeln stärker zu integrieren, wären die folgenden Maßnahmen denkbar:

- Weiterbildung der Mitarbeitenden für die Presse- und Öffentlichkeitsarbeit.
- Überzeugungsarbeit innerhalb der Organisation: Öffentlichkeitsarbeit muss von den Mitarbeitenden auf allen Ebenen getragen werden. Dies bedeutet eine nachhaltige Thematisierung der Öffentlichkeitsarbeit und eine institutionelle Auseinandersetzung mit Vorbehalten.
- Vorbilder für exzellente Öffentlichkeitsarbeit suchen: Auch im sozialen Bereich gibt es Projekte, die Öffentlichkeitsarbeit vorbildlich umsetzen und damit zur Nachahmung zu empfehlen sind.

Öffentlichkeitsarbeit für Einrichtungen der Krisenhilfe ist notwendig, um die Menschen, die Krisenhilfe am dringendsten benötigen, tatsächlich zu erreichen. Öffentlichkeitsarbeit ist auch notwendig, um ein so wichtiges Angebot in Zeiten des Rotstifts finanzieren zu können. Denn Menschen vor einer Krise sollten wissen, dass sie Hilfe bekommen könnten, damit Menschen in Krisen verlässliche Hilfsangebote in Anspruch nehmen können.

Literatur

Bergold, J. & Zimmermann, R.-B. (2003). *Wissenschaftliche Begleitforschung des Berliner Krisendienstes. Eine Kooperation zwischen Freier Universität Berlin und Katholischer Fachhochschule Berlin*. Abschlussbericht, Band 1 und 2. Berlin: Berliner Zentrum Public Health.

Franck, N. (2008). *Praxiswissen Presse- und Öffentlichkeitsarbeit. Ein Leitfaden für Verbände, Vereine und Institutionen*. Wiesbaden: VS Verlag für Sozialwissenschaften.

Kraus-Weysser, F. (2002). *Praxisbuch Public Relations. Mit überzeugender Öffentlichkeitsarbeit zum Erfolg*. Weinheim: Beltz.

Luthe, D. (2004). *Öffentlichkeitsarbeit für Nonprofit-Organisationen*. Augsburg: Maro.

Märtin, D. (2005). *Erfolgreich texten*. Paderborn: Voltmedia.

Pleiner, G. & Heblich, B. (2009). *Lehrbuch Pressearbeit. Grundlagen und Praxismethoden für die Soziale Arbeit*.

Scheuermann, U. (2009*). Wer reden kann, macht Eindruck – wer schreiben kann, macht Karriere. Das Schreibfitnessprogramm für mehr Erfolg im Job*. Wien: Linde.

Schürmann, E. (2004). *Öffentlichkeitsarbeit für soziale Organisationen: Praxishandbuch für Strategien und Aktionen*. Weinheim: Juventa.

Schürmann, E. (1994). *Öffentlichkeitsarbeit für soziale Projekte und Organisationen. Arbeitsfelder – Aufgaben – Beispiele*. BBJ Consult Info II/94. BBJ Verlag.

Sinus Sociovision GmbH (2002). *Informationen zu den Sinus-Milieus® 2002*. Heidelberg: Sinus Sociovision.

Von Velsen-Zerweck, B. (1995). Verbandsmarketing. Grundlagen, Besonderheiten und Handlungsfelder. In D. K. Tscheulin & B. Helmig (Hrsg.), *Branchenspezifisches Marketing. Grundlagen, Besonderheiten, Gemeinsamkeiten*. Wiesbaden: Gabler.

4 Theorie für die Praxis – Vom fraglichen Nutzen der Krisenmodelle

Wolf Ortiz-Müller

Der Beitrag skizziert die vielfachen Versuche, in das Chaos der Krise eine Struktur zu bringen. Möglicherweise bildet sich in den Strukturierungsschwierigkeiten jedoch nur ein Charakteristikum der Krise ab, ihre wechselhaft-flüchtige Gestalt. Sie ist an vielen Orten der Praxis nur selten so idealtypisch wie in der Fachliteratur beschrieben dingfest zu machen. Da die jeweiligen Nutzer und das dazugehörige Krisensetting sich gegenseitig beeinflussen, wechselt das Erscheinungsbild der Krise ja nach institutionellem Kontext.

Die Auseinandersetzung mit den Gründervätern der Krisenintervention wird nachgezeichnet und für ihre heutige Relevanz überprüft. Ausgehend von den Krisentheorien wird exemplarisch ein Handlungsmodell vorgestellt, um dann auf die Probleme der »Praxis vor Ort« zu fokussieren.

Der Beitrag macht deutlich, wie problematisch Verallgemeinerungen sind und weshalb HerausgeberInnen und AutorInnen den Zugang über Zielgruppen gewählt haben.

4.1 Krisentheorien von gestern bis heute: neuer Wein in alten – oder alter Wein in neuen Schläuchen?

Auch fünf Jahre nach der ersten Auflage unseres Buchs setzt sich die Entwicklung fort, dass eine Fülle wertvoller Einzelbeiträge neu entsteht, ohne dass die Krisentheorie dadurch entscheidende neue Impulse erhielte. Je nach Standpunkt und beruflicher Herkunft der Autoren werden die tradierten Konzepte mal wohlwollender, mal kritischer gewürdigt. Um der entstandenen Vielfalt in der Krisenintervention gerecht zu werden, wird häufig ein ähnlicher Ansatz der Auffächerung in Praxisfelder gewählt, so im zeitgleich zu diesem Buch erschienen Herausgeber-Band »Psychiatrisch-psychotherapeutische Krisenintervention« von Riecher-Rössler, Berger, Yilmaz, Stieglitz aus Basel.

Aus benachbarten sozial- und gesundheitswissenschaftlichen Feldern werden neue Ansätze in die Krisenarbeit integriert wie umgekehrt das Verständnis der Krisenintervention Einzug in manche Bereiche, z. B. der klinischen Sozialarbeit hält (Ortiz-Müller, 2007). In Zeiten, in denen gesellschaftliche Veränderungsprozesse rasant verlaufen und über einen Um- und Abbau der Sozialsysteme wie der Gesundheitsversorgung unmittelbaren Einfluss auf die sozialen Partizipationsmöglichkeiten der Menschen nehmen, werden scheinbar »alte« Ansätze wie die der Sozialen Diagnose von Alice Salomon neu entdeckt und gewürdigt (Salomon, 1926; Gahleitner, Schulze & Pauls, im Druck). Ein psychosozialer biografiesensibler Blick sollte in der Lage sein, beide Dimensionen des (Er-)Lebens, das Innerpsychische in seiner Wechselwirkung mit dem sozialen Kontext miteinander zu verknüpfen.

Keupps Beschäftigung mit den Chancen und Risiken der Netzwerkgesellschaft (vgl. Keupp in diesem Band sowie 2003) oder Lenz' Beiträge zur Bedeutung sozialer Netzwerke als Ressource in einer Gesellschaft, die von Fragmentierungsprozessen und raschem Wertewandel bzw. -verfall geprägt ist (Lenz, 2007), nehmen eine sozialwissenschaftliche Perspektive ein und verdeutlichen die immanenten Schranken eines ausschließlich individualpsychologischen Verständnisses. Jedoch auch frühere Arbeiten aus dem sozialwissenschaftlichen Spektrum weisen auf die Bedeutung sozialer Netzwerke für die Bewältigung postmoderner Lebensverhältnisse hin (Nestmann, 1988). Das soziologische Begriffspaar Inklusion und Exklusion (Luhmann, 1999) dient dazu, gesellschaftliche Einschluss- bzw. Ausgrenzungsprozesse zu beschreiben, die in der häufigen Wechselwirkung von psychischen Störungen und materieller Verarmung auch einen Großteil der Krisenklientel betreffen kann.

Demgegenüber haben die Arbeiten zur Salutogenese (Antonovsky, 1997) und die Resilienzforschung (Werner, 2005; Welter-Enderlin, 2006) es vielen Professionellen ermöglicht, von der Defizitorientierung, dem Fokussieren auf den Mangel wegzukommen und stattdessen das Augenmerk darauf zu richten, wie trotz schwieriger Ausgangsbedingungen im Leben vieler Klienten deren (Über-)leben gewürdigt und gefördert werden kann.

Ansätze der Prävention werden an ebenso vielen Orten diskutiert, wie Möglichkeiten des Empowerment bei unterschiedlichen Zielgruppen und institutionellen Kontexten neu formuliert werden und sich in Arbeiten zur Krisenintervention wiederfinden (Herriger, 2006; Lenz, 2002; Knuf, 2007; Neumann, 2009). Der Begriff der Ressourcen hat die wohl stärkste Verbreitung und Popularisierung in den Sozialwissenschaften gefunden; kaum ein Konzept, das noch ohne Ressourcenorientierung auskommen möchte (Schürmann, 2007).

Den nachfolgenden Überblick möchte ich so gestalten, dass ein »Einsteiger« eine grobe Orientierung erhält, ein »Insider« aber gleichfalls über die neueren Entwicklungen informiert wird und bestenfalls die alte Verstehensmatrix hinterfragt.

In der Krise nichts Neues …

Beim Versuch, mir einen Überblick über den Stand der Krisentheorien und der Fortschritte in der Krisenintervention zu verschaffen, stoße ich auf den Schweizer Psychiater Luc Ciompi, der 1993 schrieb:

»Große grundsätzliche Neuerungen sind in der Krisentheorie, soviel wir sehen können, in den letzten 10–15 Jahren abgesehen von der Chaostheorie kaum zu verzeichnen; (eher scheint es zu einer gewissen Konfusion und Verwischung von ursprünglich klaren theoretischen Konzepten gekommen zu sein.)…

In den letzten 10–15 Jahren haben sich Krisentheorie und Kriseninterventionspraxis in eine unübersichtliche Vielfalt aufgefächert.«

Damit sind beide Pole umrissen: Das Ausbleiben der großen Neuerungsentwürfe einerseits und die Vervielfältigung der Praxisansätze andererseits. Nahezu alle Autoren der Krisenforschung stellen fest, dass die Anzahl der Publikationen zu (Einzel-)Fragen der Krisenintervention explosionsartig angestiegen ist, sodass gar niemand mehr einen vollständigen Überblick geben könne.

Von einer übergeordneten Warte aus betrachtet, finden diese Entwicklungen ihre Entsprechung in der Philosophie und Soziologie, wo die Zeit der großen, alles erklärenden Entwürfe längst abgelaufen ist und wo man sich angesichts der daraus resultierenden Unübersichtlichkeit damit begnügt, für Einzelphänomene Erklärungen und Theoriebausteine zu beschreiben.

Es erscheint somit als eine Frage des Blickwinkels: Der Überblick verheißt wenig, die Innensicht dagegen viel Veränderung.

Wolf Ortiz-Müller

4.1.1 Von Überblicken und Unterteilungen

Was 1993 konstatiert wurde, hat sich seither natürlich nicht vereinfacht, sondern noch verschärft. Allein bis März 2000 fanden Bergold und Schürmann (2001) in der psychologischen Datenbank »PSYNDEX plus« seit 1977 unter dem Stichwort »Krise« 1005 Hits, unter dem weiteren Schwerpunkt dieses Buchs »Trauma« sogar 1211 Treffer, wovon rund 900 auf die 1990er-Jahre entfallen. Hintergründe für diesen Boom werden im Beitrag von Schmidt und Gahleitner in diesem Band skizziert.

Glücklicherweise haben sich andere, die Gießener Wissenschaftler Thomas Simmich und Christian Reimer, die verdienstvolle Mühe gemacht, Datenbanken (wie MEDLINE, PSYNDEX und PsycLIT) für den Zeitraum 1986–1996 zu durchforsten (Simmich & Reimer, 1998). Sie werteten unter Fokussierung auf die Stichwortkombination »Crisis« und »Psychotherapie« rund 400 Publikationen in Büchern und Zeitschriften aus.

Sie untersuchen für den *Zeitabschnitt vor 1986* relevante Publikationen und kommen zu dem Schluss, dass sich bis dahin ein großer Teil der Arbeiten mit der Rezeption der Gründergeneration Lindemann (1944), Caplan (1964) und Cullberg (1978) beschäftigt. Jede psychotherapeutische Richtung bemüht sich seit dieser Zeit um einen eigenen Beitrag zur psychosozialen Krise, sodass Häfner bereits 1974 feststellen kann, dass der relativen Unschärfe des Krisenbegriffs eine noch größere Unschärfe dessen, was Krisenintervention ist, entspreche.

Simmich und Reimer unterscheiden in ihrem Überblick solche Arbeiten, die eine neue oder veränderte Behandlungskonzeption von Krisen aus der Perspektive eingeführter psychotherapeutischer Techniken und Schulen beschreiben (s. **Abb. 4.1**). Dem stellen sie Beiträge zur Krisenintervention gegenüber, die ein störungsspezifisches oder ereignisbezogenes Herangehen entwickeln (z. B. für Krisen nach erlittener sexueller Gewalt, bei Suchterkrankungen, Naturkatastrophen etc.).

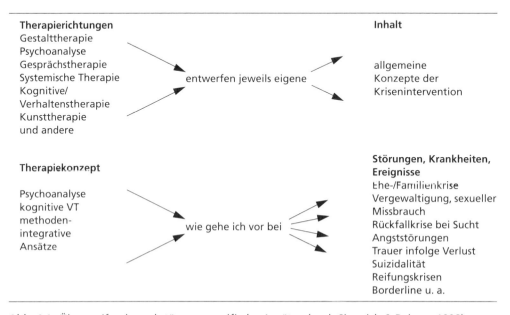

Abb. 4.1: Übergreifende und störungsspezifische Ansätze (nach Simmich & Reimer, 1998)

Eigene umfangreiche Zweige stellen Publikationen dar, die sich mit Suizidalität befassen und solche, die wissenschaftlich-empirische Untersuchungen zum Ausgangspunkt nehmen. Während es zur Krise in der Kindheit und Jugend bereits viele Beiträge gibt, erscheint die Lebensphase des Alters noch unterbelichtet (vgl. auch die Beiträge von Meurer und Brückner in diesem Band).

Einzelne Autoren arbeiten seit den 1980er-Jahren auch an einem vertieften Verständnis der Krisentheorie. Was mir davon als praxisrelevant erscheint, möchte ich im Folgenden zur Diskussion stellen.

4.1.2 Die Klassiker der Krise

Die Schwierigkeiten bei der Abgrenzung der Krisenbegriffe ziehen sich bis heute durch. Während die Namen von Lindemann (1944 und 1977) und Cullberg (1978) in aller Regel mit der »traumatischen Krise« in Verbindung gebracht werden und Letzterer hierzu ein Phasenmodell entwickelt hat, steht Caplan (1964) für die »Veränderungskrise« und deren Phaseneinteilung. Die Definition von »Krise« ist jedoch bei beiden Autoren annähernd gleich:

Eine Krise ist durch den Verlust des seelischen Gleichgewichts gekennzeichnet, wenn ein Mensch mit Ereignissen oder Lebensumständen konfrontiert wird, die er im Augenblick nicht bewältigen kann, weil sie seine bisherigen Problemlösefähigkeiten übersteigen.

Während Caplan allgemeiner von überfordernden Lebensumständen spricht (und damit z. B. Scheidung, Verlust des Arbeitsplatzes u. ä. meinen könnte) bezieht sich Cullberg dabei speziell auf traumatisierende Ereignisse (s. **Abb. 4.2**).

Eine einflussreiche Erweiterung erfährt der Krisenbegriff durch Erikson (1970), indem er eine Einteilung in Lebensstadien von der Kindheit und Jugend bis ins hohe Alter trifft, in denen jeweils eine bestimmte Entwicklungsaufgabe zu lösen ist. Nach dieser Auffassung erscheint jeder Entwicklungsschritt als potenzielle Krise, insofern ein Gelingen oder aber ein Scheitern möglich ist (s. **Tab. 4.1**).

Diese Einteilung ist später noch bis ins Alter und hohe Lebensalter fortgeschrieben

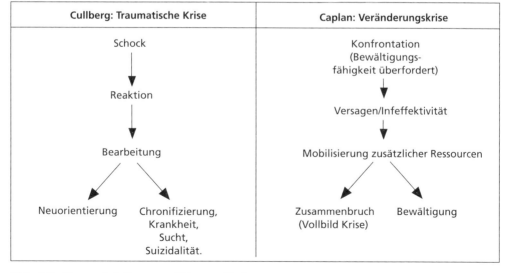

Abb. 4.2: Phaseneinteilung von Krisenverläufen

Tab. 4.1: Eriksons Lebensphasen/Aufgaben-Modell

Entwicklungs-stadium	Pubertät/ Adoleszenz 13–18	Frühes Erwachsenenalter 19–25	Erwachsenenalter 26–40	Reife 41+
Aufgabe/ Konflikt	Identität vs. Rollendiffusion	Intimität vs. Isolierung	Generativität vs. Stagnation	Ich-Integrität vs. Verzweiflung

worden. Eriksons Ansatz macht deutlich, dass Krisen zum Leben dazugehören und nicht als »pathologisch« begriffen werden müssen.

4.1.3 Die Auseinandersetzung mit den Klassikern

Ulich (1985) betont die grundverschiedenen Auffassungen von Erikson einerseits und Lindemann andererseits, der unter Krise einen Ausnahmezustand, einen nicht vorhersehbaren Schicksalsschlag versteht. Von ihrem theoretischen Bezugssystem stünden jedoch beide in der Tradition der Psychoanalyse.

Anders wird Lindemann von Schürmann (Kunz, Scheuermann & Schürmann, 2004) beurteilt. Bei ihr wird Lindemann weniger als der Begründer der »traumatischen Krise« gesehen, sondern vielmehr als ein früher Gemeindepsychologe hervorgehoben, der in Boston 1948 das Wellesley-Projekt gründete und sein Hauptanliegen in der Bereitstellung gemeindenaher Ressourcen fand. Bereits er habe die Bedeutung einer verletzlichen Persönlichkeit thematisiert und mit dem Lebenskrisenkonzept verbunden. Krise werde für Lindemann zu einem »Sammelbegriff, der all die Notlagen umfasst, mit denen ein Helfer in der Gemeinde konfrontiert wird«.

Da Ulich in der Psychologie keine ausgearbeitete Krisentheorie erkennen kann, nimmt er Anleihen bei der neueren Depressionsforschung, der Stress- und Lebensereignisforschung, bei kognitiven Theorien und der Entwicklungspsychologie und überprüft diese auf ihre Tauglichkeit für die Erklärung von Krisen.

In der Stressforschung wurden das Belastungs-Bewältigungs-Paradigma und die Copingtheorie entwickelt, die mit dem Namen des amerikanischen Psychiaters Lazarus (1984) verbunden sind. Demnach hängt die Frage, wie sehr der Stress einen stresst, davon ab, wie man die an einen selbst gestellten Anforderungen begreift, auf welche Ressourcen man zurückgreifen kann und über welche Bewältigungskompetenz man verfügt.

Wie wir leicht ersehen können, kommen hier wichtige Begriffe ins Spiel, die fast schon zum Allgemeingut der Krisenintervention gehören. Darüber hinaus ergeben sich wichtige Bereicherungen insofern, als der Umgang mit Stress nach neuerer Auffassung kein lineares sondern ein spiralförmiges Geschehen darstellt. In stetiger Wechselwirkung eigener emotionaler, kognitiver und handelnder Aspekte durchläuft ein Mensch in der Auseinandersetzung mit der belastenden Umwelt mehrfache Schleifen, die Bedrohung einzuschätzen, sie zu bewältigen zu versuchen, neu einzuschätzen und zu bewerten. Gestützt auf diese Forschungsergebnisse können wir die Vorstellung starrer *linearer Phasenabläufe* in der Krisenbewältigung, wie sie von den Gründervätern postuliert wurden, über Bord werfen.

4.1.4 Neue Krisen(-beschreibungen) entstehen …

Ich wende mich nun den Klassifizierungen zu, die seit den 1990er-Jahren vorsichtig Veränderungen beschreiben. Die Fülle der Forschungs- und Praxisansätze bringt neue Gliederungsvorschläge aufs Tapet:

Der Leiter des ambulanten Wiener Kriseninterventionszentrums Gernot Sonneck (2000) spricht von der »psychosozialen Krise« als Oberbegriff, der sich mehrfach auffächert. Er nimmt darin unausgesprochen eine Abgrenzung zur Krisenintervention beim »psychiatrischen Notfall« bzw. der »psychiatrischen Krise« vor, deren Bewältigung laut Zimmermann (2001) jedoch nicht den Psychiatern allein vorbehalten bleibt, sondern die auch von anderen Berufsgruppen der psychosozialen Versorgung geleistet wird.

Auch die Praxis und die Aufgabenstellung in unterschiedlichen Einrichtungen der Krisenversorgung belegen, dass sich zwischen beiden Krisen Überschneidungen ergeben, die es nahelegen, von einem Kontinuum zwischen »psychosozialer Krise« und »psychiatrischem Notfall« auszugehen.

Sonneck fächert die »psychosoziale Krise« sodann auf in:

- traumatische Krisen,
- Veränderungskrisen,
- chronisch-protrahierte Krisen,
- das Burnout-Syndrom als Entwicklung zur Krise,
- posttraumatische Belastungsstörungen (PTBS).

Die langjährige Praxis am Wiener Kriseninterventionszentrum hat offenbar ergeben, dass sich nicht alle Krisen sinnvollerweise in die Dichotomie »traumatisch« vs. »Veränderung« einordnen lassen. Gegenüber der Ursprungsbedeutung der Krise als »Wendepunkt« oder »Zuspitzung« einer Entwicklung bzw. eines Krankheitsgeschehens erscheint die chronisch-verlängerte Krise zunächst als Widerspruch in sich. Für Sonneck ergeben sich solche Krisen jedoch gerade aus dem wiederholten Scheitern an konstruktiver Krisenbewältigung etwa durch Vermeidungsverhalten oder destruktive Bewältigungsmuster nach ursprünglich traumatischen oder Veränderungskrisen.

Das *Burnout-Syndrom* beschreibt er als ein Reaktionssyndrom von emotionaler Erschöpfung, Depersonalisierung (negativer Einstellung zur Umwelt und zu sich selbst) und Leistungseinbuße. Es ist von Depressionen abgrenzbar und führt zu einer psychischen Labilität, die sich krisenhaft äußern kann: Verleugnung von Problemen, Rückzug von Arbeit und Kontakten, Verlust- und Leeregefühle.

Die zusätzliche Kategorie der *posttraumatischen Belastungsstörung* erscheint mir hingegen als eine Dopplung der traumatischen Krise, die unterschiedlichen historischen Beschreibungskontexten geschuldet sein dürfte. Während, wie wir gesehen haben, der Begriff der traumatischen Krise bereits auf Lindemann und die 1940er-Jahre zurückgeht, ist die posttraumatische Belastungsstörung erstmals zu Beginn der 1990er-Jahre in den Diagnosemanualen ICD-10 bzw. DSM-III verankert worden. Maßgeblich hierfür waren die Erfahrungen mit Veteranen des Vietnamkriegs aber auch die Traumatisierungen von Frauen, die der Feminismus thematisiert hat. Die Phaseneinteilung, die Cullberg (1978) hinsichtlich der traumatischen Krise getroffen hat (Schock, Reaktion, Bearbeitung, Neuorientierung vs. Chronifizierung) ist im ICD in der akuten Belastungsreaktion bzw. der genannten PTBS aufgenommen. Letztere erscheint darin als Folgestörung einer zunächst nicht hinreichend bearbeiteten Traumatisierung und sollte nicht als eine Subform der Krise eingeordnet werden. Sowohl die akute Belastungsreaktion als auch die PTBS und komplexe PTBS sind heute wesentlich differenzierter konzeptualisiert worden als Cullbergs eher hölzern wirkende Phaseneinteilung der traumatischen Krise (vgl. zur PTBS Schmidt in diesem Band; vgl. zur komplexen PTBS Gahleitner in diesem Band).

Die *psychosoziale Krise* umfasst für Sonneck sowohl die *Veränderungskrise* als auch die *traumatische Krise*, und er hält an der

Richtigkeit der beschriebenen Phaseneinteilungen fest.

4.1.5 ... und werden wieder verworfen

In dem lesenswerten schlanken Band »Krisenintervention« (2001) äußert sich die Braunschweiger Psychologin Margret Dross überwiegend skeptisch hinsichtlich der unternommenen Klassifizierungsversuche. Bei Krisen sei es »fast ausgeschlossen, interindividuelle Regelhaftigkeiten aufzustellen für den Zusammenhang von bestimmten auslösenden Ereignissen mit der Notwendigkeit und Intensität einer eintretenden Krise und für jeweils typische Bewältigungsformen.« Wie auch Sonneck betont sie die *subjektive Bedeutung* eines Geschehens für einen bestimmten Menschen mit seiner ureigenen Geschichte.

Das Althergebrachte stellt sie grundsätzlich in Frage, indem sie bemängelt, dass die Konzepte Lindemanns und Caplans unkritisch übernommen wurden. In diesem Sinn betrifft ihre Kritik dann implizit auch Sonneck, der ja an der Grundeinteilung nicht rüttelt:

»Auch die Regelhaftigkeit der von Lindemann und Caplan beschriebenen Phasenverläufe lässt sich empirisch nicht belegen. Diese Verläufe beschreiben allenfalls heuristisch nützliche idealtypische Durchgangsstadien von Krisen. Tatsächlich werden diese Phasen zirkel- und spiralförmig immer wieder durchlaufen – mit diversen möglichen Ausgängen.«

Dross erteilt allen klassischen Systematisierungsversuchen eine Absage:

»Die Forderung, eine theoretisch und empirisch begründete Kriseneinteilung zu entwickeln, aus der sich ... Indikationen für das Vorgehen bei bestimmten Krisentypen ableiten ließen, ist gegenwärtig (und wahrscheinlich prinzipiell) unerfüllbar ... Typologische Reduktionen wie die Konzepte der traumatischen oder der Veränderungskrise sind empirisch nicht haltbar.«

4.2 Von der Krisentheorie zum Handlungsmodell

Alle Versuche der Konzeptualisierung von Krisen unterliegen den genannten Schwierigkeiten. Das wäre nicht weiter schlimm, ergäben sich hinsichtlich der Auffassungen von Krisen*intervention* dann größere Übereinstimmungen. Doch allgemeine Handlungsmodelle, die für den praktisch Tätigen von Relevanz wären, lassen sich daraus nicht überzeugend ableiten.

Um die Verwirrung nicht weiter zu steigern, die sich beim Lesen angesichts der Komplexität der Materie und der Unterschiedlichkeit der Herangehensweisen leicht einstellt, beschränke ich mich auf die Vorstellung *eines* solchen Interventionskonzepts. Neben dem unten vorgestellten Modell von Schnyder haben auch Ciompi, Sonneck (vgl. Ortiz-Müller, »Du siehst was, was ich nicht seh ...« in diesem Band), Aguilera und andere solche Stufenmodelle entwickelt. Im Übersichtsartikel von Schnyder (1993) werden diese ausführlicher verglichen. Erwähnenswert erscheint mir auch das Triage-Konzept von Rupp (2003) für den psychiatrischen Notfall, das er in verkürzter Form auch im Beitrag »Was hilft den Krisenhelfern?« in diesem Band skizziert.

Untereinander erscheinen diese Konzepte (je nach Autor mit 4–7 Einzelschritten) im Konkreten ebenso ähnlich wie dann doch wieder unterschiedlich – ein wenig so wie nicht kompatible Computerprogramme.

4.2.1 Ein Handlungsmodell

Um die Diskussion anschaulicher zu machen, stelle ich hier exemplarisch das Substrat von Schnyders Stufenmodell vor.

> 1. Kontakt herstellen: begrüßen, Setting klären, emotionale Entlastung zulassen;

2. Problemanalyse: Situationsanalyse (Krisenauslöser, -hintergrund, Anamnese), Coping- und Ressourcenanalyse;
3. Problemdefinition: Krise verstehbar beschreiben und frühere Lösungsversuche benennen;
4. Zieldefinition: Zukunftsperspektive, Hoffnung vermitteln;
5. Problembearbeitung: Kriseninterventions-Techniken, Copinganpassung, Umsetzung im Alltag prüfen, gegebenenfalls Medikamente, sozialarbeiterische und juristische Kompetenz vorhalten;
6. Termination: Ist Krise überwunden, Ablösung vom Berater, künftige Krisen vorwegnehmen;
7. Follow-up: Standortbestimmung, Indikation für Psychotherapie prüfen.

Da die Krisenverläufe, wie wir schon gesehen haben, individuell stark variieren, muss nach meiner Auffassung die Reihenfolge oftmals angepasst werden. Ob z. B. emotionale Entlastung gleich zu Beginn möglich und nötig ist oder erst, wenn eine vertrauensvolle Beziehung aufgebaut werden konnte, ist vom Einzelfall abhängig. Mal kann das Vermitteln von Hoffnung ganz am Anfang stehen und eine Voraussetzung für die Problemanalyse und die Zieldefinition sein, ein anderes Mal wird es umgekehrt verlaufen; auch hier erscheint mir die Vorstellung einer spiralförmigen Bewegung angemessener.

Hilfreich können Schemata in dem Sinn durchaus sein, wie sie keinen überzogenen Anspruch auf Allgemeingültigkeit und Übertragbarkeit stellen. Den jeweiligen Einteilungen einen *heuristischen* Sinn zuzugestehen, bedeutet, dass ein Berater darüber seine innere Wahrnehmung schärfen kann, wie krisenhaftes Erleben beschrieben und verstanden worden ist. Dem Einsteiger mag es auch im Sinn einer »Checkliste für den Hinterkopf« helfen, im Gespräch nicht wesentliche Aspekte zu übersehen.

4.2.2 Krisenauslöser

Als ein naheliegender Versuch, die Krisenvielfalt zu ordnen, erscheint es, unterschiedliche Auslöser zu beschreiben und daraus Schlüsse für ein weiteres Vorgehen zu ziehen. Dross (2001) unterscheidet zwei Arten von Krisenanlässen:

- **Verlust oder erlittene Schädigung** (mit *irreversiblem* Ergebnis) einer nahen Person, Opfer eines Unfalls oder einer Gewalttat werden, schwer verletzt oder erkrankt sein, in einer Prüfung versagen etc.
- Eine **Bedrohung oder Überforderung** liegt vor bzw. wird antizipiert: beruflicher oder familiärer Stress, drohende Trennung vom Partner, Gefährdung des Arbeitsplatzes, Entscheidungsdruck bei Lebensveränderungen usw.

Auch eine solche Unterteilung weist ihre Tücken auf: Unter dem Auslösemerkmal »Verlust« erscheinen dann doch sehr unterschiedliche Krisenarten: Traumatische Krisen durch eine Gewalttat benötigen in der Praxis ganz andere Vorgehensweisen als durch Prüfungsversagen ausgelöste Krisen, die zwar bis hin zur Suizidalität subjektiv enorm belastend sein können, andererseits aber kaum an die ICD- oder DSM-Kriterien für akute Belastungsreaktion bzw. PTSD heranreichen (vgl. Gahleitner in diesem Band).

Als gemeinsames Merkmal der zweiten Ereignisgruppe erscheint deren Reversibilität: Es taucht eine Zeitdimension auf, nämlich: Das »krisenhafte Ereignis« ist noch nicht eingetreten, der Arbeitsplatz noch nicht verloren, der Partner noch nicht weg. Somit scheint eine Einflussnahme noch möglich, was nur »droht«, ist noch abzuwenden.

Die konkreten Auslöser einer Krise differieren in der Praxis so stark, dass sie oft unterschiedlichen Krisentypen zuzuordnen wären: Nehmen wir den »Verlust durch Tod eines nahen Menschen« als oft beschriebenen Krisenanlass, so sehen wir, dass je nach Be-

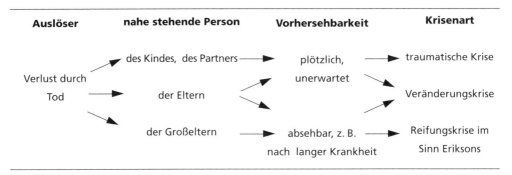

Abb. 4.3: Krisenanlass und -verlauf

gleitumständen ganz unterschiedliche Krisenarten möglich sind (s. **Abb. 4.3**).

Die Pfeile geben lediglich mögliche Verläufe wieder, auch andere Verknüpfungen und Entwicklungen sind vorstellbar und keine Dynamik ist zwangsläufig, es muss nicht notwendigerweise zum Erleben einer Krise kommen.

4.3 Vom Handlungsmodell zur Praxis vor Ort

Der Nutzer bestimmt das Setting – oder ...

Ein Schlüssel zum Verständnis einander widersprechender Klassifizierungen liegt im unterschiedlichen institutionellen Setting, in dem Krisenintervention betrieben wird und vor dessen Hintergrund die Einteilungen und Merkmale entwickelt werden. Während bei der stationären Krisenintervention in der Regel ein Psychiater über die Indikation zur Aufnahme entscheidet, liegt bei ambulanten Einrichtungen dem Konzept der Niedrigschwelligkeit folgend häufig das Definitionsrecht beim Nutzer, der selbst entscheidet, ob er eine Krise hat (Schürmann, 2001). Daraus ergibt sich für den ambulanten Bereich vielfach eine Krisenerfahrung und Krisenbeschreibung, die Gefahr läuft, »an den Rändern auszufransen«.

... das Setting bestimmt den Nutzer

Die Wiener PsychiaterInnen H. Katschnig und T. Konieczna nehmen eine Unterteilung zwischen gewollten und problematischen Nutzern vor, die sich an der breiten Klientel in niedrigschwelligen Einrichtungen orientiert (1987).

Gewollte Nutzer seien:

- Menschen mit akuten psychiatrischen Krankheitsbildern, für die medizinische und psycho-soziale Interventionskompetenz erforderlich ist.
- Menschen in akuten psychosozialen Krisensituationen, in die Gesunde durch z. B. Verlustereignisse geraten, die aber auch vorbelastete Menschen treffen können.
- Chronisch psychisch Kranke, die bereits in der Gemeinde leben und von Haus aus labil erscheinen.

Demgegenüber erscheinen ihnen als *problematische* Nutzer solche mit

- geringfügigen Problemen, die ihre Selbsthilfefähigkeiten einbüßen, wenn sie sich von professioneller Krisenhilfe abhängig machen.
- Chronische Klientel: Dauer- und Wiederholungsanrufer, die quasi eine Notsituation zur Kontaktaufnahme benötigen.

Dieses Krisenverständnis bezieht also »Gesunde«, »Kranke« und »Chroniker«, psychosoziale und psychiatrische Krisen gleichermaßen mit ein. Differenziert wird jedoch nach Art und Anlass der Inanspruchnahme. Was Sonneck als chronisch-protrahierte Krisen einordnet, hat starke Entsprechungen mit den chronisch-psychisch Kranken, denen ein »abweichendes Krisenbild« aufgrund ihrer erhöhten Vulnerabilität (psychische Verletzlichkeit) zugestanden wird. Deren Verhalten hinsichtlich der Inanspruchnahme ambulanter Kriseneinrichtungen kann jedoch schnell Züge annehmen, die sie als *Daueranrufer* erscheinen lassen und von denen die Helfer oft ein Lied singen können. Die Problematik des angemessenen Umgangs mit Dauernutzern, die in Kliniken meist außen vor bleiben, thematisieren Klein (1998) und Neumann (2002) in eigenen Beiträgen.

Kriseneinrichtungen gleichermaßen für »Normalos« und für »psychisch Kranke«?

Die Frage, für welche Personen Krisenintervention bereitstehen soll, ist stark vom Auftraggeber und vom Einrichtungstyp abhängig. Geht es eher um sogenannte gesunde Menschen, die durch widrige Lebensumstände in eine Krise geraten können, oder sollen auch, vielleicht sogar vor allem sogenannte psychisch kranke Menschen in den »Genuss« von Krisenintervention kommen können? Ausgehend vom Abbau von stationären Betten (Krankenhäuser und Heime), der sogenannten Enthospitalisierung, die vielerorts seit 15 Jahren im Gange ist, ist eine Verschiebung hin zu den Menschen mit bereits vorhandenen Störungen und Einschränkungen zu beobachten. Dem liegt eine veränderte Auffassung und generelle Erweiterung des Krisenverständnisses zugrunde: Alle Menschen haben Krisen, und längst nicht jede beobachtete Verschlechterung innerhalb eines Krankheitsbildes geht auf die angenommene Eigendynamik einer Depression, einer Psychose oder auch einer körperlich-geistigen Behinderung zurück (vgl. Escalera in diesem Band). Nicht zuletzt durch das Vulnerabilitäts-Konzept ist bei vielen Helfern die Wahrnehmung dafür geschärft worden, wie scheinbar nichtige Anlässe einen verletzlichen Menschen völlig aus dem psychischen Gleichgewicht bringen können. Das müssen nicht nur »kritische Lebensereignisse« wie Scheidung oder Entlassung sein, manchmal genügt ein problematisches Telefonat mit den Eltern (um gegebenenfalls beide Seiten in die Krise zu stürzen).

Krankheit und Krise sind daher keine Ausschlusskriterien, sondern treten, wie viele Untersuchungen belegen, eher gehäuft miteinander auf oder gehen ineinander über. Dross stellt fest: »In der aktuellen Situation sind Krisen als passagere Ausnahmezustände und solche Krisen, die in Verbindung mit überdauernder Störung stehen, oft schwer zu unterscheiden.«

Es gilt, sowohl in der Krise die (dahinter liegende) Krankheit zu sehen, als auch in der Krankheit die sie verschärfende oder überlagernde Krise. Während ambulante niedrigschwellige Einrichtungen meist regelhaft auch mit psychisch kranken Menschen arbeiten, besteht bei der stationären Aufnahme die Tendenz, Gesunde der Krisenstation und »Psychiatrie-Erfahrene« der psychiatrischen Station zuzuordnen (vgl. Hölling in diesem Band).

Vom Problem zur Lösung?

Wir haben nun gesehen, dass es weder hinsichtlich des Krisenverständnisses noch der Handlungsmodelle Übereinstimmung gibt, und auch die Praxis vor Ort unterscheidet je nach Auftrag kranke oder gesunde, gewollte oder ungewollte Nutzer. Noch offen bleibt bislang, ob man sich wenigstens bei der Frage, was *gelungene Krisenbewältigung* ist, einigen kann?

Es könnte ja bei den Krisen so sein, wie der amerikanische Kurzzeittherapeut de Shazer behauptet, dass man gar nicht immer das Problem kennen müsse, um zu einer sinnvollen Lösung zu finden. Vielleicht stimmen die Theoretiker und Praktiker ja bei den Kriterien überein, wie Lösungen aussehen sollten?

In der Beratungspraxis kommen wir früher oder später auf die Frage zu sprechen, wie eine Lösung aussehen könnte bzw. woran der Klient merken könnte, dass er die Krise überwunden hat. Je nachdem, wie sie vorher das Problem beschrieben hat, sind ganz unterschiedliche Antworten zu erwarten. Ein mögliches »Bewältigungsraster« unterscheidet danach, ob eher die äußere Realität durch eigene Anstrengungen zu verändern ist oder ob eine innere Anpassung an gegebene unveränderbare Umstände erfolgen kann bzw. muss. Diese so beschriebene Verminderung der »Ist-soll-Diskrepanz« hat zur Folge, dass dieselben anfangs krisenauslösenden Umstände im weiteren Verlauf nicht mehr als krisenhaft bedrohlich erlebt werden. Welches Bewältigungsmuster ein Klient verfolgen kann, wird sehr stark von seiner Geschichte (z. B. Vulnerabilität) und den persönlichen Umständen (z. B. Ressourcen) abhängen:

Für den einen ist die Krise des Arbeitsplatzverlustes erst abgewendet, wenn er eine neue Stelle hat, ein anderer findet sich damit ab und lebt unter veränderten, vielleicht eingeschränkten Bedingungen nicht unzufrieden weiter. Ein Dritter kann seine bedrohliche Krankheit akzeptieren und mit ihr leben, während ein Vierter um seiner Selbstbehauptung willen immer weiter kämpfen muss und sich dafür in der Krisenintervention Mut und Kraft holt. Daraus ergibt sich, dass keine verallgemeinerbaren Kriterien angegeben werden können, was erfolgreiche Krisenbewältigung darstellt. Dross schreibt dazu:

»Allgemeine Homöostase-Modelle der »Wiederanpassung« sind ebenso wie generelle Vorstellungen über »Wachstum durch die Krise« als erfolgreiche oder »Einmündung in Krankheit« als erfolgloser Krisenlösung zu einfach, um den sehr vielfältigen Ausgängen von Krisengeschehen gerecht zu werden.«

4.4 Fazit und Ausblick

Nach diesem »Parforce-Ritt« durch die Entwicklungsstränge der Krisentheorie möchte ich dazu einladen, sich den Praxisfeldern zuzuwenden und damit den Klienten. Krisenintervention findet immer in der Begegnung (mindestens) zweier Menschen statt, des Ratsuchenden und des Helfers. Hilfreich können Schemata und Modelle nur dann sein, wenn sie den Blick darauf nicht verstellen, dass wir Helfer in unserer Subjektivität gefragt und gefordert sind.

Krisen machen unseren Klienten regelmäßig Angst; die Anforderungen der Krisenintervention können bei uns Beratern gleichfalls Ängste und Unsicherheiten auslösen, die oftmals im Sinn einer Gegenübertragung mit dem Erleben des Klienten zusammenhängen.

Natürlich sollen wir diese eigenen Ängste nicht auf die Ratsuchenden übertragen, dennoch macht es durchaus Sinn, über die eigene Verunsicherung einen Zugang zum Erleben der Klienten zu suchen. Hier halte ich es mit der Schweizer Psychologin Verena Kast, die in ihrem frühen Standardwerk »Der schöpferische Sprung« die Chancen in der Krise mustergültig aufspürt und dort die Auffassung vertritt: »Krisenintervention meint zunächst einmal, mit der Krise in Kontakt zu kommen«(Kast, 1987).

In diesem Sinn will ich Mut machen, statt sich an starre Interventionslogiken zu halten, die eigene Unsicherheit zu akzeptieren und auszuhalten. Sie muss uns nicht davon abhalten, dennoch im Kontakt mit dem je besonderen Klienten zu spüren, was sie oder er braucht, und die nötigen Entscheidungen zu treffen.

Trotz aller Fachbücher sollten die Ergebnisse einer Befragung von Psychiatrie-Erfahrenen, was sie denn am Krisenberater am meisten schätzen, uns Profis immer im Hinterkopf bleiben:

Unsere Fachkompetenz steht an letzter Stelle, an erster dagegen die persönliche Krisenkompetenz. Damit meinen sie die mitteilbare Erfahrung der Überwindung eigener persönlicher Krisen. Darüber hinaus sind die Fähigkeit zur menschlichen Anteilnahme, die Zuneigung zu »fremden« Lebensstilen und die hohe Toleranz ungewöhnlichen Verhaltens gefragt (Nouvertné, 1993).

Wir freuen uns, wenn die folgenden Kapitel dazu dienen, uns in diesem Sinne in der Krisenintervention weiterzubilden und mit den Nutzern zu arbeiten.

Literatur

Antonovsky, A. (1997). *Salutogenese. Zur Entmystifizierung der Gesundheit.* Tübingen: dgvt. (Forum für Verhaltenstherapie und psychosoziale Praxis. 36.) (Original erschienen 1987).

Bergold, J. & Schürmann, I. (2001). Krisenintervention – Neue Entwicklungen? *Verhaltenstherapie und Psychosoziale Praxis 1/2001,* 5–16. Tübingen: dgvt.

Caplan, G. (1964). *Principles of preventive psychiatry.* New York: Basic Books.

Ciompi, L. (2000). »Krisentheorie heute«. In U. Schnyder & J.-D. Sauvant (Hrsg.), *Krisenintervention in der Psychiatrie* (S. 15). Bern: Hans Huber.

Cullberg, J. (1978). Krisen und Krisentherapie. *Psychiatrische Praxis,* 5, 25–34.

Dross, M. (2001). *Krisenintervention.* Göttingen: Hogrefe.

Erikson, E. (1970). *Jugend und Krise.* Stuttgart: Klett.

Gahleitner, S. B., Schulze, H. & Pauls, H. (2009). ›hard to reach‹ – ›how to reach‹? Psycho-soziale Diagnostik in der Klinischen Sozialarbeit. In P. Pantucek & D. Röh (Hrsg.), *Perspektiven Sozialer Diagnostik. Über den Stand der Entwicklung von Verfahren und Standards* (S. 321–344). Münster: LIT. (Soziale Arbeit – Social Issues 5).

Herriger, N. (2006). *Empowerment in der Sozialen Arbeit. Eine Einführung,* Stuttgart: Kohlhammer.

Luhmann, N. (1999) *Soziale Systeme. Grundriß einer allgemeinen Theorie.* Frankfurt: Suhrkamp.

Kast, V. (1987). *Der schöpferische Sprung.* Olten: Walter.

Katschnig, H. & Konieczna, T. (1987). Notfallpsychiatrie und Krisenintervention. In H. Katschnig & C. Kulenkampff (Hrsg.), *Notfallpsychiatrie und Krisenintervention* (S. 9–31). Köln: Rheinland-Verlag.

Keupp, H. (2003). Identitätsbildung in der Netzwerkgesellschaft: Welche Ressourcen werden benötigt und wie können sie gefördert werden? In: U. Finger-Trescher, & H. Krebs (Hrsg.), *Bindungsstörungen und Entwicklungschancen* (S. 15–50). Gießen: Psychosozial-Verlag.

Klein, U. (1998). Kirche im Dorf – zum Thema Dauerklienten. In *K.U.B. Krisen- und Beratungsdienst* (S. 34–36). Berlin.

Knuf, A., Osterfeld, M. & Seibert, U. (2007). *Selbstbefähigung fördern. Empowerment in der psychiatrischen Arbeit.* Bonn: Psychiatrie-Verlag.

Kunz, S., Scheuermann, U. & Schürmann, I. (2004). *Krisenintervention. Ein fallorientiertes Arbeitsbuch für Praxis und Weiterbildung.* Weinheim/München: Juventa.

Lazarus, R. S. & Folkman, S. (1984). *Stress, aprraisal und coping.* New York: Springer.

Lenz, A. & Stark, W. (2002). *Empowerment. Neue Perspektiven für die psychosoziale Praxis und Organisation.* Tübingen: dgvt.

Lenz, A. (2007). Freunde in Not. Die Bedeutung sozialer Netzwerke bei Krisenvorbeugung und Krisenbewältigung. *Blätter der Wohlfahrtspflege,* 154 (4), 130–133.

Lindemann, E. (1944). Symptomatology and management of acute grief. *American Journal of Psychiatry,* 101, 141–148.

Lindemann, E. (1977). *Beyond grief. Studies in crisis intervention.* New York: Aronson.

Müller, W. (2001). Die Metropole, die Krise und ihr Dienst. *Verhaltenstherapie und Psychosoziale Praxis 1/2001* (S. 31–38). Tübingen: dgvt.

Müller, W. (2003). Die Vernetzung im Kopf des Beraters. In Th. Giernalczyk (Hrsg.), *Suizidgefahr-Verständnis und Hilfe* (S. 183–193). Tübingen: dgvt. (Forum für Verhaltenstherapie und psychosoziale Praxis. 33).

Neumann, O. (2002). Über die Sucht telefonieren zu müssen oder ein struktureller Ansatz in der Krisenintervention zum besseren Umgang mit Dauernutzern. *Psychiatrische Praxis,* 29, 411–416.

Neumann, O. (2009). *Chemie der Beziehung, Empowerment in der Praxis sozialpsychiatrischer Krisenintervention.* Bonn: Psychiatrie-Verlag.

Nestmann, F. (1988). *Die alltäglichen Helfer.* Berlin: de Gruyter. (Prävention und Intervention im Kindes- und Jugendalter. 2).

Nouvertné, K. (1993). Die Helfer: Was müssen MitarbeiterInnen mitbringen und welche Hilfen brauchen sie? In G. Wienberg (Hrsg.), *Bevor es zu spät ist* (S. 80–96). Bonn: Psychiatrie-Verlag.

Ortiz-Müller, W. (2008). Psychosoziale Krisenintervention – Systemische Perspektiven. In S. B. Gahleitner & G. Hahn (Hrsg.), *Klinische Sozialarbeit, Zielgruppen und Arbeitsfelder* (S. 110–124). Bonn: Psychiatrie-Verlag.

Petzold, H. G. (1998). *Integrative Supervision, Meta-Consulting & Organisationsentwicklung.* Paderborn: Junfermann.

Riecher-Rössler, A., Berger, P., Yilmaz, A. & Stieglitz, R.(2004). *Psychiatrisch-psychotherapeutische Krisenintervention,* Göttingen: Hogrefe.

Rupp, M. (2003). *Notfall Seele.* Stuttgart: Thieme.

Salomon, A. (1926). *Soziale Diagnose.* Berlin: Heymann.

Schnyder, U. (2000). Ambulante Krisenintervention. In U. Schnyder & J.-D. Sauvant (Hrsg.), *Krisenintervention in der Psychiatrie* (S. 55–74). Bern: Hans Huber.

Schürmann, I. (2001). Krisenintervention in der psychologischen Diskussion – ein Überblick. In E. Wüllenweber & G. Theunissen (Hrsg.), *Handbuch Krisenintervention* (S. 76–94). Stuttgart: Kohlhammer.

Schürmann, I. (2007). Konzepte gegen Krisen. Anregungen für Beratung und Intervention. *Blätter der Wohlfahrtspflege,* 154 (4), 1127–129.

Simmich, T. & Reimer, C. (1998). Psychotherapeutische Aspekte von Krisenintervention. *Psychotherapeut,* 3, 143–156, Heidelberg: Springer.

Sonneck, G. (2000). *Krisenintervention und Suizidverhütung.* Wien: Facultas.

Ulich, D. (1985). *Psychologie der Krisenbewältigung.* Weinheim: Beltz.

Welter-Enderlin, R. & Hildenbrand, B. (Hrsg.) (2006). *Resilienz – Gedeihen trotz widriger Umstände.* Heidelberg: Carl Auer Verlag.

Werner, E. (2005). Entwicklung zwischen Risiko und Resilienz. In G. Opp, M. Fingerle & A. Freytag (Hrsg.), *Was Kinder stärkt. Erziehung zwischen Risiko und Resilienz* (S. 25–35). München: Reinhardt.

Zimmermann, R. (2001). Was ist eine psychiatrische Krise und was ein psychiatrischer Notfall – Theorien und Methoden psychiatrischer Krisenintervention. *Verhaltenstherapie und Psychosoziale Praxis,* 17–30. Tübingen: dgvt.

Teil II: Krisenhelfer weiterbilden

5 Was hilft den Krisenhelfern? – Notfall- und Krisenintervention auf dem Weg zu professionellen Standards

Manuel Rupp

> In den letzten 30 Jahren entwickelte sich die Krisenintervention in Mitteleuropa zu einem eigenständigen Fachbereich. Interdisziplinäre Dienste erfüllen in einigen Großstädten eine Schnittstellenfunktion im sozialpsychiatrischen Netzwerk. Diese Entwicklung wird kurz nachgezeichnet. Die wichtigsten Begriffe werden erklärt. Es wird dargestellt, wie sich die Entstehung von Krisen und deren Zuspitzung in der Notfallsituation verstehen lassen und welche Prinzipien ein professionelles Vorgehen ermöglichen. Um die Bewegung und Destabilisierung verkrusteter Verhältnisse in einer dramatischen Situation konstruktiv zu nutzen, braucht es eine aufs Wesentliche eingegrenzte, übersichtlich angelegte Interventionsweise, deren Prinzipien und Methoden ausgeführt werden. An einem Fallbeispiel einer Patientin mit hoher Selbst- und Fremdgefährdung wird das Interventionskonzept illustriert. In einem Ausblick werden kurz Tendenzen bei der Weiterentwicklung der Krisen- und Notfall-Methodik erwähnt.

5.1 Einführung: von der Improvisation zur Profession

Ende der 1970er-Jahre galt die Krisenintervention an vielen Orten Mitteleuropas sozusagen noch als der »unreine Fall der Psychotherapie«. Direktives Intervenieren in bedrohlicher Lage wurde von vielen Psychotherapeuten – wohl aus Ratlosigkeit und Überforderung – als »Agieren« verkannt. An meiner damaligen Arbeitsstelle als ärztlicher Mitarbeiter eines Sozialpsychiatrischen Dienstes in einer großen Schweizer Stadt kam mir die Aufgabe zu, immer wieder junge Ärzte auf ambulante notfallpsychiatrische Einsätze vorzubereiten. Einerseits war mir bewusst, wie wenig die Mediziner im Studium über psychiatrische Notfall- und Krisenintervention erfahren. Andererseits erfuhr ich bei zahlreichen Einsätzen, wie die Methodik der üblichen klinischen Vorgehensweise nicht angewendet werden kann, wie mit unvollständigen oder gar widersprüchlichen Informationen aufgrund von Laienschilderungen weitreichende Entscheidungen getroffen werden müssen, wie bei aufsuchender Hilfe außerhalb der gewohnten Ressourcen gehandelt werden muss. Mir fiel auf, wie häufig existenzielle Notlagen im Spiele sind, die auch nicht-medizinische Soforthilfe notwendig machen, wie die Zusammenarbeit mit einem unbekannten Personenkreis erforderlich ist, wie vergleichsweise wenig Medikamente und wie viel Kommunikation eine Rolle spielen. Da bestand eine Lücke an Fachinformation und methodischem Wissen! Deshalb verfasste ich ein vorerst internes Arbeitspapier für Ärzte, die neu in Krisenintervention zu arbeiten begannen. Daraus entwickelte sich schließlich ein Handbuch für ambulante medizinische und nicht-medizinische Krisenhelfer (Rupp, 2010).

Aufgrund neuer gesundheitlicher Problembereiche (z. B. Zunahme von illegalem Suchtmittelkonsum) sowie der zunehmenden Vereinzelung in urbanen Ballungsräumen, wohl auch aufgrund eines veränderten Krankheitsbewusstseins in der Bevölkerung entstanden neue oder neu formulierte psychiatrisch-psychotherapeutische Fragestellungen. Im Rahmen der Enthospitalisierungsbewegung kam der außerstationären psychiatrischen Betreuung eine zunehmend große Bedeutung zu. Die Patienten mit Langzeitproblemen mussten sich neuen Anforderungen in der Gesellschaft stellen, bei deren Bewältigung sie vorübergehend einer intensiveren Betreuung bedürfen. Krisenhafte Krankheitsverläufe fanden vermehrt außerhalb der Klinik statt, wodurch sich die Nachfrage nach psychologisch-psychiatrischer Krisenintervention erhöhte. In den USA setzte diese Entwicklung schon früher ein, und die Anzahl der Notfall-Behandlungsstellen – *psychiatric emergency services* – verzehnfachte sich innerhalb von 30 Jahren. Während sich dort das Konzept spezifisch ausgerüsteter Ambulatorien zur Betreuung von akut leidenden psychiatrischen Patienten durchgesetzt hat, entstanden im deutschsprachigen Europa eine Vielzahl unterschiedlicher Trägerschaften, Institutionen, Behandlungsstrategien, interdisziplinärer Rollenverteilungen und dementsprechend unterschiedliche Dienstleistungsangebote. Auch wenn in einigen größeren Städten im deutschsprachigen Raum die aufsuchende Krisen- und Notfallhilfe nach wie vor durch Polizei und Feuerwehr geleistet wird, bewähren sich inzwischen in größeren Ballungsgebieten koordinierte, auf Krisenintervention spezialisierte, niedrigschwellige Behandlungsangebote mit guter zeitlicher Erreichbarkeit, mit mobilen interdisziplinären Teams, die Besuche vor Ort durchführen und bei Bedarf einen ärztlichen Hintergrunddienst hinzuziehen können (z. B. Berliner Krisendienst). Je nach Region stehen auch teilstationäre und spezialisierte stationäre Angebote zur Verfügung (z. B. München Süd). In größeren Schweizer Städten (z. B. Zürich) besteht ein fachärztlicher Bereitschaftsdienst für psychiatrische Notfälle, geleistet durch die in freier Praxis tätigen Ärzte, die je nach Bedarf auch Hausbesuche machen. Inzwischen hat es sich erwiesen, dass professionelle Krisenhilfe durch frühzeitige und spezifische Intervention die Not von Patienten und ihren Angehörigen wirksam lindert – und Kosten spart (Grawe, 2000).

5.2 Was sind Krisen und Notfälle – und wie entstehen sie?

Die Begriffe Krise und Notfall umschreiben psychosoziale Situationen mit unterschiedlichem Gefährdungsrisiko. Daraus ergeben sich unterschiedliche Dringlichkeitsgrade für eine Intervention und somit auch andere Anforderungen an die psychosozialen Dienstleister hinsichtlich Erreichbarkeit, Handlungskompetenz, Methodik und Hilfe-Angebote. Eine begriffliche Differenzierung ist deshalb sinnvoll.

Krise

Mit Krise umschreiben wir eine Situation, in welcher wir seelische, körperliche und soziale Veränderungen als eine Reaktion auf quantitativ oder qualitativ gewandelte Lebensbedingungen beobachten können, die eine Anpassung des Individuums und damit auch seines sozialen Umfeldes erfordern. Gewohnheiten müssen verlassen, Prioritäten verändert, neue Lösungen entwickelt werden.

Ein Großteil der Kräfte wird dabei zur Bewältigung dieser Aufgaben beansprucht. Die psychophysischen Reaktionen werden dabei mit dem Begriff des *Stresses* umschrieben: Gemeint sind damit u. a. eine erhöhte Aufmerksamkeit, eine Bereitstellung von Energie und Ausdauer – also eine Mobilisierung persönlicher Ressourcen. Es finden sich jedoch keine eigentlichen Krankheitszeichen. Außenstehende – z. B. professionelle Helfer – beobachten dabei Zeichen wichtiger Veränderungen: Die von der Krise unmittelbar Betroffenen stellen die Lösung von nachrangigen Problemen zurück, wodurch eine Vernachlässigung von anderen Lebensaufgaben entstehen kann. Die Klienten und ihr Umfeld sind noch kommunikations- und vertragsfähig. Ein ordentliches Setting muss während einer Krise jedoch wegen verminderter Belastbarkeit des Klienten den aktuellen Erfordernissen angepasst werden. Im Unterschied zum Notfall kann sich der Helfer auf verbliebene Belastbarkeit und Verlässlichkeit des Klienten beziehen. Mit diesem können Vereinbarungen getroffen werden, die über einen Zeitraum von mehr als zwei Tagen (ein Wochenende) eingehalten werden können.

Das *Ziel der Krisenintervention* ist, durch eine Rückbesinnung, Stärkung und Erweiterung von äußeren und inneren Ressourcen den psychophysischen Zustand vor der Krise zu erreichen, damit in der Therapie oder der Betreuung wieder in einem regulären Setting gearbeitet werden kann. Das Ziel der Krisenintervention ist deshalb Erholung und Stabilisierung, nicht notwendigerweise Heilung.

Notfall

Der Notfall ist die Eskalationsform der Krise, bei der eine akute Selbst- oder Fremdgefährdung angenommen werden muss, wenn nicht sofort – das heißt innerhalb von Minuten bis Stunden – Hilfe erfolgt. Neben Stresszeichen zeigen sich jetzt einzelne (bei einer bereits bestehenden psychischen Störung allenfalls zusätzliche) Krankheitszeichen. Professionelle Helfer beobachten wichtige Veränderungen: Die Patienten sind im Gespräch nur noch bedingt erreichbar. Vereinbarte Lösungen werden nur zum Teil umgesetzt. Die Angehörigen sind in akuter Sorge: Sie organisieren energisch Schutz. Anstelle von Kommunikation tritt das Handeln: Es werden vollendete Tatsachen geschaffen, oder es wird vermehrt über und weniger mit jemand gesprochen. Mit dem Notfall-Klienten können keine Vereinbarungen getroffen werden, die über die Dauer der Anwesenheit des Helfers hinausgehen. Die Angehörigen sind häufig ebenfalls überfordert und brauchen sofortige Entlastung.

Spezialfälle sind die chronischen Krisen oder gar »chronischen Notfälle«. Bei chronischen Krisen gibt es eine scheinbare Gewöhnung an überfordernde Verhältnisse. Die Betroffenen (und eventuell auch deren Helfer) stellen sich unlösbare Aufgaben und gestehen sich dies nicht ein. Dies führt über eine Erschöpfung der Ressourcen zu Krankheiten – in sozialen Systemen zum Zusammenbruch der schwächsten Glieder. Chronische Notfälle sind meist Zeichen einer Verstrickung zwischen Patienten und Helfern. Die Patienten erzwingen sich die Aufmerksamkeit durch Alarm, ohne sich jedoch auf eine Kooperation mit den Helfern einzulassen. Die Helfer leisten zunehmend erschöpft, verärgert und ohnmächtig weiterhin Hilfe, ohne sich diesen Emotionen zu stellen, ohne sich abzugrenzen zu wagen und sich den begrenzten Erfolg des aktuellen Hilfeangebotes eingestehen zu können.

Das *Ziel der Notfallintervention* ist, dass der Klient aus dem Bereich der akuten Gefährdung herausfindet und wieder – mindestens im Rahmen eines flexiblen ambulanten Settings – umschrieben vertragsfähig wird, damit zu einer Krisenintervention übergegangen werden kann. Falls eine derartige Situationsveränderung nicht innerhalb von zwölf Stunden (d. h. im Verlaufe eines Tages oder einer Nacht) erfolgen kann, ist meist eine stationäre oder teilstationäre Betreuung notwendig. Die getroffene Einschätzung muss realistisch sein. Es ist die große Kunst der Helfer, sich eine lösbare Aufgabe zu stellen. Dies geschieht durch die Eingrenzung auf das im Hier und Jetzt Wesentliche: Abwendung der Gefahr, Verminderung des emotionellen Druckes, Erholung der Selbsthilfekräfte. Es geht um sofortige Wirksamkeit der getroffenen Maßnahmen, sodass nach Abschluss des Einsatzes keine akute Selbst- oder Fremdgefährdung mehr besteht.

Die möglichen *auslösenden Momente einer Krise oder gar eines Notfalls* sowie die körperliche und auch psychologische Krisenreaktion sind in der Literatur (Stressforschung) bereits ausführlich beschrieben. Ebenfalls erforscht ist der Umstand, weshalb gewisse Menschen resistenter auf kritische Belastungen reagieren als andere: So werden in der Resilienzforschung die Ursachen individuell unterschiedlicher Belastbarkeit untersucht. Bei Forschungsprojekten zur so genannten Salutogenese werden die Wirkkräfte bei der Aufrechterhaltung psychischer Gesundheit beschrieben.

Eine zentrale Bedeutung bei der Entstehung von Krisen nehmen äußere Ursachen ein. Bei wichtigen Lebensübergängen wie Ablösung von zu Hause, Beginn des Zusammenlebens in einer Partnerschaft, Geburt von Kindern, jedoch auch bei schicksalhaften Einwirkungen wie Krankheit von Familienangehörigen, Verlust des Arbeitsplatzes, Verlust der Wohnung, Trennung vom Partner finden charakteristische Belastungen statt, die die seelische Energie der Betroffenen stark beanspruchen. Eine Sonderform äußerer Belastung stellen traumatisierende Ereignisse dar. Wichtig ist deshalb die Kenntnis der Wechselwirkung von sozialen Rahmenbedingungen und der Entstehung psychischer Belastung. In diesem Zusammenhang spielt die Sozialarbeit eine große Rolle. Es können jedoch auch innerpsychische Vorgänge – eine innere Umorientierung, eine bewusste oder unbewusste Fehleinschätzung der Belastung oder eine psychische Krankheit – zur Entstehung einer Krise oder gar eines Notfalles beitragen. Krisenintervention verlangt deshalb auch psychologische und psychopathologische Grundkenntnisse.

Der Patient reagiert in der Notfallsituation (und weniger in der Krisensituation) überfordert oder von Wut überflutet oder erschüttert, akut ohnmächtig, überwältigt, verzweifelt oder plötzlich verwirrt, hat akute Angst oder fürchtet sich vor jemandem oder vor etwas: einer umschreibbaren oder diffusen Bedrohung, der er sich nicht mehr gewachsen fühlt, was eine Kaskade von Sensationen des Unwohlseins bis zu katastrophischen Gefühlen auslösen kann. Hilflosigkeit oder Ausweglosigkeit dominieren. Die Stimmungslage ist labil und die daraus abgeleiteten Situationseinschätzungen wenig vorhersehbar, die Handlungen unberechenbar. Krisenintervention ist deshalb auch eine psychiatrisch-psychotherapeutische Aufgabe.

Krisen sind stets eine Herausforderung für die Angehörigen, die Kollegen am Arbeitsplatz und das Netz der bisherigen Helfer. Falls auch deren Hilfe nichts nützt und die Lage sich weiter verschlimmert, werden schließlich professionelle Krisenhelfer hinzugezogen. Krisenhilfe sollte deshalb stets auch die systemischen Gegebenheiten, die Ressourcen im Umfeld der Klienten, berücksichtigen. Eskalierte psychische Krisen werden zu psychosozialen Notfällen.

Krisen können gefährlich verlaufen! Krisen weisen häufig auf Schlüsselsituationen im Leben einer Gemeinschaft hin, bei welchen destruktive Impulse, verhängnisvolle Überzeugungen, sich und andere missbrauchende Bedürfnisse, fehlende Ressourcen usw. einen Mangel verschlimmern. Notwendige Änderungen des Verhaltens oder der Lebensorganisation werden vermieden, wodurch zermürbende psychosoziale Belastungen oder Gewalt Schaden anrichten können. Das Ausbleiben einer geduldigen und zugleich entschiedenen Intervention kann indirekt zur Verschlimmerung beitragen. Unkundige Intervention kann – wie in anderen Gebieten der Heilkunde – den Schaden gar verschlimmern.

Eine besondere Gefahr für den Patienten, dessen Umfeld und den Krisenhelfer entsteht, wenn der Helfer seinerseits in eine Krise gerät, ohne sich zusätzliche Hilfe zu holen. Beispielsweise wenn Helfer durch eine konfuse Auftragslage verwirrt werden und ambivalente Entscheidungen fällen; durch Gewaltdrohung gefährdete Helfer ihre Angst verleugnen und sich in große Gefahr begeben; durch ständige Hilferufe von besonders schwierigen Patienten genervte Helfer ihre Hilfestellung intensivieren, obschon sie sich über den Patienten zu ärgern beginnen. Die Selbsthilfe der Helfer ist damit ein wichtiges Element bei der Notfall- und Krisenintervention.

Was in Krisen und Notfällen am besten hilft, dazu liegen erst in allgemeiner Weise empirisch gesicherte Resultate vor. Ein Beispiel: Mit den Methoden der Verhaltenstherapie kann der suizidale Denkstil zwar günstig beeinflusst werden; hingegen führt die Anwendung dieser Methode allein nicht nachweisbar zu einer relevanten Verminderung der Suizidalität (Schmidtke, 2009). In der Krise – mehr noch in der Notfallsituation – müssen demnach alle Register gezogen werden. Deshalb gelangt methodenübergreifend ein Bündel von Maßnahmen zur Anwendung:

- z. B. Schaffen eines tragenden Kontaktes,
- direktives und stützendes Therapievorgehen,
- pragmatische und ressourcenorientierte Intervention,
- interdisziplinäres Vorgehen in wechselseitiger Absprache.

Krisen bedeuten auch Chancen! Krisen markieren Phasen des Umbruchs: Angewohnte, allenfalls dysfunktionale Bewältigungsmuster müssen verlassen werden. Dies ist die Chance für Aufbruch, für einen Entwicklungsschritt, für die Entzauberung eines einengenden Tabus, für das Verlassen eines erfolglosen Weges, für das Eingeständnis einer wichtigen Lebenswirklichkeit, die Chance für notwendigen Abschied und Neubeginn. Eine sorgfältige und zugleich energische, lösungsorientierte Intervention kann in kurzer Zeit helfen, einen wichtigen Übergang zu etwas Neuem zu begleiten, zu fördern oder gar anzustoßen.

5.3 Notfall- und Krisenintervention ist eine interdisziplinäre Aufgabe

Die Notfall- und Krisenintervention ist grundsätzlich eine interdisziplinäre Aufgabe. Die Vielfalt der gleichzeitig betroffenen Lebensbereiche (psychologisch, biologisch, sozial, die materiellen Ressourcen betreffend) erfordert eine koordinierte Vorgehensweise. Mitarbeiter in Krisendiensten müssen in der Lage sein, Problembereiche außerhalb ihres engeren beruflichen Tätigkeitsgebietes erkennen und potenzielle Gefährdungen abschätzen zu können (s. Tab. 5.1).

Tab. 5.1: Allgemeine Aufgaben der Helfer (unabhängig vom beruflichen Spezialgebiet)

- **Kontaktaufnahme** zu Patient, Angehörigen und anderen Betreuern
- **3-stufige Abklärung, Beurteilung und Planung** unmittelbar notwendiger Interventionen:
  1. Stufe: Triage von Zuständigkeit, Dringlichkeit, Interventionsort
  2. Stufe: Provisorische Beurteilung der akuten Gefährdung anhand eines ersten Augenscheines
  3. Stufe: Rückblickende Überprüfung (Evaluation) der im Notfall-Kontakt induzierten Veränderung, um eine allenfalls doch notwendige eingreifendere Maßnahme (z. B. Spitaleinweisung) vornehmen zu können.
- **Intervention:** Treffen der notwendigen Maßnahmen in interdisziplinärer Zusammenarbeit

Da viele Krisendienste mit Teams aus Sozialarbeitern, Pflegefachkräften und Psychologen arbeiten, die sich in spezifischen Situationen an einen ärztlichen Hintergrunddienst wenden können, gehe ich auf diesen Spezialaspekt in der **Tabelle 5.2** kurz ein.

Tab. 5.2: Die wichtigsten spezifisch ärztlichen Aufgaben

- Ausschluss **somatisch sofort behandlungsbedürftiger Leiden** z. B. bei:
  - Bewusstseinsstörungen
  - psychomotorischen Störungen
  - erstmalig vorkommenden Wahnkrankheiten
  - Angstsyndromen mit Schmerzen
  - somatischen Krankheitszeichen
- Veranlassen/Einleiten von **Zwangsmaßnahmen**/behördlichen Maßnahmen
- Syndromale **Medikation**, um akute Gefährdung oder schwere Beeinträchtigung des Wohlbefindens zu vermindern. Medikamente sollen sparsam eingesetzt werden: go slow – stay low. Die Pharmakotherapie bei schweren Zustandsbildern wird der nachbehandelnden Institution übertragen. Dabei wird von dieser eine korrekte Diagnose gestellt werden müssen.

Im Folgenden gehe ich auf die wichtigsten Grundsätze bei der Notfallintervention, speziell bei aufsuchender Hilfe, ein. Die Methodik der Notfallintervention unterscheidet sich wesentlich von der Vorgehensweise in einem regulären Betreuungs- oder Therapie-Setting, weshalb sie näher ausgeführt wird. Die Notfallintervention in einem Sprechzimmer der Institution ist bereits methodisch weniger anspruchsvoll, da den professionellen Helfern mehr Ressourcen zur Verfügung stehen. Dies im Unterschied zu den Klienten, die sich nun außerhalb ihres Lebensumfeldes und ihrer Ressourcen befinden. Deshalb ist in besonders kritischer Lage häufig ein Hausbesuch zu zweit angesagt. Bei der Krisenintervention kann bereits wesentlich auf die persönlichen, auch psychologischen Ressourcen des Patienten Bezug genommen werden, was die Vorgehensweise weiter vereinfacht.

5.4 Die drei Dimensionen der Notfallintervention

Ein psychiatrischer Notfall bedarf einer gelassenen, jedoch auch entschiedenen Vorgehensweise außerhalb des üblichen Settings. Alles ist im Fluss, vieles ist nur syndromal zu erkennen, oder Gefährdungen sind nur provisorisch abschätzbar.

Tab. 5.3: Die drei Dimensionen der Notfallintervention

- Sich schnell orientieren bei unvollständiger Information (**qualitative Dimension**)
- Methodisch vorgehen je nach Schweregrad der Störung (**quantitative Dimension**)
- Methodisch vorgehen je nach Stadium der Intervention (**zeitliche Dimension**)

Der Krisenhelfer kann sich während der Notfallintervention an diesen drei Dimensionen orientieren, um den Überblick zu wahren.

5.4.1 Sich schnell orientieren bei unvollständiger Information (qualitative Dimension): das Konzept der Schlüsselsyndrome

Als sogenannte Schlüsselsyndrome gelten die von Laien am Telefon geschilderten Problemmuster mit folgenden Hauptauffälligkeiten.

Die nachfolgende Intervention muss von diesen gelegentlich vagen Beschreibungen ausgehen (s. **Tab. 5.4**):

Tab. 5.4: Psychosoziale Notfall-Schlüsselsyndrome

- Bewusstseinsstörung
- Verlust des Realitätsbezugs, Wahnvorstellungen
- Verzweiflung, Suizidalität
- Aggression, Konflikt mit Drohung und Gewalt
- Suchtmittelmissbrauch
- Angst und Panik
- **Chronisch-akute Problematik:** Anrufer drängen wiederholt und bis zu mehreren Malen pro Tag auf Notfallhilfe, oder sie alarmieren ihr Umfeld immer wieder durch Suiziddrohungen.

Die psychosoziale Problematik wird schrittweise eingegrenzt. Dabei gilt: Syndromal beurteilen statt diagnostizieren! So muss z. B. während des Notfalleinsatzes die Gefahr einer lebensgefährlichen Vergiftung bzw. eine Selbst- oder Fremdgefährdung erkannt, jedoch die dahinter liegende Störung nicht korrekt diagnostiziert werden. Wichtig ist die nachvollziehbare Beschreibung des Zustandsbildes, sodass die weiterbehandelnden Fachpersonen schließlich eine korrekte Diagnose stellen sowie eine sinnvolle Therapie und realistische Rehabilitationsschritte einleiten können.

5.4.2 Methodisch vorgehen je nach Schweregrad der Störung (quantitative Dimension)

- Je geringer die Kommunikationskompetenz, desto eher sind Angehörige hinzuzuziehen.
- Je geringer die (adäquate) Handlungskompetenz (z. B. wegen Verzweiflung oder Gewalttätigkeit), desto eher sind organisatorische Maßnahmen zu treffen.
- Je größer der (anhaltende) emotionelle Druck (insbesondere Erregung), desto eher sind Medikamente einzusetzen.
- Zwangsmaßnahmen sind aus einer Güterabwägung einzuleiten bei akuter Selbst- und/oder Fremdgefährdung und fehlender Kooperation trotz methodischer Vorgehensweise (siehe unten).

5.4.3 Methodisch vorgehen je nach Stadium der Intervention (zeitliche Dimension)

Der Handlungsablauf der psychiatrisch-psychotherapeutischen Notfallintervention verläuft – nach der ersten Kontaktaufnahme am Telefon – in drei Phasen (Vorbereitung – Abklärung – Maßnahmen) mit insgesamt neun Schritten (Rupp, 2010) (s. **Tab. 5.5**):

Tab. 5.5: Die drei Phasen und neun Schritte der Notfallintervention

Erste Phase
1. **Triage** (die anfängliche Kurzbeurteilung zur Abschätzung der Gefahr und der notwendigen Interventionsweise)
2. **Vorbereitung auf den Einsatz** (telefonische Vorinformation des Patienten und seines Umfeldes sowie persönliche Vorbereitung des Helfers auf den Einsatz)
3. **Begrüßungsintervention** (Definition eines provisorischen Settings beim persönlichen Erstkontakt mit dem Patienten und seinen Angehörigen)

Zweite Phase
4. Gesprächsaufnahme
5. Notfall-Abklärung
6. Provisorische Gefährdungs-Beurteilung und Definition einer Hilfestrategie
(für die Dauer der Notfallintervention)

Dritte Phase
7. **Notfallkonferenz** (Einbezug aller kommunikationsfähigen Beteiligten, um einen gemeinsamen Handlungsplan aufzustellen)
8. **Sofort-Maßnahmen** (ambulante Probe-Intervention mit sofortiger Entlastung des Patienten und seines Umfeldes, Förderung von Selbsthilfeaktivitäten, Tagesstruktur, eventuell Medikation, Einleitung einer Nachbetreuung unter Einbezug der Angehörigen, Einrichten eines Alarm-Systems bei einer allfälligen erneuten Verschlimmerung der Situation)
9. **Evaluation** (abschließende Überprüfung des bisherigen Interventionsergebnisses, um gegebenenfalls doch noch eine Klinikeinweisung vorzunehmen)

5.5 Methodische Prinzipien der Notfallintervention

Es bewähren sich bei der methodischen Vorgehensweise folgende Prinzipien:

Tab. 5.6: Methodische Prinzipien der Notfallintervention

- Auftrag und Hilfeangebot ausdrücklich **definieren**
- Notfallaufgabe auf sofortige Lösbarkeit **eingrenzen**
- **Zeitlichen Spielraum** schaffen
- Teilaufgaben **delegieren**
- **Angehörige** einbeziehen
- **Kommunikationskompetenz** der Beteiligten berücksichtigen
- **Lösungsorientiert** und regressionsvermindernd vorgehen
- Interventionen fortlaufend **evaluieren**

Einige Prinzipien möchte ich näher erläutern.

Auftrag und Hilfeangebot ausdrücklich definieren

Auftragskonflikte sind eher die Regel als die Ausnahme. So möchte z. B. ein akut psychotischer Patient nicht in die Klinik, obschon die Angehörigen um eine derartige Maßnahme ersuchen. Solche Konflikte lassen sich klar benennen. Der Notfallhelfer definiert ausdrücklich seine berufliche Rolle, den gesetzlichen Auftrag, sein Hilfsangebot und dessen Grenzen, sowie die Prioritäten seiner Intervention aufgrund seiner Einschätzung von Zuständigkeit und Dringlichkeit. Damit entsteht der beabsichtigte Eindruck, dass der Notfallhelfer die Intervention leitet.

Angehörige einbeziehen

In Zusammenarbeit mit den anwesenden unterstützenden Personen und im Respekt für die Belastbarkeit aller Beteiligten sollen Mitbetroffene einbezogen werden. Bei besonders heiklen Situationen, z. B. bei erregten Verzweiflungstätern, sind stets die vertrautesten und freundschaftlich zugewandten Personen hinzuzuziehen.

Kommunikationskompetenz der Beteiligten berücksichtigen

In der Notfallsituation lässt sich die Kommunikationskompetenz der Beteiligten im Rahmen unterschiedlicher Interaktionen erkennen:

- am Telefon,
- vor Ort mit Patienten,
- mit Angehörigen,
- im Rahmen einer improvisierten Notfallkonferenz mit den gesprächsfähigen Beteiligten.

Im Notfallgespräch ist es wichtig, Prioritäten zu setzen, das Thema klar aufs aktuell Wichtige einzugrenzen, in Bezug auf die eigene Handlungsweise transparent zu bleiben, lösungsorientiert und nicht problemorientiert vorzugehen, Handlungsbezüge herzustellen und zu überprüfen, ob das Übermittelte auch wirklich verstanden wurde. Falls Patienten in ihrer Kommunikationskompetenz beeinträchtigt sind, sind stets Drittpersonen einzubeziehen.

Lösungsorientiert und regressionsvermindernd vorgehen

Die Intervention soll Regression eingrenzen, Belastung und Kompliziertheit reduzieren, einen Schutz vor Destruktivität schaffen, Selbsthilfekräfte fördern und nach verborgenen konstruktiven Lösungsansätzen fragen. Dies bedeutet: den zerstörerischen Anteil im Patienten respektieren, Konstruktives unterstützen, entlasten durch sofort wirksame Maßnahmen, jetzt zugängliche Ressourcen erschließen, andere Gesichtspunkte einbringen, neue Kommunikationsspielregeln in der Interaktion mit dem Therapeuten praktizieren, im Beisein des Notfallhelfers sofort Kontakte zu vertrauten Personen knüpfen, eine Tagesstruktur festlegen.

Interventionen fortlaufend evaluieren

Das Ergebnis der Intervention wird laufend überprüft. Dabei werden nicht nur äußere Veränderungen beobachtet, sondern auch die geschilderte Gefühlslage der Patienten und v. a. auch ihrer Bezugspersonen einbezogen. Zudem ist es wichtig, auf die innere Wahrnehmung der Helfer zu achten (z. B. die Veränderung der eigenen Besorgnis gegenüber suizidalen Menschen). Verzweifelte Menschen sind häufig ambivalent. Einerseits ist Hoffnung versteckt, andererseits sind die betroffenen Patienten sowie v. a. auch ihre Angehörigen durch die Zeichen von Destruktivität alarmiert. Diese Kräfte treten in eine Wechselbeziehung zum Interventionsimpuls des Notfallhelfers. Die Beobachtung des Verlaufs dieser Interaktion gibt wichtige Hinweise auf das weiter bestehende Gefährdungspotenzial sowie auf die spätere Kooperationsbereitschaft im Rahmen eines ambulanten Betreuungs-Settings.

5.6 Die Selbsthilfe der Helfer

Auch Krisenhelfer können in eine Krise geraten. Denn die Notfall- und Krisenhelfer befinden sich im Vergleich zu einem ordentlichen Behandlungs-Setting in einer spezifisch anderen Ausgangssituation:

- Sie kennen die Hilfesuchenden häufig nicht.
- Sie erhalten unklare, widersprüchliche oder gar gegensätzliche Anliegen.
- Sie werden zu sofortiger Hilfestellung gedrängt.
- Sie müssen ihre provisorische Situationseinschätzung auf unvollständige und vielleicht missverständliche Informationen abstellen.
- Sie müssen mit eingeschränkten Mitteln handeln, bevor sie die Lage überblicken können.
- Zur Abwendung erheblicher Gefahren müssen sie möglicherweise Maßnahmen

treffen, die die persönliche Freiheit der Betroffenen tangieren; dabei kann es zu schweren Meinungskonflikten kommen.

Die Psychohygiene der Helfer und ihre methodischen Fertigkeiten befähigen sie, trotz Zeitdruck das jetzt Wesentliche zu erkennen und in der Verwirrung der Situation einen Handlungsplan zu entwickeln: Navigation bei Sturm und Nebel. Ziel ist es, dass sich der Helfer in eine gelassene Ausgangslage bringen kann, damit er nicht selbst in Krise gerät. Für Deeskalation und konstruktive Intervention braucht es ruhige Helfer. Dabei ist es nicht von vornherein unprofessionell, trotz aller Vorsichtsmaßnahmen Angst zu haben, trotz aller Strukturierung die Übersicht zu verlieren oder trotz abgegrenzter Vorgehensweise emotionell heftig zu empfinden. Professionell ist es, sich diese Überforderung einzugestehen und Selbsthilfemaßnahmen einzuleiten und – wenn dies nicht ausreicht – weitere Helfer wie z. B. erfahrene Kollegen hinzuzuziehen.

5.7 Fazit und Ausblick

Angesichts der zunehmend großen Institutionen im Bereich der Krisendienste und der sich daraus ergebenden Notwendigkeit der Professionalisierung stellt sich auch die Frage nach professionellen Standards und Qualitätskriterien, um den Mitarbeiterinnen und Mitarbeitern Orientierung bei ihrer anspruchsvollen Aufgabe zu geben. Besonders in der amerikanischen Literatur sind interessante Ansätze zur Optimierung der Entscheidungsfindung (decision making) zu finden. Hingegen fehlen nach wie vor komplex evaluierte Notfall-Interventionsmodelle, von welchen sich Hinweise auf hilfreiche Methoden ergäben. Es gäbe viele Fragestellungen, die wissenschaftliches Interesse verdienen: Was ist wichtig, hilfreich, nützlich und ökonomisch effizient?

Es darf dabei nicht vergessen werden, dass in vielen Regionen Mitteleuropas auch in städtischen Siedlungsräumen die interdisziplinäre Notfall- und Krisenintervention im Argen liegt. Der Nutzen einer kompetenten Versorgung im Moment der höchsten Not ist in jenen Gebieten – im Gegensatz zum meist hohen Standard der körperlich-medizinischen Rettungsmedizin – noch immer nicht genügend erkannt.

Das Erfahrungswissen der spezialisierten Krisenhelfer in anderen urbanen Ballungsgebieten ist hingegen inzwischen beträchtlich. Diesen Schatz zu heben erscheint mir vordringlich. Eine wichtige Möglichkeit stellen Weiter- und Fortbildungsveranstaltungen dar, um den Erfahrungsaustausch zu pflegen. Es lässt sich auf diese Weise eine Interventionskultur entwickeln, die den jeweiligen örtlichen Rahmenbedingungen gerecht wird und einen verbindlichen Orientierungsrahmen für den Kriseneinsatz darstellt und damit den Krisenhelfern mehr Selbstsicherheit gibt. Dadurch wird die Improvisation in der Notlage nicht chaotisch, sondern die Chance, die in der Krise stets verborgen ist, kann besser genutzt werden. Dieses Erfolgserlebnis ist wiederum Quelle für Einsatzfreude und Gelassenheit, eine wichtige Voraussetzung für einen guten und effizienten Krisendienst.

Literatur

Aguilera, D. (2000). *Krisenintervention. Grundlagen – Methoden – Anwendung.* Göttingen: Huber.
Grawe, K. (2000). *Psychologische Therapie.* Göttingen: Hogrefe.
Lasogga, F. & Gasch, B. (Hrsg.) (2008). *Notfallpsychologie. Lehrbuch für die Praxis.* Heidelberg: Springer Medizin Verlag.
Linehan, M. (2007). *Dialektisch-Behaviorale Therapie der Borderline-Persönlichkeitsstörung.* München: CIP-Medien.

Müller-Spahn, F. & Hoffmann-Richter, U. (2000). *Psychiatrische Notfälle*. Stuttgart: Kohlhammer.

Neu, P. (Hrsg.) (2008). *Akutpsychiatrie. Das Notfall-Manual*. Stuttgart: Schattauer.

Rupp, M. (2010). *Notfall Seele. Ambulante Notfall- und Krisenintervention in der Psychiatrie und Psychotherapie*. Stuttgart: Thieme (3. Auflage).

Rupp, M. (2004). Ambulante psychiatrische Notfall- und Krisenintervention. In: Riecher-Rössler, A et al. (Hrsg.), *Psychiatrisch-psychotherapeutische Krisenintervention*. (S. 100–116). Stuttgart: Hogrefe.

Schmidtke, A. & Schaller, S. (2009). Suizidalität. In: J. Margraf (Hrsg.), *Lehrbuch der Verhaltenstherapie*. Bd. 2. (S. 175–186). Berlin: Springer-Verlag.

Schnyder, U. & Sauvant, J.-D. (Hrsg.) (2000). *Krisenintervention in der Psychiatrie*. Bern: Huber.

de Shazer, S. & Dolan, Y. (2008). *Mehr als ein Wunder: Lösungsfokussierte Kurztherapie heute*. Heidelberg: Carl-Auer-Systeme.

Simmich, T. (2001). Behandlungskrisen ambulanter Psychotherapien aus der Sicht einer Krisenstation. *Psychotherapeut.*, 46, 252–258.

Sonneck, G. (Hrsg.) (2000). *Krisenintervention und Suizidverhütung. Ein Leitfaden für den Umgang mit Menschen in Krisen*. Wien: Facultas-Universitätsverlag.

6 Fortbildung für KrisenhelferInnen – Ein Leitfaden für SeminarleiterInnen

Thomas Giernalczyk und Hans Doll

Ausgehend von den Leitlinien der DGS wird argumentiert, dass Fortbildungen für HelferInnen die Ziele Haltung, Fertigkeiten und Wissen der Lernenden berücksichtigen sollen. Darauf aufbauend wird eine erprobte Konzeption eines zweieinhalbtägigen Grundlagenseminars unterbreitet, bei dem besonderes Gewicht auf die Balance zwischen festgelegten Themenblöcken und Berücksichtigung des Gruppenprozesses gelegt wird. Im Sinne eines Manuals für Fortbildnerinnen werden Methoden, Inhalte und Arbeitspapiere der Fortbildung vorgestellt. Abschließend wird die Notwendigkeit der Bekanntgabe regionaler Fortbildungen und die Entwicklung eines »Curriculums zertifizierte KrisenhelferIn« diskutiert und zur Beteiligung eingeladen.

6.1 Einführung

Wir sitzen entspannt im Stuhlkreis unseres Seminars. 16 Teilnehmer und Teilnehmerinnen sind erschienen. Wie oft bei Fortbildungen nehmen mehr Frauen als Männer teil. In der Anfangsrunde stellt sich heraus, dass ein Teilnehmer ganz gefangen von dem Suizid eines Familienmitglieds ist. Ein zweiter Teilnehmer erklärt, dass er mit Krisenintervention praktisch keine Erfahrung hat, und die Teilnehmerin in der Mitte der Runde ist eine hoch erfahrene Kollegin aus einem Spezialdienst, die ganz spezifische Interessen hat. Die letzte in der Runde spricht sich gegen langweilige theoretische Ausführungen aus und will das Seminar daran messen, dass ausschließlich praxisrelevante Fragen geklärt werden. Während dieser Einstiegsrunde drängen sich uns Leitern viele Fragen auf: Wie kann der Angehörige eines Suizidenten gut integriert werden, ohne überfordert zu sein? Wie können wir das Seminar sowohl für den Anfänger als auch für die erfahrene Teilnehmerin zufriedenstellend gestalten? Und in welchem Verhältnis wollen wir Theorie und Praxis vermitteln?

Die hier pointiert skizzierte Situation hat uns neben wiederkehrenden Anfragen nach Fortbildungen dazu geführt, nach und nach ein Angebot zu entwickeln, dass durch ein dialektisches »Sowohl-als-auch« widersprüchlichen Anforderungen an Fortbildungen für HelferInnen gerecht wird. Wir wählen dabei ein Vorgehen, dass eine flexible Balance zwischen Betroffenheit und Professionalität, Basiskenntnissen versus Spezialwissen und Theorie versus Praxis anstrebt und die Teilnehmerinteressen durch häufige Rückkopplung frühzeitig aufgreift.

Mit diesem Beitrag wenden wir uns an die KrisenberaterInnen, die in der Aus- und Fortbildung für ihre KollegInnen tätig sind. Damit wollen wir Anregungen für die Gestaltung und Weiterentwicklung derartiger Maßnahmen bieten. Damit stehen wir in einer Tradition, die seit mindestens vier Jahrzehnten an unterschiedlichen Universitäten, Kliniken und Hilfsorganisationen wie Beratungsstellen und der Telefonseelsorge gepflegt wird (Böhme, 1992). Im ersten Teil stellen wir fachliche

Überlegungen vor, die wir aus den Leitlinien zur Krisenintervention entnehmen und mit der wir grundsätzliche Ziele für derartige Seminare formulieren.

Im zweiten Teil stellen wir ausführlich ein Seminarkonzept mit den Themenblöcken, Instruktionen und Arbeitspapieren (Handzettel) für die Lernenden vor, das wir seit vielen Jahren erproben und ständig weiterentwickeln.

Schließlich regen wir die Veröffentlichung regionaler Seminarangebote im Internet an, um einen ersten Schritt in Richtung Aufbau eines Curiculums KrisenhelferIn zu initiieren.

6.2 Ziele für Aus- und Fortbildungen

Professionelle Hilfe in Lebenskrisen und bei Suizidalität erfordert spezielle Kompetenzen, um der besonderen Beziehungsproblematik Suizidgefährdeter und Menschen in Krisen gerecht werden zu können. Diese Kompetenzen werden in den beruflichen Ausbildungsgängen professioneller HelferInnen nur teilweise und nicht genügend vermittelt. Aus diesem Grund hat die Deutsche Gesellschaft für Suizidprävention (DGS) in ihren Leitlinien für Krisenintervention den besonderen Schwerpunkt »Qualifizierung der Mitarbeitenden« (1998, S. 195) ausgeführt.

Die Ziele für Weiterbildungsseminare aus den Leitlinien der DGS bestimmen Ablauf und Methodik der Bildungsmaßnahmen, und sie stellen eine Art Standard dar, an dem sich FortbildnerInnen und NutzerInnen orientieren können. Die Leitlinien unterscheiden die Zielbereiche Haltung, Fertigkeiten und Wissen, die in jeder Fortbildung berücksichtigt werden sollen.

Haltung

»Krisenberatende brauchen in besonderer Weise ein Verhältnis zu den eigenen Möglichkeiten und Grenzen, zu (eigener) Selbstdestruktivität, zum menschlichen Umgang mit Sterben und Tod und vor allem Klarheit über die Motivation, anderen helfen zu wollen, um entsprechend offen für Menschen in Krisen sein zu können.

- Gibt die Ausbildung in Verbindung mit dem Erwerb von Wissen und Fertigkeiten genügend Raum für eine themenbezogene Selbsterfahrung?

Minimalstandard: Ausbildung in Krisenintervention ist von einer reinen Selbsterfahrungsgruppe auch für die Lernenden unterscheidbar. Auch bei kurzen Einführungsseminaren ist ein themenbezogener Selbsterfahrungsanteil eingebaut.

Fertigkeiten

In der Ausbildung sollen verschiedene Gesprächsführungs- und Interventionsmethoden erlernt werden. Methoden zur Einschätzung der Suizidalität sollen angewandt werden können, die Selbst- und Fremdwahrnehmung sollte geschult werden sowie die Fähigkeit zum Erkennen von Übertragungs- und Gegenübertragungsphänomenen. Die Lernenden sollten sich Rat bei anderen holen können.

- Welches Konzept liegt dem Lehrplan zugrunde (Bezug zu den Leitlinienbereichen)?
- Bemühen sich die Ausbildenden um möglichst lernintensive Vermittlungsmethoden (z. B. Rollenspiele, supervidierte Gespräche ...)?
- Wie wird das Lernergebnis festgestellt?
- Werden interdisziplinäre Veranstaltungen geplant, um jeder einseitigen (nur analytischen, nur sozialpädagogischen etc.) Ausrichtung vorzubeugen?

Wissen

Zur Krisenberatung gehört ein Mindestmaß an suizidologischem Wissen, an Krisentheorie, Psychopathologie und juristischen und ethischen Fragestellungen, aber auch an Wissen über andere Hilfsdienste im Umfeld.

- Welche Wissensschwerpunkte werden in der Einführungs-, Grund- und Aufbaustufe vermittelt? Ist der aktuelle Stand des Wissens berücksichtigt?
- Nach welchen Gesichtspunkten wird diese Auswahl getroffen?
- In welcher Weise wird den Lernenden Fachliteratur zugänglich gemacht?

Minimalstandard: Der Erwerb von Wissen steht neben dem Erlernen von Fertigkeiten und der Arbeit an der eigenen Einstellung und Haltung einigermaßen gleichgewichtig in einem inneren Zusammenhang, jedenfalls wird auch bei kurzen Einführungsveranstaltungen ein reiner Vortragsstil und eine Überfrachtung an Wissen weitgehend vermieden« (DGS, 1998, S. 216–217).

Zusammenfassend wird damit eine Zielsetzung vertreten, die weit über die Vermittlung akademischer Wissensbestände hinausgeht, die die Haltung der Lernenden ebenso wie ihre kommunikative Fertigkeiten mit einbezieht und die an die klassische Dreiteilung psychotherapeutischer Ausbildungen in Selbsterfahrung, Supervision und Theorie erinnert.

6.3 Seminarkonzept und Ablaufplan des Seminars »Grundlagen der Krisenintervention und Suizidprävention«

6.3.1 Historische Entwicklung

Das Seminar »Grundlagen der Krisenintervention und Suizidprävention« führen wir seit 1987 in unterschiedlichen Settings für HelferInnen aus dem psychosozialen und klinischen Bereich für »DIE ARCHE – Suizidprävention und Hilfe in Lebenskrisen e. V.« durch. Zu Beginn haben wir ein kurzes Programm auf fünf Abendveranstaltungen unter der Woche verteilt. Dabei zeigte sich jedoch, dass vor allem die Ziele, die sich auf die Haltung der Lernenden richten, nur schwer zu realisieren waren und dass es für HelferInnen wegen der Wege aus dem Umland schwierig war, an der Fortbildung in München teilzunehmen. In der zweiten Phase haben wir das Seminar über fünf Tage in einer Fortbildungseinrichtung durchgeführt. Dies erschien uns als günstiger Rahmen, um ohne zu großen Druck auch belastende Themenaspekte zu bearbeiten. Um uns an die Arbeitsverdichtung und knappere Zeit und Geldmittel für Fortbildung anzupassen, führen wir nun das Seminar über zweieinhalb Tage mit 18 Unterrichtseinheiten (à 45 Minuten) ebenfalls in einer Fortbildungseinrichtung durch. Themen, die wir wegen der kürzeren Zeit nicht mehr bearbeiten können, bieten wir in weiteren Seminaren zum Thema »Krisenintervention und Suizidprävention bei narzisstischen und Borderline-Persönlichkeitsstörungen«; sowie »Krisenintervention bei Traumatisierung und Trauer« im gleichen Zeitumfang an.

6.3.2 Zusammensetzung der Seminargruppe

Falls möglich, setzen wir die Gruppe aus unterschiedlichen Berufsbereichen (Psychiatrische Kliniken, Beratungsstellen, betreutes Einzelwohnen, Heime, Tagesstätten, Gesundheitsamt etc.) und verschiedenen Grundberufen (Ärzten, Psychologen, Sozialpädagogen, Pflegeberufe) zusammen. Auf diese Weise findet ein Lernen über die Versorgungseinrichtungen und Berufsgruppen statt, und Berührungsangst sowie Konkurrenz werden abgebaut. In gewisser Hinsicht liegt schon in dieser Zusammensetzung eine Herausforderung für die TeilnehmerInnen, sich mit Unbekanntem und mit Vielfalt auseinander zu setzen, was unter den Begriffen Diversity Sensibility und Diversity Management zu grundsätzlichen Anforderungen an KrisenhelferInnen gezählt wird (vgl. Scheuermann, Kunz & Schürmann, 2003 und Scheuermann & Schürmann in diesem Band). Außerdem finden sich die TeilnehmerInnen in einer interdisziplinären Lerngruppe, wodurch diese Zusammenarbeit gefördert wird.

Die Gruppengröße liegt bei maximal 18 Lernenden. Unter der Voraussetzung, dass die LeiterInnen zu allen Lernenden so viel Kontakt haben, dass sie in der Lage sind, auftretende Störungen und Beeinträchtigungen zu registrieren und gegenzusteuern, sinkt die Geschwindigkeit, in der einzelne Themenblöcke bearbeitet werden, proportional zur Teilnehmerzahl. Nach unserer Erfahrung ist davon auszugehen, dass die Lernenden auch immer wieder Angehörige von Suizidalen, Hinterbliebene sind oder sich selbst in einer (suizidalen) Krise befinden. Wir weisen zu Anfang des Seminars darauf hin, dass die Beschäftigung mit den Themen das eigene Befinden beeinträchtigen kann und mitunter auch suizidale Impulse mobilisiert. Wir fordern die Lernenden auf, auf sich zu achten, laden sie ein, Irritationen anzusprechen, und versichern ihnen, dass sie selbst entscheiden können, wie weit sie von sich selbst berichten wollen. Große Gruppen brauchen länger, um nach Pausen arbeitsfähig zu werden, mehr Zeit, um Kleingruppenergebnisse zu präsentieren und stellen mehr Fragen zu theoretischen Inputs.

6.3.3 Grundprinzipien der Seminargestaltung

Balance von Gruppenprozess und Themenorientierung

Wir halten in dem Seminar eine Balance zwischen planvollem thematischem Vorgehen und den Interessen der Lernenden sowie dem Prozess der Gruppe. Einerseits bemühen wir uns, essenzielle Inhalte zu vermitteln, andererseits greifen wir abweichende Interessen von Einzelnen und der Gesamtgruppe auf. Mit dieser Haltung orientieren wir uns an Grundprinzipien der themenzentrierten Interaktion (Cohn, 1980). Daraus folgt, dass jedes Seminar einen veränderten und kreativen Verlauf nimmt und trotz unserer inhaltlichen Vorgaben eine »Erfindung der Leitung und der Lernenden« bleibt.

Häufig bilden wir am zweiten Tag »Thematische Neigungsgruppen«, in denen Kleingruppen von uns supervidiert an für sie besonders relevanten Schwerpunkten arbeiten, die anschließend im Plenum gemeinsam diskutiert werden.

Während des Seminars werten wir Leiter für uns den Verlauf des Gruppenprozesses hinsichtlich Mitarbeit, Angstniveau, Widerstand, Integration und Außenseiterpositionen aus und steuern mit unseren Interventionen und Strukturangeboten frühzeitig gegen Entwicklungen, die wir für die Erreichung unserer Seminarziele als kritisch erachten. Falls erforderlich, beziehen wir die Gruppe in diese Überlegungen ein.

Permanente TeilnehmerInnen-Evaluation

In diesem Zusammenhang ist für uns die wiederholte Rückkopplung der Teilnehmereinschätzungen von großer Bedeutung. Durch Runden und Blitzlichter überprüfen wir das Befinden und das Interesse der Lernenden, um unser Angebot auf deren Wünsche abzustellen und damit selbst Lernende zu bleiben. Auf diese Weise installieren wir eine permanente Evaluation durch die Teilnehmenden, lange bevor es zur Schluss-Evaluation kommt. Wichtige Störungen von TeilnehmerInnen werden soweit erforderlich bearbeitet, und anschließend wird thematisch fortgefahren.

Gruppenkohäsion, Vertrauen und Sicherheit

Wir fördern das Kennenlernen und erzeugen bewusst ein Klima wachsender Gruppenkohäsion, um einen vertrauensvollen Rahmen für Selbstreflexion zu bilden, und vereinbaren zu Seminarbeginn Schweigepflicht. Auf der anderen Seite versuchen wir, Differenzierungen zwischen den TeilnehmerInnen aufrechtzuerhalten und vertreten eine Philosophie, die als »Integration durch Akzeptanz der Differenzen« zu charakterisieren ist und die auch für interdisziplinäre Teamarbeit in der Krisenintervention entscheidend ist. Wir halten uns an verabredete Zeiten, schaffen damit Sicherheit und sind Modelle für verlässliche Absprachen in der Gruppe, die für uns auch in der Krisenintervention eine große Bedeutung haben. Auf diese Weise nehmen wir auch gegenüber TeilnehmerInnen und der Gruppe eine Haltung von *Container* und *Contained* ein, die wir auch für Krisenintervention fördern wollen. Unter *Container – Contained* ist ein allgemeines Prinzip für emotionales Lernen zu verstehen. Im Rahmen von Krisenintervention nimmt der Helfer schwer aushaltbare Emotionen des Klienten auf und unterzieht sie einer eigenen psychischen Verarbeitung, bevor er davon Verstandenes und Nachvollziehbares an seine Klienten zurückgibt (Giernalczyk, 2003a, b).

Kurzweilige Kombination unterschiedlicher Arbeitsmethoden

Methodisch wechseln wir das didaktische Vorgehen Input (im Stil eines Kurzreferats), Gruppendiskussion, Kleingruppenarbeit, Rollenspiel und Fallarbeit in kurzer Reihenfolge ab, um die Motivation der Lernenden zu fördern. Während der Inputs sind Zwischenbemerkungen erlaubt, und wir überschreiten 15–30 Minuten nicht.

Allen Teilnehmern werden Handouts, eine Literaturliste und ausgelegte neuere Bücher zur Verfügung gestellt. Die Handouts bilden als stichpunktartige Thesenpapiere die Grundlage der jeweiligen Inputs. Je nach Erfahrung und Interesse werden einzelne Aspekte vertieft.

Theoretische Grundpositionen

Wir unterscheiden die Schwerpunkte Verständnis, Diagnostik und Einschätzung sowie Interventionen bei Krisen und Suizidalität. Damit orientieren wir uns an den Zielbereichen Haltung, Fertigkeiten und Kenntnis der Leitlinien. Darüber hinaus legen wir auf die Schulung der Wahrnehmung eigener emotionaler Reaktionen (Gegenübertragung) besonderen Wert und setzen dies in Form von spezieller Fallarbeit um.

Unsere eigene fachliche Orientierung wird durch unsere Grundberufe des Psychologen und Sozialpädagogen geprägt. Wir fokussieren auf psychologische (psychodynamische und verhaltenstherapeutische), sozialpädagogische (gemeindepsychologische und systemische), psychiatrische und spezifische Modelle zur Bearbeitung von Krisen und Suizidalität. Suizidalität und Krisen werden von uns als komplexes und überdeterminiertes Geschehen verstanden, dass nur unter der Zuhilfenahme verschiedener Disziplinen und Methoden erklärt und wirksam bearbeitet werden kann.

In den letzten Jahren findet die Genderperspektive in den geschlechtspezifischen Unterschieden von Suizidalität und Krisenbewältigung verstärkt Eingang in unsere Seminararbeit, indem wir Erlebens- und Verarbeitungsmethoden verstärkt unter geschlechtsspezifischen Aspekten reflektieren (Freytag & Giernalczyk, 2001).

6.3.4 Ablaufvorschlag

Der nachfolgend dargestellte Seminarablauf ist so etwas wie ein Idealtypus; in der Praxis werden Abweichungen zugelassen. Insbesondere bei großer Gruppengröße und weniger erfahrenen TeilnehmerInnen erscheint es uns ratsam, weniger Module dafür in der notwendigen Ausführlichkeit durchzuführen. Als minimale Anforderung sehen wir die kurze Präsentation der meisten Arbeitspapiere, eine Fallarbeitsphase, eine Rollenspielphase und eine Einheit themenzentrierte Selbsterfahrung. Die weitere Gestaltung sollte vom Verlauf der Arbeit abhängig gemacht werden.

1. Tag

Themenblock: Einführung

Ziel: Arbeitsorientierung herstellen, Wissen über demoskopische Variablen, Risikogruppen und Motivstrukturen vermitteln, durch eigenen Praxisbezug verankern und erste Informationen der Einschätzung suizidaler Gefährdung vorbereiten (vgl. auch Wolfersdorf, 2000)

Vorgehen: Vor Seminarbeginn tragen sich die TeilnehmerInnen mit Name, Tätigkeit, Ort und Hobby auf eine Stellwand ein (erste Orientierung, Kennenlernen, Warming up).

Eröffnungsrunde zu den Fragen:
– Name und Tätigkeit
– Welche Berührung mit dem Thema habe ich beruflich oder privat in letzter Zeit gehabt?
– Welche Interessen und Fragen bringe ich mit?

Vorstellung der inhaltlichen und methodischen Schwerpunkte des Seminars am Flipchart und Einbeziehung der Erwartungen der Teilnehmer.

Input: *Demoskopische Verteilung von Suizid und Risikogruppen* (Arbeitsblatt 1). *Motivstrukturen* (Arbeitsblatt 2).

Gruppendiskussion; fakultativ: Kurzgruppe zu zweit über fünf Minuten: Welche Risikomerkmale und Motivstrukturen weisen meine Klienten auf?

Themenblock: Reflexion eigener Krisen und Erlernen von Krisenkonzepten

Ziel: themenzentrierte Selbsterfahrung, Förderung der Gruppenkohäsion.

Methode: angeleitete Meditation, Arbeit in Kleingruppen, kurze Berichte im Plenum.

Input: *Krisenmodelle* (Arbeitsblatt 3).

Vorgehen: Ablauf erläutern und begründen, warum die Auseinandersetzung mit erlebten (eigenen) Krisen eine gute Voraussetzung für professionelle Krisenarbeit darstellt.

Meditation durchführen.

Arbeitsauftrag für Kleingruppen: Erzählen Sie sich gegenseitig von den erinnerten Krisensituationen, nehmen Sie im Anschluss einen Vergleich der Krisenauslöser und der Krisenverläufe vor.

Aufteilung in Kleingruppen zwischen vier und fünf Personen anleiten. Darauf achten, dass keine Gruppe den Raum verlässt, bevor alle TeilnehmerInnen aufgeteilt sind, um Außenseiterdynamik zu verhindern.

Zeitvorgabe für Kleingruppenarbeit 45–60 Minuten.

Plenum: Für jede Arbeitsgruppe klären, in welcher Atmosphäre die Gruppe gearbeitet hat und ob einzelne/alle von Krisen erzählt haben, nach Auslösern, Gemeinsamkeiten und Unterschieden fragen, auf Flipchart Stichpunkte protokollieren.

Beim Plenum darauf achten, dass die Gruppen etwas darstellen, aber nicht zu lange dabei verweilen (je Gruppe etwa 3–5 Minuten).

Anschließend Diskussion, welche Krisen Teilnehmer erlebt haben und welche sie von ihren Klienten kennen. Auswirkungen der eigenen Erfahrungen auf den Umgang mit Krisen von Klienten.

Oft erarbeiten die Teilnehmer schon in den Kleingruppen, was ihnen geholfen hat, und lassen Unterschiede und Gemeinsamkeiten eher außer Acht. Im Sinne einer flexiblen Leitung berichten dann die Gruppen von diesen Ergebnissen, und statt der Krisenformen können die LeiterInnen dann mit dem Input zur Krisenintervention fortfahren (Arbeitsblatt 4) und die Krisenmodelle später referieren.

Wenn in den Kleingruppen nicht über eigenes Erleben, sondern über Klienten gesprochen wurde, weist das auf zu große Angst vor dem aufgetragenen Thema hin und kann als solches wohlwollend und kritisch kommentiert werden. In diesem Falle kann eine weitere Arbeitseinheit zur Selbsterfahrung im Plenum gemeinsam mit den LeiterInnen am zweiten Tag durchgeführt werden. Mögliche Themenstellung: Welche Einstellung habe ich zum Recht auf Suizid, und welche persönlichen Berührungspunkte habe ich zum Thema Suizid.

- Der erste Arbeitstag kann mit einer kurzen Lockerungsübung und sollte mit einem Abschlussblitzlicht zur Frage »Wie geht es mir im Augenblick?« beendet werden. Auf diese Weise erhalten die Lernenden eine systematische Möglichkeit der impliziten Seminarevaluation und des Feedbacks. Um Widerstand vorzubeugen, weisen wir darauf hin, dass ein Blitzlicht eine freiwillige Institution ist und TeilnehmerInnen selbstverständlich auch auf ihren Kommentar verzichten können. Wirkt ein Teilnehmer beeinträchtigt, so können die LeiterInnen dies informell mit ihm klären.
- Der erste Arbeitstag beläuft sich auf 6–7 Arbeitseinheiten à 45 Minuten. Zusammen mit der Anreise der Lernenden ist das ein ausreichendes Pensum. Trotz dieser zeitlich eher geringen Belastung berichten die TeilnehmerInnen ab dem zweiten Tag regelmäßig von großer subjektiver Anstrengung, die dann ein pädagogisch vertretbares Maß übersteigen würde, wenn am ersten Arbeitstag eine lange Arbeitseinheit nach dem Abendessen angesetzt würde. Als freiwilliges Angebot besteht das Ansehen eines Filmes (*Willbur wants to kill himself*).

2. Tag

Themenblock: Einschätzung akuter Suizidalität
Ziel: suizidspezifische Konzepte erlernen und am Praxisbeispiel anwenden (vgl. auch Sonneck, 2000).
Methode: Input, didaktische Fallvorstellung, Kleingruppenarbeit, Plenum (90 Minuten), Praxiseinheit (90 Minuten).
Vorgehen: eventuell Durchführung einer Lockerungsübung, Nachfrage, ob TeilnehmerInnen noch mit Punkten des Vortages beschäftigt sind, inhaltlichen und methodischen Überblick über den Vormittag geben.
Input: *Präsuizidale Entwicklung* (Flippräsentation und Arbeitsblatt 5).
Didaktische Fallvorstellung: Die Leitenden präsentieren einen selbst erlebten Erstkontakt unter Berücksichtigung von Risikomerkmalen, präsuizidaler Entwicklung etc. (10 Minuten).
Kleingruppen (3–5 Personen) in einer anderen Zusammensetzung als am Vortag erarbeiten auf einem Flipchart: Welche Faktoren sprechen für suizidale Gefährdung des Klienten, welche Faktoren halten ihn im Leben (20 Minuten)?
Plenum: Präsentation der Ergebnisse anhand der Flipcharts. Wegen auftretender Redundanz erhalten die Gruppen die Anweisung, ab der zweiten Präsentation nur noch diejenigen Aspekte zu benennen, die nicht schon formuliert wurden; alle Berichte werden positiv hinsichtlich relevanter klinischer Einschätzungen von den Leitenden kommentiert.
Input: *Modell zur Einschätzung der Suizidalität und Fragen an Suizidale* (Arbeitspapier 5 und 6).
Aufteilung der Gruppe in zwei geleitete Halbgruppen mit Arbeitsschwerpunkt Anwendung der Einschätzung der Gefährdung auf Praxisfälle der TeilnehmerInnen.
Vorgehen: TeilnehmerInnen sammeln Fälle mit suizidaler Gefährdung, nach Gruppeninteresse und didaktischen Gesichtspunkten Auswahl eines Falles (10–15 Minuten).

Reflexionsphase
- kurze Darstellung durch FalleinbringerIn,
- Nachfragen der TeilnehmerInnen auf ein Minimum beschränken,

- Teilnehmerinnen Raum für emotionale Reaktionen, Einfälle, Gedanken geben (dabei sollte der Falleinbringer nur zuhören), Zusammenfassung durch LeiterIn,
- Einbeziehung der FalleinbringerIn: Was war neu, einsichtig, abwegig an den Kommentaren der TeilnehmerInnen?,
- gemeinsame Einschätzung der Gefährdung,
- gemeinsame Entwicklung nächster Interventionsschritte.

Übungsphase
- FalleinbringerIn wird gebeten, sich mit KlientIn zu identifizieren,
- Auswahl einer tatsächlichen oder prototypischen Gesprächssituation,
- Durchführung eines Rollenspiels, bei dem jedoch alle Teilnehmer im Kreis Interventionsversuche durchführen können, jeder erhält die Möglichkeit die gespielte Interaktion zu unterbrechen,
- LeiterIn unterbricht Rollenspiel, wenn lernrelevantes Material aufgetaucht ist, und gibt TeilnehmerInnen die Möglichkeit, im Sinne eines reflecting teams, Wahrnehmungen und Feedback zu geben,
- LeiterIn kann gegen Ende der Sequenz als Modell ebenfalls das Gespräch führen,
- Abschluss: Auswertung und ausführliches Deroling, dem Distanzieren von der gespielten Rolle für FalleinbringerIn, die sich mit KlientIn identifiziert hat.

Die hier vorgestellte Praxisarbeit stellt eine Verbindung aus Reflexion und Übung anhand konkreter erlebter Situationen dar. Die Reflexionsphase ist durch die Balint-Methode inspiriert und verfolgt didaktisch das Ziel, die Lernenden darin zu schulen, Wahrnehmung und Gegenübertragungsreaktionen zu üben und für die Einschätzung der Gefährdung nutzbar zu machen. Die Übungsphase greift für alle TeilnehmerInnen nachvollziehbares Material auf, dadurch werden Instruktionen minimiert, und den Teilnehmern ist die komplexe Praxissituation bewusst. Außerdem wird auf das stressige Moment verzichtet, eine KollegIn als ProtagonistIn der Professionellen auszuwählen, dadurch sinkt der Leistungsdruck, und es wird den meisten TeilnehmerInnen ermöglicht, Interventionen auszuprobieren und darüber Rückmeldungen zu erhalten. Diese Methode bezeichnen wir als »aufgelöstes Rollenspiel«.

Themenblock: Interventionen bei Krisen und Suizidalität
Ziel: Vermittlung des Wissens und Übung zentraler Interventionen bei Krisen und Suizidalität (vgl. auch Kind, 1996).
Vorgehen: Input: *Krisenintervention bei (suizidalen) Krisen und Containingfunktion der Helfenden* (Arbeitsblatt 4 und 7) (Dauer 30 Minuten).
Bildung zweier angeleiteter Halbgruppen.
Fallvorstellung und aufgelöstes Rollenspiel wie am Vormittag, jedoch vom anderen Anleiter durchgeführt. Inhaltliche Schwerpunkte sind Verständnis für Krisengeschehen und Suizidalität und Üben von hilfreichen Interventionen (60 Minuten).

Variabler Themenblock (90 Minuten)
Ziel: spezielle Interessen der Lernenden aufgreifen und bearbeiten
Vorgehen: Plenum bei einheitlichem Thema/ Klein- oder Halbgruppen bei mehreren oder zwei Themen.
Inhalt: z. B. rechtliche Fragen, Umgang mit Hinterbliebenen, Umgang mit suizidaler Erpressung, Umgang mit Jugendlichen und Familien, Suizidalität und Behinderung, Selbsterfahrung (s. o.) usw.
Schlussrunde mit der Nachfrage, welche Interessen noch offen sind und wie sich die Teilnehmenden fühlen, eventuell Lockerungsübung.

3. Tag

Themenblock: Dynamik narzisstischer Krisen, Klinikeinweisung, offene Fragen, Seminarabschluss

Ziel: Dynamik, Interventionsziele, typische Komplikationen bei narzisstischen Krisen.
Vorgehen: Input: Die *narzisstische Krise als Auslöser von Suizidalität* und therapeutischer Umgang mit Menschen in suizidalen narzisstischen Krisen (Arbeitsblatt 8 und 9).
Kleingruppenarbeit: Rollenspiel: Suche nach dem kränkenden Anlass und Restitution des Selbstwertgefühls.
Plenum: Auswertung der Rollenspiele: Was war wichtig?
Input: *Klinikeinweisung* (Arbeitsblatt 9).
Plenum: Erfahrungsaustausch zum Thema Unterbringung.
Plenum: Offene Fragen der TeilnehmerInnen werden durch Leitung beantwortet, Literaturempfehlungen (Literaturliste).
Kurze anonyme schriftliche Rückmeldung anhand eines Auswertungsbogens.
Abschlussrunde: Rückmeldung zum Seminar und Beschreibung eines wichtigen inhaltlichen Aspekts.

6.4 Curriculum KrisenhelferIn

Das hier erläuterte Fortbildungskonzept ist ein Beispiel für zahlreiche regionale und oft an Spezialeinrichtungen für Krisenintervention oder deren Träger angegliederte Fortbildungsaktivitäten. In der Vielgestaltigkeit und kulturellen Differenzierung spiegelt sich eine ebenso abwechslungsreiche Landschaft von Hilfseinrichtungen in Deutschland wider, die unter unterschiedlichen regionalen politischen Bedingungen verschiedene Ausprägungen erhalten haben.

Seit einiger Zeit diskutieren wir in einer Arbeitsgruppe gemeinsam mit Michael Witte und anderen KollegInnen Möglichkeiten, diese Fortbildungsangebote auf eine breitere öffentliche Plattform zu stellen. Interessierte und Lehrende könnten sich dadurch ein überregionales Bild des Angebots verschaffen und unter einer größeren Auswahl Entscheidungen für Fortbildungen treffen. Im Rahmen des DGS-Vorstandes haben wir nun die Möglichkeit geschaffen, dass Fortbildungsanbieter für Krisenintervention und Suizidprävention ihre Seminarausschreibungen auf der Homepage der DGS (www.suizidprophylaxe.de) veröffentlichen können. Wir möchten diesen Artikel dazu nutzen, interessierte FortbildnerInnen und VeranstalterInnen einzuladen, von dieser Möglichkeit Gebrauch zu machen und sich an die Autoren zu wenden. Für diesen Vorschlag gibt es mit der Liste der Hilfseinrichtungen auf der DGS-Homepage bereits ein bewährtes Vorbild, das sich inzwischen einer guten Nutzung erfreut (siehe auch Giernalczyk, 2003c).

Wir möchten mit Lernenden und Lehrenden eine Diskussion darüber führen, welche Fortbildungselemente nötig wären, um berufsbegleitend die Weiterbildung zu einer qualifizierten »KrisenhelferIn« durchzuführen. Dies wäre eine Entwicklung der weiteren Professionalisierung für Krisenhilfe. KrisenhelferInnen würden nicht irgendwelche Professionalisierungsschritte zur Erlangung einer Qualifikation durchlaufen, sondern gezielt Weiterbildungen wahrnehmen, die sie für die speziellen Anforderungen von Krisenhilfe befähigen würden, so wie sie in den bestehenden Einrichtungen und deren Arbeitssettings gebraucht werden. Um diesen Gedanken mit Leben zu füllen, haben wir im Moment Vorstellungen entwickelt, die wie folgt aussehen: In einem Curriculum, also einer Reihe aufbauender und ergänzender Bildungsmaßnahmen, könnten neben einem Grundkurs Krisenintervention Kurse über Suizidalität bei spezifischen Störungsbildern wie Depression, Persönlichkeitsstörungen, Psychosen, Kurse zur Notfallpsychiatrie, Kurse über den Umgang mit Kindern und Jugendlichen, Kurse über mobile Krisenintervention, Kurse zum Umgang mit postraumatischen Belastungsstörungen, spezielle Selbstreflexionsangebote und psychotherapeutisch orientierte Interventionsstrategien usw. angeboten werden.

Lernende, die berufsbegleitend eine bestimmte Anzahl von Angeboten absolviert haben, könnten sich dann zertifizieren lassen und würden auf diese Weise eine autorisierte Weiterbildung in Krisenintervention und Suizidprävention als spezielles Beratungsverfahren erhalten.- (Dieses curriculare Projekt könnte auch in der Arbeitsgruppe Fortbildung des Nationalen Suizidpräventionsprojekts der Deutschen Gesellschaft für Suizidprävention verankert und evaluiert werden (www.uni-wuerzburg.de/nervenklinik/clips/dgs). Wir sind uns dessen bewusst, dass wir an dieser Stelle zunächst nur Ideen und Pläne vorstellen und kein komplettes Angebot vorlegen können und auch nicht wollen, wir halten es jedoch für sinnvoll, diese Diskussion schon in einem frühen Stadium der Fachöffentlichkeit vorzustellen, um sie auch auf diese Weise voranzutreiben.

Literatur

Böhme, K. (1992). Aus- und Weiterbildung. In H. Wedler, M. Wolfersdorf & R. Welz (Hrsg.), *Therapie bei Suizidgefährdung. Ein Handbuch* (S. 359–372). Regensburg: Roderer.

Cohn, R. (1980). *Von der Psychoanalyse zur themenzentrierten Interaktion*. Stuttgart: Klett-Cotta.

Cullberg, J. (2008). *Krise als Entwicklungschance*. Gießen: Psychosozial-Verlag.

DGS: Freytag, R., Giernalczyk, T., Rausch, K., Schuldt, K. H., Wedler, H. & Witte, M. (1998). Leitlinien der Deutschen Gesellschaft für Suizidprävention zur Organisation von Krisenintervention. In T. Giernalczyk & R. Freytag (Hrsg.), *Qualitätsmanagement von Krisenintervention und Suizidprävention* (S. 195–239). Göttingen: Vandenhoeck & Ruprecht.

Eink, M. & Haltenhof, H. (2006). *Basiswissen: Umgang mit suizidgefährdeten Menschen*. Bonn: Psychiatrie Verlag.

Freytag, R. & Giernalczyk, T. (Hrsg.) (2001). *Geschlecht und Suizidalität*. Göttingen: Vandenhoeck & Ruprecht.

Giernalczyk, T. (Hrsg.) (2003a). *Suizidgefahr – Verständnis und Hilfe* (2., erweiterte Auflage). Tübingen: dgvt.

Giernalczyk, T. (2003b). Psychodynamische Krisenintervention – Affektregulation zu zweit. *Psychotherapie im Dialog PID*, 4 (4), 347–353.

Giernalczyk, T. (2003c). *Lebensmüde – Hilfe bei Selbstmordgefahr* (2., aktualisierte Auflage mit Liste der Hilfsangebote der DGS). Tübingen: dgvt.

Henseler, H. (2000). *Narzisstische Krisen – Zur Psychodynamik des Selbsmordes*. Wiesbaden: VS Verlag für Sozialwissenschaften.

Kind, J. (2000)). *Suizidal, Psychoökologie einer Suche* (2. Auflage). Göttingen: Vandenhoeck & Ruprecht.

Kunz, S., Scheuermann, U. & Schürmann, I. (2007). *Krisenintervention. Ein fallorientiertes Arbeitsbuch*. Weinheim/München: Juventa.

Lazar, R. A. (1993). Bions »Container-contained«-Modell als Beispiel einer helfenden Beziehung in der Praxis der Psychoanalyse. In M. Ermann (Hrsg.), *Die hilfreiche Beziehung in der Psychoanalyse* (S. 68–91). Göttingen: Vandenhoeck und Ruprecht.

Scheuermann, U., Kunz, S. & Schürmann, I. (2003). Kompetenzen für Krisenintervention. Konzeptionelle Überlegungen für eine »Weiterbildung nach Maß«. In T. Giernalczyk (Hrsg.), *Suizidgefahr – Verständnis und Hilfe* (2., erweiterte Auflage, S. 193–204). Tübingen: dgvt.

Sonneck, G. (2000). *Krisenintervention und Suizidprävention*. Wien: Facultas.

Wolfersdorf, M. (2000). *Der suizidale Patient in Klinik und Praxis*. Stuttgart: Wiss. Verlagsgesellschaft.

Wolfersdorf, M., Bronisch, T. & Wedler, H. (Hrsg.) (2008). *Suizidalität Verstehen – Vorbeugen – Behandeln*. Regensburg: Roderer.

Thomas Giernalczyk und Hans Doll

Arbeitsblatt 1

Demoskopische Verteilung von Suizid

- ca. 9 000 Suizide pro Jahr in der BRD, mehr als Verkehrstote
- Dunkelziffer ca. 10 bis 30 %
- Suizidversuche 5- bis 20-mal mehr als Suizide
- Suizide: Männer häufiger als Frauen, Ältere häufiger als Jüngere
- Suizidversuche: Frauen häufiger als Männer, Jüngere häufiger als Ältere

Suizidale Risikogruppen

- Depressive, Schizophrene, Persönlichkeitsgestörte
- Süchtige
- Menschen mit vorausgegangenen Suizidhandlungen
- Suizidankündigungen
- alt und vereinsamt
- Menschen in Krisensituationen
- chronische Schmerzen
- Angehörige von Suizidenten
- allgemein: bei sozialer Desintegration

Arbeitsblatt 2

> ## Motivstruktur suizidalen Denkens und Handeln

- Appell – „cry for help"
- Todeswunsch
- Hoffnungslosigkeit
- Flucht/Pause/Zäsur
- Rache
- Manipulation – „etwas erreichen wollen"
- Opfer – „für etwas sterben wollen"
- Psychotische Motivation (Wahn, Angst, Halluzination)

Thomas Giernalczyk und Hans Doll

Arbeitsblatt 3

> # Krisen

Unter psychosozialen Krisen verstehen wir den Verlust des seelischen Gleichgewichts, den ein Mensch verspürt, wenn er mit Ereignissen und Lebensumständen konfrontiert wird, die er im Augenblick nicht bewältigen kann, weil sie von der Art und vom Ausmaß her seine durch frühere Erfahrungen erworbenen Fähigkeiten und erprobten Hilfsmittel zur Erreichung wichtiger Lebensziele oder zur Bewältigung seiner Lebenssituation überfordern.

Krisenmodelle:

Traumatische Krise (Cullberg 1978)
Plötzlich auftretende Krisensituation von allgemein akzeptierter Natur, welche die psychische Identität, die soziale Existenz und die Sicherheit bedroht.
Auslösende Ereignisse z. B. Tod eines nahe stehenden Menschen, Krankheit, Invalidität, Vergewaltigung, Trennung, Kündigung, äußere Katastrophen etc.
Verlauf:
1. Konfrontation mit einer traumatischen Situation: Schockphase
2. Reaktionsphase:
    → Mobilisierung innerer und äußerer Ressourcen zur Anpassung
    → Alkohol-, Medikamenten-, Drogenmissbrauch
    → Körperliche Krankheit/Chronifizierung
    → suizidales Verhalten
3. Bearbeitungsphase:
    → Betrauerung, gelingende Anpassung, Verarbeitung, neue Copingstrategien, psychische Wiederherstellung
    → Neurotisierung
    → Fixierung
4. Neuorientierung: Integration der Krisenerfahrung, Selbstwertgefühl wiederhergestellt, neue Beziehungen („Objekte")

Lebensveränderungskrisen (Caplan 1964)
Lebensveränderungen gehören zu einem normalen Lebenslauf, sie betreffen den psychischen, den sozialen und biologischen Bereich (Pubertät, Altern). Dennoch können solche Ereignisse als Krisenanlass dienen: Schuleintritt, Auszug aus dem Elternhaus, Einstieg in den Beruf, Heirat, Kinder kriegen, Wechsel des Arbeitsplatzes, Umzug, Auszug der eigenen Kinder, Pensionierung, Einzug ins Altenheim.
Verlauf:
1. Konfrontation mit einer Veränderungssituation
2. Bekanntes Problemlöseverhalten
3. Ineffektivität/subjektives Versagen
4. Reaktionsphase: Mobilisierung innerer und äußerer Ressourcen
    → Bewältigung
    → Rückzug/Resignation
    → Chronifizierung
5. Psychische Dekompensation → Vollbild der Krise

Arbeitsblatt 4

Krisenintervention bei suizidalen Krisen

- **Aufbau einer Beziehung**
  (Gesprächsfokus auf aktueller Lebenssituation)

- **Suizidalität abklären**
  (offen ansprechen, nicht dagegen anreden)

- **Problemanalyse**
  (Krisenauslöser; Krisenhintergrund, Ressourcen, Lebensgeschichte)

- **Containing von Gefühlen und Leid**
  (Ermutigen, so genannte negative Gefühle wie Trauer, Schmerz, Schuld, Aggression zuzulassen und zu zeigen, Anteilnahme)

- **Stellvertretende Hoffnung**
  (keine falsche Tröstung, aber aus der Perspektive des Helfers vorstellbare positive Entwicklung anbieten)

- **Stützen in der Konfrontation mit der Realität**
  (Verleugnungstendenzen und Realitätsverzerrungen entgegenwirken, Konfrontation mit Realitätssicht des Helfers)

- **Die Hilfskräfte von Angehörigen, Freunden, prof. System mobilisieren**

- **Hilfskräfte im Sinne des Ichs unterstützen;**
  (Positive Pausenwünsche fördern eventuell kurze Zeit Medikamente, Krankschreibung)

- **Schädlicher Regression entgegenwirken**
  (Alkohol, Drogen, Medikamente, Krankenhauseinweisung, soziale Isolation u. a.)

- **Arbeitsvertrag/Weitervermittlung klären**
  (eigenes Angebot und Grenzen aufzeigen, Vereinbarungen treffen)

Arbeitsblatt 5

Abschätzung von Suizidalität

Symptome
- Angst, Panik
- Depressivität, Verzweiflung
- Schlafstörungen
- narzisstische Wut
- Rachegefühle, Aggressivität
- Rückzugsverhalten
- Schmerzhafte, chronische, einschränkende Krankheiten
- Wahnvorstellungen, Halluzinationen
- Extreme Unruhe

Risikogruppe
- depressiv/psychisch krank
- alkohol-, medikamenten-, drogenabhängig
- frühere Suizidhandlungen
- alt und vereinsamt
- in Krisensituation
- chronische Schmerzen
- Angehörige von Suizidenten
- allgemein: bei sozialer Desintegration

Krise
- traumatische Krise
- Lebensveränderungskrise
- „narzisstische Krise"

(Krisenanlass/Auslöser/Krisenphase)

Präsuizidales Syndrom
- Einengung
- Aggressionsproblematik
- Suizidgedanken

Präsuizidale Entwicklung
- Erwägung
- Abwägung
- Entschluss

Verlauf des Kontaktes
- Emotionale Beruhigung
- Kognitive Distanzierung
- Abschwächung des Handlungsdruckes
- Verhalten und Gefühle des Klienten gegenüber dem Helfer („Übertragung")
- Verhalten und Gefühle des Helfers gegenüber dem Klienten („Intuition"; „Gegenübertragung")

Arbeitsblatt 6

> ## Leitfragen zur Abklärung der Suizidalität

- ....

- ....

- Denken Sie daran, sich das Leben zu nehmen?

- Seit wann denken Sie daran, und wann sind diese Gedanken besonders stark?

- Drängen sich diese Gedanken auf?

- Haben Sie einen Plan, wie Sie sich umbringen wollen?

- Wann wollen Sie sich töten?

- Haben Sie mit anderen darüber gesprochen, und wie haben die reagiert?

- Ziehen Sie sich von Freunden, Bekannten zurück?
  Haben Sie Interessen aufgegeben?

- Haben Sie einen Abschiedsbrief geschrieben?

- Haben Sie früher schon einmal versucht, sich das Leben zu nehmen?
  - In welcher Situation waren Sie damals?
  - Wie sind Sie damals aus der Situation wieder herausgekommen?

<u>Allgemein</u>: Suizidalität offen und nicht wertend ansprechen!

Thomas Giernalczyk und Hans Doll

Arbeitsblatt 7

Containingfunktion der Helferin/des Helfers

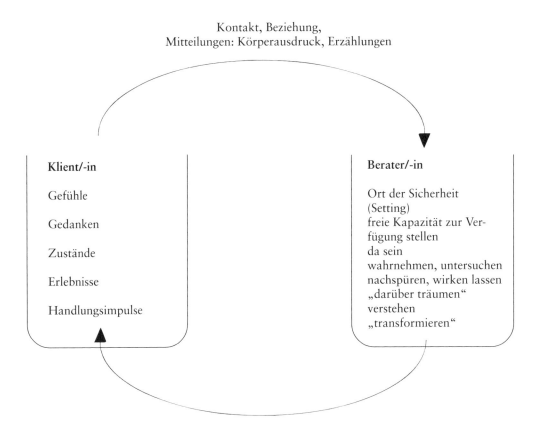

Kontakt, Beziehung,
Mitteilungen: Körperausdruck, Erzählungen

Klient/-in

Gefühle

Gedanken

Zustände

Erlebnisse

Handlungsimpulse

Berater/-in

Ort der Sicherheit (Setting)
freie Kapazität zur Verfügung stellen
da sein
wahrnehmen, untersuchen
nachspüren, wirken lassen
„darüber träumen"
verstehen
„transformieren"

Entlastung von Gefühlen durch die Mitteilung antwortender Gefühle,
von Verstandenem und Vorstellbarem;
naive Fragen stellen; Missverständnisse klären;
etwas gemeinsam aushalten

Arbeitsblatt 8

Die narzisstische Krise als Auslöser von Suizidalität

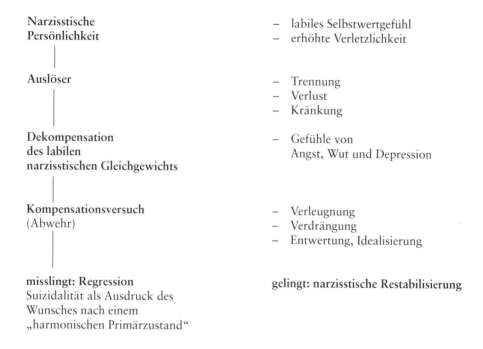

Narzisstische
Persönlichkeit
- labiles Selbstwertgefühl
- erhöhte Verletzlichkeit

Auslöser
- Trennung
- Verlust
- Kränkung

Dekompensation
des labilen
narzisstischen Gleichgewichts
- Gefühle von
  Angst, Wut und Depression

Kompensationsversuch
(Abwehr)
- Verleugnung
- Verdrängung
- Entwertung, Idealisierung

misslingt: Regression
Suizidalität als Ausdruck des
Wunsches nach einem
„harmonischen Primärzustand"

gelingt: narzisstische Restabilisierung

Thomas Giernalczyk und Hans Doll

Arbeitsblatt 9

> **Therapeutischer Umgang mit Menschen in suizidalen narzisstischen Krisen**

Strategien:

1. Suche nach dem kränkenden Anlass (Trennung, Verlust, Enttäuschung in den Stunden bis maximal einen Tag vor dem Auftreten der suizidalen Krise)

2. Zusammenhang zwischen kränkendem Anlass und vermutetem unbewussten Grundproblem anbieten (Selbstwertprobleme als Mann/Frau, als PartnerIn, als Mensch)

3. Gegebenenfalls Suche nach dem gemeinsamen Nenner mehrerer suizidaler Krisen

Schwierigkeiten:

1. Erhöhte Kränkbarkeit beachten, die sich teils in paraverbalen Rückzügen äußert
   - Demütigung, Hilfe zu brauchen
   - Verspätungen, Terminverlegungen, Urlaub

2. Mit starken Übertragungen rechnen
   - Übertragungsangriff: Entwertung des/der Therapeuten/in zur Restitution des Selbstwertgefühls
   - Gefahr des aggressiven Mitagierens: Machtkampf, Behandlungsabbruch
   - Starke Idealisierung des/der Therapeuten/in und kontrollierendes Harmoniebedürfnis (ebenfalls zur Restabilisierung des Selbstwertgefühls und zur Neubesetzung eines Objekts)
   - Gefahr des gemeinsamen Höhenflugs

Arbeitsblatt 10

Klinikeinweisung

Anlässe:

- erhebliche Selbstgefährdung,
  (durch ambulante Krisenintervention nicht verändert)

- erhebliche Fremdgefährdung (z. B. Aggression, gefährdendes Verhalten, erweiterte Suiziddrohung)

- nach Suizidversuch, (medizinische Abklärung, weiterbestehende Suizidalität)

- psychopathologischer Befund (schwere Depressivität, wahnhaft, agitiert, desorientiert) und kein ausreichender Gesprächskontakt herstellbar

- kein ausreichendes ambulantes Betreuungs-/Therapieangebot möglich

- Soziale Situation: keine Hilfsressourcen vorhanden, soziales Umfeld überfordert und erschöpft, Herausnahme aus dem sozialen Krisenfeld angezeigt

Vorgehen:

- Versuchen, Patienten zu motivieren, freiwillig in die Klinik zu gehen

- Wenn keine sinnvolle Verständigung möglich ist, Einweisung ohne Hast, aber entschlossen vorbereiten. Kein Diskutieren oder Überzeugen-Wollen mehr. Sich nicht provozieren lassen.

- Arzt, Notarzt, Polizei hinzuziehen

- Rechtsgrund abklären

7 Vielfalt nutzen – Diversity in der Weiterbildung für Einrichtungen der Krisenintervention

Ulrike Scheuermann und Ingeborg Schürmann

Krisenintervention ist ein Tätigkeitsfeld, das aufgrund der vielfältigen Problemlagen und Nutzergruppen sehr unterschiedliche Anforderungen an die Mitarbeiter und die Organisation stellt. Den Differenzstrukturen wird in Einrichtungen der Krisenintervention bisher z. B. mit multiprofessionellen Teams, Vernetzung und Methodenflexibilität begegnet. Dennoch werden sie noch zu wenig thematisiert, um sie produktiver zu nutzen und die gesamte Organisation in ihrer Leistungs- und Lernfähigkeit zu stärken. Mit der Fallskizze einer wenig geglückten Integration unterschiedlicher Handlungslogiken verdeutlichen wir, welche Probleme auftreten können, wenn die Vielfalt *nicht* thematisiert wird: Konflikte, Konkurrenz und Auf- bzw. Abwertungen einzelner Berufsgruppen und Handlungsweisen können die Folge sein. Das Managementkonzept »Diversity« – übersetzt mit Vielfalt – gibt geeignete Hinweise, um für Vielfalt und Komplexität und das daraus resultierende Konfliktpotenzial in Kriseneinrichtungen zu sensibilisieren und sie in produktive Bahnen zu lenken. In der anschließenden Falldiskussion wird ein konstruktiver Gegenentwurf entwickelt. Ein Diversity Management sollte auf verschiedenen Ebenen der Organisation ansetzen – mit Maßnahmen der Weiterbildung und Personalentwicklung unter Einbezug aller Mitarbeiter der Organisation ebenso wie durch die Verankerung im Leitbild.

7.1 Einleitung

Weiterbildung in Krisenintervention ist in Theorie und Praxis ein noch wenig bearbeitetes Thema. Es existiert kein umfassendes Weiterbildungscurriculum, geschweige denn eine darauf aufbauende institutionalisierte Weiterbildung, angepasst an die spezifischen Anforderungen und Bedürfnisse der Kriseninterventionspraxis. Erste Ansätze werden beschrieben (vgl. Scheuermann, Kunz & Schürmann, 2003; Giernalczyk & Doll in diesem Band). Als wichtigen – und bisher wenig beachteten – Aspekt haben wir dabei Vielfalt und Komplexität als Charakteristikum von Krisenarbeit identifiziert.

Krisenintervention ist ein Tätigkeitsfeld, das sich einer Vielzahl von Herausforderungen stellen muss. So nehmen Kriseneinrichtungen Menschen mit unterschiedlichsten Problemen und Anliegen in Anspruch, die erwarten, dass auf sie in kurzer Zeit so eingegangen wird, dass Entlastung eintritt und sich neue Perspektiven auftun. Um diesen Erwartungen standzuhalten und zugleich möglichst unterschiedliche Nutzer anzusprechen, sind in diesem Feld bestimmte Ideen bereits Selbstverständlichkeiten (Wienberg, 1993; Schürmann, 2007), auch wenn versorgungsepidemiologisch die Krisenversorgung in der BRD als unzureichend von Crefeld (2007) eingeschätzt wird.

- So ist die Vorhaltung eines multiprofessionellen Teams ein verpflichtendes Strukturqualitätsmerkmal von Kriseneinrichtungen.

- Kriseneinrichtungen, die auch Nutzerinnen nichtdeutscher Herkunft ansprechen wollen, versuchen, ein multikulturelles Team zu bilden.
- Krisenarbeit ohne Vernetzung oder vielfältige Kooperationsbeziehungen ist nicht denkbar, da nicht alle Probleme erschöpfend mit wenigen Kontakten zu bearbeiten sind und Notfallklienten nur so den Weg in den Krisendienst finden können. Damit wird über die Grenzen der Organisation hinaus mit gänzlich anderen Berufsgruppen wie z. B. der Polizei und der Feuerwehr zusammengearbeitet.
- Auch das Denken in Gender-Kategorien dürfte zumindest bei häuslicher Gewalt Standard sein, um das sozial und kulturell geprägte Geschlechterverhältnis mit seiner Auswirkung auf psychosoziale Probleme und deren Umgang damit zu bedenken.
- Methoden und Wissensbestände aus anderen Disziplinen werden als unverzichtbar gesehen. Krisenintervention gilt als methodenflexibel und kann ohne die Adaptation von unterschiedlichsten Wissensquellen nicht gelingen.

Die oben genannten Konzepte und Bestrebungen haben eines gemeinsam: Es geht immer um die Thematisierung und Akzeptanz von Differenzen, die sich aus der Unterschiedlichkeit von ethnischer und kultureller Herkunft, beruflicher Sozialisation, institutioneller Bezogenheit, Geschlecht und Erfahrungen u. a. ergeben. Vielfalt ist die Regel und nicht die Ausnahme, aber nur ein bewusster Umgang damit ermöglicht, diese zu nutzen (Plett, 2005). Ebenfalls sieht Stuber (2009) Vielfalt als Realität, deren positive Beachtung und aktive Einbeziehung diese zu einer Ressource werden lässt. Doch wichtig ist zu bedenken: Vielfalt bewirkt Komplexität und stellt somit hohe Anforderungen an die Mitarbeiter: Sowohl fachspezifische Qualifikationen als auch Schlüsselqualifikationen wie z. B. Kooperations- und Reflexionsfähigkeit sind Fähigkeiten, die Mitarbeiterinnen zum Teil mitbringen, aber auch während der Tätigkeit in Krisendiensten weiterentwickeln sollten.

Die Anforderungen und die organisationale Vielfalt der Erfahrungs-, Wissens- und konzeptionellen Hintergründe erzeugen Spannungen und Konflikte – dies ist nur folgerichtig und bestätigt sich in den Erfahrungen des praktischen Arbeitsalltags im Krisendienst. Daher bedarf es besonderer Anstrengungen, um mit dieser Vielfalt umzugehen und die Mitarbeiter nicht drohenden Überforderungen auszusetzen. Schon in den 1960er Jahren ging man der Frage nach, in welchem Zusammenhang das Ausmaß an Diversität, das als ein Charakteristikum von Gruppen angesehen wird, mit unterschiedlichen Outcome-Maßen und dem Auftreten von Konflikten steht. Während kognitive Vielfalt in Form von Wissen, Erfahrungen und Fähigkeiten als Chance für Effektivität und Perspektivenvielfalt gesehen wird, stehen andere Unterschiede, die mit Wertediskrepanzen verbunden sind, eher in Zusammenhang mit Spannungen (Rastetter, 2006).

Ein neueres Managementkonzept, »Diversity Management« (übersetzt: Management von Vielfalt), scheint uns geeignet, diese verschiedenen Aspekte aufzunehmen und mit dem Ziel zu diskutieren, sie produktiv zu nutzen. Bisher wird in der Krisenintervention zu wenig versucht, die verschiedenen Differenzgesichtspunkte zu thematisieren und zu nutzen und sie in der Weiterbildung und Personalentwicklung zu integrieren.

Bevor wir das Konzept »Diversity« näher erläutern, zeigen wir mit einem Fallbeispiel, das sich so oder ähnlich zugetragen haben könnte, was geschieht, wenn die Vielfalt *nicht* zum Thema gemacht wird: Es kommt zu Konflikten, Konkurrenz oder zum Ausschluss von unterschiedlichen Sichtweisen, zur Auf- bzw. Abwertung der einzelnen Berufsgruppen und ihrer Handlungsweisen und zur Personalisierung von Konflikten. Mit Handlungslogiken sind im Folgenden Denk- und Orientierungsmuster gemeint, verbunden mit spezifischen Handlungsweisen, mit denen eine Krisenintervention ablaufen kann.

Ulrike Scheuermann und Ingeborg Schürmann

7.2 Fallbeispiel: die Vielfalt der unterschiedlichen Handlungslogiken

Ausgangssituation

Am heutigen Abend arbeitet Frau Manz, eine Sozialarbeiterin mit 17-jähriger Berufserfahrung, im ambulanten Krisendienst, zusammen mit einer weiteren Mitarbeiterin, der Psychologin Frau Marquard.

Gegen 21 Uhr meldet sich die Polizei telefonisch und bittet darum, dass Mitarbeiter des Krisendienstes sie in der Wohnung eines Ehepaares unterstützen, wo sie auf die Meldung von Nachbarn hin auf einen Fall häuslicher Gewalt gestoßen sind. Die Sozialarbeiterin Frau Manz fährt zusammen mit dem diensthabenden Bereitschaftsarzt des Krisendienstes, dem Psychiater Dr. Zahn, zum Hausbesuch, weil nicht auszuschließen ist, dass eine psychiatrische Erkrankung beim Ehemann vorliegt.

Situation vor Ort

In der Wohnung des Ehepaares Hartmann stellt sich für die drei beteiligten Parteien – Psychiater, Sozialarbeiterin, Polizei – die Situation aus unterschiedlichen Berufs- und Erfahrungsperspektiven dar.

Die Sozialarbeiterin

Frau Manz spricht in einem separaten Zimmer mit der thailändischen Ehefrau, die seit der Heirat mit Herrn Hartmann vor fünf Jahren in Deutschland lebt. Seit drei Jahren kommt es immer wieder zu Gewalttätigkeiten des Mannes. Frau Hartmann hat Blutergüsse an Armen, Beinen und im Gesicht. Sie entschuldigt jedoch die Gewalttätigkeit ihres Mannes: Ein deutscher Mann würde eben schlagen, wenn man ihn provozieren würde, und schließlich sei es ihre eigene Schuld, denn sie würde ihn durch ihr schlechtes Deutsch immer wieder dazu bringen.

Frau Manz hat im Laufe ihrer Berufstätigkeit häufig mit geschlagenen Frauen gearbeitet – im Frauenhaus und bei einem Notruf für misshandelte Frauen. Sie vertritt vom Arbeitsansatz her Parteilichkeit und sieht die Frau als Opfer kulturell bedingter patriarchaler Gewaltstrukturen. Sie ist sich bewusst, dass geschlagene Frauen meist einen Anteil zu ihrer Situation beitragen, indem sie die Gewalt des Mannes im Nachhinein entschuldigen und dann in der Gewaltspirale oftmals für viele Jahre verbleiben. Sie ist wütend auf den Mann und hofft, dass sie Frau Hartmann überzeugen kann, ihrem Mann klare Grenzen zu setzen. Sie sieht den Aufenthalt in einem Frauenhaus für Frau Hartmann als Möglichkeit. Dort wäre Frau Hartmann vorerst sicher und könnte vor allem mit anderen Frauen in Kontakt kommen. Zusätzlich könnte diese in einem thailändischen Beratungsprojekt kulturelle Differenzen bearbeiten, Annahmen über »die deutschen Männer« korrigieren und damit eine nicht-akzeptierende Haltung gegenüber Gewalt entwickeln.

Der Psychiater

Herr Dr. Zahn sitzt im Wohnzimmer mit Herrn Hartmann, der auf ihn einen präpsychotischen Eindruck macht. Die Kontaktaufnahme mit ihm gelingt nur schwer, er redet leise vor sich hin und reibt sich ruhelos die Hände, ist dann aber im weiteren Gespräch zugänglich. Er sagt, dass es ihm schon länger schlecht gehe, seine Frau ihn bedroht habe, sie auch frech sei und ihm dann verständlicherweise die Hand ausrutsche. Jetzt in diesem Moment aber fühle er sich nicht mehr so bedroht und provoziert. Im Laufe des Kontaktes stellt Herr Dr. Zahn die Diagnose einer beginnenden Psychose. Er sieht Herrn Hartmann als dringend behandlungsbedürftig und favorisiert deshalb eine psychiatrische Behandlung auf einer offenen psychiatrischen Station.

Die Polizeibeamten

Die Beamten wollen dem Ehemann einen Platzverweis – als relativ neue Möglichkeit des Eingreifens bei häuslicher Gewalt – erteilen. Gewohnt, die praktikabelste Lösung zügig umzusetzen, warten sie zunehmend missmutig während der Interventionen der beiden Krisendienstmitarbeiter im Wohnungsflur und unterbrechen schließlich das ärztliche Gespräch, um die Auflösung der Situation zu beschleunigen.

Konflikthafte Zuspitzung

Herr Dr. Zahn reagiert auf die Störung durch die Polizeibeamten ärgerlich: Die Beamten sollten bitte warten, bis er seine ärztliche Exploration beendet habe, dann würde er ihnen seine Entscheidung mitteilen. Die Beamten erwidern, auf sie würden noch weitere wichtige Einsätze warten, und sie würden den Mann jetzt gerne der Wohnung verweisen, damit man zu einem Ergebnis komme.

Inzwischen ist die Sozialarbeiterin aus dem Nebenzimmer dazugekommen. Eine alleinige Intervention bei Herrn Hartmann findet sie völlig falsch, da nach der Klinikeinweisung die Gewaltspirale bald weitergehen würde. Eine Erkrankung als alleinige Erklärung der Gewalttätigkeiten erscheint ihr nicht plausibel, da die Gewalttätigkeit ja schon so lange bestehe und Herr Hartmann diese auch gutheiße. Ihr Anliegen ist eine Unterstützung dabei, die Ehefrau von der Inanspruchnahme einer feministisch orientierten Beratung zu überzeugen und sie mit der Möglichkeit vertraut zu machen, dass sie auch Hilfe in einem Frauenhaus suchen kann. Herr Dr. Zahn ist anderer Ansicht und setzt sich mittels seiner ärztlichen Autorität schließlich durch. Herr Hartmann stimmt einer psychiatrischen Klinikbehandlung zu, weil er sich dort sicherer fühlt, und ein Krankentransport wird gerufen.

Die Polizeibeamten meinen, nun seien sie ja hier überflüssig, und gehen sichtlich verärgert.

Frau Manz versucht weiter, die Ehefrau zu einer Inanspruchnahme von beraterischer Hilfe zu motivieren, was ihr nicht gelingt. Sie gibt dafür dem Arzt die Schuld, der zu schnell den Krankheitsaspekt und nicht die Gewaltdynamik zwischen den Ehepartnern beachtet habe, und sieht ihre Intention missachtet.

Herr Dr. Zahn verbleibt mit dem Gefühl, die allein verantwortliche ärztliche Autorität zu sein, und hätte den Einsatz am liebsten ohne weitere Helfer und damit ungestört durchgeführt.

Die Psychologin

Im Krisendienst bekommt die Psychologin Frau Marquard später den Fall von Frau Manz geschildert. Frau Marquard absolviert gerade eine systemisch-therapeutische Zusatzausbildung und macht einige eher theoretische Bemerkungen über die Homöostase von Familiensystemen, die durch Problemverhalten aufrechterhalten wird, und erwägt Möglichkeiten der therapeutischen Verstörung des Systems. Sie schlägt eine Paartherapie mit beiden Eheleuten vor. Frau Manz nimmt diesen weiteren – von ihrem Vorschlag divergierenden – Ansatz ablehnend auf und verhält sich den Rest des Abends wortkarg. Frau Marquard ist irritiert und verunsichert von dem ablehnenden Verhalten Frau Manz' und vermeidet das weitere Gespräch.

Frau Manz beendet den Dienst frustriert und erschöpft.

Die Diskussion dieser Fallskizze erfolgt im Kapitel 7.5.

7.3 Das Konzept »Diversity«

Das Konzept »Diversity« ist ein Konzept der Sensibilität für und des Managements von Vielfalt und Kooperation. Diese Vielfalt zuzulassen (Diversity Sensibility) und sie zu managen (Diversity Management) bedarf besonderer – zu entwickelnder – Kompetenzen bei allen Beteiligten und ist eine Chance, die Leistungs- und Lernfähigkeit von Organisationen zu steigern.

Das Diversity-Konzept stammt aus den USA. Es wurde dort mit Beginn der 1990er-Jahre entwickelt, als man erkannte, wie unproduktiv eine vereinheitlichende Organisationskultur sich bei bestehender Vielfalt auswirkt. Thomas und Ely setzten dagegen das »Access-and-Legitimacy-Paradigma«. Es hat zum Ziel, die Diversität einer Belegschaft als Wettbewerbsfaktor gewinnbringend einzusetzen. Man versucht, ein internes Abbild der Kundengruppen zu erzeugen, um die Marktchancen zu erhöhen. Inzwischen aber gibt es ein neues Paradigma, das »Learning-and-Effectiveness-Paradigma«: Die Mitarbeiter sollen ihre vielfältigen Kompetenzen und Erfahrungen kreativ in eine Organisation einbringen und Toleranz für Ambiguität und konstruktive Konflikte entwickeln (Vedder & Reuter, 2007). Jetzt muss die gesamte Organisation umlernen und mit Diversity Management ist ein Kulturwandel verbunden, alle Grundüberzeugungen müssen überprüft werden (Plett, 2009). Die US-amerikanische Bevölkerung ist sehr viel multikultureller als z. B. die deutsche, was schon früher zu einem Handlungsdruck führte. Das Konzept ist jedoch heute auch hier in verschiedensten Organisationen im Bereich der Wirtschaft, bei Behörden und sozialen Einrichtungen, im Gesundheitsbereich (Herrmann & Kätker, 2007) und in der Gesundheitsförderung (Altgeld, Bächlein & Denecke, 2008) und auch in der Wissenschaft (Bendl, Hanappi-Egger & Hofmann, 2007) angestrebter bzw. umgesetzter Bestandteil der Personalentwicklung. Im Wissenschaftsbereich wird versucht, »Diversity Studies« zu institutionalisieren und zu einer integrierenden Forschungsrichtung und einem Forschungsprogramm zu entwickeln, der die unterschiedlichen Bereiche und Disziplinen zusammenführen soll, wie die Frauen- und Geschlechterforschung bzw. Gender Studies, Altersforschung, Interkulturelle Forschung, Migrationsforschung, Postcolonial Studies, Antisemitismusforschung, Behindertenforschung u. a. (Krell, Riedmüller, Sieben & Vinz, 2007).

Was versteht man unter Diversity oder Vielfalt? Zunächst fallen sichtbare Merkmale wie Geschlecht, Rasse und Alter auf. Hinzu kommen aber auch Unterschiede in der Profession, der sexuellen Orientierung, der Herkunft und der körperlichen Leistungsfähigkeiten. Im Arbeitsalltag einer Kriseneinrichtung zeigt sich die Komplexität durch die Vielfalt der Einstellungen, Kompetenzen und Handlungsweisen bzw. Handlungslogiken wie in unserem Fallbeispiel. Im Bereich interkultureller Kommunikation wird versucht, diese Vielfalt noch präziser zu bestimmen z. B. als Unterschiede im Kommunikationsstil, in der Affektkontrolle, im Umgang mit Zeit, in der Machtdistanz, in der Vermeidung von Unsicherheit usw. mit der Forderung, diese genau zu kennen und in der interkulturellen Begegnung handhaben zu können (Jarman, 2003). Begründet wird diese Unterschiedlichkeit der Denk- und Handlungsweisen durch die Zugehörigkeit zu einer sozialen Gruppe.

Wenn jemand nicht zu einer dominanten Gruppe gehört und somit vor unangemessenen Assimilationsforderungen der dominanten Gruppe stehen kann, Behinderungen in der beruflichen Karriere erfährt oder sogar von Entlassung bedroht ist bzw. erst gar nicht eingestellt wird, wird seine Unterschiedlichkeit zu einem Nachteil oder sogar zu einem Makel für ihn und führt zu Beeinträchtigungen. Diese werden im Kontext von Diversity aber nicht mehr als individuell zu bewältigendes Problem gesehen, sondern es wird verdeutlicht, dass Organisationen aus unterschiedlichen Gründen gefordert sind, mit Vielfalt produktiv umzugehen. Gründe liegen einerseits darin, dass der Arbeitsmarkt sich verändert hat und die Globalisierung der Märkte vorangeschritten ist. Damit unterscheiden sich Käufer und Anbieter in vielen Dimensionen. Die Organisationen sind bei einer sich stärker unterscheidenden Mitarbeiterschaft aufgefordert, sich auf Diversity einzustellen: Es werden z. B. höhere Anforderungen an Kooperation im Arbeitsprozess gestellt, die Ansprüche an Fairness und Gerechtigkeit sind gestiegen, und Vielfalt wird zunehmend als kreatives Potenzial gesehen (siehe auch Jackson & Alvarez, 1992). So äußerte der damalige Direktor des Umweltprogramms Unep, Klaus Töpfer, auf die Frage eines Journalisten, wobei er am meisten gelernt hat, den bezeichnenden Satz: »Durch andere Verhaltensweisen«, dies vor dem Hintergrund einer Behörde mit Mitarbeitern aus 70 Nationen (Der Tagesspiegel vom 20. Juli 2003).

Wie kann nun diese Vielfalt in einer Organisation produktiv gestaltet werden? Dazu sollen erst einige Punkte genannt werden, die sich mit Diversity Management verbinden und grundsätzlich in jeder Organisation gelten. Sie ziehen wiederum eine Reihe von weiteren Forderungen und Aktionen nach sich (siehe auch Hansen, 2002 und Thomas, 2001):

- Herstellung von Vielfalt, wo dies notwendig erscheint, z. B. durch bestimmte Einstellungspraktiken, Partizipation und Herstellung von Heterogenität auf allen Ebenen der Organisation.
- Wertschätzung von Vielfalt, z. B. durch eine explizite Verankerung dieser in dem Leitbild einer Einrichtung.
- Initiierung von Mentorenprogrammen, um Mitgliedern nicht-dominanter Gruppen Zugänge zu informellen Netzwerken zu ermöglichen.
- Sensibilisierung für Vielfalt, z. B. durch Training, Supervision, Selbstreflexion.
- Spannungen identifizieren, die sich aus Vielfalt ergeben, und lernen, damit adäquat umzugehen, z. B. zu erkennen, wo Spannungen ausgehalten und wo Konflikte gelöst bzw. wo auch Vielfalt reduziert werden muss, weil sie Effektivität behindert.

- Kommunikations- und Konfliktfähigkeit fördern, um diese Herausforderungen zu meistern.
- Gemeinsame Überzeugungen und Zielvorgaben wie auch das Entdecken von Ähnlichkeit zu fördern, um neben der Wahrnehmung von Vielfalt auch Gemeinsamkeiten zu entwickeln und Kooperation dadurch zu stärken.
- Respekt, Vertrauen und Empathie als Voraussetzungen zu entwickeln, um mit Diversity umzugehen.
- Die Betonung von persönlicher Verantwortung auf allen Ebenen im Umgang mit Diversity.

Diese Punkte sollen nun auf die Krisenintervention bezogen werden, zunächst in einem allgemeineren Zugriff, um sie dann in Bezug auf die Fallskizze weiter zu konkretisieren.

7.4 Diversity Management – Anregungen für Kriseneinrichtungen

Wie eben dargestellt, ist das Diversity-Konzept besonders geeignet zur Auseinandersetzung mit und der Integration von Vielfalt. Wie aber kann die Umsetzung eines solchen Konzeptes in der spezifischen Praxis von Einrichtungen der Krisenintervention aussehen? Die besonderen Voraussetzungen müssen dabei beachtet werden und Personalentwicklungs- und Weiterbildungskonzepte daran angepasst werden.

7.4.1 Entwicklung von Diversity Sensibility

Das Management von Diversity beinhaltet die Entwicklung einer Diversity Sensibility bei allen Beteiligten der Organisation. Erst dadurch wird ein offener und wertschätzender Umgang mit auftauchenden Differenzen ermöglicht. Puch (1994) betont die »Empathie« im Sinne eines kognitiven Prozesses des Nachdenkens über die subjektiven Wahrnehmungen und Auslegungen der jeweils anderen Konfliktbeteiligten, um diese wirklich zu verstehen.

7.4.2 Handeln: Diversity Management

Jeder und jede kann sehr unterschiedlich mit Diversity umgehen: diese offensiv vertreten, sie akzeptieren, aber auch negieren. Auch Einrichtungen haben verschiedene Möglichkeiten, Vielfalt zu ermöglichen oder zu verhindern. Die Organisation kann bestimmte Denk- und Handlungsmuster unterdrücken und tabuisieren oder sie fördern und wertschätzen. Bestandteile der Organisationskultur von Kriseneinrichtungen sind Selbstreflexivität, Selbstverantwortung, die Betonung von Gruppenprozessen, die Bedeutung von Teamentscheidungen, das Erkennen von Diskriminierung und das Wissen um die Wichtigkeit von Teamsupervision. Auch wenn sie längst eingeführt sind, müssen sie gepflegt und auf ihre Effektivität hin hinterfragt werden. Gerade die in der Krisenarbeit anzutreffende Vielfalt der Arbeitsweisen und Handlungslogiken führt zu Spannungen und Konflikten, die eines adäquaten Umgangs bedürfen.

7.4.3 Umgang mit Diversity-Spannungen und Konflikten

Der Entwicklung einer Diversity Sensibility stehen hemmende Faktoren entgegen, vor allem, wenn diese nicht umsichtig eingeführt wird. Zugleich stellen diese Faktoren das Konfliktpotenzial dar, das bearbeitet werden muss, um zu einer positiven Auslegung des Diversity-Konzeptes zu gelangen. In der Fallskizze ist dazu schon einiges deutlich geworden. Konfliktpotenzial kann sein:

- Eine Dominanzkultur (z. B. bestimmter Berufsgruppen und ihrer Werte, Handlungslogiken etc.) lässt eine Perspektivenvielfalt möglicherweise nicht zu und führt zu Abwertungen z. B. anderer Berufsgruppen,
- mit Entwicklung einer Diversity Sensibility können Mitarbeiterinnen ihre eigenen Werte (Selbstwert, Werte der eigenen Berufsgruppe, berufliche Identitäten) bedroht sehen,
- Konkurrenz müsste offengelegt werden, dagegen sträuben sich viele gerade im Bereich psychosozialer Organisationen, in denen Konkurrenzgefühle und -verhalten eher tabuisiert sind,
- unterschiedliche Bezahlung aufgrund unterschiedlicher beruflicher Qualifikationen muss – gegebenenfalls konflikthaft – thematisiert werden. Dies geschieht ebenfalls häufig nicht und äußert sich in Konfliktverschiebungen,
- unterschiedliche Machtverteilungen (z. B. zwischen Honorar- und fest angestellten Mitarbeitern) ziehen unterschiedliche Durchsetzungsmöglichkeiten bestimmter Inhalte nach sich.

Dadurch kommt es – wenn dieses Konfliktpotenzial nicht thematisiert wird, und das wird es überwiegend nicht – zu Konfliktverschiebungen auf »Nebenschauplätzen«, Doppelungen der Sichtweisen, additivem Arbeiten und Spaltungen innerhalb von Teams. Konflikte werden dann auf dem Rücken von Klienten ausgetragen (der Klient muss dann die verschiedenen Sichten integrieren, was eigentlich Aufgabe des Mitarbeiter-Teams wäre), Klientinnen werden verunsichert und zugleich damit allein gelassen.

Puch (1994) beschreibt die mögliche Eigendynamik von Konflikten und nennt als konfliktverstärkende Mechanismen z. B. die Personalisierung der Ursachen (»Dass wir uns nicht einigen können, liegt an Annette«) oder Gefühle der Ohnmacht, Wut und Resignation (»Hat eh alles keinen Sinn« oder »Jetzt lass ich jede Rücksicht fallen«) bis zum »Dienst nach Vorschrift«.

Konflikte werden in fortschrittlichen Organisationskulturen immer weniger als negativ und störend betrachtet, sondern unter dem Blickwinkel, dass an ihnen vieles deutlich wird. Sie machen auf ungünstige Entwicklungen aufmerksam und können produktiv wirken, wenn sie Platz haben und nicht auf Nebenschauplätze verschoben werden. Sie können zum Beispiel neue und passendere soziale Umgangsformen etablieren (Puch, 1994).

Die Ausbildung eines guten Konfliktmanagements scheint also sowohl auf der Führungsebene, als vor allem auch auf der Ebene aller Mitarbeiter dringend notwendig.

Im Einzelnen nennt Puch (1994) als präventive Konfliktbewältigungsstrategien

- die Reflexion des eigenen Denkens und Fühlens und der eigenen Einstellungen zum Konflikt,
- vertrauensbildende Maßnahmen, um dem Eskalationsfaktor Misstrauen vorzubeugen: z. B. durch Offenlegen von Befürchtungen und Erwartungen,
- das Setting der Konfliktsituation bewusst gestalten, um einen Rahmen zu schaffen, der das Ernstnehmen aller Konfliktparteien und die Bereitschaft, eigene Einstellungen zu überprüfen, ermöglicht,
- die sachliche Seite des Konfliktes so klar wie möglich herausarbeiten.

7.4.4 Gemeinsame Ziele in der Organisation als Basis

Mit dem Diversity-Konzept verbindet sich der Anspruch, Vielfalt zu ermöglichen und sie als Ressource einzusetzen. Thomas (2001), als prominenter amerikanischer Autor in diesem Feld, betont aber immer wieder die Wichtigkeit, dies mit dem Unternehmensziel und -zweck in Beziehung zu setzen. Bezogen auf den Non-Profit-Bereich bedeutet es, dass Einrichtungen ihr Leitbild formulieren und dass sie sich ihres gesellschaftlichen Auftrages bewusst sein müssen. Ohne verbindende Ähnlichkeiten, ohne geteilte Ziele würde Vielfalt sich unproduktiv auswirken und Spannungen den Alltag beherrschen.

Noch zu selten wird im Kontext von Krisenintervention darauf Wert gelegt, ein Leitbild und verbindliche Standards zu entwickeln, in der die Vielfalt ihren Platz hat.

Weiterhin bedarf eine produktive multiprofessionelle Zusammenarbeit eines verbindlichen Ortes des Austausches, um Kommunikation zu fördern, verschiedene Handlungslogiken gegenseitig anzuerkennen, Verantwortung festzulegen und diese flexibel zu handhaben; zudem ist die Bearbeitung von Konkurrenz und Statusdenken notwendig sowie die Reduzierung von Anspannung und Stress im Arbeitsalltag, die das Auftreten von Konflikten fördert (Herrmann & Käther, 2008).

7.5 Falldiskussion

Unsere Fallskizze lenkt den Blick auf die Unterschiedlichkeit der Handlungslogiken, die sowohl bei den Helfern als auch bei den beiden Klienten der Krisenintervention bestehen und konstituierend für den unglücklichen Verlauf sind, da mit ihnen nicht produktiv umgegangen wird. Dies beruht auf der Unterschiedlichkeit der Positionen und beruflichen Hintergründe, des Geschlechts, der ethnischen Herkunft und der biographischen und kulturellen Erfahrungen. Handlungslogiken unterscheiden sich in Denk- und Orientierungsmustern und führen damit zu unterschiedlichen Handlungsweisen. Welche sind nun zu erkennen? Wir wollen sie im Folgenden knapp darstellen und gehen dabei von der Begründetheit jeder Handlungslogik aus.

- **Die Sozialarbeiterin:** Sie ist von einem feministischen Denkansatz geprägt, der sich bei dieser Problemlage auszeichnet durch Parteilichkeit, Erkennen und Benennen von patriarchaler Gewalt, die sonst oft verharmlost und abgewertet bzw. medikalisiert wird. Der Frau als Opfer ist Raum und Platz zu geben, damit sie sich mit ihren Erfahrungen reflektieren kann. Der Bezug zu den Frauen steht im Mittelpunkt. Die Frau braucht Schutz vor dem Täter, eine Möglichkeit stellt ein Aufenthalt in einem Frauenhaus dar, wo sie auch noch von einem Austausch mit anderen Frauen profitieren kann.
Weiterhin ist die Sozialarbeiterin Kennerin der Fachliteratur über Gewalt gegen Frauen im häuslichen Bereich und weiß, dass es eine Gewaltspirale gibt, die die Stadien des Spannungsaufbaus, der Explosion/des akuten Gewaltereignisses und schließlich der Versöhnung mit einem liebevollen, freundlichen und reuevollen Mann umfasst.
Sie glaubt nicht, dass die Gewalttätigkeit des Ehemannes allein auf seine Erkrankung zurückzuführen ist und befürchtet, dass nach seiner Rückkehr alles wieder von vorne beginnt, dann aber bei der Ehefrau eine Resignation einkehren wird und sie sich keine Hilfe mehr holen wird. Deshalb möchte sie diese rechtzeitig in eine helfende Beziehung/Einrichtung einbinden.
- **Der Psychiater:** Er sieht es als seine Aufgabe, eine Triage (erste Sichtung) vorzunehmen, um einen psychisch Erkrankten einer angemessenen psychiatrischen Behandlung zuzuführen. Er entdeckt klare Anhaltspunkte dafür, dass der Ehemann präpsychotisch ist, und ihm erscheint es durchaus möglich, dass seine Gewalttätigkeit in diesem Kontext zu erklären ist. Er ist – zusammen mit der Polizei – derjenige, der eine Einweisung befürworten kann, somit hat er auch Entscheidungsmacht.
- **Die Polizeibeamten:** Sie werden sehr häufig bei häuslicher Gewalt gerufen und verstehen die Gewalttätigkeit überwiegend als Straftat. Für sie gibt das neue Gewaltschutzgesetz die Möglichkeit, den Gewalttäter der Wohnung zu verweisen, sodass die Frau genügend Zeit hat, weitere Maßnahmen einzuleiten. Sie sind es gewohnt, schnell zu entscheiden und zu handeln.
- **Die Psychologin:** Sie hat durch ihre systemisch orientierte Weiterbildung in Familientherapie ihren Blick auf größere Systeme geschärft und hat gerade ein therapeutisch vielversprechendes Paartherapieprojekt (Papp et al., 1995) kennengelernt, das solche Paare gemeinsam behandelt. Aus der Erzählung der Sozialarbeiterin meinte sie entnehmen zu können, dass die Ehefrau nicht vorhat, sich zu trennen, also brauchen beide Eheleute Hilfe.
- **Die Ehefrau:** Sie führt Eheprobleme an, begründet die Gewalt ihres Mannes ihr gegenüber mit dem Verweis auf kulturelle Unterschiede, zugleich sucht sie Hilfe aus einer für sie unerträglichen Situation. Sie weiß, dass der Psychiater den höchsten Status als Mediziner hat und ist eher geneigt, seinen Vorschlägen zu folgen. Auch möchte sie ihren Mann nicht mit einem Platzverweis kriminalisieren, hat auch Angst vor einem Racheakt, falls sie dem Vorschlag der Polizei zustimmt, und steht deshalb dem polizeilichen Platzverweis kritisch gegenüber.
- **Der Ehemann:** Er folgt dem Vorschlag des Psychiaters in Bezug auf eine freiwillige Unterbringung, scheint sich also auch als behandlungsbedürftig anzusehen, äußert aber auch eine klare Gewaltbereitschaft gegenüber seiner Frau, die nicht nur im Kontext der Erkrankung begründet scheint.

Die Fallskizze zeigt, dass zwischen den unterschiedlichen Handlungslogiken in der Situation der Krisenintervention keine Einigung hergestellt werden konnte und auch nicht der Versuch dazu ernsthaft unternommen wurde, sondern der Arzt (als Mitglied einer dominanten Gruppe) schließlich eine Entscheidung herbeigeführt hat. Nun kann man diese Entscheidung als sachlich angemessen begrüßen, zumal Handlungsdruck herrschte, aber alle beteiligten Helfer räumen das Feld mit einem Gefühl von misslungener Kooperation und werden möglicherweise versuchen, einer weiteren Zusammenarbeit aus dem Weg zu gehen.

Somit wäre eine gemeinsame Supervision, unter Beteiligung des Psychiaters, der Sozialarbeiterin und der Psychologin, im Nachhinein wünschenswert, die deutlich macht, dass jede Handlungslogik ihre Berechtigung hat, aber jeder der Helfer nur auf einen Aspekt der Situation fokussierte: auf die Erkrankung des Mannes, die Hilfsbedürftigkeit der Ehefrau, die rechtliche Situation vor Ort und die Paardynamik.

Was hätte aber vor Ort geschehen können? Dies führt uns zu einem wichtigen Punkt im Umgang mit Diversity: der Betonung von Gemeinsamkeit durch von allen geteilte Ziele.

Über eins sind sich alle einig: Die Situation bedarf einer Änderung. Eine Einigung wäre eventuell auch darüber herstellbar, dass eine komplexe Situation vorliegt und diese sicher einer längeren Bearbeitung bedarf. Die verschiedenen Sichten sollten nicht miteinander konkurrieren, sondern eher als unterschiedliche Optionen miteinander verbunden werden, umgesetzt in kurz- und langfristige Ziele. Ein kurzfristiges Ziel besteht neben einer psychiatrischen Krisenintervention bei Herrn Hartmann darin, die Frau zunächst vor einer weiteren Gewalttätigkeit zu schützen; ein weiteres, die Ehefrau zu einer über die Notfallsituation hinausgehenden Mitarbeit zu gewinnen. Das verspricht auch mehr Zeit, um die verschiedenen Sichten auf ihre Produktivität hin ausloten zu können. Es wäre also durchaus möglich gewesen, sowohl den Ehemann in einer Kriseninterventionsstation bzw. Klinik unterzubringen, als auch die Frau für

die Inanspruchnahme weiterer Hilfen zu motivieren sowie sie über ihre Rechte zu informieren, damit sie selbst – vielleicht zu einem späteren Zeitpunkt – darüber entscheiden kann, ob der Platzverweis für sie eine Möglichkeit darstellt bzw. darstellen kann. Selbst wenn eine psychiatrische Erkrankung beim Ehemann vorliegen sollte, was ja nicht in Frage gestellt werden muss, so steht diese mit psychosozialen Auslösern in Beziehung, häufig mit chronischen Konflikten in nahen Beziehungen. Das langfristige Ziel könnte sein, hier dem Paar Hilfen an die Hand zu geben. Natürlich kann das auch im Kontext einer psychiatrischen Einrichtung geschehen.

Mit Diversity-Spannungen umzugehen, hätte darin bestanden, diese zu erkennen und allen Sichtweisen Geltung in unterschiedlichen Gesprächen zu geben, sodass die Vielfalt der Handlungslogiken eine Chance gehabt hätte, in einer kreativen und wertschätzenden Lösung Ausdruck zu finden.

7.6 Ausblick

Das Diversity-Konzept lässt sich im Bereich der Krisenintervention vor allem mit der Vielfalt der Handlungslogiken und ihrem Hintergrund in der Vielfalt der Berufsgruppen, der beruflichen Erfahrungshintergründe und unterschiedlichen Machtzuschreibungen beschreiben. Diversity ist dabei ein Thema, das ständig in den Beziehungsdynamiken der Mitarbeiterinnen und ihren Interventionen mitschwingt und diese zum Teil massiv beeinflusst. Unterschiedlichkeit wirkt meist »im Verborgenen«, denn gerade Themen, die ständig vorhanden sind, werden häufig nicht mehr beachtet – sie sind zu »normal«, als dass sie noch auffallen.

Dementsprechend braucht es kontinuierlich angewandte Instrumente der Organisationsentwicklung und Weiterbildung, um sich des Themas bewusst zu werden:

- in regelmäßigen Weiterbildungsangeboten Diversity thematisieren, z. B. im Umgang mit Multiprofessionalität und der Dominanz einzelner Berufsgruppen und deren Sichtweisen,
- in jeder themenspezifischen Weiterbildung könnten Fragen nach Handlungsansätzen und deren Berufshintergründen, Bewertungen und Perspektiven gestellt werden,
- in der fallbezogenen Supervision durch Fragen nach Vorgehensweisen, Bewertungen und Integrationsmöglichkeiten,
- in der Organisation durch Aufstellen von Leitlinien.

Literatur

Altgeld, T., Bächlein, B. & Deneke, C. (Hrsg.) (2008). *Diversity Management in der Gesundheitsföderung. Nicht nur die leicht erreichbaren Zielgruppen ansprechen!* Frankfurt: Mabuse-Verlag.

Bendl, R., Hanappi-Egger, E. & Hofmann, R. (2007). *Agenda Diversität: Gender- und Diversitätsmanagement in Wissenschaft und Praxis.* München/Mering: Rainer Hampp Verlag.

Crefeld, W. (2007). Psychosoziale Krisendienste in Deutschland. *Blätter der Wohlfahrtspflege,* 4, 123–126.

Hansen, K. (2002). Diversity Management: Vielfalt leben. *Social management,* 1, 10–15.

Herrmann, E. & Kätker, S. (2007). *Diversity Management. Organisationale Vielfalt im Pflege- und Gesundheitsbereich erkennen und nutzen.* Bern: Verlag Hans Huber.

Jackson, S. E. & Alvarez, E. B. (1992). Working Through Diversity as a Strategic Imperative. In S. E. Jackson and Associates (Eds.), *Diversity in the Workplace. Human Resources Initiatives* (S. 13–36). New York & London: The Guilford Press.

Jarmann, F. (2003). Fremdwahrnehmung und interkulturelle Kommunikation. Kreatives Potenzial entsteht auf der Kultur der Verschiedenartigkeit. *EU-Bulletin,* 3, 24–25.

Krell, G., Riedmüller, B., Sieben, B. & Vinz, D. (2007) (Hrsg.). *Diversity Studies. Grundlagen und disziplinäre Ansätze.* Frankfurt/New York: Campus Verlag.

Kunz, S., Scheuermann, U. & Schürmann, I. (2009). *Krisenintervention. Ein fallorientiertes Arbeitsbuch für Praxis und Weiterbildung.* Weinheim/München: Juventa.

Papp, P., Seibel, J., Klein, G. & Feinberg, M. (1995). *Depression Project of the Ackerman Family Institute.* Video. New York.

Plett, A. (2005). Unterschiede sind die Regel und nicht die Ausnahme! In G. Hartmann & M. Judy (Hrsg.), *Unterschiede machen. Managing Gender and Diversity in Organisationen und Gesellschaft.* Wien: Edition Volkshochschule.

Plett, A.: *Ein ganz persönlicher Überblick über den Stand von Diversity Management in Deutschland.* www.idm-diversity.org/files/Plett_Stand_DiM_in_D.pdf, Zugriff am 07.01.2010.

Puch, H.-J. (1994). *Organisationen im Sozialbereich.* Freiburg: Lambertus.

Rastetter, D. (2006). Managing Diversity in Teams: Erkenntnisse der Gruppenforschung. In: G. Krell & H. Wächter (Hrsg.), *Diversity Management. Impulse aus der Personalforschung* (S. 81–108). München/Mering: Rainer Hampp Verlag.

Scheuermann, U., Kunz, S. & Schürmann, I. (2003). Kompetenzen für Krisenintervention. Konzeptionelle Überlegungen für eine Weiterbildung nach Maß. In T. Giernalczyk (Hrsg.), *Suizidgefahr – Verständnis und Hilfe.* Tübingen: dgvt.

Schürmann, I. (2007). Konzepte gegen Krisen. Anregungen für Beratung und Intervention. *Blätter der Wohlfahrtspflege,* 4, 127–129.

Stuber, H. (2009). Diversity. *Das Potenzial-Prinzip.* Köln: Luchterhand.

Thomas, R. R. (1992). Management Diversity: A conceptual Framework. In S. E. Jackson and Associates (Eds.), *Diversity in the Workplace. Human Resources Initiatives* (S. 306–318). New York/London: The Guilford Press.

Thomas, R. R. (2001). *Management of Diversity. Neue Personalstrategien für Unternehmen. Wie passen Giraffe und Elefant in ein Haus?* Wiesbaden: Gabler.

Vedder, G. & Reuter, J. (2007) (Hrsg.). *Glossar: Diversity Management und Work-Life-Balance.* München/Mering: Rainer Hampp Verlag.

Wienberg, G. (1993). Qualitätsmerkmale außerstationärer Krisenarbeit. Grundlagen & Standards. In G. Wienberg (Hrsg.), *Bevor es zu spät ist.* Bonn: Psychiatrie-Verlag.

Teil III: Mit den Nutzern arbeiten

8 »Du siehst was, was ich nicht seh … und das bin ich« – Krisenintervention im Familiensystem

Wolf Ortiz-Müller

Der Beitrag stellt die Grundprinzipien systemischen Denkens dar und skizziert deren Einsatzmöglichkeiten. Systemische Therapie wird von Familientherapie abgegrenzt und anhand der wichtigsten Begriffe mit praktischen Bezügen erläutert.

Wo wenig Konstanz der Therapeut-Klienten-Beziehung vorliegt und vielfach noch andere Helfer mit »im Spiel« sind, erhält der zentrale systemische Begriff des Kontexts eine besondere Bedeutung. Die individuelle Problembeschreibung eines Klienten wird aus der Perspektive des Konstruktivismus betrachtet. Unterschiedliche Sichtweisen anzunehmen und neue Bedeutungsgebungen mit dem Klienten zu entwickeln, sind für das Anstoßen von Lösungsideen hilfreich. Das Konzept der Zirkularität wird erklärt, um daraus die Bedeutung und Anwendungsmöglichkeit zirkulärer Fragetechniken zu entwickeln.

Anschließend wird das systemische Herangehen auf seine Tauglichkeit für die Krisenintervention überprüft, indem es auf die bekannten Handlungsmodelle der Krisenintervention von Ciompi und Sonneck bezogen wird.

Für den Fall hoch eskalierter Konflikte zwischen Partnern werden abgestufte Vorgehensweisen der Berater tabellarisch den Regelverletzungen der Klienten gegenübergestellt.

Anhand eines Fallbeispiels, der Krisenintervention bei einem Ehepaar, wird die Besonderheit des Umgangs mit mehreren Gesprächspartnern illustriert, indem die interventionsleitenden Motive der Berater mit reflektiert werden.

8.1 Einführung: Unterschiede, die Unterschiede machen

Dieser Beitrag befasst sich zunächst mit einer speziellen Klientengruppe, eben dem, was soziologisch alles unter »Familie« bzw. »Paar« verstanden werden kann.

Darüber hinaus vertritt der Beitrag jedoch einen speziellen Ansatz, die Berücksichtigung des Systems, in das ein jeder Klient eingebunden ist. Dieses findet sich auch in all den Beiträgen dieses Bands, die das soziale Netzwerk ihrer Klienten einbeziehen. Die systemische Krisenintervention erweitert den Fokus über die jeweiligen Klienten hinaus und macht deren soziales Umfeld selbst zum Gegenstand systemischer Interventionen.

Systemische Therapie steht dabei neben anderen Verfahren wie z. B. Psychoanalyse, Gesprächs- oder Verhaltenstherapie und anderen, die ihrerseits jeweils für die Krisenintervention nutzbares »Handwerkszeug« bereitstellen. Den von anderen Therapierichtungen abweichenden spezifischen Denkansatz, der dem systemischen Vorgehen zugrunde liegt, möchte ich erklären.

Wolf Ortiz-Müller

Persönlicher Hintergrund

Als ich im Jahr 1992 meine Tätigkeit im Krisen- und Beratungsdienst KUB e. V., einer der ältesten Berliner Kriseneinrichtungen, aufnahm, fehlte mir ein inhaltlicher Leitfaden, wie ich denn Krisenintervention lernen könnte. So bemühte ich mich, aus den Therapieweiterbildungen, die ich damals absolvierte, Rosinen pickend das jeweils Beste herauszuholen. Aus der Gestalttherapie fand ich das Prinzip des »Hier und Jetzt« als Fokussierung der Gegenwart für die Krisenintervention unmittelbar nützlich. Entscheidenden Einfluss übte meine Weiterbildung zum systemischen Paar- und Familientherapeuten aus, da ich dort alltagstaugliche Fragetechniken kennenlernte, die weit über den Rahmen des Zuhörens, Einfühlens und Widerspiegelns hinausgingen, die mir aus dem Bereich der Beratung vertraut waren. Mein Denken über Symptome, Beziehungen und Lösungen wurde umgekrempelt, die Begeisterung des Neuen ließ mich die Denk- und Handlungsanstöße unmittelbar in der Praxis der Krisenintervention ausprobieren. Auch wenn ich dort überwiegend mit Einzelklienten zu tun hatte, erwiesen sich die neuartigen und ungewohnten Fragen als taugliches Handwerkszeug, auf das sich ganz unterschiedliche Klienten gut einlassen konnten.

Die Dynamik des Systemischen

Seither hat systemisches Denken in vielen Bereichen Einzug gehalten, wo Teams kooperieren (sollen), in Organisationen und Unternehmen, aber v. a. auch dort, wo Helfer mit einem Familiensystem oder aber Teilen desselben zu tun haben. Effizienz, Ziel- und Lösungsorientierung sind nicht nur Vorgaben des Kostendrucks im Gesundheitswesen, sondern haben auch bei vielen Ratsuchenden eine Erwartungshaltung geprägt, für ihre Probleme niedrig schwellige und rasch umsetzbare Hilfestellung zu bekommen. Daher liegt es nahe, das Herangehen einer Therapiemethode auf ihre Tauglichkeit in der Krisenintervention zu überprüfen, die ihre Ziele innerhalb von zehn Sitzungen zu erreichen anstrebt, wo doch für viele andere Therapierichtungen dann gerade erst die Anwärmphase läuft. Voraussetzung für eine derart kurze Therapie, wie auch für Krisenintervention, ist, dass der Berater nach dem »Anstoßprinzip« vorgeht: Die entscheidenden Veränderungen passieren nach der Sitzung, im »wirklichen Leben« des Klienten und nicht notwendigerweise im Therapeut-Klienten-Gespräch im Sinne eines Durcharbeitens.

8.2 Systemisches Denken und Herangehen

»Systemische Therapie« und »Familientherapie« gelten landläufig fast als Synonyme – zu Unrecht! Der Begriff »Familientherapie« zielt auf eine besondere Klientel ab, die *Familie* in allen ihren Ausprägungen in der heutigen Gesellschaft. Mittlerweile haben sehr viele Therapierichtungen eigene Ansätze zur Arbeit mit Familien entwickelt, die aber keineswegs systemisch sein müssen, sondern je nach Hintergrund z. B. psychodynamisch, kognitiv-verhaltenstherapeutisch etc.[2]

Dagegen beschreibt »systemische Therapie« eine Methode, die zwar historisch in der Arbeit mit Familien entwickelt wurde, die aber übertragbar ist auf die Arbeit mit (Einzel-)Klienten, indem diese mit ihrer Proble-

---

2 Aus dieser Sichtweise führt der Buchtitel »Familientherapie ohne Familie« (Weiss 1988), einer gelungenen Darstellung systemischer Arbeit mit Einzelnen etwas in die Irre. Eine umfassende Darstellung »Systemischer Krisenintervention« findet sich im gleichnamigen Buch (Egidi & Boxbücher 1996).

matik als Teil eines – ihre Individualität übergreifenden – Systems gesehen werden. Es ist das Verdienst von Schweitzer und v. Schlippe (2007), herkömmliche störungsspezifische Diagnostik der Psychiatrie mit dem Wissen um systemische Muster, Stile und Bindungsformen zusammenzubringen.

Systemische Theorie besticht zunächst nicht durch den Gebrauch unserer Alltagsbegriffe: Da ist die Rede von Kontext, Rekontextualisierung, von Hypothetisieren, Zirkularität, Bedeutungsgebung, Reframing, paradoxen Interventionen, Neutralität, Homöostase, Konstruktivismus und Wirklichkeitskonstruktionen, Autopoiesis, Kybernetik und anderen mehr. Für dieses Vokabular gibt es ein eigenes, durchaus nützliches Nachschlagewerk (Simon & Stierlin, 1992). Was davon zum Lesen meines Beitrags notwendig ist, wird im Text natürlich erklärt.

8.2.1 Der Kontext eines Problems und seine Rekontextualisierung

So hochgestochen diese Überschrift anmutet, so banal erscheint zunächst das sich dahinter Verbergende:

Jeder Mensch ist eingebunden in ein irgendwie geartetes Bezugssystem. Das kann im klassischen Sinn die Familie sein, Freunde, Bekannte, Arbeitskollegen oder die Zugehörigkeit zu einer bestimmten Gruppe, Szene oder Gemeinde. Bei vielen unserer Klienten im Krisendienst, die vielleicht über die genannten Kontexte nicht (mehr) verfügen, spielt das psychosoziale bzw. psychiatrische System eine bedeutende Rolle: Kontakte finden – wenn nicht sogar überwiegend – so doch zu einem nicht unwesentlichen Teil mit den Helfern unterschiedlicher Einrichtungen statt: Seien es der Hausarzt, die Sozialarbeiterin im Sozialpsychiatrischen Dienst oder der Betreuer des betreuten Wohnens, vielleicht auch die unterschiedlichen Akteure einer psychiatrischen Station. Manche Klienten suchen Krisenintervention auf, »obwohl« oder auch »weil« sie sich in einer problematischen therapeutischen Beziehung befinden und dort entweder nicht genügend Unterstützung bekommen (zumindest dies so wahrnehmen) oder aber vielleicht mit dem Therapeuten im Clinch liegen. Inwiefern dann jeweils von Krise zu sprechen ist und die Indikation für das Setting der Krisenintervention gegeben ist, muss individuell (bzw. nach Einrichtungskonzept: Definiert der Klient selbst die Krise?) entschieden werden.

Jegliches Handeln im Setting der Krisenintervention hat Auswirkungen auf das Verhalten bzw. die Erzählungen des Klienten in seinen übrigen Bezugssystemen. Selbst das »Nicht-Mitteilen« oder »Verschweigen« des Kontakts mit einem Krisenberater kann in einem anderen Kontext, wie der Familie oder der Therapie, eine Bedeutung bekommen. Auf die eine oder andere Art sind »die anderen« also immer mit dabei. Dann ist der Schritt nicht weit, diese im Sinn eines systemischen Arbeitens mit Einzelnen, gleich explizit mit in die Beratung hereinzuholen. In seinem Beitrag in diesem Band weist Peukert darauf hin, dass die Einrichtung »Familie« das am häufigsten genutzte Angebot der Gemeindepsychiatrie sei.

Umgekehrt gilt natürlich das Gleiche: Auch die Seite, von der sich der Klient *uns* in der Krisenintervention zeigt, ist stark von den Erfahrungen beeinflusst, die er in anderen Kontexten, dem der Familie, der Arbeit oder als Hilfesuchender innerhalb des Hilfesystems gemacht hat, ebenso wie von seinen oft sehr individuellen Annahmen dessen, was sich hinter dem nicht umgangssprachlichen Begriff »Krisenintervention« oder »Krisendienst« verbirgt.

8.2.2 So sein, so scheinen und so tun, als ob

Als Kinder haben wir uns oft mit der Frage geneckt: »Bist Du so doof, oder tust Du nur so?« Als Systemiker frage ich vielleicht zurück: »Welchen Unterschied macht es denn für Dich?«, und überhaupt »Woran würdest Du das denn merken?«

Es kann, z. B. um eigene Distanz zu schaffen, immer wieder wichtig sein, sich zu vergegenwärtigen, dass es einen Unterschied gibt zwischen dem, wie »jemand ist« und wie er »sich jemandem zeigt«: Systemische Therapeuten werden so weit gehen zu sagen, dass es einerseits unergründlich und andererseits irrelevant ist, wie jemand »in seinem Wesen oder in seinem Kern ist«, da jeder Mensch einen anderen nur darin erfährt, wie er sich ihm zeigt, wenn er in Beziehung tritt. Die Mailänder Familientherapeutin Selvini-Palazzolli regt das Gedankenexperiment an, hinsichtlich der »Eigenschaften« von Menschen an der Stelle von »sein« konsequent das Wort »scheinen« zu denken.

Alle Probleme haben diese Beziehungsseite, d. h., entweder treten sie direkt im Zusammenhang mit anderen, mit der Familie, den Kollegen etc. auf oder aber sie wirken, wie z. B. eine Depression, Trinken oder ein Suizidversuch, auf das System zurück bzw. können sich eines schaffen – und sei es ein Helfersystem.

Häufig machen wir die Erfahrung, dass ein Helfersystem, wenn es in unterschiedlichen Rahmenbedingungen mit ein und demselben Menschen zu tun hat, ganz unterschiedliche Seiten von ihm erlebt, die bisweilen diametral entgegengesetzt erscheinen. Das tritt auf psychiatrischen Stationen auf, wo Ärzte, Psychologen und Pflegepersonal sowie Mitpatienten ganz verschiedene »Herr K.s« gezeigt bekommen, bei Helferkonferenzen oder schon, wenn zwei Berater im Krisendienst getrennt mit einem Klienten sprechen. In der systemischen Krisenintervention kann es nützlich sein, sich dies zu vergegenwärtigen, um z. B. eine gezeigte Hilflosigkeit nicht als Ressourcenmangel innerlich festzuschreiben und uns dann zu wundern, wenn wir erfahren, dass Herr K. auf dem Sozialamt sehr selbstbewusst fordernd auftreten kann.

8.2.3 Die Wirkungen im System

Damit sind wir mitten im Geschehen: Neben der im »klassisch therapeutischen« Kontext gestellten Frage, aus welchen innerpsychischen Prozessen denn ein Verhalten herrührt, interessieren im Kontext einer kurzfristigen, vielleicht einmaligen Begegnung wie der Krisenintervention vor allem die Auswirkungen des Symptoms auf das System (wer dazugehört, davon später): Denn das muss ich häufig einbeziehen, ja es sogar zum Gegenstand der Intervention machen (Schürmann, 2001, S. 89).

Gegenüber anderen Therapierichtungen kommt also der Einbindung des Symptoms in die aktuellen Beziehungen des Klienten eine noch größere Bedeutung zu. Diese Beziehungen lassen sich häufig durch den Begriff des »Fließgleichgewichts« gut beschreiben. Anschaulich wird »Homöostase« am Prinzip des Mobiles: Die einzelnen Teile sind miteinander verknüpft und stehen in einem balancierten Gleichgewicht. Sobald jedoch ein Teil angestoßen wird, zieht dies Veränderungen aller Teile, selbst der entferntesten nach sich, bis ein neues Gleichgewicht gefunden wird.

Jede Veränderung betrifft das Ganze, das ganze System. Dabei muss es sich zunächst keineswegs um eine krisenhafte »Neuerung« per se handeln: Den »Lebenswandel« eines Menschen zu verstehen erfordert den Blick auf Integrationsanforderungen: Das Zusammenziehen eines Paares oder die notwendig werdende Pflege eines Elternteils können vom Freundeskreis bis zur beruflichen Identität jeden Lebensbereich beeinflussen. Gerät ein Mensch aus seinem Gleichgewicht, so kann sich dies höchst unterschiedlich äußern, manchmal durch die Ausprägung eines Verhaltens, das wir als Störung entweder individualisieren und – vielleicht sogar nach ICD-10 – pathologisieren können, oder wir bemühen uns, dies als Versuch zu lesen, ein altes Gleichgewicht wiederherzustellen.

So reguliert sich im Zwischenmenschlichen die Häufigkeit, die Art und die Intensität des Kontakts z. B. durch Nähe-Distanz-Bedürfnisse der Beteiligten. Geht jedoch einer auf zu große Distanz, könnte der andere durch, sagen wir, eine Krankheit oder eine Krise auf die »Deregulierung« aufmerksam machen.

Eine Frage, die der systemische Berater dem Klienten, zumindest aber sich selbst regelmäßig stellt, könnte lauten: Welchen Stellenwert hat das Verhalten für die anderen? Was ist die Wirkung? Und was ist der Gewinn für den Klienten, was versucht er auf diese Weise zu regulieren?

8.2.4 Die Erklärungen für die Dinge

Das Erzählen von den Problemen verändert die Probleme. Interessanterweise wird dieses Erzählen-Können – noch ohne jegliche »Intervention« des Beraters – von manchen Klienten als hilfreich erlebt. Neben der emotionalen Entlastung wirkt hierbei ein systemischer Gedanke: Es fließen darin bereits erste Erklärungen über das Auftreten des Problems ein und bringen Ordnung in ein vorheriges Wirrwarr. Ein erster Rahmen wird gesteckt, der im weiteren Verlauf darauf überprüft werden kann, ob die Beschreibung des Problems einen Sinn stiftet, es versteh- und veränderbar macht. An dieser Stelle ist mir der Begriff »Reframing« angenehmer, als seine deutsche Übersetzung »Umdeuten«: Es geht darum, eine Problembeschreibung, die krisentypisch häufig eingeengt und einengend ist, so zu weiten, dass der neue Rahmen eine andere Perspektive auf dasselbe Verhalten ermöglicht. Manchmal können oder müssen erweiterte Handlungsoptionen darin aufscheinen, oft jedoch ist bereits das Normalisieren einer als pathologisch erlebten Verhaltensweise wirksam: »Angesichts der Belastungen, die Sie in letzter Zeit erlebt haben, ist Ihre Verunsicherung eine ganz nachvollziehbare Reaktion. Das ist bei vielen Menschen, denen so etwas Schlimmes widerfahren ist, ganz ähnlich und – es ist vorübergehend.«

8.2.5 Von der Problembeschreibung zum Konstruktivismus

Systemisches Denken (und Handeln) lässt sich nicht beschreiben und nachvollziehen, ohne einen übergeordneten Begriff zu erläutern: Der *Konstruktivismus* behauptet, es sei sinnvoll, sich immer wieder klarzumachen, dass unser Bild von der Welt oder vom »Leben«, dass unsere Annahmen über uns selbst und über andere Menschen sehr individuelle sind, die beim näheren Hinsehen womöglich kein anderer Mensch in vollem Umfang teilt.

Diese *Realitätskonstruktionen* oder *inneren Landkarten* entwickeln sich im Verlauf der Sozialisation, manche werden bestimmt durch familiäre Tradierungen, andere entstehen im Verlauf der Erfahrungen, die jeder Mensch in der Auseinandersetzung mit seiner Um- und Mitwelt macht. Sie betreffen nahezu alle Lebensbereiche: etwa, wie man sich in der Schule als Schüler sinnvoll verhält, wie man mit Vorgesetzten und wie mit Kollegen umgeht, oder treten in den je individuellen Ansichten darüber zutage, wie viel im Leben man alleine lösen muss, was es demgegenüber bedeuten kann, Hilfe anzunehmen, oder was man von Ärzten oder Psychotherapeuten erwarten oder befürchten kann und muss. Für die Begegnung im Rahmen einer Helfer-Beziehung ist dies für uns insofern von Relevanz, als es unseren Blick dafür schärft, wo es Unterschiede in der Weltsicht und im engeren Sinn in der Problemsicht gibt, die wir für den weiteren Verlauf berücksichtigen müssen und sogar nutzen können: Nichts wäre schlimmer, als wenn beide, Helfer und Ratsuchender, identische Sichtweisen von Lage und Problematik hätten: Dem Therapeuten fiele zwangsläufig nichts anderes ein, als was der Klient ohnehin schon vergeblich versucht hat: Hypnotherapeuten sprechen in diesem Fall von einer Problemtrance, in die sich der Helfer hat hineinziehen lassen. »Es ist wirklich zum Verzweifeln«, so wären sich beide »zu schlechter Letzt« einig.

Realitätskonstruktionen sind notwendige Annahmen, um sich in der Realität zurechtzufinden, und tendieren dazu, sich selbst zu bestätigen: Das Beispiel des oft zitierten »Irren«, der händeklatschend durch die Straßen läuft, um, wie sich auf Nachfrage herausstellt, die weißen Elefanten zu verscheuchen, und auf unsere Entgegnung, dass es doch gar keine gäbe, triumphiert: »Da sehen Sie, wie gut das Klatschen wirkt«, ist die Karikatur eines Alltagsphänomens, das wir bei uns selbst und manchmal noch mehr bei Klienten bemerken können: Das »aggressive Opfer«, das alle (einschließlich uns Berater) so gegen sich aufbringt, dass es im Sinn der selbsterfüllenden Prophezeiung tatsächlich immer wieder die »Opfer«-Erfahrung machen kann.

8.2.6 Zirkularität, Verhaltensmuster und die Bedeutung der Dinge

Das verweist auf den Begriff der Zirkularität, der aus der Kybernetik (der Lehre von Regelkreisen und Systemsteuerungen) stammt. Zirkularität meint für unsere Zwecke, dass unser Verhalten innerhalb eines Systems besser durch *Muster* als durch *Charaktereigenschaften* beschreibbar ist, dass jedes eigene Verhalten rückwirkt auf das Verhalten der anderen und wir umgekehrt auch darauf reagieren, welche *Bedeutung* wir dem Verhalten der anderen geben.

Menschen reagieren deshalb so unterschiedlich auf ein und dasselbe Verhalten eines Dritten, weil sie ihm unterschiedliche Bedeutungen oder Botschaften zumessen.

Dass diese Erkenntnis nicht im eigentlichen Sinn als neu gelten muss, wird aus dem Diktum des griechischen Philosophen Epiktet deutlich: »Nicht die Dinge an sich beunruhigen uns, sondern die Bedeutung, die wir ihnen geben.« Wenn also das Rad nicht neu erfunden werden muss, so doch manchmal die Achse, auf der es laufen kann.

Während diese Ausflüge in Systemtheorien und Ähnliches oft sehr theoretisch daherkommen, haben Systemiker auf der anderen Seite etwas sehr Bodenständiges: Es geht z. B. beim Erkennen von Veränderung immer um *beobachtbares Verhalten*. Sagt der Klient nur, »dann geht's mir besser«, »dann fühl ich mich anders«, wird es dem systemischen Berater schnell zu schwammig, und er hakt nach: »Und woran könnte ich (oder Ihre Tochter…) das bemerken?«, »Was tun Sie dann anderes, wenn es besser geht?«. Um präziser zu werden, um Unterschiede herauszufiltern, pflegen Systemiker gegenüber den »Verstehe-alles-Psychologen« eher eine Kultur des Unverständnisses: »Wie meinen Sie das jetzt?« Sie halten sich dabei eher an den Fernsehdetektiv Columbo, dem – oft schon im Gehen – noch eine kleine Verständnisfrage einfällt. Seine unaufdringlich-beiläufige Fragetechnik bringt Licht in jedes Krimi-Krisendunkel.

Verwunderung kann als eine sehr veränderungswirksame Haltung gelten. Als selbstverständlich angenommene Sichtweisen erweisen sich beim näheren Hinsehen oft als die keineswegs einzig mögliche Beschreibung, gilt doch – Watzlawick lässt grüßen – die Botschaft bestimmt der Empfänger und »kein Mensch wird so behandelt, wie er sich fühlt, ein jeder so, wie er wirkt.«

8.2.7 Die Suche nach Ressourcen als Suche nach Ausnahmen

»Krisenintervention greift auf die *Ressourcen* des Klienten zurück«, so ist es in diesem wie in jedem anderen Lehrbuch nachzulesen. Nur, was tun, wenn »die Krisen gerade durch eine Ressourcenbedrohung bzw. einen Verlust gekennzeichnet sind« (Schürmann, 2001, S. 81)

Eine Hilfe beim Aufspüren nutzbarer *Ressourcen* des Klienten ist die Orientierung an den Ausnahmen, also wann das Problem nicht auftritt. Lösungsorientierte Therapien, als deren Pioniere die Amerikaner De Shazer und Kim Berg gelten können, fokussieren allein auf das in den Ausnahmen durchscheinende Können der Klienten. Erhält man eine Antwort auf die Frage, wann der Klient zuletzt *nicht* depressiv war und was da anders war, ja, was er da anderes getan oder gedacht hat, so ist ein Unterschied markiert, der zur Erzeugung weiterer Unterschiede genutzt werden kann: Allmählich schält sich vielleicht eine andere Wirklichkeit heraus, die darauf verweist, über welche Handlungs- und Denkoptionen ein Klient verfügt, die als Ressourcen im Prozess der Erzeugung neuer Wirklichkeiten genutzt werden können.

Dieses Empowerment basiert auf der Überlegung, dass der Klient selbst den Schlüssel zur Lösung hat, ihn vielleicht nur verlegt hat und mit dem Berater gemeinsam suchen muss. In welchen Bereichen und unter welchem Blickwinkel nach Ressourcen gesucht werden kann, darauf gibt die Therapieforschung sachdienliche Hinweise: Als bedeutsamste persönliche Ressourcen gelten Selbstwirksamkeit, Optimismus, internale Kontrollüberzeugung, d. h. der Glaube daran, Einfluss auf die Dinge nehmen zu können (Kunz, Scheuermann & Schürmann, 2004).

Petzold (1998) benennt als Ressourcen alle innerseelischen und interaktionellen Handlungen bzw. Mittel der Hilfe und Unterstützung, mit denen Belastungen, Überforderungssituationen und Krisen bewältigt werden können. Dazu gehören für ihn Bindungsressourcen, prägnantes Selbst- und Identitätsleben, Kohärenz, Einsicht und produktive Lernprozesse, emotionaler Ausdruck, Kreativität, psychophysische Selbstregulation, Entspannungsfähigkeit, kommunikative Kompetenzen, Beziehungsfähigkeit, praktische Lebensbewältigung, Zukunftsperspektiven, konstruktive Interessen und ein positiver Wertebezug.

Als Kennzeichen einer Krise kann das Gefühl der Abhängigkeit von anderen gelten, ihnen und ihrem Verhalten ausgeliefert zu sein. Das Gefühl, ein Subjekt, d. h. ein Entscheidungsträger zu sein, ist verlorengegangen. Wenn wir gemeinsam mit dem Ratsuchenden freilegen können, wo Reste von Handlungsspielraum geblieben sind, hilft es, dieses Kennzeichen gesunden Selbstwertgefühls zu restaurieren. Eine selten ausgeschöpfte, in unseren Kontakten aber *a priori* vorhandene Ressource ist die Fähigkeit, sich Hilfe zu holen. Wie sonst säße mir der Klient denn gegenüber? Da zumindest hat der zutiefst an seinen Fähigkeiten verzweifelnde Mensch eine Entscheidung getroffen. Ohne sich dessen vielleicht zunächst bewusst zu sein, hat der Klient in mir als Berater eine – wenn auch zeitlich begrenzte – Ressource angezapft, womöglich nicht die schlechteste.

8.2.8 Neutralität, Allparteilichkeit oder »Wer nicht gegen mich ist, ist für mich«

Haben wir als Therapeuten mit mehreren Klienten zu tun, bedarf es innerer Anstrengungen, um die *Neutralität* gegenüber den einzelnen zu bewahren. Dies gilt aus zweierlei Gründen:

Zum einen lösen sich die linearen Ursache-Wirkungs-Zuschreibungen im systemischen Denken in die Untersuchung von Mustern, oft sogenannten Teufelskreisen, auf. Darin erleben sich zunächst alle Beteiligten als gleichermaßen verstrickt. »Ich mach das nur, weil sie ...« hören wir oft genug. Zum anderen wird die Versuchung – und sei es auch nur innerlich –, Partei zu ergreifen, sofort vom (allseits beliebten) Widerstand des Klienten abgestraft, den ich durch Gegenparteilichkeit regelhaft erzeugen kann.

Die Idee der *Allparteilichkeit* geht einen Schritt weiter: Ich kann als Berater vielleicht nicht immer gänzlich neutral sein (wer kann das schon?), aber ich kann mich mit der jeweiligen inneren Not aller Beteiligten verbünden und helfen, dass der Klient sich unterstützt fühlt, wenn er seine Erlebensweisen zur Sprache bringt (Simon, 2000).

Neutralität bei Konflikten bedeutet immer auch Neutralität gegenüber den sich oftmals widersprechenden Realitätskonstruktionen (Ist der Alkohol eine Krankheit oder Ausdruck von Eheproblemen? Siehe Fallbeispiel). Hilfreicher erscheint demgegenüber die Frage: »Was macht den Unterschied, ob Sie denken, Sie sind alkoholkrank oder nicht alkoholkrank? Was wird dann anders?«

Gleichzeitig empfiehlt es sich, gegenüber der Veränderung neutral zu bleiben: Schlage ich mich als Therapeut auf die Seite des Neuen, des Veränderns, so mobilisiere ich im Klienten eher die Seite des Beharrens und Festhaltens am Altvertrauten. Als »Anwalt der Ambivalenz« (Lauterbach, 1996) leuchte ich beide Seiten aus: »Was ist das Gute am (gegenwärtigen) Schlechten, und was das Schlechte am (zukünftig) Guten?«

8.2.9 Auftragsklärung und Empowerment

Dieser Parforce-Ritt durch die systemische Theorie und Praxis hat ein zentrales Thema ans Ende gewirbelt, das in der Praxis weit an den Anfang gehört – und somit zum Anfang zurückführt: die Frage der Auftragsklärung.

Aus der Fülle der angebotenen Probleme kann ich mir als Berater selbst das »Dringlichste« herauspicken – oft erscheint als solches dasjenige, mit dem ich bisher die besten Erfolge erzielt habe –, oder ich begreife das vielleicht mühsame Herausarbeiten des Auftrags gleichsam buddhistisch: Der Weg ist das Ziel! Indem ich mehr demütig als größenwahnsinnig dem Klienten die Verantwortung zurückgebe, selbst zu bestimmen, was helfen würde und was ich dazu tun könnte, versetze ich ihn ansatzweise bereits in die Lage, in der er sein möchte: sein Schicksal zu gestalten. Hilfreiche Fragen könnten lauten: »Woran werden Sie – oder könnte ich – merken, dass Sie die Krise bewältigt haben?« Meinen Part beschränke ich dann auf die Reflexion der Auswirkungen, was passiert, wenn das gedanklich vorweggenommene Ergebnis tatsächlich einträte.

8.2.10 Von der Möglichkeitsform

Unsere Sprache gibt uns die Möglichkeit, zwischen dem Indikativ und dem Konjunktiv hin- und herzuwechseln. Während dem Indikativ eher etwas Statisches anhaftet: »so ist es – und nicht anders«, eröffnet der Konjunktiv spielerische Optionen, die es im Kontext systemischer Krisenintervention bedeutend leichter machen, ungewohnte Denkmuster und neue Vorstellungswelten zu eröffnen. Gerade da das Denken eines Menschen in einer Krise häufig eingeengt und starr erscheint und zudem eher in Schwarz-weiß-Mustern, dem Entweder-oder, erfolgt, ermöglicht der Konjunktiv, das Ungewohnte, Neue denkbar zu machen. Jeder Leser könnte bei sich selbst die Probe machen, welche Frageform es ihm leichter macht, eine innere Zustimmung zu erzielen: »Ich gehe davon aus, dass Sie sich Ihrem Partner unterlegen fühlen!«

»Mir kommt die Idee – Sie können sie auch gerne wieder verwerfen –, dass Sie sich in manchen Situationen auch schon mal unterlegen gefühlt haben könnten?«

»Wenn Sie sich dafür entscheiden könnten, dieses Gefühl anzusprechen, würden Sie dann eher eine Zurückweisung befürchten, oder könnte es sein, dass er dafür Verständnis äußert?«

Sich nicht festlegen zu müssen, sondern etwas lediglich ausprobieren und wieder verwerfen zu können, eröffnet Türen zu Räumen, die gerade in festgefahrenen Konfliktsituationen häufig längst zugeschlagen sind.

8.3 Mit systemischen Fragestellungen Krisenintervention betreiben

Zwar mag – wie deutlich geworden sein dürfte – der systemische Ansatz wichtige allgemeine Anregungen für Krisenintervention geben; zu überprüfen bleibt jedoch, inwiefern das genannte Herangehen tatsächlich auf die vorliegenden Schemata übertragbar sind, in denen notwendige Schritte der Krisenintervention konzeptualisiert sind. Das folgende Handlungsmodell des Schweizer Psychiaters Schnyder (2000) im Berner Umfeld von Luc Ciompi hat eine große Verbreitung gefunden und bezeichnet sechs Teilschritte, die nach seiner Auffassung idealtypisch in der vorgegebenen Reihenfolge abzuarbeiten sind, m. E. jedoch häufig an die je individuelle Situation angepasst und manchmal in mehreren spiralförmigen Bewegungen durchlaufen werden müssen.

1. **Kontakt herstellen**: Begrüßen, Setting klären, emotionale Entlastung zulassen
2. **Problemanalyse**: Situationsanalyse (Krisenauslöser, Krisenhintergrund, Anamnese), Copinganalyse und Ressourcenanalyse
3. **Problemdefinition**: Krise verstehbar beschreiben und frühere Lösungsversuche benennen
4. **Zieldefinition**: Zukunftsperspektive, Hoffnung vermitteln
5. **Problembearbeitung**: Kriseninterventions-Techniken, Copinganpassung, Umsetzung im Alltag prüfen, ggf. Medikamente, sozialarbeiterische und juristische Kompetenz vorhalten
6. **Termination**: Ist die Krise überwunden, dann Ablösung vom Berater; künftige Krisen vorwegnehmen

Im Folgenden wird veranschaulicht, wie das Handlungsmodell mit Fragestellungen aus dem systemischen Denken praxisnah umgesetzt werden kann.

1. **Kontakt herstellen: begrüßen, Setting klären, emotionale Entlastung zulassen**
   Ich frage nach dem »Problem im Augenblick«:
   Wie kommt es, dass Sie heute hier sitzen (und nicht beispielsweise gestern schon oder erst in zwei Wochen)? Wie haben Sie von unserer Einrichtung erfahren? Was hat sich der Überweisende dabei vielleicht gedacht? Was hat er Ihnen gesagt, was Sie hier erwarten würde?
   Emotionale Entlastung beurteile ich heute vorsichtiger als noch vor einigen Jahren. Das Zurückhalten bzw. die Abwehr von vielleicht überwältigenden Gefühlen dient auch der inneren Stabilität des Klienten. Daher muss ich sorgsam abwägen, ob ich im ambulanten Setting den Rahmen dafür stellen kann, dass tiefgreifende Erschütterungen, die in der Folge hochkommender Gefühle häufig sehr bedrohlich wirken, aufgefangen werden können. Gerade bei traumatischen Krisen (vgl. die Debatte um das Vorgehen beim Debriefing) und bei Borderline-Störungen ist es angezeigt, zunächst an der Sicherheit und Stabilität zu arbeiten (vgl. Schmidt & Gahleitner in diesem Band). Umgekehrt kann es genauso wichtig sein, Menschen die Scham vor kullernden Tränen zu nehmen und im Sinn des Containing (vgl. Doll & Giernalczyk in diesem Band) für das Aushalten und Aufnehmen heftiger Gefühle zur Verfügung zu stehen.

2. **Problemanalyse: Situationsanalyse (Krisenauslöser, Krisenhintergrund, Anamnese), Copinganalyse und Ressourcenanalyse**
   Was haben Sie bisher unternommen, um das Problem zu lösen? Womit haben Sie gute, womit schlechte Erfahrungen gemacht?
   So vermeide ich einerseits die Gefahr, Lösungsvorschläge im Sinn von »mehr desselben« zu machen und knüpfe an mögli-

che Bewältigungsfähigkeiten des Klienten an, die ich, wenn es angemessen erscheint, auch würdige, selbst, wenn sie bisher nicht zum Erfolg führten. Gleichzeitig erfahre ich Hintergründe und Vorgeschichte, die nicht nur mir helfen, den Klienten zu verstehen, sondern oft auch dem Klienten selbst helfen, sich zu sortieren und Anfänge einer Ordnung im erlebten Chaos wieder herzustellen.

Wer weiß noch, dass Sie heute hier sind, und was würden die darüber denken?
Damit richte ich die Aufmerksamkeit auf die wichtigsten beteiligten Bezugspersonen und nähere mich der Frage: Welche Beziehungen sind betroffen, bzw. worauf hat das geschilderte Symptom Auswirkungen im »Hier und Jetzt«?

Wer würde am stärksten daran glauben, dass Sie es schaffen können? Worauf gründet derjenige seine Überzeugung?
Selbstverständlich ist das Familien- bzw. Bezugspersonensystem daraufhin zu prüfen, inwieweit es Ressourcen zur Verfügung stellen kann oder aber zusätzliche Konfliktpotenziale birgt. Diese familiären Ressourcen müssen nicht notwendigerweise in der Gegenwart präsent sein, bereits die innere Repräsentanz derselben kann genügen: *Was würde Ihre verstorbene Oma an Ihrer Stelle tun bzw. Ihnen raten?*

3. Problemdefinition: Krise verstehbar beschreiben und frühere Lösungsversuche benennen

Wie erklären Sie sich das Problem? Wie erklären sich andere das Problem?
Je nachdem, ob die Antworten bereits Veränderungsoptionen andeuten, gilt es, durch Reframing einen Rahmen abzustecken, der die Problemsicht »verflüssigt«, also die Krise als abhängig von konkreten Verhaltensweisen der Beteiligten zu definieren und somit als beeinflussbar zu beschreiben. Die Frage nach der Sichtweise der anderen überprüft die Fähigkeit zum Perspektivenwechsel und ermöglicht neue Sichtweisen. Die Frage dient gleichzeitig einer diagnostischen Einschätzung hinsichtlich Stabilität und Enge der Problemsicht: Je weniger Distanzierung möglich ist, desto tiefer steckt der Klient in der Krise, desto bedrohlicher erscheinen womöglich Veränderungen. Gelingt hingegen ein Perspektivwechsel, so bekomme ich einen wichtigen Hinweis auf eine im weiteren Verlauf vielleicht noch öfter zu nutzende Ressource. Häufig erfahre ich zugleich etwas über Kränkungen, dann, wenn eben andere eine sehr eingeschränkte oder abwertende Problemsicht haben.

Gibt es etwas, das Ihnen in vergleichbaren Situationen früher geholfen hat? Was davon ist heute vielleicht erneut nutzbar?
Die Behutsamkeit in der Frageformulierung hilft vermeiden, dass der Klient den Berater als einen erlebt, der Rat-Schläge austeilt. Im Gegenteil macht die Frageform deutlich, dass der Berater nichts besser weiß, sondern sich selbst mit auf die Suche macht, und die subjektive Bewertung des Klienten entscheidend ist.

4. Zieldefinition: Zukunftsperspektive, Hoffnung vermitteln

Wenn wir anfangen, über Ziele zu sprechen, mache ich deutlich, dass es nicht um Wünsche, Wünschenswertes gehen kann. Eine Zielformulierung macht erst dann Sinn, wenn ich in seiner Erreichung nicht von glücklichen oder unglücklichen Umständen abhängig bin (die in die Krise geführt haben), sondern es im Wesentlichen aus eigener Kraft erreichen kann.

Woran würden Sie merken, dass die Krise überwunden ist? Wer würde das als erster merken? Was wäre der erste Schritt dahin? Was benötigen Sie, um sich das zu trauen?
Die Fragen setzen das Vorübergehende, im positiven Sinn »Vergängliche« einer Krise als gegeben voraus und implizieren die Möglichkeit, dass der Klient sie überwindet. Sie regen eine innere Fokussierung auf den Unterschied zum Jetzt-Zustand an und suggerieren, dass das dann auch (für andere) wahrnehmbar ist. Sie unterteilen

die Gesamtaufgabe in einzelne Schritte und appellieren an positive Eigenschaften wie Mut und Entscheidungsfähigkeit.

Frage ich, auf dem bisher Entwickelten aufbauend, danach, was bisher am meisten geholfen hat, so knüpfe ich an der Bewältigungskompetenz des Klienten an. Lösungen resultieren indessen häufig nicht, wie Ciompi (2000) ausführt, aus dem Wechsel der Wohnung, der Arbeit oder des Partners, also aus einer Veränderung der äußeren Realität. Da der Einfluss auf diese äußere Realität bei vielen unserer Klienten ausgesprochen gering ist, geht es nach meiner Erfahrung vielfach zunächst einmal darum, die innere Realität, die eingeengte Realitätssicht eines Klienten zu erweitern. Sich für etwas nicht mehr schämen zu müssen, kann eine krisenhafte suizidale Zuspitzung bereits entschärfen.

5. **Problembearbeitung: Kriseninterventions-Techniken, Copinganpassung, Umsetzung im Alltag prüfen, ggf. Medikamente, sozialarbeiterische und juristische Kompetenz vorhalten**

Skalierungsfragen: Wenn der Wert 0 dem entspräche, dass es Ihnen miserabel geht, und der Wert 10 dem, dass es Ihnen blendend geht – wo sehen Sie sich heute? Wann war es das letzte Mal nicht so schlimm, wann war es noch schlimmer? Was war da anders, was haben Sie – oder andere – da getan oder gelassen? Was müssten Sie tun, um in der Skala z. B. vom Wert 2 auf 3 zu kommen?
Skalierungsfragen eignen sich auch dafür, die häufig vorherrschende und einengende Schwarz-weiß-Sicht der Klienten aufzulösen in fein abstufbare Zwischentöne. Kann der Klient sich darauf einlassen, was nicht immer einfach ist, so gelingt es, Unterschiede zu erzeugen, die als Ausgangspunkt für Veränderung taugen.

Angenommen, Sie verhalten sich zukünftig anders, so, wie wir es gerade besprochen haben, wer wird Sie darin unterstützen, wer wird davon vielleicht erstmal befremdet oder irritiert sein?
Damit kann antizipiert werden, ob das anvisierte Verhalten alltagstauglich ist, ob der Kontext, die anderen Personen im System, das auch zulassen? Denn nicht jedes vorherige Verhalten eines Klienten war für alle Beteiligten gleichermaßen schlecht, manche haben davon vielleicht auch profitiert. »Alles hat sein Gutes« – die Frage ist nur, für wen?

6. **Termination: Ist Krise überwunden, Ablösung vom Berater; künftige Krisen vorwegnehmen**

Nach erfolgter Krisenbewältigung lohnt der Blick zurück nach vorn! Die Verankerung der neu gewonnenen Kompetenzen dient der Krisenprävention.

Stellen Sie sich vor, Sie können in einem Jahr auf die heutige Krise zurückblicken: Wofür könnte sie gut gewesen sein? Was möchten Sie bis dahin noch erreicht haben? Wie würden Sie sich aus der Erfahrung der überwundenen Krise heraus im Vorfeld einer neuen Krise anders verhalten?

Zwei Faustregeln lösungsorientierter Therapie lauten: *Wenn du weißt, was funktioniert, mach' mehr davon!* Im Gegensatz zum beliebten Motto »Steter Tropfen höhlt den Stein« sagen wir: *Wiederhole nicht, was nicht funktioniert. Mach etwas anderes!*

Eine dritte Faustregel gilt vor allem den Beratern: *Repariere nicht, was nicht kaputt ist!*

8.4 Krisenintervention bei hoch eskalierten Konflikten

Während die vorangehenden Ausführungen Situationen betreffen, in denen der Krisenberater aufnahmebereite GesprächspartnerInnen zur Verfügung hat und verbale, das Nachdenken fördernde Interventionen zum Zug kommen können, bezieht sich die folgende tabellarische Gegenüberstellung auf Eskalationsmomente, in denen Regeln eines respektvollen Umgangs der GesprächspartnerInnen zunehmend außer Kraft gesetzt werden.

Auf der Klientenseite finden sich Kennzeichen eskalierender Konflikte; auf der Beraterseite Vorschläge für ein mögliches Vorgehen, in denen die aktiv eingreifende und strukturierende Rolle des Beraters in der Krisensituation besonders deutlich wird. Die schematische Gegenüberstellung anhand markanter Regelverletzungen soll ihrerseits der klaren Strukturgebung in zunehmend außer Kontrolle geratenen Settings dienen; eine sehr gute, ausführlichere Darstellung findet sich bei Rupp (2003).

Tab. 8.1: Vorgehen bei eskalierenden Paarkonflikten

Klientenseite	Beraterseite
Die Auflösung bisheriger familiärer Spielregeln	*Spielregeln neu etablieren und durchsetzen*
• Eine Einigung auf gemeinsame Gesprächsthemen scheint nicht mehr möglich.	• Prioritäten festlegen: Zeitachse: erst das, dann jenes.
• Die Gesprächspartner lassen einander nicht mehr ausreden und hören einander nicht mehr zu.	• „Dyaden-Technik": Zu einem klar fokussierten Thema spricht erst ausschließlich sie, er hört „nur" zu – fünf Minuten lang; anschließend spricht ausschließlich er, sie hört nur zu – fünf Minuten lang.
• Das eigene Verhalten wird hartnäckig nur als Reaktion auf den anderen beschrieben (Eigenverantwortung wird geleugnet).	• Zirkuläres Fragen erzwingt den Perspektivenwechsel und kann somit Kreisläufe unterbrechen: „Wie wirkt es wohl auf Ihre Partnerin, wenn Sie …?"
• Die Auflistung realer oder vermeintlicher Fehlleistungen des anderen überlagert die Orientierung am gegenwärtigen Thema.	• „Schuldkonten" benennen und zeitlich begrenzt offensiv angehen: Jeder kann z. B. in Form von Ich-Botschaften seine Kränkungen vortragen.
Grenzverletzungen werden gewollt oder in Kauf genommen. Loyalität löst sich auf	*Der Berater benennt auf einer Meta-Ebene was passiert; gegebenenfalls Änderungen im Setting*
• Verbale Drohungen werden ausgesprochen: „Wenn Du nicht …, dann …!"	• „Ihre Äußerung könnte leicht als Drohung verstanden werden; ist das Ihre Absicht?"
• Der andere wird bewusst verletzt oder provoziert.	• Thematisierung von Umgangsregeln und Konsequenzen für eine Fortsetzung des Gesprächs.
• Die Option der Trennung, des Verlassens wird kämpferisch ins Feld geführt. Kinder werden (verbal) als Geisel genommen: „Dann ziehe ich mit den Kindern aus!"	• Intensive Aufmerksamkeit für den „Druck im System": Gibt es Entlastungsmöglichkeiten, erzielbares Einverständnis über Zurückstellen der „heißen Grundsatzfragen"? Droht ein Partner zusammenzubrechen oder aggressiv zu agieren?

Klientenseite	Beraterseite
• Die Emotionalität nimmt einen destruktiven Charakter an: Verbitterung, Hass, Ekel, Rücksichtslosigkeit treten in den Vordergrund.	• Wenn möglich, Einführen einer Pause, gegebenenfalls mit räumlicher Distanzierung der „Streithähne". Hinzuziehen eines zweiten Beraters als Unterstützung und als „Power-Präsenz".
• Offener Kampf mit Anschreien, Türen knallen etc.	• Unterbrechung des Gesprächs, Setting-Veränderung: Fortführung in Einzelgesprächen (bei zwei Beratern parallel, notfalls nacheinander).
Beginnende Gewalttätigkeit	*Organisierung von (Selbst-)Schutzoptionen*
• Ultimaten werden gestellt und von Drohungen begleitet.	• Gegebenenfalls verlässt ein Berater das Setting, um im Hintergrund Hilfe und Schutz zu organisieren (je nachdem Polizei, Rettungskräfte, Unterbringungsmöglichkeiten in geschützten Räumen).
• Drohungen werden zu Erpressungen, z. B. durch Einführen der Gewaltoption.	• Ankündigen der Beendigung des Gesprächs, Herausnahme des schutzbedürftigen Partners.
• Die Option „Suizidalität" wird als Kampfterrain eröffnet.	• Bei akuter „erpresserischer" Selbstgefährdung: Vorkehrungen für Klinikeinweisung treffen (gegebenenfalls Arzt und Polizei).
• Gewalt gegen Sachen und schließlich Tätlichkeiten gegen die andere Person.	• Notruf 110, 112 (nur nötig, wenn vorher die Schutzmaßnahmen nicht rechtzeitig eingeleitet wurden: „Prinzip Übermacht").

8.5 Praxisbeispiel

Die Darstellung eines Erstgesprächs bei einem Ehepaar in drei unterschiedlichen Spalten versucht die parallel ablaufenden Prozesse des Beraters abzubilden: Die linke Spalte enthält Fragen und Interventionen, die nach systemischer Lehrmeinung in einem Erstgespräch Platz finden sollten. Gerade angesichts der wechselnden Bedingungen in der Krisenintervention ist das natürlich ein ehrgeiziges Unterfangen und basiert darauf, dass ein geregeltes Sprechen (s. o.) noch möglich ist. Die mittlere Spalte beschreibt den Fortgang des Gesprächs, die Fragen und Antworten der Beteiligten, während die rechte Spalte Reflexionen und der parallel stattfindenden emotional-mentalen »Erstverarbeitung« des Beraters/des Beraterteams vorbehalten ist.

Tab. 8.2: Erstgespräch einer Paarberatung – Systemisches Vorgehen in der Praxis

Systemisch orientierte Fragen im Erstgespräch:	Situation – Gesprächsebene	Reflexion/Kommentar des Beraterteams
Kontextklärung: Wie haben Sie zu uns gefunden? Was hat der Überweisende gesagt, was Sie hier erwarten würde? Wer ist die treibende Kraft für das Aufsuchen des Krisendienstes, wer ist eher skeptisch? Wer weiß noch, dass Sie heute mit uns sprechen? Was halten die davon?	Im Krisendienst erscheint ein Ehepaar mittleren Alters, als erster Eindruck bleibt mir haften, dass sie – vermutlich vom Weinen – verquollene Augen hat, wohingegen er sich bemüht, freundlich-locker zu wirken. Eine erste Abklärung ergibt, dass sie gemeinsam das Gespräch suchen (nicht etwa einer den anderen nur „abgeben" möchte). Ohne die Frage nach dem Überweisungskontext noch explizit stellen zu müssen, erfahre ich von Frau Bader, dass sie aus dem Krankenhaus abgehauen sei, in das sie sich erst heute morgen habe einweisen lassen, da sie einerseits nicht mehr gewusst habe, wie es in der Familie weitergehen sollte, und sie andererseits wieder getrunken habe. Die dortige Sozialarbeiterin habe ihr bereits den Krisendienst empfohlen, dann sei auf Station jedoch nichts mehr passiert, und nach Stunden habe sie ihre Sachen gepackt und ihren Mann angerufen, ob er nicht gleich mitkommen wolle.	*In dieser Situation bin ich froh, eine Praktikantin mit ins Gespräch nehmen zu können, da ein Setting, in dem auch auf der BeraterInnen-Seite Mann und Frau vertreten sind, sich für mich oft als günstig erwiesen hat, um geschlechtsspezifische Aspekte leichter zu berücksichtigen.* *Da Frau Bader verunsichert, aber auch stark unter Druck wirkt und Herr Bader die Einführung gleich als Vorlage verwenden wird, seine Realitäts- und Problemsicht loszuwerden, verzichten wir darauf, weitere Fragen zu stellen, etwa, was die Sozialarbeiterin sich bei der Überweisung an uns gedacht haben mag.*
Fakten zur Lebenssituation Wo leben Sie, mit wem? Wo arbeiten Sie? Usw. **Was ist das Problem *im Augenblick*?** Warum melden Sie sich gerade heute? (und nicht schon vor zwei Wochen oder erst in drei Tagen?)	Mit einer Erzählhaltung, nun in die „etwas wirren Äußerungen seiner Frau die nötige objektive Klarheit hineinbringen zu wollen", erklärt uns Herr Bader, dass sie seit Jahren ein starkes Alkoholproblem habe, das sich akut verschärft habe. Aufgrund eines sexuellen Missbrauchs, der von einer Therapeutin nicht genügend aufgearbeitet worden sei, trinke sie zumindest dann, wenn sie ihre Monatsblutung habe. Die Therapeutin habe mehr das „Hier und Jetzt" angegangen und behauptet, der Missbrauch sei gar nicht das eigentliche Problem.	*Da uns die Informationen als sehr dicht gedrängt erscheinen und diverse Kausalzusammenhänge implizieren, richten wir zunächst weitere Fragen an ihn und lassen dabei außen vor, was das Problem im Augenblick ist.* *Spätestens hier gehen einige innere Lampen an: Es gab also einen solchen **Lösungsversuch**, die Therapie, die – für ihn – jedoch scheiterte. Er scheint über eine dezidierte Meinung zu verfügen, wie richtige Therapie auszusehen hat. Eine gute Frage, die wir jedoch an dieser Stelle noch nicht stellen, wäre, was wir genauso machen dürften, was wir anders machen müssten und wie wir am si-*

8 *»Du siehst was, was ich nicht seh … und das bin ich«*

Erwartungen an den Berater Was soll er tun? Was darf er nicht tun? Woran würde der Berater merken, dass sein Vorgehen dem Klienten nicht passt?	Was glaube er, Herr Bader, wie sich seine Frau im Moment fühle, wo er soviel über ihr Leben ausbreite, und wo könne er sich vorstellen, dass sie seinen Schilderungen eine eigene Meinung entgegensetzen würde? Er reagiert etwas verlegen lachend (immerhin sensibel!), dass es ihr sicher nicht gut gehe und er ihr das Erzählen nur habe erleichtern wollen.	*chersten erreichen könnten, dass er auch über uns ähnlich negativ urteilen würde. Er konstruiert den Alkoholmissbrauch als Folge einer früheren Erfahrung bzw. eines Frauenleidens, der Menstruation, ohne dass z. B. ein Bezug zur Gegenwart, zum Alltag in der Ehe und Familie hergestellt wird. Das Problem, so liegt auf der Hand, ist seine Frau.*
Problemkonstrukt, innere Landkarte Wie erklären Sie sich das Problem? Wie erklären andere sich das Problem?		*Um ihn in seinem scheinbar vorbereiteten Redefluss zu bremsen und seinen Aufmerksamkeitsfokus zu verschieben, stellen wir eine erste zirkuläre Frage. Damit geben wir ihr ein wenig Zeit, sich eigene Antworten zu überlegen; primär wollen wir verdeutlichen, dass uns an ihrem Befinden angesichts ihres forsch vorpreschenden Manns gelegen ist; wir implizieren auch, dass wir glauben, auch andere Sichtweisen seien möglich! Er markiert erneut den Helfer, der mit allem nichts so wirklich zu tun habe.*
Was geschieht, wenn das Problem auftritt? In welchen Situationen ist es am stärksten? Wer verhält sich dann wie? Was tut der Klient dann?	Frau Bader hat sich etwas gefangen, als sie zunächst bestätigt, dass es die unerklärlichen Unwohlgefühle bei der Menstruation seien, weswegen sie meist drei Tage am Stück trinke, dies habe auch die Frau in der Alkoholberatungsstelle nicht erklären können. Sie sei eben eine Problemtrinkerin.	*Für uns bedeutet das eine Reihe neuer Informationen: Sie bestätigt die für uns auf Anhieb noch nicht nachvollziehbare Kausalität: Menstruation – Trinken. Dann jedoch stellt sie die Verbindung des Trinkens mit ihrem aktuellen Befinden in der Familie her. Es existiert ein weiterer **Kontext** der Problembearbeitung – und zugleich ein weiterer **Lösungsversuch** – eine Alkoholberatungsstelle. Es wird genau abzuklären sein, welchen Auftrag der Krisendienst übernehmen kann und womit sie dort besser aufgehoben ist. Der Ehemann erscheint in einem anderen Licht, eben als Beteiligter, der – je nach **Realitätskonstruktion der Berater** – entweder „hinterrücks aggressiv agiert" **oder** sie endlich mit den zerstörerischen Folgen ihres Alkoholmissbrauchs für die ganze Familie konfrontiert. Dies hat sie einerseits mit ihrem Problemverhalten Trinken beantwortet und hat durch ihre*
	Was ihr Mann jedoch völlig unterschlagen habe, ist die aktuelle Ehekrise, die Drohung ihres Mannes auszuziehen und die Eröffnung, beim Jugendamt kürzlich das alleinige Sorgerecht für die drei Kinder beantragt zu haben. Daraufhin sei sie so verzweifelt gewesen, dass sie nicht mehr leben wollte, getrunken habe und dann aber ins Krankenhaus gegangen sei mit der Hoffnung einer Entgiftung und Entwöhnung, die dort gar nicht habe stattfinden können.	

133

		Suizidandrohung die Aufmerksamkeit enorm fokussiert. Andererseits brachte sie (erst?) der Druck dazu, eine stationäre Entgiftung anzugehen.
Vertiefung: Was ist das Problem *im Augenblick?*	Um die Brisanz der „Familienauflösung" einschätzen zu können und damit einen Anhaltspunkt für fortdauernde akute Suizidalität zu bekommen, fragen wir *sie zirkulär über ihn:* Wie versteht sie es denn, dass er jetzt hier neben ihr sitzt, wenn er doch sagt, er wolle ausziehen und sich womöglich trennen? Sie sagt, sie glaube, er lasse sich nochmal auf einen Versuch ein, nachdem sie ihn hierher mitgenommen habe.	*Wichtig erscheint uns, dass er weiß, was sie glaubt, um seinerseits ihre Sichtweise dann bestätigen oder revidieren zu können?*
Bisherige Lösungversuche Was wurde bisher versucht, um das Ziel zu erreichen? Was hat sich bewährt? Wer hat damals was getan? Wie erklären Sie sich, dass das Ziel bisher nicht erreicht wurde?	Er macht ein gutmütig-gequältes Gesicht und nickt.	
	Was denkt er, wofür sie das Gespräch hier nutzen sollten? Herr Bader formuliert eine Bedingung für sein „Nachgeben": Sie müsse in unserer Anwesenheit verbindlich erklären, dass sie anderntags zum stationären Entzug in eine Fachklinik gehe. Er sei zwar skeptisch, aber er wäre bereit mit unserer Vermittlung über die Modalitäten der Trennung zu sprechen. Allein würden sie sich nur in die Haare kriegen, und er habe Angst, dass sie ihn dann im Suff zum wiederholten Male tätlich angreife.	*Spätestens jetzt ist es an der Zeit, die Zielklärung konkreter ins Auge zu fassen. Dies ist – entgegen seiner sonstigen freundlichen „Ungreifbarkeit" – eine klare, leicht überprüfbare Aussage, die auf das vorrangige Ziel fokussiert: „Trockenheit als Voraussetzung für alles Weitere" gilt bei Alkoholproblematik in einem solchen Fall. Ansonsten werden auch die Krisenberater im Nu zum Teil des Problemmusters passiver Akzeptanz. Andererseits ist es müßig, einem (Alkohol-)Kranken die Symptome seiner Krankheit „vorzuwerfen". Hier ist der Suchtmittelkonsum ein eskalierender Schritt der Eheproblematik, der unterbrochen werden muss, weil er Basis für*
Beobachtbares Verhalten Woran werden Sie erkennen, dass das Problem verschwunden ist? Woran werden andere das erkennen? Wer merkt es als Erstes?	Frau Bader ist dies offensichtlich peinlich, zugleich sagt sie, sie würde alles dafür tun, dass er sich nicht trenne. Daher wolle sie unsere Unterstützung in Anspruch nehmen, ihren Mann zum Bleiben zu bewegen. Den aus diesen unterschiedlichen Wünschen resultierenden Auftragskonflikt sprechen wir direkt an: Folgten wir seinem Anliegen, an guten Umständen für die Trennung zu arbeiten, würde sie sich von uns im Stich gelassen fühlen. Befolgten wir dagegen ihren Wunsch, den Mann zum Bleiben aufzufordern, brächten wir ihn gegen uns auf? Was tun?	*weitere Grenzverletzungen darstellt: Tätlichkeiten machen auf der Ebene einer symmetrischen Eskalation im Paarkonflikt jegliche weitere verbale Auseinandersetzung unmöglich. Vorrang hat in diesem Fall die „Distanznahme"; gesprochen werden kann erst wieder, wenn beide in der Lage sind, sich auf Grundregeln des Umgangs zu verständigen.* ***Auftragskonflikt:*** *Frau Bader überhört geflissentlich seine Botschaft „Trennungsmodalitäten" und versucht – vielleicht unbewusst – uns einzuwickeln:*

Zieldefinition
Wann ist das Ziel der Krisenintervention erreicht? Wer bemerkt das woran? Wer ist durch die Veränderung betroffen? Für wen wäre das positiv, für wen vielleicht auch negativ?

Wir einigen uns darauf, die Gretchenfrage des Zusammenbleibens hier nicht entscheiden zu wollen.
Auf ihre Nachfrage bieten wir ein Folgegespräch an, wenn sie bereit seien, sich mit uns bis dahin auf Umgangsregeln zu verständigen.
Zu ihrer beider Überraschung fragen wir, was jeder Einzelne denn tun müsste, um die Situation, sobald sie zuhause angekommen sein, wieder eskalieren zu lassen. Nachdem geklärt ist, dass sie richtig verstanden haben und wir nicht verrückt sind, lassen wir beide je drei konkrete Verhaltensweisen benennen. Von ihm kommt: (Schmunzelnd) Er müsse ihr vielleicht genau vorschreiben, wie sie den Weg in die Klinik anzutreten habe; er müsse ihr Versagen hinsichtlich der Kinder ansprechen, er müsse seine Auszugspläne bekräftigen. Sie betont, sie müsse sich nur selbst ihr Versagen vorhalten und zur Flasche greifen; und natürlich, wenn sie dann wieder auf ihn losginge ... Hier fragen wir nach dem Auslöser: Wenn er sie belehre und stichele, könne sie schon mal die Kontrolle verlieren.

"Unterstützung für das Bleiben". Das Aufdecken des Auftragskonflikts erscheint uns als beste Möglichkeit, die Neutralität zu wahren: gegenüber den Klienten, wie gegenüber der Veränderung, dem Ziel. Zudem: Für die Lösung von Grundsatzfragen „Trennung oder nicht" können wir im Krisensetting keinen Rahmen bieten. Umgangsregeln bedeuten in diesem Fall, wo Alkohol, Tätlichkeiten und Erpressung durch Suizidalität bereits stattgefunden haben: keine aktuell „heißen Themen" anzusprechen. Die Frage nach der Problemverschlimmerung stellt einen Testballon für ihre Selbstkontrolle dar. Müssten wir befürchten, es ginge sofort auf dem Nachhauseweg wieder los, so sähen wir es als unsere Aufgabe, für Schutz und Distanzierung zu sorgen. In diesem Fall wäre die Nähe im Streit zu groß. Abgrenzung hat dann Vorrang.

Wie könnten Sie das Problem verschlimmern?
Wie könnten andere das Problem verschlimmern? Was ist gut an dem Problem und für wen?

Ob ihr noch etwas einfalle, es waren jetzt erst zwei Beispiele: Naja, wenn sie wieder mit Selbstmord drohe ... Wir machen ihnen deutlich, wie beeindruckt wir von den Steuerungsmöglichkeiten sind, über die sie offensichtlich verfügten.

Als wir nicht lockerlassen hinsichtlich des Verschlimmern-Könnens, sind wir völlig überrascht, wie gut es beiden gelingt, ihre eigenen Anteile zu sehen („ein altes Ehepaar!").

Ausnahmen und Ressourcen
Was tun Sie, wenn das Problem nicht da ist? Wann war es das letzte Mal nicht da? Was haben Sie da anders gemacht?

Daran schließen wir die Frage an, wann es denn das letzte Mal gut gewesen sei? Frau Bader benennt zunächst noch das Problem, bei jeder Menstruation wieder zu trinken. Sie sei aber stolz darauf, Weihnachten und Silvester trocken, mit Selters anstoßend, überstanden zu haben. Anders sei da gewesen, dass sie sich nicht von der Familie kontrolliert gefühlt habe und sie noch Hoffnung hatte, es irgendwann alleine zu schaffen.

Ein erster Anhaltspunkt für die zuvor „unerklärlichen Übergriffe": Vielleicht die Art, wie der so freundlich verständnisvolle Ehemann seine Aggressionen äußert, ohne sich damit wieder direkt (verbal) angreifbar zu machen, nach dem Motto: „Ich will ja nur Dein Bestes ...". „Das kriegst Du nicht" könnte die Botschaft ihrer Tätlichkeit lauten. Derartige Hypothesenbildung kann parallel laufen, günstig ist natürlich, dass wir uns hinterher zu zweit austauschen können. Da wir an dieser Stelle aber nicht tiefer einsteigen wollen, heben wir uns das auf: Vielleicht kann es für beide ein anderes Mal hilfreich werden, die Gegenseitigkeit in der Gewaltspirale „aufzudröseln".

135

Wolf Ortiz-Müller

		Stattdessen wollen wir – zum beabsichtigten Ende der Sitzung hin – lieber auf Lösungsideen fokussieren. Auch Frau Bader soll nicht mit einem Gefühl gehen, nur als die Buhfrau dazustehen.
Beobachtbares Verhalten Woran werden Sie erkennen, dass das Problem verschwunden ist? Woran werden andere das erkennen? Wer merkt es als erster?	Um den Mann wieder stärker einzubeziehen, fragen wir ihn, woran er merken würde, das sich ein richtiger Fortschritt abzeichne, der ihm selbst auch wieder Mut gäbe: Er glaube, für sie sei es sehr wichtig, dass sie es nach all den Jahren wenigstens einmal schaffe, ihre Regelblutung ohne Alkohol zu bewältigen. Und was sei für ihn wichtig? Dass sie Sex mit ihm haben könne, auch ohne vorher zu trinken. So locker sei sie aber praktisch nie.	*Auch Herr Bader soll die Gelegenheit bekommen, sich Lösungsschritte ganz konkret als Verhalten auszumalen.* *Wieder antwortet er „selbstlos", was für sie gut wäre.*
Erwartungen an den Berater Was soll er tun? Was darf er nicht tun? Woran würde der Berater merken, dass sein Vorgehen dem Klienten nicht passt?	Wir fragen an dieser Stelle Frau Bader, ob sie uns sagen könne, was wir Berater tun oder vielleicht auch lassen sollten? Woran würden wir merken, dass sie sich unwohl fühle? Sie sagt, man merke ihr das sehr schnell an (was unseren Eindruck bestätigt). Ob sie es denn auch äußern würde? Nein, vielleicht aber beim nächsten Mal.	*Auf der Inhaltsebene ein völlig neuer Aspekt, der auf ein gewaltiges Dilemma verweist: Will er seinen „Spaß" haben, muss er ja ein Interesse daran entwickeln, dass sie gelegentlich trinkt, mindestens einmal im Monat ... (eine weitere Hypothese für den Hinterkopf). Auf der Beziehungsebene wird sein grenzüberschreitendes Verhalten deutlich: Kurz vor Sitzungsende entblößt er sie nochmal deutlich!*
Gibt es noch etwas, das wir unbedingt wissen sollten und noch nicht besprochen haben?		*Da wir den Eindruck haben, er forciert eine Offenheit, gegen die sie sich nicht wehren kann und die möglicherweise zu ihrem Rückzug führt, präsentieren wir uns selbst als Instanz, an die sie sich wenden kann. Implizit – über Bande – enthält diese Frage auch eine Botschaft an ihn, stärker auf das Befinden seiner Frau zu achten. Oft ist der genaue Inhalt der Antwort gar nicht so wichtig, entscheidend ist vielmehr, dass die Klienten auch in schwierigen oder peinlichen Situationen hören, dass uns ihr Wohlbefinden am Herzen liegt. In diesem Fall gibt uns Frau Bader die beruhigende implizite Botschaft, dass sie zu einem weiteren Gespräch gerne kommen möchte.*
	Wir teilen mit, dass wir uns nun zu der bereits anfangs angekündigten Besprechungspause zurückziehen würden. Danach kämen wir wieder und teilten ihnen unsere zusammenfassenden Überlegungen mit, es bliebe dann aber kein Raum mehr für einen erneuten Gesprächseinstieg.	

Mögliche Aufgaben am Ende der Sitzung

Vorhersage treffen: *Der Klient soll jeden Abend eine Vorhersage machen, ob das Symptom/ Problem am kommenden Tag eintreten wird oder nicht.*

Unterschiede einführen: *An einem Tag verhalten Sie sich wie gewohnt, am anderen Tag dazwischen probieren Sie etwas Neues aus (was in der Sitzung erarbeitet wurde als wünschbare Alternative) und berichten mir dann, welche Erfahrungen Sie damit gemacht haben.*

Pause von ca. 10 Minuten

Schlussintervention
Offenbar habe sie erkannt, dass es so nicht weitergehen könne, und den wichtigen Schritt getan, sich Hilfe zu holen, erst über die Klinik und dann hier, wo sie ihren Mann gleich mitbrachte. Wir anerkennen die Offenheit, mit der sie beide die großen Probleme ihrer Ehe benannt haben. Wir werten sie auf, als ein krisengeschütteltes, aber bislang auch krisenbewährtes Ehepaar.
Ich benenne die unterschiedlichen Rollen: Er sei, was ich als Mann gut kenne, sehr auf der kontrollierten Seite (er lacht) und zeige seine Gefühle auch bei Themen, die ihn sehr berühren, nur wenig nach außen. Damit könne er auch mit großer Deutlichkeit Dinge benennen, die für ihn selbst oder andere verletzend sein könnten.
Meine Kollegin wendet sich an Frau Bader: Sie zeige stärker ihre Gefühle und bringe damit Emotionen in die Beziehung ein, der sonst etwas fehlte. Sie bestätigt sie darin, dass es vordringlich sei, das Alkoholproblem anzugehen.

*Eine **Pause** kurz vor Schluss stellt ein strukturierendes Element dar, das in aller Regel von den Klienten als sehr wohltuend empfunden wird, da sie auch ihrerseits noch mal in Ruhe ihren neu gewonnenen Eindrücken nachhängen können. Wir nutzen die Pause im Sinn der Psychohygiene zunächst zum „Abregnen" der aufgestauten Hinterkopfgedanken und -gefühle.*
Schlussinterventionen *galten in den Anfängen der systemischen Therapie als das „Elixier", als die eigentliche Effekte zeigende „Intervention" (vgl. Selvini-Palazolli). Das stammt aus dem Setting des Teams, das hinter der Scheibe sitzt. Aus dem Protokoll dürfte deutlich geworden sein, dass die Art der Fragen – manchmal unabhängig von der Antwort – bereits „Interventionscharakter" hat, indem sie neue Wirklichkeiten in den Köpfen der Klienten erzeugt. Ich halte mich meist an zwei Faustregeln:*
Eine wertschätzende positive Eröffnung, ein ehrlich ausgesprochenes Lob an die Klienten. Eine Umdeutung, oft auch – hier aber nicht – im Sinn einer Normalisierung des ungewohnten, angstauslösenden Verhaltens. Gerne gebe ich eine kleine Hausaufgabe: z. B. Standardaufgabe der ersten Sitzung: Eine Beobachtungsaufgabe: Was soll so bleiben, wie es ist? Oder eine Verhaltensaufgabe (siehe linke Spalte).

Die Faustregel der anderen Hand habe ich von Fritz Simon übernommen, es ist die Drittelregel, die verkürzt lautet (Simon 2000): Ein Drittel Altes zum Anknüpfen, ein Drittel Neues für den Klienten, ein Drittel Unverständliches: Der Empfänger kann grübeln und seine eigene Botschaft bestimmen – nebenbei erhalte das die Autorität des Therapeuten.

Wie es weiterging: Die Krisenintervention bei diesem Paar erstreckte sich über sieben Kontakte, von denen mehrere (ungeplant) nur mit dem Mann oder nur mit der Frau sowie auch telefonisch stattfanden. Wie der nüchterne Beobachter bereits vermuten mag: Unsere systemischen Interventionen wirkten keine Wunder. Es gab auch das, was landläufig als Rückfall der Frau zugeschrieben wird: Wenn sie wieder Alkohol trank, konnte es nun als ein wichtiger Hinweis darauf gelesen werden, dass in ihrer beider Beziehung situativ eine Störung vorgelegen hat, auf die sie damit aufmerksam machte.

Schließlich zog der Mann mit den Kindern aus. Unsere letzte Information war, dass sie sich dennoch häufig sähen, besuchten und gemeinsame Unternehmungen machten.

Ich habe versucht, deutlich zu machen, wie systemische Techniken und systemisches Denken zusammenkommen können. Manchmal werde ich gefragt, ob es legitim oder sinnvoll ist, nur mit den systemischen Fragetechniken zu arbeiten. Darauf antworte ich gerne ganz systemisch: Fängt man mit systemischen Techniken an, so erhält man Antworten, die ihrerseits das systemische Denken anregen und Lust machen, weiter in der Richtung zu experimentieren. Oft hilft es auch »einfach so zu tun, als ob« man ein Systemiker wäre …

8.6 Fazit und Ausblick

Da Krisenintervention sich seit jeher wählerisch die Rosinen aus den Therapieverfahren pickt, ist irgendwann nicht mehr zu trennen, wo dieses oder jenes Element herkommt.

Ressourcen sind in aller Munde (wenn auch nicht jeder weiß, was damit gemeint ist), und deren Entdeckung würde leicht von Schulenvertretern unterschiedlichster Therapierichtungen als ihr Ureigenstes reklamiert werden. Denn auch diese leihen sich gerne die guten Ideen beim anderen aus.[3] Dass die Vertreter der reinen Lehre in allen Bereichen einen zunehmend schwereren Stand haben, ist nur zu begrüßen.

Da Krisenintervention fast immer auch netzwerkbezogen arbeitet, liegt es besonders nahe, systemische Herangehensweisen hier zu etablieren. Auch in der Arbeit mit Einzelnen ergibt sich sofort ein aufschlussreicher Perspektivenwechsel, wenn der Klient einmal vermuten soll, was der Wohnbetreuer und die Bearbeiterin auf dem Sozialamt zu seinem Entschluss auszuziehen sagen würden …

Das von uns bei Borderline-Klientinnen häufig beobachtete Verhalten, sich gegenüber jedem Berater chamäleonartig anders zu präsentieren, erscheint im Licht des konstruktivistischen Denkens als normale Grundtatsache: Nicht festgeschriebene Charaktereigenschaften müssen bearbeitet werden, sondern scheinbar dysfunktionale Beziehungs- und Kommunikationsmuster.

Zu tun, was Spaß macht, ist für mich die beste Psychohygiene in der Arbeit: Etwas Neues auszuprobieren, mit Ungewohntem neue Erfahrungen zu ermöglichen, dazu möchte ich Mut machen. Klienten sind ein sich selbst regulierendes System, das nur soviel neuen Input aufnimmt, wie es diesen aushalten kann – was nicht als Einladung zum Drauflosexperimentieren missverstanden werden soll. In diesem Sinn, so hielt mir einst eine Kollegin vor, »stürze ich mich auf Krisenpaare wie der Teufel auf die arme Seele«; immerhin besser, als sie wie das Weihwasser zu fürchten …

---

3 Dass die Verhaltenstherapie sich dabei besonders hervortat, indem sie erst die Techniken anderer Verfahren vereinnahmte, um sie als Richtlinienverfahren anschließend zu hegemonisieren und deren Urheber auszuschließen, bleibt nur eine Fußnote.

Literatur

Ciompi, L. (1993). Krisentheorie heute – eine Übersicht. In U. Schnyder & J.-D. Sauvant (Hrsg.), *Krisenintervention in der Psychiatrie* (S. 13–26), Bern: Hans Huber.

Egidi, K. & Boxbücher, M. (Hrsg.) (1996). *Systemische Krisenintervention*. Tübingen: dgvt-Verlag.

Kunz, S., Scheuermann, U. & Schürmann, I. (2004). *Krisenintervention. Ein fallorientiertes Arbeitsbuch für Praxis und Weiterbildung*. Weinheim und München: Juventa.

Lauterbach, M. (1996). Systemische Aspekte von selbsttötendem Verhalten. In K. Egidi & M. Boxbücher (Hrsg.), *Systemische Krisenintervention* (S. 45–71). Tübingen: dgvt-Verlag.

Rupp, M. (2003). *Systemische Krise*. Unveröffentlichtes Manuskript, Basel.

Schürmann, I. (2001). »Krisenintervention in der psychologischen Diskussion – ein allgemeiner Überblick«. In E. Wüllenweber & G. Theunissen (Hrsg.), *Handbuch Krisenintervention* (S. 76–94). Stuttgart: Kohlhammer.

Schweitzer, J. & v. Schlippe, A. (2007). *Lehrbuch der systemischen Therapie und Beratung II*, Göttingen: Vandenhoeck & Ruprecht

Selvini-Palazolli, M. et al. (1988). *Paradoxon und Gegenparadoxon*. Stuttgart: Klett-Cotta.

Simon, F. B. & Rech-Simon, C. (2000). *Zirkuläres Fragen*. Heidelberg: Carl-Auer.

Simon, F. B. & Stierlin, H. (1992). *Die Sprache der Familientherapie*. Stuttgart: Klett-Cotta.

Sonneck, G. (2000). *Krisenintervention und Suizidverhütung*. Wien: Facultas.

Weiss, T. & Haertel-Weiss, G. (1988). *Familientherapie ohne Familie*. München: Piper.

9 Freischwinger oder Wartebank? – Klienten zwischen Sozialpsychiatrischem Dienst und Krisendienst

Ilse Eichenbrenner

> Krisendienst und Sozialpsychiatrischer Dienst unterscheiden sich nicht nur durch den Schwerpunkt ihrer Dienstzeiten, sondern auch durch Funktion und Angebot: Hier die empathische Beratung am Telefon oder in der freundlichen Sitzecke, dort das Warten im vollen Flur, der schriftlich angemeldete Hausbesuch. Trotzdem sind viele Klienten, Angehörige und Nachbarn mit beiden Diensten konfrontiert. Die Kooperation zwischen Krisendienst und Sozialpsychiatrischem Dienst wird durch Datenschutz und Schweigepflicht eng begrenzt und bewegt sich auf einem schmalen Grat. Hilfreich ist hier die Entwicklung einer gemeinsamen Grundhaltung durch Vernetzung im Gemeindepsychiatrischen Verbund. Für die Weitergabe von Informationen und die Vermittlung an den jeweils anderen Dienst sind klare Regeln hilfreich. Ratsuchende, die beide Dienste nutzen, können die Mitarbeiter der Dienste gegeneinander ausspielen. Eine gemeinsame Kultur der Information und Reflexion kann die Gefahr vermindern. Wie auch im Umgang mit unseren Klienten ist sowohl zu viel Abstand, als auch kumpelhafte Mauschelei schädlich: Beide Dienste sollten sich mit warmem Respekt fernbleiben.

9.1 Einführung

Als Sozialarbeiterin im Sozialpsychiatrischen Dienst des Bezirks Charlottenburg hatte ich ab 1990 Gelegenheit, auch die Perspektive eines Krisendienstes kennenzulernen (Wienberg, 1993). Ausgehend von einer Initiative der Psychosozialen Arbeitsgemeinschaft war ein Psychiatrischer Notdienst aufgebaut worden, den ich zu koordinieren hatte. Mit je der Hälfte meiner Arbeitszeit war ich weiterhin mit den üblichen Betreuungsaufgaben im Sozialpsychiatrischen Dienst betraut, mit der anderen Hälfte war ich zuständig für die Organisation des Psychiatrischen Notdienstes, der unter Trägerschaft des Vereins Platane 19 e. V. stand. Die Dienstzeiten des Psychiatrischen Notdienstes wurden von ca. 30 Honorarkräften abgedeckt, die im Hauptberuf in unterschiedlichen Einrichtungen des Bezirks tätig waren. Nach jahrelangen Vorbereitungen konnte dann 1999 dieser Dienst in den Berliner Krisendienst übergehen, so dass damit meine Tätigkeit als Koordinatorin endete. Seither bin ich wieder ausschließlich im Sozialpsychiatrischen Dienst tätig. Ich hatte also neun Jahre lang Gelegenheit, die Kooperation der beiden Dienste quasi in Person zu verkörpern und beide Seiten kennenzulernen.

9.2 Das Arbeitsfeld

9.2.1 Der Sozialpsychiatrische Dienst

In allen deutschen Bundesländern sind Sozialpsychiatrische Dienste »zu den üblichen Bürozeiten« mit der Versorgung psychisch kranker Menschen beauftragt. Doch zwischen einem Sozialpsychiatrischen Dienst in Baden-Württemberg und einem Sozialpsychiatrischen Dienst in Berlin beispielsweise besteht ein riesiger Unterschied. Je nach Bundesland sind Sozialpsychiatrische Dienste bei kommunalen oder freien Trägern angesiedelt; sie bieten selbst tagesstrukturierende Angebote oder Betreutes Wohnen an oder organisieren diese Hilfen lediglich. Sie sind entweder nur für chronisch psychisch Kranke zuständig oder – wie in Berlin – für alle erwachsenen Menschen mit psychischen Störungen, also auch geistig Behinderte, Suchtkranke und Menschen mit altersbedingten Störungen. Fast immer sind die Sozialpsychiatrischen Dienste als einziger Dienstleister auch damit beauftragt, Menschen ungefragt, also auch ungebeten aufzusuchen. In den PsychKGs (Gesetze für Psychisch Kranke) bzw. den Unterbringungsgesetzen der einzelnen Länder ist festgelegt, ob die Sozialpsychiatrischen Dienste mit Hoheitsrechten beliehen und somit auch zuständig für Zwangseinweisungen sind. In manchen Bundesländern ist dies Aufgabe der Ordnungsämter. Im Folgenden beziehe ich mich auf die Sozialpsychiatrischen Dienste Berlins, die in die Organisation der zwölf Bezirksämter fest eingebunden sind.

9.2.2 Klienten, Kunden, Nutzer

Als Sozialarbeiterin bin ich für bestimmte Straßen zuständig; alle Anfragen und Meldungen, die aus diesem Gebiet eingehen, werden an mich weitergeleitet. In den Sprechstunden führe ich Beratungsgespräche mit den Klienten und deren Angehörigen aus meinem »Kiez«; häufig mache ich Hausbesuche, um vor allem bei älteren Menschen die notwendigen Hilfen zu organisieren. Schätzungsweise ein Drittel aller Klienten der Berliner Sozialpsychiatrischen Dienste benötigen aufgrund ihres Alters Hilfe: Sie sind verwirrt, dement, depressiv. Wir vermitteln ambulante Hilfe, vor allem Hauspflege, und die entsprechende Finanzierung. Ca. ein weiteres Drittel unserer Klienten leidet an einer Suchterkrankung bzw. an ihren Folgen. Auch hier sind wir Sozialarbeiterinnen vor allem für finanzielle Hilfen zuständig, z. B. weil die Miete nicht gezahlt wurde und Wohnungsverlust droht oder eine Reinigung und Entrümpelung organisiert und bezahlt werden muss. Menschen mit akuten oder chronischen psychiatrischen Erkrankungen sind das »typische« Klientel des SpD: Für sie beteiligen wir uns an der Organisation des gemeindepsychiatrischen Verbunds, bestehend aus Hilfen im Bereich Wohnen, Tagesstruktur und Arbeit/Beschäftigung. Sie begleiten wir oft über viele Jahre, manchmal Jahrzehnte hinweg. Neben den klassischen Störungen aus dem schizophrenen Formenkreis begegnen wir immer häufiger Persönlichkeitsstörungen in ihren unterschiedlichen Varianten und zunehmend jungen Menschen, die gerade erst volljährig geworden sind und vielfältige soziale und psychische Probleme haben.

Wir Sozialarbeiterinnen beraten also erwachsene Menschen mit psychischen Störungen und seelischen bzw. geistigen Behinderungen, deren Angehörige, Freunde und Nachbarn; wir vermitteln alle geeigneten Hilfen bzw. organisieren diese; innerhalb des Bezirksamtes sind wir der zuständige Sozialdienst für alle Erwachsenen, die psychisch gestört oder auffällig erscheinen. Deshalb werden viele Bürger direkt vom Sozialamt bzw. der Arbeitsagentur zu uns geschickt, kommen also nicht unbedingt »aus freien Stücken«, sondern weil sie materielle Hilfe benötigen.

9.2.3 Der Alltag im Amt

Der Sozialpsychiatrische Dienst arbeitet zu den üblichen Bürozeiten. In Berlin bedeutet dies, dass der Dienst werktags von 8 Uhr bis 16 Uhr präsent sein muss. In dieser Zeit ist ein Tagesdienst, der reihum abgedeckt wird, zuständig für die so genannten »Meldungen«: Menschen sind akut auffällig, gefährden sich selbst oder andere. Häufig rufen Angehörige oder Nachbarn an, manchmal auch die Polizei. Ein Sozialarbeiter nimmt die Telefonate entgegen und klärt die Dringlichkeit des Anliegens ab.

Häufig erwartet der Anrufer die Durchführung einer Einweisung, notfalls auch gegen den Willen des Klienten. Zunächst wird geprüft: Ist der Klient bekannt? Gibt es eine Akte? Besteht eine rechtliche Betreuung – wenn ja, für welche Wirkungskreise? Wie ist die Vorgeschichte? Jeder Sozialpsychiatrische Dienst verfügt über einen riesigen Aktenfundus, der nach mehr oder weniger strengen Regeln zu führen ist. Über jeden Kontakt ist ein schriftlicher Vermerk zu fertigen, der vor allem zur Kontrolle der Mitarbeiter dient: Folgte auf einen Anruf die notwendige Aktivität? Gab es Versäumnisse? Gleichzeitig verfügen die Sozialarbeiterinnen und Ärztinnen in Form der Akten über weitgehende Informationen über viele psychisch kranke oder auch nur vorübergehend auffällige Menschen in ihrem Bezirk. Auch dieses Wissen hat zwei Aspekte: den negativen Beigeschmack vor allem für den Klienten, der sich vom Amt »abgestempelt« fühlt, aber auch die große Chance eines raschen Zugriffs auf notwendige Informationen, z. B. die Telefonnummern von Angehörigen, Betreuern, wichtige Vorzeichen existenzieller Krisen aus der Vorgeschichte etc.

Vor Ort entscheidet die Ärztin, ob die Voraussetzungen des Berliner PsychKG für eine Zwangseinweisung vorliegen: akute Selbst- und Fremdgefährdung. Manchmal gelingt es, eine freiwillige Klinikaufnahme auszuhandeln oder eine Alternative zu organisieren: den sofortigen Einsatz von Hauspflege, den Besuch von Angehörigen etc. Bei akuter Selbst- und Fremdgefährdung rufen wir in der Regel sofort einen Krankenwagen; juristisch möglich ist die Einweisung auch ohne Beteiligung der Polizei. Im Alltag bitten wir allerdings die Polizei sehr häufig um Amtshilfe.

Die hier beschriebene »Meldung«, das sofortige Aktivwerden des Sozialpsychiatrischen Dienstes, ist für viele Bürger und Profis unsere wichtigste Funktion – sie prägt unser öffentliches Image. Eine unserer Hauptaufgaben ist deshalb die Abklärung im Telefonat, und die Information über unsere Möglichkeiten und die rechtlichen Grundlagen. Viele Anrufer sind enttäuscht, werden wütend oder drohen damit, sich zu beschweren. Etwas salopp könnte man sagen: Das Abklären, das Abwimmeln und das Aushalten (wenig veränderbarer Situationen) prägt den Alltag im Sozialpsychiatrischen Dienst (Eichenbrenner, 1999). Das Vorhalten eines derartigen Bereitschaftsdienstes absorbiert natürlich bereits einen großen Teil der personellen Kapazität. Doch mindestens ebenso viel Zeit verbringen die Kolleginnen mit der Aktenführung, mit Hausbesuchen, Helferkonferenzen und Gesprächen mit Klienten, die in die Sprechstunde »einbestellt« wurden.

»Weniger die persönliche Begleitung der Klienten, sondern Screening, Behandlungs- und Rehabilitationsplanung verbunden mit einer starken Zunahme der Begutachtungsaufträge prägen den Alltag in Richtung eines Betreuungsmanagements. So sind die Sozialarbeiter/innen inzwischen fast ausschließlich mit der Prüfung von Hauspflege in Form von Excel-Tabellen und Betreutem Wohnen u. a. Eingliederungshilfen mittels des Berliner Behandlungs- und Rehabilitationsplanes (BBRP, seit 2000) beschäftigt (Eichenbrenner et al, 2007).

Mit diesem kleinen Einblick möchte ich vor allem die Fülle der Aufgaben aufzeigen und Verständnis dafür wecken, dass die Sozialarbeiterinnen gut ausgelastet sind und nicht mal eben aus dem Stand einen langwierigen Hausbesuch einschieben können. Vor allem aber soll das Spannungsfeld deutlich werden: Mit der linken Körperhälfte bin ich empathische Zuhörerin für Belastung und Leid, mit der rechten Prüferin, Entscheiderin und Sparkommissarin des ausgedörrten öffentlichen Haushalts. Kein Wunder, dass viele Klienten sich gerne an eine neutrale professionelle Instanz wenden und im Krisendienst anwaltliche Unterstützung suchen.

In der Fachliteratur wird dieses doppelte Mandat – Hilfe und Kontrolle – gerne die Janusköpfigkeit des Sozialpsychiatrischen Dienstes genannt. Aber haben nicht auch Eltern zwei Gesichter? Sie gewähren und versagen, sie setzen Grenzen, sie sind fürsorglich, verständnisvoll und streng. Die Arbeit im Sozialpsychiatrischen Dienst verlangt von den Mitarbeitern die beständige Reflexion ethischer und sozialer Normen; doch auch für Supervision und Fortbildung fehlen Zeit und Geld.

9.3 Die Zusammenarbeit der beiden Dienste: Kumpel, Kollegen, Kontrahenten?

9.3.1 »Bitte wenden Sie sich außerhalb dieser Zeiten an den Krisendienst!«

Um 16 Uhr stellen wir das Telefon unseres Tagesdienstes um, und Anrufer werden an den Krisendienst verwiesen. Damit beginnt nicht unser Feierabend, aber eine Zeit, in der wir Hausbesuche machen oder ungestört unsere Aktenberge umwälzen. Bereits während unserer Dienstzeiten von 8 Uhr bis 16 Uhr ist die Zentrale des Berliner Krisendienstes besetzt und verweist bei Bedarf unter anderem an die einzelnen Sozialpsychiatrischen Dienste. Während der gesamten Nacht, von 24 Uhr bis 8 Uhr früh, steht dieser zentrale Dienst in Berlin-Mitte mit drei Mitarbeitern und drei Hintergrundärzten für Krisen und psychiatrische Notfälle zur Verfügung. Alle neun Standorte sind von 16 Uhr bis 24 Uhr besetzt – dies ist unsere entscheidende Nahtstelle. Der Berliner Krisendienst ist also rund um die Uhr erreichbar.

Das »Weiterverweisen« an den Krisendienst ist für uns eine enorme Entlastung und ermöglicht es uns, ein wenig abzuschalten, ins Wochenende zu gehen oder auch mal jemanden wegzuschicken. In der ambulanten psychiatrischen Arbeit bleiben Fälle immer in der Schwebe, selten ist eine Betreuung oder Begleitung wirklich abgeschlossen. Wie oft können wir unzufriedene Anrufer doch noch beruhigen mit dem Verweis auf den Krisendienst und seine ungewöhnlichen Präsenzzeiten!

Fallbeispiel: Der zweite Experte

Im Tagesdienst, der heute besonders unruhig ist, werde ich von Frau S. angerufen. Ihre Tochter Manuela ist seit einigen Tagen völlig verändert. Die Schilderungen weisen darauf hin, dass Manuela im Rahmen einer Lebenskrise, vielleicht auch ausgelöst durch Drogenkonsum, erstmals psychotisch geworden ist. Sie ist ständig unterwegs, knüpft wahllos Kontakte, taucht nur ab und zu völlig konfus bei der Mutter auf. Ich höre kurz zu und weise sie dann auf die bestehenden Möglichkeiten hin: Besuch bei einem niedergelassenen Psychiater, Medikamenteneinnahme, stationäre Behandlung. Frau S. entgegnet, Manuela kenne das alles und lehne es ab – sie fühle sich super! Als ich die eingeschränkten Möglichkeiten für Zwangsmaßnahmen schildere, lacht Frau S. zunächst ungläubig und schimpft dann: »Das kann doch nicht wahr sein! Muss denn erst etwas passieren?« Ich suche die zuständige Kollegin heraus und empfehle, mit ihr einen Termin für ein ausführlicheres Beratungsgespräch zu vereinbaren. Da Frau S. sehr unzufrieden ist und ich das Gespräch nur mit Mühe beenden kann, gebe ich ihr die Nummer des Krisendienstes und die Zeiten seiner Erreichbarkeit.

Kommentar: Frau S. ist in großer Sorge, denn Manuela könnte ja noch am Abend oder in der Nacht auftauchen und Hilfe benötigen. Zudem ist sie so angespannt, dass sie rasch einen weiteren Gesprächspartner finden muss. Ab 16 Uhr kann sie im Krisendienst anrufen und ihre belastende Situation noch einmal schildern. Sie wird auf eine Kollegin oder einen Kollegen treffen, der sie gelassen beraten kann, da kein akuter Handlungsdruck besteht, solange Manuela nicht präsent ist. Frau S. wird nun ausreichend Zeit haben, um auch die Vorgeschichte zu schildern. Eine erfahrene Krisenberaterin wird Frau S. genügend Raum, Zeit und Aufmerksamkeit schenken, um auch ihre eigene Befindlichkeit als Mutter wahrnehmen zu können. Vielleicht sitzt heute sogar jemand aus dem Betreuten Wohnen am Telefon, der mit genau dieser Rolle bestens vertraut ist: sich Sorgen zu machen, um Hilfe zu bitten und vom Amt oder der Institutsambulanz abgewiesen zu werden, weil noch nicht genügend passiert ist. Ich stelle mir vor, wie das Gespräch zwischen diesen beiden Polen ablaufen wird: die erneute Bestätigung der Haltung des Sozialpsychiatrischen Dienstes (»Wir können noch nichts tun«) und die empathische Entlastung der sorgenden Mutter (»Ich weiß, das ist schwer auszuhalten.«).

Aus Rückmeldungen wissen wir, dass im Krisendienst häufig eine zweite fachliche Meinung eingeholt wird – gerade so, wie wir selbst als mündige Patienten ja auch bei einer Erkrankung einen weiteren Arzt, vermutlich sogar einen Facharzt, aufsuchen. Beide Dienste stehen unter einem hohen Handlungs- und Legitimationsdruck und müssen ihre juristischen und ökonomischen Grenzen immer wieder klarlegen. Im Krisendienst besteht allerdings eine bessere Chance, den Fokus auf die subjektive Befindlichkeit des Anrufers zu lenken.

Fallbeispiel: Der gute und der böse Dienst

Herr Z. wohnt in einem Haus, für das ich zuständig bin. Seine Nachbarn werden seit vielen Jahren betreut; sie sind alkoholkrank und machen ständig »Remmidemmi«. Herr Z. lässt sich das nicht gefallen, er mindert die Miete. Er verlangt von der Hausverwaltung, dass »diese Penner« rausgeschmissen werden. Zuerst schreibt er immer wildere Briefe, dann zahlt er die Miete überhaupt nicht mehr. Er beschwert sich bei der Bürgermeisterin, beim Stadtrat. Die Hausverwaltung kündigt ihm, man will ihn loswerden. Ich werde eingeschaltet, weil Herr Z. als trockener Alkoholiker von einer Kollegin vor Jahren betreut wurde. Ich schreibe ihn an, es entsteht ein Kontakt. Ich soll ihm helfen, eine andere Wohnung zu bekommen. Seine Situation ist desolat, alles bricht über ihm zusammen. Er droht damit, rückfällig zu werden, auszurasten. Ich erkläre ihm, dass ich auch für seine Nachbarn sorgen muss – er kann es nicht fassen, brüllt mich an, ich werde sauer. Ich kämpfe mit dem Sozialamt und mit Herrn Z. Alles wird immer konfuser, wir geraten in einen Clinch. Herr Z. wertet jede Ablehnung, jede kleinste Kritik als Kränkung. Ich selbst bin so verwickelt, in meiner Funktion so befangen, dass ich Herrn Z. rate, sich zum Gespräch an den Krisendienst zu wenden. Dort kann er seine Wut äußern, ohne negative Konsequenzen befürchten zu müssen. Er bespricht mit der Mitarbeiterin, dass sie mich anrufen soll, quasi als seine Anwältin. Sie ist die »Gute«, während ich das Amt und seine Auflagen repräsentiere. Zweigleisig fahrend gerät er – vorübergehend – in ruhigere Bahnen.

Kommentar: Nicht alle Fälle nehmen ein gutes Ende. Herr Z. hat weitergekämpft, ohne Rücksicht auf eigene Verluste. Er hat alle Wohnungsangebote abgelehnt. Den Kontakt zu den »bösen« Ämtern hat er vollständig abgebrochen, einen Prozess verloren; seine Räumungsklage steht bevor. Für mich ist es eine ungeheure Erleichterung zu wissen, dass Herr Z. bei »den Guten« im Krisendienst Entlastung findet.

Fallbeispiel: Unverzügliche therapeutische Hilfe

Frau K. kommt persönlich in den Tagesdienst. Sie berichtet ausführlich von ihrer schwierigen Ehe mit einem psychisch labilen Mann, der sich von ihr trennen wollte. Vor vier Wochen hat ihr Mann in der gemeinsamen Wohnung einen schweren Suizidversuch unternommen – er hat sich erhängt. Frau K. hat ihn gefunden und in der Wohnung eine mehrstündige Reanimation durch ein spezialisiertes Notfallteam miterlebt. Noch immer liegt ihr Mann nicht ansprechbar auf der Intensivstation, – die Prognose ist unklar. Frau K. hat zwei Anliegen: Sie soll nächste Woche eine Arbeit antreten, und fühlt sich dazu nicht in der Lage. Außerdem benötigt sie therapeutische Hilfe zur Bewältigung des Erlebten und der anstehenden Entscheidungen. Ich bespreche mit Frau K., wie und wo sie sich krankschreiben lassen kann; für die psychosoziale Beratung vereinbare ich einen ersten Besuch noch am Wochenende im Krisendienst. Über ein entlastendes Gespräch hinaus erhoffe ich mir das Angebot einiger Folgegespräche, oder die Vermittlung in psychotherapeutische Behandlung.

Kommentar: Viele Ratsuchende erhoffen sich im Sozialpsychiatrischen Dienst eine spontane, unbürokratische, aber auch qualifizierte therapeutische Beratung. Sie sind enttäuscht, dass dies in den letzten Jahren immer weniger möglich ist. Vor allem die kontinuierliche Begleitung weniger gestörter Klienten ist von uns zeitlich nicht mehr zu leisten. Wir Sozialarbeiterinnen konzentrieren uns auf die Abklärung sozialer Notlagen; die Ärztinnen unserer Dienststellen sind mehr als ausgelastet mit der Erstellung unterschiedlichster Gutachten und den akuten Meldungen. Aus einer sehr vielfältigen Tätigkeit, die einst die Kolleginnen auch zum Erwerb therapeutischer Qualifikationen animierte, ist inzwischen eine Art soziale und psychiatrische Feuerwehrarbeit geworden. Nicht ohne Neid blicken wir deshalb zu den Krisendiensten mit ihrer luxuriösen Ausstattung an Mobiliar, Zeit, Kompetenz und Unabhängigkeit. Die Möglichkeit, über einen begrenzten Zeitraum hinweg Folgegespräche im Sinne einer Kurztherapie anzubieten, schätzen wir inzwischen (nach den Präsenzzeiten!) als seine höchste Qualität.

Fallbeispiel: Ein spezielles therapeutisches Angebot

Anruf des leitenden Mitarbeiters einer Werbeagentur im Tagesdienst. Gestern ist eine Mitarbeiterin am Arbeitsplatz inmitten ihrer Kollegen gestorben; das Team ist verstört. Ob es nicht zu den Aufgaben des Sozialpsychiatrischen Dienstes gehöre, hier Hilfe und Beratung anzubieten? Wir stellen eine Verbindung her zwischen dem Anrufer und dem Berliner Krisendienst. Wir erhalten später die Rückmeldung, dass insgesamt drei Gespräche stattgefunden haben, bei denen eine Aufarbeitung des Geschehens möglich war.

Kommentar: Die Kernteam-Mitarbeiter des Berliner Krisendienstes sind speziell ausgebildet für den Umgang mit traumatisierten Menschen; für Großschadensereignisse und Hinterbliebene gibt es zusätzliche Hilfen. Aufgabe des Sozialpsychiatrischen Dienstes ist es, die unterschiedlichen Angebote zu kennen und sie zeitnah zu vermitteln.

Eine Weiterverweisung an den Krisendienst ist sinnvoll:

aus zeitlichen Gründen
- weil die Situation außerhalb unserer Dienstzeit akut wird oder werden könnte,
- weil wir zu wenig Zeit für eine ausführliche Beratung oder Krisenintervention haben,

zur parallelen Ergänzung unseres eigenen Angebots
- für Anrufer, die eine zweite Einschätzung einholen wollen,
- für Klienten, die ein ganzes Netz zu Unterstützung benötigen,

als Alternative zur Beratung in einer Stelle mit Amtsfunktion
- bei Bedarf nach der »objektiven« Meinung eines unbefangenen Experten,
- bei Ängsten vor einem Amt mit Aktenführung und Behördenstatus,

zur Klärung von Lebenskrisen
- wenn es sich in keiner Weise um ein psychiatrisches Problem handelt,

- wenn das Gespräch von zwei Beraterinnen geführt werden sollte,
- wenn ein paartherapeutischer oder systemischer Blick gebraucht wird,

zur Therapieberatung
- zur Abklärung einer Indikation für Psychotherapie,
- zur Suche nach der geeigneten Methode und dem konkreten Therapieplatz,

zur Vermittlung von Folgegesprächen
- wenn die therapeutische Hilfe unverzüglich beginnen sollte,
- wenn Klienten ein besonderes Angebot benötigen.

9.3.2 Die Vermittlung: »Ich habe Ihre Nummer vom Krisendienst«

Wir haben keine exakten Zahlen darüber, wie viele Klienten des Krisendienstes an uns verwiesen werden. Wir wissen aber aus dem Abschlussbericht der Begleitforschung des Berliner Krisendienstes, dass der Sozialpsychiatrische Dienst als wichtigster Kooperationspartner angegeben wird. Tatsächlich scheinen häufig Ratsuchende über den Krisendienst an uns verwiesen zu werden. Besonders häufig haben die Anrufer das Anliegen, über uns eine Behandlung oder Betreuung auch gegen den Willen eines Angehörigen, Freundes oder Hausbewohners zu erwirken. Es handelt sich dann häufig um bereits länger andauernde Problemlagen, denn akute Notfälle kann der Krisendienst – gemeinsam mit der Polizei – in der Regel ohne uns bewältigen.

Fallbeispiel: Meldung beim Amt

Nachbarn rufen an, weil sich in ihrem Haus ein unerträglicher Geruch verbreitet. Sie vermuten, dass die Bewohnerin Frau X. eine »Messie« (eine Sammlerin von Müll und Unrat in der eigenen Wohnung) ist, seit sie in der Presse von diesem Phänomen gelesen ha-

ben. Im Krisendienst wurde bereits abgeklärt, dass die Bewohner selbst bei der Feuerwehr »Verdacht auf Unglücksfall« melden können, wenn sie befürchten, dass Frau X. in der Wohnung liegt. Sie ist aber hin und wieder zu sehen und scheint wohlauf zu sein. Also erhält die Anruferin die Nummer des zuständigen Sozialpsychiatrischen Dienstes. Sie erfährt dort, dass nun zunächst ein Kontaktangebot gemacht wird, und man hofft, dass Frau X. sich meldet. Ob der Sozialpsychiatrische Dienst wirklich zuständig ist, muss erst abgeklärt werden.

Kommentar: Die Bearbeitung der klassischen »Meldung« ist, wie bereits beschreiben, eine der zentralen Aufgaben des Sozialpsychiatrischen Dienstes. Aufgrund ihrer Struktur können und sollen Krisendienste diese Funktion nicht übernehmen. Hier sollte der Anrufer, also der »Melder«, direkt an den Sozialpsychiatrischen Dienst verwiesen werden. Nur in Ausnahmefällen übernimmt dies die Mitarbeiterin des Krisendienstes; möglich ist ein flankierender Anruf: »Es könnte sein, dass bei euch eine Frau anruft, die ihre Nachbarin meldet.«

Fallbeispiel: Einfädeln beim Amt

In einem großen Wohnblock hat die 84-jährige Frau U. eine Haushaltshilfe der Diakonie im Treppenhaus angesprochen: Frau U. hat ihre Stromkosten nicht bezahlt, und nun soll der Strom abgestellt werden. Sie ist sehr verzweifelt. Die Pflegerin der Diakonie, die in dem Haus eine ganz andere Dame betreut, schaut auf ihrem Heimweg beim Krisendienst vorbei. Unter den Diensthabenden ist eine erfahrene Sozialarbeiterin. Sie kann der Haushaltshilfe erklären, was zu tun ist. Gemeinsam rufen sie bei Frau U. an und erklären ihr, dass sie einen Antrag beim Sozialamt stellen kann. Im Gespräch stellt sich heraus, dass Frau U. sehr verwirrt ist: Nun wird mit Frau U. vereinbart, dass der Sozialpsychiatrische Dienst morgen früh eine Nachricht erhält, damit ihr geholfen werden kann. Im

Sozialpsychiatrischen Dienst ist Frau U. bereits durch eine andere Meldung bekannt. Beim Hausbesuch finden sich Stapel mit ungeöffneter Post. Die Übernahme der Stromschulden wird beim Sozialamt beantragt; gleichzeitig wird beim Amtsgericht eine juristische Betreuung zur Regelung der Vermögensangelegenheiten angeregt.

Kommentar: Die Vermittlung wirtschaftlicher Hilfen ist Aufgabe der Sozialdienste; bei psychisch gestörten Menschen übernehmen dies die Sozialarbeiterinnen des Sozialpsychiatrischen Dienstes. Wo immer möglich, sollten die Klienten im Sinne von Hilfe zur Selbsthilfe direkt an das zuständige Sozialamt verwiesen werden. Auf Wunsch kann dies durch einen Anruf abgesichert werden. Nur bei deutlich gestörten oder verwirrten Menschen übernimmt die Mitarbeiterin des Krisendienstes das Einfädeln beim Sozialpsychiatrischen Dienst, nicht ohne dies vorher deutlich anzukündigen!

9.3.3 Die Übergabe zwischen den Diensten: »Es könnte sein, dass sich bei Euch ...«

In den Jahren meiner Tätigkeit als Koordinatorin des Psychiatrischen Notdienstes war es meine Aufgabe, quasi als Scharnier, die wichtigen Informationen zwischen Sozialpsychiatrischem Dienst und Notdienst in unserem Bezirk persönlich zu übergeben. Daher habe ich vermutlich einen recht guten Überblick über das, was ich »die Kultur der Übergabe« in Charlottenburg-Wilmersdorf nennen möchte. Bevor ich freitags meinen traditionellen Besuch im Notdienst machte, fragte ich die Kolleginnen: »Habt ihr was für den Notdienst?« Ich hörte mir mehrere längere und ausführliche Geschichten an, erhielt Tipps für den Umgang mit dem jeweiligen Anrufer und Einzelheiten zur Lebensgeschichte. Hastig schrieb ich mit und marschierte dann mit einem ganzen Wust von Zetteln los. Im Notdienst packte ich meine Zettel wieder aus, und erzählte alle dazu gehörenden Geschichten. Höchst gespannt saßen die Mitarbeiter nun am Telefon, das einfach nicht klingeln wollte. Hin und wieder rief dann doch ein Mensch in der Krise an, aber höchst selten traten die avisierten Notfälle in Erscheinung. Jeden Montagmorgen besuchte ich den Notdienst erneut, um zu sehen, was sich am Wochenende ereignet hatte. Streng nach den Regeln des Datenschutzes nahm ich nur Informationen mit ins Amt, bei denen eine Übergabe an uns abgesprochen war, oder bei denen ein höheres Rechtsgut gefährdet schien. Von erfolgten Einweisungen in die psychiatrische Klinik informierte ich die zuständigen Kolleginnen im Sozialpsychiatrischen Dienst immer dann, wenn ich wusste, dass gerade die Wohnungsöffnung oder eine Fahndung zur Debatte stand. So konnten unnötige Polizeieinsätze im Interesse des Klienten vermieden werden.

Die hier beschriebene Erfahrung macht vermutlich jeder neu eröffnete Krisendienst. Im Laufe der Jahre hat sich unsere Kultur der Übergaben eingependelt. Wir versetzen den Krisendienst nicht mehr in künstliche Anspannung, indem wir täglich mehrere potenzielle Notfälle melden. Wir machen eine Übergabe (telefonisch oder per Fax) nur in gezielten Einzelfällen:

- wenn Hintergrundinformationen für die richtige Einschätzung unverzichtbar sind und eine Selbst- oder Fremdgefährdung möglich ist,
- wenn unter Abwägung der Rechtsgüter ganz konkrete Angaben (Daten, Telefonnummern) oder Informationen für den Fall einer akuten Meldung notwendig sind.

Fallbeispiel: Gefährdung nicht ausgeschlossen

Der Mitarbeiter einer Behindertenorganisation ruft mich nachmittags an. Der körperbehinderte Herr G., den ich selbst nicht kenne, droht sehr ernsthaft damit, Amok zu laufen. Aktueller Anlass ist eine Mitteilung des Sozialamtes, die Sozialhilfe komplett einzustellen, weil Herr G. einen Vermögensbetrag nicht angegeben hat. Dieses Vermögen hat er als »Spende« erhalten. Ich hole mir die Akte und lese in der Vorgeschichte, dass es in ähnlichen Situationen in der Vergangenheit Sachbeschädigungsdelikte (mit Gefährdung von Menschen) gab. Ein forensisches Gutachten liegt vor. Ich rufe Herrn G. an und spreche sehr lange mit ihm. Durch seine Lebensgeschichte ziehen sich schwere körperliche und seelische Verletzungen und tiefe Isolation. Er ist maßlos gekränkt. Er schildert ausufernde Rachefantasien, unter denen er massiv leide. Im Gespräch distanziert er sich zeitweise, dann gerät er wieder in höchste Erregung. Ich biete ihm an, am nächsten Tag beim Sozialamt zu intervenieren, um eventuell eine Lösung auszuhandeln. Dies scheint ihn kurzfristig zu entlasten. Da Herr G. auch in dem über einstündigen Telefonat nicht zur Ruhe kommt, schlage ich ihm vor, ein persönliches Gespräch im Krisendienst – ganz in der Nähe seiner Wohnung – zu führen. Diesen Vorschlag greift er dankbar auf.

Ich rufe im Krisendienst an und schildere die aktuelle Situation. Die Übergabe von Daten ist nicht erforderlich, da Herr G. völlig orientiert ist. Ich beschreibe aber die Delikte aus der Vorgeschichte und bereite den Kollegen auf die äußerst drastischen Rachefantasien vor, die nur schwer einzuschätzen und auszuhalten sind.

Kommentar: Sind Klienten selbst oder andere Menschen gefährdet, so sind im Sinne einer Abwägung der Rechtsgüter Übergaben sinnvoll und notwendig. Es sollte aber genau überlegt werden, was und warum übergeben wird, um nicht lediglich den jeweils anderen Dienst unnötig zu alarmieren. Wenige konkrete Daten können im Einzelfall entscheidend sein; der hier geschilderte Fall zeigt, dass auch psychodynamische Hintergründe für den Umgang mit einem Klienten und die Einschätzung der Gefährdung wichtig sein können.

9.4 Die Dynamik zwischen den Diensten: »It takes two to Tango«

Mal ist der eine Dienst am Ball und mal der andere. Man informiert sich gegenseitig oder auch nicht und schickt sich gegenseitig neue Kundschaft. Wehe, es werden schwierige Fälle abgeschoben, oder der Sozialpsychiatrische Dienst erteilt Kommandos. Dann knirscht es im gemeindepsychiatrischen Gefüge. Im besten Fall ergänzen Krisendienst und Sozialpsychiatrischer Dienst einander – wie beschrieben – in ihrer unterschiedlichen Funktion und Ausstattung. Manchmal sind notgedrungen beide Dienste für einen besonders gefährdeten Klienten zuständig; dann besteht die Gefahr, dass er zwischen ihnen zerrieben wird oder verloren geht. Oder aber Klienten nutzen aus eigenem Antrieb beide Dienste und spielen sie gegeneinander aus.

Im Umgang mit unseren Klienten wissen wir es längst: Entscheidend ist die richtige Balance von Nähe und Distanz. Doch was uns psychosozialen Profis mit den Klienten nach einigen Reinfällen fast mühelos gelingt, das erfordert zwischen Institutionen harte beständige Arbeit.

Wenn sich die beiden Dienste zu fern sind, wenn die Distanz zu groß ist, können sie nicht miteinander reden. Sie verständigen sich nicht; Grundhaltung, Regeln, Einschätzungen können nicht abgeglichen werden. Was der eine Dienst gefährdend findet, ruft beim anderen nur ein Schulterzucken hervor. Wie Eltern, die nicht mehr miteinander reden, werden die Dienste von ihren Klienten-Kindern gegeneinander ausgespielt. Aber auch eine allzu enge Kooperation ist problematisch; sie kann zur Falle werden und Entwicklungen verhindern.

Fallbeispiel: Dann frag ich eben Mama!

Das kleine Heim leidet schon seit einigen Tagen unter einem rückfälligen alkoholkranken

Bewohner. Der Sozialpsychiatrische Dienst kennt ihn seit vielen Jahren; die hier zuständige Ärztin findet, dass die Mitarbeiter und Bewohner des Heimes das aushalten müssen, denn eine lebensbedrohliche Gefährdung ist nicht gegeben. Einen Hausbesuch lehnt sie per Telefon ab. Wenig später erfahre ich zufällig, dass die Heimleitung noch am selben Nachmittag, kurz nach 16 Uhr, den diensthabenden Arzt des Krisendienstes angefordert hat. Dieser Psychiater, ein »alter Hase« in unserem Bezirk, kommt zwar sofort, weist aber die Mitarbeiter recht harsch zurecht: »Mit dieser Situation müssten Sie doch zurechtkommen – bei ihren Tagessätzen!«

Kommentar: Je nach Blickwinkel ist dies ein Beispiel für eine gute Kooperation oder für ein zu enges System. In diesem Fallbeispiel hatte zufällig ein Arzt Dienst, der Jahrzehnte in der aufnahmeverpflichteten Klinik tätig war. Durch die enge Kooperation waren Grundhaltung und Entscheidungskriterien längst aufeinander abgestimmt. Solche Zufälle sind in Diensten mit vernetzten Partnern eingeplant: Mitarbeiter der psychiatrischen Dienste, Institutionen und Projekte arbeiten als Honorarkräfte im Krisendienst. Viele Krisendienste arbeiten mit Ärzten der Sozialpsychiatrischen Dienste als Rufbereitschaft. Dem Anrufer kann es passieren, dass er im Krisendienst auf den Mitarbeiter trifft, mit dem er schon tagsüber nicht zurechtkam. Ein anderer Klient hat vielleicht großes Glück, weil er so an eine vertraute Beziehung anknüpfen kann.

Vieles in unserem Arbeitsfeld ist von einzelnen Personen und ihren subjektiven Einschätzungen abhängig. Ein absolutes »Richtig oder Falsch« gibt es in der psychosozialen Versorgung nicht – das macht die Arbeit ja gerade so reizvoll und spannend. Die Vielfalt der professionellen Sichtweisen, der Berufsgruppen und Individuen ergibt ein Netz unterschiedlichster Möglichkeiten und ist eine ungeheure Chance. So mag ein Klient, mit viel Glück oder nach langer Suche, vielleicht den gerade für ihn passenden Ansprechpartner finden. Vielfalt kann aber auch verwirren.

Besonders für die Vielfachnutzer und Daueranrufer, ein zunehmendes Phänomen aller Beratungsstellen, sind klare Absprachen und Zuständigkeiten sinnvoll (Christiane, 2003). Sie können mehrere Dienste und unzählige Mitarbeiter lahmlegen, ohne dadurch im Mindesten zu profitieren. Im Gegenteil schädigt die therapeutische Aufsplittung diese meist persönlichkeitsgestörten Klienten. Hier sind inzwischen erste Modelle (Neumann, 2002) entwickelt worden. Sind beide Dienste einer Region mit Daueranrufern oder chronisch Suizidalen konfrontiert, kann im Einzelfall eine gemeinsame Sitzung im Sinne einer dienstübergreifenden Supervision sinnvoll sein.

Fallbeispiel: Papa, Mama hat gesagt ...

Jahrelang hat Frau K. mehrere Krisendienste belästigt. Aber ganz besonders hat der Sozialpsychiatrische Dienst unter ihr gelitten. Während die Krisendienste nur einem zeitweise lähmenden Telefonterror ausgesetzt waren, fanden wir im Sozialpsychiatrischen Dienst zusätzlich stinkenden Abfall an unseren Türklinken, und unsere Toiletten waren immer wieder mutwillig überschwemmt. Frau K. wusste erstaunlich viel über die Mitarbeiter der einzelnen Dienste: Wer wann in Urlaub war, wer welches Auto fuhr, wer wegen Krankheit gefehlt hatte. Es gelang ihr wunderbar, immer wieder einzelne Kolleginnen des Sozialpsychiatrischen Dienstes und des Krisendienstes in fast private Gespräche zu verwickeln, intime Informationen zu erhalten, diese weiterzugeben und so Intrigen zu spinnen. Es gab Differenzen über den richtigen »professionellen« Umgang mit ihr. Es dauerte Jahre, bis die meist anonym bleibende Klientin von allen Mitarbeiterinnen beider Dienste eindeutig identifiziert war. Die wenigen Kolleginnen des Sozialpsychiatrischen Dienstes, die als Honorarkräfte im Krisendienst tätig waren, konnten schließlich in den Supervisionsrunden beider Dienste Frau K. zum Thema machen. Viel zu spät einigten

149

sich nun wenigstens innerhalb unseres Bezirks alle Dienste, die mit ihr konfrontiert waren, auf ein sehr konsequentes, verweigerndes Vorgehen. Auch als Frau K. wohnungslos wurde, blieben wir konsequent. Erst jetzt, nach vielen Jahren, hat sich ihre Lebenssituation stabilisiert.

Kommentar: Zu viele Helfer und zu viele großzügige Gesprächsangebote sind für manche Klienten, vor allem persönlichkeitsgestörte VielfachnutzerInnen, schädlich. Beide Teams, Sozialpsychiatrischer Dienst und Krisendienst, hatten es versäumt, frühzeitig Kontakt aufzunehmen und sich abzusprechen. So war es nicht gelungen, gegenüber Frau K. einen einheitlichen Stil mit konkreten Ansprechpartnern und klaren Regeln zu etablieren. In Form von vielen überflüssigen Gesprächen und Auseinandersetzungen innerhalb der Teams haben beide Dienste reichlich Lehrgeld bezahlt.

9.5 In Zukunft: Allein machen sie dich ein

Für die Zusammenarbeit zwischen Sozialpsychiatrischem Dienst und Krisendienst gibt es kein Patentrezept. Jeder gemeindepsychiatrische Verbund hat eine andere Geschichte, ist geprägt von ganz eigenen Persönlichkeiten, Trägern und Rivalitäten. Der Berliner Krisendienst verfügt durch seine Kernteams, bestehend aus festen Mitarbeitern, über eine besonders stabile Grundstruktur. Aber wie inzwischen fast alle regionalen Krisendienste wäre auch das Berliner System undenkbar ohne die vielen Honorarkräfte, die im Hauptberuf in den unterschiedlichsten Bereichen tätig sind und zwei bis drei Dienste im Monat als Nebentätigkeit abdecken. So ist ein kompliziertes Geflecht entstanden, da die einzelnen Honorarkräfte wieder ganz unterschiedliche Abhängigkeiten und Kooperationsbeziehungen haben (Eichenbrenner, 2005).

Ich empfehle beiden Institutionen, sich gegenseitig mit warmem Respekt fernzubleiben. Einige Strukturen und Regeln können dabei helfen, eine gemeinsame Philosophie zu entwickeln und trotzdem den richtigen Abstand einzuhalten:

- Die Honorarkräfte sollten aus unterschiedlichen Bereichen kommen; Mitarbeiter aus dem gemeindepsychiatrischen Verbund garantieren eine Überlappung, Mitarbeiter aus anderen Bereichen sorgen für die kritische Außenperspektive.
- Gegenseitige Teilnahme an Teamsitzungen oder Dienstbesprechungen, gemeinsame Besuche von Gremien, Fortbildungen und Tagungen sind hilfreich für die Erarbeitung gemeinsamer »Basics«. Hier werden Probleme angesprochen und immer wieder neu die unterschiedlichen Zuständigkeiten und Schwerpunkte ausgehandelt.
- Bei der Öffentlichkeitsarbeit kann »distanzierte Kooperation« demonstriert werden, indem ein Dienst auf den anderen verweist; so findet sich auf den Anrufbeantwortern, Flyern und Visitenkarten des Sozialpsychiatrischen Dienstes ganz selbstverständlich immer ein Hinweis auf den Krisendienst.
- Automatische Übergaben sind – nicht nur aus datenschutzrechtlichen Gründen – zu vermeiden. Klienten müssen die Möglichkeit haben, beide Dienste auch unbemerkt parallel zu nutzen.
- Wo immer es strukturell möglich ist, sollten die Dienste nicht von einander abhängig sein.

Der Krisendienst ist nicht der freundliche Nachtwächter für den Sozialpsychiatrischen Dienst – und der Sozialpsychiatrische Dienst nicht das Bodenpersonal der Krisenintervention.

Ein hierarchisches Gefälle ist zu vermeiden: Kein Dienst ist der Erfüllungsgehilfe des andern, keiner ist Boss oder Guru oder Superstar.

Wenn es beiden Diensten gelingt, innerhalb ihres Teams ein gutes Selbstbewusstsein und eine klare Identität zu entwickeln, können sie klar getrennt und trotzdem Hand in Hand agieren. Inzwischen wissen wir, dass die alten Verwahranstalten ausgedient haben, und die Psychiatriereform gelungen ist (Dörner, 1998). In unserer Region leben nahezu alle Klienten in der eigenen Wohnung, autonom oder professionell begleitet. Den waghalsigen Prozess der Enthospitalisierung mehrerer hundert Patienten konnten wir nur alle gemeinsam bewältigen: Klinik, Betreutes Wohnen, Sozialpsychiatrischer Dienst, niedergelassene Ärzte und viele andere, unter besonderer Beteiligung des Krisendienstes. Eine spannende Herausforderung liegt vor uns: die Begleitung aller Menschen in psychischen Krisen fast ohne stationäre Betten mit dem Ziel eines möglichst selbstbestimmten Lebens. Gemeinsam und doch getrennt ersetzen wir Mauern, Stationen und Pflegepersonal. Gemeinsam halten wir bedrohliche und erregte Menschen aus; gemeinsam ertragen wir die Sorge um Lebensmüde, Alte, Verwirrte und Behinderte. Sorgfältig getrennt öffnen und verteidigen wir neue Nischen und Spielräume im kommunalen Geflecht.

Literatur

Dörner, K. (Hrsg.) (1998). *Ende der Veranstaltung. Anfänge der Chronisch-Kranken-Psychiatrie*. Gütersloh: Jakob van Hoddis.

Eichenbrenner, I. (1999). *Der Praktikant, die Wölfin und das Amt*. Bonn: Psychiatrie-Verlag.

Eichenbrenner, I. (2005). *Die Sängerin oder: Kleine Krisen im Krisendienst*. Neumünster: Paranus Verlag.

Eichenbrenner I., Gagel, D. & Lehmkuhl, D. (2007). »Wie geht es eigentlich den Sozialpsychiatrischen Diensten?« *Sozialpsychiatrische Informationen* 3/07, 56–59.

Eink, M. (Hrsg.) (1997). *Gewalttätige Psychiatrie*. Bonn: Psychiatrie-Verlag.

Neumann, O. (2002). Über die Sucht telefonieren zu müssen oder ein struktureller Ansatz in der Krisenintervention zum besseren Umgang mit Dauernutzern. *Psychiatrische Praxis*, 29, 411–416.

T., Christiane (2003). Therapie, Therapie – verlass mich nie? In S. Prins (Hrsg.), *Vom Glück. Wege aus psychischen Krisen* (S. 71–79). Bonn: Psychiatrie-Verlag.

Wienberg, G. (Hrsg.) (1993). *Bevor es zu spät ist. Außerstationäre Krisenintervention und Notfallpsychiatrie. Standards und Modelle*. Bonn: Psychiatrie-Verlag.

10 Krisenintervention – (k)ein Angebot für Psychiatrie-Betroffene? – Krisenintervention aus antipsychiatrischer Sicht

Iris Hölling

> Viele Psychiatrie-Betroffene wünschen sich in Krisen nicht-psychiatrische Unterstützung – schnelle, niedrigschwellige, unbürokratische, ihren individuellen Bedürfnissen angepasste Hilfe, die ihre eigene Problemdefinition ernstnimmt und sie nicht durch die psychiatrische Diagnosebrille vermittelt beurteilt. Allerdings ist der Zugang für Psychiatrie-Betroffene zu ambulanten und stationären nicht-psychiatrischen Kriseninterventionsangeboten (falls es diese überhaupt außerhalb der (sozial)psychiatrischen Versorgungslandschaft gibt) aufgrund verschiedener Faktoren erschwert bzw. verstellt. Der Beitrag übt Kritik am Umgang mit Psychiatrie-Betroffenen in den momentanen Kriseninterventionsangeboten und stellt Forderungen für ein den Bedürfnissen angemesseneres Angebot auf.

10.1 Einführung: Begriffsklärungen – wer sind Psychiatrie-Betroffene?

Psychiatrie-Betroffene sind selbstverständlich keine homogene Gruppe, über deren Bedürfnisse sich allgemeine Aussagen machen lassen, sondern sehr unterschiedliche Personen mit individuellen Geschichten, Erfahrungen und Wünschen, die lediglich gemeinsam haben, dass sie als PatientInnen in der Psychiatrie waren. Auch in der Psychiatrie-Betroffenen-Bewegung, die sich u. a. die Interessenvertretung zur Aufgabe gemacht hat, gibt es verschiedene, sehr unterschiedliche Grundauffassungen, die sich grob in eine reformorientierte und eine antipsychiatrische Perspektive unterteilen lassen. Der Reformflügel, der in Deutschland auch eher den Begriff Psychiatrie-Erfahrene zur Selbstbezeichnung verwendet (englisch: *user of psychiatry*, *consumer*), ist stärker an einer Verbesserung oder Veränderung der gegenwärtigen psychiatrischen Landschaft interessiert und setzt auf Kooperation und Dialog mit der Psychiatrie, wohingegen der antipsychiatrische Flügel (englische Selbstbezeichnung: *survivor of psychiatry*), dem sich auch die Autorin zugehörig fühlt, eher eine radikale Psychiatrie-Kritik vertritt und eigene, betroffenen-kontrollierte Alternativen zum psychiatrischen System entwickelt. Diese verschiedenen Positionen gehen nicht in den jeweils guten oder schlechten Erfahrungen der Einzelnen mit der Institution Psychiatrie auf, sondern haben sich als politische Positionen entwickelt, die beide ihre Berechtigung haben.

Gerade weil ich in diesem Feld durch meine professionelle Erfahrung während meiner langjährigen Arbeit im Berliner Weglaufhaus eindeutig positioniert bin, kann dieser Beitrag nicht beanspruchen, über *die* Sicht der Psychiatrie-Betroffenen zu schreiben, die es ebenso wenig gibt wie *die* Sicht der psychosozialen Professionellen oder der PsychiaterInnen. Dennoch habe ich während der sechs Jahre, die ich im Weglaufhaus, einer antipsychiatrischen Kriseneinrichtung für wohnungslose Psychiatrie-Betroffene nach § 72 BSHG, jetzt § 67 SGB XII, gearbeitet habe, sowie aufgrund der Auseinandersetzung mit anderen Psychiatrie-Betroffenen im In- und Ausland viel über die Bedürfnisse und Wünsche von Psychiatrie-Betroffenen in Krisensituationen gelernt. Auf diesem Erfahrungshintergrund basiert dieser Artikel.

10.2 Kritik am bestehenden (Berliner) Kriseninterventionssystem

Die Bedürfnisse der NutzerInnen von Kriseninterventionsangeboten werden meistens nur vermittelt über die Interpretationen der die Angebote durchführenden professionellen HelferInnen berücksichtigt oder beschrieben, was eine wirkliche Wahrnehmung der Bedürfnisse von vornherein erschwert oder unmöglich macht. Um die Frage dieses Beitrags wirklich zu beantworten, müsste eine systematische, am besten betroffen-kontrollierte Forschung durchgeführt werden, die die Ansprüche der NutzerInnen an Krisenintervention herausfindet. Jasna Russo und Thomas Fink (2003) haben in ihrer Studie *Stellung nehmen – Obdachlosigkeit und Psychiatrie aus den Perspektiven der Betroffenen* zum ersten Mal eine betroffen-kontrollierte Forschung in Deutschland durchgeführt. Die Ergebnisse dieser Studie werden – trotz ihrer anderen Ausgangsfragestellung – in meinen Beitrag mit einfließen, da in dieser Studie die Betroffenen selbst zu Wort kommen.

Der Titel meines Beitrags ist als Frage formuliert: Krisenintervention – (k)ein Angebot für Psychiatrie-Betroffene? Warum stelle ich diese Frage? Viele Psychiatrie-Betroffene, die bereits mehrfach in der Psychiatrie waren und entsprechend psychiatrisch diagnostiziert wurden, machen die Erfahrung, dass die Kriseninterventionsangebote ihnen nicht mehr zur Verfügung stehen, sondern dass sie in Krisensituationen direkt an die Psychiatrie verwiesen werden. Wenden sie sich in einem der Berliner Krankenhäuser an eine der Kriseninterventionsstationen mit der Bitte um Aufnahme, weil sie sich in einer Krisensituation befinden, ist die Eintrittskarte das Gespräch mit einem Psychiater. Dieser wird in der Regel aufgrund ihrer psychiatrischen Vorgeschichte entscheiden, dass für sie ein Aufenthalt auf der Kriseninterventionsstation, der kurzfristig, bezogen auf das aktuelle Problem, ohne sofort auf die Behandlung mit psychiatrischen Psychopharmaka zu setzen, eine Bearbeitung ihrer aktuellen Krisensituation ermöglichen würde, nicht in Frage kommt, sondern dass für sie nur die Behandlung auf einer psychiatrischen Station bleibt. Viele Psychiatrie-Betroffene haben jedoch schlechte Erfahrungen in psychiatrischen Krankenhäusern und mit psychiatrischer Behandlung gemacht und diese Behandlungsangebote für sich nicht als hilfreich erlebt. Sie suchen für sich sehr bewusst ein nicht-psychiatrisches Angebot oder wünschen sich Krisenintervention auf nicht-psychiatrischer Basis ohne die Gefahr, erneut gegen ihren Willen in die Psychiatrie eingewiesen zu werden. Für diese Psychiatrie-Betroffenen ist stationäre Krisenintervention aufgrund der selektiven Zugangskriterien, bei denen (mehrfache) Psychiatrisierung oder bestimmte psychiatrische Diagnosen ein Ausschlusskriterium darstellen, kein Angebot, das sie in Anspruch nehmen könnten, auch wenn sie es bewusst auswählen.

Auch der ambulante Berliner Krisendienst, der rund um die Uhr erreichbar ist, hat sein Angebot bei seiner flächendeckenden Etablierung dahingehend konzipiert, dass an allen Standorten ein ärztlicher Hintergrunddienst vorhanden ist. Das bedeutet auch hier, dass dieses Angebot den Psychiatrie-Betroffenen, die sich in ihren Krisen besonders vor Zwangseinweisungen fürchten, nicht mit genügend Sicherheit zur Verfügung steht, denn ein Arzt – ob Psychiater

Iris Hölling

oder nicht – muss in bestimmten Situationen zum Mittel der Zwangseinweisung greifen und kann zwangsweise Psychopharmaka verabreichen, auch gegen den Willen der Betroffenen. Das stellt ein deutliches Machtgefälle dar und erschwert für viele Psychiatrie-Betroffene die Inanspruchnahme eines solchen Angebotes oder macht sie gar unmöglich. Viele dieser Betroffenen wenden sich stattdessen ans Weglaufhaus, wo diese Art telefonischer Beratung und Krisenintervention aufgrund der begrenzten Kapazitäten und des Fokus auf die BewohnerInnen der Einrichtung nicht oder nur in Ausnahmesituationen geleistet werden kann. Ein nicht-psychiatrisches, ambulantes Kriseninterventionsangebot, das auch Menschen, die eigene Wohnungen haben, unbürokratisch und niedrigschwellig zugänglich ist, fehlt bisher. Für Frauen gibt es in drei Nächten pro Woche das Frauennachtcafé, eine nächtliche Krisenanlaufstelle von Wildwasser e. V., die ein nicht-psychiatrisches, niedrigschwelliges Angebot macht, das jedoch aufgrund der finanziellen Ressourcen nur in drei Nächten pro Woche zeitlich begrenzt zur Verfügung steht. Die einige Jahre für Menschen aus dem Bezirk unbürokratisch arbeitende »Krisenpension« hat vor Kurzem wegen der längerfristigen Krankenkassenfinanzierung hochschwellige Voraussetzungen zur Aufnahme in Kauf genommen. Daher rührt meine These, dass Krisenintervention, so wie sie bisher institutionell in Berlin praktiziert wird, viele Psychiatrie-Betroffene, die sich ein solches Angebot wünschen, ausschließt.

10.3 Wünsche von Psychiatrie-Betroffenen an Kriseninterventionsangebote

Wie müsste eine Krisenintervention aussehen, damit sie ein Angebot für Psychiatrie-Betroffene wäre?

Eigentlich ist alles ganz einfach: Wenn eine Person verrückt wird oder in eine Krise gerät, braucht sie einen Ort, an dem sie sein kann, und Menschen, die sie so aushalten, wie sie ist. Leider haben Psychiatrie-Betroffene, die durch die Psychiatrisierung und ihre Folgen oft noch viele andere soziale Schwierigkeiten haben als ihre (wiederkehrenden) Krisen, meistens weder einen solchen Ort, noch FreundInnen oder andere Bezugspersonen, die für sie da sind. Folgen von Psychiatrisierung sind häufig soziale Isolation, ein Verlust von Netzwerken, Armut, fehlende Berufsausbildung, Arbeitslosigkeit, Schwierigkeiten mit der Herkunfts- oder Wahlfamilie. Oft sind die Menschen, die einer Person nahestehen, auch in eine Krisensituation mit einbezogen oder ein Teil des Problems, so dass gerade FreundInnen nicht (mehr) in der Lage sind, eine in die Krise geratene Person auszuhalten oder aufzufangen und zu unterstützen. Daher bedarf es häufig einer professionellen Krisenintervention, um Krisen zu bewältigen.

Wie sollte eine solche Krisenintervention aussehen? Welche Wünsche haben Psychiatrie-Betroffene an Professionelle?

10.3.1 Die Wahl haben

Ein zentrales Anliegen ist die Möglichkeit, zwischen verschiedenen Angeboten auszuwählen, z. B. zwischen psychiatrischen, sozialpsychiatrischen, psychosozialen und nicht-psychiatrischen Kriseninterventionsangeboten. Insassin in der Psychiatrie gewesen zu sein, impliziert für die meisten Psychiatrie-Betroffenen die Erfahrung, keine Wahl mehr zu haben, nicht mehr frei über Behandlungsmethoden entscheiden zu können, den Aufenthaltsort nicht mehr selbst zu bestimmen, zwangsbehandelt zu werden. Viele Psychiatrie-Betroffene haben gesetzliche BetreuerInnen mit festgelegten Aufgabenkreisen und so in bestimmten Lebensbereichen wie Aufenthaltsort, Art der Behandlung, Wohnungsangelegenheiten, Finanzen nicht mehr die Möglichkeit, frei und selbstbestimmt zu entscheiden und zu handeln. Die BetreuerInnen sind zwar gesetzlich verpflichtet, den Willen der Betreuten zu respektieren und deren Wünschen so weit wie möglich zu entsprechen, in der Praxis fällen sie jedoch – gerade in Krisensituationen – sehr häufig Entscheidungen gegen den Willen der Betreuten. Dies widerspricht allerdings der von Deutschland 2009 ratifizierten UN-Konvention über die Rechte von Menschen mit Behinderungen, die auch für Psychiatrie-Betroffene gilt. Die freie Wahl der Hilfsangebote zu haben, ist also ein zentraler Ausgangspunkt für eine gelingende Unterstützung. Dazu müssten zunächst einmal Angebote jenseits des sozialpsychiatrischen Versorgungssystems existieren. Flächendeckend ist dies weder in Deutschland noch in anderen Ländern systematisch der Fall. Nicht-psychiatrische Angebote sind eher die Ausnahme als die Regel, obwohl es eine Vielzahl von betroffenenkontrollierten und nicht-psychiatrischen Unterstützungsansätzen und Konzepten gibt, die auch erfolgreich in die Praxis umgesetzt wurden, jedoch kaum dauerhaft abgesichert sind (Lehmann & Stastny, 2007).

In Berlin gibt es das Weglaufhaus als antipsychiatrische Kriseneinrichtung für wohnungslose Psychiatrie-Betroffene. Für diejenigen, die die sozialhilferechtlichen Voraussetzungen erfüllen und ein stationäres Angebot wünschen, gibt es somit eine Wahlmöglichkeit, vorausgesetzt, dass die zuständigen Sozialämter zustimmen und die Kosten des Aufenthaltes übernehmen. Das Angebot des Weglaufhauses richtet sich jedoch nur an eine eingeschränkte Zielgruppe. Menschen, die eine eigene Wohnung haben, können das Angebot nur in seltenen Fällen nutzen. Menschen, die eine ambulante Unterstützung möchten, können lediglich auf die ebenfalls vom Verein zum Schutz vor psychiatrischer Gewalt e. V. angebotene nicht-psychiatrische Einzelfallhilfe zurückgreifen, sofern sie die sozialhilferechtlichen Voraussetzungen hierfür erfüllen und die Hilfe bewilligt wird. Die anti-psychiatrische Beratungsstelle des Vereins zum Schutz vor psychiatrischer Gewalt e. V. kann ebenfalls nur einen kleinen Teil der Beratungsbedarfe decken. Um wirklich zwischen psychiatrischen und nicht-psychiatrischen Angeboten wählen zu können, müssten also noch viele andere nicht-psychiatrische Hilfeangebote existieren.

10.3.2 Zugangshürden abbauen

Neben den fehlenden Angeboten ist auch der Weg, Hilfe in Anspruch zu nehmen, häufig durch hohe Zugangsvoraussetzungen verstellt. Menschen in Krisensituationen, die schnell, unbürokratisch Hilfe brauchen, sind oft heillos überfordert, mühsam Kostenübernahmen für Sozialhilfemaßnahmen zu beantragen, oder haben aus den oben beschriebenen Gründen keinen Zugang zu bestimmten Angeboten, weil ihre psychiatrischen Diagnosen Ausschlussgründe darstellen. Nötig wären niedrigschwellige Angebote, wo man/frau einfach hingehen kann – vergleichbar mit den Angeboten der Kältehilfe im Wohnungslosenbereich oder dem Frauennachtcafé –, um dort unbürokratisch und anonym Unterstützung und Beratung entsprechend den persönlichen Bedürfnissen in Anspruch zu nehmen.

»›Jedes Mal musste ich diese oder jene Bedingung erfüllen und dann gab es wieder neue Bedingungen (...). Dann habe ich keinen Bock mehr gehabt. Man sollte einen erst mal aufnehmen und nicht erst Bedingungen stellen, dass man irgendwo hinkommen kann. Bestimmte Bedingungen schon, aber das erschreckt auch zum Teil und man ist gar nicht fähig darauf einzugehen. Man muss die Leute erst mal annehmen‹« (Russo & Fink, 2003, S. 60).

Die oben erwähnte Studie *Stellung nehmen* hat auch gezeigt, dass viele Psychiatrie-Betroffene eher die Angebote der Wohnungslosenhilfe nutzen (Russo & Fink, 2003, S. 101), da dort kein Behandlungsanspruch besteht und diese Angebote anonym und ohne Anspruchsbegründung zugänglich sind. Es bräuchte Orte, wo Psychiatrie-Betroffene in Krisensituationen – besonders nachts – einfach hingehen können, wo sie AnsprechpartnerInnen finden, wo sie zunächst einfach (verrückt) sein können. Ein wichtiges Charakteristikum dieser Orte wäre der Verzicht auf psychiatrisches Personal, damit von vornherein die Möglichkeit von Zwangseinweisungen ausgeschlossen ist. Zudem sollte die Versorgung der Grundbedürfnisse (essen, trinken, schlafen etc.) gewährleistet sein.

10.3.3 Anforderungen an Professionelle

Die MitarbeiterInnen einer solchen Einrichtung bräuchten die Bereitschaft, mit Krisen und verrücktem Sein umzugehen, sich auf die BesucherInnen einzulassen, mit jedem/r von ihnen individuell herauszufinden, was er/sie sich in der jeweiligen Situation an Unterstützung wünscht. Diese Haltung impliziert eine kritische Auseinandersetzung mit psychiatrischen Diagnosen und den Stigmatisierungs- und Gewalterfahrungen, die viele Psychiatrie-Betroffene gemacht haben.

Eine Teilnehmerin der Studie *Stellung nehmen* beschreibt das, was ihr in Krisen helfen würde, folgendermaßen:

»Menschliche Wärme, zum Beispiel: Komm erst mal, dann reden wir über alles. Das Gefühl angenommen zu werden, Wärme zu spüren und nicht so weit weg vom Gesprächspartner zu sein, hilft mir zu reden (sicher bin ich nicht und Vertrauen habe ich auch nicht, aber es ist ein Anfang).

Keine Distanz, zum Beispiel: Ich bin der Therapeut und möchte, dass Du meine Diagnose akzeptierst – da fühle ich mich abgelehnt.

Das Gefühl über alles reden zu können, ohne Angst vor Konsequenzen haben zu müssen. Keine Drohungen, Druck und Erpressungen« (Russo & Fink, 2003, S. 97).

Für Frauen bräuchte es Frauenräume, in denen sie einen Schutzraum haben, da viele psychiatrie-betroffene Frauen sexualisierte Gewalterfahrungen gemacht haben, die für sie immer wieder zu Krisen führen, über die sie in gemischten Räumen nicht geschützt genug sprechen können. Auch sehr viele psychiatrie-betroffene Männer haben sexualisierte Gewalterfahrungen gemacht. Vielleicht bräuchten auch sie geschlechtergetrennte Räume. Das Bedürfnis danach wird von Männern jedoch kaum geäußert, was u. U. lediglich an dem größeren Tabu liegen könnte, mit dem das Sprechen über sexualisierte Gewalterfahrungen für Männer besetzt ist. In jedem Fall brauchen professionelle HelferInnen ein Wissen über sexualisierte Gewalt und ihren häufigen Zusammenhang mit Psychiatrisierung, der in der Psychiatrie immer noch viel zu sehr ignoriert wird. Eine Auseinandersetzung der Professionellen mit diesem Zusammenhang ermöglicht den Betroffenen, dieses Thema offen anzusprechen.

Als Professionelle muss man eine Person, die sich in einer Krise an eine Mitarbeiterin einer Kriseneinrichtung wendet, nicht unbedingt verstehen, um sie unterstützen zu können. Allerdings ist die Grundhaltung zu Krisen oder Verrücktsein entscheidend. Krisen haben immer gute Gründe und ihre Daseinsberechtigung. Diese Gründe kann jedoch nur die jeweilige Person selbst herausfinden. Eine professionelle Unterstützerin kann lediglich dabei sein, ein Gegenüber sein, ansprechbar und bereit sein, in Anspruch genommen zu werden. Interpretationen und Ideen der Unterstützerin bleiben ihre Interpretationen. Ob sie der Person in der Krise etwas bedeuten, entscheidet diese selbst. Oft erschließt sich der Sinn einer Krise erst im Nachhinein und nicht während eine Person sich mitten in ihr befindet. Um in einer unterstützenden Weise dabei sein zu können,[4] bedarf es einer be-

---

4 Mit »dabei sein« beziehe ich mich auf das in der kalifornischen Soteria entwickelte Konzept (vgl. Mosher et al. 1994).

stimmten Haltung, die die andere Person in ihrer Individualität und Fremdheit akzeptiert. Die Unterstützerin braucht die Bereitschaft, die/den andere/n auf ihrem/seinem eigenen Weg zu begleiten, sie/ihn auszuhalten und auch ihr eigenes Unverständnis, ihre Überforderung, ihre Hilflosigkeit auszuhalten. Als Person ist die professionelle Helferin eher unwichtig. Da es bei verrücktem Sein oft um Grenzerfahrungen geht, ist es notwendig, ein klares Bewusstsein für die eigenen Grenzen zu haben und diese auch deutlich zu machen. Hier geht es auch um die Bereitschaft, sich auseinanderzusetzen. Entscheidend ist, sich von den Vorstellungen der Person in der Krise leiten zu lassen, sie ernstzunehmen, auch wenn vieles fremd und unverständlich erscheint. Die andere bleibt Expertin für ihr eigenes Leben und ihre eigene Krise. Professionelle Kategorien sind eher hinderlich, weil sie den Blick für die Situation des Gegenübers verstellen können, indem sie nur ganz bestimmte Ausschnitte sichtbar machen. Um Menschen in Krisen zu unterstützen, müssen Professionelle bereit sein, sich selbst mit ihren professionellen Glaubenssätzen immer wieder infrage stellen zu lassen.

Krisenintervention bedeutet, sich mit der anderen Person gemeinsam auf ihren eigenen Weg zu machen, sie in ihrer Suche nach einem Ausweg aus ihrer Krise zu begleiten. Dieser Weg ist notwendigerweise individuell und muss jeweils neu gesucht werden. Aus diesem Grund werden hier weder Fallbeispiele vorgestellt noch Rezepte präsentiert, da dies an der Natur der Aufgabe, die Krisenintervention bedeutet, vorbeiginge. Die Anforderung an die Professionelle besteht darin, sich einzulassen, zu fragen oder in Ruhe zu lassen, zu reden oder zu schweigen, einfach dabei zu sein. Diese Form des Dabei-Seins (Mosher, Voyce & Fort, 1994) impliziert da sein, präsent sein, wach sein, aufmerksam wahrzunehmen, was die andere Person äußert. Sprache ist dabei nicht immer das einzige Kommunikationsmittel. Manchmal ist gerade die verbale Kommunikation – in strukturierter Form – in Krisensituationen nicht mehr möglich. Hier kann es wichtig sein, Sprachlosigkeit auszuhalten oder zu kreativeren Ausdrucksmitteln zu greifen.

Um deutlich zu machen, wie unterschiedlich die Bedürfnisse in Krisen sind, zitiere ich noch einmal aus *Stellung nehmen*:

»›Ein paar Hinweise könnte ich schon geben: Wenn ich in einer Krise bin, brauche ich einfach nur ein ruhiges, freundliches Klima, ohne dass mir jemand sagt, ich muss jetzt Tabletten nehmen. Ich will auch nicht telefonieren, denn in dem Moment ist es besser, wenn mir jemand gegenüber sitzt.‹

›Es kommt darauf an, was für ein Problem. Möglichst draußen, weg, wo es ruhig ist und keiner stört. Vielleicht im Wald mit jemand, den ich gut kenne. Viel laufen und auf diese Weise das verarbeiten. Abends bis zum Sonnenuntergang, dann soll das Problem auch weg sein, bis dahin muss ich das geschafft haben. Weil dann kann man sich auf den nächsten Tag freuen, die Sonne scheint und es wird von Tag zu Tag besser.‹

›Ich weine, das muss raus, dann fühle ich mich freier. Ich rede mit Freunden. Ansonsten habe ich zwei Vertrauenspersonen [in Evas Haltestelle], schon seit vier Jahren und da gehe ich meistens immer hin. Die geben einem Mut.‹

›Manchmal, wenn ich depressiv bin, dann fahre ich zum Flughafen und schaue, wie die Flugzeuge abheben und dann fange ich an nachzudenken. Das ist dann meist der Punkt, wo es kippt und ich dann weiterkomme.‹ [...]

›Mir ist wichtig, vor allem zu reden, um die Angst zu bewältigen in der Krise.‹« (Russo & Fink, 2003, S. 95)

Krisenintervention ist einfacher, wenn man eine Person kennt, wenn bereits ein Vertrauensverhältnis besteht. Vertrauen macht es der Person in der Krise auch leichter, Unterstützung in einer Extremsituation zu akzeptieren. Manchmal kann es jedoch auch gerade wichtig sein, dass die Helferin die Person in der Krise nicht kennt, damit die andere sich an sie wenden kann.

Im Weglaufhaus ist eine der zentralen Fragen im Aufnahmegespräch die Frage nach früheren Krisen- oder Verrücktseinserfahrungen, verbunden mit der Frage: Was hilft Dir dann? Was hilft Dir eher nicht? Welche Form von Unterstützung wünschst Du Dir? Frappierend ist, dass die meisten BewohnerInnen sehr erstaunt über diese Frage waren, da sie ihnen während ihrer oft langjährigen Psychiatriekarriere nie gestellt wurde. Oft war die Frage auch eine Überforderung, und sie konnten zunächst nicht viel darauf antworten. Bei diesen BewohnerInnen geht es dann im Laufe der Zeit im Weglaufhaus darum, dass sie herausfinden, was ihnen hilft und was ihnen eher schadet. Die MitarbeiterInnen geben dabei lediglich Anregungen, machen Vorschläge, die die BewohnerInnen ausprobieren oder verwerfen können (vgl. dazu Bräunling, Balz & Trotha, 2001; Kempker, 1998).

10.4 Fazit

Grundsätzlich wissen Psychiatrie-Betroffene sehr genau, was sie sich wünschen, wie sie sich Hilfe vorstellen, was sie brauchen. (Ausführlich dargestellt werden solche Wünsche z. B. im Kapitel »Was hilft mir, wenn ich verrückt werde« in Statt Psychiatrie 2, Lehmann & Stastny, 2007.) Sie werden nur viel zu selten gefragt und sehr oft nicht als kompetente GesprächspartnerInnen und als ExpertInnen für ihr eigenes Leben wahrgenommen. Die erste bundesweite betroffenen-kontrollierte Evaluation »personenzentrierte Hilfe aus Sicht der Nutzer« vom Verein Für alle Fälle e. V. hat gezeigt, dass 67 % der NutzerInnen Unterstützung in Krisen nach Gesprächen mit den Betreuern am wichtigsten ist bei den Hilfeangeboten (FaF e. V., 2007, S. 72). »Der häufigste negative Aspekt der Hilfe ist, in einer Krise zu schnell in die Klinik zu müssen« (a.a.O., S. 126). Eine weitergehende, gezielte systematische Befragung der NutzerInnen von Krisenintetventionsangeboten durch Personen von außen, die nicht mit der genutzten Einrichtung verbunden sind und zu denen kein Abhängigkeitsverhältnis besteht, brächte sicher sehr interessante Ergebnisse und wertvolle Anregungen für die NutzerInnen-gerechte Gestaltung der Angebote.

Literatur

Bräunling, S., Balz, V. & v. Trotha, T. (2001). Freie Sicht auf mich selbst! Die Praxis im Berliner Weglaufhaus. *Zeitschrift für systemische Therapie, 19* (4), 239–260.

Für alle Fälle e. V., Lorenz, A., Russo, J. & Scheibe, F. (2007). *Aus eigener Sicht: Erfahrungen von NutzerInnen mit der Hilfe.* Berlin: Der Paritätische.

Kempker, K. (Hrsg.) (1998). *Flucht in die Wirklichkeit: Das Berliner Weglaufhaus.* Berlin: Peter Lehmann Antipsychiatrieverlag.

Lehmann, P. & Stastny, P. (2007). *Statt Psychiatrie 2.* Berlin: Peter Lehmann Antipsychiatrieverlag.

Mosher, L., Voyce, H. & Fort, D. (1994). *Dabeisein. Das Manual zur Praxis in der Soteria,* Bonn: Psychiatrie Verlag.

Russo, J. & Fink, T. (2003). *Stellung nehmen: Obdachlosigkeit und Psychiatrie aus den Perspektiven der Betroffenen.* Berlin: Deutscher Paritätischer Wohlfahrtsverband.

11 Krisenintervention aus der Perspektive der »Vielmelder/Heavy User« eines Krisendienstes

Anja Link und Christiane Tilly

> Angefragt nach einem Beitrag zum Thema »Krisenintervention« aus der Perspektive von Nutzerinnen, sahen wir uns mit einer vielschichtigen Thematik konfrontiert: Krisensituationen sind schwer miteinander vergleichbar, nicht jeder Anruf beim Krisendienst erfolgt aus der gleichen Motivation heraus und sämtliche Angebote von Unterstützern gestalteten sich unterschiedlich, bzw. stoßen auf vielgestaltige Lebenssituationen, Erwartungen und (oft heimliche, unausgesprochene) Hoffnungen. Dennoch gibt es Parallelen im Krisenverständnis, den verschiedenen Phasen in einem Leben, in dem Krisen zum Alltag gehören und deren Bewertung einem steten Wandel unterliegt. Gleiches gilt für Erfahrungen mit Hilfsangeboten von Unterstützern aus dem privaten Umfeld und den professionellen Helfersystemen. Auf dieser Basis haben wir gemeinsam den folgenden Artikel gestaltet.

Heute sind wir an einem Punkt, wo wir reflektieren und unsere Erfahrungen mit uns und den vielen Helfern beschreiben können; eine von uns ist selbst zur »Helferin« geworden. Von der Zeit, als das noch nicht so war, handelt unser Beitrag. Unser Anliegen ist insbesondere, zum Verständnis für Menschen beizutragen, die häufig als »Vielmelder« bzw. »Heavy User« bezeichnet werden, die gerne fünf Minuten vor Dienstschluss beim Krisendienst anrufen oder auf die die Zuschreibung von »passiver Aktivität« passt. Solche Vorkommnisse entstehen aus einer inneren Logik heraus, die wir im Folgenden beleuchten, verstehbar machen möchten und damit Handlungsmöglichkeiten für den Umgang miteinander eröffnen möchten. Auch wir haben keine Patentrezepte für Strategien der Krisenintervention. Die Erfahrungsperspektive ist letztlich stets eine individuelle Perspektive. Aus zahlreichen Begegnungen mit anderen NutzerInnen und HelferInnen wissen wir jedoch, dass sich unsere individuellen Erfahrungen mit denen vieler anderer NutzerInnen decken, die ebenfalls die Diagnose »Borderline-Persönlichkeitsstörung« bekommen haben und in ihrem Leben immer wieder Krisensituationen ausgesetzt sind. Für diese Lebensrealität würden wir gerne mehr Einblick und Bewusstsein schaffen.

Anja L.: Laut den Erzählungen meiner Familie war ich ein zufriedenes, glückliches, ganz normales Kind; wenn auch etwas stiller als andere Kinder und mehr mit Grübeleien beschäftigt als mein älterer Bruder. In der Theatergruppe der Schule ärgerte ich mich oft darüber, dass ich immer nur die Rollen ernster Erwachsener bekam wie zum Beispiel die des Goethe, der in einem Bilderrahmen saß und die Szenerie altklug kommentierte. Gerne hätte ich auch mal leichte, fröhliche Rollen bekommen, aber offensichtlich war schon damals spürbar, dass ich diese Charaktere nicht hätte füllen können. In mir sah es tatsächlich weder leicht noch fröhlich aus; ich fühlte mich unglücklich, traurig, irgendwie leer und vor allem: ganz besonders wertlos. Nuancen meiner Gefühlszustände waren für mich kaum spürbar, vielmehr war es so, dass ich andere Gefühle, die dieses Erleben hätten ausgleichen können, immer seltener wahrnehmen konnte. Schließlich kam die Phase der Pubertät mit den entsprechenden Veränderungen im Denken, Fühlen und Körpererleben, und sie tat ihr Übriges, um mich vollends aus dem Gleichgewicht zu bringen. Ich hatte das Gefühl, nun völlig die Kontrolle über mich und mein Leben zu verlieren, und aus den schwierigen Grundgefühlen von Wertlosigkeit und Trauer wurde eine Verzweiflung, die mich voll und ganz ausfüllte. Wie es mir ging, konnte ich damals nicht beschreiben. Einerseits fehlten mir die passenden Worte, andererseits hatte ich den Eindruck, dass es weder eine Möglichkeit noch eine Berechtigung oder gar Notwendigkeit gab, Hilfe zu bekommen. Ich hielt dies für den Normalzustand, mit dem ein Mensch durch das Leben gehen muss. Ich kannte es nicht anders, als dass ich mit dem Gedanken aufwachte: »nicht schon wieder ein Tag« oder »heute könnte ich mich umbringen«. Ich schloss daraus, dass es wohl jedem Menschen so geht und ich einfach nur einen Weg finden müsste, damit umzugehen – und sei es, diesen Zustand aktiv durch Suizid zu beenden. Von Seelsorgern, Krisendiensten und Therapeuten wusste ich damals noch nichts. In meiner Freizeit hörte ich lieber melancholische Musik als auf Partys zu tanzen, und als ich zunehmend mehr Zeit in der Bücherei statt mit Schulfreunden verbrachte und Literatur über dramatische Lebensbiografien verschlang, stieß ich unweigerlich auch auf Beschreibungen von Menschen mit psychischen Erkrankungen. Das waren Leute, denen es wohl »wirklich« schlecht ging; sie hatten lebensbedrohliche Essstörungen, waren phasenweise depressiv oder hatten Psychosen. Einerseits konnte ich meine Gefühle in diesen Geschichten wiederfinden, andererseits war es nicht das, was in mir vorging; ich war verunsichert. Während der vielen Stunden in der Bibliothek fielen mir schließlich Psychologie-Fachbücher in die Hände, und ich begann, Selbsttests zur Feststellung von Depressionen zu machen; über meine Testergebisse war ich einigermaßen erstaunt und gleichzeitig erleichtert, denn demnach wäre das, was ich schon immer und ständig fühlte, eine Krankheit, und ich hatte allen Grund, mich damit an Fachleute zu wenden, die mich von diesen seelischen Qualen befreien würden. Nur, wie sollte ich vermitteln können, dass ich unglücklich bin, wo ich doch alles um mich herum hatte, was andere auch hatten? Ich meinte, unter einer Art »Beweislast« zu stehen und suchte nach greifbaren, sichtbaren Ursachen für meine innere Not. Taugten Ohnmachtsanfälle oder Beschreibungen von ständigen Magenschmerzen als Beweis für mein Leiden? Ich ging immer häufiger zu verschiedenen Ärzten und berichtete von Symptomen, über die ich gelesen hatte, half hier und dort nach, Krankheiten zu erzeugen und entdeckte meinen Körper als eine Bühne, auf der sich mein Leid abspielen konnte. Schließlich ging ich dazu über, sehr direkt meinen Schmerz zu kanalisieren, fing an, mich in die Arme zu schneiden und erlebte den hellen Schmerz als einen heilsamen Kontrast zu den düsteren Stimmungen. Nun hatte ich eine ganz einfache Lösung, die mir das Gefühl gab, wieder handlungsfähig zu werden, Kontrolle zu bekommen; ein wirksames, entlastendes Ritual schlich sich in meinen Alltag. Im Gegensatz zu den nur für mich spürbaren allgegenwärtigen und schwierigen Gefühlszuständen konnte ich mit diesem sichtbaren Ausdruck meines Leidens endlich den Begriff »Krise« erfüllen. Wer würde wie darauf reagieren?

Christiane T.: Mit 13 Jahren geriet ich das erste Mal in eine Stimmung, in der ich mich später häufig wiederfand: eine Mischung aus Verzweiflung und Leere. Ich war am Besuch des Gymnasiums gescheitert, nach den Sommerferien war der Besuch der Realschule geplant. In diesem Sommer lag ich oft in der Hängematte, starrte vor mich hin und spürte jeden Tag deutlicher, dass ich die Erwartungen meiner Eltern enttäuscht hatte. Ich teilte meine inneren Qualen nicht mit ihnen, sie schienen mir als Ansprechpartner nicht geeignet, weil es sie überfordern würde. Meine Traurigkeit machte wiederum meine Eltern traurig, das ertrug ich noch weniger. Der Einzige, mit dem ich meine Verzweiflung zu teilen versuchte, war der Nachbarhund. Mit ihm lief ich stundenlang durch die Felder und heulte dabei Rotz und Wasser. Ihn störte es nicht weiter – Hauptsache, wir blieben in Bewegung. Zu Hause lächelte ich und schwieg. Tränen zu zeigen hatte ich mir dort schon lange abgewöhnt.

Irgendwann in diesen Ferien suchte ich die Erziehungsberatungsstelle auf. Die Psychologin kannte mich von Testungen und als »mittelpunktstrebiges Kind«, das furchtbar eifersüchtig auf den kleinen Bruder war. Im Vorschulalter war ich einige Wochen lang zu ihr gebracht worden, bis ich angepasster war. Bei dieser Gelegenheit hatte ich gelernt: Wenn Kinder Probleme machen, gibt es Experten, die sich damit auskennen – die Eltern sind damit überfordert. Nun saß ich wieder bei der Psychologin, zu groß für die schönen Spielsachen im Therapieraum, aber mit dem Wunsch, wieder ganz klein sein zu dürfen. Ein bisschen erzählte ich von den Gefühlen, die mich plagten. Die Psychologin stellte fest: »Mensch, Mädchen, du hast ja Probleme!«. Dieser Satz erzeugte in mir ein warmes Gefühl des Verstandenwerdens. Sie bot mir einen nächsten Termin an, und bis zu diesem dachte ich immer wieder an den tröstenden Satz. Dem Termin folgten weitere wöchentliche Treffen. Morgens saß ich im Chemieunterricht und schaute heimlich auf den kleinen gelben Terminzettel. Die Formeln und Elemente rauschten an mir vorbei. Ich freute mich auf mein »Date« am Nachmittag. Wir alle warteten auf »Dates« am Nachmittag, jedoch waren meine Mitschülerinnen an den Jungs interessiert, die mir hingegen völlig egal waren. In der Klasse fühlte ich mich als Außenseiterin, ich konnte nicht mitreden, denn was würden die anderen denken, wenn ich von meinem besonderen Date spräche...

Nachmittags fuhr ich zur Psychologin. Mein gesamtes Taschengeld gab ich für Fahrkarten aus. Vor meinen Eltern hielt ich diese Besuche geheim.

Fast immer kam ich mit einem neuen wärmenden Satz aus den Beratungsstunden. Diese Sätze trugen mich eine Weile im Alltag. Doch irgendwann wurde es schwieriger, diese Sätze zu bekommen, und ich lernte, dass die sich Dramatik meiner Probleme abnutzte. Da wir in den Stunden gerade um das Thema Träume kreisten, informierte ich mich in der Stadtbibliothek dazu. Die Psychologie-Ecke war mir bestens vertraut, mein Berufswunsch mittlerweile auch glasklar: Natürlich wollte ich Psychologin werden. Zwar scheiterte ich noch an der Lektüre von Freuds »Hauptströmungen der Tiefenpsychologie«, die ich nahezu ungelesen zurückbrachte, aber Lexika über Traumdeutung wurden zu meiner neuen Freizeitbeschäftigung. Als ich meine eigenen Träume anhand der Lexika als eher unspektakulär deuten musste, begann ich, spektakuläre Träume zu konstruieren. Ich suchte mir die schlimmsten Symbole aus dem Traumlexikon und verband sie zu fantastischen Geschichten. Diese Aufzeichnungen waren Grundlage der Gespräche und verfehlten ihre Wirkung nicht. Die Psychologin war wieder alarmiert. Ich schämte mich sehr, aber der Gewinn ließ mich über diese Grenze gehen. Ich bekam nun häufiger Termine und wieder mehr »warme Sätze«. Das Wort »Krise« fiel in all den Jahren nie.

Anja L.: Die ersten Adressaten und unfreiwilligen Krisenhelfer waren die gleichaltrigen Jugendlichen und Lehrer meiner Schule. Meine Banknachbarin bekam mit, dass ich mich selbst verletzte und sie motivierte mich, Hilfe bei Lehrern zu suchen. Gemeinsam überlegten wir, welcher Lehrer wohl am vertrauenswürdigsten war und sich als hilfreich erweisen könnte. Ich erlebte, wie sie mich mit all ihren Möglichkeiten unterstützte, spürte aber auch, dass sie im Grunde überfordert war und zog mich von ihr zurück, um sie wieder zu entlasten. Als der Zuständige für »Erste Hilfe« an unserer Schule war unser Biologielehrer der erste, der meine Selbstverletzungen zu Gesicht bekam; ich spürte, dass er nicht wusste, wie er sich verhalten sollte. Seine Unsicherheit erschreckte mich; dennoch verstand ich, dass Selbstverletzungen eine Art Sprache waren, in der ich etwas vermitteln konnte, für das mir Worte fehlten. Das Lehrerkollegium machte sich Gedanken, wie mir geholfen werden könnte und löste damit bei mir die Hoffnung aus, dass sich die richtigen »Retter« schon zu finden waren. Eine Lehrerin hatte mich stets mit einem Ausdruck von Sorge und Achtsamkeit im Blick, sie bot mir immer häufiger Gespräche in den Pausen oder nach Schulschluss an und als sich meine Noten immer weiter verschlechterten, wurde dies von den meisten Lehrern mit besorgten Blicken statt Ermahnungen quittiert. Diese Form von Zuwendung verschaffte mir etwas Trost und Halt und letztlich war ich lieber in der Schule als zu Hause.

Schließlich landete ich zum ersten Mal bei einem Psychologen in der ambulanten Psychotherapie. Meine Vorstellung und Hoffnung, er könnte mir die schweren Gefühle abnehmen und mir dabei helfen, mich wie alle anderen aus meiner Schule zu fühlen und wieder dazuzugehören, zerschlug sich schnell. In den Therapiestunden verstand ich nicht, warum er nicht auf mich reagierte – er ermutigte mich lediglich, in Worte zu fassen, wie es mir ging, und wenn ich das tat, wiederholte er meine Worte lediglich in ähnlichen Sätzen. Ich gewann zunehmend den Eindruck, dass er mich entweder nicht verstand oder mir nicht helfen wollte. Ich überlegte, wie ich ihn dazu bringen konnte, endlich zu handeln und mich aus meiner Situation zu befreien. Erst als ein neuer Hausarzt involviert wurde, kam Bewegung in meine verfahrene Situation, denn dieser Arzt deutete die Selbstverletzungen als Suizidversuche und wies mich sofort in die Psychiatrie ein. Er redete sehr ernst mit mir und behandelte mich wie einen »Notfall«: Die Routine-Sprechstunde wurde unterbrochen, alle anderen Patienten aus dem Wartezimmer zurückgestellt. Zum ersten Mal hatte ich das Gefühl, mit meiner Not angemessen gesehen zu werden, denn dieses Verhalten entsprach meinem inneren »Ernst der Lage«. Auch gab es mir das Gefühl, wichtig und »rettenswert« zu sein.

In der Psychiatrie lernte ich schnell, dass jegliche Verhaltensweisen durch die Brille möglicher Störungen betrachtet werden und begann, die Sprache der Institution zu sprechen. Die erste prägende Erfahrung machte ich schon wenige Stunden nach der Aufnahme auf der psychiatrischen Station: Beim Essen wurden alle Patienten im gemeinsamen Speisesaal beobachtet. Verunsichert durch die neue Situation und auch, weil mir das Essen nicht sonderlich schmeckte, stocherte ich zunächst nur auf meinem Teller herum; es wunderte mich, dass ich damit kontrollierende Blicke des Personals auf mich zog. Als ich eine Mitpatientin bemerkte, die offensichtlich magersüchtig war und deshalb bei den Mahlzeiten unter besonders sorgfältiger Beobachtung des Personals stand, verstand ich den Zusammenhang: Das Personal hegte offenbar den Verdacht, ich hätte eine Essstörung. Die Mahlzeiten wurden ab sofort zur Quälerei, weil ich immer weniger aß und immer hungriger den Tisch verließ. Denn wenn ich auf diese Weise verständlich machen konnte, dass es mir schlecht ging, dann wollte ich das auch tun.

Der Stationsarzt bemerkte nach ein paar Wochen, dass ich mich in die Patientenrolle viel zu gut einfügte, an »dysfunktionalen« Verhaltensweisen von anderen Patienten dazulernte und stellte meine Eltern vor die Entscheidung, mich entweder mit nach Hause zu nehmen oder mich für längere Zeit auf eine geschlossene Station zu überweisen. So wurde ich wieder in einen Alltag geschickt, dem ich mich nun noch weniger gewachsen fühlte als zuvor und für den ich immer noch keine Bewältigungsstrategien mitbekommen habe. Dass es möglich war, sich mithilfe der Psychiatrie einem Leben zu entziehen, das mich überfordert, verblieb als Erfahrung in meinem Repertoire möglicher Lösungen und diente mir von nun an als Rettungsanker und als Alternative zu einem Suizid.

Christiane T.: Mit 23 Jahren kannte ich mich gut im Helfersystem aus. 18 Monate Kinder- und Jugendpsychiatrie und 4 Jahre Erwachsenenpsychiatrie lagen hinter mir. Ich hatte die Sprache der Profis gelernt. War mir bei meiner Einweisung in die Kinder- und Jugendpsychiatrie noch unverständlich gewesen, was »latente Suizidalität« bedeutet, so hatte ich bald schon die Wirkung suizidaler Äußerungen auf Helfende einzuschätzen gelernt. Ich war völlig mit der Welt »draußen« überfordert. Wenn ich meiner Verzweiflung darüber Ausdruck gab, indem ich äußerte, dass mein Leben keinen Sinn mehr hatte, so schlossen sich die Stationstüren und man behielt mich im Blick. Dies waren offenbar die Worte, die meine innere Not in einer Weise beschrieben, dass die Brisanz mein Gegenüber wirklich erreichte. Ich hatte wenige Worte, um meine Verzweiflung deutlich zu machen. Natürlich gab es Ärger mit den Mitpatienten, die ja nun gezwungen waren, sich jedes Mal die Tür aufschließen zu lassen, wenn sie die Station verlassen wollen. Dieser Gruppendruck war nicht angenehm, der Gewinn durch die Zuwendung der Profis jedoch größer. Man beachtete mich, in Abständen von wenigen Minuten sah man nach mir oder ich wurde aufgefordert, mich in regelmäßigen Abständen im Dienstzimmer zu melden. Angenehm war für mich aber vor allem, dass der Rahmen kontrollierbarer wurde. Mein Aktionsradius war dadurch auf die Station begrenzt und ich konnte mich nicht mehr so leicht selbst verlieren. Am Gruppentherapieprogramm nahm ich widerwillig teil, die Außenaktivitäten blieben mir jedoch erspart. Ich zeichnete Bilder und schrieb Texte, die ihre Wirkung nicht verfehlten. Statt in den Gruppentherapien Collagen zum Thema Zukunft zu gestalten, beschäftigten sich meine mit der Faszination des Todes. Die Darstellungen brachten mir schließlich eine »Audienz« beim Chefarzt ein. Lange diskutierten wir über einen Satz in einem meiner Texte: »Tod bedeutet frei sein, aber umgekehrt?« Obwohl ich diesen Satz selbst geschrieben hatte, wollte sich mir die Umkehrung einfach nicht erschließen. Hartnäckig bestand der Chefarzt jedoch darauf, dies sei ein besonders wichtiger Satz. Wirklich verstehen konnte ich den Sinn erst Jahre später. Auch wenn ich durch die dauernde Beschäftigung mit dem Thema Suizid längst wirklich suizidal war und es mir nicht mehr nur um Aufmerksamkeit ging, existierte doch tief in mir der Wunsch, frei sein zu können, ohne tot sein zu müssen. Der Suizid als Lösung schien mir immer plausibler zu sein und irgendwann unternahm ich auf der Station einen Suizidversuch, dem weitere folgten. Nach vielen Monaten wurde ich jedoch aus dem sicheren Nest der Kinder- und Jugendpsychiatrie geschubst, hinein in einen Alltag, mit dem ich restlos überfordert war. Meine Suiziddrohungen konnten den Aufenthalt nicht verlängern. Man hatte sich an meine »chronische Suizidalität« gewöhnt. Ein paar Wochen hielt ich »draußen« durch. Dann schluckte ich eine Überdosis Schlaftabletten. Der Telefonseelsorge teilte ich von einem Münzfernsprecher am Bahnhof aus mit, dass ich nicht mehr leben wollte und Tabletten geschluckt hätte. Aller Mut hatte mich verlassen. Denn eigentlich wollte ich ja leben, nur nicht mehr so wie bisher. Schließlich sammelten mich Mitarbeiter des Krisendienstes ein. Wieder kam ich ins Krankenhaus und wurde dort täglich von einer Mitarbeiterin des Krisendienstes besucht. Als der Versuch der ambulanten Begleitung scheiterte, geriet ich erneut in die Mühlen der Psychiatrie. Ich durchlief verschiedene psychiatrische Stationen, bis ich auf der geschlossenen Station der Erwachsenenpsychiatrie landete. Der Stationsarzt begrüßte mich mit den Worten: »Wir können Sie nicht mehr weiter überweisen, hier ist erstmal Endstation«. Ich war erleichtert. Als hochsuizidal eingeschätzt, wurde ich auf

Schritt und Tritt begleitet und fühlte mich aufgehoben, als ein »unbeschriebenes Blatt«: Hier wurde meine Krise ernstgenommen, denn keiner wusste, dass ich in einer Dauerkrise lebe. Wieder versuchte ich Worte für meine inneren Qualen zu finden. Meine Leere und Verzweiflung ließen sich jedoch nicht beschreiben und mir blieb wieder nur die »suizidale Kommunikation«. Beim leisesten Versuch der Helfenden, mir die Verantwortung für mich zurückzugeben, flüchtete ich mich in die Suizidalität. Lange funktionierte diese Art der Kommunikation, bis der Stationsarzt unglaublichen Mut bewies und mich trotz meiner Suiziddrohungen immer wieder in den Ausgang schickte. Oft mit den Worten: »Möglicherweise sehen wir uns auf der Intensivstation, Sie dürfen aber auch einfach so zurückkommen.« Zu gerne wollte ich seinen Worten folgen, aber einfach zurückzukommen schien mir zu gefährlich, denn dann entstünde doch der Eindruck, es gehe mir nun besser. Diesen Eindruck konnte ich nicht entstehen lassen, denn Vorstellungen davon, wie es mir wirklich besser gehen könnte, hatte ich nicht. Ich brauchte die Profis, um meinen Alltag zu überleben – und in der Klinik waren die Profis auch für mich da, draußen aber wäre ich alleine. Lange Zeit lief ich in die nächste Apotheke, kaufte Schlaftabletten, schluckte sie und ein Team von Rettungssanitätern sammelte mich irgendwo auf. Ich landete in der Notaufnahme und nach einem anschließenden Zwischenstopp auf der Intensivstation wieder auf der Geschlossenen. Die Magenspülungen waren schrecklich, und es gab Ärzte, die mich spüren ließen, wie sehr sie meine Handlungen verachteten. So hörte ich dann auch manchmal bei den Rettungsmaßnahmen Anweisungen wie: »Wir nehmen einen extra dicken Schlauch, zum Abgewöhnen«. Wenn ich noch wach genug war, bewunderte ich die Ärzte trotz allem dafür, dass sie wussten, was zu tun war. Sie waren handlungsfähig in einer Situation, in der ich die Kontrolle darüber, ob ich weiterlebe oder nicht, ohne ihre Hilfe nicht mehr wiedererlangen konnte. Ich war bereit, jede Demütigung in Kauf zu nehmen, wenn ich nur nicht die Verantwortung für mich selbst tragen musste.

Anja L.: Als ich von zu Hause auszog, mein Studium begann und mit dem Alleinsein konfrontiert war, glaubte ich nicht mehr daran, mein Leben ohne Hilfe bewältigen zu können; die Termine, die mir Beratungsstellen, Therapiestunden und Arztbesuche anboten, reichten nicht aus, um die dazwischenliegende Zeit inneren Leidens zu überbrücken. Da mir diese Zeiträume ohne Gesprächstermine endlos erschienen, bemühte ich mich um noch mehr Helferkontakte und stellte meine Situation so dramatisch wie nur möglich dar. Ich pflegte den Verdacht der Profis, »selbstgefährdend« zu sein, um die Intensität der Hilfsangebote steuern zu können. Immer häufiger landete ich zur Krisenintervention über das Wochenende in der Psychiatrie, bis ich schließlich mit einem »open end« dort bleiben konnte. Ich wurde ein paar Mal weiter überwiesen zu immer spezialisierteren Spezialisten und entwickelte mich so selbst zur Expertin. Als ich auf einer Station landete, die sich Patienten mit Selbstverletzungen widmete, profitierte ich weniger von den Erfahrungen der Helfer, sondern lernte von meinen Mitpatienten neue Methoden der Selbstschädigung und verlor dabei jeden Maßstab. Die Oberärztin sagte mir fast täglich als Reaktion auf meine Selbstverletzungen: »Sie hätten tot sein können«; ich hielt das für Übertreibungen, denn für mich lauerte die eigentliche Gefahr an ganz anderer Stelle: in der drohenden Entlassung in einen nicht zu bewältigenden Alltag. Einmal landete ich zur Krisenintervention auf der geschlossenen Station des Hauses; nach vier Tagen kam meine Ärztin, um zu erfahren, ob ich zur Fortsetzung der Therapie ausreichend motiviert sei. Ich sagte, es sei ja schon seit ein paar Tagen zu keinen Selbstverletzungen mehr gekommen, und auf ihren Einwand, ich hätte ja auf der geschlossenen Station mit installierten Überwachungskameras dazu gar keine Gelegenheit gehabt, legte ich ihr zum Beweis meiner Motivation eine Packung Rasierklingen auf den Tisch, die ich die ganze Zeit bei mir hatte. Wir schauten uns einen Moment lang schweigend an und fühlten uns wohl beide hilflos – ich hatte das Gefühl, wir saßen endlich in einem Boot. Es gelang mir immer wieder, Ärzten und Therapeuten ihre Machtlosigkeit vor Augen zu führen, und war dann erleichtert, mein eigenes Gefühl von Hilflosigkeit mit ihnen teilen zu können; die Dynamik, die dabei entstand, entsprach meinem Erleben. Dieses »Spiel« sollte die nächsten drei Jahre anhalten und erst, als ich sämtliche Grenzen des Helfersystems ausgelotet hatte und trotz enormer Anstrengungen aller Beteiligten die erhoffte Auflösung ausblieb, begann ich zu verstehen, dass niemand mir meine Gefühle abnehmen konnte.

Christiane T.: Im stationären Kontext schienen die Krisen für mich noch kontrollierbar. Entlassen in einen Alltag nach der Psychiatrie versuchte ich, mein Leben allmählich wieder aufzubauen. Mittlerweile hatte ich kein Vertrauen mehr in meine eigene Kraft und so brauche ich ein enges Helfernetzwerk. An Wochenenden war dieses jedoch leider nicht verfügbar. Irgendwie stieß ich in meiner Verzweiflung auf die Nummer des Krisendienstes. Ich rief dort an und wusste, ich musste meine Krise überzeugend darstellen. Ein »ich fühle mich so leer und verzweifelt« würde nicht reichen. Sätze wie »ich habe so komische Gedanken« und »ich weiß nicht, ob ich die Nacht heute so überstehen kann« jedoch verfehlten ihre Wirkung nicht. Der Mitarbeiter telefonierte eine Stunde lang mit mir und die quälenden Gefühle waren für einige Zeit vergessen. Wir scherzten am Ende des Gesprächs, doch anschließend fiel ich in rasantem Tempo noch tiefer in die unangenehmen Gefühle. Einige Stunden schlich ich um mein Telefon herum. Dann beschloss ich, erneut Kontakt zum Krisendienst aufzunehmen. Die Mitarbeiter kündigten einen Hausbesuch an und ich war erleichtert. In den folgenden Monaten wurde ich zum »Vielmelder«, das Telefonkabel zu meiner Nabelschnur zur Welt. Ständig rief ich beim Krisendienst an und »erarbeitete« mir einen »schlechten Ruf«: Meine Suizidalität wurde nicht mehr ernstgenommen. Nur neue Mitarbeiter hörten mir noch geduldig zu und versuchten, Lösungen mit mir zu erarbeiten, doch alle diese Ideen reichten mir nicht aus. Ich brauchte mehr und ich hatte noch nicht gelernt, mir selbst etwas zu geben. Ich erzählte jedem bereitwillig meine ganze Lebens- und vor allem Krankengeschichte; jede Minute am Telefon zählte, wenn ich nur nicht allein war. Anschließend fühlte ich mich leer. War der Hörer wieder aufgelegt, so setzte meine Krise erst richtig ein. Dann quälte ich mich, spazierte stundenlang am Bahngleis entlang, rang mit mir und wusste, ich musste entscheiden, die Verantwortung für mich selbst tragen. Kein anderer konnte das tun, ich selbst musste es lernen. Ich allein entschied, ob ich den Schritt auf das Bahngleis tun, die Packung mit Schlaftabletten anrühren oder das Messer in die Pulsadern stechen würde. Es ging nicht mehr um Risikoabwägung durch andere – diese Suizidalität war nicht mehr appellativ und ich musste alleine damit fertig werden.

Anja L.: Beim Vormundschaftsgericht stellte ich den Antrag, die gesetzliche Betreuung aufzuheben. Ich wusste genau, was ich der Richterin bei der Anhörung erzählen musste, damit sie keine Anhaltspunkte für eine Weiterführung der Betreuung finden konnte. Eben aus einer Klinik entlassen, in der man meinen Blutverlust durch Transfusionen ausgeglichen hatte, erschien ich zum Gerichtstermin; dass ich noch einen Tag zuvor vor Schwäche nicht weit laufen konnte, sah mir die Richterin nicht an. Kurz darauf erhielt ich mit der Post die Bestätigung der Aufhebung meiner Betreuung. Erschrocken darüber, dass auch dies funktioniert hatte und ich jetzt wieder selbst ganz offiziell die Verantwortung für mich trug, fühlte ich mich mehr denn je im Stich gelassen. Die Exmatrikulation drohte, wenn ich das kommende Semester nicht schaffte. Die nächste Psychiatrieeinweisung würde auf der »Chroniker-Station« enden.

Auch wenn ich in dieser Zeit nicht wusste, ob ich leben wollte, so gab es doch zwei Dinge, die ich ganz klar als (Überlebens-)Ziele im Kopf hatte: Ich musste alles daran setzen, eine erneute Einweisung in eine Klinik zu verhindern und mein Studium zu beenden. Diese Ziele erzeugten einen Druck, den ich brauchte, um meine Krisen selbst zu begrenzen und die guten Phasen zu verstärken und zu verlängern – das gelang vor allem durch Dialoge mit inneren Anteilen, die ich mir als unterschiedlich alte Kinder vorstellte. Diese Kinder waren traurig, wütend, fühlten sich verlassen und hilflos. Diese Methode hatte ich in der Therapie gelernt, aber bisher niemals wirklich ausprobiert. In dieser Zuwendung gab ich mir selbst Trost und die Anerkennung, nach der ich so lange vergeblich um mich herum gesucht hatte, und versuchte, rücksichts- und respektvoll mit mir umzugehen. Mühsam nahm ich den Alltag wieder in meine Hände, musste zunächst die einfachsten Dinge lernen und üben: einkaufen, Wäsche waschen, den Tag strukturieren – scheinbar Belanglosigkeiten also, die Gleichaltrige selbstverständlich beherrschen. Es war anstrengend und dauerte lange, aber ich war erstaunt, dass es funktionierte.

Der Stolz, der mich erfüllte, als ich mein Diplom geschafft hatte, gab mir den Mut und die Kraft, neue, »riskantere« Ziele anzugehen. Kaum merklich dehnte sich mein Blick in die Zukunft und ich spürte zunehmend meine Selbstwirksamkeit. Die Ansprüche an die jeweils nächste Hürde, die ich überwinden wollte, wurden schrittweise höher. Eines Tages hielt ich meinen ersten Arbeitsvertrag für einen Job als Redakteurin bei einem kleinen Radio in der Hand, zog in eine schönere Wohnung und fand mich in einem stabilen sozialen Netz wieder: Es gab tatsächlich ein paar Menschen, die an mich geglaubt hatten, und ich merkte jetzt erst, wie mich dies durch die schwere Zeit getragen hatte. Eine Katze kam in mein Leben und sorgte dafür, dass ich nicht mehr in eine Klinik verschwinden mochte. Sie gab mir das Gefühl, das ich so lange in Krisengesprächen und Kontakten mit Therapeuten vergeblich gesucht hatte: einzigartig zu sein.

Aus den Therapien und Krisengesprächen der letzten Jahre fallen mir immer mehr Details ein, die mir helfen, diesen neu gewonnenen Alltag stabil zu halten. »Niemand hat uns versprochen, dass es einfach werden wird« – dieser Satz meiner Therapeutin gibt mir das Gefühl, mit anderen Menschen verbunden zu sein, und hilft mir, mich in meinem Leben zu akzeptieren. Das Leiden ist noch da, aber der Kommunikations- und Erwartungsaspekt ist weg. Ich bin nicht mehr bereit, mich zu quälen, um anderen zu beweisen, dass es mir nicht gut geht und dass ich Hilfe brauche.

Ich fange an, mich selbst zum Mittelpunkt meines Lebens zu machen, nehme mich ernst mit der inneren Not und begebe mich noch einmal in Therapie. Diesmal läuft alles anders. Ich spüre, dass es einen starken Sog gibt, in alte Muster zu fallen. Es bedeutet aktive Arbeit und viel Reflexion, nicht der Hoffnung zu erliegen, schwierige Gefühle im Stations- oder Therapeutenzimmer »abliefern« zu können und aus einer sicheren Distanz heraus dann beobachten zu können, wie das Helfersystem sich abmüht, meine Probleme zu übernehmen und zu lösen. Ich muss heute nicht mehr beweisen, dass sie es nicht schaffen werden. Meine Therapeutin unterstützt mich bei dieser Reflexion und ich bin überrascht, welche Unterstützung ich erfahre; vielleicht liegt es an meiner Offenheit oder an dem Wunsch, eigene Grenzen zu überwinden und allem voran ein glückliches Leben führen zu können. Es gelingt mir zu betrachten, welche Instrumente mir die Helfer anbieten, ich probiere aus, welche mir nützlich sind, und übernehme diese in mein Repertoire an Selbsthilfemöglichkeiten. »Krisenintervention« hat eine ganz andere Funktion erhalten.

Christiane T.: Meine häufigen Anrufe beim Krisendienst hatten das ambulante Hilfesystem aktiviert; ich wurde zum Sozialpsychiatrischen Dienst geschickt und erhielt eine persönliche Ansprechpartnerin; beide Dienste trafen Vereinbarungen mit mir. Ich durfte nun jederzeit anrufen und beispielsweise sagen, ich wüsste nicht, wie ich den Sonntagnachmittag ertragen sollte, oder ich bräuchte einfach jemanden zum Ablenken. Manchmal wurde ich eingeladen, vorbeizukommen und einen Kaffee mit den Mitarbeitern zu trinken. Im Gegenzug fiel es mir leichter zu akzeptieren, dass auch andere Hilfesuchende Unterstützung brauchten. Mein Wunsch nach Kontakt konnte ohne eine dramatische Inszenierung stattfinden. Ich konnte die Bedingungen akzeptieren, weil ich sie mitgestalten durfte, und ich lernte es zu ertragen, wenn nicht sofort jemand Zeit für mich hatte. Wenn ich doch noch einmal kurz vor Dienstschluss anrief, sagte ich jetzt ehrlich, dass ich Angst vor der langen Nacht hatte, nur noch kurz eine Stimme hören wollte und einen schönen Abend wünschte. Einige Jahre lang saß ich jedes Jahr an Heiligabend stundenlang bei den diensthabenden Mitarbeitern, aß gemeinsam mit ihnen Plätzchen und wartete auf ihren Dienstschluss – und meinen bevorstehenden Heiligabend-Familienstress. Mehrere Jahre lang trug mich ein ganzes Helfersystem: Die Sozialarbeiterin vom Sozialpsychiatrischen Dienst, die Krisendienstmitarbeiter, eine Therapeutin, eine Hausärztin und der Integrationsfachdienst boten mir genug Anlaufstellen, um mein Bedürfnis nach Unterstützung abzudecken. So gelang es mir, eine Ausbildung durchzuhalten und anschließend zu studieren. Und immer hatte ich die Gelegenheit, von meinen kleinen Erfolgen im Alltag zu berichten. Ich rief nicht mehr so oft beim Krisendienst an, doch wenn ich es tat, gab es fast immer einen Krisendienstmitarbeiter, der sagte: »Ach, ich habe gehört, Sie machen jetzt dies und das, erzählen Sie doch mal«. Die Gespräche begannen, zu »normaler Alltagskommunikation« zu werden, ich übte im geschützten Rahmen. Und ich fasste wieder Mut, auch im Alltag Gespräche mit Menschen zu führen, in denen es nicht um Krisen ging. Ich fand Freunde und konnte wieder teilhaben am »normalen« Leben. Irgendwann beschlossen »meine« Sozialarbeiterin und ich, dass wir nun die Akte schließen konnten. Ich trat eine Arbeitsstelle an und schaffte es aus eigener Kraft, mich den Herausforderungen im Alltag zu stellen.

Seit eineinhalb Jahren arbeite ich selbst in einer psychiatrischen Klinik. Patientensuizide gehören zur traurigen Realität meines Arbeitsalltags. Suizidäußerungen versetzen mich in erhöhte Alarmbereitschaft. Es tut mir um jeden Patienten leid, der sich nicht für das Leben entscheiden kann. Ich fühle mich hilflos und es bleibt mir nur, für die einzelnen Patienten zu hoffen, dass es für sie gut weitergehen kann, auch wenn sie selbst gerade nicht daran glauben können.

Oft frage ich mich, ob ich es wirklich geschafft habe. Es gibt Tage, an denen ich mir wünsche, nicht die ganze Verantwortung für mich tragen zu müssen. Dann male ich mir aus, was passieren würde, wenn ich mein Auto vor einen Brückenpfeiler setze oder mich einfach aus dem Fenster meiner Wohnung im dritten Stock fallen lasse. Im nächsten Moment denke ich über den Urlaub nach, den ich mit meinem Freund geplant habe, und mir fällt ein, dass ich noch Sonnencreme kaufen muss. Es sind kurze Augenblicke, eine Abfolge von Überlegungen. Die Suizidgedanken sind keine wirklichen Lösungen und die nachfolgenden Gedanken viel bedeutender. Ich will leben und es gibt zu viel, was ich verlieren würde. Vielleicht brauche ich es, in diesen Extremen zu denken.

Wenn es mir schlecht geht, will ich auch heute noch gesehen werden und brauche Zuwendung. Aber ich bemühe mich, diese direkt einzufordern und gehe auch auf die Hilfsangebote von Fachleuten ein. Heute nehme ich z. B. verordnete Medikamente (die ich früher aus Angst vor Nebenwirkungen und Kontrollverlust direkt in den Blumenkübeln der Station versenkt habe), wenn sich meine Stimmung anders nicht mehr ins Lot bringen lässt, und suche gemeinsam mit »meinen« Profis nach der Lösung für ein besseres Befinden.

Früher half es mir, wenn die Profis mit mir gemeinsam meine aktuelle Krisensituation betrachteten und das Chaos sortierten, wenn sie meine »hilflosen Selbsthilfeversuche« – wie Selbstschädigungen – tatsächlich als Selbsthilfeversuche verstanden und mich bei der Suche nach Alternativen unterstützten. Sie sorgten für Transparenz und zeigten mir die Konsequenzen meines Handelns auf (z. B. die Zwangsläufigkeit einer Klinikeinweisung, sollte die »suizidale Kommunikation« nicht durchbrochen werden). Von besonderer Bedeutung war für mich eine gute Portion Humor von beiden Seiten, die mancher Krisensituation ihre Dramatik nahm.

Heute

Im Rückblick können wir beide sagen, dass es uns heute gut gelingt, vieles von dem anzuwenden, was uns in Krisensituationen geholfen hat. Konstruktive Selbsthilfeideen sind für uns heute eingeübte und bewusst anwendbare Handlungsmöglichkeiten. Wir haben heute ein Wissen um unsere Ressourcen. Heute ist es für uns leichter, Hilfe anzunehmen und sie nicht mit Gegenargumenten wegzudiskutieren, immer in der Hoffnung, es finde sich vielleicht doch noch ein weiterer Helfer, der eine magische Zauberkugel gegen alle nicht ausgesprochenen Gefühle von Einsamkeit und Leid aus der Tasche zieht.

Wir haben beide heute noch Kontakte zu dem einen oder anderen Krisenhelfer. Sie sind Vergangenheitsbewahrer. Manchmal ist es einfach gut, mit ihnen gemeinsam über die Zeiten schwerer Krisen sprechen zu können. Es tut gut, wenn da jemand ist, der sagen kann: »Wenn ich mich noch daran erinnere, wie es Ihnen damals ging und was Sie seit damals geschafft haben …«. Manchmal waren wir erstaunt über die Freundlichkeit der professionellen Helfer. Nachdem wir selbst gedacht hatten, das gesamte Hilfesystem längst überstrapaziert zu haben und uns schämten, kamen Fragen wie »Was haben wir als Helfer falsch gemacht?«. Und plötzlich waren Gespräche möglich und im Austausch entstand ein Verständnis für das Handeln auf der einen wie auf der anderen Seite und die Gewissheit, dass der Verlauf nicht anders hätte sein können oder dürfen. Unsere Krisen haben oft allzu offensichtlich appellativ gewirkt. Für uns und unsere Helfersysteme hat es sich gelohnt, gemeinsam vorsichtig nach dem tatsächlichen Bedürfnis zu schauen – wenn wir als Nutzerinnen gerade kein Interesse an dem Entdecken unserer Ressourcen erkennen ließen – und manchmal kreative Lösungen zu entwickeln.

12 Leidenschaftlich gefordert, selten erreicht – Krisenhilfe aus Sicht der Angehörigen

Reinhard Peukert

> Angehörige psychisch kranker Menschen fordern seit Jahren Krisendienste – dennoch gibt es solche Dienste nur in ganz wenigen Regionen.
>
> Hinter dem Ruf nach Krisendiensten steht zweierlei:
> 1. Die Erfahrung vieler Angehöriger, dass gerade in schwierigen Zeiten »unterhalb der Notfallschwelle« keine Unterstützung zu finden ist: Viele psychisch kranke Menschen reagieren gerade in Krisenzeiten mit Rückzug und Hilfeverweigerung.
> 2. Generell folgen die Hilfen für psychisch kranke Menschen den Regeln der Einrichtungen und Dienste. Schnelle, flexible, auf den aktuellen Bedarf zugeschnittene Hilfen am gegenwärtigen Lebensort sind die Ausnahme; der Ruf nach Krisendiensten ist eine Chiffre für diesen Mangel.
>
> Der Effekt von beidem: »Familien sind die größte gemeindepsychiatrische Einrichtung«, und Angehörige sehen sich als allfällige Ausfallbürgen. Es werden Vorschläge gemacht, wie mit wenigen Mitteln Abhilfe geschaffen werden kann.
>
> Neben Notfällen und krisenhaften Zuspitzungen gibt es »sub-akute Krisen«: lang andauernde Belastungssituationen in den Familien, die die Handlungsfähigkeit aller Beteiligten immer weiter einengen. Für diese Situationen wird eine neue professionelle Rolle – der Familiengast – vorgeschlagen.

12.1 Einführung

12.1.1 Persönliche Vorbemerkung oder: vom Profi zum Angehörigen

Mein zwei Jahre älterer Bruder erkrankte mit ca. 20 Jahren an einer schizo-affektiven Psychose, er musste sich einige Jahre später frühberenten lassen, er engagierte sich in den ersten Anfängen der Psychiatrie-Erfahrenen-Bewegung, organisierte mit anderen einen Patienten-Club, lebte viele Jahre mit einer Frau zusammen und nahm sich vor ca. zwei Jahren in einer tiefen Depression das Leben.

Meinem Bruder verdanke ich den Blick auf nun mehr als 35 Jahre psychiatrischer Realität und fast genauso lange Einblicke in das Innenleben sowie die Lebensumstände, die von Psychiatrie-Erfahrung geprägt sind. Diese Erfahrungen waren auch ausschlaggebend für einen Kurswechsel in meiner Berufsbiographie: Vor ca. 25 Jahren beschloss ich, »Psychiatrie-Profi« zu werden; ich wollte es nicht nur besser machen als meine Eltern, ich wollte »es auch den Psychiatrie-Profis zeigen«: Wenn man es nur »richtig« machen würde, dann könnte psychisches Leid verhindert werden – und ich stürzte mich in den frühen 80ern mit ambitionierten Projekten in die Anfangsphase der Gemeindepsychiatrie.

Reinhard Peukert

Die Hybris ist inzwischen (und zwar relativ schnell!) der Einsicht in die äußerst begrenzten Möglichkeiten menschlicher Einflussnahme in vielfältig bedingte Lebensläufe und Lebensschicksale gewichen, einer Demut vor der Autonomie auch solcher Lebensverhältnisse, die von Leid, Kummer und Absonderlichkeiten geprägt sind. Das hat mich nicht davon abgehalten, vor Jahren als Professor für Sozialmedizin und Sozialmanagement zunächst einen eigenen Diplom-Studiengang einzuführen, der bezeichnenderweise »Sozialmanagement im Sozial- und Gesundheitswesen – Schwerpunkt Gemeindepsychiatrie« heißt, der später in einen Masterstudiengang (zusammen mit der Fachhochschule Fulda) »Master of advanced professionel Studies – Gemeindepsychiatrie« eingebracht wurde.

Ich habe aber auch von den ersten Anfängen seiner Veränderungen an miterlebt,[5] was dies für die unmittelbaren Angehörigen bedeutet; bei meinem Bruder waren das vor allem meine Eltern, insbesondere meine Mutter.

Als Bruder konnte ich zunächst zuschauen, und als Profi hatte ich mir eine komfortable Rolle in der Familie gesichert – bis ich noch reifer und meine Eltern älter wurden: Ich fand mich plötzlich und unerwartet selbst als Angehöriger vor, der sich elementar verantwortlich fühlte und fühlen musste, der am eigenen Leib (und nicht qua Beobachtung am Leib seiner Eltern) erlebte, was psychische Erkrankung unter den aktuellen Versorgungsbedingungen für die Angehörigen bedeutet.

Damit sind wir beim Thema: die Belastungen, das Leid und manchmal die Verzweiflung angesichts der immer wieder sich einstellenden krisenhaften Entwicklungen – ohne aus Angehörigensicht adäquaten Antworten des Hilfesystems.

Die »Entdeckung«, Angehöriger wie so viele andere zu sein, führte mich in die organisierte Angehörigenbewegung. So übe ich heute in dem Feld, in dem ich als engagierter Profi arbeite, zugleich eine Funktion als Angehöriger aus, und zwar als Vorsitzender des Landesverbandes Hessen der Angehörigen psychisch kranker Menschen.

Die Angehörigenbewegung war – inzwischen über 25 Jahre alt – längst der Kindheit entwachsen und zu einem sozialpolitisch und auch fachlich relevanten Faktor in allen Bundesländern und in Bonn, heute Berlin, geworden: Es gibt weder auf Landes- noch auf Bundesebene ein mit Psychiatriefragen befasstes Gremium, einschließlich der Fachministerien, oder einen relevanten Verband (sei es die Deutsche Gesellschaft für Psychiatrie, die Aktion Psychisch Kranke, die Deutsche Gesellschaft für Psychiatrie, Psychotherapie und Nervenheilkunde), die darauf verzichten würden, Angehörige einzubeziehen und mit ihnen zu kooperieren. Dabei spielte der Dachverband Psychosozialer Hilfsvereinigungen für die deutsche Angehörigenbewegung eine besondere Rolle: unter seinem Dach orientierte und organisierte sie sich.

Leider führen das Einbeziehen und die Kooperation nicht dazu, die Forderungen und Wünsche der Angehörigen so ernst zu nehmen, dass sie realisiert würden (vgl. Peukert, 2004).

12.1.2 Die Forderung von Angehörigen nach Krisendiensten – nur ein Symbol?

In den Analen der Angehörigenbewegung stieß ich auf die auch schon in mir gereifte Forderung nach Krisenhilfen, und ich musste feststellen, dass die Angehörigenbewegung

---

5 Veränderungen, die die medizinischen Profis die Prodromalphase nennen und in der sich die Betreffenden, die später durch Klinikaufenthalte zu Psychiatrie-Erfahrenen werden, für völlig gesund und die anderen für belastend halten.

vom ersten Tag ihrer Artikulation an »Krisendienste«, »Besuche des Nervenarztes zu Hause«, »Unterstützung im häuslichen Umfeld, wenn wir mal nicht weiter wissen« etc. fordern.

Heute weiß ich, dass es für Angehörige bei der Krisenhilfe um ein reales Anliegen, aber auch um ein Symbol geht: In allen diesen Forderungen, Wünschen, Hoffnungen drückt sich die unstete Ahnung aus, dass es etwas geben könnte, mit Hilfe dessen es möglich sein würde, ein halbwegs auskömmliches Leben mit einem psychotisch erkrankten Familienmitglied führen zu können.

Diesen realen Traum von uns Angehörigen möchte ich Ihnen, lieber Leser, nahebringen und nachvollziehbar machen – in der Hoffnung, dass Sie als Politiker oder Profi Ihren Beitrag dazu leisten, an mehr Orten als bisher den Traum ein wenig in die Realität hineinwachsen zu lassen.

12.2 Leben mit einem psychisch kranken Familienmitglied

12.2.1 Ein Prozess

Was heißt es aus Angehörigensicht, »ein halbwegs auskömmliches Leben mit einem psychotisch erkrankten Familienmitglied führen zu können«? Ein Leben mit einem psychisch erkrankten Menschen zu führen, heißt nicht notwendig, mit ihm unter einem Dach zusammenzuleben; als Familienmitglied lebt man in der Vorstellung, in der Seele, in seinen Gefühlen immer mit dem Erkrankten zusammen, unabhängig davon, wie viele Treppen im Hause zwischen getrennten Wohnungen oder Kilometer zwischen den Wohnorten liegen.

Die Erfahrung der für uns Angehörigen häufig sehr schnell, unvorhergesehen und unbeeinflussbar eintretenden völligen Hilflosigkeit unseres Angehörigen löst bei uns vielerlei aus, neben den vorübergehenden Erfahrungen von Angst und tiefer Irritierung vor allem Folgendes:

1. Selbst in der ersten Erkrankungsphase zutiefst verunsichert, müssen wir beobachten, wie das Versorgungssystem selbst oft unsicher, unklar und schwer nachvollziehbar handelt.
2. Wird vom Versorgungssystem klar, eindeutig und hilfreich agiert, werden wir schlagartig aus unserer bis dahin bestehenden Verantwortlichkeit entlassen; mehr noch, wir müssen erfahren, dass unser Interesse, unsere Fragen und unsere Angebote von den hilfreichen Helfern wohl als »schädigend« eingeschätzt werden.
3. Dies führt nun gerade nicht zu der »Einsicht«, unsere Verantwortung zurücknehmen zu können – ganz im Gegenteil: Wir fühlen uns zwar vorübergehend von den Turbulenzen und Belastungen der »prästationären Erkrankungsphase« entlastet, aber das Erleben mangelnder Beachtung bzw. gänzlicher Missachtung unserer Erfahrungen aus dieser prä-stationären Phase lässt in uns den Verdacht keimen, die Professionellen könnten ihrer Verantwortung, die sie uns scheinbar so vollständig abgenommen haben, nicht gerecht werden.
4. Spätestens bei der Entlassung wird aus dem sich vage andeutenden Verdacht häufig, zu häufig, eine vermeintliche Tatsache: Unser Familienmitglied wird in seine Wohnung entlassen, ohne dass geklärt ist, wie er dort den Alltag meistern kann; wenn wir Glück haben, wurden wir informiert – obwohl er doch schon volljährig ist; hat sich die Klinik gekümmert, dann wurde mit unserem Angehörigen ein Tagesstättenbesuch und/oder die Betreuung durch das Betreute Wohnen vereinbart. Aber wird er dort bleiben oder bricht das Betreuungsverhältnis zusammen, entweder weil er sich etwas anderes darunter vorgestellt hat oder weil die Mitarbeiter sich

unter ihm etwas anderes vorgestellt haben? Wir müssen jedenfalls erkennen, dass seine anfängliche Euphorie und Zufriedenheit mit dem Angebot zunehmend prekärer wird.

5. Und dann geschieht, was wir befürchtet haben: Das Betreuungsverhältnis wird gelöst, von ihm aus oder seitens der Einrichtung bzw. des Dienstes.
6. Das Ergebnis: Unser krankes Familienmitglied nutzt von nun an die größte gemeindepsychiatrische Einrichtung in Deutschland: die Herkunftsfamilie!

12.2.2 Exkurs: Der Einrichtungstyp »Familie« ist gegenwärtig nicht nur das Größte, sondern auch das flexibelste Angebot der (Gemeinde-)Psychiatrie

Die Familie hält im schnellen personenorientierten Wechsel unterschiedlichste Hilfen vor, z. B. »vollstationär«: Der »Patient« ist schwer erkrankt, in höchstem Maße unselbstständig, er lebt bei seinen Eltern zu Hause und wird von ihnen in allen Funktionen des täglichen Lebens voll versorgt; die Eltern bieten aber u. a. auch die soziotherapeutischen Leistungen »Begleitung zum niedergelassenen Nervenarzt« gem. § 27 a, SGB V an, allerdings ohne Vergütung; nach einiger Zeit geht es unserem Protagonisten besser – dann erhält er z. B. das teilstationäre Angebot »Tagesstrukturierung«: Mitarbeit in der elterlichen Küche, nachmittäglich eine Stunde Therapiegang, und fakultativ wird ein Krisenbett im Wohnzimmer der Eltern vorgehalten, denn er wohnt regulär bereits wieder in seinem Einzelzimmerapartment.

Irgendwann reduziert sich dann dieses Angebot auf wechselnd intensive ambulantstützende Hilfen zur Selbstversorgung und zur Wiedereingliederung am Arbeitsplatz – natürlich mit bedarfsgerechter Variabilität im Umfang und der Intensität der Betreuungsleistung. Wenn nötig, überzeugt sich z. B. die Mutter eine Woche lang telefonisch, dass er auch aufgestanden ist, der Vater holt ihn – wenn nötig – um acht Uhr ab und bringt ihn zu seinem Arbeitsplatz.

Bald ist es völlig ausreichend, über Monate regelmäßigen Kontakt zu halten, z. B. sich zunächst einmal wöchentlich zu treffen, alle zwei Tage zu telefonieren und im Hintergrund bereit zu sein, das eigene Angebot bei Bedarf schlagartig, unverzüglich und im Ausgleich von Bedarfs- und Bedürfnisgerechtigkeit (d. h. unter Abschätzung und Einsatz der verfügbaren eigenen Ressourcen) personenorientiert zu intensivieren – und dabei werden noch familienfremde Ressourcen aktiviert, z. B. die freundliche Bürgerhelferin im Patientenclub, die sich redlich bemüht, ihn zweimal wöchentlich zu sehen.

So lief das z. B. bei uns zu Hause über viele Jahre, meine Mutter sagte: »Na ja, man tut halt was man kann« – denn sie war des gemeindepsychiatrischen Dienstleistungsjargons nicht mächtig.

12.2.3 Schlechte Erlebnisse und gute Erfahrungen – oder: die Ungleichzeitigkeit der psychiatrischen Reformprozesse

Natürlich verläuft das Schicksal unserer Angehörigen und auch unser eigenes nicht immer so. Es gibt mehr und mehr Kliniken mit Angehörigenvisiten, in denen viel Wert auf unsere Sicht der Dinge und unser Wohlbefinden gelegt wird (Fähndrich et al., 2001); es gibt Regionen, die begonnen haben, sich Regeln zu geben, die personenorientierte, bedürfnis- und bedarfsgerechte Hilfen in Absprache mit unserem Familienmitglied (und hin und wieder mit uns) möglich machen. Mehr und mehr solcher Regionen haben eine

Versorgungsverpflichtung für alle hilfebedürftigen, psychisch kranken Menschen der Region vereinbart und sich weitere Qualitätsziele gesetzt, die auch das Verhältnis zu den Angehörigen betreffen; diese Regionen haben sich in einer Bundesarbeitsgemeinschaft der Gemeindepsychiatrischen Verbünde organisiert (siehe www.bag-gpv.de); die Gemeindepsychiatrie beginnt, sich auf ihre sozialen Ursprünge zurückzubesinnen und den sozialen Raum als zentrales Element wiederzuentdecken – und die Angehörigen sind ein relevanter Teil der jeweiligen Sozialräume der Klienten. (Dörner, 2009; Peukert, 2009; 2010).

Überall dort werden die Hilfen passgenauer, unser Vertrauen in das Hilfesystem wächst, und es wird uns leicht gemacht, aus unserer vermeintlichen All-Verantwortung auszusteigen und sie wieder bei unserem kranken Familienmitglied anzusiedeln.

Endlich können wir das tun, wozu Familien grundsätzlich da sind: Wir können unser krankes Familienmitglied mit den üblichen familiären Hilfen unterstützen.

Wir sind für ihn da, wenn er uns sehen will; wir beziehen ihn wie unsere Cousinen, Tanten usw. in unser Familienleben ein, ohne ihm eine Sonderrolle zuzuschreiben; wir unterstützen ihn bei der Suche nach Arbeit, so wie wir es bei seinen Geschwistern auch tun; kommt er mal mit seinem Alltag nicht zurecht, gehen wir ihm helfend zur Hand (so wie sein Bruder bei Dienstreisen seiner Frau auch seine Wäsche bei uns waschen lässt) etc.

Das alles erleben wir als wohltuend: Wir können helfen, ohne verführt zu werden, ihm die Verantwortung für sich und sein Leben abzunehmen.

Warum gelingt uns das in der beschriebenen Situation, obwohl wir in anderen Situationen unsere Hilfen häufig als aufdringlich erlebten und geneigt waren, uns die ganze Verantwortung aufzubürden, und ihm so die Verantwortung für sich selbst abgenommen haben?

Wir können uns auf die »normale« Rolle des Angehörigen beschränken, weil wir wissen und erfahren haben: Wenn es wieder mal schwierig wird und vielleicht sogar »knüppeldick« kommt, dann ist jemand da, der sich bedingungslos verantwortlich fühlt und kümmert. Diese, auf die Person bezogene Verantwortung eines konkret benannten professionellen Helfers ist die für Angehörige bedeutsamste Konkretisierung der Personenzentrierung der Hilfen und der regionsbezogenen Versorgungsverpflichtung.

Und die, die sich dann kümmern werden, sind keine an subjektiver Eigenerfahrung gewachsenen Laien wie wir, sondern Menschen mit professionellen Qualifikationen und einer sowohl uns als auch unser Familienmitglied akzeptierenden Haltung! Sie sind also nicht nur genauso gut wie wir, sie sind mit hoher Wahrscheinlichkeit sogar besser als wir Eltern, Kinder oder Geschwister.

Eine Ahnung von dem, was in einigen Regionen in den letzten Jahren Wirklichkeit zu werden beginnt, steht seit den Anfängen der Angehörigenbewegung hinter den Forderungen, Wünschen und Hoffnungen in Bezug auf »Krisendienste«, »Besuche des Nervenarztes zu Hause«, »Unterstützung im häuslichen Umfeld, wenn wir mal nicht weiter wissen«. Häufig fordern wir Angehörigen die Einrichtung von Krisendiensten, und wir traktieren die niedergelassenen Nervenärzte mit unserer Kritik an zu wenigen Hausbesuchen zu Beginn eines psychotischen Rückfalles.

Schauen wir genau hin, ist leicht zu erkennen, dass es uns nicht primär um die Unterstützung und/oder die Finanzmittel zur Schaffung eines Krisendienstes geht oder um die Ausbeutung der Ärzte, denen die Hausbesuche so schlecht honoriert werden.

Wir wünschen uns eine Hilfe für unser Familienmitglied in den Zeiten bzw. in den Situationen, in denen wir mit unseren bescheidenen Mitteln nicht weiterkommen und zusehen müssen, wie es ihm oder ihr zunehmend schlechter geht, und wir wünschen uns diese Hilfen dort, wo er oder sie ist: Denn in diesen Zeiten ist die Situation gerade von seiner bzw. ihrer mangelnden Bereitschaft geprägt, die in allen möglichen Praxen und sonstigen Orten angebotenen Hilfen aufzusuchen – trotz aller Überredungskünste unsererseits.

Wie diese aufsuchende Hilfe zu den Zeiten, in denen sie erforderlich ist,

- genannt wird,
- wie sie organisiert wird und
- wie sie finanziert wird,

wäre eigentlich nicht unsere Aufgabe, sondern die der professionellen Helfer und Planer. Weil es diese von uns seit Beginn der Angehörigenbewegung immer wieder geforderte Hilfe aber gar nicht oder nur punktuell gibt, vereinfachen wir unsere Wünsche uns selbst und anderen gegenüber zu »Krisendienst« und »Hausbesuchen des Nervenarztes«.

12.3 Krisendienste bieten unbeabsichtigte Lernchancen

12.3.1 Was Krisendienste leisten

Ein Blick auf die aktuelle Versorgungssituation zeigt, wie wichtig es ist, Krisendienste zu haben und zu fordern. Am Tage gibt es Krisenhilfen in unterschiedlicher Form und an unterschiedlichen Orten:

Sozialpsychiatrische Dienste sind zugänglich und rücken auch aus, hin zum Ort des Geschehens; Mitarbeiterinnen und Mitarbeiter der sonstigen Dienste und Einrichtungen sind für ihre Klientel ansprechbar; Nervenärzte können in Krisenfällen auch ohne Anmeldung aufgesucht werden etc. – aber was steht nach den offiziellen Arbeits- und Öffnungszeiten zur Verfügung? – In der Regel nur die Kliniken und an manchen Orten ein psychiatrischer Hintergrunddienst, der allerdings häufig von den gynäkologischen oder internistischen Notärzten nicht hinzugezogen wird. Diese zeitliche Versorgungslücke kann ein Krisendienst schließen.

Auch für uns Angehörige hat die Erfahrung gezeigt, dass allein das Vorhandensein eines Krisendienstes sich anbahnende Krisen entschärft: Zu wissen, dass man oder frau unproblematisch, schnell und flexibel Hilfe hinzuziehen könnte, liefert Sicherheit in Situationen, die ohne dieses Wissen destabilisierend und damit krisenfördernd gewirkt hätten. Und rufen wir dann doch mit der Intention an, einen Mitarbeiter in die Wohnung – an den Ort des Geschehens – zu rufen, stellt sich sehr schnell heraus, dass uns ein fachliches Gespräch ausreicht, die Situation zu meistern.

Die Bedeutung dieser Tatsache wird in der Regel nicht ausreichend gewürdigt, zumeist nur als Rechtfertigung für die wenigen Hausbesuche vorgetragen – dabei sind diese Telefonate Beispiele für qualifizierendes, situatives Lernen: Der Krisenmitarbeiter erarbeitet mit uns in relativ kurzer Zeit einen Weg, wie die sich ankündigende Krisenentwicklung gestoppt und in ruhigere Bahnen gelenkt werden kann. Wir Angehörigen lernen, zunehmend besser in diesen Situationen zu handeln – aber wir wissen auch, dass unserer Lernsituation eine Lernsituation am anderen Ende der Strippe entspricht: Krisenmitarbeiterinnen und -mitarbeiter werden selbst bei diesen nur telefonischen Kriseninterventionen in naturalistische Wohn- und Familiensituationen involviert, ohne ihren schützenden Raum verlassen zu müssen.

Kurz gesagt: Auf beiden Seiten wächst die Kompetenz, krisenhafte Entwicklungen besser einschätzen und beeinflussen zu können! Dieses Lernen vollzieht sich, indem Mitarbeiterinnen und Mitarbeiter Krisendienste leisten; aber müssen sie unbedingt Krisendienste in einem Krisendienst leisten?

12.3.2 Krisendienst oder Krisenhilfe-Funktion?

Wir Angehörige haben manchmal den Eindruck, als ob die Rede von Krisendiensten, die unbedingt eingerichtet werden müssten, Krisendienste verhindert!

Nun gibt es einige solcher Dienste, die ihre Sinnhaftigkeit und Wirksamkeit nachgewiesen haben, u. a. der Berliner Krisendienst. Ein Blick auf die gesamte Bundesrepublik zeigt aber, dass auf nur 5 % der Fläche Krisenhilfe außerhalb der regulären Öffnungs- und Arbeitszeiten zur Verfügung steht (Berechnung in Peukert, 2001) – obwohl wahrscheinlich nahezu überall Krisendienste von den Angehörigen gefordert und von zumindest einigen bis vielen der professionellen Mitarbeiterinnen und Mitarbeiter unterstützt werden.

Meine These: die Forderung nach Krisen*diensten* behindert den Dienst in Krisen! Krisendienste setzen nicht nur eine institutionelle Gestaltung voraus, sie verursachen zudem bei der Politik Angst vor den Kosten. Sie verschieben so die Auseinandersetzungslinie weg von der Notwendigkeit der Hilfe in Krisensituationen hin zu Fragen der Kosten-Nutzen-Effektivität etc.

Der Vorschlag aus Angehörigensicht lautet: Machen Sie sich weniger Gedanken um die Errichtung von Krisendiensten, und setzen Sie die Kraft dafür ein, eine Krisenhilfe-Funktion in der Region zu etablieren.

Vielfach wird sich diese am Ende kaum von einem Krisendienst unterscheiden, aber die vorbereitende Diskussion bleibt an den Bedürfnissen und dem Bedarf der Psychiatrie-Erfahrenen und von uns Angehörigen orientiert: nicht die Institutionalisierung eines Dienstes, sondern die »Diensthaftigkeit« bleibt im Mittelpunkt.

Ein Sozialdezernent hat im Rahmen einer solchen Diskussion gesagt:

»Die Mitarbeiterinnen und Mitarbeiter unseres Sozialpsychiatrischen Dienstes haben den Vorteil von Gleitzeit; ich werde vorschlagen, dass täglich eine oder einer von ihnen bis 20 oder 21 Uhr im Büro seine Verwaltungsarbeiten macht – und dabei gleichzeitig für das Krisentelefon zur Verfügung steht.«

Ein Mitarbeiter des Betreuten Wohnens fügte etwas später an:

»Eine bzw. einer von uns hat ohnehin wochentags von 17 bis 22 Uhr und an den Wochenenden von 9 bis 22 Uhr das Diensthandy; wenn wir in Zukunft erst um 20 oder 21 Uhr sprech- und abrufbereit sein müssen, beteiligen wir uns an einem generellen Krisentelefon.«

Als der Arbeitskreis der niedergelassenen Nervenärzte entschied, dass die Diensthabenden des neurologisch-psychiatrischen Hintergrunddienstes über das Krisentelefon direkt hinzugezogen werden können, waren die Voraussetzungen für eine funktionsfähige Krisenfunktion erfüllt. Klinik und Institutsambulanz wollten nicht beiseitestehen; die Ambulanz übernahm im Wechsel mit dem Sozialpsychiatrischen Dienst das Krisentelefon zu den regulären Dienstzeiten, die Klinik und ein Wohnheim halten heute ein Bett für »Beobachtung« vor, das ohne die üblichen Aufnahmeriten von den Krisenmitarbeitern belegt werden kann, wenn ein Ortswechsel und eine sichere und Sicherheit gebende Umgebung vorübergehend erforderlich erscheinen (ist eine stationäre Krisenintervention indiziert, wird der Patient wie üblich aufgenommen).

Nachdem viele ihre Bereitschaft erklärt und ihren Beitrag angeboten hatten, einigten sich die Beteiligten über die Kosten und Formalia relativ schnell; das war u. a. deshalb möglich, weil es sich um eine kleine und klar strukturierte Region handelte: So gab es z. B. nur einen Anbieter Betreuten Wohnens. Andernorts wird eine solche Diskussion sicherlich schwieriger und langwieriger sein sowie deutlich mehr Abstimmungsarbeit erfordern.

Ausgehend von dem Erfordernis, außerhalb der regulären Öffnungs- und Arbeitszeiten Ansprechpartner und gegebenenfalls eine Krisenhilfe zu finden, war ein virtueller Dienst entstanden, dessen institutionellen Kern das Krisenhandy bildet.

Nachdem ein zweites Handy angeschafft worden ist, mit dem eine zweite Mitarbeiterin hinzugezogen werden kann, sind auch Hausbesuche möglich, die vorher nur sehr zögerlich und zurückhaltend erfolgten: Für eine Person allein, die auch noch für gegebenenfalls weitere Anfragen bereit sein soll, ist Krisenhilfe am Ort des Geschehens nur schwer realisierbar (und wie sich zeigte, vom persönlichen Temperament der Einzelnen abhängig: In der Zeit des Ein-Personen-Dienstes konzentrieren sich die Hausbesuche auf wenige der Mitarbeiterinnen und Mitarbeiter).

12.3.3 Die Grenze von Krisendienst und »klassischer« Krisenfunktion

Können mit dem vorgestellten Verfahren, das so oder ähnlich in der 5 %-Fläche der Bundesrepublik eingeführt ist, die Wünsche und Bedürfnisse der Angehörigen befriedigt werden, die – wie einleitend dargestellt – hinter dem Ruf nach Krisendiensten stehen?

Vor einiger Zeit trafen einige Angehörige in Bamberg zusammen. Wir wollten uns überlegen, was aus unserer Sicht bedeutsame und hilfreiche Elemente einer Versorgung sein können. Wie nicht anders zu erwarten, stand die mangelnde Unterstützung bei sich zuspitzenden Situationen, die auf eine Krise zusteuern, sofort auf der Tagesordnung. Krisenhilfe im oben beschriebenen Sinne wurde auch als hilfreich angesehen – aber nicht für ausreichend: Sie kommt dann zum Zuge, wenn eine Situation krisenhaft zugespitzt ist, wenn also die üblichen Formen wechselseitigen Umganges (die Ressourcen, wie die Profis sagen) nicht mehr ausreichen und eine Destabilisierung der Person(en) bzw. der Situation droht oder bereits eingetreten ist.

Aus Sicht von uns Angehörigen leben viele Familienmitglieder, die in unsere Gruppen kommen oder Mitglied in unserem Verband sind, in ständigen »sub-akuten Krisen«, die starke seelische Belastungen implizieren und zu psychosomatischen Erkrankungen führen (siehe u. a. Franz, 2001).

Sie leben in Situationen, für die das aktuelle Hilfesystem (noch) keine Antwort gefunden hat: Das psychisch kranke Familienmitglied lehnt die Kontaktaufnahme mit dem professionellen System ab; ihm oder ihr gelingt es, die eigenen Ängste und Verhaltensauffälligkeiten sowie die eigene Verstörtheit so zu regulieren, dass ein professionelles Eingreifen nicht indiziert ist: Eine Fremd- oder Selbstgefährdung ist nicht erkennbar; »lediglich« das unmittelbare soziale Umfeld und ganz besonders die Familienmitglieder werden in Mitleidenschaft gezogen – im wahrsten Sinne des Wortes: Sie leiden mit und können sich aufgrund ihrer Verbundenheit nicht aus dem Mitleiden lösen; nicht selten leiden sie sogar subjektiv stärker als das kranke Familienmitglied.

Die Mitarbeiter beim Sozialpsychiatrischen Dienst oder beim Krisentelefon können trösten und versuchen, Hoffnung und Zuversicht zu vermitteln – aber können sie mehr tun? Das Leid tragende und Leid verursachende Familienmitglied wünscht niemanden zu sehen – aber wir Angehörigen sind uns sicher, dass unser Angehöriger von professioneller Hilfe profitieren könnte und wir in der Folge davon natürlich auch.

Wir glauben, in Bamberg dafür eine Lösung gefunden zu haben; eine Lösung, die angesichts der leeren Kassen und der aktuellen Versorgungslage ausgesprochen utopisch scheint; aber seien wir realistisch: Erwarten wir das Unmögliche!

12.4 »Der Familiengast« – die etwas andere Intervention in »subakuten Krisen«

Wie wir Angehörige uns die Hilfe in hilflosen Situationen vorstellen, möchte ich anhand eines Beispiels zeigen.

Beispiel

Da gibt es einen jungen Mann, der trotz allen Zuredens sich immer wieder zurückzieht und in sein Zimmer verschließt und der mit niemandem – außer seinen Eltern und zwischenzeitlich nur mit seiner Mutter – Kontakt haben will. An manchen Tagen will er das Essen vor die Tür gestellt haben und wartet, bis niemand in der Nähe ist, um es sich hereinzuholen.

Die Eltern können das Haus nicht mehr gemeinsam verlassen, sie haben Angst um ihr ca. 40-jähriges Kind. Für alle Beteiligten wird die Welt immer enger und bedrohlicher, hin und wieder aufkeimende laute Aktionen des Sohnes (er trommelt nachts ohne ersichtlichen Grund an die Schlafzimmertür der Eltern) erscheinen auf einmal gefährlich und der so stille und zurückgezogene Sohn als aggressiv – und eine Hilfe ist nicht in Sicht: Er scheint nicht einzusehen, dass er Hilfe bräuchte; kommt ein Profi, zieht sich der Sohn in sein Zimmer zurück – und der Profi zieht nach kurzer Zeit von hinnen! Alle Angehörigen kennen solche Situationen, die uns – und augenscheinlich auch die Professionellen – hilflos machen.

Was könnte da noch helfen? Wie wäre es damit:
Die Eltern schildern einem für die Region zuständigen ambulanten Dienst die Situation, und der Dienst schickt nun eine fachkompetente Person, die ohne Zeitdruck und Zeitbegrenzung mit den Eltern spricht – nicht mit dem Sohn, denn der will ja nicht.

Im Zuge des Gesprächs wird deutlich, dass die Eltern erschöpft sind, außerdem haben sie Angst *um* ihren Sohn und hin und wieder *vor* ihrem Sohn. Auch waren sie seit Langem nicht mehr im Theater, das sie früher so sehr liebten. Und da macht die fachkompetente Person einen ganz unfachlichen und banalen Vorschlag:

»Gehen Sie ins Theater, ich bleibe hier; zeigen Sie mir, wo das Essen steht und die sonstigen Örtlichkeiten des Haushaltes – und wenn Sie zusammen eine ruhige Nacht verbringen wollen: Ich bleibe auch länger – so lange, wie sie in ein Hotel ziehen wollen oder sich bei Freunden ausruhen können«.

Was passiert?
Es dauert ein wenig, bis die Eltern erkennen, dass der Vorschlag tatsächlich ernst gemeint ist – dann ziehen sie mit bangen Gefühlen los und müssen in der Theaterpause in ihrer Wohnung anrufen, ob auch alles in Ordnung sei und sie nicht doch gebraucht werden.

Werden sie nicht!

Für den Sohn kommt die Welt ein wenig durcheinander – nicht zu viel – aber immerhin!

Er bleibt in der ihm Schutz gewährenden Umgebung, niemand rückt ihm bedrohlich auf die Pelle, aber wenn er sein Zimmer verlässt, trifft er auf eine freundliche, unaufdringliche einfach nur da seiende Person, die ihm auf Fragen antwortet und gegebenenfalls kleine Bitten (z. B. nach Tee) erfüllt.

In der Zukunft greifen die Eltern häufiger auf dieses neue, atypische Medikament zurück: Die Person steht kontinuierlich zur Verfügung, in der Wohnung ist sie alles andere als aufdringlich, sie hält sich ansprechbereit und ist einfach nur erwartungsfrei anwesend – aber jederzeit zu Rat und Tat bereit. Der Sohn in dieser Modellfamilie zeichnete sich vor allem durch Rückzug aus.

Ein paar Straßen weiter lebt eine andere Familie, bei der es immer wieder aus unterschiedlichen Anlässen zu sich eskalierenden Auseinandersetzungen kommt. So ist die

Tochter z. B. manchmal davon überzeugt, dass das Essen vergiftet sei – und ihr dann Essen anzubieten, ist für sie gleichbedeutend mit einem Anschlag auf ihr Leben. Aus dieser Bedrohung heraus wirft sie den Suppenteller auf den Boden, was die Mutter nachvollziehen kann, den Vater aber sichtlich ärgerlich macht, was wiederum die Angst der Tochter vergrößert etc.

Wir haben also eine der vielen alltäglichen Krisen in Familien mit einem kranken Angehörigen vor uns, und zwar eine von solchen Krisen, die sehr anstrengend und beängstigend sind und den normalen Lauf der Dinge vorübergehend durcheinander bringen können. Nun ist es leider auch in diesem Falle so, dass die Tochter nicht sieht, warum sie mit einem Arzt oder einer sonstigen sozialpsychiatrischen Fachkraft reden sollte – wie wir Angehörigen wissen, kein seltener Fall.

Was tut unser ambulanter Dienst?
Er tut das Gleiche wie soeben bei dem Sohn der anderen Familie: Es kommt jemand in die Wohnung, stellt sich den Eltern zur Verfügung und bleibt, wenn es erforderlich ist über Stunden, gegebenenfalls sogar über Tage.

Diese außerhalb der Familie stehende Person deeskaliert mit ihrer ruhigen, Sicherheit gebenden Art das Geschehen – und sie bleibt, sie ist einfach da, sie drängt der Tochter kein therapeutisches Gespräch auf, ist aber jederzeit ansprechbereit. Diese Person haben wir einen »Familiengast« genannt, obwohl es eine hoch professionelle Rolle ist!

Für unseren Familiengast gilt, was für alle Gäste zu gelten scheint: Man freut sich, wenn sie kommen – und freut sich genauso, wenn sie nach einiger Zeit wieder gehen (Der Fisch schmeckt, solange er frisch ist – nach einiger Zeit beginnt er zu stinken).

Zur Professionalität unseres Familiengastes gehört also neben der unaufdringlichen Hilfsbereitschaft die Kompetenz, sich rechtzeitig zu verdünnisieren, um gegebenenfalls zu einem späteren Zeitpunkt wieder zur Verfügung zu stehen.

12.5 Interventionen in »sub-akuten Krisen« als Prävention gegen Aggression und Gewalt

Das Beispiel illustrierte eine sub-akute Krise, bei der nach dem klassischen Verständnis eine Intervention nicht indiziert war, denn der Klient lehnte nicht nur Hilfen, sondern jeglichen professionellen Kontakt ab, und zugleich war die Situation aber weder für den Klienten noch für andere so gefährlich, dass rechtlich vorgesehene Zwangsmaßnahmen einzuleiten gewesen wären. Wenn das Hilfesystem in solchen Situationen nicht tätig wird, entstehen daraus Prozesse, die schließlich zu aggressivem Verhalten und Gewalt führen können – Gewalt seitens der Klienten oder juristisch legitimierte Gewaltanwendung gegen den Klienten.

> Ob die von der Bundesrepublik Deutschland ratifizierte UN-Behindertenrechtskonvention so zu verstehen ist, dass jegliche Gewaltanwendung, bei der Behinderung (hier: seelische Behinderung) eine die staatliche Gewalt begründende Voraussetzung ist, nicht mehr rechtens ist und somit alle Psychisch-Kranken-Hilfegesetze der Bundesländer zu streichen seien, wird hier nicht aufgegriffen. Der Bundesverband Psychiatrie-Erfahrener vertritt diese Position gegen die Fachverbände (siehe www.behindertenbeauftragter.de; dort: »alle inklusive!«).

Den Fortschritt im Psychiatrischen Denken kann man u. a. daran ablesen, dass diese Sichtweise ist in die Leitlinie »Aggressives Verhalten« der Deutschen Gesellschaft für Psychiatrie, Psychotherapie und Nervenheilkunde eingegangen ist. (DGPPN, 2009) Dort heißt es:

»Alle Maßnahmen, die geeignet sind, Vertrauen und Zusammenarbeit zwischen Nutzern, Angehörigen und Professionellen zu verbessern, entfalten eine generalpräventive Wirkung bezüglich aggressiven und gewalttätigen Verhaltens. ... der bedeutsamste Beitrag zur Reduzierung von Gewalt (liegt) in der flächendeckenden Sicherstellung ... einer niederschwelligen, aufsuchenden, ambulanten ›Einmischung‹ in Situationen unterhalb der Krisenschwelle«.

Als Beispiele für solche Interventionen werden u. a. die auch hier angesprochene Angehörigenvisite in Kliniken und Gemeindepsychiatrischen Verbünden sowie der »Familiengast« genannt.

12.6   Schlussbemerkung

In jeder Versorgungsregion sollte eine Krisenfunktion vorgehalten werden; Krisendienste sind eine Form, diese Funktion zu realisieren. Angehörige transportieren mit ihrer Forderung nach Krisendiensten mehr als die Erwartung, in hoch zugespitzten Situationen Hilfe für ihr krankes Familienmitglied zu finden, wobei dies natürlich das Erfüllen der Krisenfunktion ausreichend rechtfertigt.

Viele Angehörige leiden tagtäglich an den sub-akuten Krisen, die vom Leid der kranken Familienmitglieder ausgelöst werden. Wir Angehörige haben die Hoffnung, dass die Mitarbeiterinnen und Mitarbeiter, die sich auf Krisenhilfe eingelassen haben und noch einlassen werden, auch für diesen Teil unserer heute noch unerfüllten Hoffnungen Lösungen finden werden; uns selbst ist der »Familiengast« als neue professionelle Rollenausformung eingefallen.

Literatur

APK-Tagungsband 14 (1987). *Notfallpsychiatrie und Krisenintervention.* Bonn; zu beziehen über: Aktion Psychisch Kranke, Bonn. apk-bonn@netcologne.de.
Dörner, K. (2009). Mitwirkung an der Entwicklung des Sozialraums – eine Aufgabe der Sozialpsychiatrie. In APK (Hrsg.), *Kooperation und Verantwortung in der Gemeindepsychiatrie.* Psychiatrieverlag Bonn, S. 37–44
DGPPN (Hrsg.) (2009). *S-2 Leitlinie Aggressives Verhalten.* Darmstadt Steinkopf (erscheint in Kürze).
Fähndrich, E., Kempf, M., Kieser, C. & Schütze, S. (2001). Die Angehörigenvisite als Teil des Routineangebotes einer Abteilung für Psychiatrie und Psychotherapie am Allgemeinkrankenhaus. *Psychiatrische Praxis* 28, S. 115–117.
Franz, M. (2001). Neue Befunde aus der Belastungsforschung. In R. Peukert (Hrsg.), *Stand und Perspektiven der Psychiatriereform in Hessen* (S. 31–38). 1. Hessischer Psychiatrietag. Offenbach.
Krisen- und Notfalldienst in der Psychiatrie (2000). *Referate vom 18. Bundestreffen der Angehörigen;* zu beziehen über: Bundesverband der Angehörigen. bapk@psychiatrie.de.
Peukert, R. (Hrsg.) (2001). *Stand und Perspektiven der Psychiatriereform in Hessen.* 1. Hessischer Psychiatrietag. Offenbach; zu beziehen über: http://lv.angehoerige-darmstadt.de.
Peukert, R. (2001). Perspektiven der Psychiatriereform in Hessen. In R. Peukert (Hrsg.), *Stand und Perspektiven der Psychiatriereform in Hessen* (S. 5–22). 1. Hessischer Psychiatrietag. Offenbach.
Peukert, R. (2004). Was erwarten Angehörige vom Trialog oder: der ungleiche Kampf um wechselseitige Anerkennung und Beteiligung. In J. Bombosch, H. Hansen & J. Blume (Hrsg.), *Trialog praktisch. Psychiatrie-Erfahrene, Angehörige und Professionelle gemeinsam auf dem Weg zur demokratischen Psychiatrie.* Neumünster: Paranus.
Peukert, R. (2009). Was ist »Sozialraumorientierte Gemeindepsychiatrie«? In APK (Hrsg.), *Kooperation und Verantwortung in der Gemeindepsychiatrie.* (S. 114–129). Bonn: Psychiatrieverlag.
Peukert, R. (2010). Das beste Medikament: funktionierende soziale Netzwerke. *Kerbe. Forum für Sozialpsychiatrie* 2/2010, S. 4–7.
Rupp, M. (1996). *Notfall Seele. Methodik und Praxis der ambulanten psychiatrisch-psychotherapeutischen Notfall- und Krisenintervention.* Stuttgart: Thieme.
Schleunig, G. & Welschehold, M. (2003). *Münchner Krisenstudie. Psychiatrische Notfallversorgung: Struktur und ihre Nutzung.* Bonn: Psychiatrieverlag.
Schnyder, U. & Sauvant, J.-D. (Hrsg.) (2000). *Krisenintervention in der Psychiatrie.* Bern: Huber.
Wienberg, G. (1993). *Bevor es zu spät ist. Außerstationäre Krisenintervention und Notfallpsychiatrie. Standards und Modelle.* Bonn: Psychiatrieverlag.

13 Krise? Welche Krise?! – Der ganz normale Wahnsinn im Alltag chronisch psychisch kranker Wohnungsloser

Sönke Behnsen

> Wohnungslose, chronisch psychisch Kranke sind Menschen in so genannten »Mehrfachproblemlagen«. Psychische, soziale und körperliche Beeinträchtigungen treten gemeinsam auf und bedingen sich zum Teil gegenseitig. Schon das alltägliche Belastungsniveau reicht oft weit über das hinaus, was man landläufig als Krise bezeichnen würde. In Zuspitzungen sind in der Regel akute Hilfen in mehreren Lebensbereichen gleichzeitig erforderlich. Dabei sind sowohl für Betroffene als auch für Helfende vielfältige Hürden und extreme Belastungen zu bewältigen.
>
> Ob die eingeleiteten Hilfen gelingen, hängt maßgeblich von der Ausbildung einer tragfähigen Beziehung sowie den zur Verfügung stehenden Ressourcen im Hilfesystem ab. Besondere Rahmenbedingungen und Herangehensweisen sind erforderlich, damit der Hilfeprozess gelingt. Wir sprechen auch vom »Bermuda-Dreieck« zwischen Suchthilfe, sozialpsychiatrischer Hilfe und Wohnungslosenhilfe, weil diese Klienten oft durch alle Maschen des Hilfenetzes fallen. Die Förderung interdisziplinärer Kooperation und Vernetzung über die Grenzen der verschiedenen Hilfesysteme hinaus schafft die nötigen Voraussetzungen für angemessene Hilfen. Für gegenseitige Animositäten und hochschwellige Zugänge zum Hilfsangebot ist kein Platz mehr.

13.1 Einführung

Wohnungslosigkeit ist eine Lebenssituation. Sie ist weder eine Krankheit noch eine Behinderung, auch wenn in der Psychiatrie immer wieder Versuche unternommen wurden, Hirnveränderungen und Psychopathien zu finden, die Menschen »nichtsesshaft« werden lassen (Veith, 1976).

Darüber hinaus fällt jedoch auf, dass viele psychisch Kranke auf der Straße leben. Sie leben zum Teil über viele Jahre auf der Straße, »machen Platte«, ohne jemals in einer psychiatrischen Einrichtung oder durch einen niedergelassenen Psychiater behandelt worden zu sein, häufig sogar, ohne Kontakt zu irgendeinem Teil des sozialen Hilfesystems gehabt zu haben.

Vor 15 Jahren begann ich gemeinsam mit Kollegen der heutigen »Bundesbetroffeneninitiative Wohnungsloser« und ehrenamtlichen Pflegekräften, Sozialfachkräften und Ärzten mit dem Aufbau eines medizinischen Versorgungsangebots für Wohnungslose in Köln. Im Rahmen eines sogenannten »Euro-Sleep-Out«, einer Protestveranstaltung Wohnungsloser, in der uns »Normalbürgern« die Möglichkeit geboten wurde, eine Nacht auf der Kölner Domplatte zu verbringen, hatten mich Betroffene angesprochen, ob ich als Arzt an diesem Projekt mitwirken könnte. Schnell etablierte sich in den folgenden Jahren in Zusammenarbeit mit dem Gesundheitsamt der Stadt Köln ein niedrigschwelliges medizinisches Versorgungsnetz, in dem heute jährlich ca. 1500 Wohnungslose, Drogenabhängige und Bahnhofsjugendliche allgemeinärztlich und psychiatrisch versorgt werden.

Als Mitglied einer »sozialen Randgruppe« zu leben, das heißt häufig, durch die Lücken unseres ausgefeilten sozialen Netzes zu fallen. Um diese Lücken im Bereich des Gesundheitswesens zu schließen, sind vielerorts in Deutschland aufsuchende medizinische Versorgungsangebote für Wohnungslose entstanden. Fachkräfte gehen zu ihren Patienten auf die Straße, bieten Sprechstunden in Einrichtungen der Drogen- und Wohnungslosenhilfe an und leisten hier eine medizinische Grundversorgung. Werden darüber hinaus jedoch weiterführende fachärztliche (wie z. B. psychiatrische) Hilfen erforderlich, gelten hierfür die gleichen Voraussetzungen wie im übrigen Hilfesystem – mit Zugangsschwellen, die gerade psychisch kranke Wohnungslose daran hindern, sie in Anspruch zu nehmen. Aus dieser Erfahrung entstand in Köln wie auch in einigen anderen Städten ein breiteres Angebot zielgruppenorientierter Hilfen zur Unterkunft, Tagesstrukturierung und psychiatrischen Behandlung. In diesem Beitrag werde ich nach Beschreibung des theoretischen Hintergrundes alternative Hilfeformen gerade für Krisensituationen chronisch psychisch kranker Wohnungsloser aufzeigen.

13.2 Theoretischer Hintergrund

Nach verschiedenen Untersuchungen (Fichter, 2000; Kunstmann, 1996) muss man davon ausgehen, dass unter Wohnungslosen weit mehr psychisch Kranke leben als in der Normalbevölkerung. Einzelne Autoren fanden bis zu ca. 73 % psychischer Störungen (als Punktprävalenz zum Zeitpunkt der Untersuchung) unter wohnungslosen Männern, die Suchterkrankungen eingeschlossen, ohne Berücksichtigung der vielfach vorhandenen Persönlichkeitsstörungen, die sich jedoch schwer von anderen Erkrankungen abgrenzen lassen.

Für diese hohe Zahl psychischer Erkrankungen gibt es verschiedene Gründe:

- Menschen verlieren ihre Wohnung, weil sie nicht in der Lage sind, diese instand zu halten. Mietschulden, Verwahrlosung und Vermüllung führen zur Kündigung, der Betreffende steht danach ohne eigene feste Bleibe da.
- In der Regel bleiben diejenigen, die am schlechtesten mit psychosozialen Ressourcen ausgestattet sind, am längsten wohnungslos. Sie sind schwerer vermittelbar als andere, nehmen seltener soziale Hilfen in Anspruch und brechen wegen einer geringeren Frustrationstoleranz häufiger eingeleitete Hilfeprozesse ab.

Damit sind nur zwei Faktoren genannt, die zur hohen Zahl psychischer Erkrankungen unter Wohnungslosen beitragen.

Einmal wohnungslos, entwickelt sich über kurz oder lang eine eigene »Karriere« im Hilfesystem, die sich auch auf den Kontext der Krisenintervention auswirkt. Dabei spielen krankheitsbedingte Faktoren eine erhebliche Rolle. Hiervon seien einige näher benannt.

13.2.1 Krankheitsbedingte Faktoren von Wohnungslosigkeit

Kontaktstörungen

Viele Patienten mit psychischen Erkrankungen leiden unter Antriebsstörungen, die es ihnen erschweren, Kontakte zu knüpfen und zu halten. Andere wiederum finden in den z. T. unübersichtlichen Strukturen des Hilfesystems mit mangelnder Kommunikation untereinander korrespondierende Verhältnisse zu ihrem eigenen Krankheitsbild vor und »nutzen« diese Tatsache für sich, indem sie z. B. verschiedene Institutionen gleichzeitig »für sich arbeiten lassen« oder die Handlungsunfähigkeit des Systems als Begründung für die Unveränderbarkeit der eigenen Situation hernehmen.

Wahrnehmungs- und Denkstörungen

Halluzinationen, Wahnwahrnehmungen, psychotische Denkstörungen und ähnliche Veränderungen entziehen der Kommunikation des Erkrankten häufig den realen Boden und führen zu massiven Verständigungsproblemen. Die mit diesen Wahrnehmungsstörungen einhergehenden Gefühle wie Angst, Wut und Aggressivität verstärken das Problem zusätzlich. Wohnungslose verfügen über wenige Kompensationsmöglichkeiten (soziale Unterstützung, Rückzugsräume, Ablenkung, professionelle Hilfe etc.), die sie vor der Überflutung mit diesen Gefühlen schützen und einen Ausbruch mit Übergreifen auf die Umwelt verhindern können.

Schwerpunktverschiebungen

Psychisch Kranke setzen häufig andere Prioritäten in der Bewertung wichtiger oder unwichtiger Belange. Allgemein übliche Konventionen sind z. B. der Vorrang der Schadensabwehr in gesundheitlicher und finanzieller Hinsicht. Krankheitsbedingte Fehleinschätzungen führen dann dazu, dass eine dringend notwendige medizinische Behandlung unterbleibt, Rechnungen nicht beglichen werden oder Fristen bei Gerichtsverfahren oder in Ämtern verstreichen.

Stigma »psychisch krank«

Psychisch Kranke haben immer noch unter Stigmatisierung durch die gesellschaftliche Öffentlichkeit zu leiden. Der hierdurch entstehende soziale Stress führt in seinen Auswirkungen auf die eigene Krankheitsverarbeitung (mangels sozialer Unterstützung) häufig zu seelischer Abwehr in Form von Verleugnung, Verdrängung, Bagatellisierung oder auch paranoidem Denken und übersteigertem Misstrauen.

»Krankheits-Einsicht«

Einsicht in das eigene Krank-Sein setzt ein Maß an Selbstreflexion und Selbstwahrnehmung vo-raus, das von vielen psychisch Kranken – auch krankheitsbedingt – nicht erreicht wird. Es handelt sich dabei um einen Prozess, der jedoch nicht immer von selbst abläuft, sondern der aktive Unterstützung benötigt und der bei unserer Zielgruppe als Teilziel eines therapeutischen Prozesses benannt werden sollte. Fatalerweise werden aus der Einschätzung der bestehenden Krankheitseinsicht jedoch bereits Rückschlüsse auf Therapiefähigkeit, Betreuungsfähigkeit, Motivation oder Kooperationsbereitschaft gezogen. Es kommt häufig vor, dass der Betreffende sein erstes Therapieziel eigentlich schon vor Beginn einer Behandlung erreicht haben sollte. Diese Absurdität gilt auch für die Bereitschaft zur Abstinenz bei manchen Einrichtungen der Suchttherapie.

13.2.2 Krise oder »der ganz normale Wahnsinn«? – Fachliche Qualifikation ist gefragt

Nun gilt in der Normalbevölkerung allein der Wohnungsverlust schon als Krise, und die meisten von uns werden den eigenen, gesicherten Wohnraum mit hoher Priorität auf der Liste der wichtigen Lebensgrundlagen stehen haben. Wenn hier etwas aus den Fugen gerät, dann merken wir das sofort mit durchschlagender Wirkung in unserem Alltagsleben.

Doch gerade solche inneren Prioritäten sind bei psychischen Erkrankungen durcheinander geraten. Intakte innere Strukturen gehören aber lebensnotwendig zu unserer menschlichen Existenz, zum psychischen Überleben dazu. Fehlt dieser Orientierungsrahmen, kommt es häufiger als sonst zu psychosozialen Krisen. Deswegen könnte man bei psychisch kranken Wohnungslosen auch vom Leben in einer Dauerkrise sprechen, wenn diese Bezeichnung nicht den Begriff der Krise (im Sinne einer Zuspitzung, bezogen auf die individuelle Lebenssituation) verwässern würde.

Und was tun die Helfer?

Der »ganz normale, alltägliche Wahnsinn« der Betroffenen wird so auch in der Regel nicht mehr als Gegenstand einer Krisenintervention im sozialen Hilfesystem angesehen. Sobald sich die dortigen Mitarbeiter jedoch die Zeit nehmen, über ihre eigene, alltägliche Situation zu reflektieren, stellen sie bei sich selbst einen erhöhten Unterstützungsbedarf fest, um besser mit den Verhaltensauffälligkeiten mancher psychisch Kranker umgehen zu können. Sie möchten individuellere Hilfe leisten, als es aufgrund des schmalen Personalschlüssels in so genannten 67er-Einrichtungen (mit Hilfen nach § 67 SGB XII zur Überwindung schwieriger Lebenslagen von Menschen in besonderen sozialen Schwierigkeiten) und ihres eigenen Wissens- und Erfahrungsniveaus möglich ist. Dabei steht die Krisenprävention im Vordergrund.

Zusätzliche fachliche Fortbildungen werden gefordert, die die nicht psychiatrisch geschulten Fachkräfte in die Lage versetzen sollen, besondere Hilfsbedürftigkeit zu erkennen und entsprechende Angebote zu machen. Immer mehr Sozialfachkräfte absolvieren eine therapeutische Ausbildung, die jedoch sehr zeit- und kostenintensiv ist.

Will man die Verhaltensweisen psychisch Kranker in Krisen zusammenfassend charakterisieren, dann repräsentieren sie eigentlich in irgendeiner Form immer ein Extrem des menschlichen Verhaltens, das jeder von uns kennt. Diese Tatsache ist gleichzeitig eine der Wurzeln der Angst in unserer Begegnung mit psychisch Kranken. Je eher wir uns selbst in der Gefahr sehen, vielleicht auch einmal »da zu landen«, desto stärker ist unsere Abwehr. Wohnungslose leben im öffentlichen Raum, vor aller Leute Augen, provokant, ohne Privatsphäre. Das bringt solche Abwehrreaktionen hervor, reizt zu Ab- und Ausgrenzung, verstärkt damit die soziale Isolation der Betroffenen und verringert die soziale Unterstützung, die krisenhafte Zuspitzungen verhindern könnte.

In diesem Spannungsfeld arbeiten Mitarbeiterinnen und Mitarbeiter vor allem der Wohnungslosenhilfe, ohne hierfür ausreichend ausgebildet zu sein. Demzufolge werden sie viel häufiger, als das eigentlich erforderlich wäre, zum Teil eines Krisenszenarios. Das kann sich in Grenzverletzungen gegenüber Klienten, aggressiven Impulsdurchbrüchen und Eskalationen, aber auch in Situationen voller Hilflosigkeit und Ohnmacht ausdrücken.

Wie lässt sich diesem Missstand begegnen? Gibt es geeignete Hilfeformen, die den Besonderheiten der Lebenssituation psychisch kranker Wohnungsloser gerecht werden können? Wie müsste die Qualifikation der »idealen Fachkraft« aussehen, welcher Netzwerke müsste sie sich bedienen können, um diesen Herausforderungen begegnen zu können?

13.3 Chancen zielgruppenorientierter Angebote

Krisenintervention orientiert sich zuallererst an den (mutmaßlichen) Bedürfnissen der Zielgruppe. In Situationen mit Extrembelastung werden *einerseits* restriktive Rahmenbedingungen gelockert, Anforderungen an die Betroffenen heruntergeschraubt und zugehende Strategien gewählt, um dem Betreffenden behilflich zu sein. *Andererseits* werden jedoch gerade auch restriktive Maßnahmen angewendet, um der Krise zu begegnen – manchmal mit zweifelhaftem Erfolg.

Aggressive Impulsdurchbrüche der Klienten müssen seitens der Einrichtungsmitarbeiter durch ausdrückliche negative Bewertung des Verhaltens und Hausverbote bis hin zum

Polizeieinsatz und der Einleitung einer Zwangseinweisung in eine psychiatrische Klinik begrenzt werden. Daraus resultiert jedoch oftmals nur eine kurzfristige Entlastung, da mit ordnungsrechtlichen Unterbringungen nicht unbedingt eine weiterführende Hilfe einhergeht.

Krisen mit eher depressiver Rückzugssymptomatik und Suizidalität bedürfen intensiverer Fürsorge, persönlicher Zuwendung und »Öffnen« des Rahmens, solange der Betreffende für sich selbst Verantwortung übernehmen kann. Ansonsten sind auch hier begrenzende Maßnahmen sinnvoll und notwendig. Hier das richtige Maß zu finden bedarf hinreichender Erfahrung und Ausbildung im Umgang mit solchen Situationen.

Unabhängig davon, welche Problematik im Vordergrund steht, ist es jedoch erforderlich, sich ein genaues Bild von seinen psychosozialen Ressourcen und der Lebenssituation des Betreffenden zu machen, um daran orientiert angemessene Hilfen zur Verfügung stellen zu können. Es ist ja letztlich doch erstaunlich, dass sich psychisch kranke Wohnungslose in der Öffentlichkeit des Straßenalltags zurechtfinden, irgendwie ihr Leben organisieren, also über eine eigene Form sozialer Kompetenz verfügen, die sie – zumindest als Hilfeempfänger – »überleben« lässt.

Zur Verdeutlichung werde ich im Folgenden anhand von Beispielen aus unterschiedlichen Arbeitsfeldern zeigen, worin die Besonderheiten geeigneter Krisenhilfen für psychisch kranke Wohnungslose bestehen. Der Unterschied zwischen den »alltäglichen« Anforderungen an geeignete Hilfen und den Maßnahmen bei krisenhafter Zuspitzung ist jedoch letztlich eher für diese Zielgruppe quantitativ als qualitativ. Das unterstreicht noch einmal die Beobachtung, dass psychisch kranke Wohnungslose alleine aufgrund ihrer Mehrfachproblemlage spezifischer Hilfen bedürfen, schon bevor die Krise kommt.

13.3.1 Grundsatz Nr. 1: aufsuchende, niedrigschwellige Hilfen

Versorgungslücken zwischen dem psychiatrischen, dem Sucht- und dem Wohnungslosenhilfesystem können mit aufsuchenden, niedrigschwelligen Angeboten geschlossen werden.

Fall 1

Herr V. schreitet wild gestikulierend und lamentierend über den Vorplatz eines Bürgerzentrums – immer wieder hin und her. Sein langer, schwarzer Mantel und sein durch lange Haare und Vollbart zugewachsenes Gesicht haben ihm im städtischen Sozialamt den Namen »Schwarzer Ritter« eingetragen. In seiner Gefolgschaft läuft Frau P., deren Gesicht besorgt ausdrückt, dass sie dieser Situation nicht gewachsen ist, immer hinter ihm her. Ihre Finger sind vom ständigen Rauchen tiefbraun gefärbt, ihre Haare wie die Kleidung ungepflegt, vernachlässigt. »Ach Kalle, hör doch auf, sieh doch, das geht doch nicht gut!« Doch Kalle, ihr Lebensgefährte, ist in seinem Redefluss nicht zu bremsen. Er ruft alle Himmelskräfte herab, um die Menschen zu strafen, die ihm seine letzte Wohnung genommen haben und ihm jetzt verweigern, in eine große, lichtdurchflutete Wohnung in bester Wohnlage zu ziehen. Seine letzte Wohnung, das war ein 18-m²-Appartement in einem von der Stadt Köln belegten »Schlichtwohnhaus«, mit Toilette und Dusche auf dem Flur, das durch das Ordnungsamt geräumt wurde, nachdem sich die Klagen wegen Ungezieferbefall und Verwesungsgeruch aus seiner Wohnung häuften. Kniehoch muss der Dreck gestanden haben, berichteten mir die Kollegen.

Ich stehe nun vor ihm, nachdem sich die Mitarbeiter des Bürgerzentrums hilfesuchend an das Gesundheitsamt gewendet hatten. Ihre Besucher fühlten sich durch den bedrohlich aussehenden Herrn V. verunsichert, trauten sich nicht mehr in seine Nähe. Wegen unüberhörbarer Tiraden auf die Regierung und das Sozialamt hätten sie ihm Hausverbot erteilen müssen. Man sorge sich dennoch um ihn, da die Nächte schon sehr kalt würden. Das könne doch nicht gesund sein.

Herr V. scheint mich gar nicht wahrzunehmen. Um seine Beine sind auseinander gerissene Baumwolltragetaschen gewickelt, diese notdürftigen Verbände verbergen nur unvollständig einige Unterschenkelgeschwüre, die tiefrot vor sich hin zu schwelen scheinen.

Meine Vorstellung verhallt zunächst scheinbar ungehört. Doch plötzlich stoppt Herr V. seinen Lauf direkt vor meiner Nase, spricht mit leiser Stimme, gut sortiert, wie mir scheint: »Endlich kommt mal einer vorbei. Herr Doktor, ich brauche eine Pflanzensalbe. Ringelblume. Ich behandle mich auch selbst mit Cannabis. Das sollte überhaupt auf Krankenschein verschreibbar sein. Und wir benötigen dringend eine Unterkunft. Können Sie uns das besorgen?« Zufällig habe ich in meiner Ausrüstung für einfache Verbandwechsel eine Tube Ringelblumensalbe. Ich überlasse sie ihm, ohne jedoch einen genaueren Blick auf seine Beine werfen zu können. Ich biete ihm an, Kontakt mit dem Wohnungsamt aufzunehmen. Bei der Erwähnung dieses Wortes beginnt Herr V. sofort wieder mit seinen verbalen Ausfällen, deren Inhalt sich um das jüngste Gericht, die Weltordnung und eine lichtdurchflutete Altbauwohnung dreht.

Einen Monat später: Durch regelmäßige Straßenbesuche der Kollegen vom Projekt »Spurensucher« des Vereins »Gesundheit für Wohnungslose Köln e. V.« konnte in Kooperation mit dem Wohnungsamt eine Zuweisung in ein weiteres Schlichtwohnhaus erfolgen. Hier stehe ich nun vor der Wohnungstür. Trotz wöchentlich gleicher Termine ist es heute wieder so, dass ich erst eine Viertelstunde durch die verschlossene Tür mit Herrn V. kommunizieren muss, bevor er öffnet. Die Wohnung ist aufgeteilt in ein Yin- und ein Yang-Zimmer, wie mir Herr V. erklärt. Während sich in einem Raum der Müll stapelt, ist der zweite Raum akribisch aufgeräumt. Die Nachbarn scheinen das laute Schreien und die unheimliche Gestalt von Herrn V. nicht länger ertragen zu können. Ein kurzer Besuch bei Herrn M., der nebenan wohnt, kann nur zu vermitteln versuchen.

Nach einem weiteren Monat werde ich durch die zuständige Kollegin des Sozialpsychiatrischen Dienstes informiert, Herr V. habe gegen seinen Willen in die Landesklinik eingewiesen werden müssen. Er sei wiederum beim Sozialamt ausfällig geworden, habe in der U-Bahn Sicherheitsbeamte bedroht, und auch die mittlerweile ausfindig gemachte Betreuerin von Frau P. habe die wegen des Hausverbots im Sozialamt übernommene Sozialhilfeauszahlung nicht mehr aufrechterhalten können. Somit sei kein Zugang mehr gewährleistet gewesen. Auch die Kollegen von »Spurensucher« hatten trotz wiederholter Hausbesuche zu unterschiedlichen Zeiten die beiden Bewohner nicht antreffen können.

Erst nach einem mehrwöchigen Krankenhausaufenthalt mit Neuroleptika-Medikation wird der Kontakt zu Herrn V. und Frau P. wieder aufgenommen. Sie wohnen mittlerweile in einem Abbruchhaus, werden von der ambulanten psychiatrischen Pflege eines Sozialpsychiatrischen Zentrums versorgt und erhalten regelmäßig Besuche von den Kollegen von Spurensucher, um im Fall einer erneuten krisenhaften Zuspitzung schneller reagieren zu können.

Kontaktabbrüche gehören zum Alltag in unserer Arbeit. Aufsuchende, niedrigschwellige Hilfen erleichtern die erneute Kontaktaufnahme. Sie helfen dabei, Ansatzpunkte zu finden, um geeignete Hilfen »an den Mann zu bringen« (wie in diesem Fall eine Wohnungszuweisung), aber auch die Toleranzgrenzen zu erkennen, jenseits derer restriktive Maßnahmen erforderlich sind. Hier noch einige Details zum Projekt »Spurensucher«, das in Fall 1 zum Einsatz kam.

Zum Beispiel: Spurensucher
Dieses Projekt zur aufsuchenden pflegerischen, psychiatrisch-psychosozialen und medizinischen Versorgung von Wohnungslosen, die durch kein anderes Angebot des Hilfesystems erreicht werden, enthielt als festen Bestandteil der Arbeit die Krisenintervention. Finanziert wurde die Arbeit einer Psychiatrie-Fachschwester sowie eines Sozialhelfers, die regelmäßig Streetwork machten, über Landesmittel im Rahmen eines Modellprojekts. Aufgrund fehlender Grundlagen zur Weiterfinanzierung musste es trotz seines Modellcharakters nach dreijähriger Laufzeit seine Arbeit einstellen.

Spurensuche – dieses Stichwort beschreibt ein Charakteristikum aufsuchender medizinisch-psychiatrischer Straßenarbeit. Spurensucher sind Menschen, die Fährten lesen, sich auf die Suche nach verletzten Tieren machen, die Vermisste in unwegsamem Gelände aufspüren können. Sie verfügen über ein hohes Maß an Erfahrung, Aufmerksamkeit und Ausdauer, achten auf kleinste Zeichen und Hinweise, die sie auf die Spur zu ihrem Ziel führen. Sie suchen Individuen, die sich »aus dem Staub gemacht haben«, aber auch verirrte Wanderer, die ihren Weg zurück nicht mehr gefunden haben.

Dieses Bild lässt sich nach meiner Erfahrungen auf die aufsuchende, nachgehende Straßenarbeit übertragen, gerade wenn es um die Zielgruppe geht, die mit diesem Projekt angesprochen werden soll. Menschen, die aufgrund ihrer Lebenserfahrung und einer psychischen Erkrankung ihren Glauben an das Hilfesystem verloren haben; Menschen, die am sozialen System irre geworden sind; psychisch Kranke, die durch lange Hospitalisation, aber auch durch lange, unbehandelte Krankheiten ihren sozialen Bezug verloren haben und der Gesellschaft »entrückt« sind ... Aber es beschreibt auch etwas von der Arbeitsweise, die zur Kontaktaufnahme mit diesen Menschen erforderlich ist. Es dauert oft lange, häufig monatelang, bis der erste Kontakt hergestellt ist. Beziehungsabbrüche sind an der Tagesordnung, Kontakte müssen dann mühevoll wieder aufgegriffen und stabilisiert werden, kleine Signale und Hinweise auf die Grenzen des Gegenübers müssen wahrgenommen und in die Beziehungsgestaltung einbezogen werden.

Solche »Spurensuche« gelingt nur mit einem hohen Maß an Professionalität und Lebenserfahrung, mit Einfühlungsvermögen und sozialer Kompetenz.

Die Mitarbeiter widmeten sich einem Personenkreis, der bereits durch alle Maschen des breit gefächerten psychosozialen und medizinischen Hilfenetzes gefallen ist. Das Projekt griff die Erkenntnis des Modellprojekts »aufsuchende Pflegehilfen für Wohnungslose« des Landes NRW auf, dass mit pflegerisch-psychiatrischer Straßenarbeit gerade die Menschen erreicht werden können, die selbst durch niedrigschwellige medizinische Angebote in Einrichtungen der Wohnungslosenhilfe nicht erreicht werden. Insofern zielte dieses Projekt auf eine »Randgruppe in der Randgruppe«.

13.3.2 Grundsatz Nr. 2: frühe Intervention

> Krisenintervention heißt bei psychisch kranken Wohnungslosen sinnvollerweise: lange vor der Krise intervenieren, und zwar unter Einsatz aller erforderlichen und zur Verfügung stehenden Kräfte und Mittel.

Fall 2

Herr G., 21 Jahre alt, wird mir von einer Sozialarbeiterin der Notschlafstelle für Jugendliche und junge Erwachsene vorgestellt. In meiner Morgensprechstunde in einem kleinen Behandlungszimmer direkt neben dem Frühstücksraum berichtet sie mir, dass Herr G. zunehmend antriebsloser wirke. Sein Cannabiskonsum werde langsam zum Problem, da dies in der Einrichtung offiziell verboten sei. Er drohe nun wieder auf der Straße zu landen, nachdem er sich hier wohl ganz gut zurechtgefunden habe.

Ein erstes Gespräch weckt in mir den Verdacht einer ernsthaften psychiatrischen Erkrankung aus dem schizophrenen Formenkreis, die sich in einem so genannten Defizitsyndrom ausdrückt. Auf näheres Nachfragen berichtet mir Herr G. auch von zwei Behandlungen in der psychiatrischen Klinik. Er sei mit dem Rettungswagen dorthin gelangt, das hätten wohl Passanten veranlasst. Die verordnete Einnahme von seinem Neuroleptikum habe er wieder aufgehört, als es ihm besser gegangen sei. Voller Elan sei er aus der Klinik gekommen, habe das Gefühl gehabt, gar nichts mehr zu brauchen, daraufhin alle seine Sachen verschenkt und nur noch vor sich hin gelebt.

Doch die Konfrontation mit der Alltagswirklichkeit habe ihn sehr schnell frustriert, den Anforderungen der Job-Börse (einer Vermittlungsagentur für Arbeit und Sozialleistungen) sehe er sich nicht gewachsen.

Durch einen Anruf beim Sozialamt und ein ärztliches Attest kann ich eine längerfristige Zuweisung zur Notschlafstelle erwirken und die Aussetzung des Arbeitsvermittlungsverfahrens erreichen. Herr G. verspricht, seinem Cannabiskonsum nur noch außerhalb der Notschlafstelle nachzugehen.

Im Gespräch mit Herrn G. wird das ganze Ausmaß seiner psychischen Beeinträchtigung deutlich. Er hat seit ca. 1½ Jahren formale Denkstörungen (Denkverlangsamung, Gedankenabbruch), deutliche Antriebsstörungen und hört Stimmen. Einen niedergelassenen Psychiater kennt er nicht. Außer seiner Kleidung, die er auf dem Leib trägt, hat er keinerlei Besitz mehr, träumt von Ungebundenheit, aber auch davon, etwas Sinnvolles zu tun.

Bei Chronifizierung seiner Erkrankung und ohne angemessene Betreuung drohen die dauerhafte Abhängigkeit von Sozialhilfe sowie der Verlust sämtlicher (ohnehin spärlicher) sozialer Bezüge.

Vier Wochen nach der ersten Kontaktaufnahme gelingt es, Herrn G. zur erneuten psychiatrischen Behandlung in ein psychiatrisches Krankenhaus einzuweisen. Sein Cannabiskonsum hat merklich nachgelassen, wohl auch aus finanziellen Gründen, sodass in der weiteren Perspektive eine mögliche WG-Unterbringung erwogen wird. Ich empfehle Herrn G., sich darüber hinaus mit dem Stationsarzt über eine rechtliche Betreuung zu unterhalten, damit er von der (auf längere Sicht ungesicherten) Betreuung durch die Sozialarbeiter der Notschlafstelle unabhängig wird.

Der Verlust der Wohnung oder der Abbruch familiärer Beziehungen ist häufig eines der ersten äußeren Zeichen einer schwer wiegenden psychischen Erkrankung. Die hiermit verbundenen sozialen Veränderungen bedeuten immer auch das Wegbrechen ehemals bestehender sozialer Ressourcen. So ist der Versuch, gemeinsam mit dem Patienten ein neues soziales Netz zu schaffen, eine der wichtigsten Voraussetzungen, um schwer wiegende Krisen zu verhindern. Gelingt es, Schutzräume zu schaffen, die den Verlust des eigenen Wohnraums für eine Zeit kompensieren können, so trägt auch das zur Deeskalation bei.

Zum Beispiel: psychiatrische Sprechstunden in Einrichtungen der Wohnungslosenhilfe
Frühe Intervention kann z. B. heißen, Präsenz in Kontaktstellen und so genannten »Teestuben« zu zeigen, aber auch in Notschlafstellen, die häufig die ersten Anlaufstellen für Menschen sind, die auf der Straße landeten. Was liegt näher, als hier auch Sprechstunden für Menschen anzubieten, die aufgrund ihrer psychischen Erkrankung besondere Schwierigkeiten haben?

Zunächst einmal war meine Befürchtung, dass dieses Sprechstundenangebot gar nicht angenommen werden würde. Im Hinterkopf hatte ich noch das Ergebnis der Untersuchungen vom Institut für kommunale Psychiatrie, dass in der Wunschliste der Besucher einer Wohnungsloseneinrichtung ganz oben der Wunsch steht, »in Ruhe gelassen zu werden.« Im Nachhinein denke ich, dass mir zugute kam, dass ich als Person bereits durch meine langjährigen, allgemeinärztlichen Sprechstunden bekannt war. Dadurch war die Hemmschwelle kleiner, und niemand brauchte zu befürchten, dass ich als »Psychiater« auf Patientenfang gehen würde.

In diesen Sprechstunden geht es in erster Linie um die Intervention bei akuten Krisen. Suizidalität, affektive Dekompensation, der akute Abbruch einer psychiatrischen Behandlung mit den sich daraus ergebenden Konsequenzen, Beziehungskrisen mit Gewaltproblematik in der Partnerschaft, auch Straffälligkeit oder Konflikte mit Bezugspersonen.

Gerade die Menschen, bei denen der Beginn ihrer psychischen Erkrankung, der Wohnungsverlust oder die Trennung vom Partner kurz zurückliegen, sind besonders anfällig für akute Krisen.

Diese Situationen mit den zur Verfügung stehenden Mitteln optimal zu beantworten, das heißt, neben einer guten Berufserfahrung auch eine profunde Kenntnis von der sozialen Situation der Zielgruppe zu haben. Die Fähigkeit, innerhalb kürzester Zeit tragfähige Beziehungen auch unter Grenzbedingungen herzustellen, ist erlernbar und verlangt neben einer guten Auffassung für die Befindlichkeit des Gegenübers auch immer eine Begrenzung auf das Mögliche und Machbare. Das schafft eher Vertrauen als das Versprechen, alle Hebel in Bewegung zu setzen, was später nicht eingelöst werden kann. Ebenso wichtig ist die Bereitschaft, sich zunächst einmal in die Situation des Betreffenden hineinzuversetzen und das Nachvollziehbare, Verstehbare hervorzuheben. Damit trägt man zur Deeskalation bei, weil das »Normale« in jeder verrückten Situation die Angst reduziert.

Dadurch, dass die Sprechstunde während des Tagesbetriebs der Kontaktstelle und in unmittelbarer Nähe zum Cafébetrieb angeboten wird, kann jeder sie »nebenbei« in Anspruch nehmen, ohne große Hürden überwinden zu müssen. Während meines Aufenthaltes in der Einrichtung bemerke ich häufig schon im Vorfeld, wenn es jemandem schlecht geht.

Der Nachweis einer Krankenversicherung ist nicht erforderlich, die Behandlung ist kostenlos und erfolgt bei Bedarf anonym. Durch die Zusammenarbeit mit den Mitarbeitern in der Kontaktstelle lassen sich vielfach unkomplizierte und schnelle Hilfen anbieten, die zu einer Entschärfung der Situation beitragen.

13.3.3 Grundsatz Nr. 3: interdisziplinäre Zusammenarbeit

Enge, interdisziplinäre Zusammenarbeit ist die unabdingbare Voraussetzung für gelingende Krisenintervention bei Menschen in Mehrfachproblemlagen.

Fall 3

Herr W. spricht mich in meiner psychiatrischen Sprechstunde in den Räumen der Kontaktstelle für Wohnungslose an. Meine Kollegin in der Notschlafstelle des größten Kölner Übernachtungsheims für Wohnungslose hatte ihn an mich verwiesen. Er klagt über Suizidgedanken in Verbindung mit einem massiven, seit ca. drei Monaten zunehmenden Alkoholkonsum. Er sei hoch verschuldet durch seine Spielsucht, habe seine Arbeit verloren, seine Wohnungseinrichtung sei gepfändet worden, seine Ehefrau habe ihn verlassen, seinen Sohn sehe er nur noch alle paar Monate. Niemand habe ihm bisher helfen können. Er habe schon auf der Brücke gestanden, es sei jedoch jemand vorbeigekommen, als er habe springen wollen, nachher habe er sich nicht mehr getraut. Früher habe er als Redakteur beim Rundfunk gearbeitet, jetzt wage er kaum noch, jemanden anzusprechen, aus Angst, Schweißausbrüche zu bekommen. Er schäme sich sehr für seinen sozialen Abstieg.

Herr W. wirkt leicht kränkbar, hoffnungslos angesichts seiner derzeitigen sozialen Situation, hat Suizidgedanken, ist jedoch in einem langen Gespräch noch erreichbar. Der Aufenthalt im »Obdachlosenasyl« hatte zu einer tiefen narzisstischen Kränkung geführt. Aufgrund seiner deutlichen Depression und Suizidalität bespreche ich mit ihm die stationäre Einweisung in eine psychiatrische Klinik zur psychiatrischen Krisenintervention und Entgiftung. Nur mit Mühe lässt sich Herr W. davon überzeugen, dass dies aufgrund der geschilderten Situation die einzige Möglichkeit ist, ihn vor sich selbst zu schützen. Er bezweifelt, dass er als Wohnungsloser aufgenommen wird. Erst die persönliche Kontaktaufnahme mit dem zuständigen Oberarzt, den ich aus meiner früheren Zeit als Stationsarzt in dieser Klinik kenne, beruhigt ihn so, dass er mir versichert, sich in stationäre Behandlung zu begeben.

Durch einen Kontakt mit dem zuständigen Sachbearbeiter des Sozialamts erhält der Patient eine Bescheinigung zur Kostenanerkenntnis für die stationäre Behandlung. Die Rücksprache mit dem Sozialarbeiter der Notschlafstelle noch während des Gesprächs mit dem Patienten sichert die Versorgung während seines Klinikaufenthaltes mit dem Lebensnotwendigsten, mit Geld, Tabak, Kleidung und anderen Alltagsutensilien. Als Anlaufadresse für den Fall, dass alles schief geht, stellt sich die Kontaktstelle zur Verfügung, auch zur telefonischen Beratung.

Kurz nach seiner sechswöchigen Behandlung kommt er erneut in meine Sprechstunde. Seine antidepressive Medikation geht zur Neige. Einen niedergelassenen Psychiater hat er sich noch nicht gesucht. Er bittet um Weiterbehandlung durch mich. Erst nach mehreren Behandlungsterminen in meiner Wohnungslosensprechstunde gelingt es mir, ihn an einen niedergelassenen Kollegen zu verweisen. In Zusammenarbeit mit einem Sozialarbeiter der Diakonie wird die Kontaktaufnahme mit einer Therapie für Spielsüchtige eingeleitet. Die soziale Beratung beinhaltet eine Schuldnerberatung mit Kontaktaufnahme zu seinen Gläubigern. Zu einem anschließenden Gespräch erscheint Herr W. bereits nicht mehr.

Interdisziplinäre Zusammenarbeit, das heißt immer auch: Vermitteln möglichst kurzfristiger, möglichst effektiver und passgenauer Hilfen, die eine unmittelbare Veränderung der Situation bewirken. Für das Individuum heißt das: Jeder zusätzliche Weg ist zu viel, jede zusätzlich verstrichene Zeit auch und jeder zusätzliche Kontakt allemal. Am besten: alles »aus einer Hand« (oder zumindest durch eine Hand koordiniert), und zwar so schnell wie möglich. Es versteht sich von selbst, dass gerade zur Überwindung von Krisen die erforderlichen Maßnahmen ineinander greifen müssen wie ein Uhrwerk. Möglicherweise vorhandene Selbsthilfepotenziale müssen ausgeschöpft werden, ohne den Betreffenden jedoch zu überfordern, was häufig schwer abzuschätzen ist.

13.3.4 Grundsatz Nr. 4: Lebensweltorientierung

Lebensweltorientierung bedeutet in der Krisenhilfe für psychisch kranke Wohnungslose:

- eine akzeptierende Haltung,
- die möglichst genaue Kenntnis der Lebensbedingungen,
- ein hochfrequenter, aufsuchender Kontakt, ohne sich aufzudrängen.

Das Leben auf der Straße bzw. in der Wohnungslosenszene folgt eigenen Gesetzmäßigkeiten. Rückzugsmöglichkeiten finden sich in den Städten kaum noch, das Leben findet im öffentlichen Raum statt mit der entsprechenden Reizstärke der Umgebung. Hygienische Bedingungen und Witterungseinflüsse fördern körperliche Vernachlässigung bis hin zur Verwahrlosung. Die Sorge um Diebstahl und Raub, in Verbindung mit der ständigen Unsicherheit des Schlafplatzes, führen zu einem unterschwelligen Dauerstress. Irgendwann ist dann »das Maß voll«.

Erinnern Sie sich an die Schilderung der Lebensverhältnisse aus Fall 1? Die Kenntnis der Lebenssituation der Betroffenen ließ uns abschätzen, wo und wann die Grenze aufsuchender Hilfen erreicht war, d. h., bis zu welchem Zeitpunkt noch ein Zugang für diese Art der Hilfe bestand. Auch in Fall 2 erlaubte erst die genaue Kenntnis der (vereinsamten) Lebenssituation die Einschätzung der individuellen Gefährdung durch Suizidalität und Hoffnungslosigkeit. Hier hatten professionelle Hilfen auch sozialkompensatorische Funktion.

Nun denken Sie sich selbst einmal in eine solche Situation hinein. Jeder von uns wird in einer solchen Umgebung innerhalb kürzester Zeit körperlich und psychisch am Ende sein. Um so eher wird das bei Menschen der Fall sein, die krankheitsbedingt mit weniger Ressourcen ausgestattet sind, als das normalerweise der Fall ist. Es kommt zu krisenhaften Zuspitzungen. Vor diesem Hintergrund verwundert es nicht, dass so viele psychisch Kranke längerfristig wohnungslos sind. Es wird nachvollziehbar, wenn man bedenkt, dass Menschen in den seltensten Fällen freiwillig auf der Straße leben. Sie gehen häufig den Weg des geringsten Widerstands, und der endet meistens auf der Straße. Einmal dort gelandet, ist es gerade für psychisch Kranke schwer, wieder aus dieser Situation herauszukommen.

Gelingende Intervention in Krisen verlangt die genaue Kenntnis des Umfeldes, um abschätzen zu können, ob hier Ressourcen zur Verfügung stehen, die genutzt werden können, und um die Umfeldbedingungen in die Planung mit einzubeziehen. Soziale Belastungen tragen zur Zuspitzung bei, Reizüberflutung provoziert Impulsdurchbrüche. Die Schwelle zu psychischer Dekom-pensation, gegebenenfalls mit auto- oder fremdaggressiven Verhaltensweisen, ist deutlich verringert.

13.3.5 Und – nicht zuletzt – Grundsatz Nr. 5: handlungsorientierte Fortbildung

> Problem und Lösung liegen bei psychisch kranken Wohnungslosen selten auf einer Ebene. Gefühls- und Realitätswelten vermischen sich zu einem komplexen System einander beeinflussender Wirklichkeiten. Selbst-, Menschen- und Systemkenntnis durch fachlich qualifizierte Fortbildung ist unabdingbare Voraussetzung dafür, dass Klienten und Mitarbeiter im Hilfeprozess nicht auf der Strecke bleiben.

Manche Krisen wohnungsloser psychisch Kranker provozieren (Abwehr-)Reaktionen, die von offener Ablehnung über Angstreaktionen bis zu spontaner Hilfsbereitschaft reichen können. Je befremdlicher, je drängender das Verhalten des Betreffenden jedoch ist, desto eher werden Zwangsmaßnahmen erwogen, die eine objektive oder mutmaßliche Bedrohung abwenden sollen, oder Restriktionen ausgesprochen, wie z. B. Hausverbote in Hilfeeinrichtungen oder öffentlichen Gebäuden, Platzverweise, Kündigungen von Hotelzuweisungen (bei nach SGB XII untergebrachten Personen).

Andere Krisen wiederum vollziehen sich eher lautlos, unbemerkt. Eher zufällig wird man auf sie aufmerksam, wenn ein psychisch auffälliger Besucher einer Einrichtung z. B. von Ausweglosigkeit und Hoffnungslosigkeit berichtet. Erst nach oft mühsamer Kontaktaufnahme mit Ausbildung einer vertrauensvollen Beziehung kommt das Gespräch etwa auf Selbstmordgedanken oder auf Ohnmachtsgefühle angesichts einer offenkundig desolaten Lebenssituation. Manchmal ist das einzige Anzeichen einer krisenhaften Entwicklung, wenn Besucher einer Einrichtung plötzlich regelmäßig fernbleiben und der Kontakt abreißt.

Eine Grundvoraussetzung für angemessene Krisenintervention ist in beiden Fällen, aus der akzeptierenden Grundhaltung dem Klienten gegenüber (wie sich bei aggressiven Handlungen zeigt, nicht notwendigerweise gegenüber dessen Verhalten), den Kontakt von Seiten der Mitarbeiter selbst aktiv anzubieten bzw. herzustellen. Das hierfür erforderliche Fingerspitzengefühl ist selten nur »Gefühl«, sondern in den allermeisten Fällen das Ergebnis einer entsprechenden Ausbildung. Fachkräfte, die mit Wohnungslosen arbeiten, haben regelmäßig mit psychisch kranken Klienten zu tun, ohne über eine entsprechende Ausbildung zu verfügen. Mitarbeiter sozialpsychiatrischer Einrichtungen wiederum wissen zu wenig über die Lebenssituation Wohnungsloser. Ihr Hilfesystem ist überfordert von der Vielzahl sozialer Notlagen bzw. von der Gleichzeitigkeit erschwerter Erreichbarkeit, ablehnendem Verhalten, instabilem Umfeld, gravierenden Suchterkrankungen etc.

Mitarbeiter aller Hilfesysteme sollten lernen, wohnungslosen psychisch Kranken so genannte »Hilfs-Ich-Funktionen« zur Verfügung zu stellen. Diese Fähigkeit wird z. B. im psychotherapeutischen Prozess mit Menschen genutzt, die unter frühen Störungen der Persönlichkeitsentwicklung leiden. Ich-Funktionen werden in der frühen Kindheit erlernt und umfassen psychische Abwehrmechanismen, strukturierende Verhaltensweisen, die Fähigkeit, Wichtiges von Unwichtigem zu unterscheiden, Prioritätenbildung, innerseelischen Spannungsausgleich durch Kompromissbildung etc. Konnte jemand diese Fähigkeiten aufgrund von Entwicklungsstörungen nicht erlernen oder sind diese durch Psychosen oder andere schwere psychische Störungen behindert, so fehlt eine vermittelnde seelische Instanz, die gerade in Krisen so dringend benötigt wird. Das soziale Umfeld kann diesen Mangel bis zu einem gewissen Grad ausgleichen. Für Wohnungslose übernimmt das Hilfesystem einen Teil dieser Funktionen. Der gezielte, reflektierte Einsatz aktiver Unterstützung ist hier wesentlich häufiger erforderlich als in anderen Situationen.

Zum Beispiel: verständnisfördernde Hintergrundgespräche

Eine Möglichkeit zu praxisbegleitender, handlungsorientierter Fortbildung sind z. B. verständnisfördernde Hintergrundgespräche.

Die Idee hierzu entstammt der Erfahrung, die in Köln und auch andernorts in gemeinsamen Teamgesprächen mit psychiatrischen Fachkräften und Mitarbeitern der Wohnungslosenhilfe gemacht wurde. Der Ablauf ist fallorientiert und greift alltägliche Probleme aus der Einrichtung auf, die dann im Hinblick auf mögliche psychiatrische Hintergründe beleuchtet werden. Dieser Rahmen lässt sich ideal nutzen, um die Besonderheiten der Situation wohnungsloser psychisch Kranker in der Planung von Hilfen zu berücksichtigen, ein Lernen »on the job« zu initiieren, das zudem in der Gruppe derjenigen stattfindet, die täglich zusammenarbeiten.

Mitarbeiter der Wohnungslosenhilfe können nach solchen Gesprächen besser und angstfreier entscheiden, wo spezifische psychiatrische Hilfen erforderlich sind (z. B. im psychiatrischen Notfall).

Solche Gespräche können z. B. nach Art der Fall- oder Teamsupervision verlaufen oder aber den Rahmen einer Helferkonferenz nutzen. Der Vorteil liegt in der relativen hohen, zeitlichen Flexibilität unter Nutzung vorhandener Mittel und Fachkräfte zur Vermittlung von fachlichem Know-how.

Ein weiterer Aspekt dieser »Gesprächskultur« wird noch deutlich: Unter Einbezug der jeweiligen Denkmodelle, der »Konzepte im Hinterkopf« der Mitarbeiter, können Gespräche aufklärend wirken, wo die Grenzen des jeweiligen Arbeitsfeldes sind, aber auch der eigenen Kraft und Bereitschaft, sich auf die

Arbeit mit Klienten einzulassen. So erübrigt sich vielleicht die eine oder andere Forderung nach einer Zwangseinweisung, wenn sie mangels Alternativen, die dem Besucher zur Verfügung gestellt werden könnten, lediglich Ausdruck der eigenen Hilflosigkeit ist und als solche schon frühzeitig erkannt wird.

chisch kranker Wohnungsloser Normalität sind, verlangt ein gutes Maß an eigener Psychohygiene, um die hiermit verbundenen Belastungen nicht nur aushalten, sondern gut managen zu können. Auch das ist eine wichtige Funktion professioneller und sozialer Netzwerke.

13.4 Fazit

Mit Randgruppen arbeiten – das heißt immer, in Grenzbereiche des »normalen Lebens« vorzudringen, in denen andere Gesetzmäßigkeiten gelten als im eigenen sozialen Umfeld. Krisen entstehen häufig an den Reibungsflächen der gesellschaftlichen Normen und Werte mit individuellen Bedürfnissen und Beschränkungen. Wer mit sozialen Randgruppen arbeitet, muss immer auch bei sich selbst »am Rand« gucken, wo die eigenen Abgründe, Ängste und Verletzungen liegen, mit denen er auf entsprechende Eigenschaften seiner Klientel reagiert. Selbsterfahrung im engeren Sinn wird in den wenigsten Fällen erfolgen können, jedoch kann ein Gespräch in angst- und hierarchiefreier Atmosphäre einen Beitrag dazu leisten, blinde Flecken zu erhellen, schwierige Situationen im Nachhinein zu verstehen und Krisen zu bewältigen.

Der multikompetente, vielseitig versierte und belastbare Mitarbeiter ist das Idealbild vieler im Sozialwesen Tätiger. Besser ist es meiner Meinung nach, sich auf die Kompetenzen anderer berufen zu können. Das Arbeiten mit sozialen und professionellen Netzwerken ist meines Erachtens die Methode der Wahl. In Zeiten knapper Finanzen, jedoch erhöhten Hilfebedarfs, gewinnt derjenige, der Zugang zu weitreichenden Ressourcen hat, die er bei Bedarf seinen Klienten/Patienten zur Verfügung stellen kann. Das Arbeiten mit Extremen, wie sie im Alltag chronisch psy-

Literatur

Bundesarbeitsgemeinschaft Wohnungslosenhilfe e. V. (2008). Psychische Erkrankungen bei wohnungslosen Frauen und Männern. Darstellung der Problemlagen und Handlungsbedarfe. Ein Positionspapier der BAG Wohnungslosenhilfe e. V.

Eikelmann, B., Inhester, M. L. & Reker, T. (1992). Psychische Störungen bei nichtsesshaften Männern. Defizite in der psychiatrischen Versorgung. *Sozialpsychiatr Inf*, 2, 29–32.

Fichter, M., Quadflieg, N. & Cuntz, U. (2000). Prävalenz körperlicher und seelischer Erkrankungen. Daten einer repräsentativen Stichprobe obdachloser Männer. *Deutsches Ärzteblatt* 97 (17), 28. April 2000.

Kellinghaus, Ch., Eikelmann, B., Ohrmann, P. & Reker, T. (1999). Wohnungslos und psychisch krank. *Fortschritte der Neurologie-Psychiatrie* 67 (3), 108–21.

Kunstmann, W., Gerling, S. & Becker, H. (1996). Medizinische Versorgungsprojekte für Wohnungslose – Ursachen und Konzepte. *Wohnungslos*, 3, 103–112.

Masanz, K. (2008). Krisenentwicklung bei wohnungslosen psychisch kranken Menschen. *Wohnungslos*, 3, 106–110

Nouvertné, K., Wessel, Th. & Zechert, Ch. (2002). *Obdachlos und psychisch krank*. Bonn: Psychiatrie-Verlag.

Veith, G. & Schwindt, W. (1976). Pathologisch-anatomischer Beitrag zum Problem »Nichtsesshaftigkeit«. *Fortschritte der Neurologie, Psychiatrie und ihrer Grenzgebiete*, 44, 1–21.

Wessel, Th. (2007). »Im Bermuda-Dreieck…«: Wohnungslos und psychisch krank – Herausforderung für Sozialpsychiatrie und Wohnungslosenhilfe. In Gesundheit Berlin (Hrsg.): *Dokumentation 13. bundesweiter Kongress Armut und Gesundheit*. Berlin.

14 Eine Krise, die viele Krisen entstehen lässt – Kriseninterventions und geistige Behinderung

Carlos Escalera

> Die Krisenintervention bei geistig behinderten Menschen verläuft nach denselben Prinzipien wie die bei anderen Menschen, dennoch haben viele erfahrene Professionelle der Intervention in krisenhaften Situationen (Polizei, Feuerwehr, Rettungsdienste und sogar psychologische und psychiatrische Dienste) Angst vor der Intervention bei Menschen mit anderen intellektuellen Fähigkeiten. Es sind Menschen, die nicht imstande sind, viele Zusammenhänge zu erkennen, die in der breiten Bevölkerung selbstverständlich sind, Menschen, die vielleicht auch nicht auf verbale Kontaktaufnahmen reagieren. Es handelt es sich um Menschen, die daran gewöhnt sind, ihre Krisen mit anderen Mitteln zu lösen. Sie bewältigen ihre Krisen mit sehr starken, aber stillen Depressionen, mit Schreien, mit Wiederholungen, mit selbst- oder fremdverletzenden Handlungen etc.
>
> Eine Krisenintervention bei diesen Menschen muss meiner Ansicht nach immer mit dem Versuch beginnen, einen Zugang zu deren Erlebniswelten herzustellen. Diese erscheinen uns anfänglich sicher oft fremd, sind aber dennoch verstehbar. Zu berücksichtigen ist, dass Kommunikation nicht nur auf der verbalen Ebene stattfindet, sondern durch eine kongruente Haltung und Mimik, d. h. auch nonverbal unterstützt werden sollte.

14.1 Einführung

Da ich seit zehn Jahren mit Menschen mit geistiger Behinderung arbeite und seitdem zahlreiche Kriseninterventionen geleistet habe, habe ich vielerorts Gelegenheit gehabt, die komplexen Wechselwirkungen zwischen Betreuern, Assistenten, externen FachdienstmitarbeiterInnen, Familien und allgemeinem Umfeld in solchen Situationen selbst zu erfahren. Mal war ich Beteiligter mal Beobachter oder in die darauf folgende Reflexion einbezogen. Häufiger Bestandteil des Krisenverlaufs war, dass es zu ungewollten Synergieeffekten kam. Die Art und Weise, wie ein Mensch mit weniger ausgeprägten intellektuellen Fähigkeiten eine Krise bewältigte, stürzte viele oder sogar alle hinzugezogenen »Helfer« in eigene Krisen. Die Krise eines Menschen drohte damit zur Krise einer gesamten Mikrogesellschaft (Familie, Pädagogen, Psychologen, Ärzte, Wohneinrichtungen, Werkstätten, Psychiatrie etc.) zu werden. Viele Fragen sind in diesen zehn Jahren entstanden: Wie genau laufen diese Prozesse auf der intra- und interindividuellen Ebene ab, d. h. wie ist das Erleben der einzelnen Individuen? Welche Bewertungen der Situation und der eigenen Fähigkeit, damit umzugehen, werden gemacht? Wie entscheiden sich die Menschen für bestimmte Handlungen, und wie fühlen sie sich dabei? Wie bewerten sie den Verlauf und den Ausgang? Und vor allem, welche Haltung hat der »normale« Mensch dem geistig behinderten Menschen gegenüber und umgekehrt?

Der vorliegende Beitrag stellt den Versuch dar, Antworten auf einige dieser und anderer Fragen zu geben, die in diesem speziellen Ge-

Carlos Escalera

biet der Krisenintervention auftauchen können. Vor allem aber werden Erfahrungen im Umgang mit Krisen bei dieser sehr heterogenen Menschengruppe beschrieben. Sowohl Fragen als auch Antworten und Beschreibungen haben keinen wissenschaftlichen Anspruch, viel mehr sind sie aus der Praxis entstanden und für die Praxis bestimmt.

14.2 Die geistige Behinderung und ihre Klassifizierung

Alle Menschen sind unterschiedlich. Dass es morphologische Unterschiede gibt, kann man nach geographischen Gesichtspunkten schnell erkennen. Es gibt helle und dunkle, große und kleine Menschen. Es gibt Leute mit gelockten und mit glatten Haaren, mit langen spitzen und mit kurzen runden Nasen. Das sind nur die äußerlichen Unterschiede.

Die inneren Differenzen festzustellen braucht etwas mehr Zeit. Es gibt Personen, die schnelle Abläufe in ihrem Umfeld schnell erkennen können und ihr Verhalten entsprechend anpassen. Es gibt andere, die langsame Veränderungen der Umwelt in allen Details wahrnehmen und später beschreiben können. Manche Menschen können sich auf mehrere Handlungen gleichzeitig konzentrieren, andere immer nur auf eine Handlung, dafür aber sehr intensiv. Die eine Gruppe braucht sehr viel Veränderung, um sich gefördert und wohl zu fühlen, die andere braucht eine Beständigkeit in ihrem Umfeld, um sich sicher zu fühlen. Einige Menschen sind in der Lage, bei Schwierigkeiten sehr komplexe Zusammenhänge zu verstehen und daraus Lösungen abzuleiten. Andere können eher einfache Beziehungen verstehen, und dementsprechend gestalten sie ihre Lösungen.

Das alles sind Merkmale, die uns Menschen im Einzelnen charakterisieren können.

Es handelt sich aber auch um Merkmale, die man in Verbindung mit dem Begriff »geistige Behinderung« bringt.

Laut ICD-10 (Klinisch-diagnostische Leitlinien der Weltgesundheitsorganisation) und DSM IV (Diagnostisches und statistisches Manual der psychischen Störungen) wird geistige Behinderung oder Intelligenzminderung durch drei Kriterien definiert:

- als Störung oder Beeinträchtigung der Entwicklung und der Anpassungsfähigkeit, insbesondere wird dabei auf die sozialen Fähigkeiten hingewiesen,
- verminderte kognitive Fähigkeiten (ein IQ unter 70 in psychometrischen Tests),
- Entstehung in der Entwicklungsphase (vor dem 18. Lebensjahr).

Diese Kriterien sind keineswegs absolut und stabil. Sie haben sich vielmehr im Laufe der Zeit ständig geändert und mit ihnen die Zuschreibung und Wahrnehmung der Behinderung.

14.2.1 Historischer Abriss (oder die Geschichte eines Begriffes)

Im Jahr 1324 wurden zum ersten Mal die »Idioten« in einem Gesetz (King's Act) erwähnt. Nach diesem Gesetz waren die »Idioten« unfähig, ihre Geschäfte zu pflegen, sodass ihr Vermögen an die Krone überging. Sir Fitzherbert machte 1534 folgende Definition: »Idiot ist die Person, die nicht zählen oder 20 Pennies nennen kann, die nicht sagt, wer ihr Vater oder ihre Mutter war und die ihr Alter nicht weiß.« Bis zum 19. Jahrhundert differenzierte man »geistige Behinderung« von anderen »Störungen« wie Gehörlosigkeit oder Epilepsie nicht. 1818 charakterisiert Esquirol die »geistige Behinderung« als angeborenes irreversibles intellektuelles Defizit mit organischer Ursache. Noch im 19. Jahrhundert beweist Jean Itard, beeinflusst von den Ideen John Lockes, dass die menschlichen Fähigkeiten durch das Umfeld beeinflusst werden und dass auch ein »Idiot«, sofern man ihn unterrichtet, durchaus Fortschritte machen kann. Ende des 19. und Anfang des 20. Jahrhunderts ist das Denken stark von Darwin und der eugenischen Sichtweise geprägt.

1937 schlägt Tredgold ein klassisches Konzept für das Verstehen dieses Phänomens vor: Der »Zurückgebliebene« ist eine Person, die nicht in der Lage ist, ein unabhängiges Erwachsenenleben zu führen. Kanner (1957) stellte auch fest, dass der Grad der Behinderung mit dem Grad der gesellschaftlichen Abhängigkeit des Individuums zusammenhing. In der zweiten Hälfte des 20. Jahrhunderts wurde die geistige Behinderung nach psychometrischen, evolutiven, psycho-dynamischen, kognitiven und funktionalistischen Gesichtspunkten analysiert und definiert.

Zurzeit wird generell eine Verbindung zwischen organischen (neurologischen, genetischen physiologischen und/oder biochemischen) Zuständen, psychodynamischen Strukturentwicklungen und gesellschaftlichen Anpassungen hergestellt. Erst durch die Wechselwirkungen zwischen Organismus, gesellschaftlichem Umfeld und Psyche entsteht die zu unserer Zeit so genannte »geistige Behinderung«. Eine traditionell bei geistig Behinderten beobachtete Funktionseinschränkung existiert nur in dem Vergleich zwischen diesen und anderen Menschen, die als Mehrheit oder Normträger gelten. Geistige Behinderung existiert also zunächst nur für den Beobachter, nicht für den Betroffenen. »Die Zuschreibung einer Behinderung entsteht hier dadurch, dass der Beobachter sein Gegenüber als jemanden beschreibt, der sich im Vergleich zu ihm in bestimmten Fähigkeiten und Merkmalen unterscheidet« (Lindemann & Vossler, 1999).

14.2.2 Die Verinnerlichung eines Begriffes und ihre Bedeutung für die »Helfer« in der Krisenintervention

Die Wahrnehmung dieser Normabweichung, dieser Andersartigkeit, zusammen mit den Vorurteilen und den Verhaltensauffälligkeiten charakterisieren die Krisenintervention bei Menschen mit geistiger Behinderung. Einige »Helfer«, die in Krisensituationen bei Menschen mit geistiger Behinderung interveniert haben, berichten darüber, wie unheimlich ihnen das Verhalten, die Gespräche etc. vorkamen. Tatsächlich erleben viele Helfer eine Begegnung mit dem »Unheimlichen«. Es geht also nicht nur darum, das Verhalten des »geistig Behinderten« zu untersuchen, um Interventionskonzepte zu entwickeln, sondern auch darum, die Wahrnehmung, die Urteile, die Empfindungen und Fähigkeiten des Beobachters und professionellen Krisenbegleiters zu erkennen und zu reflektieren.

14.2.3 Komorbidität

Genaue Angaben, wissenschaftlich belegte Daten zur Komorbidität, d. h., welche psychischen Erkrankungen häufiger im Zusammenhang mit geistiger Behinderung auftreten, gibt es nicht. Man geht davon aus, dass Menschen mit geistiger Behinderung drei bis viermal so häufig wie der Rest der Bevölkerung an psychischen Erkrankungen leiden. In diesem Beitrag wird geistige Behinderung als transaktionales Gebilde (Jantzen 2002), d. h. als ein Zustand, der durch die Wechselwirkungen mit dem Umfeld entsteht, beschrieben. So kann man sich leicht vorstellen, dass Menschen mit anderen intellektuellen Fähigkeiten öfter Schwierigkeiten und Ohnmachtserfahrungen erleben, die häufiger zu schweren Konflikten führen. Diese wiederum beeinflussen oder beeinträchtigen sogar das seelische Gleichgewicht entscheidend.

Es gibt aber einzelne Erhebungen zum Thema, wie z. B. von Henning Michels, Mitglied einer Arbeitsgruppe zur Regionalplanung für die Versorgung von psychisch kranken Menschen mit geistiger Behinderung im Bereich Braunschweig-Wolfenbüttel-Helmstedt. Er gab bekannt, dass bei ca. der Hälfte der Menschen mit geistiger Behinderung psychische Auffälligkeiten angegeben wurden. Von dieser Hälfte wurden u. a. folgende Symptome angegeben:

- aggressives Verhalten
  gegenüber Personen: 29 %
- zwanghaftes Verhalten: 28 %
- depressives Verhalten: 26 %
- Unruhe, Hyperaktivität: 26 %
- Angstsymptomatik: 21 %
- aggressives Verhalten
  gegenüber Sachen: 20 %
- autoaggressives Verhalten: 17 %
- psychosomatische Störungen: 11 %
- auffälliges sexuelles Verhalten: 9 %
- psychotische Störungen: 7 %
- Alkohol und Drogenabusus: 3 %

Über die erhöhte Vulnerabilität, d. h. Verletzbarkeit bei Menschen mit geistiger Behinderung und über das dadurch gesteigerte Risiko, an psychischen Leiden zu erkranken, herrscht zurzeit allgemeiner Konsens. Schwieriger wird es mit der Frage der häufigsten Erkrankungen. Jantzen beispielsweise geht von Gewalt als verborgenem Kern der geistigen Behinderung aus. Demnach erleben diese Menschen in ihrem Umfeld viel häufiger als der Rest der Bevölkerung Einschränkungen, Fremdbestimmung, Ohnmacht und Angstzustände. Aus diesen Erfahrungen entsteht eine Reihe an »Verhaltensauffälligkeiten«, die man jedoch als Bewältigungsstrategien deuten kann. Bei genauerer Betrachtung werden Ähnlichkeiten in Bezug auf die Strategien von Menschen nach schweren traumatischen Erfahrungen sichtbar. Eine Posttraumatische Belastungsstörung wäre demnach eine häufige Diagnose bei diesen Menschen, wobei dann die Belastung und die Traumatisierung durch immer wiederkehrende Ohnmachtserfahrungen entstehen würden.

14.2.4 Übertragbarkeit des Krisenbegriffes auf Menschen mit geistiger Behinderung

Krisen kann man als Zustände beschreiben, in denen ein Mensch so schwere Konflikte erlebt, dass er einen dringenden Handlungsbedarf erkennt, aber nicht genügend Handlungsmöglichkeiten findet, die ihn aus diesem Zustand befreien können. Ein existenziell bedrohliches Problem wird erlebt, aber keine zufrieden stellende Problemlösung gefunden. So können manche Menschen sehr schnell in Krisen geraten, wenn sie wenige Ressourcen haben, um Probleme einer bestimmten Art zu lösen.

Große Teile der Bevölkerung sind aufgrund ihrer vielfältigen Lebenserfahrungen mit den unterschiedlichsten Konfliktsituationen vertraut, sodass sie Zeit und Möglichkeiten hatten, verschiedene Problembewältigungsstrategien zu entwickeln. Hinzu kommt, dass die meisten Menschen über große körperliche und intellektuelle Fähigkeiten verfügen, sodass sie darauf zurückgreifen können, um neue Konflikte zu lösen.

Menschen mit geistiger Behinderung dagegen sind traditionsgemäß von der Gesellschaft isoliert worden, sie sind in Heimen aufgewachsen, oder sie sind überbehütet worden. Auf die eine oder andere Art sind sie somit ausgeschlossen worden und konnten deswegen nicht die vielfältigen Erfahrungen machen, die ihnen helfen könnten, vorhandene Probleme zufrieden stellend zu lösen. Körperliche und intellektuelle Handikaps verstärken die Problematik, weil sie deswegen über wenige Ressourcen verfügen, um sich aus unangenehmen Situationen zu befreien.

14.3 Besonderheiten von geistiger Behinderung und Krisenbewältigung

Alle »Besonderheiten« des Krisenerlebens und der Krisenbewältigung bei Menschen mit geistiger Behinderung zu erläutern, würde den Rahmen dieses Beitrags sprengen. Deswegen werde ich mich stattdessen auf ein paar meiner Meinung nach wichtige Aspekte konzentrieren:

Erstens die viel stärkere Betonung der physiologischen und wiederholenden sprachlich einseitigen Strategien zur Konfliktbewältigung, zweitens das unterschiedliche Erleben und der viel flexiblere Umgang mit der Zeit und drittens die Tabuisierung von Gewalterfahrungen oder Gewaltausübung bei Menschen mit geistiger Behinderung.

14.3.1 Strategien der Konfliktbewältigung

In der Entwicklung des Menschen lassen sich drei Grundformen und Phasen der Konfliktlösung beschreiben:

Körperliche Konfliktlösungsstrategien

In den Anfängen sind wir Menschen auf rein *körperliche Konfliktlösungsstrategien* angewiesen.

Haben wir Hunger, schreien wir. Ist uns kalt, schreien wir, spannen die Muskulatur an und bewegen uns. Fühlen wir uns allein gelassen, schreien wir. Wenn wir unsere motorischen Fähigkeiten entdeckt haben und die Neugier Oberhand gewinnt, so gehen wir in die Welt hinein und be-greifen sie. Stört uns etwas an dieser Welt, so bewegen wir in der Regel schnell die Arme und beseitigen unter Umständen das Hindernis (wenn Babys das angebotene Essen nicht mehr wollen, landet es schnell an der Wand oder auf dem Boden). Begehrt ein Kind im Sandkasten die wunderschöne rote Schaufel eines anderen Kindes, so wird es versuchen, sich diese zu nehmen. Verteidigt das andere Kind die Schaufel, so kann es schnell zu heftigen Bewegungen kommen, wobei ein Kind das andere schlagen kann. Dieses Verhalten ist frei von »bösen«, »verletzen wollenden« Absichten, das Kind versucht nur, mit den ihm zur Verfügung stehenden Ressourcen seine Welt zu beeinflussen.

Menschen mit geistiger Behinderung, die nicht über Sprache verfügen, sind genauso auf körperliche Bewältigungsstrategien angewiesen, wie die eben beschriebenen Kinder. Sie verfügen allerdings in der Regel erstens über mehr Kraft und zweitens über die langjährigen Erfahrungen eines Erwachsenen, sodass sie oft einerseits viel hartnäckiger und andererseits viel effektiver in ihrem Vorhaben sind.

Sprachlich einseitige Konfliktlösungsstrategie

Beginnt ein Kind über Sprache zu verfügen, so hat es eine neue Möglichkeit, seine Umwelt zu beeinflussen und eine neue »Waffe« im Umgang mit unangenehmen, nicht wünschenswerten Situationen. In dieser Phase können wir von einer *sprachlich einseitigen Konfliktlösungsstrategie* sprechen. Das Kind wird die Sprache einsetzen, um seinen Willen durchzusetzen, wird dabei aber kaum oder gar nicht den Standpunkt des Gegenübers berücksichtigen. Wenn sich zwei gleichsprachige Menschen in dieser Phase als Einengung erleben, werden sie versuchen, das Problem sprachlich zu lösen, gelingt es ihnen nicht, so werden sie auf andere vertraute Konfliktlösungsstrategien zurückgreifen, nämlich auf die körperlichen Behauptungsstrategien.

Menschen mit geistiger Behinderung, die über Sprache verfügen, können sich dadurch in vielerlei Hinsicht behaupten und durchsetzen. Sie können ihren Willen so ausdrücken, dass wir sie auch unmissverständlich verstehen. Geraten sie aber in eine Diskussion mit uns, weil wir eine andere Meinung vertreten oder einen anderen Willen haben, sind sie uns schnell unterlegen. Sie erleben dadurch Ohnmacht und neue Konflikte und greifen auch auf vertraute Mittel zur Bewältigung des Konfliktes zurück. Das kann bedeuten, dass sie anfangen zu schreien und zu weinen, dass sie flüchten, sich zurückziehen und verspannen oder dass sie zum tätlichen Angriff übergehen, mal auf das Selbst, mal auf das Fremde gerichtet.

Sprachliche kooperative Konfliktlösungsstrategie

Verfügen die Menschen über ausreichende Erfahrungen in der sprachlichen Konfliktlösung, so erkennen sie, dass eine strikte einseitige Haltung langfristig keine zufriedenstellende Lösung darstellt. Selbst wenn ein Mensch in der Lage sein sollte, sich permanent sprachlich durchzusetzen, so ist die Wahrscheinlichkeit doch sehr groß, dass andere Menschen ihn meiden werden, weil sie sich nicht respektiert und anerkannt fühlen. Der sprachlich begabte Mensch begibt sich dadurch in die Isolation.

Der Mensch macht vielfältige Erfahrungen, die ihm bewusst machen, dass eine einseitige Konfliktlösung kein langanhaltendes Wohlbefinden, keine Zufriedenheit mit sich bringt. Solche Erfahrungen bringen uns in die dritte Phase, die Phase der *sprachlichen kooperativen Konfliktlösungsstrategie*.

In dieser Phase sind die Menschen in der Lage, den fremden Standpunkt bzw. die andere Meinung, den anderen Willen zu erkennen und in ihre Überlegungen zur Problemlösung einzubeziehen. Man hat womöglich andere Interessen und andere Bedürfnisse als der gegenüberstehende Mensch. Gleichzeitig weiß man aber durch zahlreiche Erfahrungen, dass es langfristig viel mehr Stabilität und Zufriedenheit mit sich bringt, vom eigenen ursprünglichen Vorhaben abzuweichen und dem anderen entgegenzukommen.

Die Mehrheit der Menschen mit geistiger Behinderung ist wegen mangelnder sozialer Erfahrungen und einfacherer kognitiver Fähigkeiten kaum in der Lage, dieses Niveau zu erreichen. Viele erleben aber auch ständig, wie sie von erfahrenen Rednern überredet und überlistet werden, sodass sie sich von sprachlichen Auseinandersetzungen nicht besonders viel Erfolg versprechen.

Menschen mit geistiger Behinderung können sich wegen ihrer einfacheren intellektuellen Fähigkeiten oft entweder gar nicht oder nur schwer verbal ausdrücken und gegen Angriffe wehren. Wenn Argumentieren als nicht wirksam oder nicht durchführbar eingeschätzt wird, bleibt dem Betroffenen entweder die Wiederholung von Ideen und/oder Wünschen ohne Rücksicht auf andere oder die körperliche Bewältigung, beispielsweise in Form von Autostabilisierung durch stereotypische Handlungen wie schaukeln oder Hände in der Luft schütteln oder in Form von selbst- oder fremdverletzenden Verhaltensweisen. Letztere eignen sich besonderes gut, da sie einerseits eine innere Entspannung, andererseits die Veränderung des Umfeldes bewirken.

Geschieht eine Veränderung der inneren oder äußeren Welt und wird diese Veränderung als relevant und bedrohlich erlebt, so aktiviert sich das gesamte System des Menschen, um die Situation genauer einzuschätzen, ihre Bedeutung zu bewerten, notwendige Anpassungen zu selektieren und durchzuführen. Bei den meisten Menschen geschehen diese Veränderungen im System innerhalb von bestimmten zeitlichen Parametern. So reagiert man auf einen unerwarteten Verlust des Arbeitsplatzes zunächst vielleicht stumm und in sich gekehrt; ein paar Stunden später fängt man an, zu klagen und sich über die Ungerechtigkeit öffentlich zu äußern, diese Phase dauert eventuell einen Tag, eine Woche oder einen Monat; relativ bald wird man dann die ersten Veränderungen vornehmen, um die neue Situation erträglicher zu machen oder um sie zu beenden.

Bei Menschen mit geistiger Behinderung können sich diese Prozesse unendlich in die Länge ziehen, ausbleiben oder in veränderter Reihenfolge auftreten. Nichts ist vorgeschrieben. Nichts scheint so abzulaufen, wie man es aus den Alltagserfahrungen oder aus der Praxis mit »normalen« Menschen kennt. Ich möchte hier aber betonen, dass ich das Verb »scheinen« verwendet habe, denn bei genauerer Betrachtung ergeben sich schnell die Parallelen.

Hierfür einige Fallbeispiele

- Eine ausgebliebene Krise
Nach dem Tod der Mutter eines Klienten mit einer mittleren geistigen Behinderung hatten alle Pädagogen Angst, es ihm mitzuteilen, weil sie befürchteten, die Nachricht würde ihn stark dekompensieren. Als man es ihm schließlich sagte, blieb er stumm und schaute auf seine Halsketten. Man ging mit ihm zum Friedhof, um ihm dabei zu helfen, die Situation zu verwirklichen, weil man glaubte, er könne die Information nicht mit seiner Mutter in Verbindung bringen. Noch auf dem Friedhof fragte er nach dem Kuchen, den man ihm versprochen hatte. Einen Monat später fragte er, ob Mama komme. Die Pädagogin antwortete zum wiederholten Male, Mama sei im Himmel. Nach ca. drei Monaten wiederholte er selbst die Information. Bis jetzt konnte keine Person seines Umfeldes Anzeichen von Trauer oder jedweder emotionaler Beteiligung feststellen. Er schien selbstverständlich zum Alltag übergegangen zu sein.
- Eine unerwartete Krise
Im Alter von 18 Jahren wurde bei einem Klienten eine Operation am Gehör durchgeführt, um seine Hörfähigkeit herzustellen. Sein Hörvermögen hatte er im Alter von drei Jahren aufgrund einer Erkrankung fast vollständig verloren. Seine autistisch anmutenden Verhaltensweisen hatte man in Verbindung mit der Krankheit und mit dem Hörverlust gebracht. Noch im Krankenhaus kurz nach der Operation fing er an, sich extrem zu schlagen und Leute zu attackieren. Es wurde so heftig, dass er fixiert werden musste. Nach der Entlassung, bereits in der Gruppe, in der er lebte, hat er die Angriffe gegen sich selbst und gegen die Leute fortgeführt. Er ist heute 34 Jahre alt, und noch immer können ihn bestimmte Geräusche, Laute oder Töne extrem stören, sodass er weiter mit heftigsten Handlungen reagiert.
- Eine immer wiederkehrende Krise
Der Bewohner einer kleinen Wohngruppe scheint sich immer in einem Zustand der Apathie zu befinden. Unter den dort arbeitenden BegleiterInnen ist aber bekannt, dass er diesen Zustand immer dann verlässt, wenn ein Kollege geht oder ein neuer kommt. Dann gerät er in eine Art Hysterie mit schnellen unkoordinierten Bewegungsabläufen, verletzenden Handlungen und ewigen Wiederholungen von einzelnen Worten. Gelingt es den BegleiterInnen, die Situation stabil zu halten, so wird er in drei bis fünf Wochen erneut in die Apathie gehen, und sie werden Schwierigkeiten haben, ihn zu Tätigkeiten zu motivieren.

14.3.2 Umgang mit der Zeit

Menschen mit geistiger Behinderung haben eine enorme Breite an Erlebensmöglichkeiten. Dazu gehören das Erleben und der Umgang mit der Zeit. So können manche etwas als gegenwärtig erleben, was vor einer Woche oder einem Monat passiert ist. Eine Aktion, die für die meisten eher langsam abläuft, kann für sie unvorstellbar schnell sein, sodass sie nur ein grobes Gefühl von Veränderung und Wichtigkeit bekommen. Wegen dieser Diffusität in der Wahrnehmung und Verarbeitung von Informationen sind sie nicht in der Lage, dem Empfinden entsprechend zu reagieren und bekommen Gefühle der Angst. Jede Handlung von außen kann demnach diese Angst verstärken, weil sie ja das Gefühl einer sich in Veränderung befindenden, nicht nachvollziehbaren, bedrohlichen Umwelt bestätigt.

14.3.3 Tabuisierung der Gewalt

Die Tabuisierung der Körperlichkeit und der Gewalt im Umgang mit Menschen mit geistiger Behinderung ist ein sehr verbreitetes Phänomen, das unzählige Krisen auslöst oder ihre Bewältigung bestimmt. Menschen mit Behinderung sind traditionell entweder nur gut und schutzlos oder böse und gefährlich. Die MitarbeiterInnen sind entweder bewundernswert (»So eine Arbeit könnte ich nicht machen«) oder gehemmte Diktatoren.

14.4 Krisen der Klienten, Krisen der Helfer

Es lässt sich allgemein sagen: je mehr die Problembewältigungsstrategie eines Menschen von der Norm der üblichen Bewältigungsstrategien der Menschen abweicht und je mehr sie starke destruktive Komponenten aufweist, desto wahrscheinlicher ist es, dass die dem agierenden Menschen nahestehenden Personen selbst in eine Krise geraten. Geschieht das, werden diese Personen kaum in der Lage sein, dem Verwandten oder Klienten zu helfen, die Krise zu bewältigen, weil sie ja mit der eigenen Krisenbewältigung beschäftigt sind.

Es entsteht somit die Frage nach dem subjektiven Sinn des Handelns in der Krisenbewältigung, d. h. des Handelns im Sinne des Klienten oder im eigenen Sinne.

Ein Beispiel: Ein Klient führt immer dieselben Handlungen beim Essen aus. Er führt das Essen in den Mund hinein, schmeckt es und spuckt es wieder aus. Dies wiederholt er drei- bis viermal, bis er schließlich das Essen hinunterschluckt. Es kommt immer wieder zu Konflikten zur Essenszeit. Die MitarbeiterInnen haben unzählige Versuche unternommen, um das Verhalten zu ändern. Sie fühlen sich gleichzeitig ohnmächtig und angeekelt. Die Anspannung steigt. Seit einiger Zeit kommt es zwischen dem Klienten und MitarbeiterInnen zu tätlichen Angriffen. Offensichtlich haben die wiederholten Versuche, das Verhalten des Klienten zu beeinflussen, für eine erhöhte Anspannung aller Beteiligten gesorgt, die ihrerseits zu einer Eskalation geführt hat.

Die Fragen, die sich hier stellen, sind u. a.: Hatte der Klient einen Konflikt, bevor die MitarbeiterInnen intervenierten? Welchen Konflikt hatten die MitarbeiterInnen im Umgang mit dem Klienten? Welche Motivation hatten die MitarbeiterInnen, um das Verhalten des Klienten zu beeinflussen? In welchem Konflikt befinden sie sich zurzeit?

Die Handlungsentscheidungen in der Begegnung einer als relevant für die eigene Stabilität empfundenen Situation geschehen nach einer Bewertung, die gleichzeitig den Grad der Störung für das eigene System, und somit der Notwendigkeit einer Intervention, und die eigene Wirksamkeit berücksichtigt. Je nachdem, wie wirksam wir uns empfinden und wie stark wir die Störung für das Selbst bewerten, werden wir stark emotionszentriert, im Sinne eine Erregungsregulation, handeln, oder aber problemlösend. Das heißt, erleben wir dringenden Handlungsbedarf, aber nicht genügend Handlungsmöglichkeiten, werden wir heftige Ängste und Ohnmachtsgefühle haben, die uns zu selbststabilisierenden Handlungen führen; wir werden also vor allem in unserem Sinne handeln und nicht so sehr im Sinne des Klienten. Andererseits werden wir, wenn wir dringenden Handlungsbedarf mit dem Klienten erleben und genügend Handlungsmöglichkeiten erkennen, mehr im kooperativen Sinne handeln; das heißt vermehrt im Sinne des Klienten. So unterscheiden wir bei diesen Handlungen zwischen einer destruktiven und einer konstruktiven Aggressivität, sowohl bei den Professionellen wie bei den Klienten.

Unter Aggressivität sind hier alle menschlichen Verhaltensweisen gemeint, die die Funktion haben, empfundene Störungen zu beseitigen oder empfundene Probleme zu lösen. Ob diese Verhaltensweisen konstruktiv oder destruktiv sind, grenzüberschreitend oder grenzrespektierend, mit Rücksicht auf andere oder nicht, wird zunächst nicht differenziert, weil darüber nur die »Empfänger« des Verhaltens, d. h. die anderen Darsteller des sozialen Austausches entscheiden können. Wird hier aber über eine vom Pflegepersonal empfundene Aggression berichtet, dann gehen wir davon aus, dass zumindest eine Pflegekraft das Verhalten eines Klienten oder eines Kollegen als grenzüberschreitend und oder verletzend erlebt hat, unabhängig davon, welches Problem der Handelnde lösen wollte.

14.5 Dimensionen menschlicher Aggressivität

Wird ein Mensch in meiner unmittelbaren Umgebung grenzüberschreitend, verletzend, aggressiv, so ist die erste Handlung die Überprüfung bzw. die Herstellung der eigenen Sicherheit. Dies wird am schnellsten erreicht, indem man sich von der Gefahrenquelle distanziert. Diese Distanz kann physisch oder psychisch sein.

Die erste ist schnell beschrieben, gehen Sie weg oder entfernen Sie sich zumindest ein paar Schritte. Die zweite ist komplizierter zu beschreiben. Am Besten scheint mir zu sein, wenn ich Ihnen, liebe Leserinnen und Leser, einige Strategien beschreibe, die andere, oder ich selbst, benutzt haben, um solche Situationen zu überstehen. In der Begegnung der menschlichen Aggressivität habe ich es als hilfreich empfunden, den aggressiv agierenden Menschen innerhalb drei Parameter zu analysieren und ihm entsprechend zu begegnen, dies verschaffte mir eine gewisse innere Distanz. Die drei Parameter, bzw. die drei Dimensionen der menschlichen Aggressivität sind die folgenden:

- Körperliche Dimension
- Kognitive Dimension
- Emotionale Dimension

Körperliche Dimension

Damit sind alle körperlichen Prozesse, die vor oder während einer aggressiven Handlung stattfinden gemeint, z. B. Erregungszustände und ihre Schwankungen, Unwohlbefinden, Mangelerleben, Schmerz, etc.

Wenn eine Person in hohe Erregungszustände gerät, ist sie meistens über Sprache kaum erreichbar. So ist es oft besser zu schweigen, zu warten und den Raum zu öffnen, d. h. Fluchtwege deutlich zu machen, als zu versuchen, die Person mit Argumentationen zu beruhigen. Diese körperliche Dimension spielt eine große Rolle bei den Reaktionen der Professionellen. Einige von uns sind z. B. sehr schreckhaft. Das Sich-Erschrecken ist zunächst aber eine eher physiologische Reaktion als eine emotionale Eigenschaft. Die Muskeln spannen sich an, der Atem bleibt stehen oder wird oberflächlich, die Blutzufuhr wird im Körper teilweise umgeleitet.

Es ist im Sinne des Professionellen, den Schreckmoment zu verkürzen. Der Weg dahin ist oft zuerst physiologisch. Man nimmt den Körper wahr und man konzentriert sich darauf, die Muskulatur zu lockern und die Atmung zu regulieren. Dadurch kommt man viel schneller aus der Situation der Handlungsunfähigkeit heraus, als wenn man versucht die Lage zu analysieren oder die Emotionen zu bearbeiten.

Kognitive Dimension

Hierbei geht es um alle bewussten oder unbewussten kognitiven Prozesse, die vor oder während einer Handlung passieren. Es handelt sich um vorteilsgerichtete Handlungen, um Erlangungs- und Vermeidungsstrategien, um über den Intellekt gesteuerte Bedürfnisbefriedigung und/oder Vergeltungsaktionen. Bei dieser Art von Aggression wirkt die Person sehr kontrolliert. Man erkennt, dass sie die Lage analysiert und bewertet, um entsprechend entscheiden zu können. Die Argumentationen der aggressiv agierenden Person können stark von der Norm abweichende Vorstellungen aufweisen, haben aber oft in sich eine klare Logik. Wenn man diese Logik verstanden hat, kann man mit diesen Leuten ein gutes Gespräch führen und verhandeln.

Emotionale Dimension

Das sind alle emotionalen Prozesse, die rund um die Handlung eine Rolle spielen. Diese Emotionen können sehr standhaft über längere Zeiträume fühlbar und erkennbar sein. Sie können aber auch sehr instabil, flüchtig, wechselhaft erscheinen. Emotionen, die oft in Zusammenhang mit Aggression erscheinen, sind z. B. Angst, Wut, Lust, Frust, Scham, Ärger, Zorn, Ekel, etc. Die Menschen, die aus emotionalen Gründen aggressiv agieren, können sehr vielfältige Verhaltensweisen und mimische Ausdrücke zeigen. Intuitiv sind wir aber in der Lage zu erkennen, ob die Person aus Angst, aus Frustration oder aus Wut agiert. Wenn man sich ein paar Sekunden der Besinnung gönnt, kann man eine schnelle Diagnose der emotionalen Anteile durchführen. Personen, die in Angst geraten, kommen am besten damit zurecht, wenn man ihnen Zeit und Raum zur Verfügung stellt. Nicht umsonst kommt das Wort Angst von Enge. Ist die Handlung durch ein ursprüngliches Gefühl von Scham motiviert, ist es oft gut, die Person in ihrer Wertigkeit und Richtigkeit zu bestätigen. Kommt die Aggression aus der Wut, ist es gut zu überprüfen, ob man das Ziel der Wut sein kann. Wenn Ja, ist es oft besser, den Raum zu verlassen und einen Kollegen hinzu zu ziehen,

der die Wut erst zulassen sollte, um sie nachher zu steuern.

Im Umgang mit diesen drei Dimensionen soll der Beobachter sich dem Beschriebenen zufolge darauf konzentrieren, die dominante der drei Dimensionen in Stärke und Qualität zu erfassen, um entsprechend handeln zu können.

14.6 Mit Eskalationen umgehen

In einer Situation, in der Menschen aggressiv agieren und die man als gefährdend erlebt, wird man im Einklang mit dem oben Beschriebenen kognitive, emotionale und physiologische Prozesse erleben. Oft ist es besser, sich auf den Umgang mit diesen Prozessen als auf einzelne Gewaltsituationen vorzubereiten. Den Prozessen entsprechend gestalten sich dann die Interventionsmöglichkeiten.

14.6.1 Beschleunigung der physiologischen Prozesse, der Emotionen, der Ereignisse

Der Klient oder der Kollege werden immer schneller in ihren Handlungen, in ihren emotionalen Regungen, wir selbst bekommen Gefühle der Überforderung, unsere eigenen Emotionen wechseln auch schnell, wir wechseln von Überraschung zur Empörung zur Angst innerhalb von Sekunden. *Dominante Dimensionen: emotional/körperlich*. Kommt oft bei Klienten vor, die durch Krankheiten Kontrollverlust erleben oder bei Menschen, die sich ausgeliefert fühlen, weil sie in einer fremden Kultur leben.

Tipp: Beteiligen Sie sich nicht an der Beschleunigung, fühlen Sie sich in die eigene

Zeit hinein. Atmen sie tief, beobachten Sie, aber hören Sie auf, zuzuhören, fühlen Sie die innere Stille. Beobachten Sie sich, ob Sie zittern, ob Sie still sind. Versuchen Sie nicht ruhig zu sein, wenn Sie Unruhe spüren. Nehmen Sie sich so an, wie Sie gerade sind. Entscheiden Sie, wann Sie sich an der Beschleunigung beteiligen und wann Sie Abbrüche verursachen wollen. Sie können also laut und schnell werden. Wichtig ist nur, dass Sie selbst über den Moment entscheiden. Langsamkeit einführen. Bewegen Sie sich langsam, positionieren Sie sich nah am Fluchtweg ohne ihn zu sperren. Letzteres ist es sehr wichtig, damit Sie die Macht spüren, wegrennen zu können. Es ist aber genau so wichtig, dass sie den Andern deutlich spüren lassen, dass auch er fliehen kann.

14.6.2 Radikalisierung der Schlussfolgerungen und der Beurteilungen

Der Mensch zeigt zunehmend sehr radikale Meinungen. Die Logik ist oft schwer erkennbar. Die Professionellen merken oft, dass sie selbst dazu neigen, gegenteilige Positionen zu vertreten und tragen dadurch zur Eskalation bei. *Dominante Dimensionen sind die kognitive und die emotionale.*

Kommt oft bei Klienten vor, die sich ungerecht behandelt fühlen, die empört über den Umgang, über die Behandlung sind. Sie fühlen sich absolut im Recht und betrachten ihre Aggressivität als logische Schlussfolgerung.

Tipp: Lassen Sie die Urteile zu, ändern Sie sie nicht, weichen Sie nicht von der Meinung des Anderen ab, Hören Sie zu, ohne zu urteilen, wiederholen Sie einzelne besonders bedeutsame Elemente des Diskurses des Anderen, fragen Sie nach Einzelheiten, nehmen Sie sich Pausen für ihre Fragen und Interventionen. Bei den Fragen beachten Sie bitte, dass Warum-Fragen sehr schwer zu beantworten sind und oft Rechtfertigungsversuche hervorrufen. Leichtere Fragen zu Anfang sind Wo-Fragen (»Wo ist das passiert?«) Was-Fragen (»Was hat er gesagt?«) Wann-Fragen (»Wann hat er das gesagt?«) Wie-Fragen (wie hat er das gesagt?). Die Funktion der Fragen ist es, das Denken des Gegenübers zu öffnen und ihn auf andere Gedanken zu bringen. Die Pausen sollen das wahre Interesse betonen und die Geschwindigkeit drosseln.

14.6.3 Einengung der Wahrnehmung

Menschen, die in extreme Erregungszustände geraten oder unter starkem emotionalen Einfluss stehen, entwickeln eine Art Tunnelblick. Oft sehen sie nur das, was sie stört. Dies passiert oft in Momenten von hoher Erregung, Emotionalität und kognitiver Starre. *Dominante Dimensionen sind die körperliche und die emotionale.*

Dieser Zustand entsteht oft bei Personen, die etwas wahrnehmen, was sie nicht kennen und extreme Angst in ihnen auslöst. Dies kommt oft bei Klienten in psychotischen Krisen vor. In viel leichterer Form passiert es auch, wenn man sich von einem ungewöhnlichen Reiz gestört fühlt – bei Autismus sehr häufig –, die Störung aber nicht zugeben möchte (im Wartezimmer des Zahnarztes kann ein Mensch, der mit dem Knie schnell wackelt, die Aufmerksamkeit von allen Wartenden auf sich lenken und fixieren).

Tipp: Achten Sie besonders auf die Selbstwahrnehmung, beobachten Sie sich, achten Sie auf ihre Position im Raum und auf die Gegenstände, nehmen Sie eine Position an einer Stelle ein, an der Sie sich wohl fühlen. Mit diesen Maßnahmen wird versucht, Synergieeffekte zu verhindern. Durch diese Effekte würden wir Elemente der Fühl-, Denk- oder Handlungsweise des Anderen übernehmen, was nicht gut für uns und auch schlecht für die Optimierung der Intervention wäre. Verhalten

Sie sich leicht erwartungswidrig. Tun Sie etwas, was den anderen verblüfft; das kann seine eingeengte Wahrnehmung öffnen. Überprüfen Sie, ob Sie den Anderen in seiner Wahrnehmung des Raumes und der Zeit unterbrechen, stören können.

14.6.4 Polarisierung Gut/Böse

Menschen neigen dazu, in Situationen, in denen sie sich angegriffen fühlen, mögliche Angreifer zu verteufeln. Es handelt sich um eine extrem gefährliche Eigenschaft, da die Menschen durch diese Zuschreibung in der Lage sind, hemmungslos anzugreifen. Jegliche Empathie kann durch diese Strategie vorübergehend ausgeschaltet werden. Man kann töten, ohne es zu merken. *Die Dimensionen hierbei sind emotional und kognitiv.*

Tipp: Hören Sie zu, fühlen Sie mit allen Sinnen, überprüfen Sie die Polarisierung des Anderen, achten sie darauf, auf welcher Seite des Gut-Böse-Kontinuums Sie von ihm positioniert werden, widersprechen Sie nicht, achten Sie auf Fluchtwege, halten Sie nicht lange Blickkontakt, ahmen Sie Teile des Verhaltens der Körperhaltung der Sprechweise des Anderen nach, bleiben Sie auf Distanz aber im Kontakt, in gegenseitiger Wahrnehmung, lassen Sie sich Zeit. Wenn Sie mit dem Bösen in Verbindung gebracht werden, wechseln Sie mit einem Kollegen. Suchen Sie Gemeinsamkeiten mit dem aggressiv agierenden Menschen.

14.6.5 Endzeitstimmung, Zerstörung der erlebten Welt, Amoklauftendenzen

Es handelt sich um Aggressionselemente, die man bei Drogenabhängigen, von Abschied bedrohten Menschen oder bei Menschen nach schweren Traumata erlebt; generell bei Menschen, die sich aus unterschiedlichen Gründen subjektiv in einer ausweglosen Situation befinden und noch dazu Angst, Wut, Neid, Zerstörungslust oder ähnliche emotionale Gefühle in sich tragen. Bei Menschen mit geistiger Behinderung kann dieses Gefühl der Ausweglosigkeit viel schneller entstehen. Auf Momente der Entschlossenheit und Zerstörungslust können Momente der Verzweiflung und Niedergeschlagenheit folgen. Die Professionellen sollten sowohl verletzungsreduzierende Maßnahmen, sowie Maßnahmen zur Herstellung von Gemeinsamkeiten ergreifen. Starke Emotionen, hohe, zum Teil wechselnde Erregung und eine eingeengte Denkfähigkeit sind hier charakteristisch. *Die Dimensionen hierbei sind zu Beginn die kognitiv-emotionale, später die körperlich-emotionale.*

Tipp: Halten Sie Abstand, intervenieren Sie nicht bei Teilzerstörung, holen Sie Hilfe; wenn Hilfe kommt und eine Übermacht darstellt, halten Sie die Hilfe zunächst diskret im Hintergrund, nehmen Sie die Person möglichst aus dem Raum, am besten hinaus an die frische Luft, wo wenig Menschen sind, schlagen Sie nichts vor und machen Sie keine Appelle (Keine Sätze wie »Beruhigen Sie sich«). Wenn Sie körperlich intervenieren, dann überraschend und entschlossen, keine leere Drohungen und Ankündigungen. Wenn die Person zugänglich erscheint, zeigen Sie Echtheit und Zuneigung. Suchen Sie etwas in dem Anderen, was Sie wirklich schätzen oder was sie beide verbindet und heben Sie es hervor.

14.6.6 Erregung

In allen oben beschriebenen Situationen, und besonders in der zuletzt beschriebenen Endzeithandlung spielt oft die Erregung eine wichtige Rolle. Sollte die Erregung jedoch die herausragende Rolle spielen, dann sind besondere Maßnahmen erforderlich.

Eine starke Form der Erregungsaggressivität findet man oft im Zusammenhang mit Krankheiten, die entweder Panik oder eine biochemische Erregungssteigerung auslösen so z. B. im mittleren Stadium der Alzheimerkrankheit oder bestimmte schwer einstellbare Formen von Epilepsie. *Es dominiert die körperliche Dimension; emotionale und kognitive Prozesse sind stark eingeschränkt.*

Tipp: Achten Sie auf die Erregung des Anderen, reden Sie nur, wenn Sie merken, dass der Andere »hören« kann, achten Sie auf Erregungsschwankungen, untersuchen Sie den Rhythmus seiner Erregung, spannen Sie mit dem Anderen an, teilen Sie mit Ihm die Erregung, begleiten sie die Phasen der An- und Entspannung in dem Sie »mitspielen«, achten Sie auf die eigene Sicherheit, auf die der dritten Person und auf die des »Täters« (in dieser Reihenfolge), verlassen Sie den Raum, wenn Sie sich in Gefahr erleben, holen Sie Hilfe (Polizei, Feuerwehr, Sozialpsychiatrischer Dienst, Kollegen). Vergessen Sie nicht, dass eine hohe Erregung auch einen hohen Energieverbrauch bedeutet, so dass Sie, wenn Sie Ihre Energien gut verwalten, länger in der Krisensituation aushalten können als der aggressiv agierende Mensch, der Energien vergeudet. Deshalb können Sie sich, wenn Sie feststellen, Sie haben die eigene und die Sicherheit Dritter gewährleistet, entspannen, damit Sie genug Kraft haben, um später zu intervenieren.

14.7 Berührungsängste der Helfer

Eine besondere Schwierigkeit der MitarbeiterInnen im Umgang mit körperlichen Auseinandersetzungen ist, dass solche extrem physischen verletzenden Situationen trotz guter Ausbildung und langer Erfahrung in dem Beruf extrem unheimlich (nicht zum Heim, zum vertrauten Umfeld gehörend), unberechenbar und unangenehm für sie sind. Besonders in Nordeuropa, wo ab einem bestimmten frühen Alter körperliche Erfahrungen mit anderen Menschen zum Teil tabuisiert und dadurch immer seltener werden, fehlt es den Leuten an Standardstrategien für die Begegnung mit solchen Verhaltensweisen. Hinzu kommt, dass im Allgemeinen die Gesellschaft immer passiver und bewegungsärmer wird, so dass die betroffenen Professionellen Schwierigkeiten haben, sich körperlich auf die motorischen und emotionalen Bedürfnisse der KlientInnen einzustellen.

Wie kann der Begleiter aber gleichzeitig den Schutz des Selbst und die Sicherung des Dialogs erreichen? Ähnlich wie bei den verbalen Aggressionen sollte der Begleiter versuchen, die Energie des Klienten nicht zu stoppen, an sich abprallen zu lassen oder sogar gegen sie zu kämpfen, sondern zu kanalisieren. Es ist weder für den Klienten, noch für den Dialog, noch für die Gesundheit des Begleiters gut, wenn er Handlungen zeigt, die noch mehr Kampfgeist und Angst erzeugen. Strategien, die eine Minimierung der Verletzungsrisiken bewirken, die klare eindeutige Handlungen und Grenzen zeigen und die Alternativen bieten, sind unabdingbar für die Arbeit mit Menschen mit verletzenden Verhaltensweisen. Wichtig ist es vor allem, dass er den Klienten erfahren lässt, dass er ihn anerkennt und respektiert und dass er für ihn keine Gefahr darstellt. Dies alles sollte mit möglichst wenig Worten oder sogar ohne Worte geschehen.

14.8 Die Intervention in einer Akutsituation

Besonderes in einer Akutsituation, in der es Gefahr für Leib und Seele der Beteiligten gibt, gelten die oben beschriebenen Regeln. Ich werde sie deswegen etwas genauer beschreiben.

1. Um das »unheimliche« Gefühl oder das Gefühl einer Begegnung mit dem Unheimlichen zu reduzieren, empfiehlt es sich, dass alle »Helfer« bzw. Professionelle, die in Krisensituationen mit Menschen mit geistiger Behinderung agieren sollen, sich zuerst mit der Vielfältigkeit des menschlichen Daseins auseinandersetzen. Es gilt: Alles Verhalten ist sinnig, auch, wenn man den Sinn nicht erkennt, und alle Menschen sind anzuerkennen. Wenn sie die Menschen nicht annehmen, wird es ihnen kaum gelingen, diesen Menschen Sicherheit zu vermitteln. Hospitationen in Wohnungen und Einrichtungen, in denen Menschen mit unterschiedlichen Formen von Behinderungen leben, werden diesen »Helfern« nützlich sein, um ihre Begriffe der Normalität zu relativieren und um sich an fremde Gesichter, Kommunikationsformen und Behauptungsstrategien zu gewöhnen.

2. Die Vermittlung der Sicherheit. Egal was ein Mensch macht, wenn man eine Situation deeskalieren möchte, sollte eine Grundbotschaft ausgesendet werden. Die Gefahr ist vorüber. Keiner wird verletzt. Konkreter kann es bedeuten, dass man dem verletzend agierenden Menschen vor allem nonverbal vermittelt, ich werde dich nicht »töten« und du wirst mich auch nicht »töten«. Diese Vermittlung wird dem Helfer vor allem dann gelingen, wenn er sein Gegenüber annimmt und respektiert. Es ist nicht ein Mensch mit einer geistigen Behinderung, es ist ein Mensch. Durch Einsetzen der Mimik, der Körperhaltung, der Bewegung sollen diese Botschaften ständig bestätigt werden, bis beide das Gefühl der Sicherheit bekommen. Körperberührungen und sogar Festhalten sind nicht auszuschließen, da bei solchen Erfahrungen Menschen besonders viel übereinander lernen und sich gegenseitig Halt geben können. Nicht zu vergessen ist auch, dass Menschen in einengenden, Angst machenden Situationen, eine Art »Scheuklappen« entwickeln, d. h. eine extreme Fokussierung der Aufmerksamkeit auf die Objekte der Angst. Um Zugang zu den Menschen zu bekommen, müssen diese »Scheuklappen« abgenommen werden. Dafür eignen sich insbesondere Strategien, die verblüffen, die paradox wirken oder einen starken Reiz darstellen.

3. Die Herstellung der gegenseitigen Akzeptanz. Die wird dann gelingen, wenn man selbst echt ist und den Menschen ehrlich annimmt. Oft sagt man, der Mensch muss sich anerkannt fühlen. Ich würde diesen Satz insbesondere im Umgang mit Menschen mit geistiger Behinderung umformulieren. Der Mensch muss sich in dem Gegenüber erkennen. Der Helfer muss auf das ursprünglichste in ihm zurückgreifen um dem Anderen diese Möglichkeit zu geben. Sich vielleicht von der Seite zeigen, den Blickkontakt nicht lange halten, den Körper handlungs- aber nicht angriffsbereit stellen, die Hände annahmebereit zeigen, die Distanz halten, die Mimik spiegeln. Das Angebot soll zunächst nur Kontakt heißen, ohne weitere Anforderungen, die als Bedrohung gedeutet werden könnten. Wichtig ist hier auch die erwähnte Andersartigkeit des Empfindens der Zeit. Schnelle Bewegungen werden nur, falls nötig gezeigt (um Verletzungen zu verhindern oder zu minimieren), ansonsten versucht man sich dem Anderen nachvollziehbar zu zeigen. Letzteres stellt keinen Widerspruch mit dem Vorschlag dar, den verletzend agierenden Menschen zu verblüffen. Verblüffung ist vielleicht dann nötig, wenn der Mensch festgefahren in Gedanken oder im Verhalten ist. Die Verblüffung ermöglicht die Neuorientierung, diese wird durch die darauf folgende nachvollziehbare, langsame Handlungen unterstützt.

4. Die weitere Entwicklung des entstandenen Dialogs durch Adaptationen der gesamten Struktur. Um weitere Eskalationen zu verhindern und um den Klienten zu stabilisieren, unterscheide ich drei Strukturen

des Alltags des betroffenen Menschen: Die soziale Struktur, die räumliche Struktur und die zeitliche Struktur.

Unter sozialer Struktur ist die Gesamtheit der sozialen Beziehungen gemeint, in denen sich der Mensch befindet. Oft ist es für die Begleitung der Krisenbewältigung notwendig, dass man bestimmte Individuen dieser Struktur unterstützt. Familien und WohngruppenmitarbeiterInnen können sehr stark dekompensieren, wenn Menschen mit geistiger Behinderung starke belastende oder sogar verletzende Verhaltensweisen zeigen. Um den Klienten in seiner gerade gewonnenen, aber wackeligen Stabilität zu festigen, muss man oft mit dem Team und/oder mit den Eltern arbeiten, um schädigende Transaktionen, d. h. gegenseitige Beeinflussungen, zu reduzieren. Die Kommunikationsmuster und deren Wert für die Betroffenen werden hier auch reflektiert und weiterentwickelt.

Bei der räumlichen Struktur wird die gesamte dingliche Welt in Betracht gezogen. Die Nähe zu Objekten und Subjekten, die Reibungsmöglichkeiten, die Bewegungsmöglichkeiten in den Räumen, die Verletzungsmöglichkeiten, etc. Konfliktbereiche werden dabei beschrieben und gegebenenfalls verändert.

Bei der zeitlichen Struktur werden alle Tätigkeiten untersucht und nach ihrer entwicklungsfreundlichkeit für die Beteiligten überprüft. Der Tag von vielen Menschen mit geistiger Behinderung ist durch Tätigkeiten strukturiert. Wenn man Aktivitäten ankündigen möchte, nimmt man in der Regel Bezug auf die Grundstrukturierung: die Mahlzeiten. Manche Menschen fühlen sich aber in ihrem Alltag gefangen, sie erleben eine Sinnlosigkeit in ihrem Umfeld, entweder zu schnell, zu langsam oder einfach nicht nachvollziehbar.

Entwicklungsfeindliche Strukturen könnten der Grund für eine Krise sein, da viele der Menschen, die wir geistig behindert nennen, uns ihren Willen nicht so mitteilen können, dass wir ihn ohne Missverständnisse verstehen, sind sie und wir auf Interpretationen angewiesen. Die Überprüfung der Strukturen stellt einen Versuch dar, sich den Bedürfnissen und Erlebensweisen der Menschen mit geistiger Behinderung zu nähern.

14.9 Fazit und Ausblick: Fachliche und persönliche Anforderungen an die »Helfer«

Ich möchte diesen Artikel damit beenden, indem ich einige der Fähigkeiten und Anforderungen auflistete, die ich für besonderes wichtig im Umgang mit Menschen mit geistiger Behinderung in Krisensituationen erachte. Menschen, wie in dem Artikel beschrieben, die stark von der Norm abweichende Fähigkeiten und/oder Geschwindigkeiten in der Aufnahme und Verarbeitung der Wirklichkeit zeigen und welche zusätzliche Erfahrungen mit Verletzen und Verletzt-werden, mit Macht und Ohnmacht haben. Einige dieser Fähigkeiten sind:

- Eine gesunde Selbsteinschätzung der eigenen Fähigkeiten in der Konfliktbewältigung und ihrer Grenzen
- Wertschätzung der Subjektivität, d. h. der subjektiven Erfahrungen, Bewertungen und Handlungsneigungen aller Klienten und Kollegen
- Empathiefähigkeit, Echtheit und Annahmebereitschaft des Anderen
- da Kränkungen und Verletzungen nicht auszuschließen sind, benötigen die »Helfer« ein klares Bild ihrer Entlastungs-, Kanalisierungs- und Verarbeitungsstrategien. Das Empfinden von Wut oder Angst ist nicht das Problem der Arbeit, sondern die Tabuisierung dieser und anderer Gefühle. Ein klares Bild der Situationen, die sie ängstlich oder wütend machen können, sowie ein Repertoire an Strategien, die

einerseits das Gefühl ausdrücken und andererseits den Dialog mit dem Klienten sichern, sind Dinge, die die »Helfer« unbedingt brauchen.
- Konstruktives Eingehen auf systemische Zusammenhänge.
- die Bereitschaft, sich intellektuell, emotional und körperlich mit dem Thema Gewalt, behinderte und behindernde Subjektivität auseinander zu setzen.

In dem Maß, wie es uns gelingt, die genannten Anforderungen an uns Helfer zu verinnerlichen und umzusetzen, nähern wir uns einer gelungenen, humanen und verständnisvollern Krisenintervention bei Menschen mit geistiger Behinderung an.

Literatur

Aguilera, D. (2000). *Krisenintervention*. Bern: Hans Huber

Egli, J. (1993). *Gewalt und Gegengewalt im Umgang mit geistig behinderten Menschen*. Luzern: Edition SZH/SPC.

Fengler, J. (1996). *Helfen macht müde. Zur Analyse und Bewältigung von Burnout und beruflicher Deformation*. Stuttgart: Pfeiffer bei Klett-Cotta.

Heijkoop, J. (1998). *Herausforderndes Verhalten von Menschen mit geistiger Behinderung*. Weinheim: Beltz.

Hennicke, K. (1996). Kontexte von Gewalt und Gegengewalt. *Geistige Behinderung, 4*, 290–305.

Jantzen, W. (2002). *Gewalt ist der verborgene Kern von geistiger Behinderung*. Vortrag auf der Tagung »Institution = Struktur = Gewalt« Schweiz. Fachverband Erwachsene Behinderte.

Lindemann, H. & Vossler, N. (1999). *Die Behinderung liegt im Auge des Betrachters. Konstruktion des Denkens für die pädagogische Praxis*. Neuwied: Luchterhand.

Rohman, U. & Elbing, U. (1998). *Selbstverletzendes Verhalten*. Dortmund: Modernes Lernen.

Senckel, B. (1996). *Mit geistig Behinderten leben und arbeiten*. München: C. H. Beck.

Theunissen, G. & Lingg, A. (1994). *Psychische Störungen bei geistig Behinderten*. Freiburg: Lambertus.

15 »Fremd ist der Fremde nur in der Fremde«[6] – Krisenintervention bei Migranten und Flüchtlingen

Eva M. Reichelt

Nach der Darstellung meines persönlichen Zugangs zu diesem Thema werde ich zunächst den theoretischen Hintergrund und verschiedene Konzepte zu Auswirkungen von Migrationserfahrungen auf die menschliche Psyche erläutern. Die Themen Migration und Sprache, Migration und Lebensalter, transgenerationeller Einfluss von Migrationserfahrungen sowie unterschiedliche Krankheits- und Krisenkonzepte von Einheimischen und Migranten[7] werden jeweils gesondert berücksichtigt. Der interkulturelle Dialog verlangt in erster Linie eine Reflexion der eigenen kulturellen Matrix und die Bereitschaft, deren unbewusst für universell gehaltene Gültigkeit infrage stellen zu lassen. Konsequenzen für die Haltung der Beratenden in Krisendiensten im Umgang mit Migranten und Flüchtlingen werden im Hinblick auf eine geglückte bzw. weniger geglückte Kommunikation aufgezeigt. Abschließend begründe ich, warum in Krisenberatungsstellen die Ausbildung interkultureller Kompetenz ein wesentliches Qualitätsmerkmal darstellt.

15.1 Einführung

Während meines Medizinstudiums in den Achtzigerjahren wollte ich die Verhältnisse in der italienischen Psychiatrie nach den Reformen der späten Siebziger aus der Nähe kennenlernen. Italien war für mich positiv besetzt: »Das Land, wo die Zitronen blühen«, gilt als eines der Zentren abendländischer Kultur und Geschichte. Für eine Touristin verfügte ich über profunde Sprachkenntnisse. Eine deutsche Psychologin, die seinerzeit vorübergehend in Turin arbeitete, hatte mir einen Famulaturplatz in einem Sozialpsychiatrischen Dienst und eine erste, günstige Unterkunft in einer Wohngemeinschaft organisiert. Voller Vorfreude auf mein Studiensemester kam ich an und wurde zumeist freundlich-wohlwollend aufgenommen.

Rasch registrierte ich jedoch bei mir eine tiefgreifende Verunsicherung. Meine Italienischkenntnisse schienen mir bei Weitem nicht ausreichend, um mich mit Menschen in einer psychischen Krise, die womöglich in piemontesischem Dialekt sprachen, genügend verständigen zu können. Ich traute mich in den ersten vier Wochen gar nicht, im Dienst ans Telefon zu gehen. Schnell ausgetauschten Witzen und scherzhaften Bemerkungen unter meinen Kollegen konnte ich nicht folgen. Die Strukturen des Gesundheitssystems sowie der Sozialversicherungen waren mir völlig fremd. Ich hörte erst einmal nur allen zu und stellte Verständnisfragen. Geduldig erklärten mir Patienten, Kollegen, Mitbewohner. Manchmal hatte ich abends Kopfschmerzen vor

---

6   Karl Valentin
7   Der besseren Lesbarkeit halber verwende ich im Folgenden in der Regel die männliche Form.

lauter Anstrengung, verstehen zu wollen. Ich begann, auf Italienisch zu denken, und fühlte mich plötzlich – entsprechend meinen realen Ausdrucksmöglichkeiten im Italienischen – im Denken extrem limitiert. Es bedeutete eine schmerzliche Irritation, nicht mehr das sagen zu können, was ich wollte, und scheinbar nicht mehr recht zu wissen, was ich eigentlich hatte sagen wollen. Zwar fing ich an, auf Italienisch zu träumen, fühlte mich aber trotzdem immer fremder. Nach drei Wochen getraute ich mich einmal, die bis zu 50-minütigen Verspätungen der akademischen Kollegen zu den Dienstbesprechungen zu kritisieren, und wurde einstimmig als »echte Preußin« ausgelacht.

Das erste Telefonat, das ich im Dienst führte, erfüllte mich mit einem Gefühl der Erleichterung. Ich machte die positive Erfahrung, mich als Ausländerin mit meinen Italienischkenntnissen ausreichend verständigen zu können. Allmählich bekam ich wieder mehr Vertrauen in mein Denkvermögen. Ich begann, wissenschaftliche Abhandlungen und Bücher auf Italienisch zu lesen. Am Ende meines Studiensemesters fühlte ich mich innerlich sehr bereichert, jedoch auch klar in meiner mittlerweile gewonnenen Entscheidung, meine Ausbildung zur Psychiaterin und Psychotherapeutin lieber in meiner Muttersprache zu absolvieren.

Über Bekannte aus Triest knüpfte ich Kontakte zu Leuten aus dem damaligen Jugoslawien. Ich besuchte sie und begann, Serbokroatisch zu lernen. Als die Kriege dort ausbrachen, kamen viele Flüchtlinge nach Deutschland. In der Psychiatrischen Klinik, in der ich damals arbeitete, war ich die einzige, die deren Sprache verstand. In den Gesprächen mit den Patienten erarbeitete ich mir die serbokroatischen Worte z. B. für die Erhebung der Organerkrankungen – learning by doing. Nach meiner Niederlassung kam, meist über Mund-zu-Mund-Propaganda, eine ganze Welle von Flüchtlingen und Migranten aus dem ehemaligen Jugoslawien in meine Praxis. Im Berliner Stadtteil Wedding, wo ich arbeite, lebt eine bunte Völkermischung. Mit den Menschen aus der Türkei oder aus arabischen Ländern, aus Polen und anderen europäischen Ländern bzw. aus Asien, Afrika und Amerika spreche ich Deutsch oder (selten) Englisch.

Meine eigene, sehr begrenzte Erfahrung als Migrantin zu Studienzwecken hat es mir ermöglicht, mich für das Thema der Migration zu interessieren. Während meines Studiums schien mir an der Universität bzw. in den Krankenhäusern wenig Sensibilität für die Spezifitäten in der Behandlung von Migranten und Flüchtlingen vorzuherrschen. In Rettungsstellen wird abwertend noch oft vom »Mittelmeer-Syndrom« gesprochen, wenn ein Mensch aus Südeuropa mit diffusem Schmerzsyndrom ohne Organbefund um Behandlung bittet. In den letzten Jahren hat es von verschiedenen Disziplinen (Psychologie, Pädagogik, Soziologie, Medizin, Ethnologie) Veröffentlichungen gegeben, die sich den psychologischen Besonderheiten bei Migranten und Flüchtlingen widmen.

In Berlin leben laut den Angaben des Statistischen Landesamtes insgesamt etwa 13 % Menschen nicht-deutscher Herkunft, in einem Stadtteil wie dem Wedding ca. 30 %. Bundesweit betrug der Anteil Nicht-Deutscher an der Bevölkerung zum 31. Dezember 2001 8,9 %. Vertriebene und Spätausgesiedelte, die ja ebenfalls eine Migration mit den entsprechenden Verlusterfahrungen und Anpassungserfordernissen hinter sich haben, sind in diesen Statistiken genauso wenig berücksichtigt wie eingebürgerte Immigranten.

15.2 Hintergrund: »Die Migration als Trauma und Krise«

León und Rebeca Grinberg wuchsen in Argentinien auf und absolvierten dort ihre psychoanalytische Ausbildung. Mehrere Jahre arbeiteten sie in Israel und leben seit 1976 in Madrid. 1984 veröffentlichen sie das lesenswerte Buch »Psychoanalyse der Migration und des Exils« (deutsche Ausgabe 1990). Hier postulieren sie, dass »jede Migration, ihr Warum und Wie, [...] ihre Spuren in der Geschichte jeder Familie und jedes Individuums [hinterlässt]«. Zunächst differenzieren sie zwischen den verschiedenen Formen der Migration: »Nahe und ferne, vorübergehende und dauerhafte, freiwillige und erzwungene Migration«. Sie zählen äußere und innere Motive für die Emigration eines Individuums oder einer Gruppe auf:

- aufgrund von Krieg, politischer oder religiöser Unterdrückung, Verfolgung und Vertreibung,
- aus Armut, Hunger, aufgrund von Epidemien,
- in der Hoffnung auf bessere Ausbildung oder berufliche Chancen bzw. allgemein in der Hoffnung auf eine glücklichere Zukunft, z. B. für ihre Kinder.

Zwischen den Migrierenden und den Menschen, die einerseits die verlassene, andererseits die aufnehmende Umwelt darstellen, konstellieren sich unterschiedliche Gefühle und Einstellungen. So kommen als mögliche Emotionen der Emigrierenden bezüglich ihrer ursprünglichen Bezugsgruppe u. a. in Frage: Befreiung, Verfolgung, Schuld, Verlustängste. Potenzielle Gefühle der Herkunftsgruppe gegenüber den Emigrierenden können sein: Mitleid, Groll, Schuld, Neid, Verlust, Verlassenheit, Trauer. Grinberg und Grinberg bezeichnen die Phase der Entscheidung zur Migration und der Vorbereitungen dazu als Prä-Migration, die sich bereits durch eine erhöhte Unsicherheit und Empfindlichkeit auszeichnet: Das Vertraute wird aufgegeben, die Aussicht auf Unbekanntes verursacht Ängste.

1974 veröffentlichte der hispano-amerikanische Psychoanalytiker César Garza-Guerrero sein Konzept des »Kulturschocks«. Der Neuankömmling erlebt eine Phase der tiefgreifenden Verunsicherung angesichts der umfassenden Andersartigkeit der neuen Umgebung. Da ist zunächst die sinnliche Dimension: Die Menschen und die Dinge sehen anders aus. Leute kleiden sich anders, die Autos, die Straßen und Häuser sind verschieden vom Gewohnten. Das Essen schmeckt anders, eventuell auch das Wasser. Sogar die Luft mag anders riechen. Die neue Sprache will erlernt werden. Umgangsformen, kulturelle Werte und Normen, den Einheimischen geläufige Namen aus Geschichte, Politik, Kultur und öffentlichem Leben sind zumeist unbekannt. Es gilt, unterschiedliche Anforderungen bei der Organisation von Wohnung, Arbeitsplatz und eventuell Möglichkeiten zur Kinderbetreuung oder -ausbildung zu bewältigen.

Grinberg und Grinberg gehen davon aus, dass die Unsicherheitsgefühle der Neuankömmlinge »nicht nur von den Ungewissheiten und Ängsten bestimmt« werden, »sondern auch von der unvermeidlichen Regression«, die durch die Ängste entstehe und teilweise dazu führe, dass das Individuum sich seiner eigenen Ressourcen nicht mehr effektiv bedienen könne. Als eine spezifische Emotion für die traumatische Qualität der Migrationserfahrung bezeichnen sie das Gefühl der Verlassenheit. Daraus resultiert ein großes Bedürfnis, sich angenommen zu fühlen. Aus diesem Grunde benötigt das Individuum nach der Ankunft in der Fremde jemanden (eine Person oder Gruppe), der Halt gewährt und Hilfe bei der Orientierung ermöglicht. Neben den Gefühlen der Einsamkeit, der Nicht-Zugehörigkeit, der Identitätskrisen und der Panik angesichts neuer Herausforderungen können Neuankömmlinge auch Zustände von Verwirrung, Desorientierung und Konfusion bis hin zu psychotischen Episoden entwickeln. Depressive Verstimmungen treten gehäuft bei Migrationen in höherem Lebensalter auf.

Eine andere Form der Bewältigung des Unbekannten kann die Idealisierung des Neuen mit entsprechender Entwertung der eigenen Herkunft darstellen. Diese Strategie zeichnet sich z. B. dadurch aus, dass der Neuankömmling scheinbar mühelos die neue Sprache erlernt und eine große Bereitschaft zur Anpassung an die neue Umgebung besitzt. Grinberg und Grinberg fanden bei einer Reihe solcher Immigranten das »Syndrom der übergangenen Trauer«. Sie fielen nach einigen Jahren scheinbar müheloser Adaptationsleistungen in psychische Krisen. Diese können sich auch in Form körperlicher Erkrankungen äußern, wie z. B. durch Magengeschwüre, Herzinfarkt und Ähnliches.

Grinberg und Grinberg machen ferner deutlich, wie die Reaktionen des Aufnahmelandes auf den Neuankömmling sein Erleben beeinflussen: Die neue Umgebung kann den Immigranten als Eindringling erleben, der den Einheimischen ihre Arbeitsplätze, ihre Frauen usw. wegnehmen will, und ihm mit Misstrauen bzw. Ablehnung begegnen. Subtile Feindseligkeit kann sich in Kommunikationsproblemen äußern. Andererseits können die Einheimischen dem Neuankömmling mit Hoffnungen auf eine Bereicherung (durch die andere Kultur etc.) begegnen. Ein Prozess des gegenseitigen Kennenlernens kann nur stattfinden, wenn sich beide Seiten ihre kulturellen Vorurteile und Stereotype bewusstmachen und sich für eine Begegnung öffnen, die letztlich beide bereichern wird.

Die türkisch-deutsche Soziologin Elcin Kürsat-Ahlers beschreibt die Phase der Ankunft recht dramatisch: Der oder die Migrierende fühlt sich

»im Erleben grenzenloser Ohnmacht von unverstehbaren Stimuli in allen Lebensbereichen überflutet. [...] die Einbuße des Gewohnten in allen zwischenmenschlichen Beziehungen und das Erlernen von neuen Rollen und Verhaltensstandards [erzeugt] Angst, Fehler zu machen, aufzufallen und Verachtung zu erfahren: Ein Gefühl der permanenten Überforderung [...].«

Sie folgert daraus, Migration könne ein »Langzeittrauma« bleiben. Die Verpflanzung aus der eigenen Gesellschaft in eine fremde erzeuge einen dauerhaften psychischen Stress. »Der sogenannte ›Kulturschock‹ [...] ist im Kern eine Desorientierung im Vakuum der bekannten Orientierungsmittel.«

Garza-Guerrero, Grinberg und Grinberg sowie Kürsat-Ahlers postulieren, dass der Prozess der Migration in mehreren Phasen ablaufe. Dabei ist ein quasi normaler und komplikationsloser Verlauf zu unterscheiden von denjenigen Migrationsverarbeitungen, die in einer der zwei ersten Phasen stagnieren und möglicherweise zur Ausbildung von länger dauernden psychischen Symptomen beitragen. In der ersten Phase, der Trennung von dem Gewohnten und der Begegnung mit dem Neuen, dominieren einerseits Gefühle des intensiven Schmerzes um das Verlassene, andererseits die Angst vor dem Unbekannten (s. o.).

Während der folgenden zweiten Phase geht es um die Annäherung an die neue Umgebung bzw. um eine allmähliche Einverleibung der neuen Kultur sowie darum, Nostalgie und Kummer um das Verlorene auszuhalten. Die zitierten Autoren betonen, dass eine Atmosphäre des Vertrauens innerhalb der neuen Umgebung Grundvoraussetzung für eine innere Öffnung ist, aus der heraus sich Neugier entwickelt und das Unbekannte schrittweise erkundet werden kann. Subtile oder offen erlebte Feindseligkeit, z. B. von Behördenmitarbeitern, von Kollegen am Arbeitsplatz oder durch rassistisch motivierte Übergriffe, führt zu dem Eindruck, unerwünscht zu sein, zu Kränkung und zu innerem Rückzug.

Kürsat-Ahlers postuliert,

»soziale Isolation und Erfahrungen der Ausgrenzung führen bei der Migration unweigerlich zu einem Gefühlsstau von Aggressionen, welche die MigrantInnen entweder in Form von ›Selbsthaß‹ und/oder Somatisierungen gegen sich selbst oder auch in Form von Überidealisierung und Fixierung auf eine Kultur mit gleichzeitiger Dämonisierung und Verleugnung der anderen [...] (Herkunfts- oder Aufnahmegesellschaft) richten«.

Oft sind anfängliche Erwartungen, Hoffnungen und Idealisierungen sehr hoch und schlagen in der Begegnung mit der Realität des

Emigrations-Ziellandes rasch in Selbstzweifel um. Wenn die Gegenwart keine ausreichende Befriedigung bietet, versucht die menschliche Seele durch eine Projektion der Wünsche in die Zukunft oder durch eine Rückwendung in die Vergangenheit Befriedigung zu erlangen. Hierin liegen bei den Migranten, die ursprünglich als »Gastarbeiter« kamen, die Wurzeln der Vorstellung eines begrenzten Aufenthalts, verbunden mit der Illusion der Rückkehr. Diese Vorstellung führt zu einer inneren Haltung der Entbehrungen mit extrem hohen Selbstanforderungen in Bezug auf die eigene Arbeits- und Sparleistung. Kürsat-Ahlers: »Je diskriminierter die gesellschaftliche Stellung, umso stärker sind diese Ersatzhandlungen« [...], die einen »Schutzmechanismus vor der psychischen Destruktion eines Außenseiterdaseins« darstellen.

In Bezug auf die verlassene Heimatgemeinschaft führt Auswanderung oft zu unbewussten Schuldgefühlen im Sinne einer Trennungsschuld (Englisch, 2003). Zur Kompensation dienen verschiedene Mechanismen: Übernahme von Verantwortung für nachfolgende Migranten aus dem eigenen Herkunftsland, wiederholt auffällig üppige und großzügige Geschenke für die Daheimgebliebenen, Kauf von Häusern bzw. Grundstücken in der Heimat, das Zurücklassen eigener Kinder bei Verwandten, meist den Eltern, quasi als Ersatz oder Pfand. In der Fantasie wird das Herkunftsland überidealisiert und »mit der Hoffnung auf eine zukünftige Rückkehr [...] mit höherem Prestige und Rang, Wohlstand und Selbstachtung [verbunden]. Nur der angehäufte Reichtum und seine Zurschaustellung in der Herkunftsgruppe bestätigen die Richtigkeit der Migrationsentscheidung, der langen, verzichtvollen Jahre« (Kürsat-Ahlers, 1995).

Grinberg und Grinberg führen eindrucksvoll aus, wie die besonderen Bedingungen des Exils, nämlich der von außen erzwungene Weggang und die Unmöglichkeit der Rückkehr, in den verschiedenen Phasen des Migrationsprozesses ihre Spuren hinterlassen. So beobachteten sie, dass sich Exilanten in der ersten Zeit nach ihrer Ankunft im Aufnahmeland als »Helden« fühlen mögen, aber auch gleichzeitig als »Abtrünnige«, deren Schuldgefühle gegenüber dem politischen Kampf, den zurückgebliebenen Genossen bzw. Verwandten und den Umgekommenen ihre Integrationsmöglichkeiten beeinträchtigen. Wut gegenüber den Angreifern im Herkunftsland mag sich projizieren auf die neue Umgebung, ähnlich wie bei Waisenkindern, die sich nach einer Adoption für die entbehrte Zuneigung zunächst an den Adoptiveltern rächen. Exilanten können so eventuell zu viel von ihrer Umwelt fordern und sich dabei gierig und ungeduldig zeigen in einer drängenden Not nach sofortiger Abhilfe. Damit entsteht leicht ein Teufelskreis von Missverständnissen: Der Exilant äußert seine Kritik und Enttäuschung, die Beratenden oder Unterstützungswilligen der neuen Umgebung werden verschreckt, reagieren ihrerseits enttäuscht angesichts der vermeintlichen Maßlosigkeit der Wünsche und ziehen sich zurück, der Exilant fühlt sich unverstanden und allein gelassen.

In der dritten Phase des migratorischen Prozesses schließlich entwickelt der Migrant idealerweise ein neues Identitätsgefühl, wobei er Elemente seiner Herkunftskultur in die neue Kultur integrieren kann, ohne eine von beiden auszuschließen. Diese Konsolidierung beinhaltet, dass die durch die Migration ausgelöste Krise nicht nur überwunden wird, sondern eine Chance darstellt, das eigene kreative Potenzial weiterzuentwickeln. Insofern wird sich die Ich-Identität erweitern und bereichern. Wenn die aufnehmende Gesellschaft sich nicht ängstlich-hermetisch gegen Neues zur Wehr setzen muss, sondern sich ihrerseits neugierig und offen zeigt, kann die interkulturelle Begegnung im Optimalfall zu einer gegenseitigen Inspiration und Befruchtung mit Anerkennung und Achtung vor dem jeweiligen anderen führen.

Eva M. Reichelt

15.2.1 Migration und Sprache

Aus der interkulturellen Bildungsarbeit ist bekannt, dass Kinder bis etwa zum elften Lebensjahr relativ mühelos eine Fremdsprache sowohl in Bezug auf die Aussprache als auch den Wortschatz und die Grammatik erlernen können. Auch Ältere können natürlich noch Sprachen lernen, aber dann scheint dazu besondere Begabung nötig zu sein, um es z. B. zu schaffen, relativ akzentfrei zu sprechen. Grinberg und Grinberg gehen der Frage nach, inwieweit erwachsene Immigranten sich wie Kinder verhalten können, die gerade sprechen lernen. Sie gehen davon aus, dass es Erwachsenen mehr Schwierigkeiten bereite, sich »mit der Umwelt zu identifizieren und sich von der neuen Sprache ›durchtränken‹ zu lassen«. Angesichts der neuen, unverständlichen Sprache und der Notwendigkeit zu Kommunikation können sich schnell Gefühle des Ausgeschlossenseins entwickeln. Der Migrant kann emotional mit Hass, Eifersucht, Selbstwertzweifeln oder auch dem verzweifelten Wunsch nach Spracherwerb reagieren. Manche Immigranten mögen sich zunächst bei der Anwendung der neuen Sprache so fühlen, als wären sie verkleidet, als wäre die neue Sprache für sie unecht und als hätten sie den Zugang zu ihrer eigenen, authentischen Sprache verloren. Ist diese Phase überwunden, kann sich parallel Platz für beide Sprachen ergeben, ohne dass die eine die andere verdrängen müsste.

Durch meine Arbeit in der Praxis habe ich verschiedene Hemmnisse beim Spracherwerb kennengelernt. Bei vielen Arbeitsmigranten, die bis Anfang der Siebzigerjahre in die Bundesrepublik kamen, hat die Erwartung einer baldigen Rückkehr in Kombination mit der korrespondierenden Einstellung der Einheimischen, die »Gastarbeiter« blieben ohnehin nur vorübergehend, dazu beigetragen, kein ausreichendes Interesse für das Erlernen des Deutschen aufzubringen. Nach 30 Jahren Aufenthalt hier fühlen sich viele von ihnen voller Scham, weil sie sich teilweise nur sehr rudimentär verständigen können. Flüchtlinge wiederum sind oft aufgrund ihrer aufenthaltsrechtlichen Unsicherheit nicht zum Spracherwerb motiviert. Der Status einer »Duldung« mit dem Untertitel »Aussetzung der Abschiebung« gewährt keine rechte Perspektive für die Zukunftsplanung. Traumatisierte Flüchtlinge mit einer Depression oder Angststörung haben oft kognitive Schwierigkeiten mit Beeinträchtigung von Konzentration, Auffassung und Gedächtnis. Sie mögen sich nach Absicherung ihres Aufenthaltsrechtes bemühen, Deutsch zu lernen, und scheitern oft an ihren aus den genannten Gründen begrenzten Fähigkeiten. Dies kann zu erheblichen Kränkungen und Selbstwertzweifeln führen sowie zu dem Gefühl, aufgrund des Verständigungsdefizits auf immer von einer gleichberechtigten Teilhabe im Immigrationsland ausgeschlossen zu sein. Viele Migranten und Flüchtlinge schildern kränkende Erfahrungen mit Mitarbeitern von Behörden, aber auch bei ärztlichen Untersuchungen, wenn sie tadelnd oder paternalistisch auf ihre fehlenden Deutschkenntnisse angesprochen werden, ohne dass sich ihr Gegenüber zuvor empathisch erkundigt hätte, was denn den Spracherwerb für die Betreffenden bisher erschwere.

Ausreichende sprachliche Verständigungsmöglichkeiten sind eine Voraussetzung für eine befriedigende Beratung für beide Seiten, die Ratsuchenden wie die Beratenden. Bei einer interkulturellen Beratung wären Kenntnisse der jeweiligen Muttersprache sehr begrüßenswert. Da die bei den Beratenden nicht für alle Sprachen vorhanden sein können, erfordert dies von ihrer Seite einen verantwortungsvollen, reflektierten Umgang mit der Benutzung der deutschen Sprache. Auf den Einsatz von minderjährigen Kindern als Dolmetscher sollte möglichst verzichtet werden.

15.2.2 Migration und Lebensalter

Grinberg und Grinberg weisen darauf hin, dass man einerseits davon ausgehen könnte, dass Kinder den Wechsel von einem Land in ein anderes leichter verkrafteten als Erwachsene: Ihre Umgebung besteht aus wenigen Bezugspersonen, den engsten Familienangehörigen, die im Allgemeinen mit ihnen gemeinsam emigrieren. Kinder sind offener für neue Erfahrungen und haben es mit dem Spracherwerb ungleich einfacher. Ihr Alltag ist bald durch einen geregelten Tagesablauf mit Kindergarten bzw. Schule strukturiert, wo sie altersentsprechende Aufgaben zu bewältigen haben. Erwachsene, die sich mit der Sprache abmühen, Schwierigkeiten mit der Arbeitsplatzsuche haben und oft eine Tätigkeit unter ihrem intellektuellen Niveau annehmen müssen, scheinen demgegenüber wesentlich benachteiligter. Andererseits, so Grinberg und Grinberg, können »Eltern [...] freiwillige oder erzwungene Emigranten sein; die Kinder werden immer zu ›Exilanten‹: Sie wählen das Fortgehen nicht und können über das Zurückgehen auch nicht entscheiden«.

In meiner Praxis habe ich die Erfahrung gemacht, dass es Migranten bis zum Alter von etwa 50 Jahren noch möglich sein kann, sich im Aufnahmeland eine neue Perspektive zu schaffen. Die älteren, so scheint es, ziehen sich darauf zurück, dass schon viel »gelebtes Leben« hinter ihnen liegt. Sie können sich auch besser mit einer Rückkehr anfreunden.

Grinberg und Grinberg machen darauf aufmerksam, dass die Rückwanderung in das Geburtsland in höherem Lebensalter auch bedeutet, dass man zurückgehen will, um zu sterben. Dahinter steht die unbewusste Haltung, das im Aufnahmeland Erreichte hinter sich zu lassen, um sich quasi mit den Seinen wieder zu vereinen.

15.2.3 Zweite und dritte Generation von Migranten

Die Essener Psychologin Berrin Özlem Otyakmaz, die im Alter von zwei Jahren aus der Türkei in die Bundesrepublik migrierte, hat – meines Erachtens zurecht – dargestellt, dass in den 80er- und zu Beginn der 90er-Jahre in der öffentlichen Wahrnehmung das Bild vorherrschte, junge Frauen türkischer Herkunft in Deutschland befänden sich in einem ewigen Kultur- und Identitätskonflikt, lebten ständig hin- und hergerissen, säßen »zwischen allen Stühlen«. Bei dieser Einstellung werde implizit davon ausgegangen, dass zwei verschiedene Kulturen mit unterschiedlichen, eigentlich unvereinbaren Wertmaßstäben aufeinanderstoßen. Die Migrantinnen seien einerseits in ihrer Herkunftskultur verhaftet und erachteten andererseits die deutsche Kultur als erstrebenswert. Die deutsche Mehrheitskultur suggeriere, dass eine emanzipatorische Entwicklung ausschließlich durch Akkulturation, also »Verdeutschung«, geschehen könne. Otyakmaz interviewte sieben Migrantinnen u. a. im Hinblick auf ihren Umgang mit Normen und Werten, auf ihr Selbstbild, ihre Bilder von der Familie, auf erfahrene Zuschreibungen von Seiten der deutschen Umgebung sowie in Anbetracht auf eigene Zukunftsentwürfe. Beeindruckend scheint mir die Feststellung, dass sich sechs ihrer Interviewpartnerinnen »von Deutschen grundsätzlich nicht verstanden fühlen«. In ihrer Selbstwahrnehmung stellte sich eine Gruppenidentität als »junge türkische Frauen in Deutschland« heraus, mit der sie sich von gleichaltrigen deutschen Frauen, von ihrer Müttergeneration sowie von in der Türkei lebenden Frauen differenzierten. Otyakmaz proklamiert, dass »das Leben in und mit verschiedenen Kulturen möglich, bereichernd, ja wünschenswert ist.«

Eva M. Reichelt

15.2.4 Migration und Geschlecht

Sicherlich können angesichts verschiedenster Migrationserfahrungen keine allgemein gültigen Zusammenhänge zwischen Migration und Geschlecht aufgezeigt werden, dies wäre zu holzschnittartig. Die aus dem Iran stammende und in Frankfurt/Main praktizierende Psychoanalytikerin Mahrokh Charlier hat für die Gruppe der Migranten aus patriarchal strukturierten islamischen Gesellschaften u. a. folgende Hypothesen bezüglich Genderfragen und Migration aufgestellt:

Laut ihrer Erfahrungen werden Jungen und Männer, die aus diesen o. g. Gesellschaften in Länder Westeuropas bzw. in die USA emigrieren, subjektiv häufig zu Verlierern der Migration. Mädchen und Frauen aus diesen Gesellschaften hingegen können sich eher zu Migrationsgewinnerinnen entwickeln. Warum? Weil Männer in den Zielländern eine tiefe Verunsicherung hinsichtlich der Position des Mannes in der Gesellschaft erfahren. In ihren Herkunftsländern dominieren Männer das öffentliche Leben, die Frauen das private Leben im Haus. In westlichen Gesellschaften gilt diese vertraute Ordnung nicht mehr. Mädchen und Frauen sind genauso in der öffentlichen Wahrnehmung auf der Straße präsent und können – zumindest im Allgemeinen – selbstbestimmt Fragen bezüglich Ausbildungs- und Berufswahl sowie hinsichtlich Partnerschaft und Lebensform entscheiden. Das heißt, Mädchen und Frauen haben wesentlich mehr Chancen und Möglichkeiten, sich individuell durch Nutzung von Bildungsangeboten zu entwickeln. Der Verlust der vertrauten Ordnung führt bei Jungen und Männern lt. Charlier viel eher zu einer tiefgreifenden Identitätskrise. Daraus folgt gegebenenfalls, dass an traditionellen Werten wie Familienehre u. ä. umso ehrgeiziger festgehalten wird. Dies erfolgt z. T. auch verzweifelt in Form von psychischer Bedrohung bzw. physischer Misshandlung derjenigen Familienmitglieder, die von den traditionellen Werten abweichen.

Besonders drastisch hat Güner Yasemin Balcı in ihrem Roman »Arabboy« das fiktive Migrationsverlierer-Drama eines Neuköllner Jugendlichen mit palästinensisch-libanesischem Familienhintergrund aufgezeichnet. Balcı, selbst mit türkischen Wurzeln in einem Neuköllner Problemkiez aufgewachsen, hat dort als Sozialpädagogin offenkundig diverse praxisnahe und desillusionierende Erfahrungen sammeln können, bevor sie als Journalistin tätig wurde. Balcı beschreibt grausame und schockierende Misshandlungen, denen ihr Protagonist gleichermaßen ausgesetzt ist, wie er sie selbst verübt. Ihr Verdienst dabei liegt darin, dass sie implizit Verständnis für diesen verhaltensauffälligen Jugendlichen zeigt, ohne seine Verbrechen je zu beschönigen oder zu entschuldigen. Einer rassistischen Generalisierung widersetzt sich der Roman durch einen Kunstgriff, indem die alkoholkranken oder zur Verwahrlosung neigenden Neuköllner einheimischen Problemkiez-Bewohner von der Migranten-Community verallgemeinernd als »So sind sie, die Deutschen« bezeichnet werden. Genauso wenig wie Neuköllner Alkoholiker als stellvertretend für alle Deutschen angesehen werden können, kann die Geschichte des »Arabboy« als allgemein gültig für alle Jugendlichen mit türkischem oder arabischem Hintergrund gelten.

15.3 Migration im Kontext von Krisenintervention: Was macht krank – woher kommen Krisen?

Voraussetzung für eine geglückte interkulturelle Kommunikation ist die Bereitschaft, eigene, zum Teil nicht explizit bewusste Überzeugungen und Gewissheiten zu reflektieren und in ihrer Begrenztheit und Relativität anzuerkennen. Andere, möglicherweise gegenteilige Meinungen, die spontan seltsam oder abwegig erscheinen mögen, können genauso ihre Berechtigung haben. Dies gilt insbesondere für die Zuschreibungen von Ursachen, die Klienten bzw. Patienten selber für ihre Krise oder Krankheit als Erklärung entwickelt haben.

Der Schweizer Ethnologe Frank Beat Keller hat 1995 für das Deutsche Hygiene-Museum in Dresden eine sehenswerte Ausstellung konzipiert mit dem Titel »Krank – warum?«. Darin wird aufgezeigt, dass in allen Weltgegenden parallel nebeneinander verschiedene Möglichkeiten existieren, die Ursachen von Krankheiten und Krisen zu begründen und sie zu behandeln. Dort, wo die Schulmedizin vorherrscht, überlassen Menschen häufig die Benennung ihrer Erkrankung Spezialisten mit apparativen Diagnostikinstrumenten. Sie können jedoch auch Wahrsager, Heiler oder Psychologen aufsuchen.

In bestimmten Regionen kommen Erkrankungen vor, die in anderen Ländern so nicht auftreten. Im Ausstellungskatalog (Keller, 1995) werden einige Beispiele genannt:

- »El susto« ist in Lateinamerika beispielsweise weit verbreitet: »Das Erschrecktwerden« zeichnet sich aus durch eine Kombination verschiedener Symptome, wie etwa Rückzug von der Umwelt, Appetitverlust, erhöhte Geräuschempfindlichkeit u. ä. mehr. Heiler stellen dort die Diagnose z. B. unter Zuhilfenahme von Meerschweinchen, einem Ei oder Koka-Blättern.
- In Europa oder Nordamerika sind Krankheiten wie Magersucht oder das Chronical Fatigue-Syndrom bekannt. Mit MCS, dem Multiple Chemical Sensitivity-Syndrom, wurde in Westeuropa und Nordamerika ab Ende der 80er-Jahre eine ganze Reihe von diffusen, Unwohlsein verursachenden Symptomen zusammengefasst und als umweltbedingt erklärt.
- Rund um das Mittelmeer ist der Glaube an den »Bösen Blick« weit verbreitet: Dahinter verbirgt sich die Vermutung von Neid, Missgunst oder Begierde durch Personen der Umgebung, wenn jemand psychische oder psychosomatische Erkrankungen entwickelt, wenn Unfruchtbarkeit oder Komplikationen während der Schwangerschaft bzw. im Wochenbett auftreten, bei Erkrankungen der Kinder oder wenn es zu Unfällen kommt. Amulette, wie z. B. rote, korallenförmige Plastikteile in Süditalien, sollen mit ihren unzüchtigen Formen den »Bösen Blick« auf sich ziehen und damit von den Besitzern der Amulette abwenden. Im arabischen Raum sind blaue Augen zur Abwehr des »Bösen Blicks« als Talismane beliebt.
- In China ist ein Ungleichgewicht von Qi, also von organismischer Energie, für die Entstehung von Krankheiten verantwortlich, was durch Abstimmung der Ernährung, nämlich kühlende oder wärmende Nahrung, versucht wird auszugleichen.
- In Nord-Kamerun wird davon ausgegangen, dass kleine Umweltgeister Krankheiten verursachen können, indem sie den »Seelenschatten« des Individuums rauben.

Keller weist darauf hin, dass die Aussichten auf eine Heilung sich verbessern, wenn »die Erklärungen für ein Auftreten von Krankheit übereinstimmen [...] zwischen Kranken, Therapeuten und gesellschaftlichem Umfeld.« Das zeigt sich in der Schulmedizin z. B. durch eine größere Compliance, d. h. die Bereitschaft des Patienten, die Ratschläge seines Therapeuten anzunehmen. Letztlich, erläutert Keller, gibt es in allen Gesellschaften bei der Erklärung von Ursachen für Erkrankungen ein Zusammenspiel von verschiedenen Faktoren:

- »vorgeburtlich angelegte Krankheitsursachen« (Karma, Kismet, Erbsünde, Astrologie, Genetik, Konstitution),
- »im Laufe des Lebens erworbene, von außen treffende Krankheitsursachen« (Überfall, Verletzung, Krieg; Strafe der Götter, Geister oder Ahnen; böswillige Dämonen oder Hexer, der »Böse Blick«; Infektions-

krankheiten; krankmachende Lebens-, Arbeits- und Umweltbedingungen u. ä. mehr),
- »aus dem Inneren wirkende Krankheitsursachen« (degenerative Prozesse, Stress, Beziehungsprobleme, innerpsychische Faktoren, Verlust des Gleichgewichts und der Harmonie).

In dem 2006 von Wohlfart und Zaumseil herausgegebenen und wirklich lesenswerten Lehrbuch für transkulturelle Psychiatrie und interkulturelle Psychotherapie werden zahllose weitere aufschlussreiche Beispiele für kulturspezifische Symptome wie das Sehen von Dschinns (magische Wesen mit potenziell bösartigen Absichten) oder das Phänomen der Besessenheit praxisnah und instruktiv dargestellt.

Natürlich können wir, wenn wir mit Klienten aus anderen Kulturräumen arbeiten, nicht von vornherein das Wissen mitbringen, das dort jeweils traditionell als Ursache für Krankheit oder Krise benutzt wird. Wir können aber versuchen, uns erklären zu lassen, in welchen Kontext ihrer Herkunftskultur die Klienten selber oder ihre Angehörigen ihre aktuellen Beschwerden einordnen würden, und erfragen, welchen Einfluss diese Annahmen auf das Individuum ausüben. Sehr wesentlich ist hierbei auch, wen man in der Heimat mit diesen Beschwerden aufsuchen würde und was darüber bekannt ist, was die heilende Instanz gegebenenfalls empfehlen könnte. Die Einbeziehung von relevanten Bezugspersonen kann sehr hilfreich wirken (Wohlfart & Zaumseil, 2006).

Beispiele aus meiner Praxis sollen die Wichtigkeit der Anerkennung gegenüber den traditionellen Heilern wie auch die Bedeutung der Mitarbeit von Unterstützungspersonen verdeutlichen:

Fallbeispiel

Der 39-jährige Emin Strujic, Handwerker, Vater zweier Kinder, Flüchtling aus Ostbosnien, wandte sich an mich wegen Magenbeschwerden, die die Speiseröhre hinaufzögen und Druck auf der Brust verursachten. Dadurch bekomme er phasenweise solche Krisen, dass er fürchte zu ersticken. Außerdem schlafe er seit einigen Jahren schlecht und schwitze nachts erheblich. Eine Magenspiegelung habe keinen krankhaften Befund ergeben, der Hausarzt ihm den Besuch beim Psychiater empfohlen. Seelisch sei er aber immer stabil gewesen. Er sei zwar von serbischen Tschetniks zu Kriegsbeginn misshandelt worden, sie hätten ihn getreten und ihm die oberen Schneidezähne ausgeschlagen, sodass er für mehrere Tage das Bewusstsein verloren habe. Darunter habe jedoch am meisten seine Frau gelitten, die sich seinerzeit aufgrund der weiter anhaltenden Bedrohung nicht getraut habe, medizinische Hilfe zu holen. Nachdem er wieder erwacht sei, sei er mit der Familie rasch geflohen. Seine Frau sei seither angespannt, nervös und fange bei jeder Kleinigkeit zu weinen an. – Wegen des Nachtschweißes veranlasste ich zunächst zum Ausschluss einer Tuberkulose eine Röntgenaufnahme der Lunge, die bis auf alte Rippenbrüche unauffällig war. Herr Strujic führte die Rippenbrüche auf seine Misshandlungserfahrungen zurück. Dann versuchte ich ihm zu erklären, dass seine Symptome mit den vegetativen Anzeichen einer Angsterkrankung im Rahmen einer posttraumatischen Belastungsstörung mit verzögertem Beginn zu vereinbaren sind, aber Herr Strujic fand dies nicht recht überzeugend. Beim nächsten Besuch hingegen erklärte er mir, er habe inzwischen auf Anraten seiner Mutter eine alte weise Heilerin aus seiner Heimat aufgesucht, die in Berlin praktiziere. Sie habe nur nach Angabe der Beschwerden, ohne Erhebung der Vorgeschichte – eine körperliche Untersuchung mit Pulsmessung, kreisenden Bewegungen über seinem Brustkorb und Leib sowie mit Ausstreichungen vom Handgelenk die Arme hinauf vorgenommen. Daraufhin habe sie ihm ihre Erkenntnis mitgeteilt: »Mein Sohn, in dich ist vor Längerem eine große Angst gefahren. Die sitzt jetzt in deinem Bauch und quält dich von dort.« Er habe anerkennen müssen, dass ihre Diagnose mit der seiner deutschen Ärztin übereinstimme. Leider habe sie ihm aber keine Behandlungsmöglichkeiten anbieten können, sodass er jetzt die von mir empfohlenen Psychopharmaka schlucke, die immerhin die Beschwerden etwas linderten.

Unter Einbeziehung der Ehefrau versuchte ich dann, dem Paar den Mechanismus verständlich zu machen, der bei ihnen nach der erlittenen Traumatisierung offensichtlich wirkte: Die Frau hatte in traditioneller Rollenzuteilung die Rolle der schwachen und hilflosen Person übernommen. Sie war die Symptomträgerin in der Familie, die es – natürlich unbewusst – den anderen Familienmitgliedern in gewisser Hinsicht ermöglichte, ihre jeweils eigene Trauer und den Schmerz über erlittene Demütigung, Ängstigung, Vertreibung und Verlust der Heimat nicht selber empfinden zu müssen. Diese Strategie wurde aber im Verlauf der Jahre der Ungewissheit in Deutschland für den Ehemann allmählich unwirksam, weil er sich aufgrund fehlender Arbeitserlaubnis nicht wieder in seiner Rolle als Ernährer der Familie tätig erweisen konnte. Nachdem Herr Strujic seine eigene seelische Verwundbarkeit zugab, begann auch die ältere, 16-jährige Tochter, die die Misshandlungen ihres Vaters seinerzeit als sechsjährige Augenzeugin miterlebt hatte, Symptome in Form von Albträumen und aggressivem Verhalten zu zeigen, und dekompensierte suizidal. Ein Aufenthalt in der Jugendpsychiatrie wurde für sie unumgänglich; in Absprache mit den dortigen Behandlern wies ich sie an eine Jugendlichentherapeutin weiter. Nach mehreren Familiengesprächen können mittlerweile die einzelnen Familienmitglieder für sich und für die anderen jeweilige Schwächen und Qualitäten besser anerkennen.

Das Angebot, die Familienangehörigen mit in die Beratung einzubeziehen, kann von den Klienten natürlich nur angenommen werden, wenn sie sich davon eine Unterstützung versprechen. In Familien, die sich nach außen eher abschotten, bei denen Werte wie »Ehre« und »guter Ruf« eine große Rolle spielen, kann allein die Tatsache, dass sich eines ihrer Mitglieder außerhalb des Familienverbandes professionelle Hilfe sucht, wie ein Verrat an den Familientraditionen angesehen werden. Diese Tatsache gilt meiner Erfahrung nach letztlich kulturenübergreifend.

Fallbeispiel

Wo dies sehr deutlich wurde, war bei Güzel Hukuk, einer 18-jährigen Abiturientin türkisch-kurdischer Herkunft, die nach einem Streit mit Vater und älterem Bruder in suizidaler Absicht große Mengen der Medikamente ihrer Mutter eingenommen hatte. Sie verweigerte das Angebot eines Familiengespräches und erklärte, allein die Tatsache, dass sie den Dienst einer Krisenintervention in Anspruch nehme und damit Familienschwierigkeiten nach außen trage, bedeute einen Affront gegenüber ihren Eltern und Geschwistern. In solchen Fällen kann die Methode des zirkulären Fragens in der Fantasie helfen: Wenn der Vater, die Mutter, der Bruder jetzt anwesend wären, was würden sie zu den von Frau Hukuk benannten Problemen sagen? Wenn dabei Meinungsverschiedenheiten mit den Familienangehörigen zu Tage treten: Wie kann sie diese lösen, ohne wieder an Selbstmord zu denken? Für Frau Hukuk bedeutete es einen Fortschritt, mit ihrer Mutter ein Einverständnis darüber zu erzielen, dass sie aufgrund ihrer psychischen Schwierigkeiten eine Einzeltherapie benötigte, die sie dann über lange Jahre fortsetzte.

Bei Migranten und Flüchtlingen sind häufig emotional wichtige Familienmitglieder abwesend, fern in der Heimat oder vermisst.

Fallbeispiel

Abdul Omar aus Afghanistan kam Anfang 2000 kurz nach seinem 18. Geburtstag zu mir wegen Suizidgedanken: Nach der Machtübernahme der Taliban war seine Familie in

Gefahr geraten, und ein Onkel hatte für ihn als unbegleiteten Minderjährigen die Flucht nach Deutschland organisiert. Hier lebte sein ältester Bruder Adem, der jedoch den Idealisierungen aus der Ferne im realen Zusammenleben nicht entsprach. Von seinen Eltern und den in Afghanistan verbliebenen Geschwistern hatte Herr Omar nach seiner Flucht 1997 nie wieder etwas gehört, er wusste nicht, ob sie lebten oder tot waren. Er besuchte in Berlin die Schule, lernte schnell Deutsch, fand Freunde und unterstützungsbereite Lehrer. Der Bruder heiratete und zog nach Westdeutschland. Sowohl er als auch das Jugendamt schlugen Herrn Omar vor, er solle mitgehen. Herr Omar geriet dadurch in einen Loyalitätskonflikt: Sollte er die Familienwerte hochhalten und dem Bruder in die ihm unbekannte Stadt folgen, auch wenn er subjektiv durch Adem bisher nicht die zuvor erhoffte Unterstützung erfahren hatte? Oder sollte er der Stimme seines Herzens gehorchen und bei seinen Freunden und Bestätigung spendenden Lehrern bleiben? Nachdem sich im Rahmen der Krisenintervention herausstellte, dass Herr Omar zu seinem Vater eine sehr innige Beziehung gepflegt hatte, konnte er sich in der Vorstellung ausmalen, wie dieser ihn in seinem Konflikt beraten würde. Insbesondere ging es darum, ob sein Vater ihm – und damit Herr Omar sich – verzeihen würde, wenn er den Familienzusammenhalt nicht so hoch schätzte wie die Sicherheit, die sich ihm durch die real erfahrene Unterstützung durch Lehrer und Freunde bot. Nachdem er dies geklärt hatte, konnte er sich entlastet, mit weniger Schuldgefühlen, dazu entscheiden, in Berlin zu bleiben, und dies sowohl seinem Bruder als auch dem Jugendamt gegenüber eindeutig vertreten.

Grenzen in der interkulturellen Kommunikation und Möglichkeiten des Umgangs damit

Letztlich geht es idealerweise in allen psychosozialen Beratungssituationen darum, im Kontakt mit den Klienten neben dem verbalen Dialog und der parallel erfolgenden Registrierung der Körpersprache auch die eigenen emotionalen Regungen wahrzunehmen und bei der Diagnostik als Hilfsinstrument zum Verständnis der jeweiligen psychischen Schwierigkeiten der Klienten zu nutzen. Die Psychoanalyse nennt diese permanent nebenher ablaufende Selbstreflexion »Gegenübertragung«, Gestalttherapeuten sprechen von »Resonanz«.

Blockaden beeinträchtigen jedwede Kommunikation, nicht nur die interkulturelle. In der interkulturellen Begegnung erzeugt das Gefühl großer Fremdheit auf beiden Seiten, sowohl bei den Ratsuchenden wie auch bei den Beratenden, Verunsicherung. Dies kann bei den Beratenden zu Zweifeln an der eigenen Kompetenz oder auch zu Ängsten führen. Es ist wichtig für die Beratenden, für sich individuell zu unterscheiden, bis wohin sie ihre Bedenken und Befürchtungen noch aushalten und sich zumindest halbwegs empathisch einlassen können und ab wann eigene Berührungsängste eine erfolgreiche Zusammenarbeit nicht mehr zulassen.

Fallbeispiel

In diesem Zusammenhang erinnere ich mich an eine Situation in der psychiatrischen Klinik: Vier Brüder eines psychotischen Bosniers baten mich unangemeldet um ein Gespräch, umringten mich in meinem Zimmer und forderten, ich solle ihnen die Summe des Geldes nennen, die ich haben wolle, damit ihr Bruder endlich wirkungsvolle Medikamente bekäme. Es kostete einige Mühe, sie davon zu überzeugen, dass ihr Bruder bereits teure Psychopharmaka erhielt. Nur mit dem Wissen um das auf der Station anwesende Pflegepersonal konnte ich seinerzeit einigermaßen ruhig reagieren. Allein in einer Praxis oder Beratungsstelle wäre mir mit Sicherheit wesentlich mulmiger zumute gewesen, und Angst lähmt schließlich das eigene Denk- und Urteilsvermögen.

In der Beratung ist daher meines Erachtens die Arbeit zu zweit eine sinnvolle Lösung, um die eigene Arbeitsfähigkeit aufrechtzuerhalten, sich gleichzeitig wirksam zu schützen und einem Burn-out vorzubeugen. Intervisions- oder Supervisionsgruppen mit Kollegen, die ebenfalls in einem interkulturellen Kontext arbeiten, stellen aus meiner Sicht eine weitere wertvolle Hilfe dar, Gefühle der eigenen Unzulänglichkeit, Rat- und Hilflosigkeit zu bearbeiten. Günstig wird sich eine ethnisch gemischte Zusammensetzung der Arbeitsgruppe auswirken, da auf diese Weise gleich verschiedene interkulturelle Kompetenzen vorhanden sind und unterschiedliche Erfahrungen ausgetauscht werden können.

15.4 Ausblick: Mehr interkulturelle Kompetenz in die Krisendienste!

Der Berliner Krisendienst hat seine Arbeit für die Zeit von August 1999 bis zum Juli 2002 durch eine wissenschaftliche Begleitforschung evaluieren lassen. Bergold und Zimmermann (2003), die Autoren des Abschlussberichtes, konstatieren eine an der Statistik der Berliner Wohnbevölkerung gemessen unterdurchschnittliche Nutzung des Berliner Krisendienstes durch Menschen nicht-deutscher Herkunft. Es existieren verschiedene Gründe für diese »Inanspruchnahmebarriere«. Sie gelten für den Berliner Krisendienst wie für die meisten anderen deutschen Beratungseinrichtungen.

Die Bundeskonferenz für Erziehungsberatung hat 1999 eine Stellungnahme zur Arbeit mit Familien, die von Migration betroffen sind, abgegeben (veröffentlicht in Friese & Kluge, 2000). Darin wird auf verschiedene Punkte aufmerksam gemacht, die sowohl für Erziehungs- wie auch für Krisenberatungsstellen zutreffen. Einige der hier wesentlichen Aspekte gebe ich daraus sinngemäß wieder. Zunächst werden die Motive für die höhere Hemmschwelle Nicht-Deutscher, die Dienstleistungen der Krisenberatungsstellen anzunehmen, dargestellt:

- geringe Vertrautheit der nicht-deutschen Bevölkerung mit solchen Beratungseinrichtungen,
- eine reservierte Einstellung dazu, sich gegenüber dem meist deutschen und ausschließlich deutschsprachigen Personal zu öffnen und sich ihm anzuvertrauen,
- die Furcht, sich und ihre Kinder durch das Aufsuchen einer Beratungsstelle von den heimatlichen Normen und Werten zu entfremden,
- die Befürchtung, aufgrund einer Inanspruchnahme Benachteiligungen z. B. durch Ämter ausgesetzt zu sein.

Die Stellungnahme der Bundeskonferenz für Erziehungsberatung fordert eine interkulturelle Kompetenz der Fachkräfte ein. Dazu zählen folgende Voraussetzungen:

- Berücksichtigung der gesellschaftlichen und sozialen Lage der Ratsuchenden, ihrer psycho-sozialen Rahmenbedingungen und der spezifischen Migrationsgenese,
- fundierte Kenntnisse über die psychodynamischen, familiendynamischen und gesellschaftlichen Begleitprozesse der Migration,
- Bereitschaft zur Relativierung eigener Kenntnisse über die kulturellen, religiösen und politischen Hintergründe und Werthaltungen der Ratsuchenden, ansonsten besteht das Risiko unzulässiger Ethnisierungen und Verallgemeinerungen sowie Vorurteilsbildung.

Schließlich zeigt die Stellungnahme der Bundeskonferenz für Erziehungsberatung verschiedene Aspekte auf, wie Beratungseinrichtungen sich interkulturelle Kompetenz aneignen und diese ausbauen können:

- »Beseitigung aller institutionellen Strukturen und Organisationsabläufe, die – gewollt oder ungewollt – Benachteiligungen von Migrantinnen und Migranten in der Beratungsstelle bedeuten,

- Förderung des Erwerbs interkultureller Kompetenzen des Fachpersonals der [...] Beratungsstelle,
- Konzipierung der interkulturellen Handlungskompetenz als Aufgabe des gesamten Teams einer Beratungstelle, nicht einzelner Spezialisten,
- Vernetzung der Arbeit der [...] Beratungsstelle mit anderen Beratungsdiensten und Institutionen, die für Migrantinnen und Migranten von besonderer Bedeutung sind,
- Bedarfserhebung [...], die an der besonderen Ausgangslage der Migranten ansetzt,
- Einstellung von Fachpersonal ausländischer Herkunft und Anerkennung von deren muttersprachlichen Kompetenzen als zusätzliche Qualifikation [...]«.

Auf den letzten Punkt möchte ich gesondert hinweisen: Meiner Erfahrung nach gelingt es in einem multiethnisch zusammengesetzten Team am leichtesten, interkulturelle Kompetenz im Arbeitsalltag zu erwerben und weiterzuentwickeln. Dies beinhaltet bei der Personalsuche, sich gezielt um die Einstellung von Menschen mit Migrationserfahrung zu bemühen. Eine solche Vorgehensweise mag auf den ersten Blick sehr aufwändig und zeitraubend erscheinen. Auf Dauer wird sich dieser Einsatz jedoch auszahlen (vgl. Scheuermann & Schürmann in diesem Band). Sobald Menschen mit bestimmten sprach- und kulturvermittelnden Fähigkeiten in einer psychosozialen Beratungsstelle tätig werden, wird sich dieses besondere Angebot in der entsprechenden »community« herumsprechen, und die oben genannte »Inanspruchnahmebarriere« wird sinken. Interkulturelle Kompetenz stellt ein wesentliches Qualitätsmerkmal in der psychosozialen und psychotherapeutischen Arbeit dar.

Literatur

Balcı, G. Y. (2008): *Arabboy. Eine Jugend in Deutschland oder Das kurze Leben des Rashid A.* Frankfurt: S. Fischer Verlag.

Bergold, J. & Zimmermann, R.-B. (2003). *Wissenschaftliche Begleitforschung des Berliner Krisendienstes.* Eine Kooperation zwischen Freier Universität Berlin und Katholischer Fachhochschule Berlin. Abschlussbericht, Band 1 und 2. Blaue Reihe, Berliner Zentrum Public Health.

Charlier, M. (2006): Geschlechtsspezifische Entwicklung in patriarchalisch-islamischen Gesellschaften und deren Auswirkung auf den Migrationsprozess. *Psyche* 60, Heft 2. Stuttgart: Klett-Cotta.

Charlier, M. (2007): Macht und Ohnmacht. Religiöse Tradition und die Sozialisation des muslimischen Mannes. *Psyche* 61, Heft 11. Stuttgart: Klett-Cotta.

Englisch, M. (2003). Migration als Trauma? Psychoanalytische Ansätze zur psychischen Verarbeitung von Migrationserfahrungen. Vortrag im Colloquium Psychoanalyse an der FU Berlin am 7. Juli 2003. In O. Decker & A. Borkenhagen (Hrsg), *Psychoanalyse. Texte zur Sozialforschung.* Lengerich: Pabst.

Friese, P. & Kluge, I. (2000). *Fremdheit in Beratung und Therapie.* Bundeskonferenz für Erziehungsberatung e. V., Fürth.

Garza-Guerrero, C. (1974). Culture shock: Its mourning and the vicissitudes of identity. *Journal of the American Psychoanalytical Association*, 22 (2).

Grinberg, L. & Grinberg, R. (1990). *Psychoanalyse der Migration und des Exils.* München: Verlag Internationale Psychoanalyse.

Keller, F. B. (1995). *Krank – warum? Vorstellungen der Völker, Heiler, Mediziner.* Katalog zur Ausstellung im Deutschen Hygiene-Museum in Dresden vom 9. März bis zum 16. Juli 1995. Ostfildern: Cantz.

Kürsat-Ahlers, E. (1995). Migration als psychischer Prozeß. In I. Attia, M. Basqué & U. Kornfeld (Hrsg.), *Multikulturelle Gesellschaft – monokulturelle Psychologie?* Tübingen: Deutsche Gesellschaft für Verhaltenstherapie.

Otyakmaz, B. Ö. (1995). *Auf allen Stühlen. Das Selbstverständnis junger türkischer Migrantinnen in Deutschland.* Köln: ISP.

Valentin, K. (1963). Die Fremden. In K. Valentin, *Gesammelte Werke.* München: Piper.

Wohlfart, E. und Zaumseil, M. (2006): *Transkulturelle Psychiatrie – Interkulturelle Psychotherapie. Interdisziplinäre Theorie und Praxis.* Heidelberg: Springer.

16 »Wenn ich das machen würde ... wäre ich ja wirklich tot.« – Krisenintervention bei Kindern und Jugendlichen

Sigrid Meurer

Der folgende Beitrag beschreibt Signale, die von Kindern und Jugendlichen in Krisen ausgesendet werden, und die Symptome, die sie in krisenhaften Situationen zeigen. Diese werden häufig nicht früh genug verstanden oder gelegentlich auch nicht ernst genommen. Risikofaktoren für die Entstehung von Krisen im Kindes- und Jugendalter, Krisensymptome und ihre Hintergründe werden aufgezeigt.

Einen Schwerpunkt bildet das besonders belastende Thema der Suizidgefährdung. Anhand zweier Fallbeispiele werden das Erleben der suizidalen Jugendlichen und sinnvolle Interventionen beschrieben.

Im dritten Teil wird dargestellt, warum Kinder und Jugendliche spezielle Kriseninterventionsangebote brauchen und mit welchen Belastungssituationen Mitarbeiter in Krisendiensten im Umgang mit suizidgefährdeten Kindern und Jugendlichen konfrontiert werden können. Zuletzt werden Folgerungen für die Qualifikation und Weiterbildung der beteiligten Berufsgruppen entwickelt.

16.1 Einführung

16.1.1 Persönlicher Zugang zum Thema

Begonnen hat meine Arbeit in der Krisenintervention vor nahezu 20 Jahren in einem mit viel Enthusiasmus gegründeten Krisendienst für Erwachsene. Dieser Dienst wurde zunächst als Modellprojekt gefördert und lebte vom Engagement der jungen MitarbeiterInnen, mit der Tendenz, ihre persönlichen Grenzen mitunter zu überschreiten. Solche möglichen Grenzüberschreitungen können sich z. B. zeigen in Abgrenzungsschwierigkeiten den Klienten/Patienten gegenüber (Klienten/Patienten werden regelmäßig im Geiste mit nach Hause genommen; Bereitschaft, immer ansprechbar zu sein), in Form von ständiger Überziehung der Arbeitszeit aufgrund einer zu dünnen Personaldecke, mangelnden Distanzierungsmöglichkeiten von der Arbeit und unklarer Arbeitsorganisation.

Diese Erfahrungen haben mir gezeigt, dass Prinzipien der Krisenintervention theoretisch zu kennen und sie praktisch umzusetzen zwei unterschiedliche Dinge sind. Dieses als Trost für diejenigen, die, wenn sie mit einer Krisensituation bei anderen Menschen (Söhnen/Töchtern, Klienten/Patienten, SchülerInnen, andere zu Betreuende, Freunde ...) konfrontiert sind, es trotz intensiver Vorbereitung und Beschäftigung mit dem Thema vielleicht manchmal nicht schaffen, die Situation genügend zu strukturieren und die Balance zwischen Zuwendung und Abgrenzung zu finden.

Dieses Kapitel basiert auf meinen mittlerweile langjährigen Erfahrungen in der Krisenintervention und Therapie mit Kindern, Jugendlichen, jungen Erwachsenen und Angehörigen in der Kriseneinrichtung Neuhland in Berlin. Das Angebot von Neuhland umfasst ambulante Krisenintervention sowie im Bedarfsfall stationäre Unterbringung in einer Krisenwohnung. Aus zahlreichen Fortbildungen und Supervisionen mit unterschiedlichen Berufsgruppen und der täglichen Erfahrung mit betroffenen Helfern erfahre ich, wie viel Angst und Unsicherheit die Konfrontation mit Kindern und Jugendlichen – insbesondere bei suizidalen Krisen – auslösen kann. Der Verantwortungsdruck ist hier besonders groß.

Mein besonderes Anliegen ist es, mit dem Beitrag – neben der Vermittlung von Fachwissen – eine Unterstützung zum Abbau von Ängsten und Unsicherheiten im Umgang mit gefährdeten Kindern und Jugendlichen zu geben. Mein Tätigkeitsschwerpunkt ist die Arbeit mit suizidgefährdeten Klienten/Patienten. Ich gehe deshalb besonders auf diese Problematik ein, da sie häufig an Grenzen in der therapeutisch-beraterischen oder betreuerischen Arbeit stößt.

16.1.2 Warum brauchen Kinder und Jugendliche spezielle Kriseninterventionsangebote?

Kinder und Jugendliche sind durch spezielle Kriseninterventionsangebote immer noch wenig versorgt und fallen häufig aus bestehenden Angeboten heraus. An der Schnittstelle zwischen Psychiatrie und Jugendhilfe existiert ein »Angebotsloch« (vgl. u. a. die beiden Herausgeberbände des Arbeitskreises der Therapeutischen Jugendwohngruppen Berlin, 2005; 2008). Eine große Anzahl von Kindern und Jugendlichen in schwerwiegenden Krisensituationen muss nicht zwangsläufig in einer psychiatrischen Einrichtung behandelt werden, andererseits sind die bestehenden Jugendhilfeeinrichtungen in vielen Fällen von der massiven Problematik der jungen Menschen überfordert. Notwendig sind Angebote, die den Bereich zwischen Psychiatrie und Jugendhilfe füllen, die eine fundierte Diagnostik ermöglichen, eine intensive Betreuung gewährleisten und somit eine unnötige Psychiatrisierung vermeiden. Voraussetzung ist dabei eine genaue Differenzierung zwischen notwendiger stationärer psychiatrischer Behandlung und psychotherapeutisch/psychosozialer Behandlung mit gegebenenfalls ambulanter psychiatrischer Mitversorgung.

Diese besonders im Hinblick auf junge Menschen sinnvollen und gesamtgesellschaftlich gesehen durchaus ökonomischen »Schnittstellenangebote« (die genaue Differenzierung der notwendigen Maßnahmen kann durchaus kostengünstiger sein) sind allerdings in den Zeiten der Sparmaßnahmen, die einen »Krieg der Töpfe« ausgelöst haben, schwer zu etablieren (Verschiebung zwischen Jugendhilfemaßnahmen und Kassenfinanzierung und andersherum).

Kinder und Jugendliche brauchen, obwohl die Grundlagen der Krisenintervention sich nicht grundsätzlich von denen im Erwachsenenbereich unterscheiden, spezielle Herangehensweisen.

16.1.3 Krisen bei Kindern (bis zu einem Alter von ungefähr 12 Jahren)

Kinder, insbesondere traumatisierte Kinder, reagieren ganz unmittelbar auf belastende Ereignisse, können aber noch wenig verbalisieren, was die Auslöser oder Hintergründe der Krise sind. Sie zeigen Verhaltensänderungen und -auffälligkeiten, die häufig nicht als Krisensymptome verstanden werden (*siehe Signale/Alarmzeichen*; vgl. auch Gahleitner, 2005).

In der Arbeit mit Kindern ist es deshalb hilfreich, Materialien zu verwenden, die szenisch beschreiben helfen. Das können Handpuppen oder Tiere sein. In Bildern (gemalt oder auch imaginativ) können Kinder häufig ihre Gefühle und Erlebnisse ausdrücken. Allerdings ist bei der Verwendung von solchen szenischen Beschreibungen der Kinder als

»Beweismaterial« Vorsicht geboten. Sie dienen zunächst einmal dazu, einen kindgerechten, wenig Angst auslösenden Zugang zum Kind zu schaffen und können nicht als direkte »Wahrheit« übersetzt werden.

Kinder sind noch eng an familiäre Strukturen gebunden und haben noch keine ausgeprägten Distanzierungs- und Reflexionsmöglichkeiten. Schädigende familiäre Bedingungen empfinden sie zwar als belastend, glauben aber, sie seien normal.

Krisensituationen bei Kindern und Jugendlichen können entstehen durch (Wunderlich, 2004):

- lebensverändernde Bedingungen, lebensgeschichtliche Belastungen, wie: Geburt von Geschwistern, Trennung/Scheidung der Eltern, Umzug, langfristige schwere Erkrankungen. Sie führen zu einer langfristigen Belastung und allmählichen Zuspitzung.
- traumatische Erfahrungen, wie: plötzlicher Verlust einer nahen Person, Unfall, sexuelle Übergriffe oder andere Gewalterfahrung, Flucht.

Belastungen und Traumata wirken sich in den unterschiedlichen Entwicklungsstadien unterschiedlich aus und münden jeweils in unterschiedliche Symptome (Gahleitner, 2005; Röper & Noam, 1999):

- Im Kleinkindalter: trauriger Gesamteindruck, Essstörungen, Sprachstörungen, ausdrucksarmes Spiel, Einnässen, Einkoten.
- Im Vorschulalter: verminderte Mimik und Gestik, Unfähigkeit, Freude zu empfinden, introvertiertes oder auffällig extrovertiertes Verhalten, verminderte Motorik, Essstörungen, Schlafstörungen (mit Alpträumen), Trennungsängste, Einnässen, Einkoten.
- Im Schulalter: verbale Äußerungen von Traurigkeit bis hin zu suizidalen Äußerungen, Unlust und Apathie, Trennungsängs-te, Schulleistungsstörungen, Hyperaktivität, Tics, psychosomatische Störungen.
- Im Jugendalter: Selbstwertprobleme, Introvertiertheit, aggressives Verhalten, Leistungs-, Konzentrationsstörungen, depressive Symptome.

16.1.4 Krisen bei Jugendlichen (Alter von ca. 12 Jahren bis zum jungen Erwachsenenalter)

Pubertät und Adoleszenz sind bei den meisten Menschen krisenhafte Zeiten (ebenda). *Entwicklungs- und Reifungskrisen* gehören zu einer gesunden Persönlichkeitsentwicklung. Ablösung von den Eltern, Brüche, Trennungen, körperliche Veränderungen, die Entwicklung der sexuellen Orientierung, die Suche nach der eigenen Identität und dann auch noch Leistungsanforderungen und Fragen nach dem Lebenssinn, all das sind Anforderungen, die von den wenigsten Erwachsenen (die ehrlich mit sich sind) noch einmal bewältigt werden wollten. Ambivalente Wünsche führen zu Wechselbädern der Gefühle und zu – meistens auch nach außen deutlich sichtbarer – Unausgeglichenheit. Auf der einen Seite steht der Wunsch nach größtmöglicher Unabhängigkeit, nach Abgrenzung von den Erwachsenen. Auf der anderen Seite der Wunsch nach Nähe und Geborgenheit und danach, versorgt zu werden und noch keine Verantwortung übernehmen zu müssen. Suizidgedanken sind in dieser Zeit nicht ungewöhnlich.

Es wird davon ausgegangen, dass mindestens zwei Drittel aller Jugendlichen Suizidgedanken kennen. Diejenigen, die ein gesundes Selbstwertgefühl entwickeln konnten, Unterstützung in Familie und Umfeld erfahren, die keine traumatisierenden Erfahrungen machen mussten, überstehen diese Zeit in der Regel unbeschadet.

Sigrid Meurer

16.1.5 Einige Risikofaktoren für die Entwicklung schwerwiegender Krisen im Kindes- und Jugendalter

Psychische Störungen

Beginnende oder auch bereits ausgeprägte psychische Störungen können zum Ausbruch schwerer Krisen bis zu suizidalen Handlungen führen. Dazu gehören:

- Depressionen, die auch im Kindesalter in ausgeprägter Form auftreten können,
- psychotische Störungen (die auch bereits im Kindesalter auftreten können, aber häufig schwer zu diagnostizieren sind),
- Angst- und Zwangsstörungen (z. B. in Form von Schulphobien, die zunächst oft schwer nachzuvollziehen sind),
- Störungen des Sozialverhaltens, Leistungseinbrüche, Alkohol- und Drogenmissbrauch können die Vorstufe für eine beginnende psychiatrische Erkrankung sein.

Die Symptomatik ist bei Kindern und Jugendlichen häufig noch nicht so ausgeprägt wie im Erwachsenenalter. Anfangs fallen insbesondere die Verhaltensstörungen auf. Beispielsweise kann eine beginnende Persönlichkeitsstörung zunächst ausgeprägte Symptome einer Depression zeigen. Diagnostische Festschreibungen sollten deshalb eher zurückhaltend gegeben werden. In der Diagnostik sollte auch die Möglichkeit einer *posttraumatischen Belastungsstörung* abgeklärt werden.

Symptome einer posttraumatischen Belastungsstörung

Kinder und Jugendliche, die extreme traumatische Erfahrungen gemacht haben, zeigen im Wesentlichen alle posttraumatischen Symptome, die auch bei Erwachsenen zu finden sind (vgl. zu Typ I Traumata Schmidt in diesem Band; zu Typ II Traumata Gahleitner in diesem Band).

Es folgen stichpunktartig einige Symptome, die bei betroffenen Kindern und Jugendlichen auftreten können:

- Gedanken an das traumatische Ereignis drängen sich immer wieder und in allen möglichen Situationen auf, häufig besonders in Ruhephasen (vor dem Einschlafen).
- Empfindungen, als ob das Trauma wieder erlebt wird, oft mit großer Angst verbunden.
- Neuinszenierung von Themen oder einzelnen Aspekten der traumatischen Szene im Spiel (z. B. wird eine Gewalt- oder Unfallszene immer wieder nachgespielt).
- Wiedererleben des traumatischen Erlebens in Träumen, Angstträume bei kleineren Kindern ohne wiedererkennbare Inhalte. In der Folge Schlafstörungen und Angst vor Dunkelheit.
- Trennungsängste (auch bei Jugendlichen zu finden), z. B. Schlafen im Elternbett oder Panik, wenn die Eltern nicht in der Nähe sind) und regressive Tendenzen, z. B. Rückkehr zur Nuckelflasche.
- Übermäßige Wachsamkeit (Lauern auf Gefahren), überstarke Schreckreaktionen.
- Vermeiden von Auslösereizen, z. B. werden bestimmte Orte, Geräusche oder Gerüche vermieden.
- Erinnerungsverlust an wichtige Aspekte des Traumas.
- Deutlich vermindertes Interesse an wichtigen Aktivitäten.
- Gefühlseinschränkungen (ein Kind, das z. B. vorher sehr zärtlich war, kann diese Gefühle nicht mehr zeigen, es wirkt wie »eingefroren«). Pessimistische Gefühle, Hoffungslosigkeit.

- Wut und Reizbarkeit (besonders Jugendliche verarbeiten die erlebte Hilflosigkeit aggressiv).
- Konzentrationsstörungen, Schulverweigerung.
- Dissoziative Symptome wie Trancezustände (z. B. wirkt ein Kind wie »ausgeschaltet« oder wie im Tiefschlaf, ist nicht ansprechbar, die Zustände können manchmal wirken wie Absencen vor einem epileptischen Anfall), Halluzinationen (Sehen von Dingen, die nicht da sind, Hören von *inneren* Stimmen), selbstschädigendes Verhalten (Gahleitner, 2005).

Bei Kindern und Jugendlichen werden diese Auffälligkeiten häufig übersehen oder nicht mit früheren traumatischen Erlebnissen in Verbindung gebracht. Besonders schwierig zu verstehen ist die Problematik bei kleineren Kindern, die noch nicht gut verbalisieren können. Wichtig ist vor allem zu verstehen, dass diese Verhaltensweisen *Schutzreaktionen* und damit zunächst einmal »angemessene« Reaktionen auf unnormale Situationen sind (vgl. dazu Gahleitner in diesem Band). Betroffene Kinder und Jugendliche, die über längere Zeit entsprechende Symptome zeigen, brauchen eine spezielle psychotherapeutische Behandlung.

Familiäre Belastungsfaktoren

Die familiären Bedingungen stellen die häufigsten Belastungsfaktoren bei der Entstehung und der Manifestation kindlicher und jugendlicher Krisen dar.

Besonders gefährdet sind diejenigen, die

- in der Familie ungewünscht und ungewollt sind, die die Botschaft erhalten: Es wäre besser, wenn es dich gar nicht geben würde. (Eine Mutter sagt z. B. im Kriseninterventionsgespräch zu ihrer Tochter: »Hätte ich dich doch damals nur abgetrieben, wie ich es eigentlich vorhatte, dann hätte ich heute nicht so viel Ärger«.)
- ständig überfordert werden, mit Leistungserwartungen der Eltern konfrontiert sind, die sie nicht erfüllen können, die positive Bestätigung nur bei entsprechender Leistung erfahren,
- in einer gespannten Familienatmosphäre aufwachsen, die durch andauernde Streitigkeiten, finanziellen Druck, Alkoholismus gekennzeichnet ist,
- Ausübung von Gewalt erfahren (physisch oder psychisch), sexuell missbraucht werden oder wurden,
- als Partnerersatz fungieren müssen oder viel Verantwortung für einen psychisch labilen oder kranken Elternteil übernehmen müssen,
- bereits mehrere Beziehungsbrüche durch Trennungen und/oder Verluste erfahren haben,
- in Familien aufwachsen, in denen Suizidalität als Problemlösungsstrategie vorgelebt wird (wenn beispielsweise ein Elternteil im Konfliktfall ständig droht, sich das Leben zu nehmen und Suiziddrohungen als Erpressung benutzt werden).

In Familien, die durch eine Häufung von äußeren und inneren Problemen belastet und instabil sind, ist es unmittelbar nachvollziehbar, dass die familiäre Problemsituation zu Krisen führen kann. Bei anderen, scheinbar »intakten« Familien sind die belastenden Beziehungsstrukturen nach außen oft nur schwer sichtbar. Kinder und Jugendliche aus diesen Familien müssen manchmal sehr deutliche Signale aussenden, um auf die gestörten Beziehungen und die Hilfsbedürfnisse hinzuweisen.

Soziale und kulturelle Faktoren

- Migration
Kinder von Eltern ausländischer Herkunft müssen sich häufig mit einer Vielzahl belastender Faktoren auseinandersetzen. Sie leiden unter den unterschiedlichen kulturellen Erwartungen zwischen Familie und Umgebung. Sie haben deutlich schlechtere

schulische Voraussetzungen und Bildungsabschlüsse und kommen aus sozial schlecht abgesicherten Familien. Spezielle Beratungsangebote für diese Kinder und Jugendlichen sind nur sehr wenig vorhanden (vgl. Reichelt in diesem Band).
- Schulische Belastungen
Leistungsstress in der Schule ist zwar in der Regel nicht die Ursache für schwerwiegende Krisen, kann aber durchaus zum Krisenauslöser werden. Ohnehin schon bestehende Versagensgefühle verstärken sich durch schlechte schulische Leistungen. Problematisch wird es, wenn die Betroffenen weder in der Schule noch im Elternhaus Verständnis und Unterstützung finden.

Gewalt von außen

- Sowohl Mobbing und schwere Konflikte mit Gleichaltrigen sowie Opfer von Gewalt durch Gleichaltrige zu werden, kann erhebliche Krisen und Ängste auslösen. Häufig haben die Kinder oder Jugendlichen Angst sich mitzuteilen, weil weitere Gewalt angedroht wurde, falls sie mit anderen über das Geschehene sprechen.

Weitere belastende Faktoren können z. B. sein:

- Vergewaltigung durch Fremde.
- Unfälle oder Gewaltverbrechen (Überfälle, Entführung), bei denen sie beteiligt waren oder Zeuge wurden.

Problematisches Coming-out

Jugendliche, die wegen ihrer homosexuellen Orientierung nicht akzeptiert werden, auch in der Familie ausgegrenzt werden oder ihre sexuelle Orientierung selbst nicht annehmen können, geraten häufig in schwere Identitätskrisen. Die Suizidgefährdung ist bei diesen Jugendlichen (insbesondere den männlichen) sehr hoch!

16.2 Suizidalität bei Kindern und Jugendlichen

Die Zuspitzung einer Krise kann in ihrer extremsten Form zu Suizidalität führen. Die Anzahl der Suizide steigt mit zunehmendem Alter. Bei Kindern und Jugendlichen ist die Zahl der Todesfälle aber trotzdem erschreckend hoch. Bei männlichen Jugendlichen in der Altersgruppe zwischen 15 und 25 Jahren ist der Suizid nach Unfällen die zweithäufigste Todesursache. Auch in den jüngeren Altersgruppen sind zwei Drittel der Todesfälle durch Suizid Jungen und junge Männer. Bei Mädchen und jungen Frauen liegt die Anzahl der Suizidversuche deutlich höher. Auf jeden Suizid kommt ein Vielfaches an Suizidversuchen. Die Zahl der Suizidversuche kann allerdings nur geschätzt werden, sie werden statistisch nicht erfasst. Viele Suizidversuche bleiben unbehandelt. Bei Kindern und Jugendlichen kann nicht unbedingt von der Gefährlichkeit des Suizidversuchs auf die Ernsthaftigkeit der Absicht geschlossen werden. Besonders Jüngere wissen z. B. noch nicht, welche Medikamente gefährlich sind. Einige Suizide geschehen sicher auch aus »Versehen«, weil aus Unkenntnis lebensbedrohliche Mittel eingenommen wurden, obwohl »nur« ein Signal gesetzt werden sollte.

Suizide und Suizidversuche kommen bei Kindern unter zehn Jahren eher selten vor. Allgemein wird davon ausgegangen, dass, entwicklungspsychologisch gesehen, jüngere Kinder noch keine Vorstellung von Endlichkeit haben, Vorstellungen über Suizidmethoden noch nicht vorhanden sind und psychische Störungen noch wenig manifest sind.

Suizidale Gedanken und Drohungen kommen aber auch bei jüngeren Kindern durchaus vor.

Die Entstehung konkreter Suizidgedanken hängt sehr von dem jeweiligen Entwicklungsstand des Kindes ab.

Fallbeispiel

Die 6-jährige Lisa wird von der Kindertagesstätte an uns verwiesen. Sie hatte in der Küche gedroht, sich mit einem Messer zu erstechen. Sie kommt gemeinsam mit den besorgten Eltern in die Beratungsstelle. Auf die Frage, wie sie auf diesen Gedanken gekommen ist und was sie sich vorstellt, was passieren würde, wenn sie es wirklich täte, antwortete sie sehr sicher: »Ich habe mal in einem Cowboyfilm gesehen, wie jemand erstochen wurde. Aber das sind ja nur Schauspieler, und das Blut ist nicht echt. Und die stehen hinterher wieder auf. Wenn ich das machen würde, würde ich ja nicht wieder aufstehen, ich wäre dann wirklich tot.«

Im Gespräch mit den Eltern wurde sehr schnell die Problematik deutlich. Die Eltern hatten sich vor nicht allzu langer Zeit getrennt, die Tochter lebte abwechselnd wochenweise bei Mutter und Vater. Beide Elternteile lebten allein, ohne neue Partnerschaften. Lisa musste viele emotionale Bedürfnisse beider Elternteile erfüllen und diente beiden als »Kampfmittel« in den noch eskalierten Konflikten. Die ständige unausgesprochene Botschaft von beiden Elternteilen lautete: »Wenn du mich verlässt und auf die andere Seite gehst, bin ich sehr traurig, und es geht mir sehr schlecht.«

Sie konnte nicht verbalisieren: »Ihr zerreißt mich mit eurem Verhalten, findet eine Lösung!« Sie konnte sich auch nicht aus der belastenden Situation befreien und sagen: »Ich trenne mich von euch«. Aber sie konnte durch ihre Suiziddrohung deutlich machen: »Wenn ihr euch nicht verändert, werdet ihr mich verlieren.«

Die Eltern waren in den folgenden Familiengesprächen in der Lage, an ihren Problemen zu arbeiten. Sie erkannten, dass sie zwar räumlich getrennt waren, aber nicht emotional. Als Lisa, die zunächst sehr genau das Verhalten ihrer Eltern beobachtete, bemerkte, dass ihre Eltern ernsthaft miteinander sprachen, zog sich immer mehr aus den Gesprächen heraus und widmete sich den Spielsachen im Raum. Sie wünschte sich wie die meisten Kinder nach wie vor, dass die Eltern wieder zusammenkämen, konnte die Trennung aber akzeptieren. Die suizidalen Äußerungen hat sie nicht wiederholt.

Zu beachten ist auch, dass Kinder möglicherweise die suizidalen Anteile eines Elternteils stellvertretend ausdrücken und die Hilfebedürftigkeit des Familiensystems damit nach außen tragen.

16.2.1 Einige Signale und Alarmzeichen, die auf eine Suizidgefährdung hinweisen können

Krisen, insbesondere suizidale Krisen bei Kindern und Jugendlichen, sind häufig nicht sofort erkennbar. Unterschiedliche Alarmzeichen sollten aufmerksam machen. Sie können Hinweise auf eine mögliche Gefährdung geben (Möller, Laux & Deister, 1996).

Soziale Isolierung

Menschen in schwerwiegenden suizidalen Krisen haben die Tendenz, sich aus bestehenden Beziehungen zurückzuziehen. Ihr Selbstbewusstsein nimmt immer mehr ab. Sie fühlen sich nicht wertgeschätzt, ungeliebt, nicht genügend beachtet. Bestehende Freundschaften oder Beziehungen werden vernachlässigt oder abgebrochen. Die Kommunikationsfähigkeit schränkt sich zunehmend ein. Jugendliche ziehen sich aus familiären Aktivitäten zurück, wirken lustlos, antriebslos. Für Außenstehende ist ihr Verhalten oft nicht nachvollziehbar.

Aggressiv-abwehrendes Verhalten

Insbesondere suizidgefährdete Jugendliche zeigen nicht selten nach außen ein abwehrendes, auch aggressives Verhalten. Ihre selbstzerstörerischen Impulse führen zu Abwehr und Ablehnung gegen die Außenwelt. Bemerkungen, wie »Lasst mich doch alle in Ruhe«, »Ich will mit niemandem sprechen!«, stoßen die anderen zurück und führen zu Ärger und Rückzug bei den anderen.

Stimmungsschwankungen

Auffällig sein können starke Gefühlsschwankungen gefährdeter junger Menschen, sie können in dem einen Moment in gehobener Stimmung, manchmal geradezu »aufgedreht« und im nächsten Moment völlig deprimiert wirken. Menschen, die bereits konkrete Suizidpläne gefasst haben, können ungewohnt ruhig und gelöst wirken, da sie sich durch den Entschluss, ihre Probleme »loszuwerden«, entlastet fühlen. Hier gilt es, sich nicht zu schnell beruhigen zu lassen, wenn ein vorher sehr deprimierter Mensch sich plötzlich als sehr ausgeglichen zeigt. Wichtig sind weiterhin das konkrete Nachfragen und das Beachten weiterer Signale (Hat derjenige beispielsweise seine sozialen Kontakte wieder intensiviert, ist er allgemein wieder integrierter, besser ansprechbar?).

Veränderungen der äußerlichen Erscheinung

Die äußerliche Erscheinung wirkt, anders als vorher, vernachlässigt.
Mimik und Gestik sind eingeschränkt und ausdrucksarm.

Weitere auffällige Verhaltensweisen:

Essstörungen (starke Gewichtszunahme oder -abnahme), vermehrter Drogen-/Alkoholkonsum, Leistungsveränderungen in der Schule, Schulverweigerung, Aufgabe von Hobbys und Interesselosigkeit.

Vermehrte Unfallneigung

Besonders bei Kindern *kann* eine Unfallhäufung ein Ausdruck für verdeckte Suizidalität sein.

Konkrete Handlungen

Sammeln von Tabletten, Gegenständen zur Selbstverletzung, Waffen, selbstverletzendes Verhalten (z. B. Ritzen, Schneiden, Verbrennen), Verschenken von geliebten Dingen (z. B. Haustiere, Lieblings-CDs).

Körperliche/psychosomatische Symptome

Kinder und Jugendliche in schweren Krisen zeigen häufig auch körperliche Symptome wie z. B. Erschöpfung, Müdigkeit, Kopfschmerzen, Bauchschmerzen (besonders auch bei Kindern zu beachten), Appetitlosigkeit, Schwindelgefühle.

Verbale Äußerungen

Äußerungen, die auf die eigenen Wertlosigkeitsgefühle, Belastungsgefühle oder auch Planungen hinweisen: »Es wäre für alle besser, wenn es mich nicht geben würde«. »Am liebsten würde ich vor allem meine Ruhe haben«. »Meinen Geburtstag erlebe ich sowieso nicht mehr«.

Schriftliche Äußerungen

Manchmal werden »testamentarische« Verfügungen verfasst (wer soll welche Dinge bekommen), in Schulaufsätzen finden sich Andeutungen zu Suizidgedanken, Beschäftigung mit dem Tod.

Zeichnungen und Symbole

Deprimierende Bilder, Zeichnungen von Gräbern und Grabkreuzen sind häufig Ausdruck pubertärer Auseinandersetzungen, können aber auch auf eine ernsthafte Gefährdung hinweisen.

»Philosophische Auseinandersetzung« mit dem Thema »Tod und Suizid«

Insbesondere Jugendliche, die sich mit Suizidgedanken beschäftigen, versuchen manchmal über den Sinn des Lebens und die Legitimation von Suizid zu diskutieren. Die darin versteckten Botschaften werden von den Erwachsenen häufig nicht erkannt.

> Das Auftreten von einzelnen der aufgeführten Signale und Alarmzeichen muss noch kein Hinweis auf eine Suizidgefährdung sein. Es können Hinweise sein, besonders, wenn mehrere Signale wahrgenommen werden.
> Ob eine tatsächliche Gefährdung vorliegt, kann ich nur erfahren, wenn ich mich traue, danach zu fragen. Nach Suizidgedanken muss und darf auch bei Kindern und Jugendlichen sehr konkret gefragt werden!

16.2.2 Was empfinden suizidale junge Menschen?

Suizidales Verhalten bei Kindern und Jugendlichen ist Ausdruck einer momentanen oder langfristigen *Beziehungsstörung*. Suizidale Gedanken entstehen in Verbindung mit anderen Menschen. Negative Erfahrungen und Erlebnisse, Zweifel an sich selbst und den anderen verdichten sich zu einem Gefühl der Wertlosigkeit. Sie fühlen sich ungeliebt, überfordert, hilflos und eingeengt. Ihre Probleme empfinden sie als unlösbar. Sie haben das Gefühl, dass sich vor ihnen ein unüberwindlicher Berg auftürmt und hinter ihnen der Abgrund droht.

Suizidales Verhalten ist zugleich ein *Kommunikationsversuch*. Es ist der Versuch, Kontakt aufzunehmen, den anderen zu zeigen: »Ich weiß nicht mehr weiter«, es ist der Wunsch, bemerkt zu werden. *Es ist ein Hilferuf, der dringend einen Empfänger sucht.*

Das Motiv für einen Suizidversuch ist für die meisten jungen Menschen nicht der Wunsch, tot zu sein. Sie wollen vielmehr ihre Ruhe haben, alle ihre Probleme loswerden. »Eigentlich will ich leben, aber so wie jetzt kann ich nicht mehr weiter«, ist ein häufiger Ausspruch von suizidalen Jugendlichen. Während der Suizidversuchshandlung ist der Druck oft so groß, dass sie das Risiko zu sterben in Kauf nehmen.

Jeder Suizidversuch sollte ernst genommen werden, auch wenn er nicht zu einer tatsächlichen Lebensbedrohung geführt hat. Die Gefahr erneuter Versuche, die dann lebensbedrohlich sein können, wächst, wenn auf einen Suizidversuch kein Hilfsangebot folgt.

Ein Suizidversuch ist bei den meisten Jugendlichen kein Ausdruck einer psychiatrischen Erkrankung, sondern einer gravierenden Lebenskrise. Die Abgrenzung zum Vorliegen eines *psychiatrischen Notfalls*, z. B. bei akuten Psychosen, ist aber in der Praxis sehr wichtig (vgl. Rupp in diesem Band)!

16.2.3 Umgang mit suizidgefährdeten Kindern und Jugendlichen

Die weit verbreitete und durchaus verständliche Angst, konkret nach Suizidgedanken zu fragen, ist, auch wenn es Kinder und Jugendliche betrifft, unbegründet. Jemanden durch Fragen nach Suizidgedanken erst auf den Gedanken zu bringen, sich das Leben zu nehmen, ist sehr unwahrscheinlich. Niemand wird durch das Nachfragen Suizidgedanken entwickeln, wenn er sich nicht bereits damit beschäftigt hat. Im Gegenteil bietet es für den Gefährdeten eine *Chance zur Entlastung*, wenn er bestehende Suizidgedanken konkret aussprechen kann und darf. *Es sind nicht die Gefühle des Gefährdeten, sondern die eige-*

nen Ängste, die das konkrete Nachfragen verhindern!

Jugendliche reagieren, wie oben erwähnt, oft abwehrend und aggressiv auf Ansprache und Nachfragen. Hier gilt es, sich nicht zu schnell verschrecken zu lassen.

Fallbeispiel

Eine besorgte Mutter kommt mit ihrem 16-jährigen Sohn in die Beratungsstelle. Der Sohn hatte in der letzten Zeit sein Verhalten deutlich verändert. Er war mürrisch und reizbar, hatte sich von Freunden zurückgezogen und häufiger die Schule geschwänzt. Der Anlass für den Krisentermin war die Drohung des Sohnes, von einem Hochhaus zu springen.

Im Beratungsraum setzte sich der Junge demonstrativ in eine Ecke, in abgewandter Haltung, deutlich demonstrierend, dass er nicht vorhabe, sich auf ein Gespräch einzulassen. Er sei nicht freiwillig gekommen und werde mit niemandem reden. Auf die Frage, warum er mitgekommen sei, antwortete er: »Meine Mutter hat mich dazu gezwungen.« Als ich meine Verwunderung darüber zum Ausdruck brachte, wie die körperlich zarte Mutter es geschafft haben könne, ihn, einen kräftigen jungen Mann, gegen seinen Willen in die Beratungsstelle zu bringen, entgegnete er: »Die macht das immer anders, die setzt mich moralisch unter Druck.« Nun war ein zentrales Thema zwischen Mutter und Sohn angesprochen, und der Junge zeigte erste Neugierde auf ein Gespräch. Langsam, immer noch deutlich auf Distanzhaltung bedacht, rückte er vorsichtig näher. Im weiteren Gesprächsverlauf wurde die enge Beziehung zwischen Mutter und Sohn deutlich. Die allein erziehende Mutter litt unter Depressionen und großen Ängsten, alleine zu sein. Der Sohn hatte das Gefühl, sich nicht entfernen zu dürfen, er fühlte sich für seine Mutter verantwortlich und hatte Schuldgefühle, wenn er sich nicht genügend um sie kümmerte. Gleichermaßen empfand er eine ungeheure Wut über diese Einschränkung seiner Autonomiebedürfnisse, die wiederum seine Schuldgefühle verstärkte. Gefühle von Freiheit konnte er nur durch die Suizidfantasien empfinden. Gefühle von Wut richtete er gegen sich selbst. Nach anfänglicher Skepsis konnte er sich auf weitere therapeutische Gespräche einlassen, als er sich sicher war, dass die Suizidfantasien als Ausdruck seiner inneren Not verstanden wurden. Über diese, wie er es nannte, »abgrundtiefen« Gedanken sprechen zu dürfen, ohne Sanktionen und Entsetzen auf der anderen Seite auszulösen, empfand er als sehr entlastend. Seine Mutter entlastete ihn zusätzlich, indem sie sich nach einiger Zeit selbst therapeutische Hilfe suchte und ihm damit signalisierte, dass sie auf dem Weg war, sich selbst zu helfen.

Dieses Fallbeispiel ist eine idealtypische Schilderung. Es gibt natürlich auch zahlreiche, deutlich dramatischere familiäre Hintergründe, die es einem Kind oder Jugendlichen nicht erlauben, in die Familie zurückzukehren. Viele in unserer Krisenunterkunft aufgenommene junge Menschen müssen in Heimeinrichtungen oder therapeutische Wohngemeinschaften vermittelt werden. Außerdem gibt es, besonders im Jugendbereich, Beratungs- oder Therapieabbrüche. Das Eingeständnis, nicht alle Klienten/Patienten retten zu können, gehört in der Krisenintervention zur Realität. Es wird immer Menschen geben, die sich unserem Hilfsangebot entziehen, Menschen, für die wir letztendlich nicht die Verantwortung übernehmen können. Auch in geschlossenen psychiatrischen Abteilungen wird es trotz aller Sicherungsmaßnahmen weiterhin Suizide geben.

In der Arbeit mit Jugendlichen ist es manchmal schwieriger, an den zentralen Konflikten und unbewussten Beziehungsmustern zu arbeiten, als bei Erwachsenen. Jugendliche Ambivalenz und Abwehrhaltung hindern diesen Prozess immer wieder, der Weg zwischen dem Wunsch nach Orientierung von außen und Übernehmen von Eigenverantwortung muss immer wieder neu gesucht werden.

Hier muss eine Balance zwischen notwendiger Grenzsetzung und Absicherung und der Akzeptanz von Autonomie, die besonders für Jugendliche ein zentrales Thema ist, gefunden werden.

16.2.4 Weitere wichtige Punkte bei der Beratung suizidgefährdeter junger Menschen

Es macht *keinen Sinn*, mit dem suizidalen Menschen *über die Legitimation von Suizidgedanken zu diskutieren*. Je mehr ich versuche, dem jugendlichen Suizidalen seine Suizidgedanken »auszureden«, desto mehr wird er wahrscheinlich auf die andere Seite gehen (jugendliche Ambivalenz). Hilfreicher ist es, dem anderen ruhig zuzuhören, geduldig und aufmerksam zu sein, Raum zu geben für seine Gedanken. Solange der Gefährdete mit mir spricht, ist die Gefahr geringer, dass er sich etwas antut.

Meine eigenen Vorstellungen vom Leben kann ich nicht dem anderen aufdrängen, *konkrete Lösungsvorschläge werden meistens als undurchführbar zurückgewiesen*. Das führt auf der Seite des Helfers schnell zu Unmut und Hilflosigkeit. Aus Angst und Panik in Aktionismus zu verfallen, ist nicht hilfreich. Hilfreicher ist es, die *Ressourcen* zu *stärken*, denn Lösungsideen können letztendlich nur von dem anderen selbst entwickelt werden. Hierfür kann man Hilfestellungen anbieten und unrealistische Ideen benennen, positive Erlebnisse im bisherigen Leben finden und verstärken.

Angebote, die ich mache, muss ich *einhalten* können. Es ist sinnvoller, zuverlässige, *begrenzte Angebote* zu machen als unbegrenzte (»Ich bin immer für dich da«), die ich nicht einhalten kann. Helfer, die beispielsweise mehrere Tage hintereinander nachts um drei Uhr privat angerufen werden, reagieren irgendwann zwangsläufig aggressiv. Ein Beziehungsabbruch (wie er häufig schon mehrfach erlebt wurde) kann dann die suizidalen Impulse des Gefährdeten verstärken.

Suiziddrohungen können sehr erpresserisch sein. *Erpressungsversuchen darf nicht nachgegeben werden*, irgendwann wird eine Abgrenzung notwendig werden. Besser ist es, rechtzeitig Grenzen zu setzen (beispielsweise dem anderen vermitteln, dass meine Hilfe allein nicht ausreicht, dass ich mich überfordert fühle und jemand anderes hinzuziehen möchte). *Es ist nicht sinnvoll, sich in Schweigeversprechen einbinden zu lassen.*

Von einer suizidalen Krise ist immer auch das gesamte Familiensystem betroffen. Deshalb muss *die Familie in die Krisenintervention einbezogen werden*. Das Setting hierfür hängt ab von dem jeweiligen Hintergrund des Konflikts (gemeinsam mit allen Familienmitgliedern oder Kind und Eltern bzw. Elternteile getrennt, insbesondere bei eskalierter Gewalt).

16.3 Beispiele für Krisensituationen im Krisen- und Rettungsdienst

16.3.1 Unterbringung eines Elternteils nach PsychKG

Beispiel

Eine psychisch erkrankte Mutter in akutem psychotischem Zustand muss unter Zwang in die Klinik eingewiesen werden. Das Kind hat den Zustand der Mutter schon einige Tage miterlebt und ist verängstigt. Die Mutter will sich nicht von dem Kind trennen, klammert sich an und muss mit körperlichem Einsatz von dem Kind getrennt werden. Die Helfer vom Krisendienst, die sich nicht unbedingt für die Arbeit mit Kindern kompetent fühlen, sind verunsichert, wie sie mit dem Kind umgehen sollen.

Das Kind weiß nicht, was mit der Mutter passiert, ob sie wiederkommt, es fühlt sich alleingelassen. Hat es früher Gewalt erfahren, reagiert es möglicherweise erschreckt auf Körperkontakt. In dieser Situation braucht ein Kind vor allem Trost. Diese Tatsache wird von Helfern aus Angst, im Umgang mit Kindern etwas falsch zu machen, manchmal vergessen. Ein Kind kann getröstet werden, indem man sich auf seine Größe hinunterbegibt, fragt, ob es angefasst werden möchte, ihm erklärt, was vorgefallen ist, die Situation im Moment ernst ist, sich aber wieder ändern wird, und mit ihm bezogen auf das Beispiel darüber spricht, was jetzt mit der Mutter passiert, dass sich um sie gekümmert und auf sie aufgepasst wird. Häufig haben Kinder von psychisch erkrankten Eltern vorher viel Verantwortung übernommen, vielleicht auch teilweise die Elternrolle. Die Bedürftigkeit von Kindern (und auch Jugendlichen), die eher gefasst und kontrolliert wirken, wird oft unterschätzt.

Bei kleineren Kindern sollte sich nach Möglichkeiten der stationären Mitaufnahme in der psychiatrischen Klinik erkundigt werden. In einigen Städten gibt es diese Angebote mittlerweile.

Der Kontakt zum Jugendamt bzw. dem örtlich zuständigen Kinder-/Jugendnotdienst sollte unbedingt aufgenommen werden, um auch längerfristige Hilfestellungen für die Kinder in die Wege zu leiten. (Die Inobhutnahme nach § 42 KJHG entscheidet das Jugendamt bzw. der das Jugendamt vertretende Dienst.)

Ähnliches Vorgehen gilt auch, wenn ein Kind Gewalt gegen sich selbst oder einen Elternteil miterlebt hat. Der Schutz des Kindeswohls steht hier selbstverständlich im Vordergrund. Bei akuter Gefährdung muss für eine Fremdunterbringung gesorgt werden. Hierfür ist der Notdienst des Jugendamtes bzw. der entsprechende Notdienst zuständig.

Kinder, die traumatische Erfahrungen gemacht haben, können häufig nicht über das Geschehene sprechen. Sie benötigen spezielle psychotherapeutische Behandlung.

Ernsthafte Krisen bei Kindern und Jugendlichen lösen bei den Helfern schnell besonders ausgeprägte Rettungsimpulse aus. Gut gemeinte Sicherungsmaßnahmen können, wenn beispielsweise die Dynamik des Familiensystems und/oder die starke Ambivalenz jugendlicher Klienten/Patienten nicht beachtet werden, letztendlich nutzlos oder auch schädlich sein.

Wird z. B. ein Kind nach einem von ihm eröffneten sexuellen Missbrauch in der Familie aus der Familie herausgenommen, ohne vorher geklärt zu haben, wo das Kind gut untergebracht ist, und vor allem, ob die Vorwürfe »beweisbar« sind, verschlechtert sich unter Umständen die Position des Kindes, wenn die gesetzlichen Bedingungen für eine Fremdunterbringung nicht durchsetzbar sind und das Kind in die Familie zurückgeführt wird. In diesem Fall kann es sinnvoller sein, mit dem Kind in Kontakt zu bleiben, mit Fachdiensten eine gemeinsame Strategie zu entwickeln, um das Kind längerfristig zu stützen und nicht zu frühzeitig »aufdeckend« zu arbeiten.

16.3.2 Einsätze nach Schadensereignissen

Ähnlich wie bei Gewalterfahrungen gilt es zunächst, Schutz und Sicherheit zu vermitteln. Mögliche Traumatisierungen (spätere posttraumatische Belastungsstörung) sollten nicht unterschätzt werden (s. o. und vgl. Schmidt in diesem Band bzw. Gahleitner in diesem Band).

16.3.3 Überbringen von Todesnachrichten

Die Aufgabe, Todesnachrichten zu überbringen, ist, insbesondere wenn es um Kinder geht, besonders belastend. Die Helfer brauchen nach einem solchen Einsatz Entlastungsmöglichkeiten.

Durch das miterlebte oder erzählte Trauma der anderen selbst langfristig belastet zu werden, ist eine ernst zu nehmende Gefahr für den Helfer (sekundäre Traumatisierung).

Die betroffenen Angehörigen brauchen Beistand, mit dem Wissen, dass Schmerz und Trauer ihnen nicht abgenommen werden können. Eltern machen nach dem Verlust eines Kindes häufig die Erfahrung, dass sich die Menschen aus ihrem Umfeld aus Unsicherheit und Angst, ihnen zu begegnen, zurückziehen. Dies gilt insbesondere, wenn das Kind (Kind bedeutet hier auch Jugendlicher) Suizid begangen hat. Längerfristig kann den Eltern möglicherweise die Teilnahme an einer speziellen Selbsthilfegruppe helfen. Auch die betroffenen Geschwisterkinder dürfen nicht übersehen werden.

16.4   Fazit: Wer bringt nun Licht ins Chaos …?

Primäre Krisenintervention muss dort ansetzen, wo Kinder und Jugendliche sich aufhalten. Schwerwiegende Krisen zeigen sich, wie beschrieben, durch vielseitige Symptome im Alltag. Nur eine geringe Anzahl von gefährdeten jungen Menschen kommt in ärztliche oder psychotherapeutische Behandlung. Krisensymptome werden erst dann beachtet, wenn etwas passiert ist. Viele Eltern halten die anderen (Lehrer, Erzieher) für die Profis in der Erziehung ihrer Kinder und fühlen sich selbst überfordert. Die Gleichaltrigen meinen, dass doch die Erwachsenen die Verantwortung für die Hilfe übernehmen müssen. Berufsgruppen, die in ihrer täglichen Arbeit mit Kindern und Jugendlichen konfrontiert sind, fühlen sich alleingelassen mit der häufig massiven Problematik. Einrichtungen der Jugendhilfe geraten an ihre Grenzen. Die Schule fühlt sich vielleicht nicht zuständig für persönliche Probleme der Schüler, die als »nicht primär schulisch bedingt« definiert werden. So wird die Frage der Zuständigkeit für die Probleme mitunter weitergereicht.

Insbesondere im Schulbereich existieren große Ängste vor einer möglichen »Kompetenzüberschreitung« seitens der Lehrer. Viele fragen lieber gar nicht nach, obwohl sie vielleicht eindeutige Signale aufgefangen haben. Sie haben Angst vor der dann möglicherweise entstehenden Verantwortung für einen gefährdeten Schüler. Die Hinweise (z. B. im Rahmen einer Fortbildung), dass sie die Verantwortung ja letztendlich gar nicht übernehmen können und müssen und dass das Delegieren von Verantwortung (Einbezug von Hilfsangeboten) oft sinnvoll ist, kann schon entlastend sein. Beratungsangebote können in den Schulalltag integriert werden (so z. B. modellhaft in einer Berliner Hauptschule in Form von »Schülersprechstunden«, die einen niedrig-schwelligen Zugang zu Hilfsangeboten ermöglichen. Die Beratungen werden von Fachleuten aus unterschiedlichen Professionen durchgeführt).

Krisen im Kindes- und Jugendalter müssen und können thematisiert werden. Auch das Thema Suizidalität muss benannt werden. Nur so lässt sich die Angst davor reduzieren. In vielen Unterrichtsfächern können beispielsweise belastende Themen wie Konflikte im Elternhaus, mit Gleichaltrigen oder Leistungsstress angesprochen werden. Die Stärkung der eigenen Ressourcen der Kinder und Jugendlichen sollte dabei eine zentrale Rolle spielen. Sie werden bisher zu wenig in »Problemlösungsstrategien« mit einbezogen (z. B. durch Ausbildung in Konflikt- und Stressbewältigung).

Für Mitarbeiter aus Schule und Jugendhilfe sind Fortbildungsangebote zur Kompetenzerweiterung zum Thema Krisenintervention sinnvoll und notwendig. Übungen zur Gesprächsführung mit gefährdeten Kindern und Jugendlichen sind besonders wichtig. Fragen nach Suizidgedanken zu stellen und über Suizidfantasien zu sprechen, kann eingeübt werden und mindert Ängste. Die Auseinandersetzung mit eigenen Krisenerfahrungen, besonders im Jugendalter, hilft Konflikte nachvollziehen zu können.

Auch im medizinischen Bereich (Akutversorgung in Krankenhaus oder Arztpraxis beispielsweise) besteht Fortbildungsbedarf, wenn es um die Früherkennung von ernsthafter Krisensymptomatik bis hin zur Suizidalität geht.

Wie bereits zu Beginn erwähnt, bedarf es im Bereich der Krisenintervention bei Kindern und Jugendlichen der interdisziplinären Zusammenarbeit (auch im Rahmen von sekundärer und tertiärer Prävention). Entscheidend ist die Schaffung von haltgebenden Strukturen. Kompetenzstreitigkeiten zwischen den Berufsgruppen sind überflüssig und hinderlich. Starre Grenzen (beispielsweise zwischen Jugendhilfe und psychiatrischer Versorgung) müssen im Sinne einer sinnvollen Versorgung überschritten werden. Gerade vor diesem Hintergrund wird deutlich, dass es vermehrt Angebote geben muss, die an der Schnittstelle zwischen Elternhaus, Psychiatrie, Jugendhilfe und Schule einsetzen. Nur eine Verbindung zwischen situationsgerechten Beratungsangeboten, ambulanter und stationärer Krisenintervention ermöglicht letztendlich eine wirksame Hilfe.

Literatur

Arbeitskreis der Therapeutischen Jugendwohngruppen Berlin (Hrsg.) (2005). *Das Therapeutische Milieu als Angebot der Jugendhilfe. Konzepte und Arbeitsweisen Therapeutischer Jugendwohngruppen in Berlin.* Berlin: Verlag allgemeine jugendberatung.

Arbeitskreis der Therapeutischen Jugendwohngruppen Berlin (Hrsg.) (2008). *Das therapeutische Milieu als Angebot der Jugendhilfe. Band 2: Beziehungsangebote, Diagnostik, Interventionen.* Berlin: Verlag allgemeine jugendberatung.

Crepet, P. (1996). *Das tödliche Gefühl der Leere.* Reinbeck: Rowohlt.

Deutsche Gesellschaft für Suizidprävention (DGS) und Landesarbeitsgemeinschaft der Arbeitskreise Leben Baden-Württemberg (LAG-AKL) (Hrsg.) (2002). *Zwischen Selbstzerstörung und Lebensfreude – Hinweise für die Suizidprävention bei jungen Menschen.*

Gahleitner, S. B. (2005). *Neue Bindungen wagen. Beziehungsorientierte Therapie bei sexueller Traumatisierung.* München: Reinhardt.

Kind, J. (1996). *Suizidal.* Göttingen: Vandenhoeck & Ruprecht.

May, A. & Remus, N. (2002). *Traumatisierte Kinder.* Berlin: Bundesarbeitsgemeinschaft Prävention & Prophylaxe e. V..

Möller, H.-J., Laux, G. & Deister, A. (1996). *Psychiatrie.* Stuttgart: Hippokrates.

Orbach, I. (1997). *Kinder, die nicht leben wollen.* Göttingen: Vandenhoeck & Ruprecht.

Röper, G. & Noam, G. (1999). Entwicklungsdiagnostik in klinisch-psychologischer Therapie und Forschung. In R. Oerter, C. v. Hagen, G. Röper & G. Noam (Hrsg.), *Klinische Entwicklungspsychologie* (S. 218–239). Weinheim: Beltz-Psychologie Verlags Union.

Wunderlich, U. (2004). *Suizidales Verhalten im Jugendalter. Theorien, Erklärungsmodelle und Risikofaktoren.* Göttingen: Hogrefe.

17 »Alter schützt vor Torheit nicht!« – Alterskrisen als Aufgabe der Krisenintervention

Burkhart Brückner

> Krisen im Alter sind von typischen Problemlagen geprägt. In diesem Beitrag werden einige Aspekte des Basiswissens für die Krisenarbeit mit älteren Menschen ab 60 Jahren dargestellt. Es geht um die charakteristischen Beziehungskonflikte, die Spezifik von Altersdepressionen und Alterssuizidalität sowie den Umgang mit altersverwirrten Personen. Ein Fallbeispiel verdeutlicht die Grundhaltung in der Begegnung mit desorientierten Klienten in Anlehnung an die Methode der Validation. Abschließend wird die Bedeutung der institutionellen Kooperation und der Hilfekette sowie die Rolle der Helfenden angesprochen.

17.1 Einführung

Dieser Beitrag basiert auf langjährigen Erfahrungen mit der Krisenarbeit für alte Menschen. Warum engagiere ich mich dafür? 1992 habe ich begonnen, in einem professionellen Krisendienst in Berlin-Schöneberg zu arbeiten. Nach der Gründung des Berliner Krisendienstes konnte ich zusammen mit Susan Al Akel und Ulrich Klein in der Region Südwest-Berlin, die bei insgesamt ca. 627.000 Einwohnern einen hohen Anteil älterer Menschen aufweist, das Projekt *Zukunft im Alter* aufbauen. Wir haben eine gemeindenahe, multiprofessionelle Krisenarbeit für alte Menschen konzipiert, implementiert, erforscht und 2006 in dem Band *Verstehende Beratung alter Menschen* dargestellt.

Das Interventionskonzept geht von folgenden Fragen aus: Wie können die älteren Bürger besser erreicht werden? Auf welche Weise ist es möglich, die Zahl nächtlicher Notfalleinsätze in den Institutionen der Altenhilfe zu verringern? Was für eine Unterstützung kann den Professionellen in diesem Arbeitsfeld, aber auch den Mitarbeitern der Polizei und Feuerwehr angeboten werden, wenn sie mit alten Menschen in Krisen zu tun haben?

Das Thema wird definitiv an Bedeutung gewinnen, denn der demografische Wandel beschleunigt sich. Das Alter wird zunehmend als eigenständige Lebensphase wahrgenommen. Bei insgesamt sinkender Bevölkerungszahl erhöht sich voraussichtlich der Anteil der über 65-Jährigen von 16,4 Millionen im Jahr 2007 auf über 22 Millionen Personen im Jahr 2030. Die Lebenserwartung dürfte 2030 für Frauen auf 85 Jahre, für Männer auf 80 Jahre steigen. Der sogenannte Altenquotient liegt gegenwärtig bei 100 Erwerbstätigen zu 32 Personen im Rentenalter, aber in zwanzig Jahren werden es bereits 50 Personen im Rentenalter sein (Statistische Ämter des Bundes und der Länder, 2007). Durch den Strukturwandel werden andere Einstellungen und Lebensstile wichtig, um die Zufriedenheit der älteren Generation zu gewährleisten. Mehr ältere Personen leben künftig allein, sie werden aber weniger Enkel haben, ältere Paare erleben oft eine längere Lebensphase ohne Kinder, der Markt der Reisen und Freizeitangebote für Senioren wächst, das Angebot an Heimplätzen wird ausgebaut und mit der sinkenden Alterssterblichkeit erhöht sich die Zahl der Altersdepressionen, Pflegefälle und Demenzkranken (Tesch-Römer, Engstler & Wurm, 2006). Allerdings steht die Forschung über Alterskrisen immer noch am Anfang (vgl. Kipp, 2007; Brückner, Al Akel & Klein, 2006; Böhm, 2005, S. 153–183; Aguilera, 2000, S. 219–235).

Im Zuge der demografischen Entwicklung werden die psychosozialen Probleme alter Menschen sichtbarer. Zugleich muss gefragt werden: »Was können uns alte Menschen geben?« und »Wo liegen ihre Stärken und Erfahrungen?« Doch immer noch gibt es zu wenig spezialisierte Beratungsstellen und Psychotherapeuten sowie krisenpsychologisch geschulte Mitarbeiter in den Institutionen der Altenhilfe. Allerdings sind die Klienten durch die klassische »Komm-Struktur« in der Versorgungslandschaft schwer zu erreichen. Denn alte Menschen können mit dem Stichwort »Krise« oft wenig anfangen. Sie setzen eher auf Selbsthilfe und »Durchhalten«. Es ist ihnen vertrauter, einen Arzt zu konsultieren, als mit Sozialarbeitern oder Psychologen zu reden. Sinnvoll sind mehrfache Kontakte, um Vertrauen zu gewinnen, da psychisches Leid häufig nicht gezeigt, sondern als Versagen und Schande empfunden wird. Zudem ist der Lebenskreis der Betroffenen zum Teil auf die nähere Umgebung beschränkt; sie können einen Krisendienst nur mit Mühe aufsuchen. Die Krisenarbeit für alte Menschen kann sich deshalb nicht damit begnügen, auf die Klienten zu warten. Angebracht ist vielmehr eine aktive, gemeindeorientierte Arbeitsteilung und Vernetzung in den regionalen gerontopsychiatrischen Verbünden und eine gesundheitsfördernde, präventive Haltung durch die Einbindung von Angehörigen, Nachbarn und anderen Umfeldmediatoren sowie das Angebot von telefonischen und persönlichen Mehrfachkontakten, Hausbesuchen und ambulanten Kurzzeittherapien.

Vor diesem Hintergrund sollen nun einige Aspekte der professionellen Haltung im Umgang mit alten Menschen in Krisensituationen dargestellt werden. Welches Basiswissen brauchen wir? Mit welchen Problemen haben wir es typischerweise zu tun? Und wie sieht die Grundhaltung im Kontakt aus?

17.2 Die Grundhaltung und das Basiswissen

Verstehen, Wissen und Handeln ergänzen einander als Grundbausteine jeder Krisenberatung. Das einfühlende Verstehen bezieht sich auf die Beziehung zu den Klienten, ihre aktuellen Konflikte sowie auf den Krisenkontext. Das Wissen über die lebensweltlichen, gerontologischen und krisentheoretischen Momente ist die Voraussetzung für verantwortliches Handeln während der Intervention und Gesprächsführung. Im Kontakt mit alten Menschen wächst die Bedeutung der Arbeitsbeziehung, zumal sie ihre Problematik im Erstgespräch häufig nur andeuten. Alterskrisen treten häufig als transitorische Veränderungskrisen auf, aber in der Praxis ist das Spektrum breiter und lässt sich in Anlehnung an die notfallpsychologische Triage in drei Kategorien einteilen (siehe auch **Abb. 17.1**):

1. *Lebenskonflikte* sind dadurch gekennzeichnet, dass die Klienten trotz umschriebener Anpassungsprobleme in stabilen Zusammenhängen leben, aber »Hilfe zur Selbsthilfe«, eine »zweite Meinung« oder lediglich Informationen benötigen. Dieser Problemtyp kommt in der Praxis häufig vor und kann durchaus in schwierige Verläufe umschlagen. Beispiele wären die Sorgen eines betagten Ehepaars über das Schicksal seines erwachsenen, aber psychisch behinderten Sohnes, oder die Verunsicherung einer 64-jährigen Frau kurz vor der Berentung.

2. *Psychosoziale Krisen* entstehen im Zuge des Scheiterns der gewohnten Problemlösungsmuster, die Klienten sind überfordert, der Leidensdruck ist hoch und das psychi-

17 Alterskrisen als Aufgabe der Krisenintervention

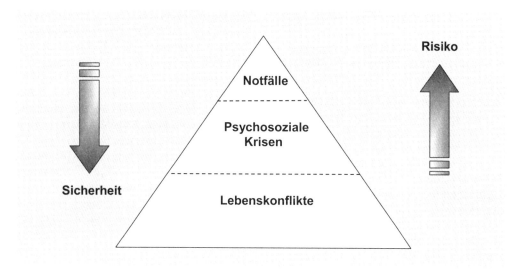

Abb. 17.1: Problemtypen: Risiken und Häufigkeit

sche Gleichgewicht bedroht. Dies ist der klassische Problemkreis der Krisenintervention, sowohl im Sinne von Veränderungs- oder Reifungskrisen als auch von traumatischen Krisen. Beispiele sind etwa eine 80-jährige Dame, die vor ihrer Wohnung überfallen wurde und starke Ängste entwickelt, oder der 78-jährige Mann, der durch zahlreiche Sterbefälle im Verwandten- und Freundeskreis zu vereinsamen droht.
3. *Notfälle* erfordern eine sofortige ärztliche Abklärung, die weitere Behandlung erfolgt oft stationär. Die Krisenarbeiter sind in der Rettungskette beteiligt, sie sollten Syndromdiagnosen stellen können, gestalten die Situation schonend, nehmen Kontakt mit den Angehörigen auf und haben bereits die Nachsorge im Blick. Klassische Beispiele sind hochgradige Erregungszustände, Bewusstseinsstörungen, Zustände dementieller Desorientiertheit oder Suizidhandlungen alter Menschen.

17.2.1 Die verstehende Grundhaltung

Im Alter liegt nicht nur Torheit, sondern bekanntlich auch Weisheit. Zum einen ist es für alte Menschen durch ihre Lebenserfahrung möglich, schwierige Situationen zu meistern, andererseits treten oft körperliche Probleme und psychosoziale Verluste auf. Wir müssen also die Risiken ernst nehmen, die das Alter birgt, aber auch die Ressourcen erkennen (vgl. Peters, 2004). Die professionelle Haltung basiert deshalb auf einem »integrativen Kompetenzmodell des Alters«, um die Entwicklungschancen zu erkennen, aber auch Einschränkungen ernst zu nehmen – sowohl bei den »jungen Alten« (ca. 60–75 Jahre) als auch den »alten Alten« (über 75 Jahre). Tatsächlich müssen im Alter vermehrt Verluste verkraftet werden, während gleichzeitig eingeschliffene Bewältigungsmuster überwiegen, dies betrifft:

- die Gesundheit, die Körperfunktionen oder die Qualität der Sinne,
- soziale Beziehungen, den Tod von Angehörigen oder alten Freunden,

- die Weite des Lebensfeldes und die Mobilität,
- die Autonomie der Selbstversorgung,
- und in naher Zukunft möglicherweise auch das Leben selbst.

In der Praxis hat sich eine »verstehende« Grundhaltung bewährt. Denn das Verstehen der ganzen Person, des Krisenkontextes und der äußeren wie inneren Konflikte ist der Schlüssel für erfolgreiche Interventionen. Die Helfenden müssen Vertrauen aufbauen und begründen können, warum sie die richtigen Gesprächspartner zur richtigen Zeit und am richtigen Ort sind. Die Klienten brauchen Signale, dass die Professionellen dem Geschehen gewachsen sind, sich nicht über sie erheben wollen und selbst von ihrem Handeln überzeugt sind. Auch in Ausnahmesituationen wird die Suche nach Verständigung von alten Menschen als Wert anerkannt. Auf der Basis von Empathie, Wertschätzung und Kongruenz bezieht sich das Verstehen auf die Interaktion zwischen Helfern und Klienten, den Lebenskontext der alten Menschen, den längeren biographischen Vorlauf ihrer Krisen, die zentrale Rolle der Angehörigen und die möglicherweise unbewusste Bedeutung von Konflikten und Störungen. Es kommt darauf an, sich rasch in die inneren und äußeren Sinnzusammenhänge der Person einzufühlen, in ihre individuellen Eigenarten, ihre soziale Prägung und die drängenden Konflikte – jedoch immer im kritischen Abgleich mit der Sichtweise von anderen Beteiligten und dem eigenen fachlichen Eindruck über Auslöser, Hintergründe und Prognose. Im Mittelpunkt steht die Steuerung der Arbeitsbeziehung durch die Balance von Nähe und Distanz, von Übertragung und Gegenübertragung, also durch die Erkenntnisfunktion der Gefühle, welche die Klienten bei den Helfenden auslösen.

Der Interventionsprozess beginnt mit dem Kontakt, erlaubt das Verstehen des Kontextes, der Person und ihrer Konflikte und führt zur Aktivierung von Ressourcen und zur Nachsorge. Dabei können durchaus unterschiedliche Methoden angebracht sein, etwa tiefenpsychologische, systemische oder verhaltenstherapeutische Interventionen. Die Herausforderung besteht in der richtigen »Dosierung« des eigenen Handelns, denn gerade alte Menschen reagieren empfindlich auf Eingriffe in ihre Autonomie, sie schätzen aber auch verbindliche Beziehungsangebote. Schließlich darf auch auf den ersten Blick Unverständliches Geltung besitzen, etwa die Verwirrung eines demenzkranken Menschen oder die Unbegreiflichkeit traumatischer Ereignisse. Notwendig ist also neben Takt und Einfühlungsvermögen genügend Konzentration auf den zentralen Fokus der Intervention.

17.2.2 Ältere Klienten im Krisendienst

Mit welchen konkreten Problemen alter Menschen sind Krisenarbeiter in der Praxis konfrontiert? Kritische Lebenssituationen können eintreten, wenn der anvisierte Lebensplan nicht klappt (z. B. nach der Berentung), die Leistungsfähigkeit nachlässt (etwa beim Auftreten von chronischen Leiden) oder Angehörige sterben und Vereinsamung droht. Dabei ist der zunehmende Einfluss körperlicher Faktoren zu berücksichtigen, etwa gleichzeitig vorhandene Krankheiten (Multimorbidität), Körperbehinderungen oder nachlassende Sinnesorgane. Teilweise treten Probleme auf, die in die Zuständigkeit der (Geronto-) Psychiatrie fallen, insbesondere Altersdepressionen und Demenzerkrankungen.

Genauere Anhaltspunkte ergeben sich aus einer empirischen Untersuchung, die ich im Berliner Krisendienst (Region Südwest) für den Zeitraum Dezember 2003 bis November 2004 durchgeführt habe. Ausgewertet wurden 235 Kontakte, in denen Probleme mit oder von über 60-jährigen Personen gemeldet wurden. **Abbildung 17.2** verdeutlicht die Problemschwerpunkte.

Demnach wurden in rund der Hälfte aller Fälle Beziehungskonflikte thematisiert (109

17 Alterskrisen als Aufgabe der Krisenintervention

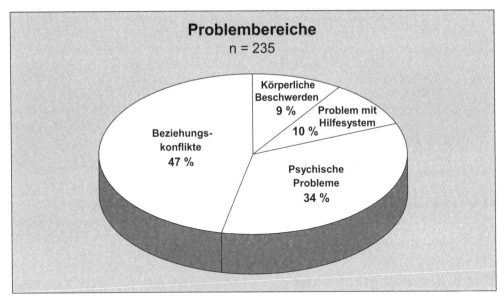

Abb. 17.2: Problembereiche alter Menschen im Krisendienst

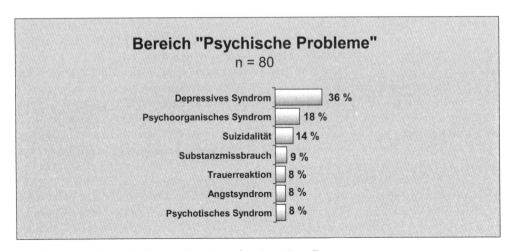

Abb. 17.3: Psychische Probleme alter Menschen im Krisendienst

Kontakte, inkl. Gewaltsituationen und Einsamkeit). An zweiter Stelle stehen Meldungen über individuelle psychische Probleme (80 Kontakte), während seltener Probleme mit dem Hilfesystem (z. B. Konflikte mit Ärzten oder Pflegediensten) oder Klagen über körperliche Beschwerden (z. B. Krebserkrankung, Schmerzen oder Atemnot) auftraten. Wird der Bereich »psychische Probleme« genauer aufgeschlüsselt, ergibt sich ein Bild wie in **Abbildung 17.3**.

Die Verteilung ist typisch für die Klientel. Wir sehen einen hohen Anteil depressiver Syndrome (inkl. Suizidalität und Trauerreak-

241

tionen rund 57 %) sowie psychoorganischer Störungen (18,7 %). In der Kategorie »Suizidalität« wurden nur Kontakte aufgenommen, in denen über akute Suizidgedanken gesprochen wurde. Meldungen über psychoorganische Probleme betrafen in der Regel akute Verwirrtheitszustände und die Berichte über Substanzmissbrauch häufig Probleme mit Alkohol. »Trauerreaktionen« betrafen überwiegend Todesfälle von Angehörigen. Dementsprechend beschreibe ich im Folgenden einige Besonderheiten bei Klienten mit Beziehungskonflikten, Altersdepressionen und Suizidalität sowie Altersverwirrtheit und Demenz.

17.2.3 Beziehungskonflikte im Alter

Hauptsächlich kommen drei Arten von Beziehungskonflikten vor: Probleme alter Menschen unter sich (etwa Partnerschaftskonflikte), Probleme mit oder von (jüngeren) Angehörigen oder aber Probleme mit professionellen Helfern. Letzteres kann z. B. einen Streit mit dem Arzt im Altenheim betreffen oder die Sorge einer Apothekerin um den psychischen Zustand einer Kundin, aber auch Schwierigkeiten bei Notfalleinsätzen der Feuerwehr.

Häufig sind Konflikte mit Angehörigen der Anlass, um sich an den Krisendienst zu wenden. Die familiären Beziehungen werden im Alter besonders wichtig, aber diese Beziehungen sind oft zweischneidig: Einerseits wird Hoffnung in die Angehörigen gesetzt, um Unterstützung zu erhalten, andererseits stellen sich bisweilen Ängste und Schuldgefühle ein, wenn die eigene Hilflosigkeit den Angehörigen »zugemutet« wird oder wenn die Verwandten ihrerseits die (Un-)Selbstständigkeit der Alten fürchten und missbilligen. Manchmal werden nur versteckte Andeutungen gegeben, Klagen über Einsamkeit, Schwierigkeiten mit Anträgen auf Pflegegeld, Bitten um Vermittlung von Hauspflege etc. Hier geht es darum, die entsprechenden Ängste anzusprechen, aber auch um die Unterstützung bei sozialrechtlichen Angelegenheiten.

Die Angehörigen haben oft Sorgen um den Gesundheitszustand ihrer alt gewordenen Verwandten. Bisweilen wird in dieser Situation die Überlegung vorgetragen, ob es nicht besser wäre, wenn die Betroffenen in ein Heim ziehen. Für diese aber ist der Übergang vom selbstständigen Wohnen ins Alten- und Pflegeheim in der Regel mit großer Angst verbunden. Sie empfinden den Umzug als einen Verlust von Autonomie. Zum Teil äußern die Angehörigen den Wunsch nach Heimeinweisung unter Umgehung des Betroffenen. Manchmal stehen bestimmte Interessen dahinter (der alte Mensch ist »lästig« geworden«, oder die Wohnung wird gebraucht). Bisweilen wird die Androhung einer Einweisung auch als ein disziplinarisches Mittel angewendet. So kommt es darauf an, die Überforderung der Angehörigen zu verstehen und zu hinterfragen (Wer verlangt die Unterbringung? Triftige Gründe? Ambulante Hilfemöglichkeiten ausgeschöpft?). Deshalb ist es in der Beratung wichtig, sich nicht vorschnell mit den Wünschen der Angehörigen zu identifizieren, aber auch deren Belastung zu verstehen.

In diesem Zusammenhang kommen auch Beratungen von hinterbliebenen Angehörigen nach einem Alterssuizid vor. Oft beschäftigt diese die Frage, ob sie den Suizid hätten verhindern können. Zum Teil entwickeln die Angehörigen schwere Schuldgefühle, wenn die Gründe und Auslöser der Selbsttötung ungeklärt bleiben. Nach vollzogenen Suiziden erhöht sich die Gefahr von weiteren Suizidhandlungen in der Umgebung!

17.2.4 Altersdepressionen und Suizidalität

Die Beratung von alten Menschen, die Todesfälle im Angehörigen- und Freundeskreis erlebt haben und depressiv reagieren (»Trauerreaktion«), unterscheidet sich im Prinzip nicht von der Krisenberatung von jüngeren Menschen in ähnlichen Belastungssituationen. Man sollte jedoch daran denken, dass Todesfälle im Umfeld von älteren Personen wesentlich häufiger sind.

Von den Trauerreaktionen sind die sogenannten Altersdepressionen zu unterscheiden, die neben den Demenzen die häufigsten gerontopsychiatrischen Störungen sind (Wolfersdorf & Schüler, 2005). Sie werden oft durch Klagen über körperliche Beschwerden ausgedrückt und weniger durch klassische Merkmale wie Niedergeschlagenheit, Rückzug und Apathie gezeigt (»larvierte« Depression). Deshalb werden sie selbst von Ärzten oft nicht erkannt und behandelt. Klagen über körperliche Beschwerden sollten also ernst genommen werden bzw. geprüft werden, inwieweit sich »dahinter« eine Depression verbirgt. Charakteristisch sind Beschwerden wie Schlafstörungen, Appetitmangel, Verstopfung, Erschöpfung, Abgeschlagenheit, Kreislaufprobleme und Konzentrationsstörungen, aber auch Einsamkeit und Nutzlosigkeit. Altersdepressionen können organisch bedingt sein (etwa bei Alzheimer-Demenz, Parkinson-Krankheit, Schilddrüsenerkrankungen oder nach Schlaganfällen), aber auch durch psychische Faktoren (Kränkungen, Statusverlust) und soziale Bedingungen (Tod des Lebenspartners, Umzug ins Heim, Berentung) ausgelöst werden.

Die Suizidgefahr steigt im Alter! Zwar hat die Suizidrate in der Bundesrepublik im Jahr 2007 einen historischen Tiefststand mit 11,4 Fällen pro 100.000 Einwohner erreicht, dies gilt aber nicht für die ältere Generation. Von den insgesamt 9.402 Suizidtoten waren 3.993 Personen, also 42 %, älter als 60 Jahre. Galten bisher die über 80-jährigen Männer als Hochrisikogruppe, steigt inzwischen auch die Suizidrate bei älteren Frauen. Ungefähr jede zweite Frau, die sich selbst tötet, ist über 60 Jahre alt. Die Suizidrate für über 85-jährige Frauen lag 2007 bei 17,9 pro 100.000 Einwohnern, für Männer bei 68,7. Die Rate der Suizidversuche wird nochmals um das Vier- bis Zehnfache höher geschätzt. Im Alter kommen häufiger vollzogene Suizide und weniger Suizidversuche vor, dabei werden »harte« Methoden bevorzugt, welche die Überlebenschancen minimieren. Als größter Risikofaktor gelten Depressionen, man schätzt, dass sie der Grund für rund 70 % aller Suizide sind. Aber Suizidalität im Alter ist »multifaktoriell« bedingt, das heißt, körperliche, psychische und soziale Faktoren kommen zusammen. Problematisch sind ethische Vorurteile, die nahelegen, ein Alterssuizid sei »verständlich« – weil vermutet wird, dass eine negative Lebensbilanz gezogen wurde oder ein körperlicher Verfall und schwere Krankheiten als nachvollziehbare Gründe der suizidalen Selbstaufgabe gelten dürften. Der Sinn des Lebens von alten Menschen wird damit abgewertet und ihre Gefährdung verharmlost.

Suizidgedanken werden oft nicht direkt geäußert, sondern es heißt: »Ich weiß nicht mehr weiter«, »Ich bin am Ende«, »Manchmal wäre ich am liebsten tot«. Spüren wir, dass Suizidgedanken möglich sind, ist dies stets anzusprechen, wobei das Gefühl vermittelt werden sollte, dass der Berater der Belastung gewachsen ist. Das Gespräch sollte klären, warum die Lebenssituation unerträglich und die Selbsttötung als letzter Ausweg erscheint. Dabei ist nach der Lebensqualität zu fragen und die Rolle der Angehörigen zu thematisieren. Falls die Fixierung auf die Suizidgedanken nicht nachlässt, und auch kein »Vertrag« möglich ist (verbindliche Absprache, dass der Suizid bis auf Weiteres nicht vollzogen wird), muss eine Klinikeinweisung (Kriseninterventionsstation) erwogen bzw. eingeleitet werden.

17.2.5 Altersverwirrtheit und Demenz

Bei jedem zehnten Menschen über 65 Jahre treten Beeinträchtigungen der geistigen Leistungsfähigkeit bis hin zur Demenz auf. Die

Krisenarbeiter haben es entweder mit Angehörigen zu tun, die mit der Belastung nicht mehr zurechtkommen, oder sie treffen vor Ort auf desorientierte Klienten (vgl. Kitwood, 2004; Poszveck, Friedl & Rudas, 1995). Bei verwirrt erscheinenden alten Menschen resultiert die Bewusstseinsstörung oft aus einer organischen Grundstörung, die sich auf die Leistungsfähigkeit des Hirns auswirkt, in schweren Fällen mit psychotischen Symptomen (Delir). Die Ursachen müssen medizinisch abgeklärt werden! Um den Grad der Desorientiertheit einzuschätzen, prüft man die Orientierung zur Zeit (»Wissen Sie, welcher Tag heute ist?«), zur Situation (»Warum sind Sie jetzt hier?«), zum Ort (»Wo befinden Sie sich jetzt?«) und zur eigenen Person (»Welchen Beruf haben Sie?«). Die zeitliche Orientierung ist am leichtesten störbar, die Orientierung zur eigenen Person lässt erst bei schweren Defiziten nach.

Akute und reversible Störungen äußern sich zunächst im leichteren »Durchgangssyndrom« (»Weggetretensein«, Gedächtnisstörungen, emotionale Schwankungen, zum Teil mit Desorientierung). Bei schweren akuten Bewusstseinstrübungen tritt deutliche Angst auf, mit Aufmerksamkeits- und Gedächtnisstörungen bis hin zum Delir mit manifester Verwirrtheit.

Chronisch verlaufende Störungen zeigen sich mit Persönlichkeitsveränderungen und »reizbarer Schwäche« (»Pseudoneurasthenisches Syndrom«) und gehen zum Teil in Demenzen über. Bei Demenzen treten oft zuerst depressive Symptome auf, aber auch Merkschwächen und Einbußen im räumlichen und abstrakten Denken. Im weiteren Verlauf wird das Altgedächtnis angegriffen, das Denken wird schwerfällig, die Klienten wirken reizbar, aber initiativlos. In späteren Phasen tritt Desorientiertheit hinzu, samt Wahrnehmungsstörungen (»Agnosien«, z. B. Personenverkennungen). Schließlich versagen auch Körperfunktionen (z. B. Inkontinenz). 60 % aller dementiellen Störungen werden als Demenzen vom Alzheimer-Typ erkannt, die zweithäufigste Form ist die so genannte Multi-Infarkt-Demenz infolge von Gefäßveränderungen im Hirn (10–20 %).

Die Begegnung mit verwirrten älteren Menschen kann befremdlich wirken. Unsere gewohnten Kommunikationsmuster reichen nicht mehr aus. Die Begegnung erfordert Empathie und Geduld, aber auch Ehrlichkeit und Klarheit. Es gibt kein Patentrezept. Im Folgenden möchte ich Aspekte einer Grundhaltung ansprechen, die sich an die Methode der »Validation« anlehnt, die seit den 80er-Jahren von der Amerikanerin Naomi Feil (2001) in den USA entwickelt wird. Validation bedeutet »gültig machen«. Es handelt sich um eine bewährte Methode des Umgangs mit verwirrten älteren Menschen, in der die Anerkennung ihrer Situation im Mittelpunkt steht. Sie eignet sich auch für die Kriseninterventionsarbeit.

17.3 Über den Umgang mit verwirrten älteren Menschen

17.3.1 Fallbeispiel

Es ist Hochsommer. An diesem Freitag klettert die Temperatur auf über dreißig Grad. Gegen 20 Uhr klingelt das Telefon im Krisendienst. Die junge Frau, die sich meldet, ruft wegen einer 80-jährigen Dame an, die im selben Haus wohnt. Sie kenne sie nicht gut. Seit einigen Stunden stehe Frau P. im Treppenhaus und rufe laut nach ihrem Mann, der aber schon vor 15 Jahren verstorben sei. Sie sei gesprächig, aber aus dem, was sie sagt, könne man nicht schlau werden. Die alte Dame klopfe immer wieder an der Wohnungstür, und alle Versuche, sie zu beruhigen, würden fehlschlagen. Noch nie habe sie Frau P. so erlebt. Am Vormittag habe sie aus dem Fenster beobachtet, dass Frau P. vor dem Haus wahllos Passanten ansprach und versucht habe, sie in ihre Wohnung zu lotsen. Auch andere Hausbewohner seien sehr besorgt, aber niemand wisse, ob es Angehörige gibt, die man verständigen könne.

Ich überlege kurz: Wer meldet hier was? Wer ist überlastet? – Frau P. scheint desorientiert zu sein. Vielleicht ist es eine psychotische Krise. Wirklich vertraute Bezugspersonen sind offenbar nicht anwesend. Die Nachbarn sind überfordert. Es handelt sich um einen Notfall. Unter diesen Umständen scheint ein mobiler Einsatz sinnvoll zu sein. Da offenbar ein akuter Verwirrtheitszustand vorliegt und ein solcher medizinisch abgeklärt werden muss, verständige ich die Hintergrundärztin. Auf dem Weg zur Einsatzstelle besprechen wir das Vorgehen. Die Ärztin vermutet, dass die Dame einfach nicht genug getrunken hat. Es könnte sich um einen Flüssigkeitsverlust handeln (Dehydrierung), der durch die Hitze verstärkt wird, die Hirnleistung beeinträchtigt und die Verwirrtheit hervorruft.

Eine gutbürgerliche Gegend mit Stadtvillen. Kaum sind wir im Treppenhaus, hören wir bereits Frau P. im ersten Stock jammern. Sie steht vor ihrer Wohnungstüre, klein, weißhaarig, unruhig. Wir stellen uns vor, sie wirkt unschlüssig, redet dann aber auf uns ein. Ihr Mann sei doch gekommen, sie müsse ihn suchen, er warte auf sie. Sie habe schon Kaffee bereitet. Wir stellen uns vor und fragen, ob wir hereinkommen dürfen. Nach kurzem Zögern willigt sie ein. Die Wohnung ist großzügig und hell eingerichtet; sie wirkt relativ aufgeräumt.

Frau P. nimmt unseren Auftrag zur Kenntnis, kann aber weder das Datum, noch den Wochentag angeben. Ihre weiteren Auskünfte wirken sprunghaft und unzusammenhängend. Die Ärztin entscheidet, dass eine klinische Behandlung notwendig sei. Ihr Verdacht, dass die Verwirrtheit auf eine Dehydrierung zurückgeführt werden kann, habe sich verstärkt. Die Art des Verwirrtheitszustandes deute weder auf eine psychische Krankheit noch auf eine Demenz hin. Nach dem Ausgleich des Flüssigkeitshaushaltes werde sich der Zustand schnell stabilisieren. Auf die Bitte, mit ins Krankenhaus zu kommen, weigert sich Frau P. jedoch. Die Nachbarin wirft ein, dass Frau P. regelmäßig von einem Pflegedienst besucht wird, und so machen wir uns auf die Suche nach entsprechenden Dokumentationsbögen, die üblicherweise in der Wohnung verbleiben. Frau P. protestiert vehement und ruft wieder laut ihren Mann um Hilfe. Als sie darauf angesprochen wird, dass ihr Mann unseres Wissens längst verstorben sei, wird sie sehr abweisend und wiederholt: »Ich muss zu meinem Mann!« Und sie müsse jetzt noch einmal auf die Straße gehen, um ihn zu suchen. Wir bemerken, dass wir so nicht weiterkommen.

In dieser Situation sind mehrere Aufgaben zu leisten: Zum einen steht die Frage im Raum, wie Frau P. ins Krankenhaus kommt. Da nicht abzusehen ist, dass sie freiwillig mitgeht, sie aber auch nicht allein gelassen werden kann, verständigen wir die Polizei, um die Einweisung unter Umständen gegen den Willen von Frau P. durchzuführen. Zum anderen ist zu befürchten, dass dann die Situation eskaliert. Seit unserer Ankunft ist jetzt über eine Stunde vergangen.

Ich überlege: Wie kann ich mit Frau P. in Kontakt kommen? Was für ein Angebot macht sie uns? Offensichtlich ist sie momentan innerlich ganz mit ihrem Mann verbunden. Kann ich sie also in ihrer Wahrheit lassen und gleichzeitig bei meiner eigenen Aufgabe bleiben? Ich entschließe mich, Frau P. zu fragen: »Was ist mit Ihrem Mann? Wie sah er aus?«. Ich versuche, Blickkontakt zu halten, nonverbale Signale einzusetzen und zu erforschen, was sie aktuell beschäftigt. Tatsächlich geht Frau P. auf die Fragen ein. Ich erfahre, dass ihr Mann immer viel zu lange wegbliebe und sie häufig allein sei. Frau P. insistiert nun nicht mehr, auf die Straße gehen zu wollen. Sie sagt, dass sie Angst habe. Auf die Frage, wo ihr Mann denn sein könnte, erwägt sie mehrere Alternativen. Ich frage nach ihren Geschwistern und erfahre einiges über die Familie.

Inzwischen ist die Polizei eingetroffen. Die Ärztin spricht mit den Beamten. Als Frau P. bemerkt, dass die Männer in der Wohnung sind, bewegt sie sich in Richtung Balkontür und versucht, sie zu öffnen. Ich kann sie jedoch davon abhalten. Gemeinsam mit der Ärztin versuche ich, Frau P. nochmal davon zu überzeugen, dass es besser wäre, sie ginge freiwillig mit. Die vielen Personen in ihrer Wohnung beeindrucken sie, zumal die Polizeibeamten einfühlsam agieren. Wir drücken ihr ihre Handtasche in die Hand. Schließlich seufzt Frau P.: »Wenn es denn gar nicht anders geht ...« – und dann lässt sie sich die Treppe herunter begleiten. Sie wird ins Krankenhaus gebracht. Zur Nachsorge wurde der zuständige Pflegedienst kontaktiert und der Sozialpsychiatrische Dienst des Bezirksamtes angesprochen.

17.3.2 Kommentar zum Fallbeispiel

1. Nach dem Vorlauf war der Befund vor Ort relativ schnell bei der Hand: leichte bis mittelgradige Desorientiertheit, Verdacht auf Dehydrierung. Zügig fiel die Entscheidung (»Einweisungssituation«). Selbstgeschaffene »Fakten« verleiten jedoch dazu, verwirrte Menschen mit einer Realität zu konfrontieren, mit der sie selbst nichts zu tun haben. Frau P. akzeptierte zwar unsere Anwesenheit, für sie gab es jedoch andere innere Notwendigkeiten. In dem Moment, als wir begannen, nach den Dokumentationsbögen des Pflegedienstes zu suchen, übertraten wir eine unsichtbare Grenze. Was theoretisch leicht über die Lippen geht (»den Klienten dort abholen, wo er sich befindet«), war im Handlungsdruck vergessen.
2. Das Dilemma verstärkte sich mit der nächsten Realitätskonfrontation: Der Hinweis, dass ihr Mann verstorben sei, schuf nicht die gewünschte Einsicht. Im Gegenteil, Frau P. zog sich weiter in ihre Welt zurück; sie schien unerreichbar zu werden. Gleichzeitig wurden weitere Fakten geschaffen, als wir die Polizei verständigten. Es stellte sich die Frage, ob wir eine Gewaltsituation heraufbeschwören.
3. Der Wendepunkt ergab sich im Loslassen. Es ging nicht darum, der Klientin unsere Realitätssicht überzustülpen, sondern umgekehrt darum, mich erst einmal auf ihre Sicht einzulassen. Die innere Verbundenheit mit ihrem Mann gab ihr wahrscheinlich Sicherheit in einer Situation, in der sie den Boden unter den Füßen verloren hatte. Wird die Gegenwart für den verwirrten Menschen zu schmerzhaft, kann der Rückgriff auf frühere Erfahrungen, die in die Gegenwart geholt werden, ein Versuch sein, das Gleichgewicht wiederherzustellen. Vermutlich konnte Frau P. sich deshalb auf diesem Terrain auf ein Gespräch einlassen und die nächste kritische Situation bewältigen. Ihr Vorhaben, auf den Balkon zu laufen, als die Polizeibeamten im Raum waren, konnte dann auf der Basis des erarbeiteten Vertrauens abgewendet werden.

17.3.3 Validation in der Krisenintervention

In der geschilderten Situation konnte ich mich in einer Phase der Eskalation auf eine Grundhaltung berufen, die in der Altenhilfe als »Validation« bekannt ist. Naomi Feil (2001) hat diesen Ansatz im Anschluss an Konzepte aus der analytischen und humanistischen Psychotherapie entwickelt (E. Erikson, C. Rogers). Sie unterscheidet verschiedene Grade der Desorientiertheit und jeweils angemessene Interventionsregeln. Sie geht davon aus, dass (anhaltende) Desorientiertheit trotz möglicher organischer Ursachen auch auf psychischen und sozialen Gründen beruht. Dabei könne es sich um geleugnete körperliche und soziale Verluste, überholte Rollenkonstrukte oder ungelöste Lebensaufgaben handeln, die verdrängt wurden, im Zustand der Desorientiertheit wieder zu Tage treten und auf diese Weise von den alten Menschen »bearbeitet« werden. Scheinbar befremdliches Verhalten kann aus dieser Perspektive als sinnvoll für die Betroffenen wahrgenommen werden: Die Flucht zum verstorbenen Mann wird als Suche nach Schutz verständlich, oder eine mit Essensresten vollgestopfte Handtasche kann als Symbol für Autonomie gelten.

In der Praxis ist es wichtig, den desorientierten Menschen nicht auf die Stufe des »Gesunden« bringen zu wollen und ihn dadurch weiter zu verunsichern. Die Verwirrtheit soll nicht bekämpft, sondern gültig gemacht, validiert werden. Statt Verunsicherung durch die Konfrontation mit der Realität erfährt der alte Mensch die Akzeptanz seiner Person im aktuellen Zustand. Es kommt nicht darauf an, die Verwirrtheit auszublenden, sondern darauf einzugehen, was die Betroffenen ausdrücken und anbieten. Grundsätzlich sind nonverbale Zeichen wichtig (Stimme, Mimik, Blickkontakt) sowie die Aufmerksamkeit für das emotionale Interventionsklima und für das vom Klienten bevorzugte Sinnesorgan (Seh- oder Hörbehinderungen beachten). Bei Unklarheiten in den Aussagen der Betroffenen kann man mehrdeutig und unkompliziert antworten, um im Kontakt zu bleiben. Eigene Botschaften sollten eventuell umformuliert wiederholt werden. Bei konkreten Verständnisschwierigkeiten sind Fragen nach den Umständen angebrachter (wer, wann, wie?) als Analysen und Warum-Fragen.

Wenn wir Elemente aus der Validation in der Krisenintervention anwenden, geht es darum, Kontakt zu schaffen und Interaktionen in Gang zu setzen. Die Validation ist kein Therapieverfahren, sondern eine Grundhaltung des verstehenden Umgangs mit alten Menschen, um Vertrauen aufzubauen und die Arbeitsatmosphäre zu beruhigen.

17.4 Die institutionelle Vernetzung und die Rolle der Helfenden

Ein Krisenarbeiter ist stets ein Glied in einer Hilfekette. Um die Zielgruppe zu erreichen, sind eine systematische Öffentlichkeitsarbeit und die Kooperation mit den ambulanten, teilstationären und stationären Einrichtungen der Altenhilfe unerlässlich (vgl. Brückner, 2005). Die gerontopsychiatrischen Verbünde einer Region sind das Forum, um die Fragen zu klären, wie viel Krisenintervention für alte Menschen in einer Region nötig ist, welche institutionellen Ressourcen dafür optimiert werden können und wie das Angebot bekannt gemacht werden kann. Zum Teil können Weiterbildungen organisiert werden, zum Teil bedarf es spezieller Einrichtungen, zum Beispiel eines »Seniorenschutztelefons« für familiäre Gewaltsituationen oder einer Beratungsstelle für pflegende Angehörige. Das Angebot muss niedrigschwellig und breit genug sein, es darf nicht nur auf zugespitzte Krisensituationen zugeschnitten sein, sondern sollte auch eine qualifizierte Weiterverweisung ermöglichen (Rehabilitationsberatung, Pflegedienst, Altenselbsthilfegruppe, Seniorenfreizeitstätte, Psychotherapie). Eine besondere Rolle in der Hilfekette spielen die Angehörigen; sie gewährleisten oft einen Großteil der Nachsorge und müssen in die institutionelle Kooperation eingebunden werden.

Die Hemmschwelle ist für alte Menschen hoch, bevor sie sich aus eigener Initiative Helfern anvertrauen. Sie benötigen erfahrungsgemäß Vorkontakte, genügend Zeit während der Intervention und Kontinuität nach dem Kontakt. Als »Türöffner« können Umfeldmediatoren wie Pfarrer, Hausärzte oder Apotheker eingebunden werden. Dabei sind die Helfenden in der Regel weit jünger als die Klienten, der Altersunterschied kann über 60 Jahre betragen. Die Probleme der Klienten können übersehen werden, wenn sich die Jüngeren noch nicht mit Themen beschäftigt haben, die ältere Menschen bewegen (Tod, Sterben, Angst vor Pflegebedürftigkeit, zunehmende Isolation). Zudem sind typische Übertragungssituationen möglich. Zum Teil werden die Klienten durch die jüngeren Berater an die eigenen Kinder erinnert, sie strahlen dann unter Umständen eine überschwängliche Zuneigung aus und versuchen sich an die Helfer zu klammern. Anstatt sich darin zu verstricken, sollte Ziel der Intervention sein, dem alten Menschen ein Gefühl für die eigenen Ressourcen zu vermitteln, doch stets im Verhältnis zu den real noch vorhandenen Kräften und Möglichkeiten. Dies bedeutet auch, Abwehr zu respektieren, anstatt die alten Menschen »durchtherapieren« zu wollen.

Die Helfenden müssen sich bewusst sein, wie viel Leid sie tragen können, denn das Krisengespräch mit älteren Menschen bedeutet oft ein Ertragen und Mittragen von vielen Verlusten, Schicksalsschlägen und kritischen Lebensereignissen. Insofern ist es besonders wichtig, sich Zeit zu nehmen, um die lange Biographie der Klienten im Ganzen erfassen zu können. Die Krisenarbeiter übernehmen zugleich Verantwortung für die Wahrnehmung von anderen Helfern im Leben der Betroffenen, denn sie versuchen zwar, neue Kompetenzen zu vermitteln, aber führen ihnen auch die Verluste durch die Tätigkeit des Helfens vor Augen. Gelingt die Kommunikation, kann dies nicht nur eine Hilfestellung für die Betroffenen bedeuten, sondern auch eine Bereicherung für die Helfenden im Bewusstsein für das eigene Altern.

Literatur

Aguilera, D. C. (2000). *Krisenintervention. Grundlagen – Methoden – Anwendung*. Bern: Huber.

Böhm, E. (2005). *Seelenlifting statt Gesichtsstraffung. Älterwerden akzeptieren – Lebensantrieb reaktivieren*. Bonn: Psychiatrie-Verlag.

Brückner, B. (2005). Krisen im Alter – Die Aufgaben der ambulanten Krisenintervention. *Sozialpsychiatrische Informationen* 35, Heft 1, S. 36–39.

Brückner, B., Al Akel, S. & Klein, U. (2006). *Verstehende Beratung alter Menschen – Orientierungshilfen für den Umgang mit Lebenskonflikten, Krisen und Notfällen. Mit Beiträgen von Klaus Dörner und Norbert Erlemeier*. Regensburg: Roderer.

Feil, N. (2001). *Validation in Anwendung und Beispielen. Der Umgang mit verwirrten alten Menschen*. München: Reinhard.

Förstl, H. (Hrsg.) (2003). *Lehrbuch der Gerontopsychiatrie und -psychotherapie: Grundlagen, Klinik, Therapie*. (2., aktualisierte und erweiterte Auflage). Stuttgart/New York: Thieme.

Kipp, J. (2007). Alterskrisen aus der Sicht von Parins Konzept der Anpassungsmechanismen. *Psychotherapie im Alter* 4, Heft 3, S.11–21.

Kitwood, T. (2004*).* Demenz. Der person-zentrierte Ansatz im Umgang mit verwirrten Menschen*. Bern: Huber.

Maercker, A. (Hrsg.) (2002). *Alterspsychotherapie und klinische Gerontopsychologie*. Berlin: Springer.

Peters, M. (2004). *Klinische Entwicklungspsychologie des Alters – Grundlagen für die psychosoziale Beratung und Psychotherapie*. Göttingen: Vandenhoek & Ruprecht.

Poszveck, P., Friedl, E.-J. & Rudas, S. (1995). Krisenintervention bei Patienten mit dementiellen Syndromen, insbesondere der senilen Demenz vom Alzheimer Typ (SDAT) im extramuralen Bereich. In V. Gunther, U. Meise, M. E. Kalousek & H. Hinterhuber (Hrsg.), *Dementielle Syndrome* (S. 115–120). Innsbruck/Wien.

Statistische Ämter des Bundes und der Länder (2007). *Demografischer Wandel in Deutschland*. Heft 1. Wiesbaden.

Tesch-Römer, C., Engstler, H. & Wurm, S. (2006). *Altwerden in Deutschland. Sozialer Wandel und individuelle Entwicklung in der zweiten Lebenshälfte*. Wiesbaden: Verlag für Sozialwissenschaften.

Wolfersdorf, M. & Schüler, M. (2005). *Depressionen im Alter. Diagnostik, Therapie, Angehörigenarbeit, Fürsorge, gerontopsychiatrische Depressionssituationen*. Stuttgart: Kohlhammer.

18 »Männer haben's schwer, nehmen's leicht« – Suizidrisikogruppe Männer erreichen und mit ihr arbeiten

Michael Witte

> Dieser Aufsatz geht der Fragestellung nach, warum Männer bei der Inanspruchnahme von psychosozialen Hilfen in Krisen kaum erreicht werden. Die Tatsache, dass Männer wenig Hilfe durch Beratung in Anspruch nehmen, wird der hohen Zahl der Suizide von Männern gegenübergestellt. Anhand von Untersuchungen wird aufgezeigt, dass Männer auch medizinische Hilfe viel seltener in Anspruch nehmen als Frauen und sie bereits in der Wahrnehmung physischen und psychischen Leides unsensibler sind als Frauen, also auch das Gefühl haben, ohne Hilfe auszukommen.
>
> Es wird aufgezeigt, dass dies ein Ergebnis der Entwicklung männlichen Geschlechtsrollenverhaltens ist.
>
> Diese Problematik macht es besonders notwendig, dass sich die Einrichtungen der psychosozialen und medizinischen Versorgung mit der Frage geschlechtsspezifischer Einstellungen und Haltungen zu psychosozialen Konflikten auseinandersetzen. Daraus sind männerspezifische Angebote zu entwickeln, die die Widerstände der Männer ernst nehmen und sich um eine höhere Inanspruchnahme durch Männer bemühen. Hierzu werden einige Beispiele dargestellt und Hinweise für die Überprüfung der eigenen Praxis gegeben.

18.1 Einführung

Zu meinen Erfahrungen, die ich in mehr als zwei Jahrzehnten in der psychosozialen Krisenhilfe, insbesondere mit suizidgefährdeten Menschen, gesammelt habe, gehört die regelmäßige Feststellung, dass Männer nur zu ca. einem Drittel die Hilfeangebote annehmen. Durch Besuche in anderen Einrichtungen und beim Lesen der Rechenschaftsberichte verschiedenster Krisendienste und Beratungsstellen für Suizidgefährdete stoße ich immer wieder auf ähnliche Zahlenverhältnisse in der geschlechtsspezifischen Inanspruchnahme, eine Erfahrung, an die man sich gewöhnt und die man auch nicht weiter hinterfragt, da dies ein ungeschriebenes Gesetz zu sein scheint. So habe auch ich jahrelang bei der Präsentation der Statistik der Einrichtung *neuhland* in Berlin und der Arbeit des Krisendienstes die Zahlen der hohen Inanspruchnahme dargestellt, ohne darauf hinzuweisen, dass die Beratungsstelle es nicht schafft, mehr Männer zu erreichen. Im Gegenteil, ich habe immer stolz darauf verwiesen, dass damit die Inanspruchnahme durch Männer und Frauen auch der Geschlechterverteilung bei den Suizidversuchshandlungen entspricht, da zwei von drei Suizidversuchen von Frauen begangen werden. Außerdem verwies ich immer darauf, dass die Inanspruchnahmezahlen sich bei anderen Beratungsstellen ähnlich auf die Geschlechter verteilen, es also »normal« sei. Auf Nachfragen erklärte ich, dass Frauen von ihrer Sozialisation her sehr viel besser in der Lage seien, die eigene Befindlichkeit, Belastungen oder auch körperliche Erkrankungen früher und besser wahrzunehmen

Michael Witte

als Männer. Weiterhin scheinen Frauen infolge ihrer Sozialisation eher in der Lage zu sein, diese Empfindungen bzw. Belastungen als Problem zu äußern und bei anderen Menschen in ihrer Umgebung oder auch bei Beratungsstellen Hilfe zu holen.

18.2 Die Ausgangssituation

18.2.1 Männer sind in dieser Beratungswelt einfach ersetzlich!?

Bei einer von mir durchgeführten Erhebung der Inanspruchnahmedaten verschiedener psychosozialer und psychiatrischer Einrichtungen – stationär und ambulant – bewegten sich die von den Einrichtungen berichteten Inanspruchnahmedaten durch männliche Klienten zwischen 10 % und maximal 41 % (Witte, 2001, S. 118). Nur Einrichtungen der psychiatrischen, ambulanten und stationären Versorgung wiesen einen erheblich höheren Anteil männlicher Klienten auf, insbesondere die Einrichtungen der Suchthilfe kamen auf bis zu 71 %.

Betrachtet man die Verteilung zwischen Männern und Frauen beim Suizid, dem fatalsten Endpunkt einer Krise, so fällt eine für Männer dramatische Geschlechterverteilung ins Auge. Suizide werden in Deutschland annähernd dreimal so häufig von Männern wie von Frauen begangen. Im Jahr 2008 haben sich insgesamt 2 412 Frauen und 7 039 Männer das Leben genommen (Angaben Statistisches Bundesamt).

»Männer weinen heimlich«

Auch in anderen westeuropäischen Ländern nehmen sehr viel weniger Männer als Frauen Dienste der psychosozialen Versorgung in Anspruch. Das *Men's Health Forum* (Lloyd, 2002) untersuchte in Newham in Ost-London insgesamt zehn Jugendhilfeeinrichtungen hinsichtlich ihrer Arbeit mit jungen Männern. Auch in dieser Untersuchung ergab sich das gleiche Bild: Die meisten der untersuchten Einrichtungen haben die geringe Inanspruchnahme durch Männer hingenommen: »So sind nun mal männliche Jugendliche« und demzufolge auch keine weiteren Überlegungen angestellt, welche Möglichkeiten sie haben, junge Männer anzusprechen (S. 8). Den Untersuchern fiel im Gespräch mit den Mitarbeitern dieser Einrichtungen auf, dass die meisten Sozialarbeiter recht still und verhalten wurden, wenn sie nach ihren Erfahrungen mit jungen Männern gefragt wurden. Es war offensichtlich, dass die Mitarbeiter der Einrichtungen bisher diese Fragen kaum bedacht und diskutiert hatten. Nur die Einrichtungen, die sich an schwule bzw. lesbische Jugendliche richten, waren sich der Problematik bewusster. Die meisten Einrichtungen akzeptierten sehr schnell, dass die männlichen Jugendlichen sich nur widerwillig in psychosoziale Einrichtungen begeben, um sich Hilfe zu holen. Daraus ergab sich eine Resignation der Mitarbeiter, die dazu führte, dass sie auch nicht versuchten, männliche Jugendliche zu erreichen. In der genderorientierten Psychotherapie- und Beratungsforschung spricht man von einer Diskrepanz zwischen der Rollenanforderung »Mann« und »Klient« (vgl. **Tab. 18.1**).

Das *Men's Health Forum* kommt deshalb zu dem Vergleich, dass diese Haltung das Problem von der Einrichtung nach außen verlagert, nämlich auf die männlichen Jugendlichen selbst, so wie die jungen Männer ihre Probleme ebenso externalisieren. So ist in beiden Fällen das Problem nicht mehr bei sich selbst, sondern nur außen zu suchen (Böhnisch & Winter, 1993). Von den untersuchten Einrichtungen wurde auch nicht intensiv darüber nachgedacht, inwieweit sie Männer unter den Mitarbeitern haben und welche Bedeutung dies für die Arbeit haben kann.

Tab. 18.1: Diskrepanz zwischen der Rollenanforderung »Mann« und »Klient« (nach Neumann & Süfke, 2004; vgl. auch Brooks, 1998).

Männlichkeitsanforderungen	Psychotherapieanforderungen
• Verbergen privater Erlebnisse	• Preisgeben von privaten Erlebnissen
• Bewahren von Kontrolle	• Aufgabe von Kontrolle
• Sexualisierung von Intimität	• Nicht-sexuelle Intimität
• Zeigen von Stärke	• Zeigen von Schwäche
• Ausdruck von Stolz	• Erleben von Scham
• Zeigen von Unbesiegbarkeit	• Zeigen von Verletzlichkeit
• Selbstständigkeit	• Hilfesuche
• Stoizismus	• Gefühlsausdruck
• Aktion	• Introspektion
• Vermeidung von Konflikten	• Ansprechen v. Beziehungsproblemen
• Verleugnen von Schmerz	• Auseinandersetzung mit Schmerz
• Beharrlichkeit	• Akzeptieren von Misserfolgen
• Vortäuschen von Allwissenheit	• Eingestehen von Unwissenheit

»Männer sind auch Menschen«

Beweise für die Nichtbeachtung geschlechtsspezifischer Unterschiede finden sich in vielen Sachberichten psychosozialer Einrichtungen. Entweder wird die unterschiedliche Inanspruchnahme durch Männer und Frauen gar nicht erwähnt, oder es finden sich Berichtsformulierungen wie: »In der Berliner Bevölkerung beträgt das Verhältnis der Geschlechterverteilung 51,5 % weiblich zu 48,5 % männlich. Die Nutzer des BKD hingegen sind zu ca. 2/3 weiblichen und nur zu 1/3 männlichen Geschlechts. Dieser quantitative Unterschied der Nutzung entspricht den Erfahrungen anderer Krisen- und Gesundheitsdienste. Offenbar nehmen Frauen in Krisensituationen eher Hilfe in Anspruch als Männer, denn es gibt keine Befunde, die darauf hindeuten, dass Frauen insgesamt häufiger psychosoziale oder psychiatrische Krisen aufweisen. Aus vielen anderen Untersuchungen ist aber bekannt, dass Frauen tendenziell eine größere Symptomaufmerksamkeit haben, frühzeitiger professionelle Hilfe in Anspruch nehmen und häufiger die Sorge für erkrankte Angehörige übernehmen als Männer. Andererseits gibt es fundierte Studien, die belegen, dass Männer häufiger von schweren Verläufen – insbesondere in Bezug auf die sekundäre soziale Desintegration – psychiatrische Erkrankung – betroffen sind als Frauen« (Zimmermann & Bergold, 2002, S. 189). In der Zusammenfassung wird wiederholt, dass die Klienten des Berliner Krisendienstes deutlich häufiger weiblichen Geschlechts sind. Als Entwicklungspotenziale für die verbesserte Erreichung einiger Zielgruppen werden jedoch nur die Gruppen der Ausländer bzw. Migranten und älteren Menschen genannt (S. 289), und es wird keine verbesserte Inanspruchnahme durch Männer als Ziel formuliert.

»Männer sind etwas sonderbar«

Wie wollen die Krisen- und Beratungsstellen für Suizidgefährdete dazu beitragen, dass die Zahl der Suizide und das damit verbundene Leid sich verringert, wenn sie sich nicht zum Ziel setzen, die besondere Risikogruppe der Männer anzusprechen und die eigene Arbeit danach zu hinterfragen, wieso sie bisher überwiegend nur für Frauen erfolgreich arbeiten?

Fragten Mitarbeiter und Forscher in der Krisenarbeit bisher kaum, wie sie die Männer erreichen bzw. warum sie sie nicht erreichen, so wird von einem aktuellen Politikansatz diese Frage generell an alle öffentlichen Leistungen und Leistungserbringer gestellt. Gender Mainstreaming ist durch einen Beschluss des Europarates sowie durch Bundes- und Landesverordnungen in den letzten Jahren aktuell geworden, da mit diesem Ansatz alle Entscheidungen in der Politik hinsichtlich ihrer Einbeziehung und Auswirkung auf beide Geschlechter zu hinterfragen sind. So muss sich heute die Krisenhilfe und Suizidprävention fragen lassen, ob sie die Anforderungen, die die Gender-Mainstream-Politik verlangt, auch erfüllt.

18.2.2 »Männer kriegen 'nen Herzinfarkt«

Längst hat auch der *Spiegel* (Nr. 38 vom 15. September 2003, S. 150 ff: »Eine Krankheit namens Mann«) registriert, dass Mannsein ein erhebliches Gesundheitsrisiko darstellt. Die Lebenserwartung von Männern ist in Deutschland durchschnittlich sechs Jahre geringer als die von Frauen in Deutschland. Eine erhöhte Sterblichkeit von männlichen Föten und Säuglingen, die auf die im Y-Chromosom nicht doppelt angelegte Erbsubstanz zurückgeführt wird, hat zur Folge, dass auf 100 im ersten Lebensjahr gestorbene weibliche Säuglinge 126 tote männliche Babys kommen (Spiegel, S. 151). Der plötzliche Kindstod ist bei Jungen in den ersten Lebensmonaten auch sehr viel häufiger und lässt sich sicherlich nicht nur biologisch erklären. Mag das erhöhte Säuglingssterblichkeitsrisiko dennoch vielfach biologisch bedingt sein, so erklärt dies keineswegs die im Vergleich zu Frauen erheblich häufigeren Todesfälle in späteren Lebensjahren durch Herzinfarkt, Krebs der Luftröhre, Lunge oder Bronchien sowie durch Verkehrsunfälle und durch Suizid. Nicht die physiologischen Unterschiede zwischen Mann und Frau erklären diese erheblichen Gesundheitsrisiken, sondern es können nur aus den Geschlechterrollen sich ergebende Verhaltensweisen im Umgang mit dem eigenen Körper

und seinen Bedürfnissen sein, die zu diesen Unterschieden führen. T. Altgeld schreibt im *niedersächsischen Ärzteblatt* (06/2002, S. 2): »Das ›starke Geschlecht‹ ist nicht nur kränker und verstirbt früher als das ›schwache Geschlecht‹, sondern weist auch noch ein ungünstiges Gesundheitsverhalten auf. Vor allem falsche Ernährung und zuwenig Bewegung führt zu hohen Übergewichtsraten ab dem 30. Lebensjahr. Außerdem sind Nikotin und Alkohol weitere wesentliche Risikofaktoren für viele Krankheiten des Mannes. Auch wenn Frauen, insbesondere die jungen Frauen, hier aufholen, etwa beim Nikotinabusus, liegen die Raucherquoten der Männer immer noch deutlich höher. Unter Stress, insbesondere beruflichem, reagieren Männer zu einem Großteil mit vermehrtem Konsum von Alkohol und Zigaretten sowie mit Überernährung. Gerade in jungen Lebensaltern riskieren Männer zudem deutlich mehr und gehen mit ihrem Körper weniger sorgsam um als Frauen. Sie werden dadurch häufiger Opfer von Unfällen (Altgeld, 2006). Männer begehen dreimal so häufig wie Frauen erfolgreich Selbstmord, hingegen weisen Frauen eine dreifach höhere Rate an Selbstmordversuchen auf«.

»Männer sind so verletzlich«

Zu diesen dramatischen Fakten über Männergesundheit steht die Selbstwahrnehmung der Männer über ihre eigene Gesundheit in einem krassen Gegensatz. »Der prozentuale Krankenstand von Frauen ist im Durchschnitt höher als der von Männern; das gilt für ungelernte Arbeit, Facharbeit und Angestelltenverhältnisse. Die Anzahl der Arbeitsunfähigkeits-Tage bei Frauen ist ebenfalls höher, unabhängig vom Ausbildungsstatus im Beruf. Männer fühlen sich im Schnitt robuster und weniger krank, gehen seltener zum Arzt und zeigen dem Arbeitgeber weniger die ›Gelbe Karte‹ der Krankschreibung« (Gallisch & Kriechbaum, 1996, S. 212). »Offenbar nehmen Männer sich subjektiv gesünder wahr, auch wenn schon erste Anzeichen auf Überbelastung und Krankheiten hindeuten. In der Folge nehmen sie auch weniger Hilfe [in Anspruch], gehen weniger zum Arzt, sind weniger krankgeschrieben, nehmen weniger Medikamente ein als Frauen« (S. 212).

In einer englischen Untersuchung z. B. wurden junge Männer zu ihrem Vermeidungsverhalten von Beratungssituationen befragt. Eine Sorge der jungen Männer war, dass, wenn sie ihre Gefühle ausdrücken und schwach und verletzlich wirken, andere Männer sie verspotten (Connell, 1999). Befragte männliche Jugendliche legten deshalb viel Wert darauf, eine innere Strenge mit sich selbst zu entwickeln, um mehr Distanz zu den eigenen Gefühlen aufbauen zu können.

Folgerichtigerweise möchten sie sich nicht darauf einlassen, diese »inneren Mauern« zuerst fallen zu lassen, um Hilfe zu erhalten. Dies ist jedoch die Anforderung der meisten psychosozialen Einrichtungen, wenn sie anbieten, über psychosoziale Probleme, Ängste, Unsicherheiten zu sprechen. Solche Angebote empfinden Männer als wenig hilfreich, ihre Erfahrungen lassen sie diese Angebote skeptisch meiden.

18.2.3 »...werden als Kind schon auf Mann geeicht«

Männliches Rollenverhalten

Die Unterschiedlichkeit der Geschlechtermortalität wird in der Literatur auf dem Hintergrund der jeweiligen Rollenidentität als Mann oder Frau diskutiert. Das *Men's Health Forum*, das sich in England seit 1994 mit Fragen der Männer-Gesundheit beschäftigt und diverse Arbeitspapiere dazu erstellt hat, hat sich unter dem Titel *Young Men and Suicide* mit der auffällig hohen Suizidrate junger Männer auseinandergesetzt. Darin werden drei Aspekte männlichen Rollenverhaltens benannt:

1. Männer weisen eine höhere Aggression auf, und dies führt beim Suizid zur Anwendung aggressiverer Suizidmethoden,
2. Männer sind erfolgsorientiert, sie wollen Probleme endgültig lösen. Ein Misserfolg wäre der Suizid*versuch*; zumindest diese letzte Handlung gegen sich selbst soll erfolgreich sein und wird deshalb so angelegt, dass die Chance, gerettet zu werden, gering ist.
3. Männer wollen Unabhängigkeit. Sie meinen ihre Probleme selbst lösen zu müssen, woraus eine Unfähigkeit, nach Hilfe zu rufen, entsteht.

Die Entschlossenheit, mit der Männer Suizidhandlungen anlegen, entspricht dem Gedanken »Was ich mache, mache ich richtig« und ist mit einer höheren Gewalttätigkeit gegen den eigenen Körper verbunden.

Im Hinblick auf das Inanspruchnahmeverhalten von Hilfe weist auch Goldschmidt (S. 72) darauf hin, dass die Inanspruchnahme ärztlicher Hilfe mit einem unvermeidlichen Verlust an Ansehen und »Männlichkeit« seitens der Mitarbeiter und Vorgesetzten assoziiert und daher vermieden wird. So werden auch Kurse, die von Volkshochschulen oder Krankenkassen zur Gesundheitsförderung und Prävention von Gesundheitsführung angeboten werden, von Männern kaum in Anspruch genommen. Verschiedene Untersuchungen bestätigen dies. Bunde verweist auch darauf, dass eine wichtige Rolle auch das Selbstkonzept der Männer spielt. »Danach reagieren und verdrängen Männer eher als Frauen die Möglichkeit, dass ihnen etwas zustoßen könnte, und entsprechend ergreifen sie auch keine Vorsichtsmaßnahmen« (Bunde, 1999, S. 140).

»Männer stehn ständig unter Strom«

Auch im Hinblick auf das Ernährungsverhalten von Männern stellt sich ein höheres Gesundheitsrisiko deutlich ein. Bunde verweist darauf, dass Männer schon im Kindes- und Jugendalter gerne salzige, süße und fetthaltige Speisen essen, während Mädchen Obst und Gemüse bevorzugen. Dieses Verhalten verfestige sich bei Männern mit zunehmendem Alter, wobei ihr Verzehr an Fleisch, Brot, Süßwaren und Alkohol sowie Kaffee und Tee deutlich über dem von Frauen liegt; kombiniert mit sitzender Berufstätigkeit, die zu Einschränkungen im Bewegungsverhalten führt, leiden Männer oftmals schon in jüngeren Jahren an Übergewicht. Ein Hinweis auf den erhöhten Alkoholkonsum ist die Tatsache, dass das Risiko, an Leberzirrhose zu sterben, bei Männern dreifach höher ist als bei Frauen.

»Männer sind allzeit bereit«

Beobachtet man den Zeitschriftenmarkt, so stellt man fest, dass in den letzten Jahren neue Zeitschriften, die anscheinend die Männergesundheit ins Zentrum stellen, wie *Men's Health* oder *Fit for Fun* höhere Auflagen erreichen. Man könnte meinen, darin eine deutliche Wende zum gesundheitsbewussten Mann zu erkennen. Sicherlich gibt es Anzeichen für ein erstes Problembewusstsein, jedoch sind diese Zeitschriften sicherlich noch nicht die Wende, wie auch T. Altgeld kommentiert: »Das Gros der Gesundheitstipps beschränkt sich darin allerdings auf Übungen zum schnellen Workout mit besonderem Fokus auf den Waschbrettbauch, schnelle Diäten auf dem Weg zum Idealgewicht sowie Flirt- und Sextipps. Aber ist das wirklich Männergesundheit: Der sexuell voll funktionsfähige und trickreiche Körper mit Idealgewicht und Waschbrettbauch?« (Altgeld, 2002, S. 1).

18.2.4 »Männer machen alles ganz genau«

Suizid und Suizidversuche

Im Jahr 2006 haben sich 9 765 Menschen in Deutschland das Leben selbst genommen. Im Vergleich zu früheren Jahren ist dies bereits ein erheblich niedrigerer Wert, denn seit Beginn der Achtziger Jahre geht die Suizidhäu-figkeit in Deutschland zurück. Diese positive Entwicklung darf jedoch nicht darüber hinwegtäuschen, dass auch heute noch die Zahl der Suizide höher ist als die Zahl der Todesfälle durch Verkehrsunfälle, Aids, Drogen sowie Mord zusammen. Berücksichtigt man dies, so ist auffällig, wie wenig sich die Gesellschaft und Gesundheitspolitik um Suizidprävention kümmert, während zumindest die Reduzierung der Zahl der Verkehrstoten erheblichere Anstrengungen zeigt. Im Hinblick auf die Altersverteilung der Todesfälle durch Suizid kann man pauschal sagen, dass die Suizidrate mit zunehmendem Lebensalter beständig zunimmt und bei den alten Menschen am höchsten ist. Obgleich junge Menschen eine im Vergleich zur Gesamtbevölkerung geringere durchschnittliche Suizidraten aufweisen, ist der Tod durch Suizid bei den jungen Männern um 20 die zweithäufigste Todesursache, bei den jungen Frauen die dritthäufigste.

Die Suizidrate (das ist die auf 100 000 Einwohner der jeweiligen Gruppe berechnete Zahl von Suiziden) zeigt das Suizidrisiko der jeweilig untersuchten Gruppe an. So betrug die Suizidrate im Jahr 2008, die sich aus den 7 039 durch Suizid gestorbenen Männern bildet, 17,5, während die Suizidrate für die 2 412 durch Suizid verstorbenen Frauen 5,8 ausmacht. Aus dem Vergleich der Suizidraten ergibt sich, dass demnach Männer – im Vergleich zu den absoluten Zahlen – sogar ein annähernd dreifach so hohes Suizidrisiko wie Frauen aufweisen. Bei der Gruppe der männlichen Jugendlichen und jungen Erwachsenen steigt das Verhältnis der Suizidraten zu Ungunsten der Männer noch deutlicher an. Im europäischen Vergleich weichen die deutschen Zahlen nicht erheblich vom Durchschnitt ab, jedoch sind die Suizidhäufigkeiten beim Vergleich der Länder durchaus sehr verschieden, wobei insbesondere die Nachfolgestaaten der ehemaligen Sowjetunion Besorgnis erregend hohe Suizidraten aufweisen. Dort ist das Rollenbild des Mannes offenbar noch viel ausgeprägter. Auch das Geschlechterverhältnis unterscheidet sich innerhalb des europäischen Raumes nicht erheblich, immer sind es wesentlich mehr Männer, die durch Suizid sterben. Dies ist jedoch nicht weltumspannend gleich. In den meisten asiatischen Staaten gleichen sich die Suizidhäufigkeiten von Mann und Frau mehr an, und in der Volksrepublik China ist die Suizidrate bei den jungen Frauen in den ländlichen Gebieten deutlich höher als die der gleichaltrigen Männer in der Region.

Suizidversuchshandlungen unterscheiden sich hinsichtlich der Risikogruppen deutlich von den Suiziden. Während die Suizide bei Männern mit zunehmendem Alter ansteigen, so sind es bei den Suizidversuchshandlungen Frauen und junge Menschen, die die höchsten Risiken aufweisen. Mit zunehmendem Alter nimmt das Suizidversuchsrisiko ab (vgl. Schmidtke, 2002, S. 578–588).

Der bekannte englische Suizidologe Erwin Stengel hat sich in seinem 1964 erschienenen Buch *Suicide and attempted Suicide* intensiv mit diesen Unterschieden zwischen Suizid und Suizidversuch befasst und beide Gruppen als von sehr unterschiedlicher Zusammensetzung beschrieben. Diese Erkenntnis führte ihn dahin, die Suizidversuchshandlungen nicht einfach als misslungene Suizide zu verstehen, sondern die offensichtlich unterschiedliche Dynamik hinter den jeweiligen Handlungen genauer zu untersuchen (Stengel, 1969). Erwin Stengel schreibt: »Die den Selbstmordversuchen zugrunde liegenden Motive und Ursachen sind im wesentlichen die gleichen wie beim Selbstmord, obwohl es den Anschein haben mag, als ob sie sich von diesen unterschieden, wenn nämlich die Absicht, andere Menschen zu beeindrucken oder zu verletzen, augenfälliger ist als der Drang zur Selbstvernichtung. Die Tatsache des Überlebens macht den Selbstmordversuch zu einem anderen Verhaltensmuster als den Selbstmord und zu einem sinnvollen Ereignis, ja oft zu einem Wendepunkt im Leben eines Menschen. Der Sinn, den der Selbstmordversuch für den Betreffenden bekommt, hängt von vielerlei Umständen ab. Die Rolle anderer Menschen bei der Verursachung der tödlichen Selbstmordhandlung ist nicht immer offenkundig.«

18.3 »Wann ist ein Mann ein Mann?« – Geschlechtsrolle und Hilfesuchverhalten

Die dargestellte Gesundheitssituation der Männer, die sie im Durchschnitt mindestens sechs Lebensjahre gegenüber Frauen kostet, ist also das Ergebnis von Geschlechtsrollenverhalten (Altgeld, 2006; Böhnisch & Winter, 1993), das sich vor allen Dingen mit vier männlichen Kernsätzen kennzeichnen lässt:

1. »Männer sind keine Weicheier«, damit wird deutlich gemacht, dass Männer hart im Nehmen sind und nicht so schnell jammern und weinen. Zugleich wird angedeutet, dass damit auch die
2. Abgrenzung von Frauen, die als emotional und gefühlsgesteuert, sensibel und empfindlich sein dürfen, deutlich betont wird.
3. Ein richtiger Mann ist cool und anderen überlegen und demonstriert diese Überlegenheit deutlich, und
4. ein richtiger Mann ist unabhängig und kommt deshalb in jeder Lebenssituation ohne die Hilfe anderer aus.

Gerade der letztgenannte Punkt ist fatal im Hinblick auf das Annehmen von Hilfe.

Die Geschlechterrollen sind Produkt der Sozialisation jedes Menschen und begleiten uns das ganze Leben. »Männlichkeit und Weiblichkeit müssen fortwährend angeeignet und immer wieder hergestellt werden, damit eine Geschlechtsidentität erworben werden kann« (Bründel & Hurrelmann, 1999, S. 13). Die Grundlagen für den Erwerb der Geschlechtsrolle werden bereits sehr früh am Beispiel der nahen Beziehungspersonen übernommen. Geschlechtsstereotype sind die in einer Kultur erwarteten und als typisch geltenden Verhaltensweisen von Männern und Frauen. »Stereotype über männliches Verhalten in unserem Kulturkreis sind: abenteuerlustig, aggressiv, kräftig, mutig, unabhängig, stark. Stereotype über weibliches Verhalten: Liebevoll, einfühlsam, gefühlvoll, schwach« (Bründel & Hurrelmann, S. 14).

Tatsächlich entspricht diesen Stereotypen auch die Machtverteilung in unserer Gesellschaft. Auch wenn heute nicht mehr so holzschnittartig wie früher Geschlechtsrollenstereotype anerzogen werden, so sind es doch vielfach sehr subtile, feine, unter den Eltern eingeübte Mechanismen, mit denen die Geschlechtsrollenmuster tradiert werden. So behandeln Väter ihre Söhne oftmals rauer, spielen häufiger und bewegter mit ihnen, werfen sie schon als Säuglinge spielerisch höher in die Luft oder spielen mit ihnen viel wilder »Hoppereiter«. Andererseits ist ein Mädchen oftmals schneller von den Eltern reglementiert, wenn es zu laut und ungestüm ist. Bründel und Hurrelmann (S. 24) weisen darauf hin, dass in der Pubertät traditionelle Geschlechtsrollen wieder bedeutender sind, wobei die Jungen die aktive Rolle einnehmen, während die Mädchen sich begehren lassen, weil sie in einer passiven Rolle verbleiben. Jungen konkurrieren auch in der Schule viel häufiger in den Gruppen, teilen oftmals dabei auch Schläge aus und erleiden Gewalt. Bei den Spielaktivitäten sind die Jungen tatsächlich öfter und sehr viel intensiver außerhalb der Wohnung z. B. auf Plätzen zum Fußballspielen o. ä. Mädchen sind demgegenüber mehr in den geschlossenen Räumen zu Hause und spielen eher in ihren Zimmern. So ergeben sich auch ungleiche Aneignungen der Umwelt. Während für Mädchen Zweierbeziehungen häufiger bedeutsam scheinen, sind es für Jungen eher Gruppenbeziehungen.

Die Erziehung ist noch immer überwiegend Frauensache, und zwar sowohl zu Hause als auch in den öffentlichen Institutionen. In den Kindergärten und Grundschulen sind es nach wie vor überwiegend weibliche Erzieher und Lehrkräfte. Während dies einerseits von den Jungen verlangt, sich deutlich gegen diese Übermacht der Frauen zu behaupten und sich demgegenüber durch männliches Verhalten abgrenzen zu müssen, fehlt es andererseits an positiver männlicher Orientierung in der Erziehung.

Leider herrscht auch in anderen, helfenden Berufen ein Mangel an männlichen Erziehern und Beratern – in der Jugendhilfe ebenso wie in den psychologischen Beratungseinrichtungen. Leid, Schmerz und Hilflosigkeitsgefühle sind für Männer Zeichen von Schwäche, während Stärke und Tatkraft gefragt sind. Die Abwehr dieser Gefühle erfolgt oft, indem sie als »weibisch« abgetan werden, und damit werden die Frauen, die Gefühle der Unzulänglichkeit haben dürfen, abgewertet. So wachsen Männer heran, die ihre Gefühle, derer sie sich schämen müssten, unterdrücken, bis sie sich selbst nicht mehr richtig wahrnehmen. Somit laufen sie Gefahr, sowohl den Zugang zu sich selbst und ihren eigenen Gefühlen zu verlieren als auch anderen den Einblick in ihr Inneres zu verwehren. So werden viele Männer auch später sehr wenig über persönliche Probleme reden, was mit dazu führt, dass sie professionelle Beratungssituationen meiden werden. Damit müssten sie sich erstens eingestehen, dass sie nicht mehr alleine mit der Situation klarkommen und auf Hilfe anderer angewiesen sind, und zweitens, dass sie mit der Anforderung, über ihre Probleme zu reden und ihre Gefühle auszudrücken, zugleich mit ihren fremden, bedrohlichen Anforderungen konfrontiert werden könnten (Bourdieu, 2005).

Auch in ihren persönlichen Beziehungen zu Freunden sprechen sie viel weniger als Frauen über persönliche Angelegenheiten. Im Sportverein, unter Kollegen oder bei anderen Freizeitaktivitäten ist die Männerbeziehung über eine wechselnde Mischung aus Freundschaft und Konkurrenz geprägt, ohne Nähe zuzulassen. Demgegenüber sind die Beziehungen unter Mädchen und Frauen sehr viel intensiver und persönlicher, und dort finden auch Leiden und Freude Raum.

18.4 »Müssen durch jede Wand, müssen immer weiter« – Was erleichtert Männern die Inanspruchnahme?

Aus dem Dargestellten könnte abgeleitet werden, dass Männer über Beratungsangebote kaum zu erreichen sind. Es gibt jedoch auch Beispiele dafür, dass durch auf Männer ausgerichtete Außendarstellung und Beratungspraxis der Anteil männlicher Klienten erhöht werden kann.

18.4.1 »An alle zeugungsgefährdeten Männer«

Hinweise dafür gab eine im Juni 1993 in Berlin durchgeführte politische Aktion zum Paragraphen 218, bei der sich eine Männergruppe an alle »zeugungsgefährdeten Männer« auf einem zentralen Platz in Berlin gewandt hatte. Teil dieser politischen Aktion war es, die Männer aufzufordern, ein »geschlechtliches Führungszeugnis« zu erwerben. An die Männer wurde ein Fragebogen zum Thema Verhütung/Schwangerschaft/Abtreibung verteilt, den sie auszufüllen hatten. Anschließend fand ein Beratungsgespräch zu dem ausgefüllten Bogen statt. Zum Schluss mussten die Männer einen Praxistest absolvieren, bei dem sie demonstrieren sollten, wie ein Kondom korrekt überzustreifen und wie ein Baby zu wickeln ist. Diese provokative Zwangsberatung sollte die Männer mit der Beratungsforderung im Paragraph 218 konfrontieren. Überraschenderweise ließen sich unerwartet viele Männer auf diese »Beratung« ein. Erstaunlich war die große Offenheit und Gesprächsbereitschaft, mit der Fragen, Ängste, Sorgen und Verletzungen von den Männern thematisiert wurden. Die an der Aktion beteiligten Männer stellten sich daraufhin die Frage, wieso es im Gegensatz zu Erfahrungen in den psychosozialen Beratungsstellen bei dieser Aktion eine unerwartet große Offenheit der angesprochenen Männer gab, und leiteten aus den Erfahrungen dieser Aktion einige Thesen zu männerspezifischen Rahmenbedingungen für Beratung ab.

Räumliche Niedrigschwelligkeit. Die halböffentliche Beratungsaktion, die normalerweise als ungeeignet für persönliche Gespräche erachtet wird, hat den Männern offenbar die Chance eröffnet, sich leichter mit der Beratungsgesprächssituation bereits vorher vertraut zu machen. Während der »Beratung« hat dies die Männer dennoch nicht davon abgehalten, sich sehr persönlich zu offenbaren. Die Autoren sahen darin eine Parallele zur Gesprächssituation von Männern am Arbeitsplatz und in Kneipen. Eine solche Situation bietet demnach nicht nur Vertrautheit mit solchen Gesprächssituationen, sondern gibt dem Mann auch die Möglichkeit des Rückzugs aus dieser Beratungssituation.

Inhaltlich-interaktionelle Niedrigschwelligkeit. Damit beschreiben die Autoren die Stufen, auf denen sie den Kontakt zu den Männern aufgenommen haben. Das Anknüpfen an einem politischen Sachthema, das damals sehr viel in der Öffentlichkeit diskutiert wurde, berührte den Anspruch vieler Männer, zu tagespolitischen Ereignissen Stellung nehmen zu können. Damit orientierte sich der erste Kontakt nicht an persönlichen, sondern an Sachfragen.

Personale Niedrigschwelligkeit. Es war den Männern, die an den Gesprächen teilnahmen, offenbar wichtig, zuvor Gespräche zu beobachten und dabei die in Frage kommenden Berater unauffällig auswählen zu können.

Situative Niedrigschwelligkeit. Die Aktion bot den Männern viele Möglichkeiten, die Gesprächssituationen für sich zu interpretieren. Polit-Aktion, Werbekampagne, Beratungsangebot, staatliche Zwangsmaßnahme, Spielen und so weiter. Im Laufe des Kontaktes konnten und mussten die Männer die Situation wieder neu definieren. In diesem Rahmen kam es »spielerisch« zu Grenzüberschreitungen und Grenzverletzungen in Bezug auf die Intimsphäre der Männer. Erstaunlicherweise ließen die Männer dies zu, nach Meinung der Autoren zum einen aufgrund der Unfähigkeit, bei solchen intimen Fragestellungen Grenzen zu ziehen, und zum anderen, weil dabei angestaute Gefühle angesprochen wurden. Nach Auffassung der Autoren ist es den Männern in Beratungssituationen sehr wichtig, jederzeit das Setting verlassen, also dann, wenn es zu intim wird, auch flüchten (sich distanzieren) zu können.

18.4.2 Gemeindeaktion in Dorset

Das *Men's Health Forum* berichtet über eine gute und erfolgreiche Aktivität der Gesundheits-, Sozial- und Jugenddienste in Dorset (England). Dorset hat eine ländliche Bevölkerung mit einer hohen Arbeitslosenrate. Die Suizidrate in dieser Region war insbesondere unter den jungen Männern auffällig hoch. Mitte der Neunzigerjahre wurden spezielle Kampagnen in der Öffentlichkeitsarbeit für junge Männer gestartet, um deren Hilfesuchverhalten zu stärken. Diese Aktivitäten waren mit regionalen, intensiven Bemühungen verbunden, die verschiedensten kommunalen und freien Einrichtungen des gesamten Gemeinwesens auf die Bedeutung der geschlechtsspezifischen Probleme aufmerksam zu machen und diese zu befähigen, die Männer besser in ihre Aktivitäten einzubeziehen. So wurde eine gut besuchte multidisziplinäre Konferenz abgehalten, die zur Entwicklung eines 28-Punkte-Planes führte, der auch die Untersuchung bestehender Dienste sowie die Entwicklung von Krisendiensten einschloss. Eine sehr breit angelegte Kampagne bezog Aktivitäten in Schulen zu Problemen der psychischen Gesundheit sowie zu Drogen- und Alkoholmissbrauch ein. Die Aktivitäten wurden langfristig angelegt und viele davon evaluiert. In Dorset konnten die Suizidraten bei jungen Männern zwischen 15 und 24 Jahren innerhalb von fünf Jahren reduziert werden (*Men's Health Forum*, Onlinedokument).

18.4.3 Beispiel *neuhland*, Berlin

Das Problem des Suizides bei jungen Menschen führte Anfang der Achtzigerjahre zu der Initiative des Bundesministeriums für Jugend und Gesundheit, das Modellprojekt *Hilfen für suizidgefährdete Kinder und Jugendliche* aufzubauen. Dieses 1984 in Berlin unter dem Namen *neuhland* gestartete Projekt wurde nach der erfolgreichen Modellphase in Berlin mit Landesmitteln weitergeführt und ausgebaut. Die Einrichtung *neuhland* ist an zwei Standorten – in Berlin-Friedrichshain und -Wilmersdorf – mit jeweils einer Beratungsstelle für Kinder, Jugendliche und Familien sowie mit jeweils einer Krisenunterkunft, die suizidgefährdete Kinder kurzfristig aufnehmen kann, fester Bestandteil der Berliner Jugendhilfelandschaft geworden.

Von Beginn an hat sich die Einrichtung *neuhland* darum bemüht, insbesondere jene vielfach sozial benachteiligten Jugendlichen zu erreichen, denen es schwer fällt, aus eigener Kraft Hilfsangebote zu erschließen. Deshalb wurden vielfältige Wege der Öffentlichkeitsarbeit entwickelt. Im Rahmen von Prävention wird das Gespräch über Suizidgefährdung auch mit Lehrern und Schülern erörtert und diese zu Besuchen in der Beratungsstelle eingeladen.

Trotz dieser intensiven Bemühungen und der vielfältigen Öffentlichkeitsarbeit nehmen junge Männer das Angebot der Beratungsstelle deutlich weniger wahr als junge Frauen bzw. Mädchen.

Die Mitarbeiter bemühen sich inzwischen darum, mehr junge Männer zu der Beratung in der Beratungsstelle *neuhland* zu motivieren. Um die Bereitschaft zur Auseinandersetzung mit der Thematik zu erhöhen und eine geeignete Öffentlichkeitsarbeit zu entwickeln, wurden zwei Plakate entworfen, die die Zielgruppe ansprechen. Bei dem Plakat »Echte Männer lösen ihre Probleme selbst ... und wenn es das Letzte ist, was sie tun!« (vgl. **Abb. 18.1**) wird die angenommene innere Einstellung von Männern angesprochen. Mit einem weiteren Plakat, auf dem ein Mann mit einer Tätowierung »Selbstmord« auf dem Arm zu sehen ist, über der steht: »Selbstmordgedanken quälen – ein Anruf hilft« (vgl. **Abb. 18.2**), wird visuell ebenfalls gezielt der männliche Jugendliche gesucht. Insbesondere das zweite Plakat – das auch als Postkarte in Kneipen ausgelegt wurde – bemüht sich, die eher sozial benachteiligten jungen Männer aus unteren sozialen Schichten anzusprechen und ihnen einen Weg zur Beratung zu weisen.

Diese spezifische Öffentlichkeitsarbeit wurde im Mai 2002 fertiggestellt und kam seither im Bereich der Berliner U- und S-Bahn bzw. mit den Postkarten in Lokalen zum Einsatz. Die Aktivitäten wurden mit Hilfe von privaten Unterstützern und Förderern umgesetzt. Die Maßnahme ist aus Kostengründen nur mit einer sehr begrenzten Anzahl von Plakaten möglich, dafür jedoch auf einen längeren Zeitraum angelegt. Im ersten Jahr hat diese Maßnahme zumindest die Aufmerksamkeit bei Männern für das Problem der suizidalen Gefährdung erhöht, wie einige Nachfragen und Äußerungen zeigten. Eine statistisch nachweisbare höhere Zahl von männlichen Klienten konnte jedoch nicht nachgewiesen werden. Ein Problem ist sicherlich, dass diese Plakataktion noch eine relativ isolierte Maßnahme und z. B. der Anteil männlicher Berater bei *neuhland* weiterhin sehr gering ist.

Abb. 18.1: Echte Männer…

Abb. 18.2: Selbstmordgedanken

Michael Witte

18.5 Schlussfolgerungen: Anregungen und Fragen für Krisenberatungsstellen

Die dargestellten Beispiele für männerorientierte Praxisversuche sind sicher noch nicht als »Kopiervorlagen« für eine erfolgreiche geschlechtsrollenspezifische Krisenhilfe zu betrachten. Sie sind aber Ansätze für eine beide Geschlechter beachtende Beratungs- und Krisenhilfearbeit. In diesen Fällen haben die jeweiligen Akteure das Problem männlicher Klienten unter Beachtung ihrer sozialisationsbedingten Geschlechtsrolle angenommen und in einem Handlungsansatz aufgegriffen. Dies ist zunächst auch der wichtigste Schritt für die Beratungseinrichtungen: nicht länger das Problem der geringen Inanspruchnahmezahlen durch männliche Klienten verdrängen und in Sachberichten vertuschen. Dann können weitere Beispiele für die Ansprache der Zielgruppe männlicher Klienten entwickelt und erprobt werden.

So sollen die nachfolgenden Hinweise an die Praxis vor allem der Erhöhung der einrichtungseigenen Aufmerksamkeit für geschlechtsspezifische Probleme dienen.

- Geschlechtsrollenspezifische Aspekte hinsichtlich Konfliktbewältigungs- und Hilfesuchverhalten müssen von allen Einrichtungen überdacht und bei ihren Hilfeangeboten berücksichtigt werden.
- Die Einrichtungen müssen sich selbst als verantwortlich für ihre Schwierigkeit sehen, Männer zu erreichen. Ein weiteres Verlagern dieses Problems auf die Männer, »die sich ändern müssen«, wird kaum zu Veränderungen führen.
- Einrichtungen, die Männer erfolgreich ansprechen wollen, müssen von dem ausgehen, wie Männer aufgrund ihrer Geschlechtsrolle Emotionen und Hilfesuchen empfinden. Demgegenüber sind Angebote, die versuchen, emotionale Fitness und psychische Kraft als Ziel zu formulieren, eher in der Lage, Männer zu erreichen. Der Rahmen muss einen positiven, nicht stigmatisierenden Eindruck geben.
- Angebote, die z. B. plakatieren: »Verzweifelt? Brauchst du jemanden zum Sprechen?«, erreichen Männer offenbar kaum. So wird auch die ansonsten erfolgreiche Öffentlichkeitsbotschaft der Telefonseelsorge »Sprechen kann helfen« wahrscheinlich von Männern eher skeptisch gesehen werden. Nur ein Teil der Männer hat entsprechende positive Einstellungen zum Gespräch als Klärungsverfahren für persönliche Probleme. Es müssen also den männlichen Einstellungen und Krisenbewältigungsmustern entsprechende Botschaften gegeben werden. Für verschiedene Gruppen kann dies sehr unterschiedlich sein. Die Frage muss sein: Wie nehmen die Männer, die wir ansprechen wollen, unsere Botschaften wahr? Wie erreichen wir möglichst viele Männer? Wie erreichen wir auch diejenigen mit sehr traditionellem Rollenverhalten?
- Hilfreich können präventiv Seminare bzw. Kurse sein, die die Fähigkeiten von Männern verbessern, Krisen-Bewältigungsstrategien zu erweitern und psychoedukative Methoden zum Verständnis von Krisen und den Umgang mit Krisen zum Ziel haben. Solche Angebote könnten dann besonders hilfreich sein, wenn sie z. B. nicht erst in der Krise ansetzen, sondern sich z. B. in der Schule an alle wenden.
- Es müssten spezielle Weiterbildungsseminare für die Mitarbeiter psychologischer, sozialer und anderer beratender Einrichtungen etabliert werden, die spezielle Unterstützung für die Mitarbeiter bei der geschlechtsspezifischen Weiterentwicklung der Hilfeangebote geben.

Literatur

Altgeld, T. (2002). *Online-Dokument.* Niedersächsisches Ärzteblatt, 06/2002. www.haeverlag.de/archiv/n0602.htm.

Altgeld, T. (2006). Warum Gesundheit noch kein Thema für »richtige« Männer ist und wie es eines werden könnte. In J. Jacob & H. Stöver (Hrsg.), *Sucht und Männlichkeiten. Entwicklungen in Theorie und Praxis der Suchtarbeit.* Wiesbaden: VS.

Bergold, J. & Zimmermann, R.-B. (2003). *Wissenschaftliche Begleitforschung des Berliner Krisendienstes.* Eine Kooperation zwischen Freier Universität Berlin und katholischer Fachhochschule Berlin. Abschlussbericht, Band 1 und 2. Blaue Reihe, Berliner Zentrum Public Health.

Blech, J. & Bredow, R. v. (2003). »Eine Krankheit namens Mann«. *Der Spiegel,* Nr. 38 vom 15. September 2003, Seite 150ff.

Böhnisch, L. & Winter, R. (1993). *Männliche Sozialisation. Bewältigungsprobleme männlicher Geschlechtsidentität im Lebenslauf.* Weinheim: Juventa.

Bourdieu, P. (2005). *Die männliche Herrschaft.* Frankfurt: Suhrkamp.

Brandes, H. & Bullinger, H. (1996). Männerorientierte Therapie und Beratung. In H. Brandes & H. Bullinger (Hrsg.), *Handbuch Männerarbeit.* Weinheim: Beltz.

Brooks, G. R. (1998). *A new psychotherapy for traditional men.* San Francisco: m Jossey-Bass.

Bründel, H. & Hurrelmann, K. (1999). *Konkurrenz, Karriere, Kollaps: Männerforschung und der Abschied vom Mythos Mann.* Stuttgart: Kohlhammer.

Connell, R. W. (1999). *Der gemachte Mann. Konstruktion und Krise von Männlichkeiten.* Opladen: Leske + Budrich.

Gallisch, M. & Krichbaum, E. (1996). Streß und Streßverarbeitungsprogramme für Männer. In H. Brandes & H. Bullinger (Hrsg.), *Handbuch der Männerarbeit.* Weinheim: Beltz.

Grönemeyer, H. (1998). *Männer.* Songtext.

Jungnitz, J. (1995). *Männliche Rollenkonflikte beim Hilfesuchverhalten.* Diplomarbeit, Institut für Soziologie. Berlin.

Lloyd, T. (2002). »*Soldier it! Young men and suicide«. Young Men and Suicide.* Onlinedokument. London: Men's Health Forum.

Neumann, W. & Süfke, B. (2004). *Den Mann zur Sprache bringen. Psychotherapie mit Männern.* Tübingen: dgvt.

Schmidtke, A. (2002). Epidemiologie von Suizid und Suizidversuch in Deutschland. *Psycho,* 28 (202) 578–588.

Stengel, E. (1969). *Selbstmord und Selbstmordversuch.* Frankfurt: S. Fischer.

Trio Virilent (1995). *Überraschend beraten – niedrigschwellige Sexual- und Lebensberatung für Männer.* Tübingen: Neuling.

Trio Virilent (1996). *Kann man Männer beraten? Kritische Männerforschung* (Argument-Sonderband AS 246), S. 249ff.

Witte, M. (2001). Psychosoziale Krisenhilfe für Männer. In R. Freytag & T. Giernalczyk (Hrsg.), *Geschlecht und Suizidalität.* Göttingen: Vandenhoeck & Ruprecht.

19 Krisenintervention bei psychotischen Krisen – Was wir von den Skandinaviern lernen können

Volkmar Aderhold

> Der Beitrag beschreibt ein verändertes Herangehen an Menschen, die akut eine psychotische Krise durchleben. In den letzten Jahrzehnten wurden in mehreren skandinavischen Ländern unterschiedliche therapeutische Ansätze der Krisenintervention und Behandlung von schizophrenen Störungen evaluiert, als deren Ergebnis die Integration verschiedener Therapieelemente zum Bedürfnisangepassten Behandlungsmodell (*Need Adapted Treatment Model*) gelten kann. Darin leitet die systemische Perspektive sowohl das konkrete therapeutische Handeln als auch das paradigmatische Verstehen und verbindet sie individuenzentriert mit anderen Maßnahmen. Elemente der Krisenintervention, Krisenbegleitung und Therapie können dabei ineinander übergehen.

19.1 Einleitung

Ich bin auf meiner Suche nach dem bestmöglichen und zugleich in der Regelversorgung anwendbaren Behandlungsmodell für Menschen mit Psychosen auf den finnischen Ansatz gestoßen. Er hat eine hohe Plausibilität, kann weitere Behandlungsformen integrieren, wenn sie zusätzlich für notwendig erachtet werden, die Behandlungsergebnisse kompetenter Behandlungsteams sind beeindruckend und meines Wissens weltweit unübertroffen. Die durch diese Arbeitsform erreichbare minimale Anwendung von Neuroleptika ist für mich *ein* Grund für die guten Behandlungsergebnisse und hat mich daher zu einem kritischen Standpunkt zu unserer gegenwärtigen Behandlungspraxis veranlasst.

19.2 Entwicklungsgeschichte

Das Gesamtkonzept wurde über 25 Jahre kontinuierlich zunächst in der Psychiatrischen Universitätsklinik in Turku durch Yrjö Alanen gemeinsam mit vielen Mitarbeitern entwickelt. In langjährigen Entwicklungsschritten wurden diese spezifischen Behandlungselemente nacheinander in das Modell integriert:

- psychodynamische Individualtherapie,
- stationäre Psychiatrie als therapeutische Gemeinschaft,
- familientherapeutische Kurzzeitinterventionen (vorwiegend Mailänder Modell),
- niedrig dosierte und selektive Neuroleptikabehandlung (API-Projekt).

Das Ergebnis war das Bedürfnisangepasste Behandlungsmodell (Need Adapted Treatment Model), in dem die systemische Perspektive sowohl das konkrete therapeutische Handeln als auch das paradigmatische Verstehen zentral leitet, jedoch keinesfalls darauf einengt. Die zunächst angewandte systemische Methodik kam aus dem Mailänder Ansatz und war eher kurzzeitorientiert. Unter dem Einfluss des sozialen Konstruktionismus wurde die intersubjektive dialogische Konstruktion von Wirklichkeiten mit unaufhebbarer Vielstimmigkeit (»Polyphonie«) zur zentralen Grundannahme des systemischen Handelns. In der alltäglichen gemeindepsychiatrischen Praxis entwickelte Jaakko Seikkula mit diversen Mitarbeitern das systemische Modell des Offenen Dialoges zunächst vornehmlich an ersterkrankten psychotischen Patienten, ihren Familien und sozialen Netzwerken. Es bewährte sich auch für andere psychiatrische Störungsbilder. Eine Evaluationsstudie für depressive Störungen läuft derzeit.

Dieses Modell ist aus meiner Sicht die konsequenteste methodische Weiterentwicklung des bedürfnisangepassten Ansatzes und soll nachfolgend ausführlicher beschrieben werden.

19.2.1 Therapieversammlung bzw. Netzwerktreffen

Die *Therapieversammlung* ist das Zusammenkommen aller wichtigen und erreichbaren Bezugspersonen des Patienten in einer Krise und ist zugleich die zentrale therapeutische Krisen- und oft auch Langzeitintervention dieses Ansatzes. Sie hat gleichzeitig informative, diagnostische und therapeutische Funktionen: Alle Teilnehmer lernen alle unterschiedlichen Sichtweisen und Problemlagen kennen und entwickeln gemeinsam mit dem meist fallspezifisch zusammengesetzten Therapeutenteam ein Problemverständnis mit durchaus individuellen Unterschieden sowie hilfreiche Schritte für die Krisenbegleitung und die spätere Entwicklung.

Eine solche Sitzung dauert meist 1,5 Stunden, bei Bedarf auch länger, aber im Verlauf eher kürzer. Alle späteren Entscheidungen und Veränderungen des Behandlungssettings werden zunächst in den Therapieversammlungen diskutiert und entschieden.

Anfänglich können Therapieversammlungen in hoher Frequenz erforderlich sein, ggf. täglich, später dagegen finden sie in großen zeitlichen Abständen statt. Insgesamt liegt die durchschnittliche Häufigkeit dieser Therapieversammlungen in einzelnen Regionen über 5 Jahre bei 25 bzw. 40 Sitzungen. Mit der Erfahrung der Teams sinkt die Frequenz.

19.2.2 Therapeutische Prinzipien

Aus der projektbegleitenden Handlungsforschung zur Effektivitäts- und Prozessevaluation wurden in Westlappland sieben therapeutische Prinzipien abgeleitet (Seikkula & Alakare, 2007; 2008):

1. Sofortige Hilfe

Ein Anruf – von wem auch immer – genügt, und ein Netzwerktreffen kann innerhalb von 24 Stunden, bei Einverständnis in der Wohnung des Klienten bzw. der Familie, stattfinden. Niedrigschwelligkeit und Frühintervention unter Nutzung aller verfügbaren Ressourcen sind so essentiell für das therapeutische Gelingen, dass das System ganz auf die Sicherstellung dieses Prinzips ausgerichtet ist. Die Wirksamkeit eines psychotherapeutischen Zugangs erhöht sich dadurch deutlich, und die Notwendigkeiten von Medikation und Hospitalisierung sinken. Ein Krisendienst im Hintergrund erleichtert die Arbeit und senkt die Hospitalisierungsrate weiter. Auch im späteren Verlauf bleibt diese Reaktionsflexibilität und Frühintervention bei Krisen essentiell.

In den ersten Tagen einer Krise kommen belastende Inhalte sehr viel leichter zur Sprache als später. Sind Äußerungen des Patienten zu Beginn noch unverständlich, so wird mit zunehmender Information oft deutlich, dass er von realen Vorkommnissen in seinem Leben spricht. Auch Halluzinationen können direkt angesprochen und reflektiert werden. Oft sind es ängstigende und bedrohliche Begebenheiten, über die der Patient bisher noch nicht sprechen konnte. Manchmal weisen auch nur die Affekte auf solche Erfahrungen hin. Es scheint, als bestünde für das Aussprechen subjektiv extremer Erfahrungen öfter nur ein kurzes Zeitfenster von wenigen Tagen. Das Team kann durch die Herstellung eines sicheren Rahmens eine offene Atmosphäre und aufmerksames Zuhören das Aussprechen fördern. Die Therapeuten versuchen dann, diesen schmerzhaften Erfahrungen eine verstehende Sprache zu geben, und die damit verbundenen Gefühle so erträglicher zu machen. Gelingt dies nicht, bedarf es meist einer mehrmonatigen Einzeltherapie, um diese Inhalte aussprechbar bzw. bewusst zu machen.

2. Einbeziehen des sozialen Netzwerkes

Von Beginn an, auch wenn der Patient akut psychotisch ist, werden die Familie und wichtige verfügbare Bezugspersonen einbezogen. Fragen zur Klärung des Teilnehmerkreises sind: Wer weiß von der Situation und hat sich dazu Gedanken gemacht? Wessen Teilnahme am ersten Treffen könnte hilfreich sein? Die Einladung sollte so alltäglich und selbstverständlich wie möglich erfolgen.

Grundsätzlich wird das persönliche Netzwerk des Patienten als eine potentielle Ressource bewertet und so weit wie möglich nutzbar gemacht. Auch ehemalige professionelle Helfer sollten, wenn möglich, schnell eingeladen werden.

Will der Patient nicht an der Sitzung teilnehmen, wird entschieden, ob das Treffen trotzdem fortgesetzt wird. In diesem Falle wird der Patient darüber informiert, möglicherweise kann er der Sitzung durch eine geöffnete Tür lauschen. Er kann jedoch auch dann jederzeit direkt teilnehmen, wenn er dies möchte. Während der Sitzung ohne den Patienten fallen keine Entscheidungen, die den Patienten betreffen. Falls Gefahrenmomente deutlich werden, so dass die Professionellen sich doch zum Handeln gezwungen sehen, wird der Patient zuvor davon unterrichtet.

Im Laufe des Behandlungsprozesses können weitere Personen wichtig werden. Dann werden beispielsweise auch Lehrer, Arbeitgeber, Vertreter von Arbeitsämtern etc. zeitweise in die Therapieversammlungen eingeladen. Dabei kann der Ort der Versammlungen so wechseln, wie es günstig erscheint.

»Bei einer Netzwerk-Perspektive sollten alle in den Prozess integriert werden, denn das Problem ist nur gelöst, wenn alle, die es als solches definiert haben, es nicht mehr als Problem bezeichnen.« (Seikkula & Alakare, 2007)

3. Flexible Einstellung auf die Bedürfnisse

Jeder Fall wird als einmalig angesehen, deshalb gibt es keine standardisierte Behandlung und keine festgelegten Behandlungsprogramme. Alle Therapiemethoden müssen an die Sprache, Lebensweise, individuellen Möglichkeiten und Interessen des Patienten und seiner Familie angepasst werden. Insbesondere sollten innere oder äußere Sitzungsroutinen vermieden werden. Die Flexibilität von Ort und Frequenz der Sitzungen gehört ebenfalls dazu. Es wird daher immer nur die nächste Sitzung vereinbart.

4. Verantwortung (als Team) übernehmen

Das psychiatrische System übernimmt die Verantwortung für die Organisation einer Therapieversammlung nach einem Hilferuf. Erst in diesem Treffen wird festgelegt, wer zu dem längerfristig verantwortlichen Team gehört. Bei komplexen Problemlagen sind es Mitarbeiter aus unterschiedlichen Einheiten des Systems, z. B. zusätzlich aus der Suchtabteilung oder aus dem Sozialamt. Alle Teammitglieder kümmern sich um das Einholen der erforderlichen Informationen, um die bestmöglichen Entscheidungen zu treffen.

5. Psychologische Kontinuität

Therapieabbrüche oder Therapeutenwechsel sollen so weit wie möglich verhindert werden. Unterschiedliche angewandte Therapiemethoden werden über die Therapieversammlungen in den Gesamtprozess integriert; z. B. nimmt ein Einzelpsychotherapeut möglichst zu Beginn der Therapie und wiederholt im Verlauf an diesen Sitzungen teil. In dieser Situation bleibt er der Vertraute des Patienten. Der potentielle Zeitrahmen bei psychotischen Krisen umfasst 5 Jahre, evtl. auch länger; 60 % der Behandlungen sind jedoch bereits nach 2 Jahren abgeschlossen.

6. Unsicherheit tolerieren

Um ein vertieftes Verstehen und einen koevolutiven Prozess zu ermöglichen, sollten Therapeuten auf vorschnelle Festlegungen (Diagnosen) und damit auf gewohnte Sicherheit so weit wie möglich verzichten. Das Ertragen von Unsicherheit wird durch eine als sicher erlebte Situation erleichtert. In Krisen ist dies durch tägliche Behandlungstreffen zu gewährleisten. Mehr Sicherheit entsteht auch, wenn jeder der Beteiligten angehört wird. Diagnosen und Krankheitskonstrukte sind Prozeduren, die vermeintliche Sicherheiten schaffen. Durch den Zugang über die subjektiven Problemlagen wird grundsätzlich auf diese konstruierte Sicherheit verzichtet. Die Transparenz unterschiedlicher Einschätzungen bei den Professionellen durch offene Reflexionen und die Erfahrung einer Klärung im Prozess kann das Vertrauen der Klienten in den Prozess erhöhen und als Modell wirken.

7. Förderung des Dialogs (Dialogik)

Der Schwerpunkt therapeutischer Konversation liegt auf der Förderung von offenen Dialogen in und mit der Familie und dem sozialen Netzwerk. Offene Dialoge entstehen eher durch eine Veränderung des eigenen Handelns des Teams als durch Versuche, die Klienten zu verändern.

Dialoge werden als gemeinsames Nachdenken aufgefasst, in denen eine größere Kompetenz für die eigene Lebensgestaltung entstehen kann. Es soll mehr Handlungsfähigkeit im eigenen Leben entstehen, jedoch nicht durch die Instruktion zu einer gezielten Veränderung. Möglicherweise kommen die Dialogpartner zu einem neuen gegenseitigen Verständnis. In Dialogen werden unterschiedliche Erfahrungen und Wirklichkeitskonstruktionen in einen Bezug zueinander gebracht, damit Differenzen erkannt und Missverständnisse geklärt werden können.

Der Raum für neue Bedeutungen entsteht dabei nicht in jedem Einzelnen, sondern im interaktionellen Raum zwischen den Gesprächsteilnehmern während der dialogischen Praxis. Jede neue Antwort kann dabei die vorhandenen Bedeutungen verändern, insofern ist der Dialog offen und niemals abgeschlossen. Nicht endgültige Beschreibungen oder Erklärungen sind das Ziel, sondern der Dialog selbst ist ein gegenseitiges Handeln, das Subjekt-Subjekt-Beziehungen erzeugt, die auch die Therapeuten einbeziehen.

Oft befinden sich die Menschen in anfänglichen Therapieversammlungen in extremen Lebenssituationen mit tiefen emotionalen Erfahrungen. Am Beginn steht oft ein Gefühl der Ohnmacht und Hoffnungslosigkeit. Dieses darf jedoch zugelassen werden und kann eine Chance sein, um ein Gemeinschaftsgefühl zu entwickeln. Auch Therapeuten können mit intensiven Gefühlen reagieren und bewegen sich in einem Feld jenseits therapeutischer Technik.

In Krisen kann das Sprechen zunächst »monologisch« sein, indem die Therapeuten in der 3. Person über das Patientenverhalten sprechen und die Diagnose zum Thema machen. Dialoge entstehen dagegen durch eine menschliche Begegnung der Therapeuten mit den Netzwerkbeteiligten.

Die Entstehung von »Ich-Du-Dialogen« (Buber) ist Voraussetzung für ein gegenseitiges Sich-Einlassen und wachsende Empathie, für Verständnis und Verstehen.

19.2.3 Weitere Besonderheiten

Aus den dargelegten Prinzipien ergeben sich einige weitere Aspekte.

Antipsychotische Medikamente selektiv und in möglichst geringer Dosierung

Eine neuroleptische Medikation soll bei Ersterkrankten in den ersten 3–4 Wochen ganz vermieden werden. Im Fall von Ängsten und Schlafstörungen sind Benzodiazepine o. ä. die Mittel der ersten Wahl. Neuroleptika werden, wenn dann noch erforderlich, erst später und in geringer Initialdosierung gegeben und gegebenenfalls allmählich erhöht. Bei Nebenwirkungen wird üblicherweise die Dosierung gesenkt. Die Einnahme von Neuroleptika ist in der Regel mit Ambivalenz und Unsicherheit verbunden und soll daher zunächst in drei Therapieversammlungen besprochen werden, bevor eine Entscheidung getroffen wird.

Patienten, die in der ersten psychotischen Krise keine Neuroleptika benötigen, können in der Regel auch in weiteren Krisen auf sie verzichten. Wurden Strategien angewandt, die Medikation möglichst minimal zu halten, konnten 40–70 % der Patienten mit erster psychotischer Episode über 5 Jahre kontinuierlich erfolgreich ohne Neuroleptika behandelt werden, ebenfalls bis zu 55 % der Patienten mit einer Schizophrenie-Diagnose. Je erfahrener das Team, desto geringer der Einsatz von Neuroleptika.

Integration verschiedener Therapieformen

Die unterschiedlichen therapeutischen Zugänge sollen sich gegenseitig ergänzen anstelle eines »Entweder-Oder«-Vorgehens. Die weiteren therapeutischen Angebote sind auch abhängig von den regionalen Gegebenheiten. Zum essentiellen Kern gehören derzeit Einzeltherapie, Kunsttherapie, arbeitstherapeutische Begleitung als »training on the job« oder nachrangig Maßnahmen beruflicher Rehabilitation. Gruppentherapien werden derzeit selten praktiziert. Die Fokussierung der personellen Ressourcen liegt eindeutig auf den psychotherapeutisch bedeutsamen Kerninterventionen, ein versorgungspolitisch wesentlicher Grundsatz.

Psychodynamisch orientierte Einzeltherapie

Historisch betrachtet, hat sich der bedürfnisangepasste Ansatz aus der psychodynamischen Tradition der Psychosenbehandlung entwickelt. Psychodynamische Einzeltherapie wurde als wirksam evaluiert, jedoch mit geringeren Effekten als die therapeutische Arbeit mit Familien und Netzwerken. Aus klinischer Sicht ist sie vorwiegend für Patienten geeignet, die bereits eine autonomere Persönlichkeit entwickelt haben und schon aus der Ursprungsfamilie ausgezogen sind. Ihre initiale psychotische Symptomatik ist zumeist von einem akuten Krankheitsbeginn gekennzeichnet. Eine grundlegende Einsichtsfähigkeit in den Zusammenhang von Problemen und Symptomen und eine geringe Neigung zum Ausagieren sind wesentlich. Voraussetzung ist die Möglichkeit zu ausreichender zeitlicher Kontinuität bei Therapeut und Patient. Für diese Einzeltherapie entscheiden sich ca. 50 % der Ersterkrankten. Sie findet entweder als fokussierte Einzeltherapie bei spezifischen Problemlagen oder auch längerfristig und kontinuierlich statt.

Kognitiv-behaviorale Einzeltherapie

Die kognitiv-behaviorale Einzeltherapie ist für persistierende Positiv-Symptome wie Halluzinationen und Wahnerleben als wirksam evaluiert. Auch in den englischen NICE-Leitlinien (NICE clinical guideline 82, 2009) wird sie als obligates psychotherapeutisches Verfahren in Kombination mit Familientherapie gefordert.

19.3 Evaluation des bedürfnisangepassten Behandlungsansatzes und Dialogs

In finnischen und schwedischen Projekten sind Evaluationsstudien über 2–5 Jahre an Ersterkrankten mit Schizophrenie-Diagnose bzw. erster psychotischer Episode durchgeführt worden (N=30 bis 106). Als Kontrollgruppen dienten Ersterkrankte einer früheren historischen Periode oder einer vergleichbaren Versorgungsregion. Die Ergebnisse geben starke Hinweise auf eine deutliche Überlegenheit des Ansatzes gegenüber traditionellen Behandlungsmethoden. Die Restsymptomatik und Rückfallhäufigkeit im Verlauf ist deutlich geringer und der Anteil von Klienten in Ausbildung, Studium oder Arbeit deutlich höher, in einer Studie nach 5 Jahren sogar 80 %. Die Notwendigkeit von Behandlungstagen im Krankenhaus sinkt deutlich, in einer Studie durchschnittlich 17 Tage in 5 Jahren. Therapieabbrüche werden selten.

An einem Praxisbeispiel soll der Ansatz weiter verdeutlicht werden.

19.3.1 Die Vergewaltiger kommen

»Auf Anraten ihrer Mutter nahm Anita selber den Kontakt zur Poliklinik auf. Zu Beginn der ersten Sitzung berichtete sie, dass sie befürchte, verrückt zu werden. Sie sprach über ihre Furcht in einer kohärenten Art und Weise und sagte, dass sie seit einigen Monaten ihr Gedächtnis eingebüßt habe. Obwohl sie sich an frühere Ereignisse erinnere, sei sie sich unsicher, wenn es um aktuelle Begebenheiten in ihrem Leben ging. Sie sagte auch, dass sie den Verdacht habe, in Kämpfe verwickelt zu sein und jemanden geschlagen zu haben, konnte sich aber nicht genau daran erinnern. Sie gab selber an, dass sie vielleicht paranoid sei. Die folgende Gesprächssequenz gibt die anfänglichen Äußerungen im Erstgespräch wieder. A steht für Anita, T für die Therapeuten. In der Versammlung waren Anita und drei Therapeuten anwesend.

T1: *Womit sollen wir beginnen?*
A: *Ich kann mich überhaupt nicht mehr an mein Leben erinnern.*
T1: *Geht Ihnen das schon lange so, dass sie sich an nichts mehr erinnern können?*
A: *Nun, ich weiß nicht, ob das jetzt schon zwei Monate so geht. Ich weiß nicht, ob ich mit jemandem in Kontakt gekommen bin ... Aber wenn ich meine Wohnung verlasse, weiß ich noch nicht einmal, ob ich da war und ob das hier ist, wo ich plötzlich auftauche ...*
T2: *Mit wem wohnen Sie zusammen?*
A: *Ich habe allein gewohnt, aber jetzt bin ich zu meinen Eltern gegangen.*
T1: *Und wie lange haben Sie alleine gelebt?*
A: *Hmm ... drei oder vier Jahre lang. Drei Jahre.*

Mit der Antwort auf die Eröffnungsfrage geht Anita das Kernthema ihrer Erfahrungen an. Das Team gestaltete seine weiteren Fragen im Sinne einer Antwort auf ihre Bemerkung. Die Unterhaltung verlief von Anfang an sehr informativ, so dass in kurzer Zeit wichtige Informationen zu Anitas Lebenssituation zusammengetragen wurden. Sie selbst hatte den Eindruck, dass sie erhebliche Probleme hatte, und sie konnte auch ihre Situation gut beschreiben. Ihre Art sich zu äußern war nicht psychotisch, wenngleich sie über merkwürdige Begebenheiten sprach. Eine Veränderung wurde sichtbar, als sie anfing, mehr über die Familie zu sprechen.

T1: *Wer hatte die Idee, dass Sie herkommen sollten?*
A: *Also ... Mutters Idee.*
T2: *Und welcher Art waren die Sorgen, die sich Ihre Mutter machte?*
A: *Ich weiß nicht, ob ich mit ihr gesprochen habe. Ich kann mich an nichts erinnern.*

Ich habe den Eindruck, dass ich jemanden geschlagen habe, aber ich kann mich nicht erinnern.
T2: *Hat Ihnen jemand das gesagt?*
A: *Nein, aber ich bin paranoid und habe mein Erinnerungsvermögen verloren. Dann denkt man, dass etwas passiert ist.*
T1: *Wie ist es denn mit ihrem Vater? Macht er sich Sorgen über einen bestimmten Punkt?*
A: *Das weiß ich nicht, aber gestern Abend, als wir Fernsehen geguckt haben, ist er schlafen gegangen und dann morgens zur Arbeit.*
T1: *Und wie war das für Sie, als Sie nach Hause zurückkehrten?*
A: *Ja, also ich hatte Angst vor anderen. Ich habe mich mit diesen Jungens gestritten, nicht … Fürchte mich vor ihnen, wissen Sie … sie haben sich Schlüssel zu meiner Wohnung anfertigen lassen … dann sind sie hereingekommen, haben mich vergewaltigt und diese Sachen mit mir gemacht.*
T1: *War das im Mai?*
A: *Ich habe in meinem Appartement gelebt. Sehen Sie, jemand ist in meine Wohnung gekommen, sie haben mich verleumdet, oder so …? Sie haben mit Gewalt den Schlüssel gestohlen. Und haben einen Nachschlüssel gemacht und konnten kommen, wann immer sie wollten. Ich weiß nicht, ob das passiert ist, als ich schlief … dann haben sie mir einige Pillen gegeben und ich wurde verwirrt und fing an … Ich weiß nicht. Oder, wenn Sie ein Medikament einnehmen, ohne dass Sie es wissen und dann, wenn sie in ihre Wohnung kommen, warten sie, bis du schläfst und danach kommen sie mit ihrem eigenen Schlüssel herein …*

Zunächst beschreibt Anita ihre merkwürdigen Erfahrungen in einer Art und Weise, dass sie diese als eigene Gedanken darstellen konnte. Das Team war in der Lage, ihre schwierige Situation zu verstehen. Obwohl die Erfahrungen, die sie beschreibt, psychotischer Natur gewesen sein können, war sie selbst nicht psychotisch, bis die Kohärenz ihrer Geschichte zusammenbrach, und zwar an der Stelle, als das Team nach den Sorgen der Eltern fragte. Besonders als es um den Vater ging, nahm ihre Angst zu. Sie berichtete, wie eine Straßengang in ihre Wohnung eindrang und ihr sexuelle Gewalt antat. Ihre Geschichte wurde immer beängstigender, so dass es nicht länger um ihre Angst vor einem Gedächtnisverlust ging. Stattdessen war sie panisch und beschrieb eine für sie reale Situation.

Das alles passierte anscheinend, nachdem das Team nach den Sorgen des Vaters um sie fragte. In dieser Versammlung erschien all dies unverständlich, aber im Verlaufe des Behandlungsprozesses wurden schwere Eheprobleme der Eltern deutlich. Ihr Vater hatte ein Alkoholproblem und die Mutter war depressiv. Die Patientin nahm außerdem an, dass Menschen gestorben seien, wenn sie nicht da sind, und das könnte sich auch auf die Beschreibung der Sorgen des Vaters beziehen, der ja am Morgen zur Arbeit verschwunden war. In einer gewissen Weise wurde das »psychotische Verhalten« von den Fragen des Teams »verursacht«. Die Teammitglieder können aber natürlich nicht auf solche Fragen verzichten, weil sie nicht von vornherein wissen können, welche zurückliegenden, noch nicht angesprochenen Erfahrungen vielleicht mit dem psychotischen Verhalten verknüpft sind. Das Team sollte jedoch darauf so reagieren, dass sie den Patienten ermutigen, mehr darüber zu berichten, was nach Meinung des Patienten passiert ist. Die psychotische Geschichte wird dann eine Stimme unter anderen im Dialog und die Therapeuten haben die Aufgabe auch diese zu verstehen.

In einer dialogischen Beratung werden vorab nicht viele Informationen benötigt; was relevant ist, lässt sich in der Versammlung eruieren. Es ist nicht erforderlich, Verhaltensregeln zu definieren oder die Funktion der psychotischen Symptome wie in einer systemischen Familientherapie. Es kommt darauf an, im Dialog geistesgegenwärtig zu reagieren. Der Dialog selbst wird zum Ziel.«
(Seikkula & Arnkil, 2007, S. 151–153)

Weitere anschauliche Beispiele finden sich in dem zitierten Band von Seikkula und Arnkil. Eine ausführliche Darstellung der Forschungsergebnisse geben Aderhold et al. (2003), Cullberg (2008), Cullberg et al. (2006) sowie Seikkula et al. (2006) und (Seikkula & Arnkil, 2007).

Das Need Adapted Treatment Model ist u. E. gegenwärtig das Behandlungsmodell, das am konsequentesten alle Phasen und Kontexte der Menschen mit psychotischen Störungen umfasst und diese durchgängig in die psychiatrisch-psychotherapeutischen Interventionen einbezieht.

19.4 Fazit und Ausblick

Familientherapie bei Menschen mit psychotischen Störungen ist die wirksamste psychotherapeutische Methode zur Rückfallprophylaxe (z. B. Pharao et al., 2006).

Im Vergleich zu üblichen familientherapeutischen Modellen kennzeichnen die bedürfnisangepasste Behandlung und der offene Dialog spezifische Modifikationen, die die Wirksamkeit anscheinend noch verbessern und die Methode für mehr Familien erreichbar machen. Dies gelingt durch eine möglichst frühe und entschiedene Arbeit mit der Krise, die sofort mit dem ersten therapeutischen Kontakt beginnt. Sie sind Modelle der Primär- und Basisversorgung und umfassen (potentiell) die gesamte Versorgung einer gemeindepsychiatrischen Region. Die Grundversorgung wird mit einem hohen psychotherapeutischen Niveau aller Berufsgruppen praktiziert, systemisches Arbeiten ist Kern der psychiatrischen Versorgung und wird in selbstverständlicher Weise mit einzeltherapeutischen Verfahren kombiniert.

Statt mit Familien wird – wenn möglich – mit sozialen Netzwerken gearbeitet, um die Ressourcenorientierung zu verstärken und um bei sehr aufgeladener Familiendynamik die Beteiligten zu entlasten – eine deutlich erlebte Erleichterung.

Das Vorgehen ist ausgeprägt prozessorientiert, sowohl in der Struktur als auch in der Haltung. Über das Setting und alle weiteren therapeutischen Fragestellungen wird transparent und in Kooperation mit dem Klientensystem entschieden. Iatrogene Prozesse durch übertriebene Maßnahmen werden vermieden und die natürlichen Potentiale erschlossen. Eine unnötige Ghettoisierung wird so weit wie möglich vermieden. Flexible Akutteams ermöglichen maximale Lebensfeldorientierung und die Arbeit innerhalb des natürlichen Sozialraums. Soziale Inklusion und natürliche Beziehungen zu Peers werden so weit wie möglich aufrechterhalten.

Literatur

Aderhold, V., Alanen, Y., Hess, G. & Hohn, P. (Hrsg.) (2003). *Psychotherapie der Psychosen. Integrative Behandlungsansätze aus Skandinavien*. Gießen: Psychosozial Verlag.

Alanen, Y. O. (2001). *Schizophrenie – Entstehung, Erscheinungsformen und bedürfnisangepaßte Behandlung*. Stuttgart: Klett-Cotta.

Cullberg, J. (2008). *Therapie der Psychosen. Ein interdisziplinärer Ansatz*. Bonn: Psychiatrie-Verlag.

Cullberg, J., Mattsson, M., Levander, S. et al. (2006). Treatment costs and clinical outcome for first episode schizophrenia patients: a 3-year follow-up of the Swedish ›Parachute Project‹ and Two Comparison Groups. *Acta Psychiatrica Scandinavica* 108 (10): 274–281.

Lehtinen, V., Aaltonen, J., Koffert, T. et al. (2000). Two-year outcome in first episode psychosis treated according to an integrated model. Is immediate neuroleptisation always needed? *European Psychiatry* 15, S. 312–320.

NICE clinical guideline 82 (2009). *Schizophrenia – Core interventions in the treatment and management of schizophrenia in adults in primary and secondary care*. Developed by the National Collaborating Centre for Mental Health.

Pharoah, F., Mari, J., Rathbone, J. & Wong, W. (2006). Family intervention for schizophrenia. *Cochrane Database Syst Rev*. 2006 Oct 18;(4): CD000088.

Seikkula, J. (2002). Die Kopplung von Familien und Krankenhaus. In N. Greve, T. Keller (Hrsg), *Systemische Praxis in der Psychiatrie*. Heidelberg: Carl-Auer-Systeme.

Seikkula, J., Aaltonen, J., Alakare, B. & Haarakangas, K. (2006). Five-years experiences of first-episode nonaffective psychosis in open-dialogue approach: Treatment principles, follow up outcomes, and two case studies. *Psychotherapy and Research*, 16: 214–228.

Seikkula, J. & Alakare, B. (2007). Offene Dialoge. In: P. Lehmann & P. Stastny (Hrsg.), *Statt Psychiatrie 2*, Berlin: Antipsychiatrie Verlag.

Seikkula, J. & Arnkil, T. E. (2007). *Dialoge im Netzwerk. Neue Beratungskonzepte für die psychosoziale Praxis*. Neumünster: Paranus Verlag.

Teil IV: Bei Gewalt und Trauma helfen

20 »Den Albtraum beenden ...« – Krisenintervention nach akuten Traumatisierungen

Gabriele Schmidt

Der Beitrag stellt einen Leitfaden für die Krisenintervention nach Traumatisierungen dar und markiert die Unterschiede gegenüber dem Vorgehen in der Krisenintervention bei Veränderungskrisen. Nach einigen Überlegungen zum aktuellen und historischen Umgang mit dem Thema Trauma gibt die Autorin zunächst eine Einführung in das Kapitel »Trauma und seine Folgen«. Neben der Definition des traumatischen Ereignisses, hirnphysiologischen Aspekten und dem Zeitverlauf des Verarbeitungsprozesses werden posttraumatische Reaktionen und Störungen, insbesondere die Posttraumatische Belastungsstörung, dargestellt. Ein Blick auf die Komorbidität zu anderen Störungen zeigt vielfältige Zusammenhänge. Ausgehend von der Frage »Was hält gesund – und wer erkrankt?« werden Faktoren beschrieben, die vor Erkrankung schützen, und andere, die eher als ein Risiko zu bewerten sind. Diese Faktoren bilden u. a. die Ansatzpunkte für das Vorgehen in der Krisenintervention nach Traumatisierungen. Die Interventionen setzen, wie die Extremereignisse auch, in erster Linie an den existenziellen Bedürfnissen an, insbesondere an der Sicherheit. Dazu beschreibt die Autorin Richtlinien, wie die Krisenintervention nach Traumatisierungen ausgerichtet werden muss. Das Fallbeispiel einer ambulanten Krisenintervention nach erlittener Traumatisierung spannt den Bogen in die Praxis. Resümierend wirbt Schmidt für eine stärkere Öffnung der Krisenintervention für diese Thematik, was an die HelferInnen hohe Anforderungen bezüglich ihrer Flexibilität, Belastungsfähigkeit, Fachlichkeit, Reflexionsvermögen und Selbstfürsorge stellt.

20.1 Einführung

In meiner langjährigen Tätigkeit in der stationären Krisenintervention sind mir immer wieder Menschen begegnet, die Ereignisse zu verarbeiten hatten, die tiefe Erschütterungen ihres Selbst- und Weltverständnisses ausgelöst haben. Dabei ging es nicht nur um das Persönliche, das Eigene und das veränderte Erleben, sondern oftmals gleichermaßen um das soziale Umfeld, das betroffen, ratlos aber auch so manches Mal aggressiv und verständnislos beschuldigend reagierte.

Wie nun am besten helfen? Was brauchen diese Menschen? Wie intervenieren? Und was löst das bei mir aus?

Die Auseinandersetzung mit diesen Themen brachte mich zunächst zu den Familientherapeuten, bei denen ich gelernt habe, was der Begriff »generationsübergreifend« bedeutet. Nämlich, dass Leid und Dynamik unbewältigter Traumata von Generation zu Generation weitergegeben werden. Das Bemühen, einen Umgang damit zu finden, gelingt nicht immer befriedigend, sondern mündet leider oftmals in destruktiven Prozessen, die einem Teufelskreis gleichen. Zum Fachbereich Psychotraumatologie bin ich schlussendlich durch einen Patienten gekommen, der eigeninitiativ einige Wochen nach der Krisenintervention mit den Worten: »Das hilft mir, gehen Sie da mal hin ...« ein Faltblatt eines traumaspezifischen Therapie- und Fortbildungsinstituts vorbeibrachte.

Seitdem sind viele Jahre vergangen. Ich bin dorthin gegangen, und inzwischen gehören die Grundlagen der Psychotraumatologie zu meinem fachlichen Fundament, ohne die ich mir meine Arbeit nicht mehr vorstellen kann und die entscheidend zu mehr Verstehen beigetragen haben.

20.1.1 »Trauma« – ein neues Augenmerk?

Das Thema Trauma ist in aller Munde. Vom »Normalbürger« bis in die Ministerien beschäftigt man sich aus unterschiedlicher Motivation heraus mit Traumatisierungen aller Art. Die Presse »versorgt« uns tagtäglich mit neuen Meldungen von Verkehrsunfällen, Gewalttaten und Naturkatastrophen. Der »internationale Terrorismus« hat das Gefühl einer Gefährdung bis in unsere Wohnzimmer getragen. Und doch zeigt sich, dass diese Thematik zwar alltäglich, aber immer noch keine Selbstverständlichkeit ist. In manchen psychosozialen Bezügen, medizinischen Fachdisziplinen und sogar psychiatrischen Stationen bzw. Kliniken sind Folgeerkrankungen nach Traumatisierungen, wie die Posttraumatische Belastungsstörung (PTBS), bisweilen nur unzureichend bekannt oder werden sogar geleugnet. In den letzten hundert Jahren gab es mehrere mit heute vergleichbare Forschungsphasen, die jedoch rasch wieder abebbten.

Judith Herman (1993) bringt dieses einer Amnesie gleichende Phänomen mit der Einschätzung in Verbindung, dass die Auseinandersetzung mit dieser Thematik prinzipiell grundlegende Glaubensfragen aufwirft. Rückblickend auf die Geschichte hat dies so starke Kontroversen provoziert, dass Thesen tabuisiert wurden und als Konsequenz wertvolles Wissen wieder in den Schubladen verschwand.

Möglicherweise steht in Deutschland die partielle Abwehr gegen diese Thematik, gesellschaftlich/historisch betrachtet, mit seiner Geschichte in Zusammenhang. Die deutsche Bevölkerung ist durch die Weltkriege ein über Generationen hinweg traumatisiertes Volk. In deren Verlauf ist es zum Täter, Opfer, Mitläufer und Zeugen geworden und zum Teil bis heute einem Vermeidungsverhalten unterworfen, sich mit diesem Thema auseinanderzusetzen.

Aus systemischer Perspektive bedeutet letzterer Punkt, dass die heutigen Generationen ein Erbe tragen, das noch aus dieser Zeit stammt. Sätze von Jugendlichen wie: »Damit habe ich nichts zu tun, damals habe ich noch nicht gelebt« signalisieren diesbezügliche Unabhängigkeits- und Abgrenzungsbemühungen. Die Beschäftigung mit aktuellen Traumata ist somit auch als eine Chance zu verstehen, Verantwortung zu übernehmen und destruktive generationsübergreifende Prozesse (z. B. Opfer werden zu Tätern, Wiedergutmachungsaufträge etc.) aus weit zurückliegenden Traumatisierungen zu unterbrechen.

So ist der Verlauf des Themas »Trauma« immer zeit- und kontextbezogen zu betrachten und das aktuelle Comeback auch als Zeichen der Bereitschaft für Aufarbeitung, Entwicklung und Wachstum zu begreifen, in der die Krisenintervention eine für Betroffene richtungsweisende Rolle spielt.

20.1.2 Erfordernisse für eine neue Auseinandersetzung mit einem alten Thema

Zwingende Grundlage für eine aktuelle Beschäftigung mit dem Thema »Trauma« bilden letztlich die umfangreichen Forschungsergebnisse in dem Fachbereich Psychotraumatologie. Sie erfordern eine Diskussion über einen möglichen Paradigmenwechsel im wissenschaftlichen Verständnis von Symptomentstehung und psychotherapeutischen Behandlungsansätzen. Dieser Prozess ist vielerorts in Gang gekommen, verschiedene Fachgesellschaften sowie Fortbildungsinstitute sind inzwischen entstanden.

Weiterer Handlungsdruck entsteht aus der hohen Anzahl an Menschen, die nach traumatischen Ereignissen behandlungsbedürftige Störungsbilder entwickeln. 1980 wurde mit der Systematisierung posttraumatischer Symptomatik die Diagnose »Posttraumatische Belastungsstörung« (englisch: Posttraumatic Stress Disorder, PTSD) in das US-amerikanische Krankheitsklassifikationssystem DSM aufgenommen. In den frühen 90er-Jahren folgte der Eintrag in die internationale Klassifikation der Weltgesundheitsorganisation ICD-10. Damit entstand erstmalig die Möglichkeit, Zahlenmaterial u. a. über das Vorkommen der PTBS zu erhalten.

Zum Beispiel: In Deutschland wurden im Jahre 2002 ca. 197 000 Gewalttaten[8] verübt. Bei einer Erkrankungsrate von 25 % nach Gewaltverbrechen (Flatten et al., 2001) ist hier mit knapp 50 000 an PTBS erkrankten Gewaltopfern zu rechnen. Die Münchener Rückversicherungs-Gesellschaft zählte im selben Jahr 136 Naturkatastrophen in Europa, bei denen 459 Menschen ums Leben kamen[9]. Die Anzahl direkt und indirekt betroffener Überlebender (vgl. Jahrhunderthochwasser 2002) wird dabei jeweils nicht erfasst, bewegt sich aber sicher in einem fünfstelligen Bereich.

Dieser Ausschnitt an Beispielen lässt eine Größenordnung erahnen. Manche Autoren sprechen von einem »unterschätzten Krankheitsbild« und meinen, dass »ein großer Teil der Bevölkerung zeitlebens hiervon betroffen ist« (Albrecht et al., 1999).

20.2 Theoretischer Exkurs: Trauma und seine Folgen

Dass Traumatisierungen Menschen verändern und sie daran sogar zerbrechen können, gehört zum Alltagswissen und wird bereits in der Antike berichtet. In der Fachwelt entwickelte sich die Vorstellung, dass traumatische Erfahrungen psychische Folgeerscheinungen nach sich ziehen, im späten 19. Jahrhundert. Wir kennen heute eine ganze Reihe von Störungsbildern, die mit traumatischen Einwirkungen in Verbindung stehen und sich hinsichtlich ihrer Schwere, Chronizität und der Art der Traumatisierung unterscheiden.

In der Krisenintervention, sind diese gleichermaßen relevant. Im Bereich der Betreuung akut traumatisierter Menschen sind vor allem die nachfolgend beschriebenen Bilder der Akuten Belastungsreaktion sowie der Posttraumatischen Belastungsstörung von Bedeutung.

20.2.1 Klassifikation

Der Begriff »Trauma« wird in der Alltagssprache meist synonym für das traumatische Ereignis gebraucht. Fischer und Riedesser bezeichnen mit dem Begriff »Trauma« das heuristische Verlaufsmodell der psychischen Traumatisierung. Es setzt sich aus dem traumatischen Ereignis, der traumatischen Reaktion und dem traumatischen Prozess zusammen (Fischer & Riedesser, 1998).

In den Krankheitsklassifikationssystemen finden sich folgende Definitionen (s. **Tab. 20.1**): Wir unterscheiden menschlich verursachte Traumata (man-made), wie sexuelle und körperliche Misshandlungen, kriminelle und

---
8   Polizeiliche Kriminalstatistik 2002
9   Münchener Rück, Schadenspiegel 2002

Tab. 20.1: Klassifikation des Begriffs »Trauma«

ICD-10 (Internationale Klassifikation psychischer Störungen der Weltgesundheitsorganisation, aktuelle Version)	DSM-IV (Diagnostisches und statistisches Manual psychischer Störungen der USA, aktuelle Version)
Ein belastendes Ereignis oder eine Situation außergewöhnlicher Bedrohung oder katastrophalen Ausmaßes, die bei fast jedem eine tiefe Verzweiflung hervorrufen würde (Naturereignisse, von Menschen verursachte Katastrophen, Unfälle, Zeuge des gewaltsamen Todes anderer, Kampfhandlungen, Opfer von Verbrechen).	Ein Ereignis, das den tatsächlichen oder drohenden Tod, eine ernsthafte Verletzung oder Gefahr der körperlichen Unversehrtheit der eigenen Person oder anderer Personen beinhaltet. Die Reaktion umfasst intensive Furcht, Hilflosigkeit oder Entsetzen.

familiäre Gewalt, Kriegserfahrungen etc. von Katastrophen, Unfällen und Unglücksfällen (natural-made). Die kurz andauernden und einmaligen Traumata (sogenannte Monotraumata) sind unter der Kategorie Typ-I-Traumata zusammengefasst, während traumatische Ereignisse, die länger andauern und sich wiederholen, der Gruppe der Typ-II-Traumata zugeordnet werden (Terr, 1989).

20.2.2 Auswirkungen auf die Hirnphysiologie[10]

Der Körper bereitet sich physiologischerweise in Stresssituationen mittels Ausschüttung von Stresshormonen für den Kampf oder die Flucht vor. Traumatisches Erleben stellt mit der Trias »überflutende Angst, Ausgeliefertsein und Ohnmacht« eine vielfache Potenz solcher Stresssituationen dar, man spricht auch von traumatischem Stress. Dieser zieht eine Folge von Veränderungen hirnphysiologischer Regelkreise nach sich, die, nach aktuellen Forschungsergebnissen, zu massiven Blockaden der Informationsverarbeitung und -speicherung führen.

Die Weiterverarbeitung im neuronalen Netzwerk scheint blockiert oder »eingefroren« zu sein. Die Integration des traumatischen Ereignisses als zukünftig nutzbare »Lernerfahrung« in die Persönlichkeit misslingt zunächst. Die Sinneseindrücke der traumatischen Erfahrung können nicht mehr als komplettes Ganzes aufgenommen und gespeichert werden. Sie zerfallen, wie die Splitter eines zersprungenen Spiegels, in viele Einzelteile und werden damit ihrer Zusammengehörigkeit und Zuordnungsmöglichkeit beraubt.

Diese Fragmente beginnen nun ein Eigenleben zu führen und können auf allen Sinneskanälen als wiederkehrende Erinnerungen (Intrusionen) auftreten. In der Regel werden sie als quälend empfunden, zumal die Zusammenhänge oftmals nicht zu erkennen sind. Jetzt versucht der Betroffene, alles zu vermeiden, was ihn erinnern könnte. Dies hat zur Folge, dass das traumatische Erleben nicht im Sinne von »Es ist vorbei!« abgeschlossen werden kann, sondern weiterhin als bedrohlich kategorisiert wird. Daher werden die Stresshormone weiterhin ausgeschüttet, und der Organismus verbleibt in der Anspannung – ein Teufelskreis beginnt.

Dieser Teufelskreis muss unterbrochen werden. Es muss eine Entspannung herbeigeführt werden, damit die Ausschüttung der

---

10 van der Kolk, McFalane & Weisaeth (2000); Butollo et al. 1998; Fischer & Riedesser 1998

Stresshormone soweit reduziert wird, dass die Informationsverarbeitung wieder in Gang kommt. Dementsprechend bildet sich die posttraumatische Symptomatik dann zurück, und das Ereignis kann integriert werden.

20.2.3 Akute Belastungsreaktion (Kriterien nach ICD-10)

Diese Störung entwickelt sich direkt im Anschluss an ein traumatisches Geschehen. Sie wird definiert als eine vorübergehende Störung von beträchtlichem Schweregrad, die sich als Reaktion auf eine außergewöhnliche körperliche oder seelische Belastung entwickelt. Sie zeigt sich in Form eines gemischten und gewöhnlich wechselnden Bildes. Nach einem anfänglichen Zustand von Betäubung werden Depression, Angst, Ärger, Verzweiflung, Überaktivität und Rückzug beobachtet, wobei kein Symptom längere Zeit vorherrschend ist.

In der Praxis zeigt sich bei den Betroffenen bezüglich der Symptome sehr häufig ein hohes Maß an Verunsicherung. Vor allem beim Auftreten von Flashbacks befürchten viele, jetzt auch noch verrückt zu werden. Daraus entwickelt sich oftmals eine Enttäuschung über sich selbst, die Belastungen insgesamt nicht besser zu verkraften.

ICD-10 und DSM-IV unterscheiden sich in der Definition der akuten Belastungsreaktion u. a. hinsichtlich des Zeitrahmens. Das DSM-IV gibt eine maximale Symptomdauer von vier Wochen vor, nach ICD-10 sollten die Symptome bereits nach wenigen Tagen abgeklungen sein.

Es wurde längere Zeit diskutiert, ob der Akuten Belastungsreaktion (ABR) der Status einer psychiatrischen Störung zukommt. Einigkeit besteht zumindest darin, dass PatientInnen mit ABR in jedem Fall Hilfe benötigen. Daraus folgt die Notwendigkeit der Beobachtung und zumeist auch der Behandlung (Rothbaum & Foa, 1992). Aktuell wird sie als eine normale Reaktion auf unnormale Ereignisse eingestuft.

20.2.4 Posttraumatische Belastungsstörung (PTBS)

Die PTBS ist eine mögliche Folgereaktion, die nach DSM-IV bereits nach vier Wochen einsetzt, bzw. diagnostiziert werden soll. Laut ICD-10 kann sie dem Trauma mit einer Latenz von Wochen bis Monaten folgen, nach Flatten et al. (2001) ist sogar eine mehrjährige Verzögerung möglich.

Die Symptome lassen sich in Gruppen einteilen und erklären sich aus den hirnphysiologischen Veränderungen.

1. Übererregung (Hyperarousal)
   - Als Folge der erhöhten Stresshormone und nachfolgenden Regelkreise entwickeln sich u. a. Schwierigkeiten, ein- oder durchzuschlafen, Reizbarkeit, Wutausbrüche, Konzentrationsschwierigkeiten, übermäßige Wachheit (Hypervigilanz) und übertriebene Schreckreaktionen.

2. Intrusionen (Wiedererinnern)
   - Aufgrund der Verarbeitungsstörung von Sinneseindrücken können Szenen nicht endgültig abgespeichert werden und tauchen in Fragmenten immer wieder auf. Sie zeigen sich in Form von wiederkehrenden, eindringlichen und belastenden Erinnerungen an das Ereignis. Dann wieder sind es Bilder, Gerüche, Geräusche, Albträume, Flashbacks (Handeln oder Fühlen – als ob man sich wieder im traumatischen Ereignis befindet), die durch sogenannte Trigger (Auslöser) ausgelöst werden etc.
   - Auch Gefühle von plötzlicher Hilflosigkeit, Ausgeliefertsein, Sich-nicht-mehr-rühren-, Sich-nicht-wehren- oder Nicht-reagieren-Können, Depressionen, Suizidimpulse, Schmerz- und an-

dere Körpermissempfindungen tauchen so kontextentkleidet und unerwartet auf. Sie führen zu erheblichen Beeinträchtigungen der betroffenen Menschen im »Hier und Jetzt«, ohne dass diese sich die Entstehung dieser Gefühle erklären können.

3. Vermeidungsverhalten
- Um die unangenehmen Gefühle zu vermeiden, die mit dem Erinnern an das Trauma verbunden sind, gehen Betroffene Orten, Menschen, Aktivitäten, Gedanken, Gefühlen oder Gesprächen, die mit dem Trauma in Verbindung stehen, aus dem Weg.
- Ein vermindertes Interesse wird deutlich, ein Gefühl der Losgelöstheit oder Entfremdung von anderen, was häufig zu einem Gefühl eingeschränkter Zukunft führt. Emotionale Taubheit setzt ein.
- Teilweise sind wichtige Aspekte des Traumas nicht erinnerbar, zum Teil ist es sogar komplett amnestisch. Dies ist insofern von Nachteil, als dass traumaätiologische Symptomatik, wie z. B. Flashbacks, nicht zugeordnet werden kann. Dies führt mitunter zu Fehldiagnosen, die wiederum eine Fehlbehandlung zur Folge haben, mit dem Endresultat der Chronifizierung.

Die Zuordnung einzelner Symptome zu den jeweiligen Symptomgruppen hat sich im Verlauf der Jahre verändert. So findet sich z. B. in der ICD-10 keine Erwähnung der Amnesie, in den Forschungskriterien der ICD-10 wird sie unter Übererregung erwähnt, dagegen im DSM-IV als Vermeidungsverhalten klassifiziert. Bei Kindern kann die Symptomgestaltung abweichen, beispielsweise in Form von wiederholtem Durchspielen des traumatischen Erlebens.

20.2.5 Häufigkeit der PTBS

Die Entwicklung einer PTBS ist u. a. abhängig von der Art des Traumas. So lassen sich sehr unterschiedliche Erkrankungsraten zu den einzelnen Traumata belegen (s. **Tab. 20.2**).

Ebenso unterliegen verschiedene Personengruppen, die berufsbedingt mit Menschen konfrontiert werden, die ein traumatisierendes Ereignis erlebt haben, einem erhöhten Risiko, selbst eine PTBS zu entwickeln (s. **Tab. 20.3**).

Die Wahrscheinlichkeit, im Verlaufe des Lebens eine PTBS zu entwickeln, liegt in der Allgemeinbevölkerung zwischen 1 und 7 % (Flatten et al., 2001). Dabei ist zu beachten, dass in einer Vielzahl von Fällen nach einem Trauma zwar keine Diagnose PTBS nach ICD/DSM gestellt werden kann, jedoch eine klinisch relevante Beeinträchtigung im Sinne einer partiellen PTBS deutlich wird (Weiss et al., 1992).

Es besteht eine hohe Chronifizierungsneigung, die sehr unterschiedlich interpretiert werden kann. Möglicherweise hängt sie auch damit zusammen, dass traumatisierte Men-

Tab. 20.2: Erkrankungsrate in Bezug auf die verschiedenen Traumata

Art	Erkrankungsrate	Autoren
Vergewaltigung	55 %	Kessler et al. 1995
Gewalttaten	25 %	McFarlane et al. 1996
politische Flüchtlinge	50–70 %	Ramsay et al. 1993
Naturkatastrophen	4,5 %	Kessler et al. 1995
Verkehrsunfälle	18 %	Frommberger et al. 1998

Tab. 20.3: Erkrankungsrate in Bezug auf verschiedene Berufsgruppen

Berufsgruppe	Erkrankungsrate	Autoren
Feuerwehrleute	5–21%	McFarlane 1994, Teegen 1997, Wagner et al. 1998
Rettungsassistenten	10–20%	Stamm 1997
Polizisten	5–7%	Carlier et al., Teegen et al. 1997

schen oftmals keine professionelle traumaspezifische Therapie erhalten, da die Erkrankungen nicht als solche erkannt werden.

20.2.6 Zeitschiene

Die Verarbeitung traumatischer Ereignisse verläuft in Phasen. **Tabelle 20.4** gibt einen Überblick über die Zeitabschnitte.

Der Verlauf der verschiedenen Phasen kann in der Wahl und Ausprägung der Symptome sowie in der Dauer stark variieren.

20.2.7 Begleitende Störungsbilder (Komorbidität)

Fast alle vorliegenden Untersuchungen berichten übereinstimmend von hohen Komorbiditätsraten mit anderen psychischen Störungen. Diese bewegen sich zwischen 62 % (Davidson et al., 1991) und 92 % (Shore et al., 1989; Yehuda & McFarlane, 1995). Zu den häufigsten Krankheitsbildern gehören die Angststörungen, somatoforme, depressive und dissoziative Störungen sowie Suchterkrankungen.

Welche Störungen im Vordergrund stehen, ist nicht zuletzt davon abhängig, wann ein Betroffener gesehen wird. Dies wird in **Tabelle 20.5** verdeutlicht. Hier ist an das traumatische Ereignis eine Zeitachse angelegt, die sich ab dem Zeitpunkt des Geschehens lebenslang fortsetzt. Entlang dieser Zeitachse sind Störungen aufgelistet, die im Verlaufe des traumatischen Prozesses auftreten können. Einige können direkt an das Ereignis anschließen, andere wiederum entwickeln sich erst nach Jahren.

Bei den Störungen handelt es sich einerseits um diejenigen mit einer sogenannten »Zuviel-Symptomatik«. Veränderungen, die zusätzlich zum sonstigen Befinden entstehen, wie Ängste, Aggressivität etc.; andererseits solche

Tab. 20.4: Phasen der Verarbeitung traumatischer Ereignisse

Schockphase	Einwirkungsphase	Erholungsphase
bis zu 1 Woche[4] (Ø 2 Tage)	2–3 Wochen	ab ca. 3.–4. Woche
Symptome: aufgeregt sein, betäubt, verwirrt, traurig, wütend, Depersonalisation, Derealisation u. a.	Symptome: Posttraumatische Symptomatik: Intrusionen, Vermeidungsverhalten, Übererregung, emotionale Taubheit, Abwehr u. a.	Symptome: deutliche Erholungszeichen, Rückkehr zum Alltag, Integration des Erlebnisses oder aber Chronifizierung und z. B. Entwicklung einer PTSD

Tab. 20.5: Symptomatik

„Zuviel-Symptomatik"			Zeitachse			„Minus-Symptomatik"
z. B. Intrusionen, Übererregung, Ängste/Panik Aggressivität	43.0	Akute Belastungsreaktion		43.2	Depressive Reaktion	
	43.1	Posttraumatische Belastungsstörung		62.0	andauernde Persönlichkeitsänderung nach Extrembelastung	z. B. Vermeidung, Rückzug, Dissoziation
	40./41	Angststörungen		44.8	Dissoziative Identitätsstörung	
	10.1	Alkoholsucht				

mit »Minus-Symptomatik«, Symptome die das bisherige Befinden reduzieren, z. B. in Form von Vermeidungsverhalten oder emotionalem Rückzug etc.

Symptomwandel im traumatischen Prozess (nach Post et al.)

Erst in den letzten Jahren wurde das Augenmerk verstärkt auch auf den Zusammenhang von traumatischen Erlebnissen und körperlichen Beeinträchtigungen gerichtet. Mehrere Studien konnten belegen, dass eine Komorbidität gleichwohl zu somatischen Erkrankungen besteht (Schnurr, 1996).

Interessant ist die Beobachtung, dass bei traumatisierten Personen in der Allgemeinbevölkerung nicht nur chronisch-körperliche Beschwerden häufiger auftreten, sondern gleichzeitig eine schlechtere Wahrnehmung des eigenen Gesundheitszustands besteht (Ullman & Siegel, 1996). Es ist zu erwarten, dass diese Darstellung des Symptomwandels im traumatischen Prozess durch weitere Erkenntnisse über Zusammenhänge zwischen Krankheiten und Traumatisierungen fortlaufend aktualisiert wird.

20.2.8 Bedeutung im Lebenszyklus: zwischen Reifung und Erkrankung

Gesund bleiben oder krank werden?

Wie bereits beschrieben, reagiert nur ein Teil derer, die traumatische Ereignisse erlebt haben, mit der Ausbildung von Belastungsreaktionen oder Störungsbildern. Wovon hängt es ab, ob jemand gesund bleibt? Was schützt?

Der Israeli Antonowsky hat 1987 in diesem Zusammenhang nach Untersuchungen unter Holocaust-Überlebenden, den Kohärenzsinn beschrieben. Sommer zitiert ihn als eine globale Orientierung, die ausdrückt, in welchem Ausmaß man ein Gefühl des Vertrauens hat, dass

- die Situationen, die sich im Verlauf des Lebens aus der inneren und äußeren Umgebung ergeben, strukturiert, vorhersehbar und erklärbar sind.
- einem die Ressourcen zur Verfügung stehen, diesen Situationen zu begegnen.
- die Anforderungen, die diese Situationen stellen, Herausforderungen sind, die Anstrengung und Engagement lohnen.

Eine Studie unter Bergführern (Sommer, 2000) hat gezeigt, dass je höher der Kohärenzsinn ist, desto geringer ist die Krankheitsrate an PTBS und desto gesünder sind die Menschen.

Genauso kann die Frage aus der gegensätzlichen Perspektive gestellt werden: Wovon hängt es ab, ob jemand erkrankt? In der Literatur werden zu dieser Frage verschiedene Erklärungsmodelle beschrieben: psychodynamische, lerntheoretische, kognitive und neurobiologische Ansätze, die jeweils eine unmittelbare therapeutische Relevanz haben, da sie Ansatzpunkte für therapeutische Techniken bieten.

Tab. 20.6: Ereignis-, Risiko- und Schutzfaktoren

Ereignisfaktoren	Risikofaktoren	Schutzfaktoren

• Art, Dauer und Schwere des traumatischen Ereignisses
• Plötzlichkeit
• Art und Höhe des entstandenen Schadens oder der Verletzung
• Kontrollierbarkeit des Ereignisses
	• Kindliches, jugendliches oder hohes Alter
	• Belastende Vorerfahrungen – auch in der Familie
	• Psychische und körperliche Vorerkrankungen
	• Problematisches Elternhaus
	• Niedriger sozioökonomischer Status
	• Mangelnde soziale Unterstützung
	• Ausbleiben fremder Hilfe
	• Während oder nach dem Ereignis das Erleben von:
	  – Schuld
	  – Dissoziationen
	  – Körperlichen Beschwerden
	  – Depressivität
	  – eigener Lebensgefahr
		• Rasche Hilfe
		• Soziale Unterstützung
		• Anerkennung des Ereignisses – öffentliche Wertschätzung
		• Öffnende Bewältigungsstrategien (sich mitteilen, erzählen, Kontakte aufnehmen, etc.)
		• Kohärenzsinn (siehe auch Punkt 2.8)

Ein psychosoziales Modell

Maercker hat 1997 die Faktoren, die für die Reaktion auf ein traumatisches Ereignis relevant sind, innerhalb eines allgemein gehaltenen, breit gefassten, psychosozialen Rahmens in drei Gruppen unterteilt: in Ereignisfaktoren, Risikofaktoren und Schutzfaktoren. Ergänzt durch Ergebnisse anderer Autoren[11] werden darin verschiedene Punkte aufgeführt (s. **Tab. 20.6**).

Kommt es zu einer traumatischen Erfahrung, treten (u. a.) die genannten Faktorengruppen in Beziehung zueinander. Die Ereignis- und Risikofaktoren stehen dabei als destabilisierende Elemente den Schutzfaktoren gegenüber. Im günstigsten Falle können Letztere die subjektive Überforderung durch das traumatische Ereignis so weit abmildern, dass keine oder nur eine minimale posttraumatische Symptomatik entsteht.

Persönliches Wachstum – Posttraumatic Growth

Gelingt die Integration des Ereignisses in die Biografie, nehmen Betroffene dies oftmals als besondere Lebenserfahrung wahr. Eine Erfahrung, die einen persönlichen Reifungsprozess in Gang gebracht hat, der für das weitere Leben von Bedeutung ist (Tedeschi & Calhoun, 1995). Positive Veränderungen durch Leiden sind seit Jahrhunderten ein Thema in Überlieferungen, Religionen und Literatur, relativ neu ist dies nur in der Psychotherapie-Szene. Der Begriff »Posttraumatic Growth« beschreibt das individuelle Erleben von positiven Veränderungen durch die Auseinandersetzung mit wesentlichen Lebenskrisen. Ein persönlicher Reifungsprozess, der einhergeht mit einer Stärkung des Kohärenzsinns und einer neuen Intensität und Bewusstheit im Kontakt zu sich selbst, anderen Menschen und dem Leben.

---

11 Fischer & Riedesser, 1998; Flatten et al., 2001; Egle et al., 1997

20.3 Krisenintervention bei traumatischen Krisen und Veränderungskrisen – ein Vergleich

Die Krisenintervention versteht sich von jeher als Hilfe zur Selbsthilfe. Sie hat zum Ziel, den Betroffenen darin zu unterstützen, sich in seiner Krise zu akzeptieren und zu Lösungen und Bewältigungsmöglichkeiten zu kommen (Sonneck, 2000). Die Krisenintervention unterscheidet u. a. die Veränderungs- von den traumatischen Krisen. Wenn wir auf die Forschungsergebnisse des Fachbereiches Psychotraumatologie blicken, stellen sich diese beiden Krisenformen immer deutlicher als zwei eigenständige Bereiche dar, die zwar Punkte gemeinsam haben, sich auf der anderen Seite jedoch klar voneinander abgrenzen.

20.3.1 Traumatische Krisen versus Veränderungskrisen

Aus der Abgrenzung der in **Tabelle 20.7** genannten Krisenformen heraus folgt, dass auch die Maßnahmen deutlicher differenziert werden müssen. Nachfolgende Auflistung zeigt die wesentlichen Unterschiede anhand der

Tab. 20.7: Veränderungskrise und traumatische Krise

Veränderungskrise	Traumatische Krise
Bei der Veränderungskrise handelt es sich um Überforderungssituationen, in denen das seelische Gleichgewicht durch Belastungssituationen im Verlauf des Lebens aus der Balance gerät. Sie treten zumeist an Übergängen von einer Lebensphase in die andere auf. Generell immer dann, wenn gewohnte Abläufe sich ändern und unsere Neuanpassung erfordern[7].	Sie wird ausgelöst durch ein von außen eintretendes, plötzliches, traumatisches Ereignis und geht oftmals mit Gefühlen von Ohnmacht, Ausgeliefertsein und überflutender Angst einher. Es kommt zur Blockierung neurobiologischer Funktionsabläufe mit der Folge, dass Informationsverarbeitung und Gedächtnisleistung nachhaltig gestört werden und sich posttraumatische Symptomatik entwickelt.
Entwicklung: über Tage und Wochen	**Entwicklung:** plötzlich, ohne Vorankündigung
Begleitsymptomatik: Relativ unspezifisch im Sinne von physiologischen Stress-Symptomen, wie Gereiztheit, Schlafstörungen, gestörtes Ess- und Trinkverhalten u. a.	**Begleitsymptomatik:** Inzwischen deutlich systematisiert: Intrusionen, Vermeidungsverhalten, Hyperarousal, emotionale Taubheit u. a.
Gefahren: Suizidalität, Ausbildung psychiatrischer/psychosomatischer Störungsbilder, Entwicklung von sekundärem Krankheitsgewinn, Chronifizierung.	**Gefahren:** Entwicklung posttraumatischer Erkrankungen, Ausbildung psychiatrischer/psychosomatischer Störungsbilder (meist i. R. einer Komorbidität), Chronifizierung mit Persönlichkeitsveränderungen, Entwicklung von sekundärem Krankheitsgewinn, Suizidalität.
Zeitfenster: Mit der Zuspitzung über einen längeren Zeitraum kann sich die Veränderungskrise über einen Zeitraum von Wochen und Monaten hinziehen. Die Therapieindikation richtet sich primär nach dem Verlauf, sekundär nach der Zeit.	**Zeitfenster:** Die Verarbeitungsphasen traumatischer Ereignisse werden heute zeitlich enger gefasst. Nach DSM-IV ist bereits vier Wochen nach dem Ereignis mit der Entwicklung einer PTBS zu rechnen und damit der Zeitpunkt der Therapieindikation erreicht.

von Sonneck (2000) beschriebenen allgemeinen Prinzipien der Krisenintervention.

Rascher Beginn

- Während bei der Veränderungskrise der Zeitpunkt für den Beginn einer professionellen Krisenintervention vom Verlauf abhängig ist, beginnt sie bei einer traumatischen Krise unmittelbar nach dem Ereignis, möglichst noch vor Ort!
- Durch eine sofortige Unterstützung werden hier die Auswirkungen der Trias Angst – Ohnmacht – Ausgeliefertsein deutlich reduziert. Dadurch kann die Bewertung des traumatischen Ereignisses abgemildert werden, und nachfolgend können die Stresshormone »herunterreguliert« werden.
- Rasche Hilfe gehört zu den Schutzfaktoren, die helfen, das Risiko der Entwicklung einer PTBS zu verringern.

Aktivität und Haltung des Helfers

- Die Vorgehensweise bei der Veränderungskrise ist konfliktzentriert und gleichzeitig fördernd, begleitend. Sie wirkt regressiven Tendenzen entgegen.
- Traumatisierte Menschen benötigen parteiliche, stützend-entlastende und ressourcenorientierte Unterstützung, welche die Schutzfaktoren stärkt. Je dichter am traumatischen Ereignis, desto stärker die Führungsrolle des Helfers. Abwehrmechanismen sind zunächst als unverzichtbarer Selbstschutz zu bewerten und zu respektieren. Dies beinhaltet die Akzeptanz regressiver Phasen.

Methodenflexibilität

- Um festgefahrene Situationen und Muster zu stören, werden bei Veränderungskrisen auch provozierende Interventionen eingesetzt.
- Diese sind bei traumatischen Krisen kontraindiziert, da sie retraumatisierend wirken können. Kontraindiziert sind ebenso unstrukturierte Methoden und solche mit starkem assoziativem Potenzial. Sie bergen die Gefahr der Überflutung mit traumatischem Material. Als sehr nützlich haben sich Imaginationen, entspannende und erdende Techniken erwiesen. Ganz allgemein sind alle Interventionen auf den Aspekt der Stütze, Struktur und Sicherheitsspende zu überprüfen.

Aktuelle Situation

- Mittelpunkt bei Veränderungskrisen ist die auslösende Konfliktsituation, wobei Zeitpunkt, Biografie, Beziehungsmuster, Copingstrategien etc. mit einbezogen werden.
- Bei der traumatischen Krise liegt der Fokus ausschließlich bei der Verarbeitung des traumatischen Ereignisses. Anderweitige Konflikte, die im Verlauf deutlich und von dem Ereignis berührt werden, sollen möglichst erst nach Verarbeitung und Integration des Geschehens bearbeitet werden, womit eine weitergehende Destabilisierung vermieden werden soll. Beachtet werden muss, dass durch ein traumatisierendes Ereignis vorhergehende traumatische Erfahrungen mobilisiert werden und ihrerseits Symptome produzieren können. Hier müssen die Ereignisse sorg- und behutsam getrennt und eines nach dem anderen abgearbeitet werden.

Das Einbeziehen der Umwelt

- Jeder Mensch ist, wie auch immer, in ein soziales Netz eingebettet. Darin können sich unschätzbare Ressourcen verbergen, die durch Einbeziehen in den Krisenbearbeitungsprozess eröffnet werden können.
- Angehörige traumatisierter Menschen benötigen, eigeninitiativ seitens der professionellen Helfer, eine gute Information und Aufklärung über die posttraumatischen Symptome, damit sie diese einordnen können. Damit wird das Umfeld gestärkt und

Gabriele Schmidt

diesem die Möglichkeit gegeben, stabilisierend auf den Betroffenen einzuwirken.

Entlastung

- Eine entscheidende Frage ist immer wieder, wie weit der Klient entlastet wird. Bei Veränderungskrisen in der Regel nur so weit, dass der Wunsch nach Veränderung nicht erlahmt (Sonneck, 2000).
- Bei Klienten nach Traumatisierungen kann nur eine bestmögliche Entlastung die subjektive Bewertung »Gefahr vorüber« erbringen, die wiederum den Rückgang der Stresshormone bewirkt. Es ist also alles zu tun, um eine vollständige Entlastung zu erreichen.

Zusammenarbeit mit anderen professionellen Einrichtungen

- Um den verschiedenen Aspekten des Krisengeschehens gerecht zu werden, sind die Kriseninterventionsteams in der Regel multiprofessionell ausgerichtet. Für eine Erweiterung oder Fortführung des Prozesses ist eine gute Zusammenarbeit mit anderen Einrichtungen sinnvoll und wichtig.
- Bei traumatischen Krisen ist insbesondere darauf zu achten, dass der Klient bereits vier Wochen nach dem Ereignis, sofern sich die Symptomatik nicht zurückbildet (Entwicklung einer PTBS), an eine traumaspezifische Therapiemöglichkeit weitervermittelt wird, womit die unnötige Gefahr der Chronifizierung ausgeschlossen wird.

20.3.2 Die Gefahr, ein traumatisches Ereignis als solches nicht zu erkennen

Die Begegnung mit Menschen, die ein traumatisches Ereignis erlebt haben, stellt automatisch die Sicherheit anderer und letztlich die eigene in Frage, da es jedem passieren könnte ...

Jeder Mensch hat ein Bedürfnis nach Sicherheit. Dies trifft selbstverständlich auch auf Beschäftigte im Beratungs-/Therapiekontext zu. Mit Menschen zu arbeiten, die traumatische Erfahrungen gemacht haben, ist ein hochkomplexer und herausfordernder Prozess. So besteht die Gefahr, dass die therapeutische Seite, aus Gründen des Selbstschutzes, in Abwehrhaltung gerät und damit den therapeutischen Prozess unterläuft. Dies beginnt bereits mit der diagnostischen Einschätzung des Ereignisses an sich. Traumatisierungen werden möglicherweise nicht als solche erkannt und definiert, um sich selbst die Illusion der Handlungsfähigkeit und Unverletzlichkeit zu erhalten. Dazu gehört auch, Symptome fälschlicherweise als neurotisches oder gar manipulatives Agieren zu interpretieren. Letzteres kann Interventionen provozieren, die retraumatisierend wirken.

Daneben existieren vielerlei Hindernisse und Schwierigkeiten, die eine intensive Selbstreflexion und Beobachtung der Gegenübertragungsreaktionen erforderlich machen. Judith Herman bemerkte in »Trauma and recover«, dass niemand allein mit dem Trauma arbeiten kann, sondern kollegiale Unterstützung und Supervision bei kompetenten und vertrauenswürdigen TherapeutInnen mitentscheidend für das Gelingen einer Beratung/Therapie sind.

20.4 Krisenintervention nach Traumatisierungen

20.4.1 Aufgabenbereiche und Zielsetzung

Wie die oben genannten allgemeinen Prinzipien veranschaulichen, strebt die Krisenintervention nach Traumatisierungen an, die Verarbeitung dieses Ereignisses bestmöglich zu unterstützen. Das Ziel ist, das Geschehen als einen Teil des Lebens in die Biografie integrieren zu können. Dazu werden die Selbstheilungskräfte der Betroffenen unterstützt. Dies geschieht ganz allgemein durch eine Stärkung der Schutzfaktoren, Aktivierung der Ressourcen und optimale Ausschöpfung aller Stabilisierungsmöglichkeiten.

Welche individuellen Maßnahmen zu ergreifen sind, hängt u. a. davon ab, wann die Unterstützung beginnt. Wir unterscheiden folgende Bereiche:

1. Die Akutinterventionen:
   Sie beginnen unmittelbar nach dem Ereignis. Dazu gehören die Maßnahmen vor Ort, wie auch jene in Rettungsstellen, anderen Institutionen und natürlich auch zu Hause. Es kommt hier optimalerweise zu einem fließenden Übergang von der psychischen Ersten Hilfe durch Feuerwehren, Rettungsdienste, Polizei etc. und der sich direkt anschließenden Krisenintervention durch psychologische (Notfall-)Helfer.
   In diesem Zeitrahmen haben wir es mit Menschen in der Schock- und frühen Einwirkphase zu tun.
2. Maßnahmen in der Einwirkphase bis zu einer Gesamtdauer von bis zu vier Wochen nach dem Ereignis. Sie haben einzig und allein stabilisierenden und ressourcenorientierten Charakter zur Stärkung der Schutzfaktoren.
3. Unterstützung im Bereich, der über die vier Wochen nach dem Ereignis hinausgeht. Hier entscheidet sich, ob eine Entlastung und damit die Verarbeitung und Integration stattfindet oder sich nach DSM-IV eine behandlungsbedürftige Posttraumatische Belastungsstörung oder andere Störung zeigt, die eine Weitervermittlung erfordert.

20.4.2 Screening

Zu jedem Zeitpunkt beginnt die Krisenintervention mit einem Screening, d. h. mit der diagnostischen Einschätzung darüber, inwieweit der Betroffene gefährdet scheint, Langzeitfolgen zu entwickeln, und dementsprechende Hilfe benötigt oder sogar bereits eine Störung entwickelt hat. Dazu gehört das Einholen von Informationen über das Ereignis und dessen Konsequenzen, über Zustand und Verhalten des Betroffenen durch Befragung der Einsatzdienste, der Kontakt zum Betroffenen selbst sowie eine Analyse der Ereignis-, Risiko- und Schutzfaktoren. Für diese Einschätzung stehen verschiedene Screeninginstrumente zur Verfügung.

Untersuchungen des Instituts für Klinische Psychologie und Psychotherapie der Universität Köln zufolge lassen sich Traumaopfer in drei etwa gleich große Gruppen einteilen:

1. Hochrisikogruppe:
   Sie sind besonders gefährdet, psychotraumatische Langzeitfolgen zu entwickeln. Hier müssen frühzeitig qualifizierte traumaspezifische Behandlungsmethoden eingesetzt werden, um eine Chronifizierung zu verhindern.
2. Selbstheiler:
   Dieser Personenkreis verarbeitet das Trauma adäquat und ohne spezielle fachliche Unterstützung.
3. Die Wechselgruppe:
   Hier steht »auf Messers Schneide«, ob die Betroffenen eine Entwicklung in Richtung Erholung oder in Richtung Chronifizierung nehmen.
   Eine spezielle traumaspezifische Krisenintervention/Fachberatung kann entscheidend dazu beitragen, dass diese Personengruppe sich in Richtung der »Selbstheiler« entwickelt.

Aus dem Screening heraus sind die notwendigen Hilfestellungen, Maßnahmen und Interventionen zu gestalten.

20.4.3 Maßnahmen

Die (Erst-)Versorgung von traumatisierten Menschen ist unter Berücksichtigung ihrer

Individualität so vielfältig wie die Menschen selbst. Gleichwohl haben sich sechs Punkte als Leitlinien bewährt:

1. Sicherheit vermitteln und wiederherstellen.
2. Als parteiliche/r GesprächspartnerIn zur Verfügung stehen.
3. Stressreduktion herbeiführen.
4. Das Verständnis für die Traumawirkungen und den Verarbeitungsprozess fördern.
5. Das soziale Umfeld aktivieren.
6. Bei Bedarf an weiterführende Hilfen vermitteln.

Sicherheit herstellen

Diesem Punkt kommt eine entscheidende Bedeutung zu. Entspannung und der damit verbundene Rückgang der Stresshormone kann sich nur einstellen, wenn sich der Betroffene in Sicherheit befindet und sich auch sicher fühlt! »Gefahr vorüber – es ist vorbei«. Sicherheit kann beispielsweise nicht entstehen, wenn der Täter möglicherweise noch in der Nähe ist – z. B. ein gewalttätiger Ehemann, der nebenan im Wohnzimmer sitzt – oder aber die Situation an sich nicht beendet ist (z. B. bei lang andauernden Großschadensereignissen). Sämtliche Maßnahmen sind dahingehend zu hinterfragen, ob sie den Sicherheitsaspekt erfüllen.

Folgende Punkte spielen u. a. eine Rolle:

- Subjektive Sicherheit
 (vermitteln durch: angemessene Nähe/Distanz, nonverbale Techniken, Decke umlegen, »Hier und Jetzt« unterstützen etc.)
- Objektive Sicherheit
 (wie noch bestehende Gefährdung, Täterkontakt ...)
- Informationen über Lage, Geschehen, Maßnahmen, Verlauf etc.
 (Sie ermöglichen es dem Betroffenen, sich zu orientieren)
- Zeitorientierung
 (Was war vorher – Verlauf –, was ist jetzt, was wird in nächster Zukunft sein? Sie unterstützt die zeitliche Einordnung und fördert den Normalisierungsprozess.)
- Handlungsfähigkeit
 (Betroffene, eventuell mit Unterstützung, etwas tun lassen. Dies ist hilfreich zur Überwindung der Ohnmacht und fördert das Gefühl, »alles wieder im Griff zu haben«. Rückgang der Scham.)
- Struktur
 (Sicherheitsspendendes Strukturieren und Führen im Chaos des traumatischen Geschehens.)

Parteiliche/r GesprächspartnerIn sein

Viele Betroffene klagen im Nachhinein darüber, dass ihnen niemand zur Seite gestanden hat. Sie haben sich im Stich gelassen gefühlt und keine Unterstützung erfahren. Dies verstärkt das Gefühl, »beschädigt« zu sein und unterläuft den Selbstheilungsprozess. Es ist also sehr wesentlich, als einfühlsamer, empathischer (u. U. auch strukturierender) Gesprächspartner zur Verfügung zu stehen und dem Betroffenen Parteilichkeit und Unterstützungsbereitschaft zu vermitteln. Wichtig sind die folgenden Punkte:

- Anerkennung des Geschehens
 (Geschehen benennen, »Kategorie anbieten«, unterstützt die Kategorisierung der Informationen. Das Erfahren von Unterstützung und die Anerkennung z. B. eines Unrechts stärkt Glauben und Selbstwert durch die Aufrechterhaltung von Werten wie der Rechtstaatlichkeit).
- Sich zur Verfügung halten, aber nicht aufdrängen
 (Abwehrverhalten muss als unverzichtbarer Selbstschutzversuch respektiert werden.)
- Entlastung von Scham
 (»Es gibt viele Menschen, die so etwas schon einmal erlebt haben ...«)
- Sprache wiederfinden
 (Bereitschaft signalisieren zuzuhören, ermutigen, über das Geschehen zu reden.

Die Aktivierung des Sprachzentrums unterstützt den Verarbeitungsprozess. Aber: nicht drängen, nicht nachbohren [Gefahr der Retraumatisierung])
- Betroffene ermutigen, ihre Gefühle zuzulassen
(Auch hier: nicht drängen, Selbstschutz respektieren.)
- Dissoziationen beachten
(Betroffene unterstützen, zur Integration der Sinneseindrücke und Emotionen ins »Hier und Jetzt« zurückzufinden. Das »Hier und Jetzt« vermittelt Sicherheit, da es nicht mehr bedrohlich ist, und kann z. B. durch deutliches Ansprechen und/oder [vorsichtigen] Körperkontakt geschehen.)

Stress reduzieren

Eine Reduzierung der Stresshormone ist unabdingbar, um den Verarbeitungsprozess in Gang zu setzen bzw. zu fördern. Eine gezielte Stressbewältigung lässt sich mittels angemessener Bewegung (Spaziergänge) und Entspannungsverfahren, wie progressive Muskelrelaxation nach Jakobson, kreative Medien, Imaginationen etc., erreichen. Parallel dazu sollte auf eine gesunde Ernährung geachtet und auf Alkohol und Drogen verzichtet werden. Ob eine Arbeitsunfähigkeit in Betracht zu ziehen ist, ist sorgfältig abzuwägen. Natürlich kann am Arbeitsplatz eine mögliche Überforderung entstehen. Gleichzeitig jedoch stellen Arbeitsstätte und KollegInnen einen wesentlichen und stützenden Teil des sozialen Umfeldes dar. Der Sicherheitsaspekt ist hier der wesentliche Faktor.

Verständnis für die Traumawirkungen fördern

Viele Betroffene sind durch die posttraumatische Symptomatik stark verunsichert und haben Angst, jetzt auch noch verrückt zu werden. Zudem nehmen es sich viele Menschen übel, das Ereignis nicht besser wegzustecken und derartig zu reagieren. Beides hat zur Folge, dass das Stresserleben wieder verstärkt wird. Eine ausführliche Psychoedukation (Information über die Traumawirkungen) entlastet die Betroffenen in hohem Maße. Das Wissen, nicht verrückt zu sein, sowie das Kennen der Symptome, die auftreten können, ermöglicht ihnen Orientierung und fördert damit wiederum das Sicherheitsgefühl sowie den Kohärenzsinn. Die Stresshormone können zurückgefahren werden. In meiner freiberuflichen Tätigkeit im Krisen- und Notfallmanagement an Orten wie Erfurt und Freising hat sich die Psychoedukation immer wieder als eine der entscheidenden Interventionen bewährt. Betroffene und Angehörige waren enorm entlastet, wenn sie die Symptomatik einzuordnen wussten.

Soziales Umfeld einbeziehen

In ein tragendes soziales Umfeld eingebunden zu sein, das hilfreich und geduldig zur Seite steht, unterstützt den Selbstheilungsprozess sehr wesentlich. Bezugspersonen sollten ebenso ausführlich informiert, betreut und über die möglicherweise zu erwartenden Symptome bzw. deren Normalität informiert werden wie primär Betroffene. Es muss damit für eine begleitende und geduldige Unterstützung geworben werden. Sollte kein tragendes Netz vorhanden sein, ist geeignete therapeutische Hilfe besser als keine.

Das soziale Netz ist auch gesamtgesellschaftlich zu fassen. So kommt z. B. Feuerwehren und Rettungsdiensten auf den Einsatzstellen eine besondere Bedeutung zu. Als Bestandteil der Rettungskette stellen sie einen wichtigen Teil der Gesellschaft dar. Ihre psychische Erste Hilfe vor Ort enthält die Botschaft, dass jeder, ohne Ausnahme, Hilfe erhält. Auch Menschen, die Gesetze verletzt haben. Dies hat stützenden Charakter. Die Polizei und andere ermittelnde Institutionen vertreten die Rechtsstaatlichkeit, der sich jeder Mensch unterzuordnen hat. Niemand fällt durch das Netz, was die Zuordnung jedes Menschen zur Gesellschaft beinhaltet. Ein Aspekt, der erklärt, warum eine zeitnahe Bearbeitung und mögliche Verurteilung einen stabilisierenden Charakter haben kann.

Weiterführende Hilfen

Betroffene und deren Angehörige sollten in jedem Falle eine »Adresse« kennen, an die sie sich wenden können. Ansprechpartner, die Rat wissen, wenn

- Fragen, Anliegen oder Gesprächswünsche bestehen,
- Betroffene und Bezugspersonen Hilfe benötigen oder
- sich die Symptome nicht zurückbilden.

Hier ist darauf zu achten, dass diese AnsprechpartnerInnen psychotraumatologisch geschult sind.

20.5 Fallbeispiel und Intervention

20.5.1 Der Unfall von Herrn G.

Als Herr G. in sein Auto stieg, war er bereits mit seinen Gedanken bei dem Schüler, zu dem er unterwegs war. Während er sich automatisch in den Verkehr einfädelte, nahm er im Augenwinkel das Motorrad wahr, das von rechts auf die Kreuzung zufuhr. Er schreckte hoch, wollte bremsen, noch ausweichen, aber dazu war es bereits zu spät. Reifenquietschen, das Auto wurde von einem starken Schlag erfasst, knirschende Metallgeräusche, Schreie, Glassplittern, und dann war es still.

Er konnte nicht sagen, wie lange er im Auto gesessen hatte, als er Sirenen hörte. Jemand riss seine Autotür auf und fragte, ob er o. k. sei. Er spürte nichts, konnte nicht antworten. Er beobachtete sich wie von Weitem, als der Feuerwehrmann ihn aus dem Auto herauszog und ihm eine Decke umlegte. Trotz der Decke war ihm kalt. Ein Polizist kam auf ihn zu und bat ihn, mit zu seinem Wagen zu kommen. Auf dem Weg dorthin sah er, wie der Motorradfahrer in den Rettungswagen eingeladen wurde. Neben dem Motorrad lag eine gekrümmte Gestalt, die mit einem Tuch abgedeckt war.

Hatte er damit zu tun?? Nein, das konnte nicht sein.

Wie er letztlich nach Hause kam, war ihm später nicht mehr möglich zu sagen. Er erinnerte sich nur, dass der Polizist ihm Fragen gestellt und einige Zettel mitgegeben hatte. Was sollte er jetzt tun?

Es dauerte einige Tage, bis Herr G. wieder einen halbwegs klaren Gedanken fassen konnte. Die ganze Zeit stand er regelrecht neben sich, als ob er gar nicht richtig da sei. Alles erschien ihm irgendwie unwirklich. Sogar seine Wohnung, in der er sich sonst wohl fühlte, war ihm fremd. Eigentlich hätte er in die Uni gehen müssen, aber daran war nicht zu denken. Er konnte die Gedanken einfach nicht festhalten. Stattdessen kreisten sie ständig um den Unfall, er ging immer wieder den Ablauf durch. Er träumte sogar davon, jede Nacht, wenn er denn überhaupt einschlafen konnte … Der Verkehrslärm von der Straße drang zu ihm hinauf und machte ihm Angst. Er hatte das Gefühl, dass jeden Moment etwas Schlimmes passieren müsste. Am Morgen war jemand mit quietschenden Reifen gestartet, er war schlagartig in Panik gewesen … Und dann schossen ihm immerzu die Bilder durch den Kopf, wie sie da lag, ganz verbogen. Wie sollte er jemals damit leben?

Gestern hatte der Vater des Jungen, dem er Nachhilfe gab, auf den Anrufbeantworter gesprochen. Er war ziemlich verärgert, dass Herr G. sich wiederholt nicht gemeldet hatte, und hatte schließlich alle weiteren Stunden abgesagt. Sicherlich, er hätte noch einmal hinfahren können und die Sache aufklären, aber nein, er würde nie wieder in ein Auto steigen, nicht mehr in die Gegend fahren. Ja, und die Uni würde er auch sausen lassen, das wäre die beste Lösung. Er war sich inzwischen sicher, dass er dieses Gebäude nicht wieder betreten würde. Er hatte jetzt sowieso die letzten Klausuren verpasst, immerhin war er schon seit zehn Tagen – oder war es schon länger her? – nicht mehr dort gewesen. Er würde das Semester bestimmt wiederholen müssen.

Aber das war jetzt auch egal. Was machte das jetzt alles noch für einen Sinn?

Am besten, er würde überhaupt die Stadt verlassen, dann könnte er alles hinter sich lassen. Aber wo sollte er hingehen? Wovon sollte er leben? Zurück nach Hause? Sein Vater würde sagen: »Siehste Junge, das habe ich dir gleich gesagt ... Du schaffst das einfach nicht.«

Als es zwei Tage später an seiner Tür klingelte, öffnete er nur mit Unbehagen. Er war erleichtert, als er seinen Kommilitonen Lars aus seiner Arbeitsgruppe erkannte. Dieser hatte sich um ihn Sorgen gemacht, wo er denn abgeblieben war. Lars war erschrocken über seinen Zustand. Auf Nachfrage konnte Herr G. nur mit Mühe bruchstückhaft erzählen, was passiert war. Es brauchte einige Überzeugungsarbeit von Lars, mit ihm zu einer Stelle zu gehen, wo er professionelle Hilfe erhalten konnte.

20.5.2 Ambulante Krisenintervention bei Herrn G.

Erstgespräch

Herr G. kam mit den Worten »Mir kann doch niemand helfen« in Begleitung von Lars in den Gesprächsraum (Fortschritt: Herr G. konnte durch das Einwirken von Lars den sozialen Rückzug durchbrechen). Langsam und stockend berichtete er zunächst, dass er einen Verkehrsunfall verursacht hatte und jetzt alles aus sei. Er könne gar nichts mehr, und sein Vater hätte damit Recht behalten, er schaffe eben einfach nichts. Er erzählte, dass er neu in der Stadt sei und was er sich alles vorgenommen hatte, und nun würde er

versagen. Er könne nicht mehr. Das konnte ich verstehen, und ich erklärte ihm, dass es vielen Menschen in einer Lage wie seiner so gehen würde.

Ich berichtete ihm von anderen Männern und Frauen, die bei uns gewesen waren und Schreckliches erlebt hatten und auch so mutlos gewesen waren. Das sei eine normale Reaktion auf ein solches Ereignis, und viele würden noch mehr Veränderungen an sich bemerken, die aber nach einiger Zeit wieder zurückgingen (Sicherheit vermitteln). Ich zählte einige posttraumatische Symptome auf (Psychoedukation) – und Herr G. erkannte sich verblüfft wieder. Wir kamen sehr gut ins Gespräch, und Herr G. konnte zunehmend flüssiger erzählen (Fortschritt: Herr G. ging in Kontakt und konnte eine zusammenhängende Geschichte erzählen). Noch während meiner Ausführungen war die Entlastung zu sehen.

Ich machte ihm das Angebot, ihn darin zu unterstützen, diese Geschichte durchzustehen. Wir verabredeten einen Termin für den nächsten Tag (Fortschritt: Herr G. blieb im Kontakt, hatte Vertrauen entwickelt).

Die 2. Sitzung

Herr G. kam dieses Mal allein (Fortschritt: sich allein auf der Straße dem Verkehrslärm ausgesetzt). Er konnte detailliert über den Ablauf berichten, wie es ihm nach dem Unfall ergangen war (Fortschritt: Konfrontation mit der Realität). Er hatte immer noch massive Schlafstörungen und Intrusionen mit dem entsprechenden Vermeidungsverhalten. Durch die Lage seiner Wohnung war er ständig dem Verkehrslärm (Trigger) ausgesetzt. Wir überlegten, ob es eine Möglichkeit gäbe, eine Zeitlang woanders zu schlafen. Er wollte Lars fragen, das war die einzige Möglichkeit (Fortschritt: soziale Kontaktaufnahme).

Wir übten außerdem zwei Entspannungstechniken ein, die Herrn G. tagsüber zur Beruhigung dienen und am Abend helfen sollten einzuschlafen (Stress reduzieren). Herr G.

suchte sich aus einer Dose mit kleinen Gegenständen eine Murmel heraus, die ihn daran erinnern sollte, dass er es schaffen würde (Schutzfaktor Kohärenzsinn stärken). Wir verabredeten wiederum einen Termin für den nächsten Tag (dichte Termine als Sicherheitsspende und zuverlässige soziale Unterstützung).

Screening: Psychotraumatologische und andere Beobachtungen

1. Ereignisfaktoren
   - Typ-I-Trauma,
   - von ihm selbst verursacht,
   - plötzlich und unvermittelt eingetreten,
   - fahrlässig verursachtes Unfallgeschehen mit einem Motorrad, bei dem die mitfahrende Frau verstarb und der Fahrer des Motorrades schwer verletzt wurde.

2. Risikofaktoren (soweit bekannt)
   - Mangelnde soziale Unterstützung (noch kein tragendes soziales Netz; sein Vater, der ihm nichts zutraut),
   - Ausbleiben fremder Hilfe (Es wurde keine psychosoziale Hilfe vor Ort gerufen; er erhielt keine Adresse, an die er sich hätte wenden können; zunächst war niemand als Ansprechpartner präsent),
   - Schulderleben (objektive, rechtliche und moralische Schuldaspekte, die hier zum Tragen kommen).

3. Psychotraumatologische Aspekte
   - Dissoziationen während und nach dem Ereignis (Prädiktor für die Ausbildung einer PTBS [Fischer & Riedesser 1998])
   - Nach einer mehrtägigen Schockphase mit Depersonalisations- und Derealisationserleben befindet sich Herr G. jetzt in der Einwirkphase. Das traumatische Ereignis liegt etwa zwölf bis vierzehn Tage zurück.

   - Posttraumatische Symptomatik:
     – Intrusionen:
       Gedankenkreisen, Träume, Bilder, Flashbacks, Trigger: Verkehrslärm und Reifenquietschen.
     – Vermeidungsverhalten:
       in Bezug auf Auto fahren, in der Gegend, wo sich der Unfall ereignete, die Universität. Überlegungen, die Stadt zu verlassen, Thema Schuld und Abschied, sozialer Rückzug, keinen Kontakt zu den Eltern der Nachhilfeschüler und Kommilitonen hergestellt.
     – Hyperarousal:
       Schlafstörungen, Konzentrationsstörungen, Schreckhaftigkeit, erhöhte Wachheit, Nervosität.
     – Emotionale Taubheit:
       Interesseverlust, Mut- und Hoffnungslosigkeit, abnehmende Zukunftsperspektive.

Prävalenz nach Unfällen für PTBS: 7–15 % (Kessler et al., 1995; Flatten et al., 2001).

4. Andere wirksame Themen
   - Selbstwertfragen,
   - Sinnfragen, Zukunftsperspektive, Lebensentwurf,
   - Einsamkeit,
   - fehlende Unterstützung/soziales Leben,
   - Tod, Trauer, Abschied,
   - Versagensgefühle aufgrund posttraumatischer Symptomatik,
   - Ablösung vom Vater/Elternhaus.

5. Schutzfaktoren
   - Rasche Hilfe: Herr G. hat auf der Einsatzstelle psychische Erste Hilfe durch die Feuerwehr erfahren. Leider wurden keine psychosozialen Fachkräfte hinzugezogen, die sich weiter um Herrn G. hätten kümmern können. So wurde dieser Schutzfaktor nicht ausgeschöpft und kann nur minimal wirksam werden.

- Anerkennung des Ereignisses: Durch die polizeilichen Ermittlungen erhält das Geschehen einen Namen und eine Kategorie. Als Teil der Gesellschaft muss sich Herr G. dafür verantworten. Dies verdeutlicht seine Zugehörigkeit zur Gesellschaft und ermöglicht ihm bei entsprechender Reflexion/Bearbeitung, seine Schuld anzuerkennen und diese durch eine Verurteilung auch abzutragen.
- Soziale Unterstützung: erfährt Herr G. durch seinen Kommilitonen Lars, der sich unverhofft gemeldet hat. Dieser vermittelt professionelle Hilfe.

Die anderen Schutzfaktoren fehlen oder sind aktuell nicht wirksam. Weitere Ressourcen sind (noch) unbekannt. Insgesamt sind die Schutzfaktoren nur gering ausgebildet, aber immerhin vorhanden.

Die 3. Sitzung

Herr G. hatte mit Lars gesprochen und war für einige Tage zu ihm gezogen, was ihn sehr entlastete. Er hatte mit Hilfe der Entspannungsübungen auch etwas besser als die Tage zuvor schlafen können (Fortschritt: Entspannung setzt ein, Schlaf bessert sich). Auch würde ihm helfen, dass sie über andere Dinge sprechen würden, die mit dem Unfall nichts zu tun hatten, und sogar Mathematikfragen diskutierten (Normalisierungsprozess kommt in Gang). Dann seien ihm aber doch die vielen Dinge wieder eingefallen, die nun auf ihn einstürzen würden. Darüber war er ganz mutlos geworden und hatte Angst, sich damit zu beschäftigen.

Herr G. nahm den Vorschlag an, die Dinge zunächst aufzulisten und zu sortieren, damit erst einmal ein Überblick entstehen konnte – weiter noch nichts (Fortschritt: Auseinandersetzung mit dem Geschehen. Aber: Vorsicht vor Überforderung). Wir beendeten die Sitzung mit einer Entspannungsübung.

Folgesitzungen

Die nächsten Treffen waren von der Phase der Traumaverarbeitung gekennzeichnet, in der sich Reaktivierung des traumatischen Geschehens (darüber Reden) mit Ausblenden (Ablenken) abwechselte. Pendelbewegungen zwischen Intrusion und Konstriktion, Träumen und Alltagsleben, in denen das Trauma durchgearbeitet und in die bisherigen Lebenserfahrungen langsam und schrittweise integriert wird. Herr G. begann sich durch die anstehenden Erledigungen zu arbeiten. Dabei kam es immer wieder zu einer Verstärkung der posttraumatischen Symptomatik. Herr G. konnte diese mittels der Entspannungs- und inzwischen auch erlernten Distanzierungstechniken lenken und dosieren. Dadurch erhielt er das Gefühl, etwas bewegen zu können, wieder handlungsfähig zu werden. Er setzte sich insbesondere mit seiner Schuld auseinander und entwickelte das Bedürfnis zu wissen, was aus dem jungen Mann geworden war. Über die Feuerwehr erfuhr er das Krankenhaus, in dem dieser immer noch lag und ließ ihn über das Krankenhauspersonal fragen, ob er ihn besuchen dürfte.

Dieser Besuch wurde zum Wendepunkt. Diesen jungen Mann zu sehen, löste in ihm scheinbar eine Blockade und half ihm, sich zunehmend zu stabilisieren. Von ihm erhielt er auch die Adresse der Familie der bei dem Unfall getöteten Frau, die hinten auf dem Motorrad saß. Ihren Angehörigen schrieb er zunächst.

Von da an bildete sich die Symptomatik deutlich zurück, und Herr G. kehrte wieder in seine Wohnung zurück. Er nahm sein Studium wieder auf, klärte die versäumten Nachhilfetermine und besuchte den verletzten jungen Mann jetzt regelmäßig in der Klinik. Wir lockerten die Termindichte, die wir nur zur Beerdigung der Frau noch einmal erhöhten.

Fünf Wochen nach dem eigentlichen Ereignis beendeten wir die Krisenintervention. Es bestanden nur noch geringfügige Belastungszeichen in Stresssituationen.

Gabriele Schmidt

Der Prozess im Überblick

Dieses Fallbeispiel ist typisch für einen Beratungsverlauf. Der Anfang ist zunächst schwierig und geht meist in sehr kleinen Schritten voran. Hier ist es wichtig, sich in Geduld zu üben und konsequent weiter an der Stabilisierung und den Schutzfaktoren zu arbeiten und auf die Selbstheilungskräfte zu vertrauen, bis sich die Blockade löst. Im Fall des Herrn G. geschah diese Auflösung sehr eindrucksvoll nach dem Krankenbesuch, und der Zugang zu seinen Ressourcen und Kompetenzen war damit wieder frei. Die weitere Entwicklung erinnerte dann an ein Dominospiel, bei dem die Schritte folgten, wie die Dominosteine fallen.

Der Fokus ist konsequent auf die Entlastung und das stützende Vorgehen gerichtet. Die oben genannten anderen wirksamen Themen, wie z. B. die Ablösung vom Elternhaus hatte ich nicht aktiv aufgegriffen, sondern der Verarbeitung des traumatischen Ereignisses nachgeordnet, falls diese Themen dann überhaupt noch relevant sind. Eine verfrühte Konfrontation hätte den Verarbeitungsverlauf gefährdet.

Die Aktivität des Helfers ist in der Krisenintervention nach Traumatisierungen grundsätzlich mit großem Bedacht einzusetzen. Eine Konfrontation mit dem belastenden Material darf keinesfalls zu früh erfolgen, da sonst der Beratungserfolg in Frage gestellt wird. Der Klient bestimmt das Tempo.

Hier ist seitens der Beraterin jeweils eine sorgfältige Selbstreflexion vorzunehmen, um die eigene Belastung von der des Klienten trennen zu können. Rasch kann es geschehen, dass eigene Abwehr einsetzt und zu verfehlten Interventionen führt. Dies muss in einer vertrauensvollen Supervision und kollegialen Intervision ausgeschlossen werden. Nur so kann die Herausforderung in der Arbeit mit traumatisierten Mensch zu einem fruchtbaren und für beide Seiten erfolgreichen Prozess werden.

20.6 Resümee

Nach einer langen Zeit der Verschüttung kehrt das Thema Trauma kontinuierlich wieder an die Öffentlichkeit zurück. Die Entstehung der verschiedenen Institute und Fachbereiche an Universitäten in Deutschland sind hoffentlich ein Garant dafür, dass keine »amnestische Phase« mehr folgen wird. Der Gesundheitsbereich ist diesbezüglich in Entwicklung und weist im akuten, ambulanten sowie stationären Bereich, wenn auch noch nicht genügend, aber inzwischen eine Vielzahl von traumaspezifischen Behandlungs- und Therapiemöglichkeiten auf.

Die Krisenintervention hat darin einen entscheidenden Platz. Sie sieht Betroffene sehr früh nach dem traumatischen Ereignis, unter Umständen sogar noch vor Ort. Aus der Erkenntnis heraus, dass ein Drittel der Betroffenen durch geeignete Maßnahmen in den ersten drei bis vier Wochen nach dem Ereignis entscheidend darin unterstützt werden kann, keine Langzeitfolgen auszubilden, hat sie nicht nur die Möglichkeit, sondern auch die Verantwortung, diese gefährdeten Menschen herauszufinden, sie entsprechend zu entlasten, zu stützen und bei Bedarf an traumaspezifische TherapeutInnen weiterzuvermitteln. Die Chancen, Chronifizierungen vorzubeugen, sind damit sehr gut.

Dies bedeutet gleichermaßen, dass die Krisenintervention ihre bisherigen Grundlagen auf ihre Gültigkeit überprüfen muss, um sie entsprechend weiterzuentwickeln und mit neuem Know-how zu füllen. Dazu gehört unter anderem auch, ihr Arbeitsgebiet weiter in Richtung Unglücksort zu öffnen.

Literatur

Albrecht, D. G., Gierke, S. von, Völkel, U., Barth, J. & Gaspar, M. (1999). Die posttraumatische Belastungsreaktion – ein häufig unterschätztes Krankheitsbild. *Rettungsdienst*, 22, 607–612.

Butollo, W., Krüsmann, M. & Hagl, M. (1998). *Leben nach dem Trauma*. München: Pfeiffer.

Davidson, J. R., Hughes, D., Blazer, D. G. & George, L. K. (1991). Post-traumatic stress disorder in the community: an epidemiological study. *Psychological Medicine*, 21, 713–721.

Egidi, K. & Boxbücher, M. (Hrsg.) (1996). *Systemische Krisenintervention*. Tübingen: dgvt-Verlag.

Egle, U. T., Hoffmann, S. O. & Joraschky, P. (Hrsg.) (1997). *Sexueller Missbrauch, Misshandlung, Vernachlässigung*. Stuttgart: Schattauer.

Fischer, G. (2001). *Neue Wege nach dem Trauma*. Konstanz: Vesalius.

Fischer, G. & Riedesser, P. (1998). *Lehrbuch der Psychotraumatologie*. München: Reinhardt.

Flatten, G., Hofmann, A., Liebermann, P., Wöller, W., Siol, T. & Petzold, E. (2001). *Posttraumatische Belastungsstörung*. Stuttgart: Schattauer.

Frankl, V. (1973). *Der Mensch auf der Suche nach Sinn*. Freiburg: Herder.

Herman, J. (1993). *Die Narben der Gewalt*. München: Kindler.

Huber, M. (2003). *Trauma und die Folgen*. Teil 1. Paderborn: Junfermann.

Ipsen, K. (1998). Eröffnung des 9. DRK-Rettungskongresses am 13. 5. 1998. In S. Topp (Hrsg.), *Rettungsdienst 2000* (S. 21–27). Kongressbericht, DRK-Rettungskongress.

Kessler, R. C., Sonnega, A., Bromet, E., Hughes, M. & Nelson, C. B. (1995). Posttraumatic stress disorder in the National Comorbidity Survey. *Archives of General Psychiatry*, 52, 1048–1060.

Lasogga, F. & Gasch, B. (2002). *Notfallpsychologie*. Wien: Stumpf und Kossendey.

Maercker, A. (1997). *Therapie der posttraumatischen Belastungsstörungen*. Heidelberg: Springer.

Rausch, K. (1996). Krisenintervention in suizidalen Krisen – Gefahren der Übertragung der Symptomdynamik auf Berater und das Team. In K. Egidi & M. Boxbücher (Hrsg.), *Systemische Krisenintervention* (S. 87–122). Tübingen: dgvt-Verlag.

Rothbaum, B. & Foa, E. (1992). Subtypes of posttraumatic stress disorder and duration of symptoms. In J. R. Davidson & E. Foa (Eds.), *Posttraumatic stress disorder: DSM-IV and beyond*. Washington, D. C.: American Psychiatric Press.

Schnurr, P. (1996). Trauma, PTSD and physical health. *PTSD Res. Q.*, 7, 1–6.

Shore, J. H., Vollmer, W. M. & Tatum, E. L. (1989). Community patterns of posttraumatic stress disorders. *J. Nerv. Ment. Dis.*, 177, 681–685.

Sonneck, G. (2000). *Krisenintervention und Suizidverhütung*. Wien: Facultas.

Tedeschi, R. G. & Calhoun, L. G. (1995). *Trauma and transformation. Growing in the aftermath of suffering*. Thousand Oaks, CA: Sage

Terr, L. C. (1989). Treating psychic trauma in children. *Journal of Traumatic Stress*, 2, 3–20.

Ullmann, S. & Siegel, J. (1996) Traumatic events and physical health in a community sample. *Journal of Traumatic Stress*, 9, 703–720.

Van der Kolk, B. A., McFarlane, A. & Weisaeth, L. (2000). *Taumatic Stress. Grundlagen und Behandlungsansätze. Theorie, Praxis und Forschung zu posttraumatischem Stress sowie Traumatherapie*. Paderborn: Junfermann.

Weiss, D. S., Marmar, C. R., Schlenger, W. E. & Fairbank, J. A. (1992). The prevalence of lifetime and partial post-traumatic stress disorder in Vietnam theater veterans. *Journal of Traumatic Stress*, 5, 365–376.

Yehuda, R. & McFarlane, A. (1995). The conflict between current knowledge about PRSD and its original conceptual basis. *Am. J. Psychiatry*, 152, 1705–1713.

21 Umgang mit gewalttätigen Patienten – Prinzipien der Deeskalation

Manuel Rupp

> Gewalttätigkeit trifft nicht nur einzelne Menschen, sondern verunsichert ganze Patientengruppen, destabilisiert den Teamzusammenhalt und beeinträchtigt das Klima in einer ganzen Institution. Gewalttätigkeit stellt die Sicherheit in Frage, die Basis für zwischenmenschliches Vertrauen und damit die Grundlage der professionellen Arbeit in Psychiatrie und Psychotherapie. Es wird deshalb gezeigt, was unter Gewalt verstanden werden kann, wie Gewalttätigkeit entstehen kann, wie unterschiedliche Risiken erkannt und wie entsprechend deeskaliert werden kann. Dabei wird ein Ansatz dargestellt, wie der Gefahr vorgebeugt und wie interveniert werden kann. Es wird dabei deutlich, dass die Gewaltprävention eine Aufgabe für die ganze Institution ist, was an einem Beispiel erläutert wird. Konkrete Hinweise zur Selbsthilfe schließen das Kapitel ab.

21.1 Gewalttätigkeit in psychiatrischen Institutionen

Im Rahmen meiner Tätigkeit als Kursleiter im Bereich Notfall- und Krisenintervention werde ich zunehmend auf die Gewaltthematik angesprochen. Gewalterlebnisse erschüttern die Betroffenen nachhaltig und können eine konstruktive Arbeitsgrundlage in ganzen Institutionen infrage stellen. Zwar stellen psychisch Kranke insgesamt gesehen keine Risikogruppe dar; hingegen gibt es einzelne psychopathologisch definierte Patientengruppen, von welchen statistisch gesehen ein geringeres Gewaltrisiko ausgeht (z. B. Depressive), und andere, die eher gewaltbereit sind. Die meisten entsprechenden Studien identifizieren akut Paranoide als besonderes Risiko. Ein Großteil des Personals in psychiatrischen Institutionen wird denn auch im Verlauf ihrer Berufslaufbahn von Gewalttätigkeit betroffen, sei es als Opfer oder als Mitarbeiter mit dem Auftrag, Zwang auszuüben. Von Krankenhauspersonal in psychiatrischen Kliniken wird gelegentlich erwartet, dass es die Gewalttätigkeit von Patienten hinnimmt (»das gehört halt zur beruflichen Aufgabe«), was dazu beitragen kann, dass betroffene Berufsleute im Verdeckten ihrerseits gewalttätig werden.

Was tun? Konzepte rein gewaltfreien Vorgehens sind faktisch gescheitert, Methoden der bloßen Gegengewalt sind aus ethischen Gründen glücklicherweise nicht mehr durchsetzbar. Welche Alternativen wirksamer und zugleich verhältnismäßiger Machtanwendung jenseits von Rache und Abstrafung gibt es? Wie lässt sich im Gefährdungsbereich kommunizieren?

21.1.1 Was ist Gewalt, Aggression, Eskalation?

Als »Gewalt« bezeichnen wir in unscharfer Weise sowohl die sozial legitimierte wie die missbräuchliche Anwendung von psychischen, physischen und strukturellen Machtmitteln (strukturelle Gewalt besteht im Entzug von Ressourcen). Es sollen Ziele durchgesetzt werden, die auf kommunikativem Weg alleine nicht erreicht werden können – gegen den Willen eines andern. Dabei wird auch die Verletzung der Integrität der Gemeinschaft in Form ihrer Spielregeln, ihrer ausgesprochenen oder impliziten Grundvereinbarungen in Kauf genommen. Anstelle des Aushandelns von gemeinsamen Lösungen im Sinne von »Sowohl-du-als-auch-ich« kommt ein radikales, unerbittliches »Entweder-du-oder-ich«.

Die menschliche Kommunikation ist eine hohe Kulturleistung, um unsere Ziele in wechselseitiger Abstimmung zu erreichen, ohne die Ressourcen der Gemeinschaft zu schädigen. Dies setzt ein filigranes Gebilde von expliziten und impliziten Regeln voraus, die im Verlauf friedlicher Entwicklung gestaltet, über Generationen tradiert, im Rahmen der Sozialisation erlernt und in sozialer Kontrolle gehütet werden. Regelverletzungen müssen dabei durch Kontroll-, Eingrenzungs- und Wiederherstellungsprozesse beantwortet werden, die ihrerseits bis zur energischen Anwendung von Übermacht gehen. Regelverletzungen sind zugleich Indikatoren für nicht-kommunizierte und damit übersehene Problembereiche der individuellen und kollektiven Bedürfnislage.

Die unangemessene, nicht legitimierte *Gewalt* kann sowohl von gewalttätigen Patienten, die z. B. im Wahn einen Angehörigen bedrohen, wie von Mitarbeitern ausgehen, die ihrerseits unangemessen oder gar unbefugt Machtmittel einsetzen. Was Gewalt und was Zwang ist, kann von verschiedenen Personen gegensätzlich bewertet werden: eine häufige Erfahrung in der stationären Psychiatrie, wenn psychotische Patienten krankheitsbedingt eine völlig andere Situationseinschätzung haben als Gesunde und dies mit derselben Gewissheit erleben wie ihr (nicht krankes) Umfeld.

Aggressionsbereitschaft oder *Aggressivität* bezeichnet eine innere Gestimmtheit, die bei fehlender Zurückhaltung zur Bereitschaft führt, andere Lebewesen mit physischer, psychischer Kraftanwendung respektive sozialer Machtentfaltung (d. h. nicht primär mit Mitteln der Überzeugung) in der Verfolgung ihrer Absichten zu manipulieren, zu beeinträchtigen, zu beschädigen oder gar zu vernichten. Ob Aggressivität destruktiv wird, ist abhängig von der Werthaltung und der Impulskontrolle der aggressiv gestimmten Person, jedoch auch vom Verhalten des Gegenübers und des Kontextes und damit des sozialen Umfeldes und der Institution.

Unter *Eskalation* versteht man den Prozess fortwährend steigender aggressiver Spannung. Diese stufenweise Spannungserhöhung kann dabei über viele Zwischenschritte geschehen. Eine Eskalation bis hin zu Gewalttätigkeit erfolgt mit Ausnahme von hirnorganisch beeinträchtigten oder akut paranoiden Menschen in der Regel über mehrere Eskalationsstufen.

21.2 Die Dynamik der Gewalttätigkeit

Gewalttätigkeit in verbaler und tätlicher Weise entsteht vornehmlich zwischen Menschen, die einen Bezug zueinander haben oder einen Bezug zu einer andern Person fantasieren oder gar halluzinieren. Verhältnismäßig häufig geschieht Gewalttätigkeit deshalb in realen nahen Beziehungen (Partnerschaft, Familie, Wohngruppe, Betreuungsverhältnissen) oder vorgestellten Beziehungen (idealisierten oder verteufelten Repräsentanten gesellschaftlicher Gruppen).

Auf eine einzige Ursache ausgerichtete Erklärungsversuche gewalttätigen Verhaltens sind inzwischen aufgegeben worden (Rupp & Rauwald, 2004a). Der Gewalttätigkeit geht in der Regel eine (seelische) Krankheit, (körperliche) Erschöpfung oder soziale Belastung voraus, was zu Sorgen, Stress, dauernder Anspannung und allmählicher Erschöpfung der inneren Ressourcen führt. In Beziehungen entstehen nun aus kleinen unbedachten Äußerungen des Unwillens kleine Missstimmungen, was notwendig machen würde, die Probleme zu lösen. Falls jedoch eine verminderte Kommunikations- und Problemlösekompetenz der Konfliktpartner besteht, eskaliert den Konflikt weiter, da Unterlegene in Kampfsituationen dazu neigen, schrittweise Spielregeln zu verletzen, um in einer Auseinandersetzung ihre verbliebene Kraft doch noch wirkungsvoll einzusetzen (Glasl, 2004). Eine Unterlegenheit im Kommunikationsbereich kann die Gewaltbereitschaft deshalb fördern (z. B. bei minder intelligenten Menschen; aber auch gelegentlich bei Männern: Frauen haben eine größere Kommunikations- und Sozialkompetenz, und sie dürfen schwach sein).

Falls wichtige Spielregeln in einer Auseinandersetzung nicht mehr eingehalten werden, können Angreifende oder Angegriffene sich verbal defensiv verhalten oder räumlich ausweichen, um eine destruktive Entwicklung zu vermeiden. In Abhängigkeitsbeziehungen oder in Situationen von Zwangsnähe (Arbeitsplatz, Wohnheim) existiert jedoch derart viel räumliche Nähe und zu häufiger Kontakt, dass eine weitere Eskalation wahrscheinlich wird. Wenn wegen dieses Missverhältnisses zwischen Vertrauen und Vertrautheit keine Distanzierung erfolgt, kann eine neue Beziehungskonstellation, die *Verstrickung*, entstehen: Menschen fühlen sich zwar seelisch distanziert oder gar fremd (z. B. wegen eines schwelenden Konfliktes), sind sich räumlich trotzdem nahe (z. B. zwei zerstrittenes Bewohner im gemeinsamen Schlafraum). Das für nahe Beziehungen notwendige Basis-Wohlbefinden ist nicht mehr da. Unter dem entstehenden Stress entdifferenzieren sich Wahrnehmung, Denken und Fühlen:

- Tendenz zur vornehmlichen Wahrnehmung bereits bekannter Signale (neue Informationen – z. B. das Entgegenkommen des Partners – werden übergangen),
- Einengung des Denkens (Schwarz-Weiß-Perspektive: entweder »gut« oder »böse«, »Opfer oder »Täter«),
- unbehagliche Stimmungslage mit einer Tendenz zu Misstrauen und Pessimismus.

Das Verhalten dem Kommunikationspartner gegenüber verändert sich. Es verliert an Sorgfalt, wird heftiger und beginnt Grenzen zu überschreiten; sowohl im räumlichen Sinn (das Revier wird verletzt, in den Nahbereich des andern eingedrungen, der körperliche Intimbereich wird nicht mehr respektiert) wie auch seelisch (der Wille des anderen, seine Würde, sein Status, die Zeichen seiner Identität und Autonomie bleiben nicht mehr respektiert). Es entwickelt sich eine dauernde Spannung, verbunden mit einer ständigen vorbewussten oder bewussten Beschäftigung mit einem drohenden Angriff (Gewaltfantasien). Dies führt zu anhaltendem Unwillen, dabei werden Bilder früherer traumatisierender Konflikte erinnert, die auf das Gegenüber übertragen werden: Der Konfliktpartner wird zu einem Rollenspieler eines unbewussten Beziehungsdramas, was wiede-rum in wechselseitige Verkennungen bis hin zu wahnhafter Missdeutung mündet. Nun werden sogar die Deeskalationsstrategien des einen vom anderen als Angriffsstrategie verkannt. Was auch immer geäußert wird, wird vom »Gegner« als destruktiver Beitrag interpretiert. Die jetzt erlebten Ungerechtigkeiten, Kränkungen und seelischen Verletzungen steigern die Heftigkeit der Emotionen, bis eine beträchtliche Erregung erreicht werden kann, die wiederum die Wahrnehmung auf das ängstlich-wütend Erwartete einengt (»Ich weiß genau, was du denkst ... wie du bist ... was du willst!«).

Durch die Heftigkeit der in der Verstrickung aufkommenden feindlich-abwehrenden Gefühle von massiver Angst, heftiger Wut und Ärger wird das Gegenüber nun entwertet und dämonisiert, gleichzeitig fühlen sich dadurch die Angegriffenen in unmittelbarer

Gefahr, bis die Konfliktpartner einander hassen, sodass die Verletzung von Integrität innerlich erlaubt wird oder gar als Notwendigkeit erscheint, um einen in der Fantasie vorausgenommenen Kampf überstehen zu können. Die Verletzung oder gar Vernichtung des anderen wird innerlich gerechtfertigt.

Die jetzt massiv erhöhte Spannung kann die Impulskontrolle vermindern, die bereits anderweitig beeinträchtigt sein kann als Folge von Erschöpfung oder Erregung, von psychischer Krankheit oder als Auswirkung des Konsums von Alkohol oder Drogen, die verhängnisvollerweise zur Spannungsverminderung eingenommen werden. Das Umfeld wird wegen einer stressbedingten weiteren Einengung der Wahrnehmung kaum mehr beachtet. Bisher vermiedene Tabubrüche wie z. B. beschämende Szenen in der Öffentlichkeit werden in Kauf genommen. Entsprechend beginnt sich das Umfeld, allenfalls nach einer Phase vorsichtiger Vermittlung, allmählich zurückzuziehen. Die Gewalttätigkeit wird nun nicht nur ausfantasiert, sondern auch angedroht und – wenn keine innere (ethische) oder soziale Kontrolle mehr existiert – schließlich praktiziert.

21.3 Der Umgang mit den Risiken

21.3.1 Risiken erkennen

Die möglichst sparsame Anwendung von Zwang macht sowohl ethisch als auch vom weiteren Verlauf einer Betreuungsbeziehung her Sinn. Wegen der psychologisch ungünstigen Auswirkung von Zwangsanwendung ist es sinnvoll, die Risikogruppe, Personen mit erhöhtem Gewaltrisiko, zu erkennen (s. Tab 21.1). Immerhin muss bei 2–2,5 % der Aufnahmen in eine psychiatrische Klinik mit Gewaltvorfällen gerechnet werden (Steinert,

Tab. 21.1: Allgemeine Risikomerkmale bei Patienten hinsichtlich Gewaltgefahr

- **Äußere Faktoren**
  Massive äußere Belastung, Erschöpfung, schwere Kränkung durch Verlust der sozialen Rolle
  Soziale Nähe zum Opfer (Achtung bei Einbezug in einen Wahn!)
- **Biografische Belastungen**
  Anamnese von Missbrauch/Misshandlung in der Jugend
  Anamnese früherer Gewalttaten, respektive Häufung schwerer Unfälle
  Status nach Hirnverletzung oder -erkrankung
- **Psychopathologie**
  Schwere Kränkbarkeit, plötzliche Stimmungswechsel, Reizbarkeit
  Frustrationsintoleranz, starke sexuelle Triebhaftigkeit
  Fehlende Selbstkritik, krass egozentrisches Verhalten, Gewissenlosigkeit
  Projektionstendenz, Feindseligkeit, Verachtung gegenüber Bezugspersonen
  Gewalttätige, drohende, angstmachende Verhaltensmuster
  Geringe Kommunikationskompetenz
  Verminderung der Impulskontrolle (z. B. bei Rausch, Erregung)
  Psychose (insbesondere **akute paranoide Schizophrenie, v. a. bei Komorbidität Alkohol- bzw. Drogenmissbrauch**)
- **Interpersonelle Faktoren**
  Verstrickung mit Bezugspersonen
  Grundsätzlich auseinander laufende Strebungen der Kommunikationspartner
  Falsch interpretierte Handlungsabsicht des Kommunikationspartners, emotionale Verkennung (feindselige Übertragung)

2002). Viele Studien (Heitmeyer & Hagan, 2002) zeigen auf, dass sowohl Sozialisation wie konstitutionelle Einflüsse (u. a. hirnorganische Defizite) einen wesentlichen Einfluss auf die Gewaltbereitschaft haben. Die Rückfallgefahr ist dabei sehr hoch. Viele potenziell Gewalttätige waren schon früher Opfer oder Täter. Bei der Risikoerkennung spielen beobachtbare Merkmale und die intuitive Wahrnehmung des Helfers eine Rolle.

Die Kurz-Abklärung hinsichtlich Gewaltrisiko sollte im Rahmen einer kurzen Aggressionsanamnese Informationen erheben (siehe **Tab. 21.2**). Gesprächsfähige, potenziell Gewalttätige sind offen und mit deutlichen Worten (»Haben Sie daran gedacht, Ihre Partnerin anzugreifen, zu verletzen oder gar zu töten?«) nach einer eventuellen Gewaltabsicht zu fragen. Dabei ist nicht nur wichtig, wie die Betreffenden inhaltlich antworten, sondern auch welche Gefühlsänderung sich beim Interviewer einstellt, wenn eine verneinende Antwort gegeben wird: Fühlen wir uns von der Antwort unseres Gegenübers tatsächlich beruhigt?

Tab. 21.2: Was ging unmittelbar voraus? Die kurze Aggressionsanamnese

- Konflikt**beteiligte**?
- Konflikt**anlass**?
- **Eskalationsstufe** (verbale Grenzüberschreitung → Sachbeschädigung → Drohung → Tätlichkeit → schwere Gewalt)?
- Konkrete **Befürchtungen des Anrufers**?
- Hinweise auf **Gefahr von Verlust der Impulskontrolle** (akute Alkoholisierung, Drogeneinnahme, Erschöpfung; Schizophrenie, senile Demenz, Minderintelligenz)?
- Sind Waffen vorhanden?
- Vorerfahrung mit **ähnlichen Vorfällen** (Was hat damals geholfen?)
- Getroffene **Sicherheitsmaßnahmen** (Kinder bei Nachbarn untergebracht? Waffen weggeschlossen? Entfernung von Alkohol und Drogen? Hinzuziehen der Polizei?)

Vor Ort ist die Evaluation der erlebten Interaktion mit potenziell Gewalttätigen hilfreich:

Tab. 21.3: Was lässt sich beobachten? Kurz-Abschätzung des akuten Risikos

- **Sind Zeichen von abgelaufener Gewalt erkennbar?** (beschädigte Wohnungseinrichtung, verängstigte Frauen und Kinder)?
- **Wie zugänglich auf verbale Intervention sind die Konfliktbeteiligten?** Reagieren Sie auf taktvolle, ruhige und bestimmte Grenzsetzung? Reagieren Sie auf Verminderung von Belastung (z. B. durch das Wegschicken von anderen Konfliktpersonen)?
- **Ist das drohende Verhalten gerichtet?** Sind Zeichen von fehlender Impulskontrolle erkennbar (z. B. gegenüber Personen, vor allem gegenüber Schwächeren, z. B. Kindern)?
- **Liegen Gegenstände herum, die sich als Waffe eignen könnten?** Ist ein Fluchtweg frei? Sind andere Helfer in unmittelbarer Nähe?
- **Wie fühlt sich der Helfer im Kontakt mit dem potenziell Gewalttätigen** (Vorsicht → Bedrohung mit Angst → akute Gefahr mit schwerer Angst oder dem Wegbleiben einer Gefühlsreaktion: Dissoziation)?

Es gibt auch Risikofaktoren für Gewalttätigkeit, die bei Mitarbeitern einer psychiatrischen Institution vorhanden sein können. Hierzu können sich Teammitglieder selbst befragen: Habe ich eine Vorgeschichte von eigener Misshandlung oder Missbrauch oder von eigener Gewalttätigkeit? Neige ich dazu zu rivalisieren, d.h., herausfordernd zu reagieren? Ärgere ich mich schnell, oder werde ich bald einmal wütend? Kenne ich bei mir eine Tendenz zu Angst und Panik respektive Wutpanik? Fühle ich mich von einem potenziell gewalttätigen Klienten schnell persönlich gekränkt, möchte ich ihm vielleicht etwas heimzahlen? Habe ich mich schon dabei ertappt, dass ich verächtliche Bemerkungen über einen Klienten mache? Bin ich im Moment unter Stress? Leide ich unter Selbstzweifeln? Glaube ich, dass mir keine Gewalt angetan werden wird – dass dies nur andern passiert? Fühle ich mich im Team isoliert?

Viele Pflegefachkräfte und Ärzte fühlen sich nach der Durchführung von Zwangsmaßnahmen denn auch »schrecklich«, »nervös«, »schuldig«. Deshalb kann es nach Eskalationen mit Patienten in den Behandlungsteams zu wechselseitigen Schuldzuschreibungen kommen, die übers Ziel hinausschießen können:

- Diejenigen Teammitglieder, die eher einen konsequenten bis konfrontativen Kurs steuern, beschuldigen die anderen Teammitglieder, fachlich inkompetent, naiv zu sein und vereinbarte Grenzen nicht durchzusetzen, sondern diese unangenehme Aufgabe insgeheim den anderen zu überlassen.
- Die eher nachgiebigen, jedoch auch sehr einfühlenden Teammitglieder beschuldigen die andere Gruppe als »übermäßig hart«, gar als »brutal« oder »grenzüberschreitend«. Es kann zu gegenseitigem Ausspielen bis hin zu Teamspaltungen und Kündigungen im Personal kommen, vor allem wenn eine psychotische Erkrankung nicht offensichtlich ist oder es sich bei den Patienten um Menschen mit einer schweren Persönlichkeitsstörung handelt.

Die daraus entstehenden Teamspaltungen können in einer Behandlungseinrichtung zu ernsten Problemen – und damit zu einem zusätzlichen Risiko – führen. So kann es im Zusammenhang mit der Betreuung von Patienten geschehen, dass diese bzw. ihre psychische Störung selbst als die eigentlich Mächtigen erscheinen. Es sei denn, es gelingt durch einen integrierenden Leitungsstil, der zugleich klar Position für Spielregeln und Grenzsetzung bezieht, sowie durch eine klärende Supervision, wieder ein gemeinsames Arbeitskonzept innerlich zu verankern und auf einer Handlungsebene durchzusetzen.

Die Risikosituation ergibt sich aus einem Bündel interagierender Einflussgrößen: Den meisten Gewaltvorfällen geht ein ähnliches Ereignis voraus, und die Gewalttat kündigt sich mit drohendem Gebaren an. Der Helfer soll jedoch auch auf die eigene Aggressionstendenz und die für eine Institution Verantwortlichen auf Spaltungserscheinungen in Teams achten (Keinzle & Paul-Ettinger, 2008).

21.3.2 Risiken durch professionelle Deeskalation vermindern

Mit dem Begriff *Deeskalation* wird der umgekehrte Vorgang der Eskalation beschrieben. Bei der professionellen Deeskalation, der Gewaltprävention, werden konzeptualisiert Methoden und Mittel eingesetzt, um die aggressive Spannung und damit die Gefahr weiterer destruktiver Entwicklung wirksam zu vermindern, womit die betroffenen Personen eher im Bereich der Kommunikation bleiben – oder wieder in diesen zurück finden (Rupp & Rauwald, 2004b; Rosenberg, 2007). Dabei gelten folgende Prioritäten:

Tab. 21.4: Prioritäten bei der Gewaltprävention

---
1. **Vorbeugen** bei sich selbst; persönliche Sicherheit
2. **Vorbeugen** der Gewaltentstehung im Umfeld
3. **Erkennen** der Frühzeichen von Gewalteskalation
4. **Eingrenzen** von Gewalttätigkeit
5. **Betreuen** von seelisch traumatisierten Menschen (Opfer und Täter)
6. **Nachbesprechen** von Gewalttaten als Rückfallprophylaxe

Die Deeskalation ist aus psychiatrischer Sicht wichtig, weil das Erlebnis von Gewalttätigkeit für alle Beteiligten, seien sie nun in der Rolle als Opfer, als Täter oder als Zeuge, traumatisierend wirken kann. Seelische Traumatisierung führt zu einer Reihe von potenziell schwer wiegenden seelischen Folgezuständen, die das Ausmaß einer behandlungsbedürftigen Störung annehmen können. Ganz abgesehen von den Auswirkungen auf das Sicherheitsgefühl in der Institution. Sicherheit ist die Grundlage des Vertrauens!

Die Deeskalation bzw. Gewaltprävention erfolgt dabei in drei Bereichen (siehe **Tab. 21.5**).

Tab. 21.5: Bereiche der Gewaltprävention

- **Patienten**bezogene Prävention
- **Mitarbeiter**bezogene Prävention
- Prävention im persönlichen **Umfeld** (Familie, Arbeitsstelle, Behandlungseinrichtung)

Bei schwerer Gewaltgefahr ist eine Vorgehensweise gleichzeitig in mehreren Bereichen unverzichtbar. Das Ziel der Deeskalation ist es, Rahmenbedingungen zu schaffen, die es ermöglichen, von der Gewaltanwendung wieder zur Kommunikation zu finden. Dies geschieht durch methodisches Vorgehen auf drei Ebenen (siehe **Tab. 21.6**).

Mit den *Methoden der Notfallintervention* wird durch Verminderung von Stimulation und Komplexität Stress reduziert. Damit werden die unmittelbaren Anliegen der an einem Konflikt beteiligten Personen ernst genommen. Mit einer lösungsorientierten Betrachtungsweise wird vom Problem auf hier und jetzt konkret Umsetzbares fokussiert, was bei belastungsbedingt erregten Menschen sehr hilfreich sein kann. Durch strukturierende Moderation des Kontaktes durch den Leiter der Intervention wird Übersicht geschaffen, und es werden Prioritäten gesetzt. Durch die Verminderung von Zeitdruck und zugleich kurze Gesprächszeit soll sofort wirksam Entlastung bzw. Reizreduktion geschaffen werden. Jede nähere Besprechung eines Konfliktes ist auf einen Zeitpunkt zu verschieben, in welchem die erregten Beteiligten wieder genügend gelassen sind. Eine medikamentöse Unterstützung ist je nach Syndrom sinnvoll. Jeder Interventionsschritt wird evaluiert. Vorgehensweisen, die zu Spannungsreduktion führen, werden weiterverfolgt. Falls während der Intervention die Spannung wider Erwarten steigt, wird das Interventionsziel sofort vereinfacht (Entlastung von Patient *und* Mitarbeitern) und die Strategie modifiziert.

Bei Menschen mit erheblicher Gewaltbereitschaft ist eine allein auf Beziehung und Überzeugenwollen gründende Grenzsetzung nicht möglich. Hier braucht es *methodisch eingesetzte physische Übermacht*. Das bedeutet im Notfall das gemeinsame Auftreten mit der Polizei. Dies ist die technische Voraussetzung dafür, dass ein Schutzeinsatz wirksam, ohne Trick und ohne verletzende Wucht erfolgen kann. Nach aller Erfahrung unterbleibt durch das bloße Erscheinen von Uni-

Tab. 21.6: Die drei Ebenen der Deeskalation bei aggressiven Patienten

Methoden der Notfall- und Krisenintervention:	Stimulation vermindern Komplexität vermindern Lösungsorientiert arbeiten
Methoden der Machtanwendung:	Grenzen setzen und Spielregeln einführen Schützen Maßnahmen verfügen
Methoden der Beziehungsgestaltung:	Kontakt aufnehmen Neutrale Drittpersonen einbeziehen Vernetzen

formierten mutwillige Gewalttätigkeit. Zugleich gibt man damit den gewalttätigen Menschen ein Zeichen, dass ihre Drohung ernst genommen wird. Der Gewalttätigkeit ohne Schutzmaßnahmen zu begegnen wirkt auf den Täter, als würde man ihn nicht ernst nehmen. Diese Kränkung kann eine weitere Eskalation begünstigen. Zu den Methoden der Machtanwendung gehört der sofortige energische Schutz gefährdeter Personen oder deren Entfernung aus dem Gefahrenbereich durch den verhältnismäßigen, genügend taktvollen, transparenten und autorisierten Einsatz von Machtmitteln. Hier sind in erster Linie die Institution bzw. deren Repräsentanten gefragt. Im Zweifelsfall hat Schutz Vorrang vor Grenzsetzung! Sobald eine klare, für alle Beteiligten erkennbare (allenfalls auch physische) Übermacht erkennbar ist, indem Vorgesetzte hinzugezogen werden, mehrere Mitarbeiter vor Ort erschienen sind oder die Polizei gerufen wurde, werden die aktuell unbedingt notwendigen Grenzen gesetzt und die die Gemeinschaft schützenden Spielregeln bekräftigt oder durchgesetzt. Derjenige, der die Intervention leitet, koordiniert die verschiedenen Einsatzkräfte und hält Kontakt mit den direkt Betroffenen. Auch bei psychotischen Patienten wirkt der Einsatz von sichtbar überlegenen Kräften häufig sofort deeskalierend. Dabei geht vom Machteinsatz meist nur eine Kurzzeitwirkung aus im Sinne einer flankierenden Maßnahme. Übermacht ist eine notwendige, aber nicht hinreichende Voraussetzung zur Intervention bei Gewaltgefahr!

Damit die Wirkung einer Intervention anhält, ist es notwendig, eine Beziehung zu den Betroffenen zu schaffen. Beziehung schafft die Grundlage für die seelische Integration von sozialer Werthaltung, Respekt und Grenzsetzung. Hier sind die Mitarbeiter der Institution und deren Kompetenz in der psychotherapeutisch-betreuerischen Beziehungspflege besonders gefragt. Die *Methoden der Beziehungsgestaltung* bestehen darin, auf geduldige Weise Kontakt aufzunehmen, den Kreis der meist ineinander Verklammerten aufzubrechen, indem neutrale Drittpersonen einbezogen werden. Da Gewalttätigkeit meist die Endstrecke von Beziehungszerrüttung darstellt, sind die Verknüpfungen zu Nachbarn, Freunden, Angehörigen sowie anderen Betreuern eingerissen. Hier gilt es, die konstruktiven alten Bezüge wiederherzustellen und neue Verbindungen zu schaffen. Dies erfordert eine ruhige, feste und damit konfrontationsbereite *und* begrenzt anteilnehmende Haltung, um eine Kultur von Verbindlichkeit und Respekt zu pflegen, um Grenzen zu markieren und konstruktiv genutzte Spielräume anzuerkennen. Wenn die Beziehungsaufnahme gelingt, geht davon die beste Langzeitwirkung hinsichtlich Gewaltprävention aus.

Im Verlauf der Intervention wird versucht, soweit möglich mit den Mitteln des Gesprächs und soweit notwendig mit Machtmitteln deeskalierend zu wirken. Je fortgeschrittener die Eskalation, desto eher muss gehandelt werden und desto weniger wird verhandelt. Zu viel sprechen kann die Spannung erhöhen. Doch auch während des Handelns wird dauernd in kurzen Sätzen erläutert, was und warum man etwas tut.

Unterschiedliche Patientengruppen bedürfen entsprechend unterschiedlicher psychopathologischer Eigentümlichkeiten eines unterschiedlichen kommunikativen Zugangs (Rupp, 2010):

- Insbesondere *Menschen mit einer akuten paranoiden Schizophrenie*, krankhaft misstrauisch, sind in der Lage, aus einem Wahnzusammenhang heraus eine gefährliche Tat zu planen und zielgerichtet umzusetzen. Bei Menschen mit schizophrenen Störungen ist es deshalb notwendig, aus Sicherheitsgründen grundsätzlich drei Armlängen Abstand zu halten, zu den Betreffenden in seitlich leicht abgedrehter Körperhaltung zu stehen, direkten Augenkontakt zu vermeiden und darauf zu achten, in der Nähe der offenen Türe zu stehen, um sich notfalls sofort zurückziehen zu können. Zum Kontakt insbesondere mit unbekannten Patienten ist aus Sicherheitsgründen grundsätzlich stets eine weitere Person hinzuzuziehen. Helfer, die in ein Wahnsystem einbezogen werden, sollen die entsprechende Betreuungsaufgabe delegieren.

- *Menschen im Drogen- oder Alkoholrausch* können unberechenbar, reizbar und stimmungslabil reagieren. Sie haben eine verminderte Selbstkritik und eine reduzierte Impulskontrolle. Deshalb können sie aus einem Affekt heraus Gewalt anwenden oder eine schon vorher ausfantasierte Gewalttat unter Suchtmitteleinfluss plötzlich umsetzen. Ein argumentativer Zugang ist nicht mehr möglich. Beruhigendes Zureden mit ruhiger Stimme kann die Situation entspannen. Es ist jedoch nicht sinnvoll, Maßnahmen lange zu erklären oder gar um Zustimmung zu fragen. Eine Diskussion bleibt unergiebig. Gemachte Versprechen werden sofort vergessen.

- *Menschen mit dissozialer Persönlichkeitsstörung* erscheinen in ihrer Argumentation nachvollziehbar, jedoch kaum flexibel. Ihre empathische Einfühlungsfähigkeit in den anderen ist vermindert. Gewalt oder destruktive Muster können bei dieser Personengruppe anerkannte Mittel zur Zielerreichung darstellen. Eine bloß auf Einsicht gegründete Intervention bleibt mit Wahrscheinlichkeit ohne viel Wirkung, wenn nicht durch begleitende Handlungen den Worten Nachdruck verliehen wird. Diese Menschen brauchen gelegentlich eine deutliche, konfrontative Grenzsetzung – ganz im Gegensatz zu psychotischen Menschen! Man beachte dabei, dass sich hinter einem »schwierigen« Kommunikationsstil auch eine präpsychotische Störung, eine Doppeldiagnose usw. verbergen kann.

- *Menschen mit hirnorganischen Störungen* verlieren von einer bestimmten Erregungsstufe an unvermittelt die Selbstkontrolle, da sie die Komplexität und Intensität von Reizeinwirkungen nicht mehr verarbeiten können und die darauf folgende Erregung nur langsam abklingt. Hier sind Vorbeugung und prophylaktischer Selbstschutz (Abstand halten!) besonders wichtig.

21.3.3 Risiken durch Vorbeugung in der Institution vermindern – ein Beispiel

Im folgenden, authentischen Fallbeispiel wird illustriert, wie das vorher ausgeführte Konzept in der Gewaltprophylaxe umgesetzt werden kann. Es wird deutlich, wie wichtig die Pflege institutioneller Rahmenbedingungen, wie entscheidend die Abstimmung im Team und die Haltung der Vorgesetzten und wie unabdingbar eine Kultur von bezogener Verbindlichkeit ist.

Ausgangssituation

Eine Institution in einer Großstadt im deutschsprachigen Raum bietet im Rahmen einer betreuten Kaffeestube für sozialpsychiatrisch betreute Langzeitpatienten niederschwellig Kontakte und Aufenthalt an. Im Verlauf von Monaten hat sich zunehmend eine Gewaltszene ausgebreitet, verschiedene Mitarbeiter und auch Mitarbeiterinnen wurden bedroht und teilweise tätlich angegriffen. Diese leiden unter Erscheinungen von schleichender Entmutigung, sind zunehmend häufig krank oder schauen sich nach einer anderen Stelle um. Das Geschlechterverhältnis unter den Benutzern verändert sich, sodass schlussendlich nur noch ein Viertel Frauen den Begegnungsraum frequentiert. Im Zentrum herrscht ständig eine angespannte, gelegentlich gar explosive Atmosphäre.

Intervention

Aufgrund eines erneuten Vorfalles beschließt das Team, klare Spielregeln einzuführen, die den Klienten mitgeteilt werden:

- **Keine Toleranz von Gewalttätigkeit**
  - Bei Drohung oder Gewalttätigkeit sofortiges Hausverbot, ausgesprochen in eigener Kompetenz des jeweiligen Betreuers. Das Verbot wird am nächsten Tag durch das Gesamtteam bestätigt.
  - In nicht eindeutigen, jedoch unangenehmen Situationen wird zuerst eine Teambesprechung abgehalten und der betreffende Klient mit seinem Verhalten konfrontiert. Dieser muss darauf die Mitarbeiter davon überzeugen, dass die Grenzsetzung durch das Team verstanden und akzeptiert wird. Entscheidend ist der nachfolgende Tatbeweis.
  - Formelle Entschuldigungen werden nicht automatisch akzeptiert, sondern die Entschuldigung muss in einem separat einberufenen Gespräch die Mitarbeiter überzeugen.
  - Ebenso wird bei rassistischen oder sexistischen Bemerkungen verfahren, die ebenfalls nicht akzeptiert werden.
- Diese Regeln und Vorkehrungen werden im Team abgesprochen und *von allen gutgeheißen und nach außen klar vertreten*.
- Ausgeschlossene Klienten haben die Möglichkeit, sich nach einer Karenzzeit wieder um eine Aufnahme im Zentrum zu bemühen (*Eintrittsschleuse*). Dabei müssen sie eine Konferenz von mindestens zwei Teammitarbeitern davon überzeugen, dass sie die Grenzsetzung verstehen. Sie müssen nachvollziehbar zusichern können, dass sie Derartiges nicht mehr tun werden. Dabei ist wichtig, dass diese Grenzsetzung auch gegenüber hochpsychotischen Menschen gilt.

Verlauf

Nach einzelnen erneuten Grenzüberschreitungen, die – wie angekündigt – sofort zum Hausverbot führen, erleben die Mitarbeiter wichtige Veränderungen:

- Die ausgeschlossenen Raufbolde respektieren das Hausverbot und zeigen sich nicht mehr.
- Das Spannungsniveau in der Institution hat sich gesenkt, sodass keine Gewalttätigkeit mehr stattfindet.
- Die Mitarbeiter fühlen sich wieder sicher, haben kein Bauchweh und kein Burn-out mehr.
- Die Frequentierung der Institution hat beträchtlich zugenommen, die Leute beginnen, Mitverantwortung zu übernehmen und üben ihrerseits in ihrem nahen Umkreis eine soziale Kontrolle aus: Sie bemühen sich darum, dass die Spielregeln tatsächlich eingehalten werden.
- Das Geschlechterverhältnis verändert sich ebenfalls: Nun sind rund die Hälfte der Besucher wieder Frauen.
- Interessant ist die Beobachtung, dass auch akut psychotische Menschen keine Tätlichkeiten mehr begehen!
- Gewaltvorfälle werden grundsätzlich im Team nachbesprochen und die Vorgehensweise nochmals überprüft. Dabei stellt sich als entscheidend heraus, *dass die unmittelbar betroffenen diensttuenden Mitarbeiter von sich aus bei einer Tätlichkeit ein sofortiges Hausverbot einleiten dürfen, das von den übrigen unterstützt wird.*

Spannend ist, dass auch Patienten, die sich in einer akuten Psychose befinden, kaum mehr gewalttätig sind, seitdem die obigen Spielregeln konsequent durchgesetzt werden. Es ist interessant, dass auch Menschen, die sonst keine Regeln einhalten, die Regel des Hausverbotes beachten. Besonders wirksam scheint zu sein, Beziehungsangebote von der Einhaltung von minimalen Spielregeln der Kommunikation abhängig zu machen.

Gewalttätigkeit zerstört Vertrauen. Dieses kann wieder hergestellt werden, indem eine Situation von verlässlicher Sicherheit geschaffen wird. Das Bemühen von Betreuern, trotz Bedrohung weiterhin bloß auf der Ebene von Überzeugenwollen mit Menschen umzugehen, ist zwar gut gemeint, jedoch psychologisch unrealistisch. Menschen, die wiederholt Grenzen überschreiten, entwickeln diese Verhaltensauffälligkeit in der Regel in Interaktion mit dem Helfersystem, wenn dieses unsicher ist, wie der Gewalt zu begegnen ist. Ein häufiger Anlass zu Teamspaltung ist die Frage, ob eine Grenzüberschreitung »absichtlich« oder »bloß krankheitsbedingt« geschieht. Bei Sicherheitsfragen ist dies im Moment der Gefahr unerheblich. Ganz abgesehen davon, dass meist beides – Absicht und Störungsanteil – vorliegt: Die Grenzziehung ist ein wichtiges Signal, eine notwendige Schutzmaßnahme und keine Strafe!

Durch grundlegend unterschiedliche Einschätzung von Risiko und Ursache entstehen in Behandlungsteams polarisierte Haltungen, sodass diese Teams nicht mehr handlungsfähig sind. Dies vermittelt den Patienten auf der einen Seite ein Machtgefühl, andererseits fühlen sie sich im Stich gelassen, da viele spüren, dass sie äußere Grenzsetzungen brauchen. Frühintervention und Einigkeit in Bezug auf die zu treffenden Konsequenzen, die angemessen, verhältnismäßig, respektvoll und energisch erfolgen sollen, sind Voraussetzung dafür, dass ein Team wieder handlungsfähig wird. Alle Zwischenfälle sollen in Teambesprechungen aufgegriffen werden, wobei die erlebte Grenzüberschreitung gegenüber Mitarbeitern als seelische Verletzung respektiert werden muss. Darüber lässt sich nicht diskutieren.

Die Regel »keine körperliche Gewalt und keine seelische Gewalt« ist im Alltag nicht verhandelbar. Die Einhaltung dieser Grenzen hat gegenüber allen übrigen Zielsetzungen Priorität. Es gibt keine Rechtfertigung dafür, Grenzen nicht einzuhalten. Wenn z. B. ein Patient einen anderen Mitpatienten provoziert und dieser dann gewalttätig wird, so ist in erster Linie der Verlust der Impulskontrolle zu besprechen. Die Provokation entschuldigt den Betreffenden nicht, eine Grenze überschritten zu haben. Anderseits muss auch die Provokation besprochen werden, jedoch nicht verknüpft mit der Besprechung der Grenzverletzung.

21.3.4 Risiken durch »Empowerment« vermindern

Über 50 % der Menschen, die mit psychisch Kranken arbeiten, werden im Laufe ihrer Berufstätigkeit Opfer einer Tätlichkeit. Männliche Pflegefachkräfte in Ausbildung werden dabei eher Ziel von Gewalttätigkeit durch Patienten als weibliche. Hier spielen sicher auch interaktive Elemente eine Rolle. Es kann beobachtet werden, dass sich in das männliche Aggressionsgebaren – auch wenn es von akut Psychosekranken kommt – Imponiergehabe mischt, das bei männlichem Pflegepersonal ein rivalisierendes Verhalten auslösen kann, was zu schlimmen Eskalationen führt. Zu beachten ist, dass Praktikanten gefährdeter sind als Berufserfahrene, weshalb »schwierige Fälle« nicht ausgerechnet dieser Personengruppe zur Betreuung überlassen werden sollen.

Viele Berufstätige erleben die Gewalttätigkeit wie »normale« Menschen als schwere, persönlich adressierte Grenzverletzung, von welcher sie sich intim getroffen fühlen. Es ist, als bräche im Moment der Tätlichkeit die Schale professioneller Abgrenzung entzwei, sodass tatsächlich eine auch seelisch persönliche Berührung entsteht – ein destruktiver, ein traumatischer Kontakt, der – falls keine stützende Begleitung durch das übrige Team und die Vorgesetzten erfolgt – zu bleibenden Auswirkungen führen kann. Für unsere Gefühle Sorge zu tragen ist deshalb eine unabdingbare Voraussetzung für das Gelingen einer Krisenintervention. Ganz besonders, wenn es darum geht, Gewalttätigkeit zu vermeiden oder in der Anwendung unserer Machtmittel verhältnismäßig zu bleiben. Doch als Helfer und Helferinnen neigen wir dazu, eher auf das Wohlbefinden anderer zu achten als auf unser eigenes. Die Pflege der eigenen Ressourcen trägt entscheidend dazu bei, dass eine Intervention konstruktiv verläuft oder die Anwendung unserer Entscheidungs- und Handlungsmacht keine zusätzlichen Wunden zufügt. Und: Setzen Sie sich selbst nicht unter Druck!

Stellen Sie sich keine unlösbaren Aufgaben! Ziehen Sie Hilfe hinzu! Halten Sie sich zurück, wenn Sie sich überfordert fühlen, und geben Sie die Leitung der Intervention ab! Oder mit anderen Worten: Nehmen Sie sich so ernst wie Ihre Klienten! Die folgenden vier Gebote sollen Ihnen eine Hilfe beim Verhalten in eskalierten Situationen sein:

> **Vier Gebote im Umgang mit bedrohlichen Situationen**
> - Drohung ernst nehmen!
> - Distanz nehmen und gewähren!
> - Sicherheit durch Übermacht!
> - Beruhigen Sie sich und andere!

Drohung ernst nehmen!

Eine Gewaltdrohung ist so ernst zu nehmen wie eine Suiziddrohung! Die meisten Gewalttaten wurden vorher angekündet. Eine Verletzung wichtiger Spielregeln ist die Vorstufe einer Gewaltdrohung. Schauen Sie hier nicht einfach weg! Die meisten späteren Opfer oder ihre Angehörigen hatten vor den späteren Tätern vorher Angst – eine lebenswichtige Gefühlsinformation! Achten Sie auf Ihre eigenen Körpersignale! Eine angstfreie, d. h. sichere Situation für den Helfer und die Helferin zu schaffen ist wesentliche Voraussetzung zur Deeskalation. Denn das Gefühl von Sicherheit hilft, keine unverhältnismäßige Gewalt auszuüben. Doch wir Berufstätigen im psycho-sozialen Bereich haben gelegentlich den unvoreingenommenen Bezug zum Angstgefühl verloren. Vielleicht täuschen wir uns über unser Angstgefühl hinweg: Die indirekten Zeichen der Angst können sein

- der Helfer als Held,
- der Helfer als Retter,
- der Helfer bagatellisiert eine Gefahr trotz eindeutiger Anzeichen (z. B. Waffe, vorangegangene Gewalttätigkeit etc.).

Diese Hinweise sind immer ernst zu nehmen! Gehen Sie in der kritischen Zuspitzung davon aus, dass Ihr Angstgefühl Sie vor echten Gefahren warnt – Angst zu haben ist nicht unprofessionell!

Distanz nehmen und gewähren!

Wagen Sie es, sich zurückzuziehen, wenn Sie sich gefährdet fühlen! Behalten Sie den Fluchtweg frei (die Türe bleibt offen)! Berühren Sie keine Menschen (auch kein Begrüßungshändedruck), die innerlich stark gespannt sind! Lassen Sie ihnen Rückzugsmöglichkeiten – stellen Sie sich nicht vor die Türöffnung! Bedrängen Sie einen Menschen nicht, wenn er sich verfolgt fühlt. Ziehen Sie sich unbedingt ruhig zurück, wenn Waffen herumliegen oder Sie gar damit bedroht werden. Nehmen Sie eine Waffe nie persönlich entgegen, sondern lassen Sie sie auf einen entfernten Tisch oder den Boden legen. Hantieren Sie nie mit Schusswaffen, wenn Sie darin nicht geübt sind.

Sicherheit durch Übermacht!

Lassen Sie sich helfen! Unbedingt Unterstützung organisieren und sich nicht auf gefährliche Situationen einlassen! Gehen Sie im Zweifelsfalle lieber mit zu viel als zu wenig Unterstützung ans Werk! Menschen mit krankheitsbedingter Gewaltbereitschaft kann man nicht alleine mit Argumenten und Appellen Grenzen setzen. Hier ist physische Übermacht notwendig, um von vornherein das klare Signal zu setzen, dass mit Gewalttätigkeit keine Ziele durchgesetzt werden können. Das bedeutet im Notfall das gemeinsame Auftreten mit einer eindeutigen Übermacht, allenfalls der Polizei. Eine Voraussetzung dafür, dass der Notfalleinsatz sicher und ohne Tricks und verletzende Wucht erfolgen kann. Der Einsatz von Schutzmaßnahmen zeigt den Patienten, dass sie mit ihrem drohenden Gebaren ernst genommen werden. Und: Es ist nicht unser Auftrag, unser Leben und unsere körperliche sowie seelische Unversehrtheit wissentlich aufs Spiel zu setzen!

Beruhigen Sie sich und andere!

Vermindern Sie Ihr eigenes Erregungsniveau, damit die Konfliktpersonen nicht mit zusätzlicher Intensität beansprucht werden! Doch wie? Die **Tabelle 21.7** gibt dazu Anregungen.

Voraussetzung dazu ist natürlich, dass man sich in einer gesicherten Lage befindet und augenblicklich wirksame Hilfe kommt, wenn trotz allem eine weitere Eskalation folgen würde.

Tab. 21.7: Anleitung zur Gelassenheit

- **Reden Sie bewusst eher zu leise als zu laut** – bleiben Sie jedoch mit ihrer Aussage eindeutig und mit der Stimme fest und bestimmt.
- **Vermeiden Sie insbesondere Beschimpfungen und eine brüllende Stimme** sowie alle übrigen Arten der Reizüberflutung oder zu hoher Komplexität.
- **Sprechen Sie in einfachen knappen Sätzen.** Beziehen Sie sich auf das Aktuelle und Konkrete sowie auf die Handlungen der betreffenden Person und nicht auf die Person selbst.
- **Vermeiden Sie Verallgemeinerungen und Entwertungen** (»Sie sind immer so ...«), beginnen Sie nicht, jemanden zu duzen, den Sie sonst mit »Sie« ansprechen.
- **Drohungen immer ernst nehmen** (diese nicht ernst zu nehmen bedeutet eine Kränkung und kann zu einer Eskalation führen)
- **Nehmen Sie Ihr Gegenüber im Klartext.** Vermeiden Sie psychologisierende Äußerungen oder gar Gedankenlesen (»Ich weiß genau, was in Ihnen vorgeht!«), und deuten Sie Aussagen nicht einfach um.
- **Vermeiden Sie es, den Patienten verbal in die Ecke zu drängen.** Stellen Sie keine bohrenden Fragen, werden Sie nicht penetrant.
- **Nicht trickreich zustimmen, jedoch auch nicht widersprechen** (wie z. B.: »Das stimmt nicht!«, »Da bin ich dagegen«, »Da kommst Du nicht draus«), sondern z. B. sagen: »Hier haben Sie offenbar diese Meinung; meine Haltung dazu ist so und so«.
- **Im Kontakt bleiben:** eigene Handlungen kurz erklären, Gesprächspausen nicht andauern lassen, ungewöhnliche – auch non-verbale – Äußerungen des Klienten und düstere Andeutungen taktvoll ansprechen.
- **Bei festgefahrenen Situationen ablenken:** eine Zigarette oder einen Becher Mineralwasser anbieten, Thema wechseln. Allenfalls eher Belangloses ansprechen.
- **Gönnen Sie sich eine kurze Verschnaufpause,** wenn Sie zu erregt sind. Atmen Sie tief durch. Nehmen Sie innerlich Distanz (stellen Sie sich vor, Sie sehen die erlebte Szene auf dem TV-Bildschirm), sprechen Sie zu jemand anderem!
- **Eins nach dem anderen!** Beachten Sie Interventionsprioritäten:
  - **Schutz** hat Vorrang vor Durchsetzung von Spielregeln,
  - Durchsetzung von **Spielregeln** (siehe **Tab. 21.8**) hat Vorrang vor anderen Betreuungszielen.

Tab. 21.8: Spielregeln bei eskalierenden Konflikten (siehe S. 307 oben)

- Bedürfnis nach Abgrenzung hat Vorrang vor Nähe: Vertrauen lasst sich nicht erzwingen.
- Bei schwerem Streit kann man nicht mehr diskutieren – wenn man nicht mehr diskutieren kann, ist Distanz angesagt.
- Eine Wiederannäherung ist erst dann sinnvoll, wenn von beiden Konfliktparteien die Spielregeln für den Kontakt aus der Distanz eingehalten werden.
- Streitende oder sich seelisch verletzende Konfliktpartner können nicht zugleich einander helfen: Hilfe muss in solchen Fällen von außerhalb gesucht werden.
- Jeder ist für die Sorge um sein eigenes Wohlergehen grundsätzlich selbst zuständig. Dabei hilft ihm die Bezugsbetreuungsperson.
- Verbleibende Feindseligkeit ist Ausdruck davon, dass noch zu viel Nähe und gemeinsame Verbindlichkeit bestehen.
- Beziehungsveränderungen sind erst möglich, wenn sich der eine unabhängig vom anderen zu einer Veränderung entschließt.

Eine ruhige, klare Botschaft, die vom ganzen Helfersystem getragen wird, ist entscheidend, damit in angespannter Situation Worte nützen können.

Bei eskalierenden Beziehungskonflikten sind die in **Tabelle 21.8** erwähnten Spielregeln hilfreich.

21.4 Fazit und Ausblick

Gewaltgefahr ist eine Herausforderung nicht nur für den einzelnen Mitarbeiter, sondern für die ganze Institution – gelegentlich für einen ganzen Versorgungsbereich. Gewalt gefährdet Kommunikation, die Basis für Psychiatrie und Psychotherapie. Dies wird zunehmend erkannt. Darauf weist das Bemühen vieler psychiatrischer und psychotherapeutischer Einrichtungen hin, das Personal in der Methodik der Deeskalation weiterbilden zu lassen, damit die hinter der Gewalt wirkenden Einflussgrößen verstanden werden können und eine Kultur des sozialen Umgangs sowie der angemessenen Anwendung von Macht installiert werden kann. Denn durch die Stärkung der Rahmen gebenden und integrierenden Kräfte wird die Gewaltanwendung unwahrscheinlicher. Dabei zeigt es sich, dass wirksame Deeskalation nur durch einen Verbund aller Kräfte in einer Institution geschehen kann. Nicht nur die untergebenen Mitarbeiter, sondern auch die Vorgesetzten, ja ganze Teams profitieren von einem gemeinsamen Konzept: Dessen konsequente Umsetzung schafft den sicheren Rahmen, der den therapeutischen Spielraum erst ermöglicht. Ohne Sicherheit keine konstruktive psychische Entwicklung!

Literatur

Glasl, F. (2004). *Konfliktmanagement. Ein Handbuch für Führungskräfte, Beraterinnen und Berater*. Bern: Verlag Freies Geistesleben.

Heitmeyer, W. & Hagan, J. (Hrsg.) (2002). *Internationales Handbuch der Gewaltforschung*. Wiesbaden: Westdeutscher Verlag.

Ketelsen, R. et al. (Hrsg.) (2004). *Seelische Krise und Aggressivität. Der Umgang mit Eskalation und Gewalt*. Bonn: Psychiatrie-Verlag.

Kienzle, T. & Paul-Ettlinger, B. (2008). *Aggression in der Pflege*. Stuttgart: Kohlhammer.

Richter, D. & Needham, I. (2007). Effekte von mitarbeiterbezogenen Trainingsprogrammen zum Aggressionsmanagement in Einrichtungen der Psychiatrie und Behindertenhilfe – Systematische Literaturübersicht. *Psychiatrische Praxis*, 34, 7–14.

Rosenberg, M. (2007). *Gewaltfreie Kommunikation*. Paderborn: Junfermann.

Rupp, M. & Rauwald, C. (2004a) Von der Aggressivität zur Eskalation – Klärung einiger Grundbegriffe. In R. Ketelsen et al. (Hrsg.), *Seelische Krise und Aggressivität. Der Umgang mit Eskalation und Gewalt* (S. 12–26). Bonn: Psychiatrie-Verlag.

Rupp, M. & Rauwald, C. (2004b) Maßnahmen zur primären Prävention. In R. Ketelsen et al. (Hrsg.), *Seelische Krise und Aggressivität. Der Umgang mit Eskalation und Gewalt* (S. 27–43). Bonn: Psychiatrie-Verlag.

Rupp, M. (2008) Der Umgang mit aggressiven Patienten. In J. Küchenhoff & R. Klemperer Mahrer (Hrsg.), *Psychotherapie im psychiatrischen Alltag. Die Arbeit an der therapeutischen Beziehung* (S. 180–201). Stuttgart: Schattauer.

Rupp, M. (2010). *Notfall Seele. Ambulante Notfall- und Krisenintervention in der Psychiatrie und Psychotherapie*. Stuttgart: Thieme (dort ausführliche Besprechung der Intervention bei Gewalttätigkeit).

Steinert, T. (2002). Gewalttätiges Verhalten von Patienten in Institutionen. Vorhersagen und ihre Grenzen. *Psychiatrische Praxis*, 29, 61–67.

22 »Ohne sie wäre ich sicher nicht mehr da ...« – Suizidalität, Komplextrauma und Beziehung

Silke Birgitta Gahleitner

> Traumatische Krisen erfordern für eine adäquate Begleitung und Behandlung reichhaltige Kenntnisse und Erfahrungen über Entstehungsbedingungen, Auswirkungen und Bewältigungsformen traumatischer Ereignisse – insbesondere, wenn sie aus komplexen Traumata resultieren. Nur auf der Basis eines umfassenden Kenntnisstands kann Nutzer bei den i. d. R. zahlreich auftretenden Krisen im weiteren Lebensverlauf eine adäquate Unterstützung angeboten werden. Grundlegende Voraussetzung dafür ist sachgerechte Hilfe zur Erlangung eines Mindestmaßes an Stabilität, Bezogenheit und Sicherheit. Gelingt Unterstützung auf diese Weise, kann meist auch auf das Vorhandensein von Ressourcen und Selbstheilungskräften vertraut werden, über die viele Traumaopfer verfügen.

22.1 Einführung

Als Bao, der mittelgroße Terrier, den Ball verschluckt hatte und seltsame Bewegungen machte, mussten die tischtennisspielenden Kinder zunächst unwillkürlich lachen. Nur Maria stürzte entsetzt auf den Hund zu und versuchte ihn zum Ausspucken des Balls zu bewegen. Das Tier zuckte noch mehrmals und starb in ihrem Arm. Dass Maria daraufhin entsetzt und traurig reagierte, verstand jeder aus ihrem Umfeld, war doch der Hund ihr Liebling gewesen. Als Maria jedoch begann, sich selbst durch Schnitte und Brandwunden massiv zu verletzen und schließlich versuchte, ihrem Leben ein Ende zu setzen, reagierten alle ratlos: die Geschwister, die Mutter und zunächst auch die regional zuständige Kinder- und Jugendpsychiatrie. Maria hatte Glück. Eine engagierte Ärztin erfasste den komplexen traumatischen Gehalt ihrer Vorgeschichte. Maria ist inzwischen erwachsen. Der letzte einer Reihe von Suizidversuchen liegt noch nicht lange zurück. Zur Ärztin hat sie bis heute Kontakt, obwohl sie seit vielen Jahren nicht mehr für sie zuständig ist. Für Maria hatte sie eine entscheidende Schlüsselposition auf dem Weg zurück ins Leben: »Ohne sie« *– so sagt sie –* »wäre ich heute nicht mehr da«.

Die Erschütterung über die schwerwiegenden Auswirkungen traumatischer Ereignisse hat in der Vergangenheit häufig zu einer Zentrierung auf die Verletzungen sowie auf die zerstörerischen Auswirkungen geführt. Übersehen wird dabei oftmals, dass betroffene Kinder, Jugendliche und Erwachsene mit ihrem Leben weiterhin zurechtkommen müssen und dieses vielen unter größten Anstrengungen und unter häufiger Inanspruchnahme von Hilfsangeboten wie Krisendiensten, Krisenberatungen und Kriseneinrichtungen auch gelingt. Richtet man den Fokus dabei allein auf die Symptomatik, so reduziert man die Betroffenen auf die traumatische(n) Erfahrung(en) und ignoriert ihre Überlebenskraft und -strategien. Die vielfältigen Auswirkungen traumatischer Erfahrungen auf die Lebenswelt und die Wechselwirkungen zwischen den Bereichen Trauma, Krise und

Suizid sind ein gutes Beispiel für interdisziplinäre Herausforderungen und dafür, wie schwer sie im Hinblick auf eine sinnvolle Hilfelandschaft zu lösen sind.

Menschen, die ein Trauma erlebt haben, waren Erfahrungen von totaler Ohnmacht und Kontrollverlust ausgesetzt. Ihre natürlichen menschlichen Selbstschutzstrategien haben angesichts der überwältigenden Gefahr versagt. Im Falle komplexer Traumata haben sie vielfach Entsetzen und (Todes-)Angst erfahren, ohne einen Ausweg zu finden. Insbesondere die Auswirkungen früh beginnender und lang anhaltender Traumata gipfeln irgendwann in wiederkehrende Krisensituationen, suizidale Phasen und Suizidversuche. Traumatische Krisen sind dabei nicht eindeutig von anderen Lebenskrisen und Krisenformen zu trennen; das Ausmaß der Erschütterung erfordert jedoch Erfahrung mit dem Phänomen Trauma und spezifische Kenntnisse in der Begleitung und Behandlung. Ursachen, Auswirkungen und Bewältigungsformen müssen mit den und für die Nutzer erschlossen werden.

Gerade bei komplexen Traumata haben Nutzer i. d. R. einen massiven Verlust an Stabilität, Bezogenheit und Sicherheit erlitten. Innere Stabilität und Sicherheit können nach den erlittenen Erschütterungen des gesamten Welt- und Selbstbilds nur über äußere Sicherheit und stabilisierende Beziehungen wiederhergestellt werden. Auf dieser Basis können häufig weitere verloren gegangene Ressourcen aktiviert worden. Alle auftretenden Symptome, selbst suizidales und selbstverletzendes Verhalten, enthalten letztlich Lösungsversuche und positive Impulse, die es bewusst zu machen gilt.

Der Beitrag legt daher den Schwerpunkt auf eine als zentral erfahrene Schlüsselqualität für die Arbeit mit Nutzern traumatischer Krisen: auf die Gestaltung einer unterstützenden Beziehung als Antwort auf den erfahrenen traumatischen Vertrauensmissbrauch und als Kernaspekt wirksamer Suizidprophylaxe.

22.2 Komplexe Traumatisierung, Krise und Suizidalität

In den Massenmedien wie auch in der Fachöffentlichkeit haben traumatische Erfahrungen auf unterschiedlichste Weise zunehmend Beachtung gefunden – zugleich jedoch auch Inflation erfahren. Der Begriff »Trauma« ist tatsächlich auch nicht so leicht zu fassen. Versteht man Trauma als ein »vitales Diskrepanzerlebnis zwischen bedrohlichen Situationsfaktoren und individuellen Bewältigungsmöglichkeiten« (Fischer & Riedesser, 1998, S. 79), das den Rahmen der Belastungsfähigkeit um ein Vielfaches übersteigt, umreißt man damit einen immer noch unüberblickbaren Bereich von Ereignissen und Lebenssituationen. Zu den besonders gravierenden Traumatisierungen zählt man frühe und anhaltende im sozialen Nahraum erfolgte und von Menschenhand verursachte Traumata, die das Gefühl von Sicherheit und Geborgenheit in die Welt von Beginn an grundlegend erschüttern. Derart frühe und anhaltende Traumata verursachen Phänomene psychischer Fragmentierung und Desintegration. Häufig treten dissoziative Erscheinungen auf, im Extremfall bis zur Borderlineproblematik oder zur multiplen Persönlichkeitsstörung (Wirtz, 1990; Huber, 2003). Resultat ist häufig ein ausgeklügeltes System vielfältiger somatischer und psychischer Symptome.

Aus dieser Perspektive betrachtet bringen früh Traumatisierte außergewöhnliche Fähigkeiten hervor und entwickeln z. T. sehr kreative und vitale Überlebensstrategien. Was einst hilfreich war, kann im weiteren Lebensverlauf jedoch wieder destruktiv werden und gravierende Symptome, andauernde Krisen und Suizidrisiken verursachen (Herman, 1993). In der bisher umfassendsten Studie zu »Adverse Childhood Experiences« (sogenannte ACE-Studie) werden Krisenerfahrungen und Suizidalität zu den typischsten Folgeerscheinungen schwerer Kindheitstraumata gezählt (Felitti, 2002). In den letzten Jahren hat sich dafür insbesondere in den angloamerikanischen Ländern der Begriff »komplexe Traumatisierung« durchgesetzt (sogenannte Typ II-Traumata gegenüber Typ I-Traumata; Terr, 1995; Kolk et al., 1996; vgl. zu Typ I-Traumata Schmidt in diesem Band). Die Veränderungen lassen sich neben den sozialen, psychischen, psychosomatischen und psychiatrischen Auffälligkeiten auch hirnphysiologisch, also in den sogenannten Aktivationsmustern des Gehirns, nachweisen. Traumatisierte sind gefangen zwischen Gedächtnisverlust und Wiedererleben, zwischen überwältigenden Gefühlen und absoluter Gefühllosigkeit, häufig weitgehend ohne Möglichkeiten der Selbstregulation (Kolk, 1999).

So verzerren frühe traumatische Erfahrungen die Erwartungen von Betroffenen in Bezug auf die Welt und das Gefühl der Sicherheit und Geborgenheit in ihr sowie in zwischenmenschliche Interaktionen und das persönliche Integritätsgefühl. Janoff-Bulman (1985) beschreibt dieses Phänomen als »shattered assumptions«, eine fundamentale Erschütterung grundlegender Überzeugungen wie die der eigenen Unverletzbarkeit, der Gerechtigkeit der Welt und der positiven Selbstwahrnehmung der eigenen Person. Das Empfinden von sich selbst als autonomes Wesen wird schwer beeinträchtigt, es kommt zu Dysfunktionen, Symptombildungen, Krisen und Suizidversuchen sowie gelungenen Suiziden. Neben dem Gefühl absoluter Hilflosigkeit, Ohnmacht und Sinnlosigkeit (Seligman, 1975) führt dies besonders häufig zu einem Verlust der Fähigkeit zur Selbstregulation und einer Tendenz zur Isolation (Kolk & McFarlane, 2000). Überlebende des Holocaust haben diesen persönlichkeitsverändernden Werte- und Funktionsverlust, der wie eine logische Spirale in der Selbsttötung enden kann, zahlreich beschrieben (vgl. insbesondere Frankl, 1946/1996; Améry, 1997).

Bei Gewaltbetroffenen tritt dazu häufig eine charakteristische Aggressions-, Autoaggressions-, Schuld- oder Schamdynamik, die nicht selten in chronischer Suizidalität gipfelt (vgl. auch Risau in diesem Band). Gesellschaftlich betrachtet werden diese Auswirkungen durch Tendenzen der Tabuisierung unterstützt. Dies trägt zusätzlich zur Stigmatisierung und Unglaubwürdigkeit der Opfer bei (Kolk & McFarlane, 2000). Aggressionen, selbstverletzendes Verhalten oder manchmal auch extreme Leistungsbereitschaft können jedoch auch den Zweck haben, in der Abspaltung und Abwesenheit einer dissoziativen Welt Kontakt zu sich und anderen über die Selbstverletzung und den Schmerz aufzunehmen und stehen damit »im Dienst der Suizidprophylaxe« (Olbricht, 1997, S. 55). Eine andere wichtige Überlebensstrategie im Zusammenhang mit komplexen, insbesondere frühen Traumatisierungen und den begleitenden überflutenden Gefühlen ist der Abwehrmechanismus der Dissoziation. »Wenn man nicht physisch fliehen kann, wird man versuchen, psychisch zu ›fliehen‹, die Situation selbst ›unwirklich‹ zu machen und den eigenen Körper als fremd, als nicht mehr zugehörig erleben, um den physischen und seelischen Schmerz zu verringern.« (Wirtz, 1990, S. 142)

Für die Bewältigung traumatischer Ereignisse stellte erstmals Horowitz (1986, 1997) – inhaltlich angelehnt an das Phasenmodell einer traumatischen Krise nach Cullberg (1978) – ein Modell vor, in dem fünf aufeinanderfolgende Sequenzen der Auseinandersetzung mit überwältigenden Lebensereignissen beschrieben werden (»stress response syndrom«). Auf eine Initialreaktion in Form eines Aufschreis (»outcry«) folgen verzweifelte Bewältigungsversuche in Form von Vermeidungen (»denial phase«) und Intrusionen (»intrusion phase«). Eine anschließende bewusste Auseinandersetzung mit dem Trauma (»working through«) führt schließlich, wenn sie gelingt, zu einem Wachstumsprozess und zur Lösung (»completion«). Entscheidend für eine konstruktive Bewältigung ist nach Horowitz (1986, 1997), dass der Aufschrei Gehör, Verständnis und angemessene Unterstützung findet, letztlich eine Wiederherstellung der Verbindung zwischen Opfer und der umgebenden Gesellschaft. Sonst besteht die Gefahr pathologischer Stagnationen. Bei dem Modell von Cullberg (1978; vgl. Ortiz-Müller in diesem Band) wird folgerichtig von Chronifizierung vs. Neuorientierung gesprochen.

Viele Traumaopfer bewegen sich daher lebenslang auf einem dünnen Lebensgrat, der von andauernden Krisen, chronischer Suizidalität und Suizidgefahr geprägt ist. Aus der Perspektive von Nutzern spielt für die Chance einer Stabilisierung und einer positiven Verarbeitung des Geschehens neben dem Fachwissen in allererster Linie die Beziehungserfahrung mit den Helfern eine zentrale Hauptrolle (Gahleitner, 2005). Auch nach den Ergebnissen der Psychotherapie- und Beratungsforschung gilt die Qualität der Beziehung als einer der stärksten allgemeinen Wirkfaktoren (Orlinsky et al., 1994; vgl. bereits Alexander & French, 1946). In den zahlreichen, z. T. recht unterschiedlichen Herangehensweisen an Krisen spielen daher folgerichtig Beziehungsaufnahme, professionelle Haltung und Interaktion eine zentrale Rolle. Zum besseren Verständnis dessen lohnt sich ein kurzer Blick in die Bindungstheorie.

22.3 Psychische Sicherheit, Bindung und Beziehung

Bei früher und/oder komplexer, durch Menschenhand verursachter Traumatisierung trifft ein erwachsenes, durchorganisiertes System von Gewalt auf ein in Entwicklung befindliches, hochvulnerables System eines Kindes oder eines Menschen, der in seiner Selbstorganisation durch die Schwere der Traumatisierung grundlegend erschüttert wird. Es kommt zu einer Erschöpfung nahezu sämtlicher physischer und psychischer Kapazitäten, zu Veränderungen in der Neurophysiologie und damit der Wahrnehmung der Realität und ihrer Interpretation (Kolk et al., 1999). Jede neue Entwicklungsstufe stellt das Kind vor neue Anforderungen (Crittenden, 1997), deren Wahrnehmung und Bewältigung durch die Geschichte der vorangegangenen Erfahrungen – wie durch ein Prisma »aktiv wirkender Biographie« (Röper & Noam, 1999, S. 241) – geprägt sind. Bis zur Adoleszenz hat sich ein komplexes System somatischer, psychischer und sozialer Symptome entwickelt – häufig gleichermaßen kreativ wie destruktiv (für eine ausführliche Übersicht zu Trauma und Entwicklung vgl. Gahleitner, 2005; Streeck-Fischer, 1999).

Bei der Behandlung schwer traumatisierter Kinder und Jugendlicher zu Beginn des 20. Jahrhunderts stieß Bowlby (1951/1973; 1969/2006; 1973/2006; 1980/2006) immer wieder auf frühkindliche Defizite und Traumata. Aus diesen Erkenntnissen entwickelte er die Bindungstheorie als ein zentrales Konstrukt zum Verständnis der evolutiv vorgegebenen lebensnotwendigen soziokulturellen Erfahrungen eines Menschen. Demnach dienen Bindungsstrukturen Kindern als sichere Basis und Grundstruktur für die gesamte weitere Entwicklung. In Situationen von Verunsicherung wird das Bindungsverhalten aktiviert. Ist das Sicherheitsbedürfnis gestillt, kann Exploration stattfinden. Die Abwesenheit stabiler Bindungspersonen behindert daher die Entwicklung emotionaler, kognitiver und sozialer Fähigkeiten. Damit wird Bindung zu einem der zentralen Schutzfaktoren für die Entwicklung.

Auf dieser Basis unterscheidet man verschiedene Bindungstypen (Ainsworth & Wittig, 1969): Verhält sich die zentrale Bindungsperson dem Säugling gegenüber »feinfühlig«, entwickelt er eine sichere Bindung, die von Vertrauen, Gegenseitigkeit und Kontinuität geprägt ist. Reagiert die Bindungsperson mit Distanz bzw. Unzuverlässigkeit, entwickelt sich eine unsicher-distanzierte bzw. unsicher-ambivalente Bindung. In vielen Fällen früher, durch Menschen verursachter Traumatisierung wird der Zugang zu diesem bereits von Bowlby (1969/2006; 1973/2006; 1980/2006) ausformulierten existenziellen Bindungsbedürfnis nicht nur nicht bereitgestellt, sondern gerade durch jene Menschen zerstört, von denen das Kind am stärksten abhängig ist und denen es Liebe und Vertrauen schenkt. Bindung als zentraler Schutzfaktor für »die seelische Gesundheit und die Charakterentwicklung« (Bowlby, 1957/2005, S. 11) fällt daher nicht nur aus, vielmehr entsteht eine bedrohliche Double-Bind-Situation: einerseits das existenzielle Bedürfnis, sich der Bezugsperson zu nähern, andererseits dort bedroht zu sein. Wirkt die traumatische Erfahrung daher früh und häufig ein, entwickelt sich ein spezifisch chaotisch-desorganisierter Bindungsstil oder eine ausgeprägte Bindungsstörung (Brisch, 1999; Gahleitner, 2005).

In die Bindungsbeziehung gehen damit alle Gefühle, Erwartungen und Erfahrungen ein, die ein Kind mit zentralen Bezugspersonen gemacht hat (Alberti, 2005). Werden emotional bedeutsame Erlebnissequenzen bereits früh von bedeutsamen Bezugspersonen empathisch unterstützt, entwickeln sich vage Selbstempfindungen zu adäquaten »internalen Arbeitsmodellen« – im Gegensatz zu eingeschränktem, starrem, »wirklichkeitsunangemessenem« Verhalten (Grossmann & Grossmann, 2004). Bindungsphänomene haben dabei nicht nur Relevanz für die Kindheit. Menschen können lebenslang zu verschiedenen Bezugspersonen unterschiedliche Bindungsmuster entwickeln. Bindungen sind dabei nicht etwa austauschbar, sondern jede Bindung hat ihre eigene Spezifität, Tragfähigkeit, Kontinuität und emotionale Qualität (Steele et al., 1996). Alle Bindungserfahrungen nehmen damit lebenslang Einfluss – nicht nur auf die momentane Situation, sondern auch auf alle, auch traumatische, Ereignisse im weiteren Lebensverlauf (Streeck-Fischer, 1999; 2006), bis hin zu den Einwirkungsmöglichkeiten sozialer und professioneller Unterstützung.

22.4 Wege aus der Krise bei komplexer Traumatisierung und Suizidalität

Entscheidend für Wege aus der Krise und Suizidalität und damit auch Wege aus dem Trauma ist das von Cullberg formulierte Pendeln zwischen Chronifizierung vs. Neuorientierung. Sonneck (2000) formuliert dieses Moment aufschlussreich als ein Risiko, im späteren Lebensverlauf wiederholt an ursprünglich – also im Moment des Traumas – konstruktiven Krisenbewältigungsmechanismen wie z. B. Dissoziation zu scheitern. Symptomatik und Bewältigung sind unter diesen Ausgangsbedingungen kaum voneinander zu differenzieren. Ein Vergleich mit dem Modell der Traumaverarbeitung von Fischer und Riedesser (1998) macht dies besonders deutlich. In einer ersten Phase wird demnach ein Versuch der Anpassung an die externen Einwirkungen unternommen, der aufgrund der Überforderung nicht gelingen kann. Die unüberbrückbare Diskrepanz führt zur Entwicklung eines sogenannten »Traumaschemas«, wie z. B. ohnmachtsgeprägte Unterordnung, die zu diesem Zeitpunkt die Bewältigung der traumatischen Situation notfallartig ermöglicht. Danach versucht der Organismus, die traumatische Erfahrung zu vernichten, auszuscheiden, zu assimilieren oder mit ihr als Fremdkörper weiter zu leben. Es kommt zu Oszillationen zwischen Intrusionen, Konstriktionen und sogenannten »minimalen Ausdrucks- oder Handlungsfeldern«, bei komplexen Traumata i. d. R. zu gravierenden Symptomen, letztlich zu einem traumatischen Prozess.

Fehlender Schutz und fehlende Zeit zwischen den einzelnen traumatischen Erlebnissen führen bei komplexen Traumata zu einer Abwärtsspirale und einer Generalisierung des Traumaschemas. In einer weiteren Phase versucht der Organismus daher die überwältigende Erfahrung zu integrieren und fixiert sich entweder in der intrusiven oder konstriktiven Symptomatik oder entwickelt das sogenannte »traumakompensatorische Schema«. Aus einer übergeordneten Perspektive erscheinen traumakompensatorische Maßnahmen ebenso wie Traumaschemata und insbesondere die aus einem Kompromiss zwischen beiden geborenen vielfältigen Symptome häufig irrational und nicht optimal angepasst. In der momentanen Situation für das Opfer stellen sie jedoch die einzige Kompromissmöglichkeit dar. Die beiden Schemata sind i. d. R. von der bewussten Wahrnehmung und vom Selbstbezug abgespalten. Diese Zusammenhänge zu verstehen ist zentral für die Begleitung und Behandlung in Krisensituationen. So lässt sich beispielsweise die schwer nachvollziehbare Übernahme der Verantwortung und Schuld als »traumakompensatorisches Schema« betrachten, als Versuch, die lebensnotwendige Bindung zu Täter bzw. Täterin aufrechtzuerhalten (Birck, 2001).

Eine derart salutogene, ressourcenorientierte Perspektive wurde erstmals von Antonovsky (1979; vgl. Schmidt in diesem Band) formuliert und bietet Einsichten in Aspekte der Bewältigung und interventive Zusammenhänge, die auf der Suche nach Defiziten häufig verloren gehen. Im Verlauf professioneller Bemühungen wurden dafür von zahlreichen Autoren Stufenmodelle entwickelt, die sich inzwischen international durchgesetzt haben und in drei Phasen zusammenfassen lassen (vgl. u. a. Butollo et al., 1998; Lebowitz et al., 1993; Kolk et al., 2000). Ausgangsbedingung für einen gelungenen Verarbeitungsprozess ist demnach ein Mindestmaß an relativer Sicherheit. Auf dieser Basis kann zunächst als Voraussetzung für weitere Schritte eine Stabilisierung und eine Erschließung sozialer Ressourcen erfolgen. Ohne eine tragfähige Beziehung, aus eigener Kraft und in sozialer Isolation, sind eine Überwindung des Misstrauens gegenüber sich und der Welt und eine Annäherung an die zerrüttete Identität nach schwerer Traumatisierung nahezu unmöglich. Gelingt es jedoch, eine sichere Basis herzustellen, kann behutsam der Versuch gemacht werden, traumatische Erinnerungen zuzulassen, ohne von den begleitenden Gefühlen überwältigt zu werden.

Je nach Schwere der Traumatisierung kann auf Basis dieser Ausgangsbedingungen mit der kontrollierten Rekonstruktion des Traumas und dem Verständnis der Wirkung der vergangenen Erfahrung auf die momentanen Gefühle und Verhaltensweisen das Kontrollvermögen Schritt für Schritt zurückgewonnen, ein differenzierterer Umgang mit Symptomen erarbeitet und das Trauma eingeordnet werden. Nach ausreichender Stabilisierung und/oder Bearbeitung des Traumas kann eine Wiederannäherung an die Umwelt stattfinden. Eine Annahme des Traumas, eine Einsicht in die Grenzen und Möglichkeiten der Bearbeitung und der damit verbundenen Veränderungen ermöglicht eine Zuwendung zu aktuellen Lebens- und Alltagsthemen und eine Annäherung an die eigenen Fähigkeiten und Möglichkeiten. Das Durchlaufen des gesamten Modells kann jedoch lediglich eine Zielsetzung darstellen. So erweist es sich keineswegs immer als geeignet, das Trauma zu bearbeiten. Gerade im Rahmen der Krisenarbeit ist die traumatische Erfahrung oftmals zu akut und gravierend, um sich ihr erneut auszusetzen, und es bietet sich stattdessen an, sie durch »Traumazuordnungsarbeit« behutsam kognitiv zu rahmen und dabei auf spätere Aufarbeitungschancen und -möglichkeiten zu verweisen.

Sowohl die Akuthilfe als auch weitere Hilfsangebote in Krisensituationen (vgl. 6-Punkteprogramm von Schmidt in diesem Band) setzen daher an existenziellen Bedürfnissen, insbesondere an der Sicherheit, an. Im ersten, jeder Krisenintervention und Krisenbegleitung vorangestellten Schritt, ist folgerichtig zunächst dem zentralen traumatischen Vertrauensmissbrauch durch eine Alternativverfahren in Form einer sicheren emotionalen Bindungsbeziehung zu begegnen. Die Bindungstheorie gibt daher nicht nur Antworten auf Fragen zur frühen Kindheit. Während intensiver Lebensphasen wie Krisen, Trennungen und Tod treten immer wieder Gefühle auf, die alte Bindungsbeziehungen aktualisieren. Ereignisse, die nicht auf Anhieb bewältigt werden können, lösen auch dann »den Wunsch nach Schutz und Fürsorge, d. h. Bindungsverhalten, aus« (Grossmann, 2002, S. 55). Die Abwesenheit von tragfähigen Beziehungen hingegen verursacht selbst bei kleinen Belastungen physiologische Stressreaktionen (Spangler, 2001).

In der bereits mehrfach dargelegten Isolierungssituation komplex traumatisierter Nutzer sind helfende Professionen aus dieser Perspektive »im Sinne der Bindungstheorie für das Reparieren und das Anknüpfen an die unterbrochene Kommunikation zuständig« (Döring, 2004, S. 196). Der erste Schritt in die Krisenarbeit und Suizidprophylaxe ist daher stets der Aufbau eines tragfähigen Arbeitsbündnisses. Die Eingangsphase ist sehr vorsichtig zu gestalten, weil sich hier Beziehungsängste und -konflikte erneut aktualisieren können. Wird die Beziehungsgestaltung nicht vom ersten Moment an in den Vordergrund gestellt, kommt eine Zusammenarbeit mit manchen Nutzern gar nicht erst zustande. Jedem auftretenden Erlebensaspekt sollte Verständnis entgegengebracht werden – auch und gerade, wenn es sich um Suizid- oder Selbstverletzungsimpulse oder schwierige und aggressive Persönlichkeitsanteile handelt. In dieser angespannten Bindungssuche ist es daher notwendig, Nutzern entgegenzukommen und ihnen dort zeitlich, räumlich und emotional angemessen zur Verfügung zu stehen – eine wichtige Information für den sinnvollen Aufbau von Hilfestrukturen.

Ist dieser Schritt gelungen und das Klima von Empathie, Wertschätzung und Kongruenz geprägt, entsteht die Chance auf »korrigierende Beziehungserfahrungen«. Die helfende Beziehung ist grundsätzlich eine Bindungsbeziehung und bietet eine ebenso »grundsätzliche Möglichkeit zur Veränderung internaler Arbeitsmodelle« (Grossmann & Grossmann, 2004, S. 409; vgl. auch Pauls, 2004). Bereits Bowlby (1988/1995) betonte dessen Bedeutung für professionelle Beziehungen, ihre Funktion als sichere Basis, die vergangene negative Bindungserfahrungen revidieren hilft. Eine stabile gegenseitige Beziehung bildet den Nährboden für die weitere Arbeit und eine wachsende Suizidprophylaxe. Die Bindung funktioniert dabei auch in der helfenden Beziehung im doppelten Sinne: Sie stellt eine Alternativverfahren für frühe Bindungsunsicherheiten und -störungen dar und wirkt in dieser Form direkt auf das zutiefst verunsicherte Bindungssystem der Betroffenen. Sie ermöglicht jedoch zugleich die Öffnung für ein neues »Explorationssystem«, einen neuen Raum, also die Fähigkeit, sich dem Hilfeprozess zu öffnen und Veränderungsprozesse für die Zukunft zuzulassen.

»Neue feinfühlige und emotional verfügbare Interaktionserfahrungen ... helfen dem Gehirn vermutlich, sich neu zu strukturieren und es besteht nochmals eine neue Chance für eine sichere emotionale Entwicklung« (Brisch, 2006, S. 44). Auf dieser Ebene wird es eventuell möglich, aktuelle wie vergangene Erfahrungen zu explorieren und zu bearbeiten und damit eventuell auch Traumabearbeitung möglich zu machen. Stabilität hat jedoch immer und in jedem Falle Vorrang vor Traumakonfrontation. Stabilisierende Erfahrungen sind auch keineswegs immer an die Dauer einer Beziehung gebunden. Jede einzelne Intervention, jede Begegnung wirkt. Nutzer schildern aus ihrer Perspektive selbst wenige »schützende Inselerfahrungen« durch positive und unterstützende Begegnungen in ihrem Leben als überaus wichtig für die Bewältigung komplexer Traumata. Das Bestehen nur einer einzigen förderlichen Bindung kann trotz sonstigem Vorherrschen negativer

Erfahrungen einen bedeutsamen Schutzfaktor für den gesamten Lebensverlauf darstellen (Gahleitner, 2005). Um diese Chance zu wissen, hat große Bedeutung für Krisenarbeiter, die stets »durch die Beziehung hindurch« mit KlientInnen verbunden sind und gemeinsam mit ihnen an Veränderungsprozessen arbeiten.

22.5 Fallbeispiel

Nachdem die behandelnde Ärztin erkannt hatte, dass es sich bei Maria um keine »einfache Pubertätskrise«, sondern eine kumulative Traumatisierung handelte, vermittelte sie das Mädchen nach dem Klinikaufenthalt an eine auf Traumata spezialisierte sozialtherapeutische Wohngruppe und an eine begleitende Psychotherapie. Auf einer ständigen Gratwanderung zwischen Suizidalität, Klinikaufenthalten und massiven Selbstverletzungen auf der einen und konstruktiven Entwicklungsschritten und Interaktionen mit anderen Mädchen aus der Gruppe und dem sozialtherapeutischen Team auf der anderen Seite entfaltete sich Stück für Stück Marias Biografie.

Maria wurde in den ersten zwei Jahren aufgrund der Berufstätigkeit der Mutter von ihrem Großvater, nach dessen Erkrankung und Tod von ihrem Bruder betreut. Der noch minderjährige Junge agierte seine Frustration und Enttäuschung über seine eigene vernachlässigte Situation in psychisch und physisch gewalttätigen Handlungen gegenüber Maria aus. Im Grundschulalter wurde Maria regelmäßig von einem Freund des Bruders sexuell misshandelt. Die beiden sehr viel älteren Geschwister waren zu diesem Zeitpunkt bereits in eigene Konflikte mit Justiz und Drogenmissbrauch geraten. Für die sehr bemühte, jedoch völlig überforderte, selbst als Kind missbrauchte Mutter war Maria der erhoffte Sonnenschein der Familie. Daher vermittelte Maria noch jahrelang um den Preis der Selbstverleugnung das Bild eines fröhlichen Mädchens. Eine stabilisierende Stütze boten Maria die verschiedenen Haustiere der Familie.

Einige Jahre war Maria in der Lage, ihre verzweifelte Situation vor dem Rest der Familie zu verbergen. Die ersten Äußerungen von Leid zeigten sich in massiven psychosomatischen Erscheinungen, die eine Zeit lang auch als Anlass für das Schulversagen betrachtet wurden. Der Wunsch des Mädchens, alles ungeschehen zu machen und es anderen gleichzutun, führte jedoch zu immer massiveren Gewalthandlungen und suizidalen Attacken sich selbst gegenüber. In der Ohnmacht ihres »In-sich-Gefangenseins« richtete Maria ihre ganze Wut, die eigentlich den beiden Tätern und nicht-unterstützenden Personen galt, gegen sich selbst. Immer stärker traten dissoziative Phänomene auf. Entfremdung, Misstrauen und sozialer Rückzug fesselten die eigentlich intelligente, sportliche und bewegungsfreudige junge Frau an ihr vertraute Innenräume.

Körperliche Nähe als begrenzbar, Beziehungen als vertrauenswürdig und belastbar sowie Konflikte als lösbar zu erleben sowie Grenzen zu akzeptieren und zu etablieren, schien für Maria zu Beginn des Aufenthaltes in der sozialtherapeutischen Einrichtung außerhalb jeder Vorstellung. Die sozialtherapeutische Einrichtung »Myrrha« arbeitet nach dem erwähnten Trauma-Behandlungs-Modell vor dem Hintergrund eines integrativen Behandlungsansatzes und einer humanistischen Grundhaltung (vgl. dazu ausführlich Gahleitner, im Druck). Zielsetzung des multiprofessionellen, gemischtgeschlechtlichen Teams ist die Etablierung eines therapeutischen Milieus auf möglichst drei Ebenen: auf der Alltagsebene durch die Etablierung einer stationären Bezugsbetreuung, auf der psychotherapeutischen Ebene durch das Angebot einer tragfähigen therapeutischen Beziehung und auf der kreativtherapeutischen durch das Angebot eines fruchtbaren »Übergangsraumes« (Gahleitner, 2005). Alle drei Ebenen eröffnen glei-

chermaßen Alternativerfahrungen für die KlientInnen – sowohl in Bezug auf das Angebot von Schutz und Fürsorge als auch bezüglich des verantwortungsvollen Umgangs mit Grenzen. Auf dieser Basis bieten sie über die akute Krisenintervention hinaus Unterstützung und Verbundenheit – und damit eine traumaadäquate, behutsame Chance auf Veränderungsprozesse und einen vorsichtigen Wiederaufbau der Selbstorganisation.

Manche der lebensgefährlichen, immer wiederkehrenden Situationen, wie beispielsweise wiederkehrende Flashbacks und die massiven Selbstverletzungsattacken, verringerten sich mit Hilfe der Stabilisierung und behutsamer »Traumazuordnungsarbeit« während des Aufenthaltes in der Wohngruppe merklich. Psychosomatische Erscheinungen und vereinzelt auch Selbstverletzungen stellten jedoch weiterhin einen wichtigen Anzeiger für Belastungs- und Überforderungssituationen dar. Allmählich gelang es Maria, auch diesen Belastungen bewusste Handlungen entgegenzusetzen und Beziehungen angemessener zu gestalten. Die sozialphobischen Aspekte und Zwangsvorstellungen lockerten sich jedoch nur bedingt. Auch Versuche, den Körper beispielsweise durch sportliche Bemühungen angemessener zu fordern, fielen ihr trotz Unterstützung vom sozialpädagogisch-kreativtherapeutischen Team schwer.

Maria hat auf dem Weg ins Erwachsenwerden einen entscheidenden Schritt hinter sich gebracht, ein erfolgreicher Suizid konnte bisher zum Glück verhindert werden. Im Rahmen der Jugendhilfe war es jedoch aufgrund der aktuellen Praxis, so schnell wie möglich in den Erwachsenenbereich zu überführen, nicht möglich, sie weiter zu begleiten. Beim Übergang in die wesentlich niedrigfrequentere Erwachseneneinrichtung kam es zu einem erneuten Suizidversuch. Es bleibt zu hoffen, dass innerhalb der Möglichkeiten in der dortigen Hilfelandschaft weitere Chancen für Maria entstehen, ihre Selbstexploration weiterhin zu unterstützen und Einsicht in die Prozesse zu erhalten, die sie daran hindern, die nächsten Schritte der Rückkehr in den Lebensalltag zu gehen. Erneut wird im Hilfesystem eine sorgfältige interinstitutionelle und interdisziplinäre Zusammenarbeit erforderlich, um den Faden an dieser Stelle aufzunehmen und in einer Anschlusshilfe weiter zu verfolgen. Lockere Kontakte und Besuche der jungen Frauen in der Einrichtung – ebenso wie Kontakt zur Klinikärztin – sind jedoch weiterhin nötig, um die erfahrene »schützende Inselerfahrung« weiter wirken lassen und den auf ihrem Lebensweg mit Sicherheit wieder auftretenden Krisensituationen wirksam vorzubeugen bzw. sie für sie bewältigbar zu machen.

22.6 Schlussgedanken

Komplex traumatisierte Nutzer sind besonders stark auf regional angemessen ausgebaute krisenqualifizierte Versorgungsstrukturen angewiesen. Sie machen dann eine positive, emotional korrigierende Erfahrung, wenn sie auf Professionelle treffen, die vor einem Hintergrund von bindungstheoretischem und psychotraumatologischem Wissen feinfühlig und kompetent auf sie reagieren. Die HelferInnen passen dabei ihre Interventionen den Bedürfnissen, Ressourcen und der Kontaktfähigkeit der Nutzer an. Voraussetzung dafür ist eine beziehungssensible diagnostische Abklärung, die der Biografie, der Lebenswelt und dem sozialen Umfeld angemessenen Stellenwert einräumt und von Beginn an ein möglichst nahtloses Anknüpfen an den »jeweiligen Beziehungsstatus« gestattet (ausführlicher hierzu vgl. Gahleitner et al., i. Dr.; vgl. auch Osten, 2008). Darauf aufbauend ist eine indikationsspezifische und situationsadäquate Interventionskonzeption sinnvoll, in der der Beziehungsgestaltung und dem Beziehungsprozess ein Primat vor methodischen Aspekten eingeräumt wird und die sich – so weit situativ sinnvoll – an dem oben genannten international erarbeiteten Modell orientiert.

Begünstigt wird dies durch eine präzise Kenntnis zentraler Bindungs- und Beziehungsphänomene und ihre Umsetzung in die Praxis, durch Fachwissen zur vorherrschenden Problematik, ein hohes Ausmaß an Selbstreflexion und Psychohygiene. Die Lösung kann jedoch nicht alleine in immer höheren Anforderungen an die KrisenhelferInnen gesucht werden. Eine angemessene Hilfelandschaft mit einer ausreichenden Personaldecke, einem florierenden Team sowie Möglichkeiten zu Intervision, Supervision, Fort- und Weiterbildung sind Voraussetzung, um in der komplexen Anforderung gute Arbeit zu leisten. Die Risiken durch stellvertretende Traumatisierung, Überforderung und eigene biografische Sollbruchstellen Schaden zu erleiden, sind nicht als gering einzuschätzen. Letztlich gilt für Helfer wie Nutzer gleichermaßen: Positive Bindungs- und Beziehungserfahrungen sind die entscheidende Ressource gegen Überforderung, Überschreitung eigener Grenzen, Krisendynamiken, Selbstdestruktion und Suizidalität.

In der Anpassung an die moderne Umwelt stellen sie wichtige Gegenpole zu gesellschaftlichen Vereinzelungsphänomenen und Autonomieanforderungen dar, die in der Prävention von Krisensituationen und suizidalen Phasen eine große Bedeutung besitzen. Insofern greift das zunehmende Interesse an der Bindungstheorie »eine Besorgnis des heutigen Menschen« (Endres & Hauser, 2002, S. 10) auf, in dieser immer unüberschaubarer werdenden postmodernen Welt Halt zu gewinnen. »Besonders in schwierigen Lebenssituationen«, so schließen Grossmann und Grossmann ihr umfassendes Werk »Bindungen – das Gefüge psychischer Sicherheit« – müssen sprachliche Repräsentationen vom Denken, Fühlen und Handeln anderer und von sich selbst durch offene Kommunikation mit vertrauten Personen »kokonstruiert« werden« (Grossmann & Grossmann, 2004, S. 427). Wenn dieser Prozess auf den Ebenen des unmittelbaren Umfelds wie auch auf gesellschaftlicher Ebene möglich wird, dann »geschieht Begegnung« (Buber, 1983) und kann sich auch der Bezug zu sich und zur Welt wieder ändern.

Literatur

Ainsworth, M. D. S. & Wittig, B. A. (1969). Attachment and the exploratory behavior of one year olds in a strange situation. *Determinants of infant behavior*, 4, 113–136.

Alberti, B. (2005). *Die Seele fühlt von Anfang an. Wie pränatale Erfahrungen unsere Beziehungsfähigkeit prägen*. München: Kösel.

Alexander, F. & French, T. M. (1946). *Psychoanalytic therapy*. New York: Rolande.

Améry, J. (1988). *Jenseits von Schuld und Sühne. Bewältigungsversuche eines Überwältigten*. München: dtv.

Antonovsky, A. (1979). *Health, stress and coping. New perspectives on mental and physical wellbeing*. San-Francisco, CA: Jossey-Bass.

Birck, A. (2001). *Die Verarbeitung sexualisierter Gewalt in der Kindheit bei Frauen in der Psychotherapie*. Dissertation an der Universität Köln: Fachbereich Psychologie.

Bowlby, J. (1973). *Mütterliche Zuwendung und geistige Gesundheit*. München: Kindler. (Kindlers Taschenbücher. 2106.) (Engl. Original erschienen 1951.)

Bowlby, J. (1995). *Elternbindung und Persönlichkeitsentwicklung. Therapeutische Aspekte der Bindungstheorie*. Heidelberg: Dexter. (Engl. Original erschienen 1988.).

Bowlby, J. (2005). *Frühe Bindung und kindliche Entwicklung* (5. neugest. Aufl.). München: Reinhardt. (Engl. Original erschienen 1957.)

Bowlby, J. (2006). *Bindung und Verlust*. 3 Bde. München: Reinhardt. (Engl. Originale erschienen: Vol. 1 1969, Vol. 2 1973, Vol. 3 1980.)

Brisch, K. H. (1999). *Bindungsstörungen. Von der Bindungstheorie zur Therapie*. Stuttgart: Klett-Cotta.

Brisch, K. H. (2006). Bindungsstörung. Grundlagen, Diagnostik und Konsequenzen für sozialpädagogisches Handeln. *Blickpunkt Jugendhilfe*, 3, 43–55.

Butollo, W., Krüsmann, M. & Hagl, M. (1998). *Leben nach dem Trauma. Über therapeutischen*

Umgang mit dem Entsetzen. München: Pfeiffer.
Buber, M. (1983). *Ich und Du*. Heidelberg: Lambert Schneider. (Original erschienen 1923.).
Crittenden, P. M. (1997). Toward an integrative theory of trauma. A dynamic maturation approach. In D. Cicchetti & S. L. Toth (Eds.), *Developmental perspectives on trauma. Theory, research, and intervention* (pp. 33–84). Rochester: University of Rochester Press. (Rochester Symposium on Developmental Psychopathology. 8.).
Cullberg, J. (1978). Krisen und Krisentherapie. *Psychiatrische Praxis, 5*, 25–34
Döring, E. (2004). Personzentrierte Psychotherapie mit Kindern und Jugendlichen. Was hilft Spielen mit traumatisierten Kindern und Jugendlichen? *Gesprächspsychotherapie und Personzentrierte Beratung, 35*(3), 193–198.
Endres, M. & Hauser, S. (2002). Bindungstheorie und Entwicklungspsychologie. Einführende Anmerkungen. In M. Hauser & S. Hauser (Hrsg.), *Bindungstheorie in der Psychotherapie* (S. 9–17). München: Reinhardt.
Felitti, V. J. (2002). Belastungen in der Kindheit und Gesundheit im Erwachsenenalter. Die Verwandlung von Gold in Blei. *Zeitschrift für psychosomatische Medizin und Psychotherapie, 48*(4), 359–369.
Fischer, G. & Riedesser, P. (1998). *Lehrbuch der Psychotraumatologie*. München: Reinhardt.
Frankl, V. (1979). *... trotzdem Ja zum Leben sagen. Ein Psychologe erlebt das Konzentrationslager* (4. Aufl.). München: Kösel. (Original erschienen 1946.)
Gahleitner, S. B. (2005). *Neue Bindungen wagen. Beziehungsorientierte Therapie bei sexueller Traumatisierung*. München: Reinhardt.
Gahleitner, S. B., Schulze, H. & Pauls, H. (i.Dr.). ›hard to reach‹ – ›how to reach‹? Psycho-soziale Diagnostik in der Klinischen Sozialarbeit,Tagung ›Soziale Diagnostik‹ am 8. Mai 2008 in St. Pölten, Österreich.
Gahleitner, S. B. (i. Dr.). Das ›Therapeutische Milieu‹ als Antwort auf frühe Gewalterfahrung – Der Personzentrierte Ansatz bei komplexer Traumatisierung. *Trauma & Gewalt*.
Grossmann, K. (2002). Praktische Anwendungen der Bindungstheorie. In M. Endres & S. Hauser (Hrsg.), *Bindungstheorie in der Psychotherapie* (S. 54–80). München: Reinhardt.
Grossmann, K. & Grossmann, K. E. (2004). *Bindungen. Das Gefüge psychischer Sicherheit*. Stuttgart: Klett-Cotta.

Herman, J. L. (1993). Sequelae of prolonged and repeated trauma: evidence for a complex posttraumatic syndrome (DESNOS). In J. R. T. Davidson & E. B. Foa (Eds.), *Posttraumatic stress disorder: DSM-IV and beyond* (pp. 213–228). Washington, DC: American Psychiatric Press.
Horowitz, M. J. (1986). *Stress response syndromes* (2nd ed.). New York: Jason Aronson. (Original erschienen 1976.)
Horowitz, M. J. (1997). Persönlichkeitsstile und Belastungsfolgen. Integrative psychodynamisch-kognitive Psychotherapie. In A. Maercker (Hrsg.), *Therapie der posttraumatischen Belastungsstörungen* (S. 145–177). Berlin: Springer.
Huber, M. (2003). *Trauma und die Folgen. Trauma und Traumabehandlung. Teil 1*. Paderborn: Junfermann.
Janoff-Bulman, R. (1985). The aftermath of victimization: Rebuilding shattered assumptions. In C. Figley (Ed.), *Trauma and its wake. The study and treatment of post-traumatic stress disorder* (pp. 15–35). New York: Brunner/Mazel.
Kolk, B. A. v. d. (2000). Die Vielschichtigkeit der Anpassungsprozesse nach erfolgter Traumatisierung: Selbstregulation, Reizdiskriminierung und Entwicklung der Persönlichkeit. In B. A. v. d. Kolk, A. C. McFarlane & L. Weisaeth (Hrsg.), *Traumatic Stress. Grundlagen und Behandlungsansätze. Theorie, Praxis und Forschung zu posttraumatischem Streß sowie Traumatherapie* (S. 169–194). Paderborn: Junfermann.
Kolk, B. A. v. d., Burbridge, J. A. & Suzuki, J. (1999). Die Psychobiologie traumatischer Erinnerungen. Klinische Folgerungen aus Untersuchungen mit bildgebenden Verfahren bei Patienten mit posttraumatischer Belastungsstörung. In A. Streeck-Fischer (Hrsg.), *Adoleszenz und Trauma* (S. 57–78). Göttingen: Vandenhoeck & Ruprecht.
Kolk, B. A. v. d. & McFarlane, A. C. (2000). Trauma – ein schwarzes Loch. In B. A. v. d. Kolk, A. C. McFarlane & L. Weisacth (Hrsg.), *Traumatic Stress. Grundlagen und Behandlungsansätze. Theorie, Praxis und Forschung zu posttraumatischem Streß sowie Traumatherapie* (S. 27–46). Paderborn: Junfermann.
Kolk, B. A. v. d., McFarlane, A. C. & Weisaeth, L. (Hrsg.) (2000). *Traumatic Stress. Grundlagen und Behandlungsansätze. Theorie, Praxis und Forschung zu posttraumatischem Streß sowie Traumatherapie*. Paderborn: Junfermann.
Kolk, B. A. v. d., Pelcowitz, D., Roth, S., Mandel, F. S., McFarlane, A. & Herman, L. H. (1996). Dissociation, somatization, and affect dysregulation. The complexity of adaption to trauma.

American Journal of Psychiatry, Festschrift Supplement, 153(7), 83–93.

Lebowitz, L., Harvey, M. R. & Herman, J. L. (1993). A stage-by-dimension model of recovery from sexual trauma. *Journal of Interpersonal Violence,* 8, 378–391.

Olbricht, I. (1997). *Folgen sexueller Traumatisierung für die weitere Lebensgestaltung.* Vortrag während der 47. Lindauer Psychotherapiewochen: Lindau.

Orlinsky, D. E., Grawe, K. & Parks, B. K. (1994). Process and outcome in psychotherapy – noch einmal. In A. E. Bergin & S. L. Garfield (Eds.), *Handbook of psychotherapy and behavior change* (4th ed., pp. 270–376). New York: Wiley.

Osten, P. (2008). Integrative psychotherapeutische Diagnostik bei Traumatisierungen und PTBS. In G. Fischer & P. Shay (Hrsg.), *Psychodynamische Psycho- und Traumatherapie* (S. 39–76). Wiesbaden: VS.

Pauls, H. (2004). *Klinische Sozialarbeit. Grundlagen und Methoden psycho-sozialer Behandlung.* Weinheim: Reinhardt.

Röper, G. & Noam, G. (1999). Entwicklungsdiagnostik in klinisch-psychologischer Therapie und Forschung. In R. Oerter, C. v. Hagen, G. Röper & G. Noam (Hrsg.), *Klinische Entwicklungspsychologie* (S. 218–239). Weinheim: Beltz-Psychologie Verlags Union.

Seligman, M. E. P. (1975). *Helplessness. On depression, development, and death.* San Francisco, CA: Freemann.

Sonneck, G (2000). *Krisenintervention und Suizidverhütung.* Wien: Facultas.

Spangler, G. (2001). Die Psychobiologie der Bindung. Ebenen der Bindungsorganisation. Bindungstheorie und Familiendynamik. In G. J. Suess, H. Scheurer-Englisch & W.-K. P. Pfeiffer (Hrsg.), *Anwendung der Bindungstheorie in Beratung und Therapie* (S. 157–177). Gießen: Psychosozial.

Steele, H., Steele, M. & Fonagy, P. (1996). Associations among attachment classifications of mothers, fathers and their infants. Evidence for a relationship-specific perspective. *Child Development,* 67, 541–555.

Streeck-Fischer, A. (1999). Einleitung. In A. Streeck-Fischer (Hrsg.), *Adoleszenz und Trauma* (S. 7–12). Göttingen: Vandenhoeck & Ruprecht.

Streeck-Fischer, A. (2006). *Trauma und Entwicklung. Frühe Traumatisierungen und ihre Folgen in der Adoleszenz.* Stuttgart: Schattauer.

Terr, L. C. (1995). Childhood traumas. An outline and overview. In G. S. Everly & J. M. Lating (Eds.), *Psychotraumatology. Key papers and core concepts in post-traumatic stress* (pp. 301–319). New York: Plenum.

Wirtz, U. (1990). *Seelenmord. Inzest und Therapie* (2. Aufl.). Zürich: Kreuz.

23 Krisenintervention in der Online-Beratung – eine Herausforderung für Berater und Ratsuchende: Beispiele aus der Praxis

Florian Klampfer

2001 entstand bei dem Berliner Verein *Beratung und Lebenshilfe* gemeinsam mit der damaligen Internetplattform *Beranet* die erste virtuelle Beratungsstelle, welche es möglich machte, sich über Chat oder E-Mail Hilfe zu holen bzw. beraten zu lassen. Mehrere Jahre leitete ich dieses Projekt. Zunächst wurde belächelt bzw. angezweifelt, inwieweit diese Beratungsform angenommen und ernst genommen werden kann. Besonders wurde in Frage gestellt, inwieweit sich über die rein schriftbasierte Form Emotionen vermitteln lassen. Heute, 8 Jahre später, kann es sich kaum noch eine Beratungsstelle und kaum ein sozialer Träger leisten, seinem Klientel diese Beratungsform nicht zu ermöglichen.

23.1 Einleitung

Die Vorteile internetbasierter Angebote für Ratsuchende sind inzwischen im Fachdiskurs zur Selbstverständlichkeit geworden: Absolute Anonymität, Schutzraum, vereinfachtes Benennen von schambesetzten Themen, keine lokale Beschränkung, keine Zeitbeschränkung, die an Beratungsstellen gebunden ist (Klampfer, 2009). Von Anfang an zog dieses Medium Menschen mit besonderen Handicaps und Problemen an: Diese reichen von Sprachstörungen – natürlich ist hier diese Form der Beratung ideal – bis hin zu Traumatisierungen, Selbstverletzung und Borderlineproblematiken. Dazu gehören auch Menschen, welche bereits negative Therapieerfahrung gemacht hatten und darum eher diese geschützte und anonyme Form der Beratung vorziehen. Insofern ist es natürlich nicht verwunderlich, dass gerade in der Online-Beratung Krisenintervention einen sehr hohen Stellenwert einnimmt.

23.1.1 Jedes Gespräch ist ein Krisengespräch

In der Praxis ist die Kategorisierung in »normale« Gespräche und »Krisengespräche« fraglich bzw. nahezu unnütz. Meines Erachtens sind wir als Berater durch jedes Gespräch mit Krisen von Klienten konfrontiert. Vielleicht müsste man dann eher stille von lauten oder weiche von harten Krisen unterscheiden.

Beispiel
nightmare: ...so habe ich dass gefühl überhaupt keine sprache mehr mit ihm zu haben bzw. Die dinge, die ich gerne ansprechen wollte, gar nicht formulieren zu können. Einerseits aus angst, wie er reagieren könnte, andererseits aus innerer resignation heraus, dass dies sowieso nix bringt. Hab dass gefühl, ich steck da fest. Weiß nicht, wo ich nochmals aufmachen soll und wo ich mich weniger verletze, wenn ich weggehe...

Die Userin schreibt sehr reflektiert, und aus dieser Mail ist sicherlich keine sofortige Gefährdung erkennbar. Trotzdem wird ihre Not deutlich. Nach diesem Beitrag fragte der Berater konkret nach den jetzigen Möglichkeiten des Handelns und bekam folgende, wie ich finde, überraschende Antwort:

nightmare: na aufmachen heißt für mich, nochmals auf ihn zugehen. Weggehen? Hmm....ehrlich gesagt möchte ich manchmal von allem weggehen, auch von mir..... aber dazu wars vielleicht noch nicht schlimm genug?

Hier wird deutlich, dass die Userin das »weggehen« nochmals viel umfangreicher sah, als es auf den ersten Blick aussah. Ich komme später noch auf die Gefahren der sogenannten »Überschriften« zu sprechen, die wir als Berater mit eigenen Phantasien füllen, ohne uns manchmal nochmals eine direkte Rückmeldung zu holen.

Ein weiterer Grund, weshalb mir die besondere Hervorhebung von Krisengesprächen missfällt ist, dass alleine durch die Ankündigung eines solchen dem Berater häufig dass Werkzeug, welches er sonst regelmäßig in der Arbeit benutzt, entgleitet. Hierzu zählt zum Beispiel die Einholung eines Arbeitsauftrages – eine konkrete Abstimmung mit dem Klienten darüber, was in diesem Gespräch passieren soll, welche Erwartungen es gibt und inwieweit dies im Rahmen der Beratung leistbar ist.

Anhand von vielen Praxisbeispielen – sowohl in der Chat- als auch der Mail-Beratung – möchte ich versuchen aufzuzeigen, worin die konkreten Schwierigkeiten und Herausforderungen in der sogenannten Krisenberatung bzw. in jedem Kontakt per E-Mail oder Chat liegen.

23.1.2 Der User im Chatgespräch und in der E-Mail-Beratung

Hier besteht ein grundsätzlicher Unterschied dahingehend, dass die *E-Mail-Beratung* dem Berater erlaubt, sich mit den Themen des Ratsuchenden auseinanderzusetzen, ohne sofort reagieren zu müssen. In der Chat-Beratung hingegen ensteht häufig ein großer Druck. Darauf werde ich später noch ausführlich eingehen.

Zudem nimmt in der Chat-Beratung die Notwendigkeit der Strukturierung einen wichtigen Platz ein, da für das Schreiben von User und Berater – je nach Geschwindigkeit der Beteiligten – oftmals viel Zeit benötigt wird, dementsprechend lange nicht so viel transportiert werden kann, als dies im Face-to-face-Gespräch möglich ist.

Hilfreich hat sich für mich deshalb folgende Strukturierung erwiesen:

Der Einstieg – Warm-Up trotz Krise
Arbeitsauftrag/Klärung darüber, was konkret in dieser Zeit heute passieren soll – obwohl die Not sehr groß ist
Arbeiten am Thema
Besonderheiten
Ausklang und Möglichkeiten der weiteren Hilfsangebote

23.2 Der Einstieg

23.2.1 Der Einstieg in der Chat-Beratung

Grablicht: Ey, mir geht's total beschissen – jetzt ist es wirklich soweit heul
Berater: Was meinst du mit »ist es soweit«?
Grablicht: Na eben dass alles aus ist – ach mann....
Berater: Was ist denn alles aus?
Grablicht: therapeut hat keinen bock mehr – meine mutter hat total den knall – arbeitsmäßig haben sie mir auch schon gedroht – von meinem freund will ich gar nicht reden.... und dann die ganze alte scheiße.....eigentlich will ich auch gar nicht mehr darüber sprechen – wollte einfach mich nur verabschieden.....

Berater: Ups – das ist ja ne ganze menge.....
Grablicht: jep
Berater: was brauchst du denn im moment von mir?

Bei diesem Einstieg wird deutlich, dass all das, was sonst beim Erstkontakt passiert, nämlich ein »Warming-Up« bzw. ein Einstieg, der dann im Laufe des Gespräches zum eigentlichen Thema führt, in der Online-Beratung häufig nicht existiert bzw. nur sehr verkürzt Platz hat. Die Userin hat große Not und steigt direkt in das Thema ein. Bei diesem Beispiel lässt sich der Berater auf das vorgegebene Tempo der Userin ein.

Hier ein Beispiel für eine andere Herangehensweise:

todesengel: hi – wieder ein tag ohne hoffnung – gedanken an den tod – und alles bricht über mir zusammen. Sobald ich vom sterben rede, ziehen sich alle zurück – und einsamkeit umnebelt mich. Klingt wie ein mieses gedicht, oder? Soll ich es jetzt tun? Wer braucht mich denn noch.....
Berater: also ich bräuchte, ehe wir hier gleich in die vollen gehen erstmal ne kurze einstiegsrunde. Aus deiner anfrage weiß ich, wie alt du bist und woher du kommst. Aber vielmehr noch nicht. Und ich denke es ist auch wichtig, dass du ein bisschen mehr von mir weißt, ehe du hier sehr persönliche dinge von dir erzählst

Hier hat der Berater das Tempo herausgenommen bzw. die Rahmenbedingungen vorgegeben, die für ihn notwendig sind, um mit dem User arbeiten zu können. Dies ist übrigens eine besondere Gefahr: dass sich der Berater durch die Drastik der Situation auf das Tempo des Ratsuchenden einstellt und dieses übernimmt. Damit entsteht zusätzlicher Druck für den Berater (Hintenberger, S. 73).

Hierfür noch ein weiteres Beispiel.

Ironie: Hi – mein name ist jana. Hab ein messer im bad liegen und laufe schon seit einer stunde an der badetür vorbei und der drang mich zu verletzen oder – ach was weiß ich – wird immer grösser.....

Bereits hier geht es für den Berater darum, auf der einen Seite die Hilflosigkeit und Not der Ratsuchenden zu sehen und auch zu spiegeln, sich andererseits aber durch die Menge an Informationen (bei Grablicht) bzw. durch die Dramatik der Situation (bei Ironie) nicht selbst hilflos zu fühlen. Trotz der Ausweglosigkeit, in der sich die Userin befindet, darf sich der Berater nicht dazu verleiten lassen, gleich zu arbeiten, sondern muss sich erst einmal Rückmeldung darüber holen, was die Userin im Moment möchte. Darauf gehe ich im Kapitel »Arbeitsauftrag« noch ausführlicher ein.

23.2.2 Der Einstieg in der E-Mail-Beratung

Wie bereits oben erwähnt, hat in der Berater bei einer E-Mail-Anfrage die Möglichkeit, sich innerlich »zurückzulehnen«, das Ganze auf sich wirken zu lassen und nicht gleich reagieren zu müssen. Die Schwierigkeiten hierbei liegen eher darin, dass entweder nur sehr spärliche Mitteilungen erfolgen oder ganze Romane, aus denen nicht klar hervorgeht, was der User möchte bzw. welches sein Schwerpunktthema ist. Da Einstieg und Arbeitsauftrag bzw. die Frage danach in der E-Mail-Beratung häufig sehr nahe beieinander liegen, gehe ich ausführlich im Kapitel »Arbeit am Thema« darauf ein.

23.3 Der Arbeitsauftrag

Dadurch, dass der User Gefühle wie Hilflosigkeit, Wut oder Traurigkeit zeigt, wird oft verhindert, dass wir als Berater das tun, was wir in jedem anderen Kontakt tun: uns einen Arbeitsauftrag einzuholen. Durch den Druck, der durch die beschriebenen Gefühle beim User sich auf uns überträgt, »verbieten« wir uns häufig die Nachfrage nach dem Auftrag, da die Not doch deutlich vom User gezeigt wird. Trotzdem ist es notwendig, nochmals zu klären, was der User konkret in diesem Gespräch erwartet. Interessant ist dabei, dass genau diese Nachfrage Erleichterung bzw. Klärung für den User bringt, da sie ihn zwingt, sich tatsächlich selbst zu fragen, was im Moment hilfreich wäre, und er nicht in der Hilflosigkeit gefangen bleibt. Hierfür ein Beispiel:

Kannitmehr: Jetzt ist alles total schlimm, weil mein freund gerade jetzt, wo ich so leide und die ganzen komischen dinge hochkommen, mich verlassen möchte. Dann noch das kind, dass ich verloren habe und überhaupt – ich kann immer nur weinen heul
Berater: Puh – das hört sich wirklich schlimm an. Was wäre denn im Moment hilfreich für dich?

Hier wählt der Berater die etwas »weichere Form«, sich einen Arbeitsauftrag zu holen. Gleichzeitig gibt er zurück, was an Traurigkeit und Schwere bei ihm ankommt, ohne sofort – und das ist die Gefahr dabei – auf die Handlungsebene zu gehen. Dies ist häufig auch der Grund, weshalb Berater scheitern, weil sie aus dem, was sie aus dem Beitrag des Ratsuchenden herauslesen, gleich in die Aktion gehen, ohne sich vorher nochmals Gewissheit darüber zu verschaffen, was jetzt gerade gewünscht ist. Hierzu noch die Rückmeldung einer Klientin, welche insgesamt schon vier verschiedene Berater hatte:

Berater: Ich bin ja jetzt der 4. berater für dich. Was war denn bisher mit den kollegen für dich hilfreich?
Weißauchnicht: eigentlich gar nix – aber sie waren alle so freundlich und mitfühlend.....

Hier hat bei den vorherigen Beratern eindeutig die Auftragsebene gefehlt. Denn das reine Mitfühlen scheint nicht wirklich hilfreich gewesen zu sein.

23 Krisenintervention in der Online-Beratung

Weiterhin zeigt dieses Beispiel auch, dass es beim Einstieg in Krisengespräche hilfreich sein kann, sich eine Rückmeldung darüber zu holen, was bislang hilfreich war. Dies kann ein guter Weg sein, sich einen Arbeitsauftrag zu holen bzw. Rückmeldung darüber zu bekommen, was keinesfalls als hilfreich vom Klienten erlebt wird.

23.4 Arbeit am Thema

23.4.1 Arbeit am Thema in der E-Mail-Beratung

Nachdem die Klärung des Arbeitsauftrages mit allen oben beschriebenen »Fallen« erfolgt ist, kann das eigentliche Arbeiten am Thema des Klienten erfolgen. Wie bereits erwähnt, entsteht in der Online-Beratung häufig ein immenser Druck für den Berater. Bei Krisengesprächen erhöht sich dieser Druck nochmals um ein Vielfaches.

Als hilfreich für die Beantwortung von E-Mails, die aus einer Krisensituation heraus geschrieben wurden, hat sich folgende Herangehensweise gezeigt:

1. Komplette Mail durchlesen – und zunächst lediglich darauf achten, welche Emotionen dies bei mir als Berater auslöst
2. Mail erneut lesen – und den inneren Fokus darauf richten, was das Anliegen des Klienten sein könnte
3. Die erste Antwortmail nicht zu lang formulieren – sondern lediglich eine kurze Rückmeldung geben, was ankam. Gezielte Fragen stellen, damit ein Dialog entstehen kann.

Beispiel:

guten tag
seit 16 jahren habe ich diese alpträume. hm. Keine ahnung woher dass kommt. Nein, ich

323

weiß, woher es kommt. Nämlich von dem, dass bei uns zuhause immer nur zoff war. hm. Vielleicht auch mehr. Meine schwester hat neulich so ne bemerkung fallen lassen. Egal. Ich kann mich bloß erinnern, dass es immer streit gab. Meistens wegen meinem vater, der wieder mal getrunken hat. Meine mutter ist dann völlig ausgerastet und hat rumgeschrien. Mein vater ging dann wieder. Manchmal kam er auch spätnachts nach hause. Oft auch an mein bett. Weiß aber nix mehr genaues....

dann der kleinkrieg mit der blöden krankenkasse – wollen keine thera mehr bezahlen. Ey, und der letzte therapeut hat mir soviel scheiße von irgendwelchen traumatisierungen erzählt, danach gings mir noch schlechter. Bräuchte eigentlich eher ne alltagsbegleitung.

Job? Kannste vergessen! Wer gibt schon ner psychotante was. Mein freund – puh – kann ich dass überhaupt noch so nennen – ist dass überhaupt noch ne beziehung? – keine anhung. Jedenfalls macht der mir auch ganz schön druck. Er ist auch nicht der einzige, wo ich mittlerweile ganz schon schulden habe... ach mann.

Na ja – hab schon mal bei so einer internet beratung angefragt – aber, die konnten mir auch nicht helfen. Weiß ja auch gar nicht, wer mir helfen kann. Egal. Jedenfalls ist mein leben ganz schön beschissen.

Sehr deutlich wird hier, dass eine Fülle von Themen angesprochen wird, wo sicherlich viel »Material« wäre, um zu arbeiten. Die Verführung besteht nun darin, den Druck, der sich sehr spürbar beim Lesen auf den Berater überträgt, nicht dahingehend anzunehmen, gleich ganz viel und umfassend zu antworten bzw. auf möglichst viele Bereiche einzugehen, sondern eher sparsam eine wertschätzende Rückmeldung zu geben.

Antwortmail des Beraters:

*liebe verzweifelte ratsuchende,
ich nenne sie einfach mal so, weil ich keinen namen von ihnen habe.*

Was ich aus ihrer mail herauslese ist, dass sie sehr verzweifelt sind. Ganz vieles in ihrem leben gibt es, was schräg lief, was unaufgearbeitet ist und womit sie nicht zufrieden sind. Ich kann mir gut vorstellen, dass ihnen das ganz viel druck macht. Den druck habe ich alleine schon beim lesen gespürt.

Jetzt wenden sie sich an mich – und ich finde dass, vor allem nach ihren bisherigen erfahrungen – einen ganz mutigen schritt. Allerdings möchte ich nicht, dass sie auch hier wieder unzufrieden sind mit der beratung, deshalb wäre es sehr hilfreich für mich, wenn sie mir nochmals kurz schreiben, was sie im moment am meisten beschäftigt und wobei ich ihnen hier hilfreich sein kann.

Ich Grüße sie ganz herzlich.

Der Berater holt sich zunächst einmal darüber Rückmeldung, was sein Auftrag ist. In diesem Fall hat die Ratsuchende sich erneut gemeldet und geschrieben, dass sie im Moment vor allem an einer Alltagsbegleitung interessiert ist. Es wurde dann den Kontakt zum sozialpsychiatrischen Dienst hergestellt. Manchmal ist es auch so, dass sich Klienten dann nicht mehr melden. Dies kann mehrere Gründe haben:

- Für den User ist es zu anstrengend, konkreter zu werden.
- Allein in der Mail lag für den User bereits eine Form von Entlastung und Lösung.
- Die Mail ging an mehrere Beratungsstellen und der User hat sich die »für ihn beste« herausgesucht.

Letzteres ist wirklich ein spannendes Phänomen – gerade in der Online-Beratung. Je dramatischer die Mail, je mehr Druck auf den Berater ausgeübt wird, desto sicherer kann davon ausgegangen werden, dass die Mail an sehr viele Beratungsstellen geschickt wird. Häufig können – trotz oder gerade wegen immenser Not – die User gut für sich sorgen. Hier ein Beispiel dafür:

*Betreff: Hiiiiiilllllffffeeee!!!!!!!!
mann! Ist hier niemand?????? mir geht's beschissen und wenn ich nicht sofort hilfe be-*

komme, dann stürze ich mich von der nächsten..... ach was weiß ich. Sowieso kann mir keiner helfen!!!!
OH MANNNNNNNNNN!!!!!

Diese Mail löst den Impuls aus, sofort zu reagieren. Offenbar ist die Ratsuchende sehr hilflos, schafft es aber gleichzeitig gut, auf sich aufmerksam zu machen bzw. andere zum schnellen Handeln zu bewegen – eine Ressource, die durchaus wertgeschätzt werden kann. Daneben schickt sie eine sogenannte *Double-bind-message*: »Ich brauche Hilfe, aber es kann mir sowieso keiner helfen«. Jetzt kann sich der Berater sozusagen aussuchen, worauf er reagiert.

23.4.2 Arbeit am Thema in der Chat-Beratung

Bei der Chat-Beratung liegen die Herausforderung häufig darin, es trotz des immensen Druckes, der sich durch das unmittelbare In-Kontakt-Sein ergibt, immer wieder zu schaffen, sich innerlich »zurückzulehnen«, sich Pausen einzuräumen und sich nicht der Schnelligkeit zu unterwerfen bzw. das Tempo des Users zu übernehmen. Mut zur Langsamkeit! Natürlich besteht bei Krisengesprächen von vornherein ein anderes Tempo bzw. gibt die Brisanz der Situation häufig ein anderes Tempo vor. Dies heißt jedoch noch nicht, dass sich der Berater mit all dem, was er sonst im regulären Gespräch tut, zurückhalten muss. Wichtig ist es also hier für den Berater, sich durch die Angespanntheit nicht den Freiraum nehmen zu lassen, nochmals konkret nachzufragen. Im Gegenteil: Genau in diesen Situationen ist es die Aufgabe des Beraters, das Tempo herauszunehmen, nochmals in Ruhe zu sortieren und sich vom User nichts aufdiktieren zu lassen.

Dazu ein Beispiel:

kleines mädchen: sie reden jetzt dauernd von sortieren und dass ich so viele themen auf

23 Krisenintervention in der Online-Beratung

einmal einbringe – mensch, aber das ist meine situation und ich will endlich hilfeeee!!!! ist dass so schwer zu kapieren??????
berater: ja, aber es hilft dir auch nix, wenn ich genauso hektisch wie du irgendwelche ratschläge in die luft werfe, die an deinen prinzipiellen problemen nix ändern. Ich sehe meinen job darin, mit dir zu schauen, wo ein anfang sein kann und dazu möchte ich einfach erstmal ncoh mehr verstehen, was du dir selber vorstellen kannst, jetzt im moment zu tun bzw. Wo für dich ein anfang sein könnte. Denn sonst hüpfen wir beide wie aufgescheuchte hühner um die themen herum – die stunde ist vorbei und du bist frustriert, weil es dir nix gebracht hat. Und ich auch!!!

Hier erklärt der Berater der Userin seine Herangehensweise und macht auch deutlich, dass er sie durch das, was sie sich wünscht, nämlich alle Themen so unsortiert zu lassen, nur frustrieren würde.

Und so entwickelte es sich weiter:

kleines mädchen: na dann schlag was vor....
berater: nene: du schlägst was vor!
kleines mädchen: puh. Na, der kampf mit der krankenkasse ist schon das blödeste. Zumal ich wirklich hilfe in anspruch nehmen möchte. Ich weiß auch, dass ich welche brauche, mein problem ist nur, auch dafür zu kämpfen, mich so wichtig zu nehmen....

Sofort kommt das Gespräch auf eine andere Ebene und es war hier möglich, konstruktiv weiterzuarbeiten.

Sowohl in der Chat-, als auch in der E-Mail-Beratung zeigen sich zwei besondere Schwierigkeiten im Laufe fast jeden Gespräches, auf die im Folgenden besonders eingegangen werden soll.

Florian Klampfer

23.5 Besonderheiten

23.5.1 Der Umgang mit »Begrüßungsgeschenken«

Wie bereits in den Beispielen deutlich wurde, ist sowohl aufgrund der Fülle der Themen als auch der emotionalen Dichte, die gerade bei Krisengesprächen in der Online-Beratung stattfindet, eine Klärung dessen, was konkret in diesem Gespräch hilfreich wäre, absolut notwendig. Häufig laufen wir als Berater hier Gefahr, dass wir uns durch das »Begrüßungsgeschenk« Druck zu sehr darauf zu konzentrieren, was getan werden kann, um diesen Druck zu verringern. Genau dies ist aber häufig nicht das, was der User möchte. Vielmehr geht es darum, ihm den Platz zu geben, darüber zu sprechen, was er mit diesem Druck verbindet.

Hierfür ein weiteres Beispiel:

Sarkasmus: .....und jetzt wissen Sie auch nicht weiter, oder?
Berater: nein, im moment spüre ich wie schlecht es ihnen geht, bin im moment aber ratlos, was für sie hilfreich wäre
Sarkasmus: toll! Ein hilfloser helfer **lol**
Berater: hmm
Sarkasmus: war dass alles?
Berater: na ja, ich habe im moment das gefühl, dass es eine schieflage gibt
Sarkasmus: ?
Berater: im moment arbeitet nur einer.....
Sarkasmus: **nix verstehl**
Berater: nämlich der Berater
Sarkasmus: oh mann – mir geht's nicht gut – was ist denn da so schwer zu verstehen und was erzählen sie mir jetzt von schieflage.... *heul*

Hier wird deutlich, dass es häufig gar nicht so einfach ist, die Reaktionen, die so ein deutlicher Klärungsversuch hervorrufen kann, auszuhalten. Im Grunde wird der User dazu gezwungen, sich erst noch einmal bewusst zu machen, was er eigentlich möchte.

Sarkasmus: Ich weiß ja, dass mir niemand meine probs abnehmen kann – aber gut wäre schon, wenn ich endlich wüsste, was ich mit diesem blöden behördenscheiß machen soll. Ständig diese briefe... mann!! das nervt!

Hier kristallisiert sich ein erstes Thema heraus, d. h. Sarkasmus wird deutlicher und bleibt nicht mehr so allgemein.

Häufig ist es auch so, dass wir als Berater den Druck nicht aushalten können und deswegen versuchen, schnell auf die Lösungsebene zu gehen. Dabei werden aber oftmals wichtige Schritte übergangen, nämlich das genaue Verstehen und Nachspüren, worin der Druck für den User genau besteht. Erst wenn wir als Berater mit ihm durch diese »Leidensgrube« gehen, können wir richtig nachempfinden und gemeinsam mit ihm etwas daraus entwickeln.

wozunoch: also ich kann dir sagen, was meine krise ist:du bist jetzt der 5. therapeut innerhalb von einem halben jahr – immer dann, wenn ich wirklich jemanden brauchte, war er oder sie weg. Irgendwelche fadenscheinigen ausreden – »ich kann dies nicht leisten was du möchtest« und blablabla. Dabei wollte ich nur jemanden, der da ist, wenn ich hilfe will und sich nicht sofort verpisst. Superkontakt erstmal – dann waren sie alle weg.....
berater: kannst du mir eine gebrauchsanweisung geben, was ich jetzt tun soll, damit du auch von mir enttäuscht wirst?
wozunoch: hä?

Mit dieser Reaktion wird er sich wahrscheinlich nahtlos in die Reihe der Therapeuten einreihen, von denen die Klientin zuvor enttäuscht war. Stattdessen wäre es hilfreich, nochmals konkret gemeinsam mit der Userin zu überlegen, worin die Enttäuschung bestand. Was genau ist in den bisherigen Kontakten passiert und wie müsste die Form von Hilfe aussehen, die sie sich jetzt wünscht?

Zunächst hat der Berater also konfrontiert, dann ging das Gespräch wie folgt weiter:

berater: na ja, ich höre, dass du bisher sehr unzufrieden mit allem warst und ich habe ein wenig sorge, dass du auch mit mir unzufrieden sein wirst, sofern ich nicht genau von dir verstehe, welche form der hilfe du dir wünscht, und ob ich diese hilfe leisten kann!
wozunoch: ja, genau dass hätte ich mir vorher gewünscht!!
berater: jetzt verwirrt ist
wozunoch: na ja, dass jemand mich konkret mal fragt, was ich mir eigentlich wünsche. Alle haben gleich mit mir irgend etwas gemacht, was d i e für richtig hielten...

23.5.2 Häufig gelieferte »Überschriften«

Gerade in Krisengesprächen neigen ja Ratsuchende dazu, sogenannte »Überschriften« zu liefern. Hier einige Beispiele:

»Mir geht's total schlecht«
»Ich brauche Hilfe«
»Kann ich mit dir reden?«

Daraus wird aber noch in keiner Weise deutlich, was genau gemeint ist. Nun haben wir natürlich als Berater gelernt, damit umzugehen und konkreter nachzufragen. Hier ein erstes Beispiel:

Grablicht: ....also was ich brauche ist jemand, mit dem ich reden kann
Berater: ok – fang doch einfach an.....
Grablicht: alle stellen anforderungen an mich – keiner schaut auf dass, was ich eigentlich möchte und ich schaffe es oft nicht, mich dagegen zu wehren
Berater: was befürchtest du, wenn du dich wehren würdest?
Grablicht: oh mann! Jetzt geht dass hier auch los.......
Berater: was meinst du?
Grablicht: na mit den anforderungen und dem gerede!!
Berater: ups.....

Hier wird deutlich, dass die Überschrift »reden« von der Userin und dem Berater offensichtlich mit unterschiedlichen Inhalten gefüllt war. Sofern diese nicht gegenseitig überprüft werden, kommt es zu solchen Missverständnissen.

Ein weiteres Beispiel:

undwasjetzt: ....dass war total heftig als er mich verließ – da kam soviel hoch und auch soviel trauer
Berater: hast du viel geweint?
undwasjetzt: was? Ey ich hab tagelang im geiste mit ihm gefluchtt und ihm all dass an den kopf geworfen, was ich während unserer beziehung nicht tat!

Hier scheinen also völlig unterschiedliche Assoziationen und Bilder im Hinblick auf Traurigkeit zu bestehen. Aus diesem Grund ist ein Überprüfen durch Nachfragen gerade in der Online-Beratung absolut notwendig, da durch Gestik und Mimik keinerlei Signal gegeben werden kann.

23.5.3 Der »Konfrontiburger« – ein hilfreiches Werkzeug

Krisenberatung, sowohl in der E-Mail als auch in der Chat-Beratung, bedeutet für uns als Berater immer wieder die Gratwanderung zwischen dem Eingehen auf die Bedürfnisse der User und der realistischen Einschätzung dessen, was im Moment durch dieses Medium möglich ist und was nicht. An dieser Stelle möchte ich deshalb den »Konfrontiburger« (Koschorke, 2007) einführen.

Im ersten Beispiel antwortet eine Userin auf die Frage, was für sie denn Hilfe jetzt hier im Chatgespräch bedeutet, Folgendes:

Theraklatsche: ne.... hilfe heisst unterstützung, begleiten, anträge ausfüllen, also der ganze papierscheiss, und..mann, ist doch klar – auch in den arm genommen zu werden. Mann!!! ich brauch ne mutter!!!!!
Berater: die kann ich dir aber nicht hier bieten!
Theraklatsche: **verlässt den chat**

Natürlich hat der Berater mit seiner Konfrontation recht. Allerdings bleibt dabei die Not der Userin auf der Strecke. Sie fühlt sich mit dieser nicht gesehen und verlässt deshalb wahrscheinlich auch den Chat.

Der »Konfrontiburger« nun ist immer dann hilfreich, wenn der Ratsuchende auf der einen Seite eine Not erkennen lässt – er Wünsche äußert, die der Berater nicht erfüllen kann – oder aber die vorhandene Not nicht zeigt bzw. diese in »Papier« einpackt, welches beschriftet ist mit Druck, Wut, Ohnmacht und Vorwürfen, bis hin zu Beschimpfungen und Hass. Natürlich bekommen wir als Berater dies dann zu spüren, und oftmals ist es schwer, die »Verpackung« einfach zu übergehen und den eigentlichen »Inhalt« noch zu sehen.

Aus einer E-Mail von Grauemaus:

...durch das ständige gelabere wird's nun aber auch nicht besser. Immer die antworten der berater: »da kann ich aber jetzt auch nicht helfen« oder noch schlimmer »was möchtest du denn von mir« – ey, sag mal: deswegen komme ich doch, weil es mir so beschissen geht!

Hier die »Konfrontiburger-Antwort« des Beraters:

puh! Aus deiner mail bekomme ich mit, dass es dir ganz schön schlecht geht und du total verzweifelt bist, gar nicht mehr weißt, wie es weitergehen soll! Gleichzeitig hast du bislang offensichtlich keine guten erfahrungen mit beratungen gemacht und ich habe jetzt sorge, dass ich dich auch wieder verärgern könnte oder du mich einreihst in die reihe der berater, die auch nix für dich tun können. Hm: das macht mir auch ganz schön druck und ärgert mich auch, weil ich es jetzt nur falsch machen kann. Entweder ich schreibe dir, was ich im moment realistisch für dich tun kann – damit verärgere ich dich wahrscheinlich, oder ich verspreche dir hilfe, die ich aber nicht leisten kann. Und jetzt hoffe ich natürlich, dass du nicht sauer bist, dass ich dir das so schreibe.....

Der Berater schichtet also: zunächst die Schicht Wertschätzung, dann die Konfrontation, eingebettet in eine erneute Abschlusswertschätzung. Die Erfahrung hat gezeigt, dass es durch diese Herangehensweise dem User möglich ist, auch heftigste Kritik und Hinterfragungen anzunehmen.

Hier ein weiteres Beispiel:

Mauerblümchen: alle machen mir angebote! Meine mutter nervt dauernd mit irgendwelchen jobangeboten, die betreuerin möchte mir zum »bewussten sparen« – wie sie so schön sagt bzw. Geld einteilen etwas nahebringen, und sie wollen mir eine therapie aufschwatzen! Na toll.....
Berater: ich verstehe, dass du ganz schön ruderst – dich auch alleine und verlassen fühlst. Allerdings wertest du auch alles ab, was man dir anbietet. Damit verstärkt sich auch deine einsamkeit und du verletzt dich selbst ganz schön damit, oder?
Mauerblümchen: **heul**

Es folgt ein Beispiel dafür, wie direkte Konfrontation zu einem Beziehungsabbruch führen kann. Bei dem Ratsuchenden handelt es sich um einen 42-jährigen Psychologen, der sehr darunter leidet, dass seine Freundin sich nicht mitteilt, andererseits sie immer dann, wenn sie es tut, kritisiert.

Machdichlocker: ich frage: natalie, was hast du denn? Und können sie sich vorstellen, was sie sagt? Sie sagt: ich mach mir gedanken über meine ausbildung!!! über meine ausbildung!!! ich sage ihr daraufhin, dass

dies ja wohl ein witz sei – und frage nochmals eindrücklich, ob sie denn endlich mal ehrlich sein kann und hören kann mit dem herumgerde. Dann: wieder das gleiche spielen... toll, oder?
Berater: na, da haben sie ihre freundin ja ganz schön abgewertet
Machdichlocker: also wissen sie, dazu kam ich nicht hierher, um ich von ihnen hier belehren lassen **verlässt den chat**

Die direkte Konfrontation führte also zu nichts. Zudem kommt noch die Ebene der Konkurrenz hinzu. Der Berater kritisiert nicht nur den Klienten, dieser fühlt sich auch beruflich als Psychologe angegriffen.

Die »Konfrontiburger-Variante« hätte sich ungefähr so angehört:

Puh – dass muss ja heftig für sie sein, wenn sie ständig das gefühl haben, von ihrer partnerin nichts mitzubekommen. Aber kann es sein, dass sich ihre freundin manchmal auch durch die art und weise wie sie auf ihre – vielleicht nicht immer glücklichen – versuche, mit ihnen zu kommunizieren, zurückgesetzt fühlt? Wir sind ja quasi kollegen und ich weiss jetzt nicht so recht, wie es ihnen damit geht, wenn ich ihnen etwas über kommunikation erzähle...

23.6 Fazit

Klienten in der Online-Beratung befinden sich immer in irgendeiner Form in der Krise. Da es sich um sogenannte »weiche« Krisen handelt, sind diese nicht immer gleich zu erkennen. Bezüglich der Intensität besteht meines Erachtens kein wesentlicher Unterschied zwischen Face-to-face-Gesprächen und Kontakten via E-Mail oder Chat.

Für den Berater besteht die Herausforderung darin, sich durch den Druck und das vorgegebene Tempo des Users nicht eingeschränkt zu fühlen und den eigenen Handlungsspielraum einengen zu lassen. Unabhängig davon, was der User präsentiert und wie viel Not vorhanden ist, sollte der Berater erst einmal klären, was der User gerade jetzt, in dieser Beratungsstunde möchte.

Hierbei sich nicht von den beschriebenen »Begrüßungsgeschenken« und »Überschriften« abbringen zu lassen, ist wichtig für den Berater, um handlungsfähig zu bleiben. Bei allen vom User geäußerten Bedürfnisse hat der Berater immer auch zu prüfen, inwieweit über dieses Medium das geleistet werden kann, was der User sich wünscht, und welche Form von Hilfestellung gegeben werden kann. Sollte dies nicht möglich sein, ist es die Aufgabe des Beraters, dies deutlich und wertschätzend rückzumelden.

Literatur

Hintenberger, G. (2009). Der Chat als neues Beratungsmedium. In S. Kühne & G. Hintenberger (Hrsg.), *Handbuch Online-Beratung* (S. 69–78). Göttingen: Vandenhoeck & Ruprecht.

Klampfer, F. (2009). Online-Supervision im Gruppenchat – Eine Herausforderung für Supervisor und Supervisanden. In: S. Kühne & G. Hintenberger (Hrsg.), *Handbuch Online-Beratung* (S. 143–153). Göttingen: Vandenhoeck & Ruprecht.

Koschorke, M. (2007). *Die Waffen in der Beratung*, unveröffentlichtes Skript. Berlin.

24 Gut beraten im Internet? – Chancen und Grenzen der Online-Beratung von Opfern sexualisierter Gewalt

Petra Risau

Online-Beratung wird als niedrigschwelliges Hilfsangebot von Betroffenen sexualisierter Gewalt verstärkt nachgefragt. Wurde die Online-Beratung anfangs noch skeptisch betrachtet, hat sich diese mittlerweile als eigenständige Beratungsart mit ihren je eigenen Qualitäten entwickelt. So nutzen immer mehr Beratungseinrichtungen diese Art der Beratung als sinnvolle Erweiterung der bestehenden Beratungsstrukturen. In dem folgenden Beitrag möchte ich anhand von Erfahrungen und Erkenntnissen zur Online-Beratung für betroffene sexualisierter Gewalt einige Chancen und Grenzen dieses Beratungsmediums aufzeigen.

24.1 Die Bedeutung der Online-Beratung für Opfer sexualisierter Gewalt

Seit nunmehr sechs Jahren bin ich als Diplompädagogin und Projektleiterin der Online-Beratungsportale www.das-beratungsnetz.de und www.beranet.de in Berlin tätig und beschäftige mich schwerpunktmäßig mit der Entwicklung und Konzeptionierung virtueller Beratungsangebote für den psycho-sozialen, gesundheitlichen und Bildungsbereich. Ich erinnere mich sehr gut, dass die Online-Beratung bis vor wenigen Jahren noch als unseriöses Randphänomen gewertet wurde. Für viele Beraterinnen und Berater war es undenkbar, Beratung über das Internet anzubieten, ohne ihre Klientinnen und Klienten zu Gesicht zu bekommen. Es bestand die Befürchtung, dass computervermittelte Kommunikation zu einer emotionalen Verarmung im Beratungskontakt führen würde. Ebenso

»... bestand die Angst, dass internetbasierte Beratung, die in einem hohen Ausmaß ano- nymisiert durchgeführt werden kann, zu einer großen Unverbindlichkeit aufseiten der Klienten führt und in der Folge eine Art Fast-Food-Beratung produziert, die kurzfristig den Hunger stillt, ohne satt zu machen.« (Kühne & Hintenberger, 2009, S. 7)

Entgegen dieser zunächst vermuteten Erwartungen belegen Praxisberichte und Studien, dass Beratungskontakte im Internet nicht emotionslos, sondern im Gegenteil sehr intensiv sein können (Eichenberg, 2007; Gehrmann, 2008; Hinsch & Schneider; 2002). Ratsuchende beschreiben häufig, dass sie über Problembereiche kommunizieren, die sie selbst am Telefon niemandem anvertrauen würden. So erleben Ratsuchende die Online-Beratung noch niedrigschwelliger als das Telefongespräch, da sie im Internet nicht einmal ihre Stimme zu erkennen geben müssen. Ebenso stellten die Berater/innen fest, dass die Online-Beratung, entgegen ihrer Annahme, eine Beziehung zum Klienten/zur Klientin ermöglicht und eine Vertrauensbasis aufgebaut werden kann. Dadurch, dass die Ratsuchenden bei der Online-Beratung anonym bleiben können, entsteht die paradoxe Situation einer Nähe durch Distanz. Die Distanz bewirkt, dass insbesondere gesellschaftlich tabuisierte Themen angesprochen werden können, z. B. Gewalterfahrungen, Sexualität, Suchtprobleme, Depressionen oder Tod (vgl. Knatz & Dodier, 2003).

So liegt es nahe, dass die Online-Beratung auch besonders für Betroffene sexualisierter Gewalt zunehmend an Bedeutung gewinnt. Durch die Anonymität des Internets und die Privatheit des eigenen Umfeldes werden Kontaktschwellen schneller abgebaut, und es fällt den Betroffenen leichter, über die Probleme per Mail oder im Chat zu sprechen. Denn erlebte sexualisierte Gewalt – vor allem über einen längeren Zeitraum – stellt häufig ein extrem einschneidendes, traumatisches Erlebnis für das Opfer dar und ist oft mit Schuld- und Schamgefühlen besetzt. Neben der Schwellenangst bei der Kontaktaufnahme besteht für diese Personen meist auch die Scheu, das belastende Thema überhaupt anzusprechen. Denn die Betroffenen werden von den Tätern[12] meist durch Drohungen und Geheimhaltungsdruck zum Schweigen gezwungen. Sie erklären dem Kind, dass ihr Handeln völlig normal ist und reden den Betroffenen ein, dass etwas Schlimmes passieren wird, wenn diese es wagen, jemandem von dem »kleinen Geheimnis« zu erzählen. So schweigen viele Betroffene aus Angst, dass ihnen nicht geglaubt wird, und aus Furcht, dass der Täter seine Drohungen wahr macht. Nicht selten fehlen ihnen auch die Worte. Deshalb bietet die psychosoziale Online-Beratung besonders für diesen Personenkreis enorme Vorzüge: Betroffene können hier über ihre Erlebnisse schreiben, anstatt darüber zu reden. Die Distanz zum/zur Berater/in bietet ihnen darüber hinaus einen gewissen psychischen Schutz.

»Das Internet bietet Opfern sexueller Gewalt einen Handlungs- und Kommunikationsraum, innerhalb dessen sie ihr Bedürfnis nach Anonymität gewährleistet sehen. Dies hat zur Konsequenz, dass junge Menschen die Möglichkeit ergreifen, sich mit sehr schambesetzten und innerhalb der mündlichen Kommunikation ›unaussprechlichen‹ Inhalten anzuvertrauen.« (Mosser, 2007, S. 76)

Doch genau hier können Gefahren liegen, wenn Menschen in einer akuten und schwerwiegenden Krisensituation, wie die der Erfahrung der sexualisierten Gewalt, kein Gegenüber im Sinne eines Face-to-face-Kontaktes haben, die in persönlicher Weise reagieren können (vgl. Gahleitner in diesem Band). So stellt diese Form der Beratung auch komplexe Anforderungen an die Berater/innen. Ebenso besteht die Gefahr für Betroffene, auf problematische Beratungsangebote im Internet zu stoßen. Woher wissen die Ratsuchenden, dass die Person, mit der sie chatten oder mailen, auch die ist, die sie vorgibt zu sein? Wie können sich die Ratsuchenden vor Anmache und Belästigung im Chat schützen? Und wie sieht es mit dem Daten- und Klient/inn/enschutz im Internet aus? Gibt es bereits fachliche und technische Standards auf die Berater/innen zugreifen können? Und welche Chancen, aber auch Grenzen sind mit der Online-Beratung verbunden?

Mit diesen und weiteren Fragen werden wir in unserer Praxis bei *beranet* tagtäglich konfrontiert und ich stelle fest, dass trotz der zunehmenden Professionalisierung von Online-Beratung noch viel Informationsbedarf aufseiten der Berater/innen hinsichtlich des Aufbaus und der Etablierung eines Online-Beratungsangebotes im Netz besteht. So möchte ich im Verlauf des Artikels auf einige der oben genannten Aspekte eingehen und unter Einbezug von Praxisbeispielen insbesondere die Chancen, aber auch mögliche Grenzen der Online-Beratung bei Betroffenen sexualisierter Gewalt aufzeigen.

---

12 Da die Mehrheit der Täter männlich ist, wird hier nur die männliche Form genutzt.

Petra Risau

24.2 Chancen und Besonderheiten – Erfahrungen und Fallbeispiele

24.2.1 Erfahrungen mit der Online-Beratung von Beratungsstellen

Im Folgenden möchte ich anhand von Fallbeispielen und Erfahrungen der Vereine *Zartbitter Münster e. V.*, *Dunkelziffer e. V.* sowie *Wildwasser-Berlin e. V.* auf Chancen und Grenzen der Online-Beratung von Betroffenen sexualisierter Gewalt eingehen.[13] Ein Großteil der Anfragen an die oben genannten Einrichtungen sind Hilferufe von Betroffenen, die sich in einer akuten Krisensituation befinden. Ihre Anfragen sind meist von großer Bedrängnis und Angst geprägt.

Dazu drei Beispiele aus der Mailberatung:

1. *»Hallo, falls einer da ist mit dem ich quatschen kann, melde dich bitte. Ich bin auch von meinem Vater sexuell missbraucht worden!!!!! Mir geht es eigentlich richtig scheiße, obwohl das schon alles sooooo lange her ist. Warum geht dieses Scheißgefühl nie weg????????????«*
2. *»... ich weiß nicht genau, ob ich zu einer Beratungsstelle gehen würde. Per E-Mail ist es viel leichter, weil du einer Person nicht gegenüberstehst. Musst ihr nicht in die Augen sehn, sondern schreibst es einfach. Ich möchte auf jeden Fall nicht, dass meine Eltern davon erfahren. Ich habe nämlich Angst, dass sie mir nicht glauben könnten oder mich einfach nicht verstehen.«*

Laut Carmen Kerger von Dunkelziffer e. V. berichten viele dieser Mädchen zum ersten Mal über ihre Gewalterfahrungen. Dies bestätigt auch Stefanie Höver von Wildwasser-Berlin e. V.: Im Gegensatz zur Beratungsarbeit vor Ort, wo der Missbrauch häufig in der Kindheit stattfand und schon einige Jahre zurückliegt, befinden sich die Betroffenen während der Online-Beratung vielfach noch in der akuten Missbrauchssituation. So besteht die Chance einer frühzeitigen Intervention seitens der Beratungseinrichtung. Im Schutz der Anonymität und durch die Möglichkeit der niedrigschwelligen Kontaktaufnahme fällt es den Opfern leichter, sich erstmalig zu öffnen.

3. *»Bitte hilf mir, ich bin wirklich verzweifelt und völlig am Ende. Ich kann mit niemandem darüber reden, weil ich keine Freunde habe, und ich schäme mich auch viel zu sehr dafür. Vielleicht hätte es ja alles geändert, wenn ich bei der Prügelei schon meinen Mund aufgemacht hätte. Damals dachte ich noch, dass es gar nicht schlimmer kommen kann, aber ich wurde leider vom Gegenteil überzeugt. Bitte gebt mir neuen Lebensmut, ich weiß nämlich nicht, wie lange ich noch durchhalte.«*

Bei der Zielgruppe der Jugendlichen hat man festgestellt, dass sich diese aus eigenem Antrieb an eine Beratungsstelle im Netz wenden und nicht über Dritte (Eltern, Fachkräfte, Behörden) kommen, wie es in der Regel bei einem Face-to-face-Beratungskontakt der Fall ist. Bei der Online-Beratung sind es die betroffenen Jugendlichen selbst, die über das Internet Rat und Hilfe suchen.

»Tatsächlich erweist sich das Internet als einziges Medium, das es unserer Zielgruppe ermöglicht, sich direkt und aus eigener Motivation an unsere Beratungsstelle zu wenden.« (Mosser, 2007, S. 75)

Peter Mosser von der Beratungsstelle kibs aus München bemerkt in diesem Zusammenhang:

---

13 Sämtliche Nicknamen der Ratsuchenden und die Namen der Berater/innen wurden in den Fallbeispielen (Mail- und Chat-Beratung) anonymisiert.

»Diese Beobachtung ist auch insofern bedeutsam, als Pädosexuelle und ihre Helfershelfer in Justiz und Wissenschaft immer wieder argumentieren, die Not der Opfer wäre eine Erfindung aus ihrem sozialen Umfeld.« (Mosser, 2007, S. 75)

Nach Mosser (2007) und Höver (2007) fördern Internetkontakte in weit höherem Maße die Eigeninitiative der Klient/inn/en. Bei der Online-Beratung entscheiden die Ratsuchenden selbst, wann sie sich in einen Beratungskontakt begeben und was sie von sich preisgeben möchten. Für die Betroffenen ist wichtig, dass sie die Inhalte der Kommunikation kontrollieren können, und das scheint ihnen bei der Online-Beratung möglich zu sein. So können sie jederzeit wieder aus dem Beratungskontakt aussteigen, indem sie beispielsweise den Chat verlassen oder nicht mehr auf E-Mails antworten. Bei der Online-Beratung werden die Ratsuchenden nicht gesehen und nicht gehört. Es fällt ihnen dadurch auch viel leichter, über die Dynamik der erlebten sexualisierten Gewalt zu ›sprechen‹, auch darüber, dass sie sich häufig für die sexuellen Übergriffe schuldig fühlen.

»Die Anonymität in der Online-Beratung fördert eine offene, neugierige Haltung zwischen Klienten und Beratern. […] Klienten fühlen sich auf diese Weise eingeladen, über Seiten von sich zu sprechen, die sie bislang nicht beachtet oder über die sie in Beziehungen zu anderen (noch) nicht gesprochen haben. […]« (Zenner & Gielen, 2009, S. 117 ff.)

So ist bereits nach Döring (2003) bekannt, dass durch die Kanalreduktion bei der computervermittelten Kommunikation ebenso auch positive Effekte in der Beratung eintreten. Persönliche Eigenschaften des Ratsuchenden wie Aussehen, Kleidung, sozialer Status etc. sind (zunächst) irrelevant, was häufig einen formloseren Umgangston und das direkte Ansprechen auch von sehr schmerzlichen Problemen fördert. Äußere Kriterien spielen also bei der Online-Beratung eine untergeordnete Rolle und führen zum Abbau sozialer Hemmungen und Kontrollen.

Hierzu folgendes Beispiel aus der Chatberatung:

*Berater: wie kann ich dir helfen?
Sony: ich weiß gar nicht, wo ich anfangen soll
Berater: fang doch einfach irgendwo an
Sony: ich verletze mich seit 4 Jahren
Berater: wie verletzt du dich?
Sony: ich ritze, kratze oder brenne mich, reiße mir manchmal die Haare raus oder schlage gegen die Wand
Berater: bekommst du schon irgendwo Hilfe, d. h. gehst du irgendwo zur Therapie oder Beratung?
Sony: nein, keiner weiß bisher etwas davon, und ich möchte es auch niemandem erzählen, das ist mir sehr peinlich alles, so wenn mich keiner sieht, kann ich das so sagen …*

Auffällig ist an diesem Beispiel, dass das selbstverletzende Verhalten seitens der/des Ratsuchenden sehr schnell und direkt im Erstkontakt angesprochen wurde. Dies ist ein sehr typisches Merkmal für die Beratung im Chat. Da selbstverletzendes Verhalten in unserer Gesellschaft immer noch tabuisiert wird, ist es vorstellbar, dass sich der oder die Betroffene aus Scham oder antizipierten Konsequenzen (Einweisung) nicht traut, sich an eine professionelle Beratungsstelle vor Ort zu wenden, da die Selbstverletzung natürlich in der direkten Beratung sofort gesehen werden kann.

»In der Regel ist eine Ratsuchende sehr schnell beim Thema, oft wird auch beim ersten Chat keine lange Zeit zur Vertrauensbildung benötigt, um direkt über die Probleme zu sprechen oder über Missbrauchshandlungen zu erzählen.« (Höver, 2007, S. 68)

So erweist sich die Chatberatung insbesondere bei Jugendlichen und jungen Erwachsenen und solchen, die unter besonders extremen seelischen Belastungen leiden, als das ideale Mittel der Kontaktaufnahme und Erstberatung. Der Chat erfordert im Vergleich zu E-Mail und Foren weniger eine reflektierte Beschreibung durch den/die Betroffene(n), sondern ermöglicht vielmehr den spontanen und emotionalen Austausch. Allerdings entfallen in der Chatberatung, im Gegensatz zur Face-to-face-Beratung, oftmals die Warming-Up-Sequenzen, was für viele Berater/innen eine ungewohnte Situation darstellt und sie entsprechend reagieren müssen.

»Fast scheint es so, dass im Schutz der Anonymität in den Raum hineingeschrieben wird, bevor ein konkretes Gegenüber realisiert wird. Umso mehr braucht es vonseiten der Berater und Beraterinnen aktive Beziehungsangebote.« (Hintenberger, 2009, S. 74).

24.2.2 Zum Beratungsverlauf

Die Online-Beratungskontakte können einmalig sein, nicht selten gehen diese in Folge-Kontakte über und können viele Monate andauern. Der Bedarf nach längerfristigen Online-Beratungsprozessen ist häufig auch bei Betroffenen sexualisierter Gewalt festzustellen. So wünscht sich die Mehrzahl der Betroffenen zunächst den schriftlichen Kontakt. Hierzu bemerkt Mosser (2007):

»Dies scheint nicht nur in dem Bedürfnis nach Schutz der Anonymität und nach Kontrolle über den Beratungsprozess begründet zu liegen. Hier drückt sich auch eine bestimmte Form des Beziehungsempfindens aus, das für jugendliche Internet-User nicht untypisch ist […]« (Mosser, 2007, S. 82)

Für viele Jugendliche und junge Erwachse ist es mittlerweile selbstverständlich, Freundschaften online zu führen und zu pflegen, das heißt, Beziehungen auch online zu gestalten. Mit dieser Haltung gehen sie dann auch in die Beratungskontakte herein, was allerdings für viele Berater/inn/en zunächst neu und ungewohnt ist. Ihnen fällt die Aufgabe zu, sich einerseits auf längerfristige Beratungsprozesse einzulassen, andererseits müssen sie im Einzelfall genau überlegen, inwieweit die ausschließliche Beratung im Internet den Ratsuchenden ausreichende Unterstützung geben kann. So wird diese Beratungsart immer als eine von mehreren Interventionsformen gesehen und mit den Betroffenen zusammen eruiert, inwieweit der Besuch einer Beratungsstelle vor Ort Sinn macht.

Dies soll auch an folgendem Beratungsverlauf verdeutlicht werden:

Erstkontakt
Betreff: Weiß nicht mehr weiter

*Hallo,
ich bin zufällig auf Ihre Seite gekommen. Ich weiß gar nicht wie ich anfangen soll. seit ca. 2 Wochen quälen mich Alpträume, was schon dazu geführt hat, dass ich nicht mehr schlafe weil ich Angst davor habe einzuschlafen. Bin am ENDE mit meinem Leben und meiner Kraft, weiss einfach nicht wie ich ihn aus mir verbannen soll. Er ist immer da. Was soll ich tun, ich dachte ich hätte ihn »weg geschlossen« aber er taucht immer wieder auf. Was soll ich tun?? Ich meine ich bin es alles selber schuld, ich habe mich nicht gewehrt … wäre dankbar um eine Antwort.*

Antwort der Beraterin:

*Liebe Mara,
vielen Dank für Ihre mail. So wie Ihnen geht es vielen anderen Menschen, die sexuelle Übergriffe erlebt haben auch: der Versuch, zu vergessen, es wegzuschließen hält immer nur eine Weile, dann kommen Alpträume oder andere Erinnerungen, die Sie daran erinnern, dass sie etwas erlebt haben, was unverarbeitbar war und noch unerledigt ist.*

Das heißt nicht, dass Sie zu »schlecht« sind beim Wegschließen, sondern dass es nicht der richtige Weg ist.

Nun haben Sie ja gesagt, Sie seien selbst schuld, weil Sie sich nicht gewehrt haben.

Auch das denken viele. Aber es ist wichtig zu wissen: sie können gar nicht schuld sein, sondern […]

Was Sie nun tun können ist das, was Sie mit dieser mail schon begonnen haben: Sie sollten sich Hilfe holen. Das dürfen Sie, […]

Da ich ja nun nicht weiß, wo Sie wohnen, kann ich Ihnen konkret keine Anlaufstelle nennen, zu der Sie gehen können. Falls Sie mir Ihren Wohnort nennen möchten, kann ich in unserem Beratungsführer schauen, welche Facheinrichtungen es in Ihrer Nähe gibt. Sollten Sie hierher nach xxx kommen können, können Sie sich gerne jederzeit melden und einen Termin bekommen. […]

Natürlich können Sie sich auch wieder über die onlineberatung melden, oder einen chattermin in Anspruch nehmen. Termine finden Sie auf der virtuellen Beratungsstellenseite.

ich würde mich freuen, wenn Sie sich noch einmal melden.

Ähnlich wie im Face-to-face-Kontakt ist es Ziel der Beratung, die Ratsuchenden zu stärken und mit ihnen Handlungsmöglichkeiten zu erarbeiten. Dies kann durch vielfältige Methoden, wie u. a. gezielte Fragestellungen, selektives Zusammenfassen, Spiegeln der eigenen Lebenssituation, Reframing erfolgen (vgl. Hintenberger, 2009; Knatz, 2009). Ebenso wird häufig nach Unterstützungsmöglichkeiten in der unmittelbaren Lebensumgebung gefragt oder den Ratsuchenden das Angebot unterbreitet, sich an eine Beratungsstelle vor Ort zu wenden. Hier geht es darum, Betroffene aus ihrer Isolation nach erlebten Gewalterfahrungen oder einer aktuellen Missbrauchssituation heraus zu helfen. Da die Anfragen in der Regel aus dem gesamten Bundesgebiet erfolgen, kann der Kontakt zu einer Vor-Ort-Beratungseinrichtung lediglich angeregt, in der Regel aber nicht kontrolliert werden. Letztlich ist bzw. sollte die »Vermittlung« an eine örtliche Beratungsstelle und/ oder Therapeut/in auch nicht immer das vorrangige Ziel sein.

»*Eine grundlegende Stabilisierung wird oft schon dadurch erreicht, dass Opfer ihre sexuelle Gewalterfahrung mitteilen können und gleichzeitig die Erfahrung machen, dass sie als der [Mensch] der sie auch sonst noch sind anerkannt werden*« (Mosser, 2007, S. 78)

So auch in diesem Beispiel. Antwort von Mara:

*Hallo Beraterin,
danke für Ihre Antwort. Irgendwie bin ich noch zu doof auf Ihre Mail zu antworten. Ich habe Angst, ich habe Angst was mit mir passiert. Und ich möchte nur mal mit jemandem einfach so sprechen. Daher habe ich mich am Mittwoch zum Chat mit Ihnen eingetragen, ich hoffe das ist o.k.?*

Wie kann ich mich bis dahin aushalten lernen? Ich fühle mich ziemlich dreckig, die ganzen Tage schon kratze ich an mir rum. Bin ich schon verrückt? Ich will doch nur normal sein, meine Pflichten erfüllen und alle zufrieden stellen. Klappt alles nicht mehr.

*Liebe Mara,
ich finde es gut, dass Sie sich für den Chat angemeldet haben, das ist doch auf jeden Fall der beste Schritt. Sich auszuhalten ist sicher ganz schwer, aber vielleicht hilft es, zu wissen, dass wir morgen miteinander sprechen können und Sie da erst mal alles loswerden können, was Sie wollen. Das ist genau der Ort dafür, endlich mal zu sagen, wie es in Ihnen aussieht, ohne dass was passiert. […]*

aber es ist auch wichtig, dass Sie sich bis dahin gut um sich kümmern, nicht die andern sind jetzt wichtig, sondern Sie, damit Sie wieder »funktionieren« oder aber am besten, damit Sie irgendwann wieder leben können. Also wenn es geht, dann […]

Ich will nicht zuviel auf einmal schreiben, sondern wünsche Ihnen mit den paar Ideen eine gute Zeit bis morgen.

Liebe Grüße, Beraterin

Es folgten dann mehrere Beratungskontakte, mal per Mail, dann wieder per Einzelchat in einem Zeitrahmen von ca. vier Wochen. In dieser Zeit schreibt Mara sich in einer Mail einmal alles von der Seele. Hier ein Auszug:

Hallo Beraterin,
[…]
Ich bin so durcheinander, dass ich nicht zur Ruhe komme. Aber immer wenn ich Dir was geschrieben habe, dann ging es mir besser und so will ich es auch jetzt halten. […]

Tausende von Bildern kreisen durch meinen Kopf. In kurzen Träumen stehe ich in der Anklage. Menschen tauchen auf, die ich schon längst verbannt hatte … manchmal meine ich gleich drehe ich ab, werde verrückt. Vielleicht stimmt es auch ein bisschen – mein Leben ist ver-rückt. Es ist nicht mehr in den geordneten, braven Bahnen, sondern es herrscht Krieg in mir.

Du hast mir mal gesagt, dass ich alles sagen kann, was ich sagen möchte. Ich habe so viele Wörter auf den Lippen, wenn ich den Mund öffnen würde kämen sie nicht raus. Und ich kann das Chaos in mir und meinem Kopf nicht mehr ertragen.

Fühle mich so klein, dass ich glaube da gibt es nichts zu erzählen. Aber ich werde es versuchen. Bitte nicht böse sein, wenn es unsortiert kommt. Ist für mich eine echt ungewohnte Situation.

Mein ganzes Leben kämpfe ich.[…]

Puh, ganz schön viel. Wusste gar nicht, dass da so viel ist. Ich bin aber sehr froh, dass ich das mal raus gebracht habe.

Wie wird es nun weitergehen? Ich würde gerne noch was zu der Beratung erfahren.

Viele Grüße, Mara

Durch das Niederschreiben der eigenen Lebenssituation ist Mara ihren Druck losgeworden, sie wirkt erleichtert und kann ihre Situation noch mal in Ruhe überdenken. So wie Mara geht es vielen Betroffenen im Rahmen der Online-Beratung: Im Gegensatz zum Face-to-face-Kontakt, bei denen es den Klient/inn/en häufig schwerfällt, die eigene Missbrauchssituation explizit zu benennen, scheint hingegen die geschützte Situation am eigenen PC eine aktive Auseinandersetzung mit dem Trauma zu erlauben.

Nach Knatz (2003) schafft das Schreiben Zugang zur inneren Erlebniswelt, Emotionen können sprachlich ausgedrückt und Geschehnisse nach außen gebracht werden, so dass Betroffene sich oftmals von den erlebten Gewalterfahrungen distanzieren können. Die Verschriftlichung fördert darüber hinaus selbstreflexive Prozesse, und dies schafft für viele Klient/inn/en Klarheit und vor allem eine enorme Entlastung.

Auch für die Berater/innen ist es von großem Vorteil, dass sie den Beratungsverlauf immer wieder nachlesen, nachvollziehen und dokumentieren können. Dies ist für ihre eigene Qualitätskontrolle und Supervision sehr nützlich.

In dem Fallbeispiel vermittelte die Beraterin dann auch einen Beratungstermin für Mara. Sie ist seitdem in der Beratungsstelle und auch in einer Tagesklinik gewesen, beginnt jetzt eine ambulante Therapie und schreibt der Online-Beraterin immer mal wieder.

Zusammenfassend sind an dieser Stelle noch einige allgemeine Ziele der Online-Beratung aufgeführt:

- Struktur und Halt geben durch eine hohe Verbindlichkeit im Kontakt,
- Selbstwertgefühl der Ratsuchenden stärken,
- Trost geben,
- Alternativen zu selbstverletzendem Verhalten erarbeiten,
- Hilfestellung bei Kontakt mit Offline-Beratungsangeboten vor Ort geben,
- Ressourcen aktivieren,
- Beendigung von aktuell stattfindendem Missbrauch,
- Sicherheits- und Hilfenetz aktivieren, aus der Isolation helfen.

24.3 Grenzen

Online-Beratung weist selbstverständlich auch Grenzen auf. So ist z. B. die Identität der/des Ratsuchenden nicht immer eindeutig. Fehlendes direktes Feedback kann zu Missverständnissen führen und erhöht den Zeitaufwand bei Rückfragen. Durch die Unverbindlichkeit der niedrigschwelligen Kontaktaufnahme stoßen Berater/innen auch dann an eine Grenze, wenn es zu einem Kontaktabbruch von Seiten der/des Ratsuchenden kommt oder wenn es um die Ankündigung eines Suizids geht. Die Ankündigung eines Suizids oder von selbstverletzendem Verhalten fällt im Rahmen der Online-Beratung oft leichter, da die User sich durch die Anonymität des Internets »sicher« fühlen und nicht befürchten, wie beispielsweise nach einem Face-to-face-Beratungsgespräch, »zwangseingewiesen« zu werden.

Vor diesem Hintergrund verweisen viele Beratungseinrichtungen in ihren Nutzungsbedingungen auch darauf, wie sie mit konkreten Suizidankündigungen und der Ankündigung einer Straftat umgehen, so dass Ratsuchende darüber informiert sind, wie die Beratungseinrichtung in diesem Falle reagiert.

»Da wir bei der deutlich geäußerten Ankündigung einer Suizidabsicht den gesetzgeberischen Anforderungen im Hinblick auf den Tatbestand unterliegen (§ 323c – Unterlassene Hilfeleistung) und uns gegebenenfalls strafbar machen, wenn wir nach einer entsprechenden Ankündigung nichts unternehmen, sehen wir uns gezwungen, bei deutlich formulierter Suizidabsicht die Behörden einzuschalten. Das Gleiche gilt im Falle einer Fremdgefährdung und für die Ankündigung einer Straftat.« (Gegen Vergessen – für Demokratie e. V., 2008, Online-Beratung: http://www.online-beratung-gegen-rechtsextremismus.de)

Da die Online-Beratung rein schriftbasiert erfolgt und alle vertrauten Kanäle zur Kommunikation wie das Sehen und Hören, aber auch Riechen und Fühlen wegfallen, stellt diese Beratungsart besondere Anforderungen an die Berater/innen. Sie müssen neben der inhaltlichen Fachkompetenz auch über entsprechende Medienkenntnisse/-kompetenzen verfügen. Die genaue Beobachtung der schriftlich vermittelten Information des Ratsuchenden und das »Zwischen-den-Zeilen-Lesen« ist deshalb sehr wesentlich, damit keine vorschnellen »Ferndiagnosen« erfolgen.

Ebenso ist es auch für Ratsuchende nicht immer leicht, aus der Vielzahl an Beratungsangeboten das Passende für sich zu finden und zu entscheiden, ob das Angebot, das sie ausgewählt haben, auch tatsächlich seriös ist. Darüber hinaus führt die im Internet abgebildete Informationsdichte häufig zur Desorientierung, auch hervorgerufen durch schlecht strukturierte und intransparente Beratungsangebote.

»So ist es für Klienten zunehmend schwierig, die Spreu vom Weizen zu trennen, da von der esoterischen Energieberatung online bis hin zur professionellen Paarberatung jedes Angebot nur einen Mausklick entfernt ist und die Qualität auf den ersten Blick oftmals nur schwer einzuschätzen ist.« (Kühne, 2009, S. 239)

Vor dem Hintergrund, dass es leider auch »schwarze Schafe« im Netz gibt, gilt es, Ratsuchenden und insbesondere Opfern sexualisierter Gewalt einen positiven und seriösen Zugang zur Online-Beratung zu ermöglichen und qualifizierte Beratungsangebote im Netz zu etablieren. Inzwischen gibt es zahlreich vorhandene Qualitätsstandards im Bereich der Online-Beratung, die für Anbieter dieser Beratungsform sehr nützlich sind und neben Richtlinien zur Grundausbildung und spezifischen Weiterbildung von Berater/innen auch Standards zum Daten- und Klient/innenschutz festlegen (vgl. auch Dzeyk, 2005; Eidenbenz, 2009; Risau, 2009).[14]

24.4 Ausblick

Für viele weibliche und auch männliche Betroffene bietet die Online-Beratung über das Netz enorme Chancen, da diese nicht über den herkömmlichen Weg in die Beratungsstelle kommen würden. Sie trauen sich eher, den anonymen Weg über das Internet zu gehen, dieser ist unverbindlicher und wesentlich niedrigschweliger. Die Möglichkeit, spontan und schnell Hilfe zu bekommen, bestärkt die Betroffenen, sich auch oder insbesondere in einer akuten Krisensituation an Beratende zu wenden. Somit erhöht sich die Chance einer frühzeitigen Intervention.

Zusammenfassend seien hier noch einmal einige Vorzüge der Online-Beratung für Betroffene sexualisierter Gewalt genannt:

- Anonymität und Privatheit,
- Niedrigschwelligkeit,
- Zeit- und Ortsunabhängigkeit,
- Kontrollierbarkeit von Nähe und Distanz,
- »keinen Blickkontakt haben müssen«,
- Möglichkeit zum Informationsaustausch,
- Gemeinschaft mit anderen Betroffenen (beispielsweise in moderierten Gruppenchats).

Sehr bedeutsam ist in diesem Zusammenhang, dass die Bereitschaft und Motivation, eine reguläre Beratungsstelle vor Ort aufzusuchen, sich deutlich durch die Online-Beratung erhöht. Beratung über das Internet kann folglich ein Wegbereiter für den persönlichen Kontakt sein (vgl. Gehrmann, 2008; Hinsch & Schneider, 2002). Darüber hinaus wird Online-Beratung mittlerweile auch sehr flexibel sowohl im Rahmen der Prävention als auch im Bereich der Intervention und Nachsorge eingesetzt (vgl. Bauer & Kordy, 2008)

Nach Hintenberger ist Online-Beratung keine Alternative zu traditioneller Beratung und Therapie, sondern eine Beratungsform mit eigenen Stärken:

»Viele Klienten kann man nicht in die Praxis bewegen. Sie brauchen den Schutz dieser Anonymität, um Hilfe in Anspruch zu nehmen. [...] Die Alternative ist nicht Face-to-Face-Beratung, sondern gar keine Hilfe« (Hintenberger, 2006).

Literatur

Bauer, S., Kordy, H. (2008) (Hrsg.). *E-Mental-Health. Neue Medien in der psychosozialen Versorgung*. Heidelberg: Springer.

Dzeyk, W. (2005). *Vertrauen in Internetangebote. Eine empirische Untersuchung zum Einfluss von Glaubwürdigkeitsindikatoren bei der Nutzung von Online-Therapie- und Online-Beratungsangeboten* (Dissertation). E-beratungsjournal.net, 2 (2). Zugriff am 29.06.2009 unter http://www.e-beratungsjournal.net/ausgabe_0206/dzeyk.pdf

Döring, N. (2003). *Sozialpsychologie des Internet. Die Bedeutung des Internet für Kommunikationsprozesse, Identitäten, soziale Beziehungen und Gruppen*. Göttingen: Hogrefe.

Eichenberg, C. (2007). Online-Sexualberatung. Wirksamkeit und Wirkweise. Evaluation eines Pro familia-Angebots. *Zeitschrift für Sexualforschung*, 3, 247–262.

Eidenbenz, F. (2009). Standards in der Online-Beratung. In S. Kühne & G. Hintenberger (Hrsg.), *Handbuch Online-Beratung* (S. 213–227). Göttingen: Vandenhoeck & Ruprecht.

Gehrmann, H.-J. & Klenke, H. (2008). *Empirische Sozialforschung im Internet. Befunde einer Onlinebefragung zu Inhalten und Erwartungen in*

---

14 Eine Zusammenstellung von Standards aus dem deutsch- und englischsprachigem Raum ist auf der Homepage der Österreichischen Gesellschaft für Online-Beratung zu finden: http://www.dg-online.de

der anonymen Beratung. E-beratungsjournal.net, 4 (1), Artikel 5. Zugriff am 29.06.2009 unter http://www.e-beratungsjournal.net/ausgabe_0108/gehrmann.pdf

Hinsch, R. & Schneider, C. (2002). *Psychologische und sozialpädagogische Beratung nach dem KJHG im Internet. Evaluationsstudie zum Modellprojekt von Beratung & Lebenshilfe e. V. Berlin*, erschienen in der Reihe Arbeitsberichte des Instituts für angewandte Familien-, Kindheits- und Jugendforschung (IFK) an der Universität Potsdam.

Hintenberger, G. (2006). Rat holen im Schutz der Anonymität. Artikel im österreichischen Fachmagazin, *Der Standard*. Zugriff am 20.08.2006 unter http://www.derstandard.at

Hintenberger, G. (2009). Der Chat als neues Beratungsmedium. In S. Kühne & G. Hintenberger (Hrsg.), *Handbuch Online-Beratung* (S. 69–78). Göttingen: Vandenhoeck & Ruprecht.

Höver, S. (2007): Streetwork online – Wildwasser online. Chatberatung für Mädchen und Frauen. In Innocence in Danger, Deutsche Sektion e. V. & Bundesverein zur Prävention von sexuellem Missbrauch an Mädchen und Jungen e. V. (Hrsg.), *Mit einem Klick zum nächsten Kick* (S. 62–73). Köln: Mebes & Noak.

Knatz, B. & Dodier, B. (2003). *Hilfe aus dem Netz. Theorie und Praxis der Beratung per E-Mail*. Stuttgart: Pfeiffer bei Klett-Cotta.

Knatz, B. (2009). Die webbasierteMail-Beratung. In S. Kühne & G. Hintenberger (Hrsg.), *Handbuch Online-Beratung* (S. 59–68). Göttingen: Vandenhoeck & Ruprecht.

Kerger, C. (2003). Sexuelle Gewalt – Online-Beratung als niedrigschwelliges Hilfsangebot. *Prävention & Prophylaxe*, 5 (2), 9–12 (Fachzeitschrift der Bundesarbeitsgemeinschaft »Prävention & Prophylaxe e. V.«).

Kühne, S. & Hintenberger, G. (2009). Vorwort. In Dies.: (Hrsg.), *Handbuch Online-Beratung* (S. 7). Göttingen: Vandenhoeck & Ruprecht.

Mosser, P. (2007). Online-Beratung für Jungen mit sexuellen Gewalterfahrungen. Erfahrungsbericht aus der Beratungsstelle kibs/München. In Innocence in Danger, Deutsche Sektion e. V. & Bundesverein zur Prävention von sexuellem Missbrauch an Mädchen und Jungen e. V. (Hrsg.), *Mit einem Klick zum nächsten Kick* (S. 74–90). Köln: Mebes & Noak.

Risau, P. (2009). Die Wahl der Technik. In S. Kühne & G. Hintenberger (Hrsg.), *Handbuch Online-Beratung* (S. 201–211). Göttingen: Vandenhoeck & Ruprecht.

Zenner, B. & Gielen, L. (2009). Ein dialogischer Ansatz in der Online-Bertatung. In S. Kühne & G. Hintenberger (Hrsg.), *Handbuch Online-Beratung* (S. 117–130). Göttingen: Vandenhoeck & Ruprecht.

Internetportale und -adressen (Auswahl)

www.beranet.de: Berater/innenportal und professionelle Systemlösung für die Online-Beratung.

www.dajeb.de/bfonline2.htm: Die Deutsche Arbeitsgemeinschaft für Jugend- und Eheberatung e. V. pflegt hier ein Onlineverzeichnis von 12 500 Hilfseinrichtungen in Deutschland.

www.das-beratungsnetz.de: das psycho-soziale Beratungsportal für Ratsuchende.

www.e-beratungsjournal.net: unabhängiges Onlinefachmagazin für computervermittelte Kommunikation und Online-Beratung.

www.dunkelziffer.de: Dunkelziffer e. V. bietet Mailberatung für betroffene Mädchen und Frauen.

www.kibs.de: kibs e. V. bietet Mailberatung für betroffene Jungen und junge Männer.

www.online-beratung-gegen-rechtsextremismus.de: Gegen Vergessen – für Demokratie e. V. Online-Beratung gegen Rechtsextremismus.

www.wildwasser-berlin.de: Wildwasser-Berlin bietet Online-Beratung für betroffene Mädchen und Frauen.

www.zartbitter-muenster.de: Zartbitter Münster e. V. bietet Online-Beratung für Jugendliche ab 14 Jahren, Frauen und Männer mit sexualisierten Gewalterfahrungen.

Autorinnen und Autoren

Die genannten Autorinnen und Autoren sind überwiegend in verantwortlichen Positionen in der psychosozialen bzw. sozialpsychiatrischen Versorgung praktisch tätig; einige sind zusätzlich oder ausschließlich Wissenschaftler/innen an Forschungseinrichtungen.

Dr. med. Volkmar Aderhold
geb. 1954, Arzt für Psychiatrie, Psychotherapie und Psychotherapeutische Medizin, arbeitet seit 1982 in der Psychiatrie. 10 Jahre Oberarzt in der Klinik für Psychiatrie und Psychotherapie des Universitätsklinikums Hamburg Eppendorf. Mitarbeiter des Instituts für Sozialpsychiatrie an der Universität Greifswald. Qualifizierungsmaßnahmen und Beratung von Kliniken bei der Strukturentwicklung. Interessenschwerpunkte: Ätiologie und Neurobiologie der »Schizophrenie«, Trauma und Psychose, Kritische Neuroleptikatherapie, Need adapted treatment Model, Soteria, Dehospitalisierung, Familientherapie der Psychosen, Einzeltherapie der Psychosen, Gruppentherapie der Psychosen. Mitherausgeber des Buches »Psychotherapie der Psychosen – Integrative Behandlungsansätze aus Skandinavien«.
Hansaplatz 4, 20099 Hamburg, E-Mail: volkmar.aderhold@uni-greifswald.de

Dr. med. Sönke Behnsen
geb. 1965. Als ärztlicher Psychotherapeut und Supervisor in eigener Praxis niedergelassen. Zuvor als Psychiater viele Jahre in der medizinischen Wohnungslosenhilfe mit dem Schwerpunkt psychiatrischer Versorgungsangebote für soziale Randgruppen tätig. Lehrbeauftragter für Psychosomatische Medizin und Psychotherapie an der Medizinischen Fakultät der Universität Köln.
Briller Straße 83, 42105 Wuppertal, Tel.: (0202) 283 8242,
E-Mail: soenke@behnsen.com

Prof. Dr. Burkhart Brückner
geb. 1962, Dipl.-Psych., Dr. phil., Psychologischer Psychotherapeut, Professor für Sozialpsychologie inkl. Psychosoziale Prävention und Gesundheitsförderung am Fachbereich Sozialwesen der Hochschule Niederrhein. Studium der Psychologie und Philosophie, seit 1992 Kriseninterventionsarbeit, ab 1999 Mitarbeiter des Berliner Krisendienstes, dort bis 2006 Aufbau und Begleitforschung des Projektes *Zukunft im Alter*. Arbeitsgebiete: Klinische Sozialpsychologie, Beratungspsychologie, Geschichte der Psychiatrie.
E-Mail: Burkhart.Brueckner@hs-niederrhein.de

Autorinnen und Autoren

Prof. Dr. Wolf Crefeld
geb. 1939, Arzt für Psychiatrie und Psychotherapie, sieben Jahre Leiter eines gemeindepsychiatrischen Dienstes, em. Professor für Sozialmedizin und Sozialpsychiatrie der Evang. Fachhochschule Rheinland-Westfalen-Lippe, Mitglied des geschäftsführenden Vorstands des Vormundschaftsgerichtstages, Vorsitzender des Beirats für Qualitätsentwicklung des Bundesverbandes der Berufsbetreuer (BdB), Mitglied der Sektion Klinische Sozialarbeit der DGSA.
Joachimstr. 4, 40545 Düsseldorf, Tel.: (0211) 1780 9052,
E-Mail: ld.d@gmx.de

Hans Doll
geb. 1954, Dipl.-Sozialpädagoge, Geschäftsführer von »DIE ARCHE – Suizidprävention und Hilfe in Lebenskrisen e. V.«, Supervisor (DGSV), Paar- und Familienberater (DAJEB), Trainer für Gruppendynamik (DAGG). Seit 1982 in der ARCHE tätig in den Bereichen Krisenintervention, Beratung, Gruppentherapie, Fortbildung, Supervision, Öffentlichkeitsarbeit.
DIE ARCHE, Viktoriastr. 9, 80803 München, Tel.: (089) 334041, Fax: (089) 395354, E-Mail: Hans-Doll@gmx.de, Internet: www.die-arche.de

Ilse Eichenbrenner
geb. 1950 in Waiblingen. Mitglied im Vorstand des Berliner Landesverbands der Deutschen Gesellschaft für Soziale Psychiatrie (BGSP) und in der Redaktion der Zeitschrift »Soziale Psychiatrie«. Seit 1990 als Sozialarbeiterin im Sozialpsychiatrischen Dienst Charlottenburg; Aufbau und bis 1999 Koordination des Psychiatrischen Notdienstes Charlottenburg-Wilmersdorf (Träger: Platane 19 e. V.). Tätigkeit als Lehrbeauftragte und als Autorin.
E-Mail: ilseichen@aol.com

Carlos Escalera
geb. 1963, Diplompädagoge (Universität Madrid). Mitarbeiter der Evangelischen Stiftung Alsterdorf im Beratungszentrum Alsterdorf mit dem Arbeitsschwerpunkt: Begleitung bei der Krisenbewältigung und Krisenintervention im Zusammenhang mit Angst, Aggressivität, Gewalt und geistiger Behinderung, Referententätigkeit.
Paul-Stritter-Weg 7, 22297 Hamburg, Tel.: (040) 5077 3745,
Fax: (040) 5077 3777, E-Mail: c.escalera@alsterdorf.de

Autorinnen und Autoren

Prof. Dr. Silke Birgitta Gahleitner
geb. 1966, Studium der Sozialen Arbeit, Promotion in Klinischer Psychologie, langjährig in der Praxis der Sozialarbeit und Psychotherapie, seit 2005 als Professorin für Klinische Psychologie und Sozialarbeit mit den Lehr- und Forschungsschwerpunkten psychosoziale Diagnostik, Psychotherapie und Beratung, qualitative Forschungsmethoden und Psychotraumatologie, zunächst an der EFH Ludwigshafen, danach an der ASFH Berlin tätig. 2. Vorsitzende der Deutschen Gesellschaft für Soziale Arbeit (DGSA), Mitglied der Sektion Klinische Sozialarbeit der DGSA.
Steinstr. 15, 10119 Berlin, E-Mail: sb@gahleitner.net

Prof. Dr. Thomas Giernalczyk
geb. 1959, Dipl-Psych., Dr. phil., Professor an der Fakultät für Pädagogik, Universität der Bundeswehr in München, Psychologischer Psychotherapeut, Psychoanalytiker, Vorstandsmitglied der Deutschen Gesellschaft für Suizidprävention, langjähriger Mitarbeiter und 1. Vorsitzender von »DIE ARCHE – Suizdprävention- und Hilfe in Lebenskrisen e. V.« in München und Buchautor.
Franz-Joseph-Str. 35, 80801 München, E-Mail: giernalczyk@gmx.de

Iris Hölling
M.A., Studium der Philosophie, Romanistik und Anglistik in Freiburg, Paris und Berlin. Systemische Organisationsberaterin und Mediatorin. Seit 2002 Geschäftsführerin bei Wildwasser e. V. in Berlin. Mitgründerin des Weglaufhauses, von 1996 bis 2001 Mitarbeiterin im Weglaufhaus. Mitgründerin und bis 2009 Vorsitzende des World Network of Users and Survivors of Psychiatry (WNUSP). Seit 1994 aktiv im Verein zum Schutz vor psychiatrischer Gewalt e. V. und in der Antipsychiatrie-Bewegung. Lehrbeauftragte an verschiedenen Universitäten und Fachhochschulen.
Wildwasser e. V., Wriezener Str. 10/11, 13359 Berlin,
E-Mail: geschaeftsfuehrung@wildwasser-berlin.de

Prof. Dr. Heiner Keupp
Jahrgang 1943, Studium der Psychologie und Soziologie in Frankfurt am Main, Erlangen und München. Diplom, Promotion und Habilitation in Psychologie, seit 1978 Professor für Sozial- und Gemeindepsychologie an der Universität München. Vorsitz der Berichtskommission für den 13. Kinder- und Jugendbericht. Gastprofessuren an den Universitäten in Innsbruck und Bozen. Arbeitsinteressen beziehen sich auf soziale Netzwerke, gemeindenahe Versorgung, Gesundheitsförderung, Jugendforschung, individuelle und kollektive Identitäten in der Reflexiven Moderne und Bürgerschaftliches Engagement.
Department für Psychologie, Reflexive Sozialpsychologie, Ludwig-Maximilians-Universität München, Leopoldstr. 13, D-80802 München,
E-Mail: keupp@psy.uni-muenchen.de

Autorinnen und Autoren

Florian Klampfer
geb. 1967, Dipl.-Soz.Päd., Betriebswirt (FH), Systemischer Familientherapeut, Gruppenleiter und Coach (DAGG), Mitarbeiter in unterschiedlichen Arbeitsbereichen der Jugendhilfe (Sozialer Dienst, Jugendgerichtshilfe), langjähriger Mitarbeiter einer psychologischen Beratungsstelle in Berlin, Leiter des ersten Onlineprojektes. Seit 2007 in eigener Praxis in Berlin. Schwerpunkte: Onlinecoaching für Führungskräfte, Onlinesupervision, Einzel- und Paartherapie, Gruppensupervision. Fortbildungs- und Referententätigkeit insbesondere zum Themenschwerpunkt Onlineberatung.
Immanuelkirchstrasse 26, 10405 Berlin, Tel.: (030) 5366 1170,
E-Mail: info@beratungspraxis-klampfer.de,
Internet: www.beratungspraxis-klampfer.de

Anja Link
geb. 1972, Dipl.-Sozialpädagogin (FH), neben Heiner Dehner und Christiane Tilly Mitinitiatorin des Borderline-Trialogs, Koordinatorin der daraus entstandenen Borderline-Trialog Kontakt- und Informationsstelle, einem Projekt des Fördervereins Ambulante Krisenhilfe e. V. in Nürnberg. Arbeitsschwerpunkte: Verbreitung und Umsetzung des Trialog-Gedankens, Bündelung von Erfahrungs- und Fachwissen zur Borderline-Störung, Beratung, dialogische Fortbildungs- und Informationsveranstaltungen.
Hessestraße 10, 90443 Nürnberg, Tel.: (0911) 4248 5540;
Internet: www.borderlinetrialog.de,
E-Mail: anja.link@borderlinetrialog.de

Sigrid Meurer
geb. 1958, Dipl-Psych./Psychologische Psychotherapeutin Beratungsstelle Neuhland, Kriseneinrichtung für suizidgefährdete Kinder, Jugendliche, junge Erwachsene und in eigener Praxis. Dozentin in unterschiedlichen Bereichen der therapeutischen und pädagogischen Arbeit, Supervision.
neuhland, Hilfen für suizidgefährdete Kinder und Jugendliche e. V., Nikolsburger Platz 6, 10717 Berlin, Tel.: (030) 417283910,
E-Mail: sigrid.meurer@neuhland.net

Wolf Ortiz-Müller
geb. 1961, Diplompsychologe, Psychologischer Psychotherapeut, Supervisor (BDP), Weiterbildung in Gestalttherapie, systemischer Familientherapie und Verhaltenstherapie, Dozent und Seminarleiter bei Bildungsträgern und Fortbildungsinstituten. In der Krisenintervention tätig seit 1991, mit dem Trägerverein K.U.B. e. V. beteiligt am Aufbau des Berliner Krisendienstes und darin seit 1999 tätig. Psychotherapeut in eigener Praxis seit 1994 (Einzel- und Familientherapie).
Albrechtstr. 8, 12165 Berlin, Tel.: (030) 7700 6903,
Fax: (030) 7700 6902, E-Mail: wolf@ortiz-mueller.de

Autorinnen und Autoren

Prof. Dr. Reinhard Peukert
geb. 1945, Professor für Gemeinde- und Sozialpsychiatrie sowie Sozialmanagement an der Hochschule Rhein Main (Wiesbaden), FB-Sozialwesen, dort u. a. Leitung des Masterstudienganges MAPS Gemeindepsychiatrie; Vorstandsvorsitzender Landesverband Hessen der Angehörigen psychisch Kranker e. V.; Vorstandsmitglied der Aktion Psychisch Kranke e. V. und des Dachverbandes Psychosozialer Hilfsvereinigungen und Vorstandsvorsitzender des Instituts für integrierte psychiatrische Versorgung, Wiesbaden und München.
Forststr. 6, 65193 Wiesbaden, E-Mail: reinhard.peukert@hs-rm.de

Eva Reichelt
geb. 1963, niedergelassene Fachärztin für Psychiatrie und Psychotherapie. Interessenschwerpunkte: psychisches Trauma; genderspezifische Aspekte in Psychiatrie und Psychotherapie; analytische Psychosentherapie; Interkulturalität in der Psychotherapie; Ethnopsychoanalyse; psychische Gesundheit und Menschenrechte für Flüchtlinge.
Bundesalle 136, 12161 Berlin, Tel.: (030) 4580 2112, Fax: (030) 4580 8799, E-Mail: eva.reichelt@aerzte-berlin.de

Petra Risau
geb. 1971, Diplom-Pädagogin, Projektleiterin der Online-Beratungsportale beranet.de und das-beratungsnetz.de in Berlin (zone35), Lehrbeauftragte für das Modul Online-Beratung im berufsbegleitenden Master-Studiengang zur Beratungswissenschaft an der Ruprecht-Karls-Universität-Heidelberg sowie Redaktionsmitglied des e-beratungsjournal.net. Arbeitsschwerpunkte: Entwicklung und Konzeptionierung virtueller Beratungsangebote für den psycho-sozialen, gesundheitlichen und Bildungsbereich, Qualifizierung und Support von Online-Berater/inn/en, Fachreferentin.
Deisterpfad 11, 14163 Berlin, Tel.: (030) 4401 3618, Fax: (030) 4401 3613, E-Mail: petra.risau@beranet.de, Internet: www.beranet.de

Dr. Manuel Rupp
geb. 1945, Dr. med., Facharzt für Psychiatrie und Psychotherapie FMH in psychotherapeutischer Praxisgemeinschaft in Basel, Supervisor sozialpsychiatrischer Teams, Buchautor zum Thema Krisenintervention und Gewaltprävention, ehemaliger Dozent an der Hochschule für Soziale Arbeit der Fachhochschule Nordwestschweiz, Kursleiter im Bereich Krisenintervention und Gewaltprävention u. a. in Berlin.
Bärenfelserstraße 36, CH–4057 Basel, E-Mail: manuel.rupp@bluewin.ch

Ulrike Scheuermann
geb. 1968, Diplom-Psychologin, von 1997 bis 2006 in der ambulanten Krisenintervention tätig, dort u. a. für die Bereiche Fortbildung und Presse-/Öffentlichkeitsarbeit. Heute ist sie selbstständig als Coach, Schreibcoach und Autorin und begegnet dem Thema »Krise« im Streben ihrer Kunden nach persönlicher Entwicklung, bei beruflichen Krisen und Schreibkrisen.
E-Mail: info@ulrike-scheuermann.de, Internet: www.ulrike-scheuermann.de

Gabriele Schmidt
geb. 1959, Psychotherapie HPG, Familientherapie DAF, Traumatherapie mit EMDR, von 1988 bis 2004 in der stationären Krisenintervention tätig, 2001 bis 2006 bundesweites Krisenmanagement nach Extremereignissen, Seit 1999 Seminartätigkeit, 2005 Gründung der Fortbildungseinrichtung »Notfallkompass« (www.notfallkompass.de) mit dem Schwerpunkt »Akutversorgung psychisch traumatisierter Menschen«.
Biebricherstr. 11, 12053 Berlin, Tel.: (0171) 627 0717, Fax: (030) 6272 3403, E-Mail: info@notfallkompass.de

Dr. Ingeborg Schürmann
geb. 1947, Dr. phil., Diplom-Psychologin und Verhaltenstherapeutin. Seit 1980 Wiss. Angestellte im Bereich Klinische Psychologie und Psychotherapie, vorher langjährige Berufserfahrung im Schulpsychologischen Dienst und in der Erziehungsberatung. Inhalte von Lehre und Forschung: Krisenintervention, Ressourcenorientierte Beratung und Psychotherapie, Systemische Psychotherapie, Qualitative Forschung.
Freie Universität Berlin, FB Erziehungswissenschaften und Psychologie, Arbeitsbereich: Klinische Psychologie und Psychotherapie,
Habelschwerdter Allee 45, 14195 Berlin, Tel: (030) 838 55741,
E-Mail: ischuer@zedat.fu-berlin.de

Christiane Tilly
geb. 1970, Erziehungswissenschaftlerin, Mitbegründerin Borderline-Trialog, Autorin eines Selbsthilfebuchs für Menschen mit der Diagnose Borderline-Persönlichkeitsstörung, Fortbildungen und Vorträge, Mitarbeiterin in einer allgemeinpsychiatrischen Klinik.
LWL-Klinik Warstein, z. Hd. Christiane Tilly, Franz-Hegemann-Straße 23, 59581 Warstein, E-Mail: info@borderlinetrialog.de

Michael Witte
geb. 1950, Diplomsozialpädagoge, Diplomsoziologe. Nach langjähriger Tätigkeit im Sozialpsychiatrischen Dienst Geschäftsführer von »neuhland e. V.« (www.neuhland.de) – gemeinsam mit fünf weiteren Trägern – des Berliner Krisendienstes (www.berliner-krisendienst.de) und Geschäftsführer der Deutschen Gesellschaft für Suizidprävention (DGS).
neuhland, Nikolsburger Platz 6, 10717 Berlin, Tel.: (030) 417 28 3951, Fax: (0 30) 417 28 3959, E-Mail: witte@neuhland.de

Stichwortverzeichnis

A

Abklärungsphase 81, 83
Abwehrmechanismen 182, 191, 283, 284, 286, 310
Aggressivität 201, 295
Akkulturation 215
akute Belastungsreaktion 69, 71, 275, 277
Akutinterventionen 285
Alanen, Yrjö 264
Allparteilichkeit 125
alte Menschen 237, 238, 239, 240, 242, 243, 247
Altenhilfe 237, 238, 246, 247
Altersdepressionen 237, 238, 240, 242
Alterskrisen 237, 238
Alterssuizid 237, 242, 243
Altersverwirrtheit 242, 243
Alzheimer 243, 244
Ambivalenz 29, 232, 233, 234, 268
Angehörigenbewegung 170, 173
Angstbewältigung 23, 32, 33
Angstmilieu 23, 26, 30, 31
Arbeitsbündnis 314
Aufnahmegespräch 153, 157
Aufsuchende Hilfe 174
Auftragsklärung 126
Auswanderung 213

B

Bedürfnisangepasstes Behandlungsmodell (Need Adapted Treatment Model) 264
beranet.de 320, 330, 331
Berg, Insoo Kim 125
Betreutes Wohnen 121, 141, 144, 151, 175
betroffenen-kontrollierte Forschung 153
Beziehungskonflikte 237, 240, 242, 307
Bleuler, Manfred 25
Böser Blick 217
Bowlby, John 311, 314
Burnout-Syndrom 69

C

Caplan, G. 66, 67, 70
Castells, Manuel 23, 29, 34

Chat 320, 321, 325, 327, 328, 329, 331, 333, 334, 338
Chatberatung 320, 321, 325, 327, 333, 334, 338
chronisch (protrahierte) Krise 69, 73
Ciompi, Luc 65, 70, 119, 127, 129
Compliance 217
Containing 95, 127
Corporate Identity 51, 58
Cullberg, Johan 67, 69, 270, 310, 311, 312
Curriculum Krisenhelfer 88, 96

D

das-beratungsnetz.de 330
Datenschutz 140, 147, 150, 331, 337
Datensicherheit 331
Debriefing 127
Deeskalation 86, 187, 188, 294, 296, 299, 300, 305
Demenzerkrankung 238, 240, 242, 243, 244, 245
demografischer Wandel 237
De Shazer, Steve 73, 125
Desorientiertheit 239, 244, 246
DGS 39, 88, 89, 96
Dissoziation 287, 290, 298, 310, 312
Diversity (Management, Sensibily) 45, 91, 108, 109, 112, 113, 114
Dokumentation 39, 40, 54, 245, 246
Dross, Margret 25, 70, 71, 73, 74

E

Eigenverantwortung 164, 165, 232
Einsatzkräfte 36, 41, 42, 301
Einweisung 40, 81, 84, 95, 142, 147, 242, 243
Einwirkungsphase 285, 290
E-Mail 59, 320, 321, 322, 323, 325, 327, 329, 333, 334
E-Mail-Beratung 321, 322, 332
Emigration 211
Ereignisfaktoren 281, 290
Erikson, Erik 67, 68, 246
Erkrankungsrate (Trauma) 275, 278, 279
Eskalation 79, 129, 183, 200, 202, 203, 246, 294, 295, 296, 298, 299, 301, 304, 306

347

Stichwortverzeichnis

Evaluation 81, 84, 91, 269, 298
Exil 213
externe Öffentlichkeit 50

F

Familiengast 169, 177, 178, 179
Familienmitglied 171, 172, 173, 176, 179
Familiensystem 111, 119, 120, 229, 233, 234
Familientherapie 116, 119, 120, 269, 270, 271
Feil, Naomi 244, 246
Flashbacks 277, 278, 290
Flüchtlinge 209, 210, 214, 219
fluide Gesellschaft 23, 26, 27
Fortbildung 54, 59, 86, 88, 89, 190, 191
Forum/Foren 59, 334
Frauenhaus 110, 111, 116
Fremdgefährdung 77, 79, 80, 83, 142, 147
Freud, Sigmund 26, 161

G

geistige Behinderung 73, 141, 193, 194, 195, 196, 197, 206
Gender 109, 112, 252
geronto(-psychiatrisch) 238, 240, 243, 247
Gewaltdrohung 81, 305
Gewalt, häusliche 109, 110, 111, 276
Gewaltprävention 294, 299, 300, 301
Gewaltrisiko 294, 297, 298
Gewalt, sexualisierte 156, 225, 330, 331, 333, 334, 337
Gewalt u. geistige Behinderung 196, 197
Globalisierung 24, 26, 30, 112
Gruppentherapie 163, 268

H

Handlungslogiken 108, 109, 110, 112, 114, 115, 117
Handlungsmodelle 64, 70, 119, 127
Hausbesuche 78, 110, 140, 141, 142, 147, 165, 173, 174, 176, 238
Hinterbliebene 91, 95, 145, 242
Hintergrundgespräche 191
Hirnphysiologie 276
Homöostase 111, 121, 122

I

Idealisierung 211, 212
Identitätskrisen 211, 216, 228
Image 48, 51, 58, 59, 142
Immigranten 210, 212, 214
Impulskontrolle 295, 297, 298, 302, 304

interdisziplinär 77, 78, 81, 180, 188, 189, 309, 316
interkulturell 209, 213, 214, 216, 218, 220, 221
interne Öffentlichkeit 50
Internet 320, 330, 331, 334, 337
Interventionsablauf 95
Interviews 53, 54, 57
Intrusionen 276, 277, 289, 290, 310, 312

K

Kast, Verena 74
Klassifikation (Trauma) 275, 276
Klinikeinweisung 37, 40, 84, 95, 96, 111
Kohärenzsinn 280, 281, 287
Kommunikationsstrategie 52
Komorbidität 195, 273, 279, 297
Konfliktlösungsstrategie 197, 198
Konfliktpartner 296, 306
Konstruktivismus 119, 121, 123
Kontext 119, 121
Krisenauslöser 71, 93, 127, 228
Krisendienste 37, 169, 175
Krisenhilfe 36, 37, 38, 40, 41, 42, 48, 51, 55, 169, 175
Krisenhilfe-Funktion 175
Krisenhilfeteam 40
Kriseninterventionsteam (KIT) 284
Kriseninterventionszentrum 69
Krisenstation 73
Kulturschock 211, 212

L

Langzeittrauma 212
Lebensalter 67, 209, 211, 215, 252, 254
Lebensweltorientierung 189
Lebenszyklus 280
Leitbild 51, 108, 115
Leitlinien für Krisenintervention 89
Lindemann, Eric 66, 68, 69, 70
Lindemann, Holger 195
lösungsorientiert 81, 84, 85, 125, 129, 300
Lösungsorientierung 120

M

Mail. Siehe E-Mail
Mail-Beratung. Siehe E-Mail-Beratung
Männer 249, 250, 251
männliches Rollenverhalten 249, 253
Migranten, Migration 209, 210, 212, 213, 214, 215, 216, 227
Missbrauch 36, 83, 234, 242, 258, 297, 332, 336

multiprofessionell 37, 40, 42, 108, 115, 237, 284
mündliche Kommunikation 48, 59
Mundpropaganda 51, 53

N

narzisstische Krise 90, 95
Nervenarzt 171, 172, 174
Netzwerktreffen 265
Neuhland 223, 249, 258, 259
Neuroleptika 185, 264, 268
Neutralität 121, 125
Niedrigschwelligkeit 39, 72, 257, 258, 265, 338
Normalität 23, 24, 25, 26, 33, 206, 287
Normalitätskrise 23, 25
Notfall 48, 77, 79, 81, 83, 84, 245, 285
Notfalleinsatz 37, 83, 242, 305
Notfallhilfe 78, 83
Notfallintervention 77, 79, 81, 82, 83, 84, 294, 300
Notfall-Interventionsmodelle 86
Notfallkonferenz 84, 85
Notfallpsychiatrie 38, 96
Notfallpsychologie 238
Notfall und Krise 38, 40, 48, 77, 78, 80
Notfall- und Rettungsdienst 37, 193, 233, 285

O

offener Dialog 265, 267, 271
Öffentlichkeitsarbeit 38, 42, 48, 49, 50, 55, 58, 59, 258
Online-Beratung 322, 323, 324, 326, 327, 329, 332, 337, 338

P

personenorientierte Hilfe 39, 172
Pluralisierung 26, 27, 28, 31
Polizei 36, 53, 78, 109, 110, 111, 116, 142, 184, 193, 205, 237, 245, 246, 285, 287, 298, 300
Posttraumatic Growth 281
posttraumatische Belastungsstörung 69, 196, 234, 273, 274, 275, 277, 285
präsuizidales Syndrom 94
Prävention 258, 300
Prävention, sekundäre 236
Prävention, tertiäre 236
Pressearbeit 48, 50, 61
Pressemitteilung 50, 54, 60, 61, 62
Printmedien 53
PR-Kommunikation 59
Psychiatrie-Betroffene 152, 153, 154, 155
Psychiatrie-Erfahrene 73, 152, 169, 175, 178

psychiatrischer Notfall 37, 45, 69, 70, 77, 78, 82, 191, 231
PsychKG 37, 141, 142, 233
Psychoanalyse 68, 119, 220
Psychoedukation 287, 289
Psychohygiene 86, 138, 192, 317
psychosoziale Krise 39, 41, 45, 66, 69, 73, 182, 238, 251
psychosoziale Online-Beratung 331
psychotische Krise 245, 264, 267
Psychotraumatologie 274, 275, 282
PTSD (Posttraumatic Stress Disorder) 71, 275
Public Relations 49, 58

R

Realitätskonstruktion 123, 124, 126
Reframing 121, 123, 128, 335
Regelverletzung 119, 130, 295
Rekontextualisierung 121
Ressourcen 65, 124, 176, 308, 336
Rettungsdienst 18, 37, 193, 233, 285, 287
Risikofaktoren 223, 226, 252, 281, 290, 298

S

Scham 202, 214, 251, 286, 310, 331, 333
schizophren 141, 187, 264
Schizophrenie 268, 269, 297, 298, 301
Schlüsselsyndrome 82, 83
Schnyder, Ulrich 70, 127
Schock 69
Schockphase 285, 290
schriftliche Kommunikation 48, 59
Schule 44, 228, 230, 235
Schutzfaktoren 281, 283, 285, 290, 291, 292, 311
Schweigepflicht 56, 92, 140
Screening 142, 285, 290
Seikkula, Jaakko 265, 266, 270
Selbstgefährdung 176
Selbsthilfe der Helfer 81, 85
Selbstverantwortung 32, 114
Selbstwertgefühl 96, 125, 225, 336
Seminarkonzept 89, 90
Sennett, Richard 23, 27, 30
sexualisierte Gewalt 156, 225, 330, 331, 333, 334, 337
Signale für Suizidgefährdung 229
Sinus-Milieus 52
Sonneck, Gernot 69, 70, 73, 119, 282, 283, 284, 312
soziale Ethik 62
sozialer Bereich 49, 50, 62

349

Stichwortverzeichnis

Sozialpsychiatrischer Dienst 37, 43, 77, 121, 140, 141, 142, 143, 144, 145, 146, 147, 148, 149, 150, 151, 167, 174, 175, 176, 185, 205, 209, 246, 324
SpD 141
Spielregeln 34, 295, 296, 299, 300, 301, 302, 303, 305, 306
Sprache 126, 157, 162, 163, 197, 201, 209, 210, 211, 212, 214, 266, 286
Spracherwerb 214, 215
stationäre Krisenintervention 44, 72, 153, 175, 236, 273
Straßenbesuche 185
Stress 68, 71, 182, 212, 218, 252, 276, 287, 289, 296, 299, 300
Stressbewältigung 235, 287
Stressforschung 68, 80
Stresshormone 276, 277, 283, 284, 286, 287
Sucht 44, 78, 83, 331
Suchterkrankung 66, 141, 181, 191, 279
Suchthilfe 180, 184, 250
suizidale Krise 224, 229, 233
suizidale Risikogruppen 93, 243, 249, 251, 255, 285
Suizidalität 45, 83, 89, 94, 95, 241, 242, 243, 308, 309, 310, 311, 312
Suizidalität bei Kindern und Jugendlichen 228, 230, 235
Suizidfantasie 232, 236
Suizidgefahr 57, 243, 311
suizidgefährdete Jugendliche 223, 228, 229
Suizidgefährdung 223, 231, 258
Suizid in den Medien 56
Suizidprävention 39, 57, 89, 90, 96, 97, 252, 254
Suizidrate 243, 253, 254, 258
Suizidrisikogruppe 249
Supervision 90, 113, 117, 118, 143, 149, 224, 284, 292, 299, 317, 336
Symptomträgerin 219
Symptomwandel 280
systemische Therapie 119, 120

T

Tabuisierung 197, 200, 207, 310
Teilöffentlichkeiten 49
Therapieversammlung 265, 266, 268
Todesnachricht 234
Trauer 29, 90, 160, 212, 219, 235, 241, 290
Trauerreaktion 242
Trauer und Depression 242
traumatische Krise 67, 68, 69, 71, 127, 239, 282, 308, 310
Traumatisierung 44, 235, 273, 274, 275, 284, 309, 310, 312, 313

Triage 70, 81, 83, 116, 238
Trigger 277, 289, 290

U

Übererregung 277, 278
Übergabe 147, 148, 150
Übertragung 89, 240, 297
Umdeuten 123
unbewusste Beziehungsmuster 232
Unterbringung 37, 39, 96, 116, 184, 187, 224, 233, 234, 242

V

Validation 237, 244, 246, 247
Veränderungskrise 67, 69, 238, 273, 282, 283, 284
Verleugnung 69, 182
Vermeidungsverhalten 69, 253, 274, 278, 280, 289, 290
Vermittlung 49, 140, 145, 146, 147, 191, 206, 297, 335
Vermüllung 181
Vernetzung 44, 54, 108, 109, 140, 180, 222, 238, 247
Verrücktsein 156, 157
Verstehende Beratung 237
Verstrickung 79, 296, 297
Verwirrtheit 242, 244, 245, 247
Vielfalt 45, 91, 108, 109, 110, 111, 112
Vulnerabilität 73, 74, 196

W

Website 51, 53, 59
Weglaufhaus 152, 154, 155, 157
Weiterbildung 59, 62, 96, 108, 109, 116, 120, 223, 247, 262, 317, 337
Weiterverweisung 145, 247
Werbung 50
Wertewandel 28, 65
Werther-Effekt 57
Wohnungslosigkeit 41, 44, 180, 181

Z

Zielformulierung 128
Zielgruppen 49, 51, 52, 64, 183, 184, 251
Zielgruppenorientierung 48
zirkuläres Fragen 219
Zirkularität 119, 121, 124
Zwangseinweisung 36, 37, 141, 142, 154, 156, 184, 192
Zwang(-smaßnahme) 36, 82, 83, 143, 178, 190, 233, 258, 294, 295, 299

2009. 310 Seiten mit 9 Abb. und 110 Tab. Kart.
€ 34,90
ISBN 978-3-17-020351-8

Claudius Stein

Spannungsfelder der Kriseninterventin

Ein Handbuch für die psychosoziale Praxis

Jeder Mensch kann durch äußere Belastungen wie Todesfälle, Trennungen, Unfälle, Gewalthandlungen oder veränderte Lebensumstände in Krisen geraten. Die Begleitung dieser Menschen stellt aufgrund der hohen Dringlichkeit für professionelle Helfer eine große Herausforderung dar. In diesem praxisorientierten Handbuch mit zahlreichen Fallbeispielen werden zunächst die gängigsten Krisentheorien erklärt. In weiteren Kapiteln wird auf die Gefahrenpotenziale von Krisen eingegangen und eine systematische Darstellung der Methodik und Anwendungsmöglichkeiten von Krisenintervention vorgenommen.

Dr. med. Claudius Stein ist Arzt für Allgemeinmedizin und Psychotherapeut. Er leitet seit 10 Jahren das Kriseninterventionszentrum Wien und ist Lehrtherapeut/Dozent für Katathym Imaginative Psychotherapie (KIP).

▶ www.kohlhammer.de

W. Kohlhammer GmbH · 70549 Stuttgart
Tel. 0711/7863 - 7280 · Fax 0711/7863 - 8430

2007. 484 Seiten mit 50 Abb. und 25 Tab. Kart.
€ 45,–
ISBN 978-3-17-018643-9

Thomas Fleischer/Norbert Grewe/Bernd Jötten
Klaus Seifried/Bernhard Sieland (Hrsg.)

Handbuch Schulpsychologie
Psychologie für die Schule

Schulen brauchen psychologische Unterstützung, um ihre vielfältigen Aufgaben bewältigen zu können. Dieses Handbuch bietet einen Überblick über den Stand der Schulpsychologie in ihren wichtigsten Arbeitsfeldern. Über 35 erfahrene Autorinnen und Autoren aus der schulpsychologischen Praxis sowie der Lehre und Forschung spannen dabei einen Bogen, der von den Grundlagen und Methoden der Schulpsychologie über Bedingungen erfolgreichen Lehrens und Lernens bis hin zur Begabungsförderung, Förderung bei Lese-Rechtschreibschwäche und Rechenschwäche, Klassenführung, Schuldistanz, Gewaltprävention und Krisenintervention, Supervision und Qualitätsmanagement reicht.

Dipl.-Psych. **Dr. Thomas Fleischer,** Schulpsychologe a.D. und psychologischer Psychotherapeut in Niedersachsen, Dipl.-Psych. **Professor Dr. Norbert Grewe,** Lehrerweiterbildung an der Universität Hildesheim, Dipl.-Psych. **Dr. Bernd Jötten,** Schulpsychologe a.D. und psychologischer Psychotherapeut in Niedersachsen, Dipl.-Psych. **Klaus Seifried,** Schulpsychologiedirektor in Berlin, Dipl.-Psych. **Professor Dr. Bernhard Sieland,** Lehrerausbildung an der Leuphana Universität Lüneburg.

▶ www.kohlhammer.de

W. Kohlhammer GmbH · 70549 Stuttgart
Tel. 0711/7863-7280 · Fax 0711/7863-8430